U0142631

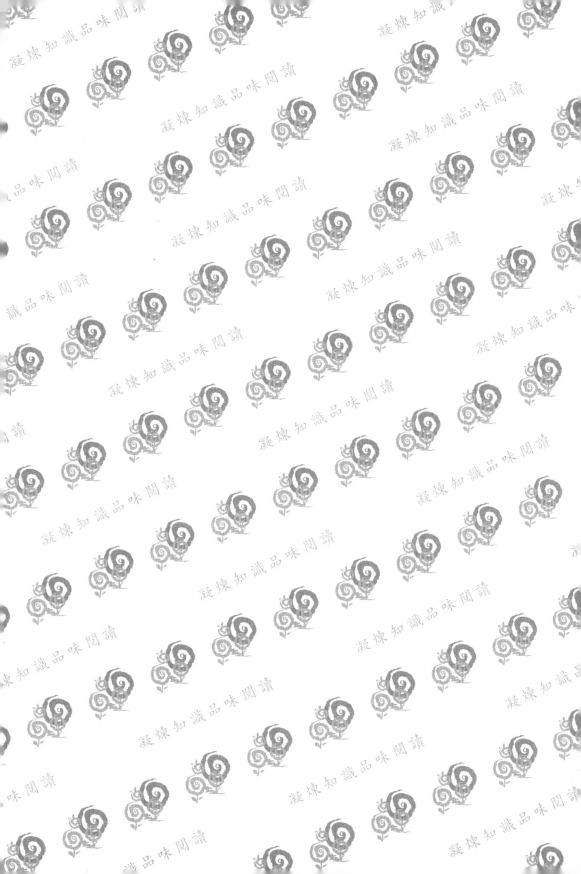

中國會黨史 第二冊

天地會、哥老會及其他會黨

秦寶琦 著

五南圖書出版公司 印行

自序

我從事中國會黨史研究，始於二十世紀七〇年代初，迄今已經半個世紀了！

我是從整理和編輯天地會史料開始走上研究中國會黨史道路的。上個世紀七〇年代初，我在北京故宮博物院明清檔案部（中國第一歷史檔案館前身）搜集天地會的史料。為了加快工作進程，我同明清檔案部合作，整理和編輯天地會的史料。從1982年起，陸續出版了清史資料叢刊《天地會》（七冊）。我在整理、編輯天地會史料的同時，也對天地會的歷史進行研究。通過對檔案史料梳理，釐清了清代會黨的發展脈絡：在清初順治和康熙年間，僅存在一些異姓結拜弟兄組織，雍正年間開始出現「立有會名」的「結會樹黨」組織，簡稱「會黨」。乾隆前半期，福建各地的會黨大量湧現，天地會逐應運而生。之後，又對天地會的組織結構，運作方式、流傳分布、政治訴求等問題進行研究，先後撰寫了《清前期天地會研究》、《洪門真史》、《中國洪門史》等論著。

對於哥老會的研究，是在國內外學者研究的基礎上進行的。通過對天地會同哥老會的比較，發現二者的發展道路和歷史命運並不相同。天地會因多次發動反清活動，遭到清朝當局的殘酷鎮壓與打擊，重要首領和骨幹大多遭到捕殺，少數倖存者被迫流亡海外，形成海外洪門。晚清時期，天地會在國內的勢力和影響已經被大大削弱。但是，在辛亥革命時期，兩廣天地會和海外洪門，仍然為反清革命做出了重大貢獻。哥老會則採取向軍隊滲透的策略，最初是向湘軍滲透，隨著湘軍在各地的征戰而流傳到各地，以致除了東三省和山東外，全國各地均有哥老會的足跡。辛亥革命時期，哥老會又向新軍滲透，成為革命黨人在反清革命中的重要依靠力量。但是，會黨在辛亥革命中表現出的諸多消極作用，也引起了革命黨人和新政權的疑慮和警覺。從而在民初對會黨採取了取締和打擊的政策，會黨又

被迫轉入地下。二十世紀後半期，在內地，由海外洪門組成的中國致公黨，已經轉化為現代政黨，其他會黨均自行解散或消亡。在臺灣，天地會和哥老會受當局的打壓，只能祕密流傳，直到臺灣宣布解除戒嚴後，才又公開活動。中國洪門會黨在中國近現代史上走過了一條曲折的發展道路，也為中國歷史留下了豐富的遺產，應該很好地加以總結。

　　我在承擔大型《清史》的《典志・會黨》篇的工作中，深感天地會史料的分散為研究工作帶來的巨大困難，因而，萌生了重新整理天地會史料的想法。2015年，我在舊版《天地會》史料集的基礎上，把半個世紀以來海內外新發現的天地會史料加以整合，編輯成八卷本、350餘萬字的《清代前期天地會史料集成》。之後，又和幾位志同道合的學者，繼續整理和編輯《近代天地會史料集成》。

　　我對天地會歷史的研究，尤其是挖掘和整理天地會史料的工作，受到了海內外洪門人士的關注，我也因此結交了多位海內外的洪門朋友。這使我在研究天地會歷史，尤其在搜集、整理天地會史料方面，得到了很多幫助與支援。

　　我在研究洪門會黨的歷史時，遇到一個重要的理論問題，就是應該如何正確看待洪門會黨的歷史和現狀。如今往往有人把清代洪門會黨視為「黑社會」，這是對洪門歷史的誤讀。因為從法律層面來看，「黑社會」被界定為「有組織犯罪集團」，而洪門會黨則是屬於民間結社組織。雖然清代歷史上洪門會黨中也不乏搶劫奪財、綁架勒贖，以及走私販毒等犯罪活動。但是，從總體來看，歷史上的洪門會黨不僅不是犯罪組織，而且在中國歷史上起過積極的作用。在當代，由於海外的「三合會」、「14K」等蛻變為黑社會組織，於是有人便把整個洪門會黨視為黑社會。這個看法也是不對的。如今內地的中國致公黨乃是合法政黨，洪門天地會和哥老會在臺灣也已取得合法地位。在海外，許多國家和地區的洪門組織，也成為當地的合法社團或政黨。所以，不應因為「三合會」、「14K」蛻變為黑社會，就把整個洪門會黨視為黑社會。

　　會黨史乃是中國歷史的重要組成部分。在中國歷史上，尤其是在辛亥革命中，會黨做出過重要貢獻，理應受到人們的關心和重視，這也就是我撰寫本書的初衷。

秦寶琦

2021年12月於北京昌平回龍觀寓所

CONTENTS
目　錄

上篇　晚清天地會的反抗活動

第十五章

道咸年間廣西的天
地會武裝集團

在道光末、咸豐初年太平天國起義之前夜，廣西一些地方的天地會已經在醞釀反清起義。這些起義多屬下層群眾自發的反抗鬥爭，其宗旨無非為了反抗貪官汙吏的剝削與壓迫，或者為了求得生存的權力，屬於「官逼民反」。為了師出有名，獲得各族人民更多的支援，他們往往打出「反清復明」的旗號。這些反抗鬥爭，儘管在一定程度上打擊了清朝統治和外國帝國主義的囂張氣焰，長了中國人民的志氣。但是，這些起義受到時代的局限，並不要求推翻君主專制制度，未能擺脫舊式農民起義的窠臼。起義者的最高政治理想，無非要求建立一個新的封建王朝，使會黨的首領登上皇帝的寶座。

一、米飯主和「堂匪」、「股匪」

「米飯主」是太平天國起義前廣西一帶與天地會有密切關係的武裝集團，大多是由當地地主、豪紳建立的武裝組織，最初多屬於團練，因看到天地會勢力強大而歸附天地會。他們表面上仍保持團練的名號，可以得到當局的認可，卻又在暗中資助天地會，或者充當天地會搶劫財物的窩主。充當「米飯主」者，一般都是當地有錢有勢的世家大族，而且還需要具有聯絡各方面的能力。當時有人曾對「米飯主」作了如下解釋：「每鄉團中，若有數等居民之黠者，出資招募，使心富者數人統之，無頭目姓名，但稱某堂，己則置身局外。先議劫掠之所，至而瓜分其所得，劫後即散匿，或遇官兵、團練擊之而後散。無一定主名，外匪至則供給其所食，藉以保其家，且欲緒餘所劫掠。然有竟為外匪所奪而滅者，是為米飯主，即堂匪也。」所以，為米飯主「始為團，終為賊，陽名為團，陰實為賊。官軍強則附官兵，弱則跋扈不聽徵調，其所為有甚於賊者。」這些「米飯主」最初起於南（寧）、太（平）、泗（城）、鎮（安）等地，咸豐四、五年後，潯（州）、柳（州）、梧（州）、平（樂）等地也「皆效之」。

早在十九世紀四〇年代廣西已經出現「米飯主」，著名的有貴縣懷西的韋三相，新寧州渠盧村的吳淩雲，河池州三旺人韋世堯、韋世貴，武

宣東鄉人劉觀先，以及平南縣大同里的胡以晃。韋三相在道光二十三、四年即「出資與匪徒越境搶劫，坐收其利」。吳淩雲在道光末年已「世爲窩主」。韋世堯、韋世貴在道光三十年以前，已「素爲股匪米飯主」。劉觀先之爲「米飯主」，則在道光二十九年八月。陳亞貴進攻東鄉、表里滿、李勉諸村之時。而胡以晃之爲「東道主」，也當在洪秀全、馮雲山入桂活動的道光末年。十九世紀五〇年代「米飯主」活動形成高潮，六〇年代以後逐漸被消滅。據鍾文典先生研究，太平天國時期可考的「米飯主」約有15人，如東蘭州順義堂的覃瑋璋、平樂府連義堂的楊西安，來自鄉團頭目的有柳州府的黃昭觀和潯州府的劉觀先。鄉紳出身的有南寧府的譚化鯉、梁明青（充當同義堂和順義堂的米飯主），有的則是「股匪米飯主」，如河池州的韋世堯和韋世貴皆「素爲股匪米飯主」。有的則是土匪出身，如潯州府的張貴和、淩二妹都是土匪或與土匪關係密切的米飯主。只有思恩府的李錦貴是廩生出身，但他又是團練的首領和大勇堂的大元帥。此外，廣西還有不少記載裡未指明而實際上充當米飯主角色的人物，如梧州府的羅華觀，以及胡以晃等。

　　「米飯主」大多與天地會關係密切，如廣西武宣縣東鄉表里滿村的米飯主劉觀先，就曾暗中資助過天地會的陳亞貴。但是，當「官捕之急，」陳亞貴被迫「匿於桂平十八山」時，劉觀先便又率領團練配合清軍攻打陳亞貴。

　　米飯主大多開設堂館，本人具有堂主身份，他們通過向天地會武裝或其他土匪武裝提供食宿、情報或庇護等方式，充當窩主，坐地分贓。如潯州府貴縣的韋三相，「富而貪，往往出資與匪徒越境搶劫，坐收其利。」甚至連「大盜張嘉祥、黃亞左、黃亞右之下，均聽指揮。」太平府的吳淩雲，也是因「世爲窩主，代賊銷贓」而致富，後來在擁有相當勢力後，擁兵稱霸，成爲太平天國時期廣西三大王之一。參加拜上帝會的胡以晃，也是米飯主出身。

　　太平天國起義前後在廣西有許多以「堂」爲名稱的秘密會黨組織。這

些以「堂」爲名的組織，「其初起時最爲詭幻，立一堂名，互相糾集，義取平等，以兄弟相呼，有大哥、晚哥之號。聚則眾數十，或數百，合黨竟至逾千逾萬。散則如鳥獸，無一定之巢穴，一定之頭目，不蓄髮，巧於趨避。此去彼來，或合或分。賊眾盛則附賊，官軍強則歸團。總之忽而賊，忽而民，莫可究詰。」各堂皆以拜台的形式結盟，「拜台之說，乃匪徒結黨斂錢之技。其法築盟壇一所，奉五相爲神（未詳何神——原注）。設台十數張，縱橫如品字。其頭目披髮持劍，趺坐臺上，謂之老披。凡初至入會者，每人須納入會金，以貧富計，富者以勢嚇之，或數十金至數百金不等。其甚貧者，亦須納銅錢三百六十文。令眾至神前，以針刺指，瀝血於榮，乃咒云：『飲盅紅花酒，壽延九十九。』於是悉令竄入台下，經數台口，乃共飲之。飲已，碎碗爲誓，以明不貳。其竄入台口者，謂老披爲老母，己爲老母所生，謂之出世。凡經拜台者謂之馬，未經拜台者謂之牛崽。（光緒季年謂之豆豉——原注。）隨處煽人入會者謂之拉馬。事當起初時，極守秘密，每於深山僻寂處，深夜爲之。及賊風既盛，則在各墟鎮白晝爲之矣。至其起居飲食，及一切名物稱謂，皆有一種特別名詞。如稱油曰漫水，米曰草花，呼湯水爲順水之類。」

　　史料中所謂「堂匪」就是指當時廣西各地的山堂，這些「堂」有些便是「米飯主」，其中有些參加了太平軍，有的則成爲「艇軍」或其他天地會武裝。在太平天國起義期間，「堂」遍佈廣西各地，對清朝統治構成了嚴重威脅。因爲被清朝當局視爲土匪，故被當局稱爲「堂匪」；又因幾個堂合爲一股，又被稱爲「股匪」。從蘇鳳文所著《堂匪總錄》和《股匪總錄》等資料的記載來看，從道光二十八年到同治五年，廣西堂會的名目多達100多個，分布情況，列表如下：

堂名	活動地區	活動時間	首倡者
連勝堂	南寧府宣化	道光二十八年	林一
永義堂	南寧府宣化	道光二十八年	李特茂
全勝堂	南寧府宣化	道光二十八年	胡村
福勝堂	南寧府宣化	道光二十八年	甘圩
雄勝堂	南寧府宣化	道光二十八年	盧三
義勝堂	隆安	道光二十八年	黃春滿
友勝堂	隆安	道光二十八年	林大、凌茂
長勝堂	土忠州	道光二十八年	陳四
怡義堂	橫州	道光二十八年	張嘉祥
向義堂	橫州	道光二十八年	麥二
大勝堂	太平府崇善	道光二十九年	不詳
廣義堂	太平府崇善	道光二十九年	崇世梅
義勝堂	向武土州	道光二十九年	唐春晚
得勝堂	向武土州	道光二十九年	寧正剛
同義堂	容縣	道光三十年	何明科
得勝堂（喜勝堂）	南寧府宣化	道光三十年	鐘大、杜建達
得元堂，	南寧府宣化	道光三十年	廣東欽州人
大勝堂	永康州	道光三十年	潘大
義勝堂	南寧府宣化	道光三十年	黃春滿
大勝堂	龍英土州	道光三十年	潘七
廣義堂	上龍土司	道光三十年	潘姓、陸姓
和義堂	養利州	道光三十年	不詳
廣義堂	養利州	道光三十年	蘇亞成
欽勝堂	養利州	道光三十年	李大
得元堂	貴縣	道光三十年	葉大
聚勝堂	貴縣	道光三十年	黃秀全
復義堂	貴縣	道光三十年	張亞珍

堂名	活動地區	活動時間	首倡者
英義堂	修仁	道光三十年	吳長腰四
聯義堂	修仁	道光三十年	陳亞貴
勝義堂	修仁	道光三十年	王亞仁
壽益堂	修仁	道光三十年	唐晚
恒勝堂	武緣	咸豐元年	張贊
友勝堂	上林、天保	咸豐元年	班世雄、劉大四
廣義堂	隆安	咸豐元年	曾勝龍
洪義堂	隆安	咸豐元年	駱兆隆
萬勝堂	隆安	咸豐元年	陳慶文
得勝堂	隆安	咸豐元年	羅日勝
永義堂	都陽土司	咸豐元年	黃泰勝
仁義堂	都陽土司	咸豐元年	黃六、屈二
同勝堂	都陽土司	咸豐元年	蘇大、林六
大勝堂	龍州	咸豐元年	潘七
忠義堂	龍州	咸豐元年	陳四
忠義堂	潯州府桂平	咸豐元年	梁亞花四
友益堂	潯州府桂平	咸豐元年	鐘玉保
永勝堂	潯州府桂平	咸豐元年	甘大
友勝堂	潯州府桂平	咸豐元年	鐘玉貴
廣勝堂	平馬	咸豐元年	謝江甸
永義堂	東蘭州	咸豐元年	屈承儉（屈二）
勇義堂	興隆土司	咸豐元年	李影強
勇勝堂	宣化	咸豐元年	陸正
德益唐	荔浦	咸豐元年	陳亞益
廣盛堂	柳州府馬平	咸豐元年	謝江甸
恒勝堂	柳州府馬平	咸豐元年	關亞二
友勝堂	上林天保	咸豐元年	班世雄

堂名	活動地區	活動時間	首倡者
大勝堂	歸順直隸州	咸豐元年	朱亞易
同義堂	寧明州	咸豐二年	以譚化鯉為米飯主
順義堂	寧明州	咸豐二年	以梁明青為米飯主
孝義會	全州	咸豐二年	陽三通
建義堂	武宣	咸豐二年	韋秀
聚義堂	修仁	咸豐二年	唐元修
同勝堂	平樂府	咸豐二年	沈亞養
連義堂	平樂府	咸豐二年	楊西安（楊新安）
德義堂	永福	咸豐三年	陳亞義
復義堂	貴縣	咸豐三年	張亞琛
義勝堂	鎮安	咸豐三年	林鳳、鐘亞輝
敬義堂 （錦義堂）	遷江	咸豐三年	陳大
福義堂	遷江	咸豐三年	陳興晚
洪順堂	昭平	咸豐三年	曾起有
和義堂	思恩	咸豐三年	關良義
義勝堂	思恩	咸豐三年	蒙伙
洪順堂	融縣	咸豐三年	楊其楠
洪勝堂	融縣	咸豐三年	蕭亞杞
英義堂	融縣	咸豐三年	不詳
洪勝堂	藤縣	咸豐三年	林五、林六
連勝堂	貴縣	咸豐三年	劉八
廣勝堂	潯州府	咸豐三年	羅某
同勝堂	向武土州	咸豐三年	黃葵安
洪順堂	永安州	咸豐四年	黃桂林
忠義堂	天河	咸豐四年	潘大
廣義堂	天河	咸豐四年	蒙扶發

堂名	活動地區	活動時間	首倡者
廣義堂	平樂府	咸豐四年	謝四
合義堂	平樂府	咸豐四年	陳亞耀
聚義堂	平樂府	咸豐四年	李萬春
興義堂	天河	咸豐四年	羅挺拔
喜勝堂	小鎮安	咸豐四年	蘇晚
協義堂	上林天保	咸豐四年	楊晚
錦義堂	上林天保	咸豐四年	沙蟲花蘇
英義堂	上林天保	咸豐四年	蒙八
聚義堂	上林天保	咸豐四年	陸滿
仁勝堂	上林天保	咸豐四年	李隆章
尚義堂	上林天保	咸豐四年	陳三
萬勝堂	上林天保	咸豐四年	李大
和勝堂	小鎮安	咸豐四年	黃大
尚義堂	歸順直隸州	咸豐四年	陳三
合義堂	上林天保	咸豐四年	黃修鳳
聯勝堂	歸順直隸州	咸豐四年	楊文帶
洪勝堂	梧州	咸豐四年	范亞音
洪勝堂	藤縣	咸豐四年	林五、陳孟德
日勝堂、行德堂、長勝堂、協義堂	上林、天保	咸豐四年	黃大、楊晚、朱大、蘇生、黃三
大勝堂	桂平	咸豐四年	黃蒜頭四（陳溶）
大義堂	荔浦	咸豐四年	蔣金生
結義堂	桂平	咸豐四年	謝鎮安
聯勝堂	歸順州	咸豐四年	楊文帶
洪順堂	永安	咸豐四年	黃桂林
萬勝堂	天保	咸豐四年	李大（李士荒）
廣義堂	養利州	咸豐四年	蘇亞成

堂名	活動地區	活動時間	首倡者
聚義堂	鎮安	咸豐四年	杭晚
聚勝堂	鎮安	咸豐四年	陸良惶（陸滿）
勇勝堂	天保、歸順	咸豐四年	陶體貞
聯義堂	貴縣	咸豐四年	陳道行
廣義堂	雒容	咸豐四年	梁老隆
英雄堂	雒容	咸豐四年	黃亞容
萬勝堂	雒容	咸豐四年	李昭仁
洪義堂	雒容	咸豐四年	王天保
洪勝堂	柳城	咸豐四年	不詳
洪義堂、清義堂、忠義堂、仁義堂	羅城	咸豐四年	不詳
協義堂	太平府	咸豐四年	楊晚
平安堂、福勝堂、洪興堂	賀縣	咸豐四年	劉洪桂等
聚義堂	柳州府馬平	咸豐四年	李加申
興明堂	來賓	咸豐四年	朱亞九
得勝堂	來賓	咸豐四年	謝木壽
洪勝堂	融縣	咸豐四年	蕭亞杞
洪順堂	融縣	咸豐四年	楊其楠
仁義堂	桂林府永寧州	咸豐四年	譚亞頭
懷義堂	桂林府永寧州	咸豐四年	謝亞頭
廣勝堂	桂林府永寧州	咸豐四年	周聾子
永義堂	慶遠府東蘭州	咸豐四年	屈成儉
仁義堂	慶遠府東蘭州	咸豐四年	黃六
同勝堂	慶遠府東蘭州	咸豐四年	蘇大
順義堂	慶遠府東蘭州	咸豐四年	賈奉璋
恒勝堂	東蘭州武緣縣	咸豐四年	張伇贊

堂名	活動地區	活動時間	首倡者
福義堂	遷江	咸豐四年	陳興晚
敬義堂	遷江	咸豐四年	陳大
大勝堂	安定土司	咸豐四年	盧頂
大勇堂	上林	咸豐四年	李錦貴
仁義堂（勇義堂）	興隆土司	咸豐四年	李彩強
興裕堂	思恩府城	咸豐四年	陶晚興
和義堂	思恩府城	咸豐四年	關良
義仁堂	思恩府城	咸豐四年	蒙伙分
洪勝堂	河池州	咸豐四年	黃晚
全勝堂	河池州	咸豐四年	覃五弟
忠義堂	天河	咸豐四年	潘大
洪義堂	永福	咸豐四年	王天保
清義堂	永福	咸豐四年	李亞頭
順義堂	臨桂	咸豐四年	向興發
廣盛堂	義寧	咸豐四年	白彪
安義堂	永安	咸豐四年	許英
公義堂（恭義堂）	平樂	咸豐四年	朱盛洪
福義堂	武宣	咸豐四年	莫八
公義堂（公儀堂）	恭城	咸豐四年	朱洪英
和義堂	灌陽、恭城	咸豐四年	鄧興爵
洪福堂	恭城	咸豐四年	鐘興茂
一德堂	恭城	咸豐四年	周永年
和勝堂	象州	咸豐四年	張來亮
結義堂	恭城	咸豐四年	林四
復漢堂、山義堂、連義堂、圓明堂、廣壽堂、同勝堂	恭城	咸豐五年	不詳

堂名	活動地區	活動時間	首倡者
洪興堂	平樂府	咸豐五年	李良
廣福堂	平樂府	咸豐五年	林晚
廣肇堂	平樂府	咸豐五年	麥來
廣順堂	平樂府	咸豐五年	陳瑞珠
廣安堂	恭城	咸豐五年	歐亞洪
平安堂	賀縣	咸豐五年	劉洪桂
廣壽堂	富川	咸豐五年	潘亞水
合福堂	富川	咸豐六年	王亞社
固義堂、廣義堂	灌陽	咸豐五年	不詳
廣和堂	陽萬州	同治元年	黃和觀
信義堂	淩雲	同治四年	蘇榮
信義堂	西林	同治五年	羅品
聯義堂	永安	同治五年	駱亞甲
永義堂	西林	同治五年	石同平
信義堂	西林	同治五年	黃崇英
三寶堂（三保堂）	西林	同治五年	小張三、羅品

　　這些堂的首領，大體上由兩部分人構成，一部分是地主豪紳，另一部分是江湖流浪者。前者當中有些是有功名的「貢舉生員」，有些是當地有權勢的紳衿，即擁有「千總」、「都司」等頭銜的頭面人物；有些則是家道殷實的土豪或鄉團首領。這些人雖然人數不多，但能量很大，他們或「明為之魁」，拉起一隊人馬，成為「股匪」的首領，或者「隱為之主」，充當山堂的「米飯主」。後者則包括破產的農民和手工業者、兵勇差役，鹽販私梟、水手縴夫、窩主賭徒、乞丐無賴等。清朝當局稱這些山堂為「堂匪」或「股匪」，其具體情況，清吏述之頗詳。道光三十年貴州巡撫喬用遷稱：「所有廣西各處股匪，均係隨地糾聚，並聽任自投入夥。

由廣東來者謂之『廣馬』，在廣西糾合者謂之『土馬』。其有槍炮器械並跟隨多人者，為大頭目；隨時自投入夥者，擇有膂力膽量之人，派為小頭目，悉聽大頭目指使。凡遇打仗對敵，均令小頭目當先，行李器械及搶掠物件，分派小頭目管理，裹脅之人挑台尾隨行。遇有掠獲銀錢，酌為分給。」喬用遷列舉的「股匪」有大勝、得勝、廣勝、忠義等堂，這些山堂「各鐫圖章，以為記認」。「各股各有暗號，或用竹牌、布旗傳信，或於衣帶用紅線作記。」「每到一處，即向附近裹脅之人探詢某處住有富商及殷實之家，先令小頭目持帖向索銀錢。如肯給予，即率眾另赴他處，否則焚殺擄掠。如遇另股匪犯，亦彼此知會，結眾前往。所有搶得財物，各歸各股，俱不爭奪。槍炮器械，隨便分用」。

　　各山堂在開堂後同時便拉起一支隊伍，舉行造反，因此需要按照軍事組織來編制，堂主之下設有軍長、百長等名目。較大的堂還設有「館」，如永淳的永義堂因「聚黨數千」而設館25處。堂也設有一套行政系統，堂主之下設有總管，館設總領，任務是負責接待、招募、供給和銷贓。有些堂是打著「劫富濟貧」旗號的造反者，有的則是純粹的土匪強盜，有的則是拉起一支隊伍作為接受官府招安的資本，藉以實現升官發財的夢想。這些天地會組織，皆奉行山頭主義，以各自的小團體利益為團結的紐帶，因此，彼此之間的門戶之見甚深，為了各自不同的利益，往往互相仇殺。「既無統馭之人，又有猜疑之意」。他們的活動很少有政治內容，所謂「反清復明」的口號，無非是號召群眾的招牌。他們的活動，主要是搶劫、打單和捉參。所謂「打單」就是指向村莊勒索錢糧，「村堡供糧不焚劫」。所謂「捉參」也就是綁架勒索，「擄人勒贖，男曰捉參，女未嫁者曰托花；已嫁者曰水盤」。因此，我們不必因為這些天地會組織曾經被清朝當局污蔑為「盜匪」，而把他們一概視為「農民起義」或「農民革命組織」。

二、天地會的水上武裝集團——艇軍

艇軍是道光末、咸豐初太平天國起義前活躍在廣西潯江、梧江上的天地會水上武裝船隊，專門從事水上搶劫活動。他們不僅威脅到清朝當局的統治，而且危害到當地人民的生活，清朝官府稱之爲「艇匪」，史稱「艇軍」。艇軍最早來自鴉片戰爭時期官府在廣西梧州一帶招募的水陸壯勇。當時，廣西巡撫梁章鉅駐守梧州，爲了防禦英軍入侵，便在當地招募了一批壯勇，後來成爲艇軍中著名頭目的張釗，便是那時投入其中並充任壯勇的頭目。《中英南京條約》簽定後，梧州奉命撤防，水陸壯勇遂被遣散而成爲無業遊民。這些人在軍營裡受過軍事訓練，掌握一定的軍事知識，同時也沾染了兵痞的各種惡習，被遣散後不願歸農生產，便與當地遊民結合起來，側身江湖爲盜。他們「聚黨於潯、梧江上，剽掠客販貨物，日益和橫肆。」專門在水上從事劫掠活動，即所謂「包江食水」。按照當地的說法，「船與錢不搶曰包江，貨納金不奪曰食水」。「各處遊匪大鯉魚、狗嘴李、鯉魚仔、何妹兒等」結盟拜會，「不時打家劫舍，包江食水」。他們駕駛的船隻稱爲「波山艇」，又名「古勞艇」，產自廣東肇慶府的鶴山縣。船身堅大，艙面平敞，兩旁多槳，駕駛輕便。而且「操舟者大多強悍敢死之徒」，船上「炮火器械具全」。有關艇軍活動最早的記載，是《堂匪總錄》中李觀保條下所記述的一段話：「李觀保，桂平舊峽村人。自道光二十六年六月聚黨劫掠潯州河中，繼與羅亞丙、任文丙、劉亞鳥、陳亞貴等聯絡。爲廣西艇匪之始。」

艇軍的出現，是因爲當時下層群眾無以爲生，鋌而走險而建立的水上武裝搶劫團夥。據艇軍頭目張釗（綽號大頭羊）、田芳（綽號大鯉魚）在向清朝當局投降的稟文中稱：「蟻等生逢盛世，悉屬良民，家本名鄉，習聞義理。以頻年水患，力農則粒米難求，貿易無資工作，則投身匪黨，通來西省，欲覓枝棲。適遇故鄉之人，共憐同病，聊效綠林之客，暫濟饑軀，事非迫脅以相從，勢值窮途而妄作。」道出了他們走上江湖劫掠道路

的苦衷。在另外一件稟文中又說：「蟻等生逢盛世，孰非良民？或因貿易而被擄波濤，或因勢迫而投充逆匪。骨肉離間，誰無後顧之憂？水陸艱難，豈是樂郊之適？可恨者，通年兵差需索鄉間，又假名設立壯勇，以啓良善之禍胎，開凶孽之惡隙。名雖極美，罪不容誅。彼以奉官結黨，任意苛求，橫行訛索。或因私怨而架捏會匪，或因重賞而捏造通洋，焚屋抄家，劫財勒命，是以聚投生。在家者則難保其不去，已去者更難保其回歸。是以減一民，則增一盜，漸積漸多，非行劫掠，無以營生，不抗王師，何以保命？」張釗、田芳的稟文，可以說是艇軍對清統治者和當地貪官汙吏的血淚控訴，他們的行動完全是「官逼民反」，被迫走上爲盜的道路。清朝官員也承認大鯉魚、大頭羊等「號爲八千弟子」的艇軍，其興起「皆由提鎮賣缺肥己，參遊等扣餉虐兵，府廳州縣縱盜殃民」所致。

艇軍活躍在廣西潯州一帶，並非偶然。潯州府地處廣西東南部，有潯江流經其境，水上交通四通八達，各處商船往來江上，促進了廣西各地的商品流通。繁忙的水上商業活動，自然吸引了以劫掠爲目的的「艇匪」。道光二十五年（1845），來自廣東的波山水手羅亞丙、任文丙、梁亞大，以及張釗、田芳等，帶領艇軍「溯江而上」，來到廣西潯州，聯合熟悉當地情況的廣西人陳亞貴、李觀保等人的勢力，「劫掠潯江」。這支龐大的水上武裝集團，往來於梧、潯、黔、柳、濛等江河水面之上，從事劫掠活動。在拜上帝會發動金田起義前夕，張釗、田芳等「屯聚大黃江口挽泊，專向往來船隻打單。」咸豐二年，「大頭羊、大鯉魚、捲嘴狗等聚黨數百，率戰舶往來潯、梧間，攔截商船，河道爲梗」。「河下艇匪大頭羊、大鯉魚、任文炳等，早聚黨於潯、梧江上，劓掠客販貨物，日益橫肆。當事者權宜通商，效永通峽故事，招大頭羊巡河，每商買販運有賊船護送者，始免肱篋，名曰押幫。然而，吹求揹索，稍不遂，掠殺如故。」

清朝當局缺少水師，對之無可奈何，只得採取「以撫代剿」的政策。艇軍雖然與清朝當局處於敵對狀態，但是，並無反清的的政治目標。艇軍中固然不乏「強悍敢死之徒」，且使清軍望而生畏，但其目的僅僅在於劫

掠商船或民船，或在港口行兇搶劫。特別是其中那些「強悍敢死之徒」，殘暴成性，嚴重危害人民群眾的利益。艇軍的成員，具有遊民無產者和兵痞的特性，一切都是以個人或小集團的利益為轉移，因而容易被統治階級所收買和利用，一旦發覺對自己不利，便又叛變而去。艇軍頭目張釗、田芳等，反覆無常，曾經三次接受招安，成為清軍鎮壓太平天國和天地會武裝的鷹犬，又兩次叛清，並與天地會武裝暗中勾結。

　　道光二十五年，艇軍頭目張釗等人被廣西平南縣知縣王華封招降後，奉命負責「巡海」，實際上是官盜合夥，勒索商船。由張釗等名正言順地獲取「押幫費」，官府則在關卡收稅，雙方皆有利可圖。不過，張釗並不以此為滿足，「往來與大烏、丹竹各墟，構蓬廠通衢，明開賭場」。並且在平南縣境內的沿江諸碼頭，設立據點，攫取非法銀錢。不久便叛清而去，並於道光二十七年與容縣白良墟的天地會首領馮道和（馮六大）一同「結盟拜會」，然後在墟上設館，從事「打家劫舍，包食江水，打單捉參」等活動。道光二十八年，新任平南知縣倪濤對艇軍採取了強硬政策，命令鄉團練「堵守武林、新地、下灣」等處，將其擊敗。張釗等又「領賊艘數十號，黨眾千餘，泊舟竹江」，欲攻武林。後來，張釗等又在蒼梧一帶江上進行劫掠活動，威脅到梧州地區的水上交通線，倪濤見難以將艇軍制服，也只得採取招撫之策。當時，張釗等為了便於在蒼梧一帶活動，便接受了蒼梧縣令之招撫，充任捕役，並且同府、縣差總王瑞堂、王庸即豆皮滿、鐘超、洪亮及壯丁頭目溫標等人，「相倚為奸」。這樣，官差便與盜匪相互勾結起來，殘害人民。同年十一月，張釗等又參與了清軍圍剿天地會張嘉祥部的戰役。當張嘉祥率天地會隊伍進入貴縣時，「勇目大頭羊張釗、大鯉魚田芳等，統帶扒船十數，由郡至縣，灣泊河邊」，以配合清軍對張嘉祥之圍剿。旋因張嘉祥也接受了清方招撫，雙方並未接戰，但張釗等卻趁機把勢力擴展至潯州府，成了梧、潯兩府艇軍之總頭目。他以梧州以西的重鎮戎墟作為基地，與官吏、衙役們狼狽為奸，在桂平、貴縣一帶橫行擾民，「或來城聚賭，或勒索貨船，烽火之聲，日夜不絕」。張釗

的活動使兩府各州縣商旅難行，民怨沸騰，迫使總督徐廣縉下令將差總王瑞堂、王庸等逮捕，解往廣州正法。張釗即率領徒黨再次與清政府鬧翻而「復叛」，並於道光二十九年率艇船數十號，黨眾千餘人，攻打武林。同時，大頭羊張釗、大鯉魚田芳、卷嘴狗（侯成──引者）、麥二、許十三等，也在貴縣一帶，「或來城聚賭，或勒索貨船。」

道光三十年春，廣西天地會各股的活動已進入高潮，艇軍又控制了梧、潯兩江之水道，形勢對當局十分不利。「廣西梧州等處，近日賊匪肆無忌憚，艇匪餘孽復萌長，有賊千餘，分在梧城之仁秀、裡子、樂艇、番攤館各處屯聚。賊首任文炳、大鯉魚、洪中、大口昌、烏嘴富、卷嘴狗等，分帶賊匪，各處打單，如不遂即行搶劫。分六七千，或千餘匪一股，或數百匪一股。自潯州下，白馬、丹竹、濛江、藤縣、榕墟、白沙一帶河面，攔江打單滋擾。至百色、南寧、永淳、橫州、桂縣等處俱有賊。」廣西巡撫鄭祖琛見難以用武力將張釗等降服，便又令候補知府劉繼祖對張釗等進行招撫。張釗、田芳等便第三次降清，這一行動，導致了艇軍內部的分裂。任文炳、梁阿長等二千餘人拒絕接受招撫，繼續與清朝當局相對抗，「大掠平南」。然而，張釗、田芳等人受撫以後，並不安心在清軍中當差，「旋叛去，別為一隊」。同年六月，張釗率部進入藤縣，與當地天地會何洪錦部「擾三江里、太平墟」。後因知「官兵不足畏」，便「復嘯聚大黃江，設私關」，與鐘敏和、鄧立奇、鄧八等相聯絡，「掠往來客舟，江道為梗」。道光三十年（1850）十月，廣西巡撫鄭祖琛只得親自赴梧州，對張釗等人進行武力鎮壓。

拜上帝會在金田村起義以後，艇軍一度投入太平軍。當時，張釗、田芳等所率艇軍實力強大，在大黃江口一帶進行搶劫活動。清吏奏稱：「探聞西省賊匪大頭羊、大鯉魚等，屯聚大黃江口挽泊，專向往來船隻打單，該處江有大石攔擋，江外不能向內窺探。該匪有古勞、波山船三十餘隻，連合為一，外用堅木五寸厚板，鑲作炮臺。另有賊派先鋒船一十七號，外用棉被胎夾竹以擋炮子。又有橫舟數號，裝載米糧。該匪並有大炮數百

尊，大者三千、二千斤不等，小者亦有千斤及數百斤不等」。張釗、田芳等在投入太平軍後，很快即因難以接受太平軍的紀律約束而叛去，艇軍中只有羅大綱仍留在太平軍裡，後來成爲太平天國的重要將領。

羅大綱初名羅亞旺，廣東省揭陽縣人，道光末年來到廣西。道光二十七年，他在荔浦縣與廣東人李亞佑「襲天地會之名，拜盟歃血」，並成爲當地天地會的首領。金田起義後，他與艇軍首領張釗、田芳等一道投入太平軍。「當三合會八匪首聞悉有一適被派爲教師之人因犯小事故即被殺，甚爲不安，即言：『你們的軍律似乎太嚴，我們不容易遵守，恐怕將來或犯了小事又殺我們了』。因是之故，「大頭羊、大鯉魚及其他五匪首率眾離開，後來投降清軍，轉而攻洪軍了。獨有羅大綱留在洪軍中不去，因彼正愛其軍律之嚴及其治軍之教理」。李秀成在提及此事時也說：接到天王到金田集中之訊，他便到金田。當時有「大頭羊、大鯉魚、羅大綱三人在大黃江口爲賊，即入金田投軍」。「該大頭羊到金田，見拜上帝會之人不甚強壯，非是立事之人，故未投也」。在太平天國的官書《天情道理書》中也提到：「金田起義之始，天父欲試我們弟妹心腸，默使糧草暫時短少，東、西王諭眾弟妹概食粥，以示節省。時有大頭妖在江口，全無一點眞心，借名敬拜上帝，於沿江一帶地方，滋擾虐害，肆行無忌，只圖目下決心，不後來永福」。並借「天兄」下凡爲名，揭露張釗等人的行徑：「大頭妖乃是賊匪，實非眞心敬拜上帝之人，我們若隨其往，必致中其計，受其惑，遭其荼毒，入其網羅，那時悔之何及乎？」「未幾大頭妖果然叛逆，我們兄弟幸已釋迷返悟，未受其害」。張釗、田芳等人的行爲，充分說明艇軍的活動，不屬於農民起義，而且其中不少人是典型的盜匪。

清朝地方當局面對太平軍與艇軍兩方面威脅，便欲設法使兩者互相牽制，以免聯合起來對付清軍。欽差大臣李星沅致函向榮說：「大黃江、金田村均離潯州不遠，我兵未免牽制。必以牽制之法施之兩處賊匪，使其畏首畏尾，互相猜疑，方能得手。」勞崇光也認爲：「大頭羊等出沒於大黃

江一帶，與金田在數十里之內，雖臭味不無差池，而聲勢實相犄角，倘同惡相濟，辦理尤難。」其實，洪秀全本來就不同意天地會的主張和做法，他曾說：「我雖未嘗加入三合會，但常聞其宗旨在『反清復明』。此種主張，在康熙年間該會初創時，果然不錯的。但如今已過去二百年，我們可以仍說反清，但不可再說復明了。無論如何，如我們可以恢復漢族山河，當開創新朝。如現在仍以恢復明朝爲號召，又如何能號召人心呢？況且三合會又有數種惡習，爲我所憎惡者。例如新入會者必須拜魔鬼邪神及發三十六誓，又以刀加其頸而迫其獻財爲會用。」因此，三合會中有人要求願意加入太平軍者，必須放棄其原來的信仰而皈依拜上帝會。

　　當清軍逐漸向桂平、金田一帶集結以後，張釗等人也感到恐懼，暗中向清方乞撫。清朝當局同太平軍在蔡村江戰役中慘敗後，也需要對張釗進行招撫。二者一拍即合，當局遂派曾經招撫過張釗的劉繼祖前往招降。張釗立即投向清方，參加圍攻太平軍和天地會的軍事行動。劉繼祖向徐廣縉稟稱：「張釗即大頭羊、田芳即大鯉魚、侯志即卷嘴狗、關鉅即大隻等前來投首。」並「情願傾心投誠，殺賊立功自贖」。先後「在金田剿捕會匪一次，擊斃會匪一百餘名；又在大黃江剿捕會匪一次，擊斃會匪一百餘名」；在火燒大黃江、牛排嶺戰役，「尤係張釗等奮不顧身，首先釋放火箭，將賊巢全行焚毀。」其後，他們更賣力地爲清方效力，攻打太平軍。張釗等所率艇軍封鎖了潯江江面，切斷了太平軍的水上補給線，使太平軍無法沿潯江發展。艇軍又在黔江遊弋，幫助清軍保住了黔江北岸各渡口，使太平軍無法渡江去接應淩十八的隊伍，張釗爲此被清廷「賞給六品頂戴」和「賞戴藍翎」。「復據周天爵會同向榮奏稱：張釗與頭目九人，帶領七百水勇，於賊據東鄉三里墟時，飭令扼要防江，嚴斷接濟，賊勢爲之窘急。乃謀暗攻勒馬。經候補知府劉繼祖飭張釗等設伏山腰，斃賊無數等語。是其歸誠效力，確有明徵。既能殺賊立功，即不妨寬其既往，勵其將來。著照周天爵等所請，賞給張釗六品頂戴，並賞藍翎。」張釗等一面幫助清軍攻打太平軍，同時仍在清江江面上幹搶劫勾當。「招安之巨匪，如

大頭羊、大鯉魚等仍在潯、梧一帶江面包貨抽稅，剽劫如常」。

太平軍離開廣西進軍湖南以後，張釗、田芳被清軍留在廣西，用來鎮壓天地會的活動。咸豐二年，平樂沙子街的天地會起義以後，田芳奉命前往鎮壓。張釗則參加了對艇軍任文炳部的圍剿。不過，張釗並未認眞對任部作戰，而是與之暗通氣息，並以高價向其出賣武器，事發後於同年八月被清方處決。張釗死後，田芳率領艇軍繼續在梧州三角嘴一帶活動，並且「攻撲潯州府及貴縣等城，打單劫獄，愈肆倡狂。現又糾添夥黨，大船至七十餘號，小艇五六十號，橫據潯州城外及三角嘴各處」。

咸豐三年，同知褚汝航奉命來梧州辦理緝捕艇軍之事。他令早已降清的侯志去招降田芳。田芳降清後，褚汝航因二人「桀驁幾不可制」，遂將田芳、侯志二人設計擒殺。其後，艇軍又在梁培友領導下繼續活動。他們對清軍忽降忽叛，並與貴縣的趙洪、黃二等數千人聯合，轉戰於潯、梧江面及沿岸一帶。咸豐四年（1854）夏，梁培友率艇軍船四百餘隻，從桂平沿江順流而下，分兵三路攻打梧州，久攻不下。後來得到廣東艇軍關巨、黃定遠等萬餘人之增援，繼續強攻。這時，廣西巡撫勞崇光亦令左江道張敬修兼程前來梧州，協助守城。梁培友見難以攻下，便留下一部分隊伍繼續攻城，另派一支艇軍溯江而上，攻打藤縣，亦未攻下。不久，范亞音、戴九等率領洪兵來援，控制了潯江河幹及江面，最後將藤縣攻佔。這時，梁培友又回過頭來再次攻打梧州，敗於鎮龍橋，只得率部返回廣東德慶，參加了廣東洪兵的起義隊伍。

其後艇軍仍繼續活動，潯州艇軍曾攻陷永淳、橫州，並進入南寧府城。南寧府永淳縣壯族農民李七等，曾於咸豐六年（1856）在永淳、橫州一帶滋擾，旋被地方官員剿散，李七前往潯州投入艇軍。咸豐七年（1857）初，李七糾合十三屯壯民由貴縣攻打永淳州城，又糾合糧大〔 〕駕駛艇只數百號，沿江乘風上溯，攻破永淳州城。

艇軍中也有一些眞正的反清者，其中比較重要的除羅大綱外，還有陳亞貴等人。

　　陳亞貴又名陳阿貴，廣西武宣縣東鄉平嶺人。其父陳勝、弟陳火交皆參加過天地會的武裝反抗活動，先後被捕殺。道光二十六年（1846）六月，陳亞貴在潯州江河水面上進行劫掠活動，後來參加了來自廣東的艇軍。道光二十八年（1848）七月，他與來自廣東的陳香晚聯合，進行反清活動。同年八月他成為當地天地會的首領之一，以劉觀先為「米飯主」，得到劉的暗中幫助。九月，陳亞貴率眾攻破牛嶺墟，然後，順流而下來到洛崖墟和大埔墟。十二月，他自稱「大王」。這時他擁眾四千餘人，皆以紅布包頭，旗幟上書寫天地會的傳統口號「順天行道」。軍中的大炮、鳥槍、弓箭、藤牌軍器齊備。道光三十年（1850）初，陳亞貴與豬肚四帶領會眾四千餘人在象州攻打中平墟一帶。天地會武裝山豬箭、糯米四等由武宣趕來援助，他們皆以「劫富濟貧」相號召，而且「擄及富戶錢搬不盡者，沿途分送。」此後，陳亞貴一股天地會隊伍的活動進入高潮，從一般劫掠和劫富濟貧，發展為攻城掠地。而且「水陸並進，」使官兵「屢禦屢潰。」他率眾四處出戰，廣西提督閔正風駐紮在柳州不敢出戰，被清廷革職。同年七月，陳亞貴一股一度攻入修仁縣與荔浦縣境內，這裡距離廣西省城桂林僅有200餘里，清廷聞報，急令廣西巡撫鄭祖琛前往剿捕，並令兩廣總督徐廣縉「迅赴廣西」與鄭祖琛等「合力協剿」。陳亞貴得悉清軍將以重兵圍困的消息，便於七月下旬由修仁、荔浦來到雒容之道口、運江一帶。這裡乃是「西路入省咽喉」，清軍在此駐有重兵，因而遭到重創，傷亡慘重，陳亞貴只好與鄭庭威帶領主力回到潯州。同年十月，陳亞貴又來到思恩府與賓州交界地方，在此受到清軍遊擊成保部的狙擊，兵敗逃至桂平縣屬之淥山洞，與其弟陳火交被當地生員黎建勳父子擒獲，餘部投入到天地會其他股中。

　　陳亞貴領導的天地會起義，客觀上掩護了拜上帝會在廣西金田一帶的活動。廣西巡撫鄭祖琛一直到道光三十年十一月，才在追擊陳亞貴餘部的奏摺裡順便提到「桂平縣屬之金田村」等處，「均有匪徒糾聚」，但並不知道該處有拜上帝會的活動，僅僅認為是一般的天地會「會匪」。同年

十二月，欽差大臣李星沅和勞崇光、向榮等大臣，仍然把桂平金田村的拜上帝會誤認為一般「會匪」，說洪秀全等僅僅是「私結尚弟會」。可見，直到金田起義前夕，清朝當局還仍然把主要注意力放在包括陳亞貴在內的天地會起義者身上，從而放鬆了對拜上帝會的查拿和搜捕。

三、蛻變為清軍鷹犬的張嘉祥

張嘉祥亦作張家祥，廣東肇慶府高要縣人（亦說廣東嘉應州人）。初曾為天地會首領，以「劫富濟貧」相號召，率領天地會起義，屢敗清軍。後來接受清方的招撫，成為清廷鎮壓天地會和太平天國的鷹犬。張嘉祥「身長玉立，力舉千鈞，而狀貌如婦人好女。」他自幼家貧，年十五，從廣東高要家鄉來到廣西貴縣，投靠其叔父。起初在貴縣水源街全昌城貨鋪充當雇工，也有記載稱，他曾受雇於貴縣某豆腐店。旋因「性惰喜遊博」而被雇主辭退。他與同夥來到石罅墟，綁架了牛皮商人楊榮利的六歲幼子。楊榮利被迫付給他一百兩白銀，在把孩子贖回後，隨即向官府控告。而官府並未嚴究，從此張嘉祥更加放肆，並與欽州的李自昌、橫州的謝江殿、靈山的蘇三相、瓦塘的徐亞雲等結為一夥，在橫州伏波廟一帶攔劫過往船隻，並且在村市里「打單」。後來因為受到當地土豪的欺侮，謀圖報復，遂「亡命為盜」。道光二十六年（1846），他逃到大嶺墟與站墟，糾合百餘人，並與灘頭村的麥二、靈山蘇村的蘇三及六忽村的牛兒三等人結拜天地會，稱「廣義堂」，聲言「劫富濟貧」。先「共劫永淳甘棠墟六合押」，然後回到合浦之替冷村起事，搶劫靈山縣張家村紀姓富戶。搶得財物後，聚集夥黨數百人，佔據橫州所屬之石村，作為據點，時常派人四出逼令富戶、與押鋪（當鋪）出資。每到一處押鋪，便把預先準備好的醃臘人手一隻，木大刀一把放置桌上，逼令店主出錢。在橫州地方官請求下，道、鎮遂派兵前往鎮壓，張嘉祥兵敗率眾進入欽州所屬之十萬大山中，僅剩29人。糧食、軍火皆斷絕，勢已窮蹙。但清軍因為十萬大山重巒疊嶂，雜草叢生，道路崎嶇難行，未敢深入追擊。張嘉祥於是潛伏在大山當中，

繼續糾集夥黨。道光二十八年，張嘉祥等率領數百人攻劫兩廣交界處的木樣墟與浩源二鋪，奪得財物後，又返回到橫州的博合墟。在此「樹旗招人，往各處打單，」力量逐漸恢復，不久便又「擁眾萬人」。道光二十九年春，張嘉祥率眾來到南寧府左江一帶。清吏奏稱「自上年四月至本年五月，匪首張嘉祥、楊撈家等搶劫南寧府左江、柳州府右江等處，以及桂林府灘江一帶地方，均受毒害，被劫數十縣。首領數百人，內有廣東、湖南等賊，皆用紅布包頭。所豎旗幟上有『替天行道』等字樣，各項槍炮、器械、馬匹俱全。到處焚劫村莊，搶掠財物，姦淫婦女，殺斃良民，攻圍南寧府城，逼處柳州府城外。」不久，張嘉祥又率眾來到廣西貴縣。貴縣地處廣西南部，東界桂平，西鄰橫州，南接興業、鬱林及廣東之合浦，北達武宣、來賓及賓州。境內多山，峰巒重疊。早在道光十二年即有廣東的「遊匪」，由水路來至貴縣，棄船登陸後，「或皆寓於城中鋪戶，或潛住於廣眾圩場」，從事劫掠活動。當時，貴縣縣令王濟，招集雇工在該縣開掘銀礦，各地無業乞食之人，紛紛前來應募，使該縣「五方雜處，良歹不分」。許多人「日則開賭，夜則潛出為賊」，並且「糾眾燒香拜會」，天地會便趁機在這迅速發展起來。張嘉祥等率眾來至貴縣後，在覃塘墟張貼告示，糾人入夥。張嘉祥「雖事劫掠，頗與群賊異，富者出資免劫，貧者秋毫無犯。其旗幟大書曰：『殺官留民，劫富濟貧』。」故當時有民謠曰：「強如狼，弱如羊，扶弱除強張嘉祥。」他又設立「怡義堂」，廣招會眾。張嘉祥的活動引起官府的關注，潯州府知府顧憶之、副將李殿元等立即對之會剿，張嘉祥又從貴縣來到賓州的甘塘。在此大敗清軍，擊斃參將段炳文，聲勢益張。當時，廣西米價騰貴，地主、富商乘機囤積居奇，貧苦人民難以為活。張嘉祥針對這種情況，又提出：「上等之人欠我錢，中等之人得覺眠，（亦說：「中等之人得賞錢」）下等之人跟我去，好過租牛耕瘦田。」等口號，貧苦農民於是紛紛加入其隊伍。張嘉祥勢力的發展，地方官員無法對他遏制，擔心受到朝廷的責怪，遂對他進行招撫。廣西巡撫勞崇光令右江鎮總兵盛筠出面招撫，張嘉祥聞訊便隻身前往盛筠的

軍營投降。勞崇光聞知張嘉祥已經受撫，甚爲高興，將張嘉祥的名字改爲「國樑」，字「殿臣」，先以外委錄用。此後，張嘉祥便成爲朝廷鎮壓太平天國和天地會的鷹犬，爲清軍大加賣力。道光三十年八月，張嘉祥消滅了天地會的潘寶源股於龍川。咸豐元年又剿滅了潘大股於思恩、南寧、太平三府。清吏李星沅稱讚他「不但此時大有裨益，」而且「將來肅清江面」，「亦非此人不可得。」遂將張嘉祥「以千總補用，賞戴藍翎」。同年四月，張嘉祥消滅了天地會的宣化股。八月，又消滅了天地會的李樹清股，因而受到賽尚阿的賞識，將他擢爲守備，賞戴花翎。咸豐二年初，張嘉祥又剿滅了天地會的顏品喜股於靈山縣，前後共消滅了天地會武裝20餘股。其後，他又趕赴梧州，剿滅了蒼梧、平南一帶的艇軍。後來，他隸屬於向榮部下，充任攻打太平軍的前鋒。在追擊太平軍時，他「先登陷陣，以勇略著聞。」相傳他曾以200之眾，破太平軍數萬於新寧。以後又屢次爲清軍立功，「解金壇圍，迭破句容、鎮江、秣陵關、揚州、儀征，隨取泝州，轉戰數省，所向無敵，戰功第一，由偏裨擢升幫辦江南軍務。」不過，他在降清後，仍然繼續同貴縣一帶天地會的王亞壯、三興幅、王升高等往來，而且暗中串通盧亞相，率領20艘船，向富戶勒索錢財。此事曾引起清廷的關注，「前經招降之賊首張亞（嘉）祥，聞投首後仍與賊暗通消息，……尤應密訪嚴防，切勿墮其術中。」只是由於張嘉祥得到向榮的信任，才使他未被追究，並擢升爲「幫辦江南軍務」的要職。所以在向榮死後，因爲受到繼任者的猜忌，不再受到重用，最後在咸豐十年時在同太平軍作戰時戰死。

第十六章

兩廣天地會起義

在太平天國起義（1850－1864）期間，各地的天地會也紛紛舉兵響應。除了上海小刀會起義、閩南小刀會起義、閩中紅線會起義外，在湖南、兩廣也爆發了天地會的起義活動，並且在兩廣地區建立了天地會政權。這些天地會起義，同太平天國起義遙相呼應，對清王朝的專制統治，造成了極大的衝擊，成為天地會歷史上的重要篇章。

一、起義的歷史背景

1.嚴重的社會矛盾

太平天國時期兩廣天地會起義，固然同天地會本身的發展壯大有關，但是，更主要的乃是鴉片戰爭後兩廣地區社會矛盾發展的必然結果。

廣東省的情況

1840年英國對中國發動的鴉片戰爭，給中國人民造成了巨大的災難，而廣東人民更是首當其衝。在鴉片戰爭進行過程中，廣東人民的生命財產更遭受到嚴重損失。在戰後，英國侵略者利用中國戰敗而強加給中國的不平等條約，迫使清朝當局償付巨額的戰爭賠款，而廣東人民則承擔了其中的80.6%。這些賠款表面上雖然由廣東藩庫、海關或民捐支付，實際上當然皆取自民間。

另外，鴉片戰爭後，廣東的工商業、交通運輸業也蒙受到巨大損失。戰前，廣東的手工業與商業貿易十分發達。那時中外貿易因為限於一口通商，進出口貨物皆要經過這裡，從而為大批窮苦人民提供了就業、謀生的機會。當時僅依靠湘粵商道謀生者，即達十萬之眾。據容閎在《西學東漸記》中記載，「凡外國運來貨物，至廣東上岸後，必先集湘潭，再分運至內地。可非獨進口貨物然，中國絲茶之運向外國者，必先在湘潭裝箱，然後再運廣東放洋，以故湘潭及廣州間，商務異常繁茂，勞動工人肩貨來往於南風鈴者，不下十萬人。」鴉片戰爭後，外國侵略者強迫清朝當局允許五口通商，廣東失去了進出口貿易方面的獨佔地位，使得以前依靠進出口貿易為生的中小商人和在商路上謀生者，大批失業。戰後，清廷又把在戰

爭期間招募的兵丁、鄉勇，大量裁減以至遣散。這些人不願歸農，也變成了無業遊民。加之戰後因爲巨額賠款而導致銀貴錢賤，使廣大下層群眾遭到巨大損失，紛紛破產。總之，鴉片戰爭後，廣東地區的社會矛盾大大加劇了。大批無以爲生的窮苦人民，便紛紛到秘密會黨天地會中尋求幫助，造成廣東的天地會組織迅猛發展。在天地會成員中，有些僅僅從事打架鬥毆或搶劫勒贖等破壞社會秩序的活動。有些則利用天地會的現成組織，舉行武裝反抗鬥爭。無論那種活動，都反映了當時社會的動盪不安。清吏奏稱：「廣東舊有匪徒結會，該州縣間有出力查拿，不過設法驅逐，以鄰爲壑，而根株未除，蔓延日甚。其最爲民害者，則有三點會，所謂『開口不離本，舉手不離三』等號，粵東士民莫不周知。此等會匪，不獨無賴棍徒悉爲羽翼，即各州縣胥役兵丁，大半相與交結，表裡爲奸。雖素不謀面，而猝然相遇，見手口之號，無不呼爲兄弟，一切搶劫之事，無所不爲。即如廣州府屬香山等處，每逢稻穀將熟之時，該會匪輒預料某某種稻若干，應收租若干，勒令給伊錢文，較租金十分之一二，名曰『打單』。不遂所欲，即約會無數匪徒，將所種田禾，盡行芟刈，以洩其忿。」

廣西省的情況

兩廣天地會起義是在廣東首先發生的，但是，卻在廣西得到發展，並且在廣西建立了諸多天地會政權，這並非偶然。廣西一向被稱爲「地瘠民貧」之區，手工業、商業均不發達，窮苦的農民和其他下層群眾，往往以結拜弟兄的方式求得互濟互助和自衛抗暴。道光元年二月，清朝皇帝在一件給兩廣總督阮元的硃諭中寫道：「粵西界連湖南、廣東、雲南等省，陸路則深林密箐，山嶺崎嶇，水路則汊港繁多，四通八達，易藏奸宄，難淨根株。推其由，實因結會之風迄今未熄，又各處名目不一，蓋乃係天地會耳。匪黨糾約多人，到處搶掠，甚有明目張膽，自起名號，積年煽誘者。有懦弱無能被脅者，並有殷實之戶，希圖一經入會可免劫掠，甘心入教者。此中胥役兵丁皆不能免，故黨結日眾，包庇日深，盜案充熾矣！」

　　鴉片戰爭給廣西人民造成的直接災難，雖然不如廣東嚴重，但是，間接影響也不容忽視。鴉片戰爭後，廣西「壯丁失業，狡黠之徒，相聚爲盜，煙販鹽梟之屬，從而附和。又外郡地多山場曠土，向招粵東客民佃種，數世後其徒益繁，客主強弱互易。其桀者，或倡爲西洋天主教，以蠱惑愚民，用是黨滋益多。州縣官欲繩以法，則恐生他變。欲據實上陳，則規避處分。」而這裡天高皇帝遠，官吏「畏干時忌，逮釀成大禍，破則決裂，不可復治。」此外，官吏也儘量對百姓搜刮。「小民受其苛派，無從申辯，」並且與本地鄉紳串通一氣，「魚肉百姓」。每到青黃不接時，官吏又串通商販、牙行，私行交易，抬高穀價，剝削貧民。每當徵收田賦時，「悉由各卯鋪包攬徵收，小民輸納時，恣其魚肉，吆喝恐嚇，無所不用其極。」自雍正以來，全國各地皆實行地丁合一。但是，直到民國初年，廣西卻仍沿用前代的舊制。「夫廣西之民，身之有丁也，既稅以錢，又算以米，是一身而輸二稅。殆前世弊法，今既未能蠲除，而又益以役錢，甚可憫業。」加之道光年間，廣西各地連年災荒。道光二十三年，融縣「時疫流行，死人頗多。」道光二十五年，臨桂縣「大風雨，人有凍死於道者。」另外，嘉道以降，大批福建、廣東移民的湧入，造成廣西人口激增，人多地少的矛盾，日益尖銳起來。據統計，從清初到嘉道年間，廣西人口增加了十二倍，與此同時，耕地面積的增加卻不超過10%。人均耕地面積僅有一畝稍多，是清初的十二分之一。大量移民的湧入，不僅加劇了廣西人多地少的矛盾，更重要的是推動了秘密社會的發展。來自閩粵的移民中，不少人在家鄉便加入過天地會（添弟會）及其支派，有些人雖然並未加入秘密社會的組織，但也瞭解天地會等秘密社會內部的情況，得知入會後可以互相幫助，所以，廣西天地會的人數，也以驚人的速度增長。道光初年，廣東「內河土盜，潛至西省，互相幫助」，於是把加入秘密社會作爲在當地立足謀生的重要手段。因此，隨著閩粵移民的湧入，「依山附嶺種地之各省遊民，結夥搶劫，兼勾引本地愚民，或拜弟兄，或拜添弟，或數人，或數十人。或有會簿、腰憑，稱爲大哥、師傅，傳授口

號。」而地方官員為了避免處分，則對於民間結會之事，多隱匿不報，從而有利於秘密會黨的發展。咸豐年間湖南巡撫駱秉章稱，廣西秘密會黨的蔓延，實由於「吏治之不修」所致。他說「上失教，故民惑於邪說而會匪以生；上失養，故民迫於饑寒而盜賊以起，此吏治失於其始也。匪與盜初起之時，數健卒縛之而有餘。乃丁役則有庇縱之弊，官幕則畏辦案之煩，以至族鄰恐其株連，憂其報復則有隱匿之事，或正犯巧脫而累及平民，匪黨誣攀而罪及原告。」從而導致廣西會黨的迅猛發展。各地天地會在擁有一定勢力後，便紛紛舉兵造反。他們「皆用紅布裹頭，所樹旗幟，上有『替天行道，反清復明』字樣，槍炮、器械、馬匹俱全。」

　　總之，日益激化的社會矛盾，促進了兩廣天地會的發展。天地會本身屬於下層群眾的秘密結社組織，是主流社會的異己力量，一旦發展壯大，便利用社會矛盾，聚眾造反。太平天國起義前夕，兩廣天地會舉行武裝反抗鬥爭，便是社會矛盾激化的結果。

2.會黨的發展為起義做了組織上的準備

　　在激烈的社會矛盾下，兩廣地區的秘密會黨有長足的發展。但是，這些會黨組織，大多沒有明確的政治目標，有的甚至成為武裝搶劫集團。有的雖然具有反抗清朝統治的性質，但也屬於下層群眾自發的反抗鬥爭，其宗旨無非為了反抗貪官汙吏的剝削與壓迫，以求得生存，或者屬於「官逼民反」。有的為了師出有名，獲得漢族人民更多的支持，往往也打出「反清復明」的旗號。這些反抗鬥爭，儘管在一定程度上打擊了清朝的統治和外國帝國主義的囂張氣焰，但是，由於受到時代的局限，起義領袖並不要求推翻封建專制統治，未能擺脫舊式農民起義的窠臼。起義者的最高政治理想，無非要求建立一個由漢族當皇帝的專制王朝。

二、朱洪英、胡有祿起義和升平天國政權

　　在太平天國起義時期，兩廣地區先後建立了多個天地會政權，最早一

個便是以朱洪英、胡有祿爲首的「升平天國」政權。

朱洪英又名朱洪聲、朱勝洪或朱世雄，湖南安東縣淥埠頭人，一說他是湖南耒陽縣人。史料記載他原以做木工爲生，擅技擊，曾在廣西灌陽、全州一帶「假妖教惑眾」，曾充當「齋匪」。又進行結會活動，是天地會「公義堂」中人。鑒於道光年間湖南武岡和廣西全州一帶，盛行青蓮教，所以說他「假妖教惑人」，大概是指他傳習過青蓮教。胡有祿又名吳永祿、吳大，廣西武宣人。道光二十六年七月，他曾率眾起義，攻打湖南寧遠縣城。翌年，又與其兄胡有福及羅大綱，率眾攻打廣西陽朔。兵敗，胡有福被擒殺，胡有祿與羅大綱逃逸。

朱洪英與胡有祿何時開始聯手合作，尚難確定。不過，從現有史料可知，二人曾於咸豐二年八月，在廣西南寧聚眾起義。在此後的一段時間便未見有關二人活動的記載。直到咸豐三年（1853）五月才又見到二人的蹤跡。當時，朱洪英曾在廣西北部的恭城把當地的小股武裝聯合起來，又匯合廣義、洪順、從義、順義各堂，把隊伍發展到一萬餘人。胡有祿也轉戰於湘桂邊境一帶，擁有一萬餘眾。二者聯合後又吸收了廣東東陂觀的會黨以及桂北少數民族的武裝，共擁有三、四萬人。他們先攻破了平樂、恭城一帶縣城，再從湘桂邊境地區的龍虎關（在湖南永明縣境內）進入湖南，攻打永明縣城。清軍因「援兵未克及時至，團勇亦莫敢攖其鋒，」永明即被起義軍攻佔。同年十一月，胡有祿亦在湖南寧遠縣岩頭地方，擊敗清軍署總兵安長泰，擊斃把總呂至貴。不久，二人先後返回廣西。

朱、胡二人率領起義軍在湘桂邊境地帶的活動，給湖南、廣西兩省地方當局，造成很大壓力。湖南巡撫駱秉章奏稱：「此起逆賊自咸豐二年八月由廣西南寧起事以來，屢次攻陷楚粵邊界各縣城池，凶狡異常。所糾夥黨皆各省遊匪，而廣東、廣西、湖南邊界劇賊巨盜，及廣西遣散鄉勇尤多。其獷悍之狀，不亞金田初起諸逆。」

咸豐四年五月，朱洪英在廣西恭城一帶與當地武裝劉紹和、陳永秀等會合。閏七月，朱洪英又率眾屯於平樂沙子街。八月初，在恭城西領秧

家村與鄧正高一股會合，欲同攻灌陽。鄧正高是湖南祁陽縣人，曾追隨號稱「全州第一山」的王益元。咸豐三年王益元被殺，鄧復與全州武舉蔣正三、「土匪」鄧照龍、平樂羅福生、灌陽武生王世甲、興安唐包子等人聯絡。咸豐四年八月，鄧正高與照龍、唐魁等在恭城牛尾洞地方結會，屯兵於恭城的栗木地方，恰好朱洪英亦率眾來此，二人相約共同攻打灌陽。該縣署知縣鄧樹榮留把總潘勝崇、典史謝少江守城，而派崇順司巡檢婁泰前往縣城附近之剛隘堵禦，自率兵丁、差役為後援。八月十六日，鄧正高率眾來攻，將清將樓泰包圍並擊殺。次日，署知縣鄧樹榮前往救援，亦被擊敗。鄧、朱二人聯手攻至馬渡橋，將駐守該處的把總擊殺，乘勝將灌陽縣城攻佔。其後，署知縣鄧樹榮率兵丁前來反攻，起義軍不敵，朱洪英退守栗木，鄧正高由官塘往攻全州。九月二十二日，鄧正高等又從全州出奇兵突襲灌陽成功，朱洪英、胡有祿亦前來會合。鄧正高等佔據灌陽縣城後，附近的天地會順義堂、連我堂等武裝，趁勢佔領了縣城附近的西嶺寨，大荊源的瑤民也同其他反清武裝一千多人，進攻灌陽附近的一些墟鎮，使灌陽、恭城一帶的清朝地方當局，受到沉重打擊。朱洪英等利用這一有利形勢，建立了「升平天國」政權。朱洪英自稱鎮南王，胡有祿稱定南王，以「太平天德」為年號，並且鐫刻印章，樹立義旗，成為一股較強的反清勢力。

升平天國建立後，朱洪英、胡有祿又向北攻打全州與永明。因全州未能攻下，即分兵兩路，一路往攻興安，一路進攻道州。攻打興安的一路，旋為鄉勇及兵丁所敗；攻道州的一路，也在州城遇到守軍的頑強抵抗。這時，已革同知、直隸州知州王鑫與護永州遊擊周雲耀前來增援。朱洪英見該處難以攻下，即解圍而去，派一千多人前往江華。另一支由胡有祿率領，往攻寧遠。王鑫、周雲耀聞訊，恐江華有失，便急忙前往救援，一晝夜行軍145里。清軍的突然到來，使該處的起義軍「駭懼失措」，被清軍擊敗，損失慘重。清軍因得知來自廣西恭城、灌陽及道州的起義軍，聯合本地會黨數千之眾，前往攻打永明，只得「拔營馳往截剿」。胡有祿一支

起義軍來到寧遠後，在該縣水打鋪、天堂墟、兩河口一帶，與該縣知縣劉如玉、守備王綏國所率兵勇相遇，接戰後互有傷亡。這時，天地會頭目楊得金又自灌陽率領會眾2,400餘人，廣東東陂會黨200餘人，皆前來助戰，將寧遠包圍。在永明的王鑫、周明耀「聞寧遠被圍，星夜馳至，」與寧遠知縣劉如玉合兵一處。胡有祿「不虞永明官軍從南路突至也，驚懼不知所措，」結果大敗，楊得金及會眾453人被擒，清軍奪獲「太平後軍」及「朱洪英大小旗幟百數十面、偽妖書無數。」胡有祿只好率眾前往藍山，旋被王鑫追至，再敗而分散逃走。當王鑫返回道州時，胡有祿又乘虛重返寧遠，並攻打零陵。在被王鑫擊敗後，退往廣東連州境內。

朱洪英一部趁王鑫等攻打胡有祿之機，又從恭城進攻龍虎關，其後又進攻全州，失利後又返回恭城。咸豐五年（1855）正月，朱洪英率數千之眾由恭城往攻富川縣。縣役毛遇春在城內響應，內應外和，將縣城攻破，殺知縣濟昌，然後又攻打廣西灌陽及湖南東安等地。

朱洪英、胡有祿等起義軍在湘桂邊境一帶的活動，引起了清廷的嚴重關注。在咸豐五年四月初七日的一道上諭中稱：「廣西省土匪蜂起，四處蔓延，即如勞崇光等本日所奏，永福、永寧、陽朔、臨桂、荔浦等處，均被匪擾。恭城游匪攻陷富川，興平股匪並敢直撲省城。雖經官兵團練先後剿捕，或殲斃首逆，或登時擊退。此剿而彼竄，並未能淨盡根株。著勞崇光、惠慶督飭各該地方官，並帶員弁，將敗竄零匪實力搜除，毋得稍留餘孽。至廣東、湖南交界處所，如有匪徒滋事，即知會該兩省文武，協同剿捕，毋任彼此勾結，致辦理愈難措手。」咸豐五年四月十六日，朱洪英、胡有祿又率領起義軍從廣西灌陽，翻山來到湖南零陵縣界，直取東安。署縣令賴史直因援兵未至，「因賊勢兇猛，縣城旋即失守，」湖南巡撫駱秉章急令王鑫、周雲耀帶領千餘人前往救援，雙方在東安相持三月之久。七月二十四日，候選知府王鑫、補用參將周雲耀及署東安縣知縣賴史直等，合兵圍攻動東安。是月二十九日，清軍於縣城東門外發起猛攻，起義軍難以抵拒，遂由南門突圍而出，清軍緊追不捨。八月十三日，起義軍來到祁

陽、邵陽交接之四明山，胡有祿策馬上山，因墜馬而被俘。

　　胡有祿一股失敗後，朱洪英乃率部向西攻打新寧，旋為清將劉長佑所敗，只得返回廣西，在全州一帶活動，後又越境前往湖南零陵、道州、永明各處。在零陵的隆慶里地方，遭團練阻擊。又來到道州、永明交接處的大江源，建立石寨，據險固守。不久，清將周雲耀帶兵趕至。九月末，起義軍與廣西永福的反清武裝鄧亞福、鄧興爵及李氏等股合併，攻佔了興安縣城，隊伍擴至一萬餘人。清將周雲耀又自湖南追至，被起義軍擊敗，折回全州。朱洪英乘勝第三次將灌陽攻克。湖南永明縣與廣西灌陽相鄰，灌陽被起義軍佔據後，永明知縣曾德麟急向周雲耀「飛函告急」，周雲耀遂率兵「星夜赴援」，於十二月初一日到達永明。此時城內居民早已「遷居殆盡」，起義軍則「更番攻撲城垣」，周雲耀於城內督兵固守。起義軍於民房內鑿牆安設火炮，對城轟擊，守城兵丁多有傷亡，周雲耀頭顱亦被飛石擊中。十二月初四日，起義軍用火藥炸開城門，並趁勢攀梯登城，周雲耀見大勢已去，遂自刎身亡。

　　咸豐五年夏，來自廣東的天地會起義軍何祿（何六）一部，進入湖南，攻佔郴州、桂陽一帶，何六自稱「耀武侯」。湖南巡撫駱秉章急令王鑫前往救援。何祿派蕭元發、焦玉晶（洪大全）、許月桂等襲擊桂陽，結果為清軍所敗，焦、許二人被清軍俘獲。何祿遂轉攻寧遠，擊斃署臨武參將趙永年，佔據江華，與佔據永明一帶的朱洪英形成犄角之勢。十二月初，王鑫又率兵來攻永明、江華一帶的起義軍。朱洪英為避其鋒，放棄永明，與蕭元發部會合，來到寧遠之路亭。咸豐六年正月，朱洪英在此被王鑫所率清軍擊敗，逃往藍山縣，然後由臨武進入廣東之東陂觀，王鑫又尾隨而至。同年三月，朱洪英在麥嶺地方被當地鄉勇擊敗，在逃往永明時被官兵擒獲。由朱洪英、胡有祿建立的升平天國至此覆亡，其餘部在陳永秀與黃金亮統領下，**繼續反抗清朝當局的鬥爭**。

　　陳永秀，廣西全州建鄉人，綽號滿庭科，與其弟陳永利「亂為流賊，嘯聚恭城、灌陽等處」。咸豐五年十月，率眾投奔朱洪英。黃金亮也是廣

西全州人，由行伍入平樂營，曾任清軍千總、署麥嶺營都司。咸豐六年發動兵變反清，攻佔廣西富川。適值朱洪英自江華敗退富川被擒，餘部歸於黃金亮。咸豐九年，黃金亮欲投奔石達開，但於途中被陳戊養所殺。咸豐十年，陳永秀率部加入了大洪國陳金剛的隊伍。

三、廣東洪兵起義

　　繼朱洪英、胡有祿的升平天國起義之後，在廣東也爆發了聲勢浩大的天地會起義。起義最先發生在廣東東莞、佛山，接著各地天地會紛紛舉兵回應，聯合圍攻廣州。圍攻廣州數月不下，起義軍開始戰略大轉移，進入廣西境內，在那裡建立了「大洪國」、「大成國」和廣西三大王政權。起義軍自稱「紅兵」，亦曰「洪兵」。

　　鴉片戰爭前後，廣東各地的天地會已經十分活躍。道光二十三年，廣州府香山縣（今中山市）便有三合會在民間秘密流傳，並會發生了一起三合會聚眾造反的事件。在廣州附近的南海縣，天地會也很活躍。他們「倡言神人降生，天下大亂，謬作圖讖，煽惑鄉愚，結黨拜會，名曰三合。初則貪夜劫掠，繼則謀為不軌，使其徒分佈各州縣，定期舉事。」地方官員為了規避處分，對於各地民間結盟拜會之事，大多隱匿不報。咸豐四年，廣東香山的候補五品京堂曾望言曾談及這類情況：「廣東盜賊無時不有，無地不有，而莫甚於今日。其故總由歷年不辦會匪，不拿真匪，一味諱飾，遂致賊腥日肆，匪黨日多，蔓延鄰省，禍及天下，今乃大潰裂於廣東。」道光末年，在廣東順德縣容奇鄉發生一起大規模的會黨械鬥事件，卻被官府隱匿不報。地方志記載：「（道光）二十三年八月，三合會匪與臥龍會匪千餘人在順德縣之容奇鄉械鬥，傷斃三命，該匪自相仇殺，並不報案，官亦直視為無其事。至道光二十四年正月，該匪復相尋仇，復聚數縣之三合會，與臥龍會匪和數千人又在順德之桂州鄉大為械鬥，死者百餘人，傷者百餘人。時知縣韓鳳翔甫經到任，聞信即往彈壓，奔省面稟，大吏囑勿聲張。嗣經御史朱琦奏奉寄諭查辦，乃由省捏造一甘結底稿

發縣，令紳士出具無會匪械鬥甘結，紳士又不肯。又另派道員琦成額親到順德縣桂州鄉嚇勒該紳士，若不具甘結，遂據以覆奏，並且捏稱該處每年有賽神之會，此次係因賽神船隻往來抵撞，僅相口角，並無打架等語，以後不許人提會匪二字。以地方非常之變，竟敢為虛飾之詞，悉行消弭。」因此「該匪等並無畏忌」，益肆無忌憚，結拜愈多，遂致蔓延全省，及於廣西，禍連吳楚」。在此情況下，當地人結盟拜會幾成公開之事。甚至聲言「大憲不禁人拜會，我等樂得結拜，遂致蔓延通省。」原先僅於夜間結拜，後來發展到白晝結拜，甚至衙門兵役也「借其黨羽」。連省城廣州附近的白雲山，亦「無時無匪拜會。」道光二十四年，香港英國當局也提到三合會會友（Brotherhood）「居住在本島，進行著秘密通訊，召開秘密會議。」「儘管這些會社可能是不受歡迎的，但仍然有大量的群眾參加。」「據說，在廣州三合會的數目是很多的。」「毫無疑問，這個會社是強大的而且經常反抗總督和知縣們的權威。」

　　咸豐三年太平天國在南京建都後，曾派劉杜川（上海小刀會起義首領劉麗川之弟）等秘密回到廣東聯絡會黨，推動了兩廣天地會的起義。是年春天，天地會發出反清檄文，在歷數清廷罪行後，提出：要「大興湯武之師，永為雲霓之望。鋤其邪暴，救民於水火之中。」號召民眾「凡我士民，無詐無虞，同心同德，」以期「永登人壽域，共用太平春。」

　　廣東紅兵起義最初是在東莞爆發的。起義的直接原因是該縣知縣江肇恩的貪婪虐民。咸豐四年五月，東莞知縣江肇恩派令差役在本縣到處勒索陋規。在河上，也派差役向船戶收取陋規銀。當地的快蟹船巡丁，多由三合會成員擔任，平時借執行河上的巡邏任務，向船戶收取保護費，這樣便同差役為了爭利而發生衝突。東江一帶三合會首領何祿即何六、袁玉山等，在廣州城郊已聚有二萬餘人，他們同東莞巡丁聯為一氣，於同年五月十五日首先發難。英人約翰·施嘉士（John Scarth）在所著《在華十二年》一書中寫道：「粵省之亂，最先起事於石龍。此為通商大鎮，僅次於佛山，在東莞縣治內東江流域。附近有一村名石碼者，村民與本地官員發

生爭執。官員即調集大隊兵士，圍困全村。其有武裝的村民均已逃去，所留婦女孺子盡被殺害。村之周圍數人人皆被毀，房屋皆被燒。聞廣州（叛黨）之一首領，亦即三合會之一魁首何六，在此次屠殺中，失去一個兄弟，大概是三合會的同盟兄弟。他本人是在政府中服務的，統帶武器充足之師船十餘隻，被駐石龍之清吏利用，與外江偷運私貨。此事發生後，官軍之勝利不知長久，何六即何祿樹旗起事，糾集不少東莞民眾在其麾下。」

何六（？——1855），又名何祿，廣東順德譚村人，原名金殿，字賢相，出身於小商人家庭，十多歲時，隨父親到東莞縣石龍鎮米鋪當學徒。因東莞一帶三合會異常活躍，故何六及長便加入了三合會。太平天國起義爆發後，何六便在石龍一帶進行秘密反清活動，並與太平天國建立了聯繫。咸豐三年（1853）曾被太平天國暗封為「武耀侯」。太平天國建都天京後，曾派劉杜川等人秘密回到廣東，與何六建立了進一步聯繫。咸豐四年五月十三日，何六首先在東莞石龍鎮舉兵起義，「聚黨至三萬餘人，船六百餘號。」他向會眾們提出行動綱領：「拿龍，提虎，擋羊，拜佛，上西天。」其中「龍」是指石龍鎮，「虎」是指虎門，「羊」是指廣州，「佛」是指佛山，「西天」是指廣西。據《岡城枕戈記》記載，「咸豐四年五月十三日辛亥，會匪何六糾眾踞東莞石龍墟作亂。」「何六者，或謂順德人，在石龍墟糾集皮鞋、油糖、棉花各行店工人，俱無賴，一旦舉事，廣府之禍遂自此始。」是月二十二日午刻，何六率領起義軍來到東莞縣城，因他已「交通內外」，故當守城都司莫其亮登城準備抵禦時，「回顧兵壯，則已盡裹紅巾，遽開城門，」莫其亮遂被殺。《東莞縣志》的記載與此稍有不同：「知縣江肇恩及都司莫其亮信劣紳言賊志不在攻城，故不設備。二十二日黎明，賊大至，江、莫棄城遁，城門不閉，賊從北門入，焚衙署，縱獄囚。城中兵役亦皆從賊。」「何六舟泊五雲亭。閱日，賊得江肇恩，擁至舟，挫辱備至，尋縱去。莫其亮易服走，將逾城，為賊所執。賊恨莫甚，支解之。」

　　何六的起義很快在廣州附近引起了連鎖反應。

　　咸豐四年六月十一日，陳開與劉杜川等率天地會眾在佛山起義。陳開是廣東鶴山縣（今江門市）維墩上約坊竹樹坡人，生於清道光二年，雇工出身，以駕船爲業。也有史料稱陳開是廣東佛山人，或稱他靠「箍桶爲生」。

　　在陳開發動起義前夕，佛山一帶天地會十分活躍。「鷹嘴沙等處，入夜紛紛拜會，五月以後，茶樓酒肆漸多奇服異言，見者驚駭。」六月十一日，陳開與劉杜川等在佛山鎮石灣大霧岡祭旗起義。陳開「蓄髮易服，自爲軍師，稱大王，聚義榜曰『洪順堂』。其軍亦稱太平軍，而設官分職則與太平軍迥異。」據《鶴山麥村麥氏族譜》記載，「（咸豐）四年五月，維墩賊首陳開走通各處市鎮頭目，及一切梨園子弟，於六月十二日據佛山，豎紅旗，穿戲服，插雉尾。其始不過數百人，旬日間，不下十餘萬，皆以紅巾裹頭，縧帶纏腰，稱元帥，呼都督，自封自贈，橫行無忌。」起義軍宣稱對太平天國「遙承節鉞，坐擁旌旄」。陳開還以「太平」爲號，自稱「安東將軍統領水陸各路兵馬管理糧餉招討都元帥」。

　　陳開既起，廣州附近的天地會紛紛回應。「佛山博徒陳開者，入會最久，眾稱爲首，頭裹紅巾，豎旗倡亂，則咸豐甲寅六月十一日也。燒官署，踞佛山爲巢穴，僞號大寧。而省北何子海、朱子儀、豆皮春、李文茂等，亦聚眾數萬應之，以江村爲老巢，以佛嶺市爲大營，蕭岡、龍塘觀爲輔翼。迄西自石井、石門、金山、官窯，直接佛山，東以燕塘爲老巢，三寶墟爲後應，環逼省垣。旬日之間，連陷數十州縣。」起義帶有明顯的反清色彩。廣州附近的一件紅兵起義檄文中，在列舉清統治者的苛政以後，提出：「父老苦秦（指清——引者）苛政久矣，黎民望我創復殷焉！今幸明王有佐，故主尚存。仰觀天象，歷數在躬；俯察輿情，民心易變，爰舉義旗，以清妖孽。惟望普天率土，執孺子於咸陽；努力同心，殲商辛於牧野。其全才全德者授以萬戶侯，一技一能者，授以千夫長，躬耕者免稅三載，犯法者宥罪十條。」反映了群眾對清朝統治的不滿。七月，陳開以

「總理軍機大臣統領水陸兵馬大元帥」的名義，發布告示，令各殷戶捐輸軍餉。稱起義軍「現下人皆奮志，士盡同心，駐蹕羊城，廣羅豪傑，提師北上，合力除殘。」要求各殷戶「務宜早日捐輸」：「爾等見示，立即輸將，事屬軍需，刻不容緩。」閏七月初四日，陳開發布「大營賞格」，提及九十六鄉有人在佛山「潛伏鎮內放火，大屬可惡。」下令「凡九十六鄉人在禪地（佛山）貿易者，必要十家聯保，方許居於禪地。若無十家聯保，定是奸細。有能拿獲一名，訊確即賞花紅銀四十大圓。」閏七月初二日，廣州地區起義軍「軍機文房司事」蕭秋湄在〈上佛嶺市大營大元帥書〉中提到：「豪傑並起之秋，人心各有所屬，樹黨紛爭，當今之時，勢所不免。」為此，他提出幾項建議：

1. 大營頭門宜用木牌直書『王府』二字，後進中立萬歲牌位。凡封職、徵糧等事，則用玉璽。若徵調兵馬糧餉，則用帥印。元帥用事，亦只在王府兩旁。

2. 王位之下，仍立五祖牌位，蓋五祖固為洪兵素所尊仰，而明王又為五祖所當尊。名實兩全，而後名分可定。名分既定，而後軍法可行。

3. 革除殷戶除前經助餉外，其有能踴躍再捐者，注明冊內，以待旌賞。各處畝稅多寡之數，則由該地保按照花戶官冊核實報明，以便陸續稽驗。

4. 每社學設立鄉正四人，文房十人，巡丁十人。其酬金費用，俱由公家支發，以杜侵漁。」

陳開在佛山起義後，李文茂即以江村為據點，以佛嶺市為大營，舉行起義。李文茂是廣東鶴山縣人，粵劇藝人，工二花臉，擅長武打。豆皮春即陳顯良，廣東番禺人，他以燕塘為為據點，以三寶墟為後應。當時，佛山有四萬多手工業者、數千名戲班弟子和九千多條船上的漁民和水上運輸工人參加起義。

閏七月初六日，起義軍又以「復明統兵大元帥洪」的名義，發布告示，要求鄉民「按稅納餉」。告示稱：「寓兵於農，王師所以無敵，籌餉

於稅，仁政可以常豐。我紅兵以興義師，以仁養士，非同烏合，妄肆鯨吞。但六軍雷厲，萬旅雲屯，軍糧不可苟取，兵餉必須正供。因與各鄉紳耆公議，每畝田科米三勺，各鄉匯收，送交大營，以裕軍餉，以順輿情。」「倘有遏糶封江，吝情抗拒者，定按軍法，決不寬恕。」

同日，起義軍分兩路進攻省城，東路約二萬人，由燕塘進攻絲岡，徑取東關，未能取勝；北路約十萬人，與官兵戰於北郊，亦未能得手。閏七月十六日，清軍在燕塘反攻，陳顯良敗走新造，起義軍犧牲萬餘人。閏七月二十四日，李文茂、甘先發布告示，嚴明軍紀稱：「今我洪兵各知仗義，一視同仁，只求伐暴誅奸，豈與挾私報怨。如有假公濟私，恃黨勒詐，甚至焚屋抄家，淫刑割耳等情，許該鄉捆送大營重辦。倘或黨大勢強，一經稟報，本帥調兵捉拿，定按軍法。」八月初十日，陳顯良以「粵東全省義民統領」的名義，致函英國領事，指出「此次我兵之舉，以至商賈奔遷，貨財梗塞，問心實所不安，然亦不得已也。」紅兵起義實由於當局「吏酷官貪，上下徵利，待遠商則無禮無信，視百姓則如寇如仇。商民遭其蠹害，盜賊用敢蜂來。病國虐民，莫此為極。」故紅兵「大興義師，誓除奸黨，救民於水火，解困於倒懸。」一旦「剪除奸官汙吏」，便可「開商貿易，貨物流通，共樂昇平。」

咸豐四年六月十九日，甘先在花縣遠龍墟「豎旗倡亂」，乘知縣病故之機，將縣城攻佔。甘先字廣高，番禺縣雅湖岡尾人。在起義軍張貼在花縣縣城的一張告示中，表達了對清統治者的仇恨。告示寫道：滿洲「乘我國內亂，進踞中原。」「殺我父兄，不啻重生桀紂」「戮我子弟，儼然再世秦王」。「揚州亂殺，充滿枉死之城，嘉定屠城，淚灑閻王之殿。」「貪官汙吏，充塞於郡縣；橫徵暴斂，民不聊生。二十餘省之商業，抽剝千重；四百餘州之地皮，鏟深百尺。」起義軍當時是以太平天國的名義張貼告示的，故稱「天王愛民念切，復國為懷，不忍上國衣冠淪於禽獸。」要求「統集中原豪傑，還我河山。光芒三尺，肅清百載之妖魔；智勇三軍，掃蕩四郊之猛虎。」希望「草澤英雄共襄大事，」以期「登斯民於衽

席，慶漢室之重光。」該告示以太平天國「正命天王」的名義發布，但又保持了天地會的特色，故既使用了「太平天國五年」，又標明天地會的「天運甲寅」。廣東當局派廣州協副將崔大同、順德協守備洪大順前往剿捕。起義軍遂由花縣前往番禺，聚集數萬人屯於江村官橋一帶。

2.圍攻廣州之役

李文茂在江村起義進軍佛嶺市後，便準備與廣州附近的各路起義軍共同攻打廣州城。首先與他聯合的便是在花縣起義的甘先，他率領數萬人來到江村的官橋一帶，趁勢越過蕭岡，直趨廣州附近的三元里，與李文茂會師。接著，沙亭岡的周春也帶領起義軍前來會合，又到廣州城北黃婆洞一帶糾人拜會，豎旗招人，參加者甚眾，聲勢大盛。控制著佛嶺市的陳顯良也率領數萬人與李文茂會師。

咸豐四年六月二十二日，紅兵分三路對廣州城發起進攻。東路以陳顯良為首，約有二三萬人，由燕塘出發，攻打廣州東關一帶。北路以甘先為首，由江村出發，在三元里一帶，準備奪取清軍炮臺。西路由李文茂親自率領，由佛嶺經青龍橋，攻打廣州北門。林光隆則帶領一支起義軍，隔江與之聲援，並牽制官兵。

廣東地方當局聞知各地天地會紛紛舉兵起義，並且聯合圍攻廣州城，急忙調兵遣將，準備進行鎮壓。副將崔大同、守備洪大順帶領官兵前往攻打江村，行至牛欄岡時，突遇起義軍，被打得大敗，崔大同、洪大順二人俱陣亡。起義軍獲此勝利，大大增強了信心，遂部署對廣州的包圍。李文茂對整個作戰部署做了周密的安排，他以佛嶺市作為大營所在地，以蕭岡、龍塘觀為兩翼。在廣州北郊和東郊一帶，除由甘先、陳顯良已經佔據者外，又把兵力向西伸至石井、石門、金山、官窯等地。廣州南面珠江河上則有林光隆、李大計，將珠江河面封鎖，斷絕了廣州與外界的聯絡，廣州已經完全被起義軍所包圍。兩廣總督葉名琛故作鎮定，親自前往越秀山坐鎮指揮，以等候救兵。

　　七月中旬，起義軍元帥盧八等由燕塘攻打廣州東關，但未能得手。何六攻佔了增城，甘先佔領了從化。

　　從九月中旬起，清軍因得到外國兵船協同作戰，開始進攻李文茂所在的佛嶺市大營，但仍爲起義軍所敗，清軍死傷數千之眾，洋兵亦死傷數十名。十月初十日，陳開又發布告示稱：「我洪門以仁義之帥，統仁義之師，撫綏邇遐。」如今「各營申命大帥會集戰船，嚴飭陸路分途並進，直指省城。所有水陸村場，耕市不驚，秋毫無擾，各宜安堵，慎勿恐慌。至於大兵臨城，城內官員倘能開門待命，隨才拔擢，一體恩寬。」「即如炮臺兵丁及旗滿人等，各事其主，倘能投戈迎附，有志者錄用，無志者歸農。其餘居民內，情關桑梓，一經聽命，恩遇有加。」

　　十月十八日（12月7日），葉名琛以兩廣總督的名義，照會香港總督約翰‧包令（John Bowring）請求英國出兵，幫助鎮壓廣東天地會起義。幾天後，包令便夥同美、法兩國公使，合謀出兵。而交換條件是清廷須答應允許外國人進入廣州城。十月二十二日，包令便以保護英國人在華利益爲藉口，派遣艦隊來到廣州，協同清方鎮壓起義軍。他們要求起義軍保護他們的利益不受侵犯，在廣州城外劃定許多地區，不許起義軍進行軍事行動，並且派遣船隻幫助廣東當局運送彈藥、物資。針對英國的上述態度，陳顯良又致函英國領事，指出英國「每有船隻在本營炮臺來往，緣念兩和好故，不開炮攻擊。今竟以火船灣泊大石河面，又以兵船泊本營河口沙嘴，甚爲不解。獨不思大石爲我兵出仗之區，若不即退往別處，恐爲大炮誤傷。」故要求英領事「務祈嚴飭各大國兵船，退往別處，勿阻我師往來之路。」並警告說：「如有假冒各大國火船、兵船，是必開炮攻擊。」

　　紅兵經過對廣州城數月的圍攻，終未能攻下，經過幾次大的戰役，業已無力繼續包圍廣州城。十一月末，李文茂率部由廣州城北向西撤退，陳開也率部撤出佛山鎮。兩軍會合後，沿江西上，進入廣西境內。從十二月到翌年正月，起義軍完全解除了對廣州的包圍。陳顯良一支隊伍在敗退到新造後，曾一度攻至三寶墟、燕塘一帶，直接威脅到廣州東郊，但很快又

被清軍擊敗，遂與何六聯合，駕船數十隻，由水路進軍，在黃埔打敗清軍水師。因受岸上炮火攻擊，何六率船隊後撤，陳顯良又與林光隆聯合，次年進入廣西。

紅兵起義對廣州的包圍歷時四月有餘，終於以失敗告終，其中一個重要原因，便是外國侵略勢力對清朝當局的幫助。在廣州被圍之初，英、美、法等國均保持表面上的「中立」。但是，隨著事態的發展，為了保護其商業利益，便撕下了「中立」的面具，公開站到了清政權一方。英人林利披露，「1854年包令爵士以英國海軍與那個聲名狼藉的怪物葉氏（名琛）之力量聯合，因此平靖亂事，而蹂躪廣東全省使成焦土。其時。廣州省城為全省中清吏所有之獨一地方，惟賴英國力量保存之。」法人高龍倍勒（A.M.Colombel）亦提及：在廣州被包圍時，「歐洲人，特別是在廣州有最大的商業利益的英國人，他們和葉總督聯合起來保衛廣州。」英人約翰·斯嘉茲（John Scarth）在所著《在華十二年》（〈Twelve Years in China〉）中也披露說，香港總督包令曾「偕海軍司令（施德靈）率軍艦直駛進廣州省城附近，且與美國合作，採取有效辦法以為該城之安全計。」他們以「輪船拖帶或護衛中國船隻之裝運貨物或糧食。」故陳顯良於咸豐四年十一月二十四日以「統領水陸兵馬大元帥」的名義，向英、美、法三國公使發出照會，指出：「刻下進兵，攻除在即，惟各大國貿易者，每每以華艇等船，用米蓋住火藥，載運進省。其火炮名為防賊，而實賣與奸官，殊非正理。願各大國自今以後，禁止艀艇轉載火炮、火藥、糧米等物，賣與奸官所用，以及火船載渡奸兵進省。俟我等得城，然後通商便是。」當時的美國傳教士丁韙良也曾提到：「叛黨雖封鎖廣州，而條約國之外交官等竟給予清軍以救援。」「1854年藉外人之勢力（或影響），廣州得以保存而不致陷落在三合會亂黨手上。」

導致起義軍圍攻廣州失敗的另一重要原因，是受到廣州與南海縣鄉勇的頑強抵抗。當陳開與李文茂於咸豐四年七月二十六日，分兵兩路進攻廣州時，當地鄉紳聯合了九十六鄉的團勇，進行了頑強的抵抗，終將起義軍

擊敗。閏七月初七日，陳開又分兵十路，率領十萬之眾，前往打通通往廣州之通道時，隨將該處的清守軍擊潰，卻敗於團勇之手，被迫退回佛山。

廣東各地天地會的響應

在紅兵圍攻廣州期間，廣東各地天地會紛紛舉行起義，分散了清地方當局的注意，響應和支援了紅兵對廣州的圍攻。其中較為重要的有：

咸豐四年六月十六日，陳金剛（一作陳金缸、陳金江）與盧煒等率領數千三合會成員，起義於廣東三水。陳金剛是廣東肇慶府開建縣人，一說三水人，「素業箍桶」。三合會起義後，於當月二十三日攻打三水縣城。七月十一日又與林大年、巢潤章、練四虎、侯陳等，攻打清遠縣城，清軍守備賴名貴開城迎降。林大年自任知縣，改清遠為中宿縣。同年六、七月間，各地天地會起義還有：陳吉、梁棉等在順德的龍山起義，並佔據順德縣城。七月初，新會的陳松年、呂萃在江門的狗山一帶糾眾開堂拜會並起義，有眾數千，商民多有獻財物者，清軍守備吳元升率鄉紳登城防守。七月十五日，鶴山、佛山起義軍來援，彙集城下，與官軍「大小二十餘戰，期在必得」。直到八月十四日才解圍而去，前後圍城近兩個月。七月初，三點會在英德縣各處「放台」。初十日，陳義和與陳榮帶領十餘人擁入縣署，署縣令乘機逃脫。陳義和、陳榮自稱元帥，何義為縣令，陸任東為軍師。起義軍「踞城放囚，」改英德縣為英州。七月十一日「紅頭賊」葛老縢、戴則興等由省垣來至樂昌，二十一日將縣城攻佔。後來又與佔據英德的陳義和圍攻翁源，與清遠的巢潤章攻打韶州府城。在四會縣，咸豐四年年初以來，「各鄉又紛拜三合會，七月初遍樹紅旗，用紅布纏頭，俗名曰紅頭賊，向殷戶勒索銀穀。」署縣事牟考祥與守備張國芳，以城內軍火不夠為由，棄城而逃。先入城者為本地的蘇程，他在城內「毀案牘，拆衙署，戕害居民」，不久，為下茅的陳水所殺。陳水佔據縣城後，把該縣改為「綏州」。香山縣的天地會也聚眾起義，並與前來香山的南海縣天地會起義軍會合。天地會首領陳瀚光率領肇慶府清軍扒船兵勇嘩變，伍百吉等

率眾回應，佔據府城。梁培友、曾信等佔據德慶州城。七月十八日，惠州三合會首領翟火姑等於歸善縣三棟墟豎旗起義，並圍攻歸善縣城，但未能攻克。翟火姑是惠州府城小西門外人，因事繫於獄，獲釋後往投何六。何六敗，復潛回府城，為營兵所執。旋逃跑至三棟，適逢該處天地會中人何亞黃、陳吉勝等欲率會黨起義，無人願任首領。翟火姑至，即被眾人推為首領，翟火姑聚集數千人起義。七月十九日，開平的紅兵數千人在梁福帶領下起義，攻打縣城，城內胥役回應，起義軍順利將縣城攻佔，知縣慶樟等死之。天地會首領吳昌球率眾攻佔了東安（今雲浮縣）縣城。

此外，在紅兵起義軍圍攻廣州期間，各地天地會起義者還有：省河（即珠江）南岸的林光隆，江面的關巨、何博奮，潮州的陳娘康、鄭遊春。

總之，在太平天國起義影響下，廣東各地天地會（三合會）在各府、縣紛紛舉兵起義。大者數萬、十餘萬為一股。小者數千、數百人為一股。他們頭裹紅巾，或腰纏紅帶，蓄髮易服，以「反清復明」，或「順天行道」為口號。自稱「紅兵」、「紅巾軍」。自從陳開在東莞開始造反後，「旬日之間，連陷數十州縣，西至梧州，北至韶州，東至惠潮，南至高廉。賊壘相望，道路梗塞。」特別是起義軍對廣州的包圍，對清王朝在廣東的統治造成了極大的威脅。不過，由於起義軍受到國內外統治階級的鎮壓，終於未能將廣州攻佔，各股起義軍也大多受挫，只得開始了戰略大轉移，從廣東前往清統治相對薄弱，而天地會勢力也較為雄厚的廣西。

四、天地會在廣西建立的政權

1. 陳金剛與大洪國政權

咸豐四年六月，陳金剛與林大年、練四虎等在廣東三水起義後，一度攻佔了清遠縣城。天地會在清遠縣有較深厚的群眾基礎，早在嘉慶年間，當地就有許多人結盟拜會，「多者數百，少者數十，乃閩中天地會之餘氣。其語言舉動皆有暗號，以自別識。其間尤有悍者，身帶雙刀，名曰

『大貨手』。公行無忌，恃強凌弱，依眾暴寡。」「地方紳士保甲，明知伊等蹤跡不軌，無如地方官專事諱飾，十案不辦一案。即欲指名拿究，徒結仇怨，奸鋒未挫，反噬隨之，因而公私容縱，日益蔓延。」咸豐四年三月，清遠縣會首梁桂糾眾拜會。七月十一日夜，陳金剛等將縣城攻佔，林大年改清遠為「中宿」，自任知縣。後來，又於同年十月，與陳義和一股，合力圍攻韶州府城，未克。咸豐五年四月，清遠與英德先後被清軍奪回，練四虎向西進入廣寧。咸豐六年四月至七月中旬，練四虎、侯陳帶再次由廣寧率萬餘人攻打清遠，結果為清軍所敗，派人赴陳金剛處求救。陳金剛這時也因屢遭失敗，正感勢孤，遂與之聯合，一同攻打清遠，但一直到次年初仍未攻下，只得解圍而走。練四虎進入濱江，作為據點。陳金剛、侯陳帶等率眾向西發展，經廣寧進入廣西境內，攻佔了廣西東部的懷集縣。陳金剛在此建立了大洪國政權，他自稱「興南王」。不久，又奪得廣東西部的開建縣，然後以懷集、開建為根據地，在廣寧、德慶、封川、連山一帶活動。

咸豐八年正月，陳金剛派元帥鄭金（綽號大口金）與湯六等率軍由懷集向西進攻賀縣，與清軍相持甚久。後陳金剛親自來援，直到同年十月十二日，才將縣城攻佔。其後其勢力又蔓延至廣東德慶、封川、開建、廣寧及廣西的懷集、富川等州縣。咸豐九年六月，陳金剛與侯陳帶因意見不和而分離。陳金剛棄懷集而至賀縣，侯陳帶率部返回廣東，在連山一帶活動，咸豐十一年降清。

咸豐十年二月，陳金剛、練四虎等又率大軍萬餘往攻廣寧、四會一帶，結果，無功而還，仍固守賀縣。這時，升平天國的陳永秀、盧海等前來投奔。同年五月，清將蔣益豐率軍來攻，陳金剛大敗，僅率十餘騎從賀縣南門出逃，來到開建，又聚集了一萬餘人，向南來到廣西邊境城市蒼梧，與該地的羅華觀會合。又與容縣的范亞音相聯合，擁眾數萬人。同年九月，清軍對陳金剛大舉進攻，盧煒等數百人被清軍招撫。十月下旬，清軍又攻佔了戎墟，並乘勝進攻蒼梧的下郢，陳金剛大敗，羅華觀等奔潯州

府投靠陳開。咸豐十一年春，陳金剛令鄭金、麥亮賢等率六、七千人進入廣東高州府境內，二月四日攻佔了信宜縣城，知縣崇麟逃逸。是月十七日，陳金剛來到信宜，以學宮爲元帥府，在此積草屯糧，擴大組織。不久，恢復了元氣，先後攻打石城、化州、茂名等地，並逼近高州府城。陳金剛這時以信宜爲基地，控制了千餘里的地盤，活動於陽春、陽江、羅定、岑溪、容縣、化州、電白等地，人數擴展至十萬之多。清軍往來追逐，疲於奔命，卻無可奈何。於是，決定由提督昆壽親自率軍赴高州一帶剿辦。同治二年五月，昆壽帶兵抵達高州，決定直取信宜。因官兵僅二萬餘人，爲起義軍的五分之一，無法取勝。但起義軍中的茂名股戶李安等卻充當了清軍的內應，使起義軍接連失利。在軍事上受挫的情況下，重要首領鄭金又心懷異志。八月初二日清軍發起猛攻，麥亮賢出戰不利，鄭金拒絕援救，麥亮賢中炮身死。九月初八日，鄭金將陳金剛誘殺，把信宜獻給清軍，陳金剛手下的十萬餘眾就此瓦解，大洪國至此覆亡。

2.陳開、李文茂建立的大成國政權

　　咸豐五年紅兵圍攻廣州失敗後，便開始了戰略大轉移。「東匪全股西竄，賊艇千餘艘蔽江而上，潮勇鏖戰不得休，炮聲震天。」起義軍沿江而上，經賓城，出封川，進入廣西境內，直逼梧州，然後溯潯江，經藤縣、平南進抵潯州。

　　在紅兵來到廣西以前，廣西當地的天地會已經揭竿而起，攻城掠地。重要的有：梧州的羅華觀，容縣的范亞音，貴縣的黃鼎鳳，永淳的李文彩，修仁、荔浦的張高友等。

　　陳開、李文茂所率十萬大軍進入廣西後，突破了清軍在梧州的防線，沿江西上，經藤縣、平南而直抵潯州府城桂平。起義軍戰船數百，泊於潯江兩岸，以泰山壓頂之勢，將桂平包圍。潯州府知府劉體舒帶領兵丁、團勇登城固守，起義軍晝夜環攻，雙方互有傷亡。起初，城內糧食尚可支撐，清軍還能堅守。起義軍遂挖掘地道，攻打南門，又築土牆，以斷絕其

糧食通道，使城內糧米漸漸不支。七月十五日，起義軍在小南門一帶通過地道將城牆炸開一段，從缺口攻入，但被守軍擊退。知府劉體舒用「血書請援」。八月初六日，臬司張敬修、參將尹達章由南平率水師來援，在石嘴一帶被起義軍擊退。這時桂平已經被包圍四月之久，「援糧斷絕，軍民至剝煮箱皮，啖油麩為食。」八月十七日，起義軍直攻南城，架設雲梯，攀登而上。守城兵丁、鄉勇「枵腹不支」，縣城遂被攻佔。潯州府知府劉體舒、桂平縣知縣李慶福均被執處死。

陳開、李文茂等攻佔潯州府城後，即建立「大成國」政權，改元「洪德」，改潯州為「秀京」，桂平為「秀水縣」，平南為「武城縣」，貴縣為「懷城縣」。並且開爐鑄幣，稱「洪德通寶」。又分設各官職，於各墟市「設局索糧」，徵收賦稅，下令全軍蓄髮易服。李文茂、陳開、梁培友、區潤平等五人皆自立為王。

大成國建立後，原來活躍在廣西各地的天地會起義軍，紛紛與大成國建立聯繫。有的直接加入大成國的隊伍，有的接受了大成國的封號，有的同大成國在軍事上建立了聯盟關係，出現了兩廣天地會大聯合的局面。咸豐六年九月下旬，陳開在梧州召開重要首領會議，共商大計。陳開稱「鎮南王」，是年冬天又改稱「平潯王」；李文茂稱「平靖王」，兼陸路總管；梁培友稱「平東王」，兼水師總管；區潤平稱「平西王」，梁昌稱「平北王」。在王以下皆稱公、侯、元帥、司馬等。會後，各首領分頭前往各地擴展勢力。

同年十月，李文茂統率大軍攻打柳州，「水陸連數十里」。武宣的何維、陳保及柳州當地的張彪、張應標等，皆起而響應。起義軍與官兵先後戰於雲頭嶺與紅廟，然後在柳州城下環攻，廣西巡撫勞崇光派遊擊韓鳳率領三千官兵往援。提督惠慶率兵駐紮在雲塘，與韓鳳前後夾攻，致使李文茂受挫。清將韓鳳因幾次小勝而「益驕肆」。不僅不聽提督惠慶的命令，而且「索民捐輸軍餉，不饜所欲，擄子女」。加之城內糧食匱乏，難以支撐。韓鳳只得於咸豐七年二月十九日夜間，率二百餘人突圍，遭到起義軍

的堵截，傷亡慘重，韓鳳僅以身免，李文茂趁勢攻佔了柳州。李文茂在佔據柳州後，又改柳州為「龍城府」，改馬平為「瑞龍縣」，並設立丞相、都督、將軍等官職。又開爐鑄錢，稱「平靖通寶」。起義軍編為前後左右中五營，另設「御林軍」作為自己的衛隊。每逢朔望，李文茂便帶領一班文武官員，赴各廟宇行香敬神。他「頭戴紫金冠，插野雉毛，穿黃緞繡龍馬褂長袍，以繡龍戲班呼之為龍箭。腰掛寶劍，五光十色，居然儀堂廣班也。」咸豐七年四月，梁培友犧牲後，所部俱歸於陳開，使得陳開實力大增，遂整師攻打梧州。閏五月初三日，陳開率水陸大軍來至戎墟，攻三角咀，毀浮橋，切斷梧州糧道。「環攻三月餘，城中糧盡，繼以糠麩，至食草根樹皮，禦者力竭。」八月初十日，知府陳瑞芝棄城而逃，陳開遂揮師進入梧州。他改梧州為「秀江府」，改蒼梧為「秀平縣」。令羅華觀在此據守，自己則率主力北征，以應李文茂之約，會攻桂林。咸豐八年二月，陳開攻佔了昭平與永安。三月二十九日，又佔據了平樂，並攻至陽朔附近的鯉魚塘，與李文茂的隊伍形成對桂林的鉗形攻勢。湘軍統領蔣益豐奉湖南巡撫駱秉章之命，親往蘇橋一帶迎戰李文茂。後聞陳開已率師北上欲與李文茂合攻桂林，便分一支隊伍，令都司陳友勝、守備張維德等，馳赴平樂，以阻陳開。陳開因受阻，又接梧州告急，便放棄了與李文茂合攻桂林的計劃，返回梧州。當陳開返回時，梧州已被知府陳瑞芝會同廣東提督昆壽攻佔，只好退回到戎墟，在潯州一帶活動。原來打算參加會攻桂林的陳金亮也被阻於永福一帶，結果，只有李文茂一支隊伍在桂林作戰。當時，湘軍蔣益豐率軍駐紮在距桂林60里的蘇橋，僅有2,000餘人，而李文茂則有2萬之眾，雙方實力懸殊。但蔣益豐多設疑兵，以迷惑對方。李文茂不審虛實，果然中計，失去戰機。待蔣益豐派去阻攔陳開的隊伍返回後，對李文茂前後夾擊，結果造成李文茂大敗，負傷而逃。先退至永福的雞石灣，又退至洛垢，最後返回柳州。不久，湘軍追至，李文茂又棄城逃往貴州，與黃金亮部會合，進佔黎平。後又為黔軍所敗，遂於同年十月返回廣西，在懷遠山中嘔血而亡。

　　陳開在潯州得到李文茂的死訊後，深感勢孤，遂率兵重返柳州、融縣、柳城等地，力圖恢復，並收集李文茂餘部，增強了自己的力量。李文茂的舊部梁三、侯老等，奉陳開之命駐守融縣，並且頒發告示，聲稱「本帥、侯奉王簡命，來此定邦，原為胡兵是除，非與百姓為敵」。「本帥侯於八月來守是邦，得復與民相保聚，不啻手足之相依。」「現在稟請王命，大舉師徒，痛剿該逆，為民除害，招集流離同安生理。本帥、侯一心推誠，爾百姓無或自阻，迅歸故土，共用升平。」

　　咸豐十年正月，湘軍劉長佑統兵進入廣西任布政使，與左江道蘇鳳文、記名提督李明惠和即選道劉昆一水陸並進，攻打陳開所佔據的柳州。接戰後陳開大敗，柳州、融縣相繼失去。同年二月，陳開又率梁贊、馮康、劉八、梁司等反攻，包圍柳州城。該處守將為清軍提督王海青，劉長佑聞訊前來救援。雙方在此「苦戰兩月」。「時城守乏糧，眾情洶洶，賊盡銳攻城，而於關外浚長濠築柵，以阻官軍。」適值陰雨連綿，道路泥濘，清軍「數戰不利」，總兵翟國彥等三人身受重傷，都司何通勝等被擊斃。陳開的隊伍也遭到重大傷亡，只得解除包圍，返回潯州。清軍隨後又攻佔了賀縣、戎墟、下郢等地，對秀京（潯州）形成了東西兩面夾擊的形勢。

　　咸豐十一年春，劉長佑升任廣西巡撫後，令劉坤一、蔣益豐分別從東西兩面對陳開發起進攻。三月，劉坤一率湘軍自柳州攻打象州、武宣，並由西北方面向潯州府靠近。五月，蔣益豐亦從梧州的戎墟進攻藤縣，再攻平南，並有廣東碣石鎮總兵李揚升率水師前來會合。陳開見清軍大舉來攻，便派李發、羅華觀（此時已改名為羅祿）、周群英等率舟師三百艘前往抵拒清水師。七月十四日（8月19日），雙方水師大戰於丹竹與烏江口，起義軍大敗，死傷萬餘。蔣益豐、李揚升乘勝直抵潯州府城。劉坤一率湘軍與桂平團練，亦同時趕到。陳開因難以抵禦，遂率眾出奔。原欲前往貴縣大墟投石達開，旋因石達開已經離開大墟北行。陳開在走投無路的情況下，被當地團練所擒，並在潯州府城被害。秀京即潯州府城落入清軍

手中，大成國就此覆亡。

3. 廣西天地會的三大王

太平天國起義期間，天地會在兩廣建立的政權，除上述升平天國、大成國外，還有廣西天地會的三大王政權。

平清王黃金亮

黃金亮是廣西全州人，行伍出身，曾任清軍千總，咸豐五年署理麥嶺都司。咸豐六年正月，廣西恭城、灌陽一帶天地會首領陳永秀由湖南永明、江華返回廣西，進兵麥嶺。黃金亮趁勢發動兵變，率領營兵起義，與陳永秀相聯合，先後攻佔富川等地，然後返回麥嶺。適有升平天國的朱洪英由湖南江華敗逃至此，旋被官兵擒殺，其餘部便歸入了陳永秀和黃金亮的隊伍。同年七月，黃金亮率部進兵灌陽，佔據觀音閣等處。他把隊伍編為五個營：黃金亮自居中營，陳永秀為左營，盧維新為右營，郭二嫂、廖四嫂二女將分別統帥前、後二營。另派汪師帥帶領千餘人駐紮黃牛寨，互為犄角之勢。另有當地的宋國遇、陳戊養等亦與之相附和。八月，陳永秀、黃金亮敗於恭城，陳永秀欲就撫，為黃金亮所阻止。九月，又由恭城往攻灌陽之文村，大敗團總黃建極。同年十二月，又進攻興安及靈川縣。

咸豐七年正月，黃金亮往攻全州，築土營於南北山隘，據飛鸞橋，結果被知州蘇鳳所敗，遂與陳永秀會師於興安。同年三月，陳永秀、黃金亮與陳戊養出甘棠渡，大敗清軍，擊斃清軍都司松齡、遊擊韓鳳。這時陳、黃已經逼近省城桂林，全州知州蘇鳳急向湖南巡撫駱秉章求援。駱即派候選知府蔣益豐統領湘勇，江忠浚帶領楚勇來到廣西，自全州進攻興安。黃金亮聞訊撤往桂林西南的蘇橋，陳永秀則赴靈川、昭平一帶。不久，黃金亮又率眾赴義寧，陳永秀奔恭城，旋至平樂。後來，黃金亮與陳戊養、陳永秀之間產生矛盾，陳戊養往投李文茂，陳永秀往投楊西安，黃金亮便自率一部返回蘇橋，實力已經大為削弱。咸豐八年春，黃金亮應李文茂之

約，往攻桂林，但被清軍敗於永福，未能與李文茂會師，合攻桂林之事宣
告失敗。其後，黃金亮由龍勝進入懷遠，後又至融縣，與李文茂合兵一
處，一同進入貴州。

咸豐九年秋，石達開回到廣西，派人往招黃金亮。黃金亮立即前往，
進駐於太平墟之五里村。已經在五里村的陳戊養得知黃金亮前來，便率眾
將黃金亮及其弟包圍並擒獲，後將二人殺害。

建章王黃鼎鳳

黃鼎鳳（？——1864）乳名特旁三，綽號黃三，廣西貴縣覃塘郭西
裡青雲村人，壯族。自幼家貧，為地主放牛。道光末年廣西各地天地會蜂
起，黃鼎鳳投入張嘉祥一股起義軍。張嘉祥降清後，曾隨往湖北充壯勇。
後因受太平天國的影響，逃離清軍，返回廣西貴縣，在覃塘墟開設「壯丁
營」，秘密糾人結盟拜會。他利用天地會的組織，秘密進行反清活動，很
快控制了附近的七十餘村。

咸豐四年七月，黃鼎鳳與何三、梁超率眾起義，攻打貴縣。「賊旗所
到，街閭俱開，竟無一人敢拒者。」起義軍在城內遍貼「偽示」，旗幟上
書寫「川大丁首」四字，暗藏「順天行道」之意。又在城內開堂拜會，立
有「洪順堂」、「洪志堂」、「洪天堂」等。參加天地會稱為「拜台」，
主持拜台儀式者稱為「放台」，由介紹人向拜台者傳授會內之秘語。參加
拜台者須納錢，每360文作為一個單位，視入會者家資薄厚、情狀之緩急
不同而定，最多不超過3,600錢至十千八百錢。

咸豐六年九月，陳開、李文茂等自梧州前來攻打貴縣，黃鼎鳳全力
配合，使陳開、李文茂順利將貴縣攻佔。為了褒獎其功，陳開封黃鼎鳳為
將軍，駐守覃塘。咸豐七年六月，黃鼎鳳在賓州團總謝秉彝的配合下，將
賓州城攻佔，並於同年冬改賓州為「臨浦州」，任命謝秉彝為州牧。八
月，又聯合上林縣天地會首領李錦貴等合攻上林縣城成功。李錦貴改上林
縣為「澄江縣」，自稱「明義大將軍」，下令蓄髮易服，遙奉太平天國年

號。咸豐八年春，黃鼎鳳又派黃紹良、陳泰昌等佔據遷江縣。這時，黃鼎鳳深受陳開的器重，封他為「隆國公」。同年四月，賓州為清軍攻佔，謝秉彝犧牲，黃鼎鳳被迫退出賓州。十一月初五日（12月9日），黃鼎鳳在武舉謝必魁引導下，再次攻克賓州州城，任命貴縣舉人黃慶蕃為州牧。咸豐十一年七月，大成國秀京失陷，陳開出逃後被擒殺，餘部約4萬人，在羅祿（羅華觀）等人帶領下，來到貴縣覃塘，「悉聽鼎鳳指揮。」同治元年清將蔣益豐欲乘潯州府之勝，一舉將黃鼎鳳消滅，帶領大軍前來貴縣。黃鼎鳳便令梁贊、周糠等守平田，林漢朝守大墟、龍岩，自率主力在龍登橋督戰。清軍將黃鼎鳳包圍在貴縣的登龍橋一帶四月有餘，糧食、彈藥皆盡，遂「佯受招撫」，向蔣益豐表示願「散軍歸田野」。蔣益豐信以為真，立解重圍，黃鼎鳳便趁機殺出，並擬再次奪取潯州府城。但清將劉長佑已經先期到達，黃鼎鳳只得退回貴縣覃塘。同年七月，黃鼎鳳攻打潯州府城不克，回師佔領貴縣，他自稱「建章王」，改貴縣為「懷城縣」。他在該縣發布檄文，現存兩種抄件，一為廣東文史館葉廣良的抄本，另一為民國《貴縣志》卷十七所載。兩者內容大同小異。檄文首先提出：「自滿夷入主，漢族蒙羞，變我衣冠，容貌非舊。屠我族類，血跡猶新。嗚呼！億萬士民痛哭吼啼，如失生身父母；十八省分崩離析，已成無主山河。」接著又痛斥清統治「官無恥，吏無廉，專以自肥為念；將無才，兵無勇，不知民命堪虞。」然後申明：「本國公懋水狂夫，懷城下士，郭西起義，曾思為國而忘家；江左從戎，猶思立功以報效。奈梓里無敬賢之賓，鞍馬徒勞。戢門無行賞之功，旌旗常偃。是以雄飛自奮，即興（九虎）之師。雌伏難安，欲吐虹霓之氣。戰旗輝日月，四野雞犬不驚。戎馬遍郊鄉，所至秋毫無犯。茲值大兵蒞境，恐爾紳民不知進退，罔識權宜。或攜家屬以他逃，或集鄉愚以抗拒。」勸導鄉民一定要當機立斷：「果其簞食壺漿以相迎，必使安居樂業而如故。示文到日，決在當機。」黃慶蕃也以州牧名義發布安民告示：「溯自胡虜入關，神器被竊，四方擾攘，萬姓流離。烽火驚餘，村舍半成灰燼；干戈構處，市衢遍滿荊榛。況士農心腹無他，酷

吏設謀慘害；閭閻脂膏已盡，墨官猶肆誅求。」「幸而王師丕振，天討用彰，大興仁義之師，用救倒懸之急。前次興師潯郡，固已望慰雲霓；今番底定懷城，將見澤敷霖雨。」「合行出示曉諭，仰闔邑士紳軍民人等知悉：自示之後，務宜各安本業，共用升平。勿以境外之蛇豕爲憂，勿以道上豺狼爲懼，勿以訛言而驚風鶴之悲。」

同治二年七月，清軍在劉昆一帶領下進攻貴縣的覃塘墟，黃鼎鳳戰敗退據平天寨。該寨位於平天山之上，平天山又名北山，有東、西二山，東稱大平天山，西稱小平天山。兩山峭絕，僅有一路可通。劉昆一率軍將其包圍，築壘十六座，並挖塹壕，以斷絕山內外的聯繫。又於大平天山頂架設大炮，用來轟擊黃鼎鳳的大營。雙方在此一直相持到十一月，清軍先攻佔了作爲平天寨犄角的諸山寨，使起義軍的外援全部斷絕。但是，黃鼎鳳依然在此堅守。劉昆一遂利用黃鼎鳳之母，將他誘降。同治三年，劉昆一將黃鼎鳳等凌遲處死。

延陵王吳淩雲

吳淩雲原名吳元清，廣西新寧縣渠舊鄉盧村人，壯族，道光年間新寧州生員。咸豐初年，廣西各地天地會紛紛起義，吳淩雲便在本縣東羅墟（今扶綏縣境內），借熬酒爲名，糾人結盟拜把，組織反清力量。當局見他家道殷實，便藉故將他陷之於獄。咸豐二年，他越獄逃出，回到東羅，聚眾起義。但因事出倉促，隊伍尚未及集結，即被當地團練驅散。其後，吳淩雲便帶領少數骨幹嘯聚山中，結寨築壘以拒捕。團練將他們圍困了三晝夜，吳淩雲率骨幹七人，手執利刀，突圍而出。這次以少勝多之舉，使他名聲大震。

咸豐七年九月，吳淩雲佔據東羅，各路起義軍紛紛來此會合，其中有遷隆寨（今上思縣境內）壯族鄭三與漢族劉永福，江州（今崇左縣境內）壯族盧裕倫、楊金提，及漢族鄧佩錫，養利州（今大新縣境內）壯族趙華丹等，各率數百或千餘人，前來聚義，公推吳淩雲爲首領。起義軍中設十

長、百長、千長，其上有先鋒、大將等。聚義之後即分頭行動，吳淩雲派鄧佩錦為先鋒，一舉攻下江州。十月，又令黃正峰等聯合壯族梁日高、黃晚等，攻破新寧州城，發布安民告示：「我父老兄弟遭滿奴之蹂躪久矣，嚴刑苛稅，雞犬無寧日。淩雲目不忍睹吾父老兄弟之倒懸，因是聯合各異姓之弟兄，同舉義旗，專討滿奴，以復漢室。爾等不必意外猜測，別生異心，其各安堵如故。有明大義來附者，吾必禮而用之。持戈反抗者，族誅不貸。仰闔州人士，凜遵勿違。」

咸豐十年八月，吳淩雲攻佔了養利州，並趁勝圍攻太平府。知府劉作肅、西隆州州同馮應鏞等率領兵丁、鄉勇在此防守。因城牆堅固，久攻不下。吳淩雲遂下令將該州城團團圍住，斷絕守軍同外界的一切聯繫。不久，城內糧盡，軍心渙散，守軍紛紛倒戈，加入起義隊伍，遂將州城攻破。吳淩雲令長子吳亞忠防守太平，次子吳朱元守養利州。咸豐十一年正月初八日，吳淩雲正式稱「延淩王」，鑄有「延淩王璽」。並在太平府修建宮室，下令蓄髮易服。從廣西南寧以南，皆在其控制範圍之內。他在管轄境內，推行打擊豪強，獎勵農耕的政策，取消了清統治時的嚴刑苛稅，減輕窮苦人民的負擔。相傳在延淩國境內，一度曾實行新的稅法，即按照一村的大小，田畝的優劣及人口之多寡，分攤稅額，再由每村分攤到戶。這樣，富室大戶自然要比窮苦小戶負擔更多的稅額，對於無地少地的農民，比較有利。在起義隊伍內，實行有飯同吃，有衣共穿的絕對平均主義，以維持最低限度生活需要。同年二月初，吳淩雲派辟疆侯黃萬年等帶領數萬人圍攻新村，連夜築寨64圈，作為圍困之用。到二月下旬，守城軍隊僅以「豆草充饑」，直到五月初，因清左江道所派團練、鄉勇前來援救，才得以解圍。

從咸豐十一年下半年起，延淩國政權開始衰敗。首先是因為太平軍致力於天京保衛戰，把原來在廣西的太平軍撤離，減輕了對廣西清軍的壓力。其次，陳開、李文茂的大成國也已失敗，使得廣西的清軍得以集中力量對付延淩國。從延淩國內部情況來看，一些將領被接連取得的勝利沖昏

了頭腦，領導集團內部展開權利之爭，互相猜疑甚至仇殺，大大削弱了自身的力量。吳淩雲的弟弟吳元錄被清方金錢所誘惑，藉故殺害了起義軍的曉將黃常倫及其家屬，在起義軍領導集團內部造成不和。吳淩雲又未能很好地處理這一事件，僅責備吳元錄「殺害我一員猛將，等於斷了我一隻手臂。」對於其弟的容忍，又加劇了領導集團內部的裂痕。

同治元年二月，清署太平府知府世炘厚帶領兵丁壯勇，進攻太平府之壺關，殺軍師謝國禎、元帥羅品光等，攻佔了太平府，吳淩雲奔回最初起義的羅隴，令黃萬年據守永康州。同年閏八月，黃萬年又為清軍擒殺。十一月，清軍大舉圍攻羅隴，「築圍牆圍困之，大小數百圈，重重防守，水泄不通。」同治二年正月，清軍繼續包圍羅隴，「晝夜環攻」。吳淩雲率眾突圍，「官軍伏炮於隘擊之，出者皆死。」吳淩雲負傷而死。延淩國官員鄧廷彩等百餘人被俘，吳淩雲之子吳亞忠突圍成功，奔鎮安府，後來輾轉進入越南境內，回國後於同治八年）九月被清軍擒殺。

第十七章
上海小刀會起義

　　上海小刀會是由屬於天地會系統廣東移民中的三合會、福建移民中的小刀會及本地會黨組成的秘密會黨聯合體，屬於城市型的秘密會黨。上海小刀會起義軍佔據上海縣城17個月，直接威脅到列強和清王朝的經濟核心地區，震撼了清廷在東南一帶的統治秩序，產生了巨大的社會影響。然而戰爭本身也帶來極大的負面影響，使上海及其周邊地區的生產力遭到巨大破壞，名勝古跡毀於一旦，人民流離失所。從會黨史的角度來看，小刀會起義失敗後，天地會系統的秘密會黨在上海遭到毀滅性打擊，此後上海的會黨勢力，則主要由青幫主導。特別是進入二十世紀以後，青幫勢力惡性發展，以致成為國內最大的黑社會組織。

一、起義的歷史背景

　　上海最初只是長江入海口的一個海濱小漁村。宋元以降，隨著江南經濟的發展，上海及其附近地區逐漸成為我國東南沿海一個重要經濟區，其支柱產業是棉紡織業與航運業。鴉片戰爭後，外國侵略勢力的入侵，使這兩個行業受到沉重打擊，其從業者中的下層群眾紛紛破產，被迫投入秘密會黨之中。在太平天國的勢力發展到南京後，上海的秘密會黨受到鼓舞，利用廣大下層群眾長期以來對清政權的不滿和對貪官汙吏的仇恨，發動了這場起義。

棉紡織業的衰落導致以此為生的農民、手工業者大量破產

　　上海及其附近地區，包括今寶山、嘉定、崇明、川沙、南匯、奉賢，以及華亭、婁縣、金山、青浦等縣，地處長江入海口的沖積平原，土地平坦肥沃，盛產糧棉。明清時期，這一地區從事棉織業的「織戶」，已遍布該地區的城鎮鄉村。不僅在上海城內，就是郊區農戶，也多以棉紡織業作為維持生計的主要來源。城鄉的織戶們，皆是世代相傳，他們技術嫻熟，產品質高超，深受消費者歡迎。早在鴉片戰爭前，上海已成為全國最大的棉紡織業中心，它所生產的三棱布，享譽國內外，在北方的陝西、山西，京畿；南方的湖廣、江西、兩廣等地皆大量銷售。嘉定縣「所織之布

縝密，爲全邑之冠，年產百餘萬匹，運銷兩廣、南洋、牛莊等地。」十八世紀末和十九世紀前半期，上海棉布還大量銷往歐美各國，被稱爲「南京布」。十九世紀初，銷往英國的棉布，即多達80萬匹，銷往美國的超過300萬匹。

　　鴉片戰爭後，英美等資本主義國家爲了摧毀中國的棉織業，以低於成本的價格，在中國大量傾銷其棉布。據統計，從1840年到1850年十年間，英國在華傾銷的棉織品，占輸入中國商品的60%，而首當其衝的便是上海的棉織業。洋布的價格雖然與土布相同，但布面比土布寬兩倍，實際價格僅爲土布的三分之一。導致當時上海的市場上，洋布充斥，土布蕭條。僅1845年棉布進口便多達144,0062萬匹，價值112,119萬鎊。1845年比鴉片戰爭前的1843年，洋布輸入猛增了近200倍。史料記載，松江府「自通商以來，洋布充斥，而女紅之利減矣。」金山縣，自通商以來，洋布雜出，而土布之利大減矣。」上海縣，「本邑婦女，向稱樸素，紡織而外，亦助農作。自通商而後，土布滯銷，鄉婦不能得利，往往有因此改業者。」寶山縣，「布經團，以極細棉紗八百縷排成團，結爲餅，每團長約20丈，分紫白二色。羅店有之，本鄉都往售之，以作刷線布。自洋紗通行，而羅店之布經團，無人顧問矣。」上述情況導致上海及其附近一帶地方農民，「無紗可紡，」而「生計路絀。」

航運業的衰落導致大批航運工人失業

　　外輪的入侵，也造成上海航運業的衰落，導致大量與此有關的工人失業。航運業原本乃是上海經濟的一大支柱產業，嘉慶年間上海已經是「江海之通津，東南之都會」。漕運改爲海運後，上海又成了江南漕運的轉運中心。外國輪船的入侵，導致了上海航運業的衰落。「商埠未闢之前，因地理上之關係，居民操航業者甚多，邑中富戶多半由此起家者」。「迨海禁大開，汽船雲集，漕糧歸招商局承辦，沙船生涯日形寥落。以今視昔，不及十之一二矣。」進口外輪的大量增加，必然導致原本繁榮的上海

航運業迅速衰落。據統計，外輪在1844年僅有44艘，載重8,584噸；1849年增至133艘，載重52,547噸；到1852年的前九個月，又增至182艘，載重78,165噸，而中國的船隻卻大為減少。據一位外國旅遊者所見，1848年在上海黃浦江的船隻，已經「大都來自英、美兩國」。航運業的衰落，直接導致了社會的不安。清朝官方承認：「自五口通商以後，內地航海商船遂所歇業，水手流落者日增一日，漸與本地無籍之徒互相勾結，興販鴉片，遇事生風」。

海地處長江入海口，周圍地區河道縱橫，又位於中國海岸線的中部。這一有利的地理位置，使上海的航運業十分發達，成為沿海地區的航運中心，上海地區也由此而繁榮起來。早在明代，當地居民就有一半皆靠航運和海外貿易為生，入清後，海外貿易仍繼續發展。康熙二十四年，清政府在上海設立江南海關，「往來海舶俱入黃埔編號，海外百貨俱集」。往來於上海的船隻，種類繁多，有沙船，即可往來於沙洪之間的平底船；烏船即福建船，載貨量略少於沙船；䱸船即寧波船，又稱「三不象」，還有估船即廣東船。其中大的沙船每只大約需水手二十六、七人，小的也需十餘人。䱸船、烏船亦各需水手二十餘人。鴉片戰爭前，每年航行在北洋航線上的船隻，即達一萬四千到兩萬艘，在南洋航線上的船隻，也有萬餘艘，在長江航線上的船隻，也有五千餘艘。另外在連接江、浙、皖、冀各省的內河航線的船隻，也有萬餘艘經上海出海。所以，上海這時已成了中國南北航運業的中心，大量依靠航運業為生的舵工、水手及碼頭上的駁船船工與腳夫，便雲集上海，使上海成為一個「五方雜處」的大都會，吸引著來自閩粵、江浙等地的移民。「上邑瀕海之區，南通閩粵，北達遼左，商賈雲集，帆檣如織，素號五方雜處」，便是對當時上海真實的寫照。

棉紡織業和航運業這上海兩大支柱產業的衰落，造成上海經濟凋敝，大批農民、手工業者和航運水手破產失業，他們不得不投身於秘密會黨的懷抱，甚至迫使一些商人、業主也加入了秘密會黨，從而導致秘密會黨的迅速發展。

二、上海的秘密會黨

上海作為一個由移民構成的大都會，在開埠以後人口迅速猛增。開埠之初，閩粵移民已經占全部人口的20%。到1853年，上海城市的總人口大約20多萬，其中廣東移民大約有8萬，福建移民約有5萬，浙江移民約有2萬。移民們來自五湖四海，階級構成複雜，包括商人、水手、洋行的僕役、通事、捐客、手工工人，以及其他下層社會的遊民。為了生存與發展，移民們便以各種形式組成一定的社會組織，來維護自己的利益。當時上海有三種類型的組織。一是工商業行會的會館，以商人為主，多為來自廣東、福建的商人。他們按照各自的籍貫組成，如福建商人建立的「漳泉會館」，廣東商人的「惠潮會館」等；二是同鄉會性質的行幫，主要成員是下層群眾，如小商販、船工水手、苦力等，他們以地域關係為紐帶，結成行幫。其中的閩幫的成員多來自福建的漳州、泉州、興化（今蒲田）、福寧等地；粵幫成員則來自潮州、嘉應州等地；浙幫成員主要來自寧波、溫州、台州等地。三是秘密會黨，以歃血結盟的方式結成，在上海小刀會起義期間，秘密會黨主要有由廣東人結成的三合會，福建人結成的小刀會、青巾會，江西人結成的編（邊）錢會，及由上海本地人結成的三合會、塘橋幫、廟幫、青手幫、底作幫、百龍幫、羅漢黨、藍線黨等。其中以粵籍移民中的三合會和閩籍移民中的小刀會勢力最大。上海小刀會起義前夕，不僅客籍會黨與本地會黨相聯合，而且同商業行會互相滲透，共同構成了上海小刀會。

當時上海有大量閩粵移民，賭館、煙舍鱗次櫛比，不少移民借此為生。閩粵移民承襲原籍的習俗，向來習於械鬥。「有睚眥怨，輒械鬥，雖戕人勿論，蓋曠悍慓疾，其習常然也。」而小刀會的形成，則更為這種械鬥演變為有組織的起義創造了有利條件。

三合會

三合會是洪門天地會的一支，成員多為廣東移民，人數最多，勢力最

大，以劉麗川（1820－1855）為首。劉麗川原名阿源，小字阿混，廣東香山縣（今中山市）人。初在家務農為業，「力耕鄉落」。後來因「時事變遷，人民失業，夙興夜寐，再四思維，大丈夫當立功名於亂世，不宜縮手以潛身。」遂赴香港謀生，並於道光二十五年十月二十日由勞德澤「傳斗」加入三合會即天地會。後繼任為首領，並「暗招軍士」，但未取得多少成果。道光二十九年（1849）他從廣東來到上海，因能說洋津浜式的英語，初在洋行中任翻譯和糖業捐客，與後來與擔任蘇松太兵備道兼江海關監督的同鄉吳健章共過事。失業後，曾請求吳健章給以幫助，但未得答應，只得靠抄寫藥方和替人治病為生。他隻身在滬，無家室之累，為人治病時，「遇貧不受饋，由此名借甚」，「以故同鄉人咸悅服推重之。」鑒於廣東三合會在上海的重要地位和他對三合會發展的貢獻，在小刀會起義前夕，便被推為上海小刀會的首領。美籍牧師羅孝全曾親身訪問過他，稱他身材矮小，又因吸食鴉片而面色黝黑，似「煙油罩面」。雖身為起義軍首領，卻並無威嚴之儀表，而是「氣態和靄可親，言語則嫻雅悅耳。」三合會的成員，多為小商販、水手及其它下層群眾。後來，上海附近青浦的農民周立春，也在當地建立了三合會。

小刀會

　　最初僅是福建移民中的秘密會黨，與閩南小刀會有密切關係。閩南小刀會成立後，「隨著福建同上海之間頻繁的海上交通和商務聯繫，小刀會這個秘密團體便由福建人傳到了上海。逗留在滬的大批失業或面臨失業威脅的航運水手，特別是福建的水手，紛紛參加小刀會，使這個團體很快發展壯大起來。」其創始人是福建興安會館的董事李仙雲（？——1855）。他在福建移民中頗有威望，被稱為「閩黨之謀主」。咸豐元年（1851），他曾出面領導福建移民抗議英國人修建跑馬場而搶佔興安泉漳會館土地的鬥爭。他作為會館的董事頗有權勢，「出入乘輿，擁眾自衛」。每逢貨物到達，必須先向他繳納銀錢，才能在上岸時免於被掠。而且被上海道台吳

健章「依爲心腹，時與籌畫」。

　　小刀會的實際首領是李咸池（？－1853），又名李定國，福建龍溪人，來上海後曾作糖業掮客和經營棉花貿易。李紹熙（？－1853），粵幫嘉應派首領，上海嘉應公所董事，先在上海開茶葉公司，兼販運鴉片，曾捐納候補縣丞。起義後期因叛降被處決。小刀會其他首領還有：林阿福（1822－？）即林福源又名林阿菖，福建同安或海澄（今龍海）人，來上海後初充黃浦江舢板小船船戶頭領，也充當「綠茶掮客」，在上海外商中，不少人都熟悉他。陳阿林（1829－？）又名陳阿年，福建同安人，曾爲廈門、福州及上海的英國領事當馬夫，後又充當上海英商仁記洋行職員斯金納（Skinner）的馬夫。

　　在上海小刀會起義隊伍中，以廣東三合會與福建小刀會人數最多，勢力最大，成員也最複雜，其中人數最多的是失業水手。據外國人觀察：「他們的群眾構成分子，是當時停泊在本埠的廣東和福建船上的水手、新加坡的華僑及寧波人，都與三合會或小刀會有多多少少的關係。」另外，張國梁（張嘉祥）降清後在北太平天國打敗後所遣散的勇丁逃來上海者，許多也加入其中。

　　在上海小刀會的隊伍中，還有許多由本地人結成的秘密會黨，其中重要的有：羅漢黨，又稱羅漢會，是嘉定北部地方農民的秘密組織，活動中心在嘉定縣南翔鎮。咸豐三年（1853）六月，由徐耀、僧人盛傳、陳金木等聚集了200餘人在該鎮的仙師廟成立。因以佛教五百羅漢之說，而號稱「羅漢黨」，散佈在彭安廟、陳典、眞如地區，主要活動在南翔鎮。塘橋幫，又稱塘橋黨、浦東幫，以浦東的塘橋爲活動中心，首領爲朱月峰，成員多爲農民和手工業者；廟幫，又稱「彭王廟幫」，因寶山縣大場鎮的「彭王廟」而得名，成員以農民和手工業者爲主，首領是潘起亮。後因廟幫又在上海縣城發展，故又稱爲「城隍廟黨」。該幫與塘橋幫、彭王廟幫及百龍黨皆有密切關係。同塘橋幫合併成爲一個統一的組織百龍黨。潘起亮與朱月峰一方面分別屬於塘橋幫和彭王廟幫，另一方面又同時屬於百龍

黨，這說明廟幫、塘橋幫爲了鬥爭的需要，合併爲百龍黨。百龍黨原是上海鄉紳招募的鄉勇組織。據地方志記載，「邑紳招鄉勇，私號百龍黨」。該幫在南匯縣農村發展甚速，「百龍黨人南邑殆半。」首領有原廟幫的潘起亮、塘橋幫的朱月峰等。潘起亮（1831或1835－1865）又名潘可祥，江蘇南京人，因其父曾充當獄中禁子，故人們便稱他爲「小禁子」，訛爲「小鏡子」。曾做過洋人的僕役，因偷竊洋婦銀兩而逃於蘇州，後來至上海。又做過衙役、勇丁和鄉紳徐紫珊的馬夫，起義前任徐紫珊名下團練之勇目。他「短小彪悍，爲棍徒首」，因與道署壯勇口角，遂致鬥毆，知縣袁祖德將他「笞三千，又以藤條鞭背數百，幾斃杖下。後被徐紫珊保釋，出獄後對天發誓約：「好男兒不死，當必有以報其德，」伺機報復。朱月峰（？——1855）又名朱四，上海附近三林塘人，曾因「投捕盜局有功，給千總銜」，後爲鄉勇首。雙刀會與烏黨，分別是上海廣勇和閩勇中的秘密會黨。據地方志記載，「時兵備道吳健彰招廣勇，私號雙刀會黨；知縣袁祖德招閩勇，私號烏黨。」此外，還有福建移民的青巾會、江西移民的秘密會黨編（邊）錢會，及寧波幫、福建幫、南京幫、江北幫等。到上海小刀會起義爆發前夕，各種秘密會黨已聯合爲統一的小刀會。

　　秘密會黨作爲下層群衆的結社組織，既有積極方面，也存在諸多消極因素。前者主要表現爲具有較強的反抗性，「好勇鬥狠」，他們對於清朝統治的腐敗和貪官汙吏深惡痛絕，在社會矛盾激化時，往往在下層群衆中起到凝聚作用。其消極方面主要表現爲不事生產，多從事走私、販運鴉片、賭博、搶劫勒贖等，破壞正常社會秩序的非法活動。「初不過聚黨成群，索詐鋪戶，見民不敢訟，官不爲捕，遂明目張膽，無所忌憚。甚至白日持刀，搶劫行旅，浦灘上落貨物，任意攫取。商船船主及奢舵等人上岸，亦被擄去，逼令持銀以贖。

三、起義始末

　　在上海小刀會起義正式爆發前，上海附近的青浦已發生了周立春領導

的抗糧鬥爭與嘉定人民反抗官府的鬥爭。

　　咸豐二年夏，青浦一帶先是久旱不雨，無法播種。後雖連降大雨，但已過農時，註定將發生災荒。本來江蘇省就「賦額繁重，浮收勒折之弊亦甚。刁生劣監因而把持挾制，索取陋規者有之，短交抗欠者有之，訖丁人等又從而挑剔米色，索加幫費」。「地方官猶復嚴刑虐取，日益加厲，而民更不堪」。加之署理知縣余龍光不僅下令照徵當年的錢糧，而且還要追徵道光三十年以前已經豁免的錢糧，「前署青浦知縣余龍光，將道光三十年、咸豐元年民欠及咸豐元年奏銷、二年上忙銀兩，同時並徵。」該縣黃渡、塘灣等村須繳錢糧最多。黃渡的地保周立春（1814—1853）便與鄰村地保莊月舟、李章等商議聚眾抗糧。他們於五月十九日，聚集了青浦的白鶴江一帶農民二三百人，以「報荒」為名，前往縣衙請求緩徵。知縣余龍光不僅不允，而且喝令捉拿為首的周立春等人。致使群情激忿，衝進衙署，「哄堂毆官」，將余龍光從堂上拉下，咬傷其耳，方才散去。松江府知府何士祁得知後，一面把余龍光撤職，一面下令捉拿周立春。周立春遂聯絡塘灣、黃渡一帶20多圖的農民，奮起反抗。

　　咸豐三年二月，嘉定人民也掀起反抗官府的鬥爭。咸豐三年二月二十九日，羅漢黨首領徐耀約會孫渭等20餘人，前往南翔鎮大德寺進行搶劫。該寺住持僧貫之向官府舉報，縣令馮瀚置之不問。僧貫之因通醫術，常為上海道台吳健章醫病，往來交好，遂向吳健章舉報。馮瀚得吳健章函，遂飭令差役將徐耀等六人捕獲，囚於木籠之內示眾。「木籠制狹長，僅容一身，肩不能下，足不能站，若絕飲食，一晝夜立死。」但縣役因得重賄，「夜脫其囚，晝則納之，兼予飲食」，使之得以數日未死。羅漢黨又同青浦的周立春取得聯繫，準備以武力入城將徐耀等救出。七月十二日，羅漢黨的張昌寅等聚集200餘人，擁入嘉定縣城，救出徐耀等人，並搗毀縣署，知縣馮瀚越牆逃走。同年六月，廣東會館首領、三合會重要骨幹李少卿派人由上海運鴉片煙土前往蘇州，途徑嘉定縣黃渡時，泊於千秋橋下，被當地監生金仁保（亦作金守平）等以周立春的名義劫奪。李少卿

經人介紹親自前往見周立春，求其幫忙解決。周立春即轉告金仁保等，將煙土全部歸還。李少卿深感其德，便邀周立春同赴上海，與劉麗川結識，加入三合會。並「與閩、廣、寧波人認識交好，結盟拜會。」從此，周立春便與三合會建立了聯繫。

　　起義前上海的秘密會黨尚處於分散狀態，彼此間互不統屬，「有故輒械鬥」，甚至「各立門戶，時競強弱，儼如仇敵。」這便很難形成強大的力量與清統治者進行鬥爭。經過起義前夕青浦、嘉定人民的鬥爭，促進了秘密會黨間的聯合。而形勢的發展也要求秘密會黨團結一致，形成統一的組織。眾多的秘密會黨終於在咸豐三年五月下旬到七月間，形成了以小刀會為名稱的統一組織。

　　新形成的上海小刀會領導骨幹中，有代表三合會的劉麗川；代表原小刀會的李咸池以及李仙雲、林阿福、陳阿林；代表百龍黨的潘起亮、朱月峰、張漢賓及代表羅漢黨的徐耀等。上海小刀會繼承了以小刀作為標誌的傳統和天地會的特徵。「刀僅一尺七寸，有布一方，上書「虒麚虓虪虦」五字以為記號。又刻木戳，上有奇異之字。」

　　上海小刀會的形成，使原來分散的秘密會黨有了統一的領導，增強了內部的凝聚力，消除了各山頭間的矛盾與磨擦，為武裝起義創造了有利條件。為了壯大組織，擴大勢力，小刀會於起義前夕又不斷招募會眾。英國傳教士雒魏林記載說：「在此以前的幾個星期，據傳聞他們正在從事建立組織的工作，人們看到他們不止一次在上海城外的一所廟宇裡集議，並且招募黨羽。」小刀會發展組織的活動，正適應了下層群眾，特別是移民們改變自己命運的要求，移民中的水手們紛紛加入其中。「其時，有一二百艘福建沙船上的船夫，幾乎全部是秘密會黨的黨徒。」上海及其附近的寶山、南匯、川沙、嘉定、青浦等地的農民和城鎮手工業者，也因飽受清朝統治者與外國侵略勢力的剝削和壓迫，而紛紛加入小刀會或支持其反抗鬥爭。城市下層群眾，如運輸工人、店員、小商販、車夫、外僑的僕役等，甚至少數富裕商人及歸僑，也加入了起義的行列。當時的新聞媒體報導

說：起義首領「周圍還有許多從新加坡來的青年，能講一口流利的英語。其中有一人在外賓之前勇敢地站起來介紹自己：『我是一個英國籍的人民』」。

百龍黨在嘉定搗毀官署救出徐耀等人一事，大大激勵了小刀會會眾的鬥志。徐耀出獄後立即來到嘉定的黃渡，約周立春舉行起義。周立春初意猶未決，寶山縣羅店的「已革諸生」杜文藻和嘉定的孫萬堂等人勸他說：「我眾已就，勢不可散，嘉定無備，可襲而取，然後徐議所向。」後又探聞「蘇松太倉官兵調出防剿，本地空虛，」遂決議舉事。七月二十四至二十六日，周立春與寧波人王國初、廣東人李少卿、寶山人杜文藻（杜成齋）、福建人王小山等糾約閩廣人數千，在南翔廟內宰豬殺羊，歃血為盟，祭旗宴飲，同飲「齊心酒」，以三合會為名。會眾們「各人頭紮紅巾，跪伏地下，不起（知）口作何語，經數時之久才立起來。觀者膽裂，聞者心驚。」周立春等約定於八月初三日舉行起義。八月二日夜間，署嘉定縣令鄭揚旌率領兵役在縣城南門外五里處，將羅漢黨首領陳木金捕獲並就地處死。周立春等聞訊，立即與王國初、李少卿等齊集黃渡，於八月初三日攻打嘉定縣城。「及期，立春等先遣人至嘉定，以番銀一枚啖西門城卒，詭稱延醫，令夜間不下鍵。薄暮，立春在黃渡部署已定，惟徐耀一股首紮白巾，其餘滬匪王國初等、土匪李獐……等及其它鄉愚數百人，皆首紮紅巾，拔隊前進。聲言將襲青浦，而紆道趨嘉定」。當天夜晚，奪門而入城內，署知縣鄭揚旌等逃逸，起義軍順利佔領了嘉定縣城。進城後，周立春自任「提督本標全部大元帥統領軍機」，以王國初為元帥，杜文藻為軍師。起義軍於城門上豎立黑邊綠心大旗，上書「替天行道」、「安邦定國」及「反清復明」。並插有尖角旗，上書「順天行道」四字。下令「米價不許抬，店鋪不許關閉，居民不許遷移」，將城門把守，遇有單身出門，進行盤詰搜查，始准放行，但不准進城。並以「義興公司」名義發布告示安民。提出「本帥承奉主命，帥兵伐暴，志在掃除貪官汙吏，並勿擾害良民。」要求居民「各安本業」。如有惡官蠹役逃匿隱避，應「立即赴

轅首明」。宣布：「一應賦稅錢糧，全行蠲免；一應在案人犯，概行赦歸田里；商賈仍舊往來，店鋪不得閉歇。所有土惡勢豪，向為不法之徒，宜速改過。」告示末尾還公布了八項條例：「漏泄軍機者斬；行伍不整者斬；姦淫婦女者斬；謠言惑眾者斬；阻隔運糧者斬；探聽軍機者斬；私藏逃匿者斬；畏葸不前者斬。」另一告示則強調居民「不可窩藏貪官」，否則「一律治罪」。

至此，起義軍已經佔據了上海附近的許多廳、縣。咸豐三年八月二十二日，許乃釗奏稱：「是以青浦、南匯、寶山三縣以及川沙廳，先後均有匪徒入城滋事」。當地官員多被殺或出逃，「署青浦知縣張銘曉不知下落，署南匯縣知縣章惠被逼自盡，寶山縣知縣金衍照帶印出城，署川沙廳同知候補知縣竇墊自盡」。

咸豐三年春，太平軍攻佔南京後，蘇松太道吳健彰深感上海局勢之危機。吳健彰係廣東人，曾在廣州十三行之一的同順行充當行商，「後積資，援例得候補道，分發浙江，旋改調江蘇，補上海道。」吳健彰作為商人，並無做官行政的經驗。為了加強防務，他下令招募鄉勇，舉辦團練，還從應募者中挑選出數百名廣東籍同鄉作為親兵。又令廣東會館董事李紹熙、福建會館董事李仙雲分別團練廣東和福建人，上海會館董事徐渭仁（紫珊）團練本地人。這些人中有的本身就是小刀會首領或骨幹，有的同小刀會關係密切。所以小刀會中人紛紛應募，以便屆時充當內應。吳健彰舉辦團練的結果，造成「兵備署中，自胥役以及弁兵，無不與之相通。」小刀會中人於是得以藉官方的名義，訓練和加強自己的隊伍。對此，事後有人感慨地說：「結黨呼盧本赤貧，濫觴隸作壯丁身，誰知此日雄如虎，即是當年練勇人。」當時，百龍黨的首領潘起亮、張漢賓等，皆應募並成了團練中的「勇目」。

周立春、徐耀等在嘉定起義的消息傳到上海，劉麗川等一方面利用團練為掩護聚集力量，另一方面派人「制旗幟，造刀械」，並冶鐵造槍械子彈。劉麗川原定是年冬天趁清政府漕運北運時舉兵，以奪取糧食。這時，

得到消息稱道台衙署藏有40萬兩銀子，即將起運。加之此時小刀會的勢力已經到了難以控制的地步。吳健彰發出告示稱：「近日風聞有不法匪徒李姓者，為首倡議，結會樹黨，勾結本地土棍及閩、廣、寧波各處無賴匪徒，千百為群，刊刻木戳，佩戴身邊，暗作記認，希圖凌弱暴寡，魚肉善良，搶奪拒捕，彼倡此應，危害地方。」命令祕密會黨「作速散會解黨，改惡從善，仍為良民，各安義命，保全身軀，到官自首，免其治罪」。否則將「擒獲送官」。上海知縣袁祖德為貫徹吳健章的命令，也發布告示，並先後逮捕了李咸池等17人，將置重刑。旋因小刀會聲言將「劫取滋事」，袁祖德即懼怕而被迫將其釋放。以廣勇名義活動的小刀會，其勢力已發展到「益熾不可制」的地步，「公然紅帶為號，知為在會之人。稍不遂意，拔刀刺人，莫可如何，民畏廣人甚於虎狼。」當有人向吳健彰稟報此情時，吳卻以其為同鄉而不為究。劉麗川等遂在此有利形勢下，舉兵起義。

　　八月初五日是孔子誕辰，官員們循例要前往文廟舉行祭祀典禮。由於局勢緊張，人心惶惶，官員日夜在城上防守。清晨，官員們正準備回家更衣前往文廟「完成大禮」，劉麗川已率領小刀會眾600餘人潛至小東門附近。吳健彰新招的七百名駐紮在小東門內的廣勇，便「遽開城門」。城外的起義隊伍，「蜂擁入城，逕攻縣署」。當起義隊伍來到縣署時，署中40名廣勇立即從腰間取出紅巾，加入起義隊伍，在殺死知縣袁祖德後，又來到道台衙門。吳健彰坐於堂上，令勇丁向起義軍開炮，而勇丁們卻「一時紅巾出自腰間，紛紛然互相帕首」。小刀會遂佔據衙署，對吳健彰說：「以同鄉故，貸汝一死，金何在？」吳健彰在起義軍面前醜態百出，「像一隻哀憐的小狗一樣，乞求饒命，拿出了他的官印，並且命令他手下的人員，為叛亂的人服務。」吳健彰被迫說出藏金之處，40萬兩白銀遂落入小刀會手中。劉麗川因以前曾在洋行與吳健彰共過事，二人又有同鄉之誼，遂饒他不死，僅將他囚禁起來。後來，在劉麗川的默許下，吳健彰又逃到了美國領事館。

　　起義軍初入上海城時，人數僅有六百，以至每條街僅有一人把守，來維持社會治安。「但閩粵人占城未久，即有其同鄉及本地人和寧波人整千加入，實力大增」，使小刀會的隊伍迅速擴展為二萬餘眾。「本地人助賊者一萬三千八百餘人，廣東、福建約四五千人，姓張者管領；寧波、紹興約六七千人，姓徐者管領。」廣東幫佔據上海城北一帶，閩幫則駐在小東門一帶。並派人分守六個城門，每門十餘人，皆手持利刃。劉麗川自任「大明國統理政教招討大元帥」，幾天後改為「太平天國統理政教招討大元帥」。而屬於閩幫的李咸池仍保持天地會的傳統，稱「平胡大都督」，陳阿林為左元帥，總理軍務。林阿福為右元帥，兼署上海縣事；陳芝伯為護理副元帥。加入小刀會的鄉紳徐渭仁（紫珊）為參謀，總理財政；潘起亮為飛虎將軍，徐耀為常勝將軍，蔡永良為掃北將軍，張漢賓為征東將軍，朱月峰為征南將軍，周秀為正印將軍，劉海等為將軍，李紹熙掌一切軍機，此外還有「參贊大臣」、「隨營參」、「參謀」、「先鋒」等。

　　起義軍留起長髮挽成髮髻盤在頭頂，再包以紅巾，或肩披紅條，腰纏紅帶，與太平軍相似。「衣上均繫有紅線一絡」，及「白洋布一塊，內有詩四句，係寫：『五房分開一首詩，身上紅（洪）英無人知，此章傳得眾兄弟，後來相會團圓時』各字樣。」所使用的武器有比較先進的毛瑟槍、火繩槍、騎兵手槍及少量米尼式來幅槍，並於槍頭上裝有短劍式的刺刀。為了防備子彈，於外衣內襯有厚厚的絲綿。槍彈與火藥，均係土法製造。起義軍施行三合會的規約，「不得取民間一物，不得奸民間一女」。「不聽號令者斬，姦淫婦女者斬，擄掠財物者斬，偷盜豬狗者斬。」小刀會在起義初期紀律嚴明，連外國目擊者也不否認，稱他們「絕不搶掠財物」。上海被清軍收復後，一名外國傳教士回到家裡，發現自己房間與離開時完全一樣。起義軍進入上海城後，為了維持社會秩序，發布了一系列告示。以「大明國統理政教天下招討大元帥劉（麗川）」的名義發布的告示提出：「方今童君昏聵，貪官汙吏布滿市朝。韃夷當滅，明復當興，故此本帥興仁義之師，為汝驅除。」宣布：「本帥已嚴飭部下，不得取民間

一物，不得奸民間一女」。以「奉天承運開國元勳平胡大都督」李咸池名義發布的告示中，譴責清朝當局「禮義不存，廉恥盡喪，暴斂橫征，野皆狼心狗行之吏；賣官鬻爵，朝盡兔頭獐腦之人。有錢生，無錢死，衙門競同市肆；朘民膏，剝民脂，官府直如盜賊」，「政教日衰，風俗頹敗，人心離而國勢難支矣。」故此，「某等因天下失望，順宇內之歸心，歃血同盟，誓清妖孽。厲兵秣馬，力掃腥膻。」並告誡民眾：「倘能倡議迎師，亦以腹心相待；如若攔途拒命，難免斧鉞之誅。」

劉麗川為了與太平天國建立聯繫並取得其幫助，曾以「未受職臣」的名義上書天王洪秀全。除陳明起義軍已佔據上海、青浦、嘉定、寶山、川沙、南匯等地外，還懇求天王「早命差官涖任，暨頒賜膽黃，以順天心，以慰民望。」並表示「臣不勝懇切待命之至意。」劉麗川將此摺委託上海領事溫那治帶往天京，但途中被清軍截獲，此摺遂落入兩江總督怡良之手。劉麗川為了取得太平天國的支持，還發布告示，表示與太平天國在宗教信仰方面的一致。在告示中將基督教奉為正宗，將佛、道兩教斥為「邪教」。稱「佛不足事」，而「道尤為荒謬」。告誡佛道信徒，「自諭之後，凡爾等惑於邪教，各宜及早覺悟，幸勿遲延。放棄邪教，端正習俗，毋再崇拜偶像，再進廟堂焚香燒紙。」在〈昭告人類起源〉的告示中，更明確地勸告人們信奉基督教。「人類乃上帝所創造，上帝即人類之生父。」因此應信奉上帝，「切勿為邪僧妖道所迷惑」，而應「洗心革面，明辨是非真邪，及早覺悟，崇拜天父上帝。」

小刀會在上海起義的次日，周立春便率領四千名造反的農民，從嘉定來到上海縣城，大大加強了小刀會的實力，並以上海和嘉定為中心，向附近地區擴展。

八月初七日，王小山率領一支200人的隊伍由嘉定出發，往攻寶山。寶山乃是廟幫的根據地，小刀會在該處有雄厚的群眾基礎，當起義軍經過羅店時，當地群眾紛紛加入。「七日黃昏，賊率黨過羅店，攻城邑，里中無賴紛紛從之，濟以燈燭乾糧」。「從賊者首紮紅巾，各受偽職，甚有不

肖紳士亦爲羽翼，藉端復仇」。起義軍進入寶山縣城，知縣金衍照攜印信逃逸。

八月初八日，劉麗川又派數十人前往南匯，同當地百龍黨會合，並在其首領朱月峰、沈紹、祝月廉、趙茂貞、西祝三等率領下，攻打縣城。南匯乃百龍黨的活動中心，號稱半數之人皆爲其成員。得知起義軍來攻城，紛紛起而響應。次日清晨，起義軍進入縣城，將縣衙搗毀，知縣章惠被活捉，次日自縊身亡。起義軍以「大明國」名義發布告示，令富戶出米糧以濟軍食。

八月十一日張漢賓等率數百人奉命往攻川沙廳，署同知寶墊逃往松江，參將、守備也棄城逃命，起義軍順利佔據了川沙廳城。八月十五日，周立春率領數百人來到青浦，一部分人從正面進攻，另一部分人扮作燒香農民，潛入城內。起義軍利用內應外合的策略，將縣城攻破，搗毀縣署，推羅店人朱濟川爲元帥，發布以太平天國名義的告示，紀年稱「太平天國三年」。小刀會起義軍在佔據上海及其附近地區的寶山、南匯、川沙、青浦三廳一縣，不僅實力大增，而且在地域上聯成一片。爲了進一步擴大戰果，並向太平軍靠攏，起義軍曾兩次進軍太倉，以期進而奪取蘇州。太倉一帶的小刀會成員利用知州蔡映斗招募鄉勇之機，紛紛應募，以便作爲內應。咸豐三年八月十二日，小刀會2,000餘人在潘起亮、王國初等率領下，分別從上海和嘉定出發，進兵太倉。當王國初率領的一支隊伍抵達太倉附近時，潛伏在鄉勇中的小刀會成員立即起而響應，起義軍趁勢從城南攻入城內。前鋒400餘人佔據州城衙署，釋放囚犯，另一支隊伍也從州城東門攻入城內。這時，吳縣知縣丁國恩聞訊率清軍與鄉勇1,600餘人趕來救援，起義軍在太倉難以據守，在首領潘起亮、王國初帶領下，撤回上海與嘉定。八月十四日王國初又率領千餘人由水、陸兩路再次進兵太倉。守城清軍在丁國恩指揮下，憑藉太倉城牆堅固，且居高臨下，用大炮轟擊，起義軍損失百餘人，被迫放棄了攻佔太倉的計劃。起義軍首領還派李咸池隻身乘船前往廈門，以聯絡閩南小刀會，要求撥三千名鳥槍手來滬增援。

因閩南小刀會本身已處於被包圍之中，無力應援，廈門被清軍攻佔後，李咸池在福建龍溪被捕殺。另外，劉麗川還派副元帥張金山等五人，去寧波聯絡鎮海雙刀會首領洪世賢、張金山等來到浙江鄞縣，秘密聯絡到慈溪、奉化、鎮海、定海等縣的秘密會黨，擬於十月初舉行起義，旋為當地團練偵知並誘殺。

吳縣知縣丁國恩在救援太倉一役中得手後，幕僚周閑向他獻策說：「太倉距嘉定數十里，朝發可夕至。今賊兩敗於我鋒，逆銳已挫，其眾必懼」。「誠以此時倍道進兵，則嘉定必克。」丁國恩遂決定於八月十八日進兵嘉定，雙方在外港鎮發生激戰，「血流成渠」。小刀會的隊伍難以抵擋，只得撤回城內，致使嘉定四面被圍。這時，當地團練武裝也來幫助攻城，城內的豪紳又充當內應。八月二十日清軍與團練將城攻破，徐耀與周立春之女周秀英殺出包圍圈，撤往南翔。周立春力竭被俘，在押往蘇州後遇害，王國初亦遇害或不知所終。丁國恩攻破嘉定後，又帶領兵勇前往南翔，追擊徐耀一支隊伍。徐耀、周秀英只得退回上海。潘起亮和徐耀帶領2,000餘人前往真如鎮，擬由南翔攻嘉定。嘉定被清軍攻佔後，躲在寶山城外的典史曹錫壽與南匯都司景又春等，集合潰散的清軍和鄉勇1,000多人，攻佔了寶山，小刀會守將王小山等撤回上海。同一天，在鄉的刑部主事劉存厚帶領兵勇由澱山港汊進攻青浦，起義軍不敵。清軍進入青浦後，大肆燒殺，「隨將城中大小門戶悉行打毀，典鋪三家全被搶劫，並聞有八勇輪奸閨女致死等事」。「縣後街一帶，路上有首無身，有身無首者累累不絕，不知民房中更若何景象也！」

小刀會在嘉定、寶山、南翔、青浦等地接連受挫，只得全部撤回上海縣城，清方開始對上海縣城的全面圍攻。上海及其附近地區，對清朝當局具有十分重要的意義。政治上，上海乃東南沿海重鎮，有七國的領事館和三國的租界。上海落入起義軍之手，無疑向外國人顯示了清朝當局的無能與脆弱。軍事上，當時南京已經被太平軍攻佔，並且建立了太平天國政權，如果小刀會在上海的勢力得以鞏固，將使清方處於腹背受敵的困境。

經濟上，上海地區乃是東南沿海的「菁華之地」，「不獨海關稅銀賴充軍餉，轉眴籌辦海運，尤爲大局所關。」漕運改行海道後，上海乃是漕運的起點。小刀會控制了上海，將危及清廷的漕糧供應；特別是上海海關的收入。上海如長期控制在小刀會手中，將會危及清軍江南大營的軍費供給，從而影響到清軍對太平天國的軍事行動。因此，清廷甚至不惜把正在鎮壓太平天國前線「江南大營」主持軍務的副手許乃釗調往上海，鎮壓小刀會起義，並令署理按察使吉爾杭阿、總兵虎嵩林、參將秦如虎等一同前往。逃到美國領事館的上海兵備道吳健彰，也跑到蘇州、鎮江去求救兵，並令他預先在廣東雇募的三十艘海盜船及水勇，經香港前來上海對付小刀會起義軍。

　　清軍在許乃釗統帥下，逐漸向上海推進。起義軍也加緊備戰，在城牆上四面紮營，日夜巡邏，城下挖了陷阱和城壕，並在小東門外築起炮臺。八月二十六日，清軍5,000餘人來到離城12里的曹家渡紮營。小刀會聞訊，派2,000人前往劫營，頗有傷亡，被迫撤回。次日，清軍水師八十餘艘戰船，4,000餘名兵勇，從龍華來到黃浦江下游，在大東門外靠岸，以大炮向城內轟擊。雙方的攻防戰就此拉開帷幕。二十八日清晨，清軍開始攻城，在起義軍猛烈抵抗下，清軍只得撤退。此後，雙方在上海縣城開始了長時間的攻防戰。

　　經過一個月的圍攻，清軍並未取得多少進展，而小刀會的防守卻明顯加強了。「叛軍的士氣很高，因爲城內的糧草豐富，彈藥充裕，而他們的敵人卻因屢戰屢敗很爲沮喪。」小刀會隊伍「憑藉胸牆作爲掩護，而官兵的槍炮也只是盲目亂發，如果眞能打中敵人，那不過是碰巧而已，官兵很少把槍放在肩上，也很少瞄準。」

　　清軍見上海縣城久攻不下，便企圖用招降的辦法對起義軍進行分化瓦解，結果造成李少卿等人的叛降，一些動搖分子也隨之出城投降，從而引起小刀會內部的分裂，給小刀會造成慘重損失。但是，清軍仍難將縣城攻破。最後，清軍統帥許乃釗只得下令在寧波神廟及小南門兩處挖掘地道，

企圖用火藥將城牆炸塌。清軍幾次已經把地道挖至城下，皆被守城者發現並加以破壞。咸豐四年正月初八日，清軍終於將地道挖至西面城下，並埋下2,000餘斤火藥。次日清晨，清軍將火藥引爆，城牆被炸開三、四丈寬的缺口，清軍2,000餘名趁勢衝入城內。小刀會將帶有導火線的火藥袋，擲向缺口處，形成一道火牆，許多清軍士兵被燒死，衝入城內者，也被逐出。

　　經過這次戰役，清軍已無計可施，此後便一直與小刀會的隊伍處於對峙狀態。當時圍攻上海縣城的清軍約有兩萬多人，分為八個營，從三面包圍縣城。（縣城北面是外國租界）。起義軍約有六七千人，「作戰時勇氣百倍於清軍，戰術也比清軍高明。」雙方幾乎天天交火，但一般都沒有甚麼結果，故清軍將縣城包圍了整整一年，仍未得手。

　　上海小刀會迅速佔領上海及其附近地區，對外國侵略勢力也造成了巨大威脅，特別是外商的經濟利益受到巨大損失。由於清軍對上海縣城的長期包圍，大批外國商品，尤其是棉紡織品無法銷售，只能在倉庫裡沉睡，購買的茶葉也無法運出。鴉片商更是一籌莫展，在怡和洋行的一封信中寫道，「鴉片市場仍然連續不景氣，這一個月來，對於鴉片的需要更大大地減少了」。「雖然價錢這樣便宜，但仍然沒有人買」。巨大的經濟利益，驅使外國侵略者必然對小刀會起義軍持敵視態度，並因此與清朝當局勾結起來，共同鎮壓小刀會。不過，他們的敵對行動在最初還是在「中立」的幌子下進行的。他們這樣做，一方面是因為一時還看不準局勢會如何發展，不便貿然站在那一邊；另一方面，他們也想利用小刀會對清統治造成的威脅，強迫清廷出賣更多的主權。在小刀會起義後，英國便聯合其他國家，在租界區「設兵自衛」，派軍隊在街道上巡邏。又將進入租界必經之處劃為強化守衛區，禁止小刀會的隊伍持械通過。英、美、法三國還宣布租界為「中立區」，無論清軍還是小刀會起義軍，皆不得利用租界在軍事上進行防守或進攻，而實際上卻暗中幫助清朝當局。

　　外國侵略者為了迫使清朝當局給予更多的特權，趁小刀會與清軍對峙

之機，趁火打劫，挑起了「泥城之戰」。他們藉口外國僑民受到清軍中不法分子攻擊一事，於1854年4月日清晨，由停泊在公和祥碼頭的英國兵艦「恩康脫」號，對清軍發動猛烈進攻。下午三時半，由外國人組成的一支隊伍在租界內的教堂集合，然後「揚著旗，打著鼓，沿南京路前進。」隊伍以恩康脫號艦長奧加拉漢（O，Callahan）率領的英國水兵為前導，英國領事阿利國及威妥瑪副領事帶領的200餘人緊隨其後。美國軍艦普利茅斯號（Plymaoth）艦長凱利（Kelly）和領事馬輝（Murphy）也率領美國水兵100餘人，一同前往。四時許，凱利首先指揮美軍向清軍開炮，英軍在海軍上尉蒙哥馬利指揮下，向清軍轟擊。清軍亦「開槍炮抵禦」，侵略軍傷亡十數人。半小時後，由江蘇巡撫許乃釗指揮的清軍開始潰退，他本人也乘船逃走。這次戰役是在上海泥城浜（今西藏路）一帶進行的，故稱作「泥城之戰」。

「泥城之戰」乃是英國人蓄意挑起的，目的是為了向清朝當局掠奪更多的主權。事後，由吳健彰出面向英美法三國求和，表示了「停止敵對行動的願望」，並做出「租界不可侵犯」的保證，出賣了租界的主權。「租界」最初僅僅是允許歐美各國的商人和傳教士在上海租地建屋，以便於通商和傳教。1845年英、法兩國與上海地方政府議定，在上海縣城北郊，各劃出一小塊地皮，作為「租借地」。英法兩國僑民可以在此居住，租借地內之主權，仍歸上海地方政府所有，該地區的行政事務，仍由中國官員負責管理。泥城之戰後，清軍被趕出租借地，便由「上海義勇隊」（後改名「萬國商團」）佔領，並由身兼香港總督的文翰從香港調來一些印度籍的員警，維持治安。另外又組織了一個「執行委員會」（後來改為「工部局」），負責租借地內的行政事務。如此，中國就喪失了租借地內的主權，租借地也就變成了「租界」。後來，英國人又施展詭計，獲得「管理」中國海關的特權。在小刀會佔領上海的當天，一名英國商人率領一批搬運工人，衝入外灘江邊的中國海關大廈，搶劫大廈內寄存的商品。接著，另外一批英國人也入內搶劫，藉口說海關欠其船租未付，特來搬運貨

物，作為抵押。在英國人搗毀海關之次日，又派英國水兵前往海關站崗，加以封鎖，聲言海關為中國暴民所搶劫和搗毀，英國領事不得已而替中國政府「代收關稅」。之後，吳健彰便奉兩江總督怡良之命，與英美法三國領事談判，並簽訂了關於上海海關的協定，把上海海關的主權拱手出賣給列強。協定規定，由英美法三國領事各派一名「稅務司」，組成「關稅管理委員會」，來控制上海的海關。清朝當局為了維護「天朝」的面子，下令將吳健彰「拿問」，將許乃釗「革職」，江蘇巡撫由滿洲貴族吉爾杭阿繼任。

　　吉爾杭阿接任後，**繼續推行對列強的投降賣國政策**，並與外國侵略勢力勾結，共同鎮壓小刀會起義。列強則因已經迫使清政府出賣了上海海關的主權，於是撕下了「中立」的偽裝，公開站在清朝當局一邊。1854年6月11日，美國公使麥蓮同英法美三國領事磋商，決定共同向小刀會施加壓力，企圖迫使小刀會撤出上海，但遭到小刀會的嚴詞拒絕。同年9月下旬，吉爾杭阿趁法國公使布林布隆等來上海之機，「直截了當地要求法國派兵力幫他制服叛軍。」布林布隆在上海逗留了兩個月，與清政朝當局進行討價還價。在此期間，英美法三國又加緊向起義軍施加壓力，在租界邊上修築界牆，以斷絕上海縣城與租界間的往來，切斷起義軍與郊區人民間的聯繫。法國侵略者在所提出的條件得到滿足後，便決定公開向起義軍發動進攻。為了尋找藉口，法國軍事頭目辣厄爾以起義軍修築的炮臺威脅到法租界的安全為理由，要求起義軍把炮臺拆除，並且於12月14日正式向小刀會起義軍宣戰。起義軍不予理睬，辣厄爾便派出200名雇工，在40名水兵保護下，前去拆除起義軍的炮臺。起義軍鳴槍示警，雇工們紛紛逃散，法國水兵遂向起義軍開火。12月9日下午，法國軍艦高爾拜號用大炮向上海縣城轟擊。一位目擊者寫到：「隆隆的炮火繼續像密集的雨點一樣地射向這慘遭浩劫的縣城」，造成大批無辜平民喪生。面對瘋狂的侵略者，起義者毫不畏懼，「士兵們全副武裝，準備應付萬一，他們那種堅決而鎮定的精神，使我驚奇不置。」次日，法軍又聯合清軍對上海縣城發動猛攻，

是為「北門之戰」。法軍利用軍艦高爾拜號和貞德號上的大炮及距縣城百碼處新建的炮臺，猛烈轟擊縣城。後來，法軍利用距法國租界不遠處的一段城牆缺口，進入城內，在城內大肆搶劫。英人施嘉士（John Scarth）在所著《旅華十二年》一書中，曾對法軍的暴行加以揭露。他寫道：「法軍宣布嚴密封鎖（上海城），而凡有欲與亂黨交通者，皆被射殺。有一天，在黃昏時，我們看見一個可憐的婦人意欲攜一籃食品以接濟城內一個不幸的居民，即被法軍槍彈射倒。她的大腿被擊斷了，於是無救無助地躺在地上。戰爭真是可怕啊——當法軍衛兵又舉槍向那個老人連續射擊，槍彈射起泥土在婦人身旁。一槍又一槍，卒致她在背後再中一彈」。施嘉士評論道：法海軍「開炮轟擊，城內居民二萬皆無辜良民。」「明知他們皆安靜而不好戰的良民，而如此殺戮之，誠為殘暴。」而且當清軍攻城時，「法軍斷絕交通，拆毀橋樑，不容難民逃出。」

小刀會在城內奮勇迎戰，經過四小時的激戰，終於將法軍擊退，與法軍一同進入城內的清軍，也在遭受到大量傷亡後，逃出城來。

清軍在與法國侵略者聯合攻城失敗後，便進一步加緊了對縣城的封鎖，企圖使城內糧食供應完全斷絕，以迫使起義軍投降。為此，清軍把駐地移至縣城附近，修建了諸多炮臺，並在環城地帶築起森嚴的壁壘，禁止商販們把糧食、蔬菜等生活用品運往城內。英美法等國租界界牆上也加強了巡邏，以斷絕城內與外界的聯繫。清朝當局與外國侵略者的上述措施，給城內居民造成巨大困難。清方史料記載：「十二月八日，我軍移營進逼，圍城甚密，內外水洩不通。城中糧食久乏，初米價四五百文，至此而顆粒無有矣。賊殺牛馬以食，民食草根樹皮俱盡，掘浜內蟛蜞，以及箱籠、鞋底舊皮煮食，懸樑投井而死者甚眾。」劉麗川於是下令，每人每日限食米半升，而把民間所藏糠秕盡收歸起義軍所有，從而加劇了起義軍同民間的矛盾。起義軍因炮彈奇缺，不得不「搜刮城內銅錫器皿，熔制炮彈，所有擊出炮子多係以錫包土，雜以銅鐵條，並有鑴字圖章從炮內打出者」，「又謂現銀短缺，居民鋪戶儲積銅錢無不悉索，以紋銀私向奸夷兌

換，每兩僅得制錢一千二百文。守城賊匪不能按期發領口糧，忍凍奈饑，晝夜不得休息，均出怨言，時有逃散者。」困難的處境也促成起義隊伍內部的不穩定，「三合會黨徒處境極端艱困，糧食所剩無幾，黨徒之間又彼此發生爭吵，在爭吵過程中互相殘殺」。「三合會內部的感情分裂幾乎到達頂點：一派贊成投降，另一派決心打到底，還有一派主張逃跑。」而且有「大批三合會黨徒和老百姓相率離城逃亡」。

　　起義軍在內無糧食，外無救援的情況下，確實已無法繼續堅持下去了。從咸豐四年十二月下旬開始，小刀會的隊伍不斷從城牆山縋下，向敵軍衝殺。十二月二十四日，小刀會2,000餘人假扮作難民，從大小東門衝出，攻打清軍炮臺，未能成功。十二月二十八日清晨，又有數百人從城牆上縋下，進攻新築的城垣，經過激戰，首領林阿明被俘。咸豐五年正月初一日，小刀會領導人聚會商議突圍出城的問題，但未能取得一致意見。「當天大清早，三合會元帥和他的將領們就應採取何種步驟的問題展開爭論。但是，未能達成一致的意見，怒氣沖沖地散場，各自盡所能為找最合適的時機逃亡。」清軍則大舉進攻，很快攻入城內，小刀會首領李仙雲、軍師吳燮堂及周立春之女周秀英等被擒獲。最後，劉麗川與陳阿林決定分別帶領隊伍突圍，約定突圍成功後在西門外某地會合，以便前往鎮江，參加太平軍。當天夜晚，劉麗川與陳阿林各自帶領一支隊伍，打開西門突圍而出。劉麗川一支隊伍約200餘人，由於有清軍中小刀會成員作為嚮導引路，順利通過敵人營地，來到城郊西面的小閘橋地方，假稱松江兵呼渡。守軍因黑夜難辨真偽，拒絕往渡。起義軍情急之下，即向守渡者開火，鄉民聞聽槍聲，即行鳴鑼聚眾，劉麗川只得率眾逃避。天明時，在虹橋與清總兵虎嵩林所率兵勇相遇，經過一場殊死搏鬥，小刀會的隊伍終因長期饑餓，體力不支而潰敗，劉麗川在戰鬥中被殺，潘起亮帶領一部分人成功地突破重圍，參加了太平軍。陳阿林帶領的一支隊伍，由於黑夜迷路，未能到達預定地點，只得進入租界，被一位美國軍官收容，允許他們剃髮異服，使清軍不易識別，但大部分仍被清方查獲斬首。有300名小刀會起義

者在無奈之下被迫向法國海軍提督拉戈投降，卻被拉戈解交給清朝官員，全被處死。陳阿林藏匿在一位鄉民家中，後逃離上海，前往香港，又輾轉到了新加坡。城破時，徐耀帶領一部分人扮成鄉民，從小東門出逃，旋為清軍捕殺。

　　清軍在探明起義軍確實從上海縣城撤離後，才敢進入城內。他們進城後便縱火焚燒。「縣城之東一帶房屋全被火燒，燃著多日，大部被毀。清軍細細發掘黨人之死者的棺木，毀其棺而斬其首，蓋使其鬼魂不能安也。」官兵還在城內搜捕倖存的起義者，「在三天內，約有一千五百名被斬首，其中有許多名慘遭凌遲之刑。」對於起義者的品質，就連外國目擊者也給予很高評價。「他們之中有許多人，對於他們的首領和正義鬥爭，表現了無限忠誠，冒著出死入生的危險，顯示了難以置信的偉大犧牲精神。他們以前雖然並沒有什麼地位和名望，但都表現了心地的純良，對人情誼的真誠，這些都是堪與最文明國家人民的同樣品德相媲美的。」上海人民也冒著殺頭的危險，庇護那些倖存的起義者。這位目擊者寫到：「中國人的行為是可欽可佩的，有的人只要洩露一點消息，就會立刻慘遭殺身之禍，但他們總是竭力給予援救。我有機會看到許多動人的實例，足以證明中國人熱心救人急難。」

四、起義失敗的原因和社會影響

　　上海小刀會起義在堅持了18個月之後，終於在國內清朝統治與外國侵略勢力的聯合鎮壓下失敗了。失敗的原因，歸納起來，主要有以下幾點：

　　第一，上海小刀會起義缺乏一個強有力的領導核心。武裝起義成敗的關鍵，在很大程度上取決於領導集團是否堅強有力，是否團結和具有領導才幹。這次起義是由上海小刀會所發動和領導的，小刀會的首領自然成了整個起義的領導核心，而這個領導集團不能說是堅強有力的。小刀會和其他秘密會黨一樣，其首領一般由首倡者或本來有一定勢力的人充任，他們皆不具備領導起義的基本素質。一旦遇到困難，彼此間就會產生利害衝

突。頭號人物劉麗川本人是農民出身，後來在香港加入了三合會成為秘密
會黨的一員。在從廣東來到上海以後，把廣東的三合會帶到上海，在上海
發展組織，他本人自然成了上海三合會的首領。他在上海先後充當過捐
客、棧夥和洋行雇員，失業後又充當江湖醫生。在上述生涯中，他既接受
了秘密會黨崇尚江湖義氣的影響，又因結交下層社會三教九流中的各種人
物，沾染了不少惡習，尤其是吸食鴉片。他雖具有秘密會黨中人物的仗義
之風，在會眾中具有一定威望，但作為一名擁有數萬名起義軍的統帥，僅
僅依靠江湖義氣是遠遠不夠的。江湖義氣是傳統社會下層群眾所崇尚的一
種道德風尚，遇事不分是非曲直，不顧大局，完全以個人或小集團的利益
為轉移，往往會給事業造成巨大損失。在吳健彰被起義軍抓獲後，劉麗川
便不顧大局，將小刀會的這個死敵寬恕並放回。其原因無非是由於劉麗川
與吳健彰在洋行中共過事，失業時曾有求於他，加之兩人又是廣東同鄉。
故當小刀會內部在是否將吳健彰處死問題上出現分歧，劉麗川便「念其鄉
情，特諭勿斬」。後來，吳健彰在起義軍看守下逃走，實際上也是得到劉
麗川默許，甚至是主動放行的。他自己曾說：「本當將其家眷一同押在城
裡，因花旗領事金在予面〔前〕討情，放其回里，予故著兵丁送其出城，
此念同花旗相好之故。」劉麗川因顧及個人鄉情及美國領事之情面，而不
顧大局放虎歸山，無非是江湖義氣使然。

　　小刀會的另一重要首領李紹熙，最初在江南一帶經商，因虧本而在
上海落魄，後得某妓女之幫助，充作運販，獲利頗豐。又開設茶棧，並捐
納候補縣丞，擔任了嘉應州會所董事。加入三合會後，成為首領，以後又
成為上海小刀會的首領之一。他在充任嘉應州會董期間，利用其合法身
份，從事鴉片走私，參加起義實出於無奈。他雖然被劉麗川依為心腹，卻
與清軍暗中勾結，「謀為內應」。在起義軍處於最困難之時，他便潛逃出
城，向清軍投降，並充當清方對小刀會起義軍進行誘降的工具。其他首領
如閩幫首領李咸池，後來出逃。嘉應州人陳阿六曾暗約清軍為內應，事
泄，被殺者達200餘人；上海本地人朱月峰於咸豐四年二月出降，副元帥

林阿福，於同年六月率領部下出走。這樣的人混在領導核心中，只能對起義起破壞作用。小刀會的許多首領，起義前原靠鴉片走私和聚賭為生，屬流氓無產者。「閩人陳阿林、林阿福、陳阿六、李仙雲等；粵人則李少卿（李紹熙）、李爽軒，平素皆賣煙聚賭。」起義後仍惡習不改，繼續吸食鴉片，劉麗川「面蒼骨立，嗜鴉片，」是個「積重難返的鴉片鬼」。至於小刀會的骨幹分子，多屬流氓無產者，如潘啓亮，因屢次犯法而被拿獲判刑，參加起義無非為了報私仇；徐耀則為竊賊和強盜，因搶劫大德寺財物而被官府拿獲，囚於木籠；周立春乃當地土豪，擁有一定勢力，因此能夠令監生周某把劫持小刀會骨幹李紹熙所販運的鴉片，如數歸還。由這樣一些低素質的人組成的領導核心，很難把起義引上正確軌道，並對起義軍施行強有力的領導，也不可能把起義引導到真正反對清朝統治的方向。他們雖然標榜「反清復明」，其實胸無大志，舉兵造反，無非為了搶劫官府的四十萬銀兩或報私仇。所以，起義缺乏群眾基礎，主要依靠外來移民中的下層群眾，難以得到上海本地人民的支援。

　　第二，起義領導者沒有提出正確的鬥爭綱領和口號。上海小刀會起義最主要綱領便是天地會傳統口號「反清復明」。

　　小刀會進入上海城後張貼的第一份告示，便以「大明國統理政教天下招討大元帥」的名義發布，在起義軍的旗幟上，也寫有「反清復明」、「順天行道」等天地會的傳統口號。在以「大明國統理政教招討副元帥林阿福」名義張貼的布告中，更提出起義宗旨即是為了「匡扶明室」。告示中表示：「本軍興仁義之師，鋤奸除暴，萬民歸心，是乃上承天意，下順民情，緬懷大明皇帝。」如果說「反清復明」口號，在清代前期對漢族人民尚具有一定號召力，那麼，到了太平天國時期，就不再是個具有號召力了。正如洪秀全所說：「我雖未嘗加入三合會，但常聞其宗旨在『反清復明』。此種主張在康熙年間該會初創時，果然不錯的。但如今已過去二百年，我們可以仍說反清，而不可再說復明了。」「我們可以恢復漢族山河，當開創新朝。如現在仍以恢復明室為號召，又如何能號召人心呢？」

而小刀會卻仍以「反清復明」相號召，自然難以動員和團結更多的群眾，對清統治進行有力的打擊。

第三，小刀會內部派系紛爭，不能集中力量與敵鬥爭。小刀會是在起義前夕才形成統一的組織，內部仍存在不同的利益集團和派系。因此，在起義後往往令出多門，在起義軍佔領上海後所發布的告示中，廣東幫的劉麗川以「大明國統理政教天下招討大元帥」的名義發布告示，後改為「太平天國統理政教招討大元帥」。福建幫的李咸池則以「平胡大都督」的名義發布告示，所以，當時就有人指出起義軍「七黨之人，各懷意見，令出多門」。清吏也稱：小刀會「股數眾多，廣幫以劉麗川為首，閩幫以林阿福為首。此外如左右偽元帥及偽首鋒、五虎將，名目甚多。其寧波、乍浦、余姚沿海奸民及松、太各屬棚民、土匪，雖統於劉、林兩逆，然其中又各有頭目。本係一時烏合惟利是圖。緩則仇怨相尋，急則聯為一氣」，首領之間「意見參商，互相猜忌」。所以，當遇到重大利害關係時，各集團和派系間的矛盾便激化起來。在如何處理吳健彰的問題上，福建幫主張將其處死，而廣東幫卻主張將他釋放。劉麗川甚至向美國公使馬沙利表示：只要吳健彰願在新王朝下忠誠效勞，叛黨中「除福建幫外，均願意恢復其城內地方長官的位置」，甚至打算擁戴他為首領，讓他當「上海總督」。起義軍進入上海時，曾繳獲清政府庫存的40萬兩白銀。在如何處置這些白銀的問題上，福建幫和廣東幫又發生嚴重衝突。前者主張兩幫平分，後者主張儲存起來以供軍需之用。由於爭執不下，「福建幫已將搜獲銀元裝上民船，大膽宣稱白銀係他們所有，還打算殺害他們所一直懷恨的道台」，而廣東幫則「決意保護道台，揚言萬一福建幫膽敢運走銀元，即將船隻鑿沉。」「兩派最初發生口角，後來演成交戰狀態，福建幫被迫退出縣城」。即使在起義軍被圍期間，各幫之間仍不斷發生矛盾與衝突。甚至「自相攻殺，於邑廟會鬥，勢洶洶儼如對陣。」連外國目擊者也認為，當時對起義者來說，「目前最大之危險，似來自城內各派之間缺乏團結，而不是清軍的兵力、收買或奸詐者。」

　　第四，起義後期紀律鬆弛引起人民的不滿。小刀會作爲一個下層群眾的社會組織，是靠小團體利益聚合在一起的，平時僅用江湖義氣和幫規來維繫內部的團結。而幫規一般都是爲了維護自身利益的，只要不損害本幫的利益，成員們對外可以爲所欲爲，偷盜、搶劫、殺人越貨、走私犯毒、綁架勒贖，對他們來說皆屬「正常」之事。起義初期，爲了得到百姓的擁護和支持，小刀會領導人曾規定了嚴格的紀律，起義者一般也都能夠遵守，故很少發現損害群眾利益的事件，對此，連敵對階級的人也不否認。但是，在小刀會取得對上海的統治權後，一些首領便滋長了享樂思想，他們利用手中的權力大肆揮霍，不僅繼續吸食鴉片，有的還「妻婦成群」。「他們之中許多人過著恣意揮霍的生活，桌子上擺滿了異常的奢侈品」。首領們的奢侈生活和起義軍的日常開支，僅靠進城時繳獲的銀錢是難以爲繼的，於是便向居民「勸諭捐輸」，結果引起了與百姓的衝突。「潘起亮至法華鎮勸諭捐輸以作軍餉，鄉民弗肯，即與之角鬥，傷其黨27人。潘將軍怒，明日持大炮往剿，鄉民懼而潰，因擄其物以歸。婦女幼稚號啼道路，殊甚慘也。」由於小刀會起義軍「勒索鄉民過甚」，或「將鄉下人生意破壞了」等原因，與蘇州河附近百姓發生衝突，百姓將起義軍駐地搗毀。起義軍爲了報復，派出1,200到1,500人，持械前往。雙方在爭執中，起義軍一名頭領被村民砍傷並推入河中，遂引起一場衝突。據目擊者報導，當起義軍等待過河前往村莊時，「不斷對村內空屋掃射，因此，有二三個在那裡躲藏的人受了傷。」過河之後，又在「全村放火」，「被燒過的那些住宅區，現在除了大堆瓦礫之外，別無一物。」並「將村民的米糧和一切有價值的東西，全部洗劫一空。」在上海縣城被圍城內生活陷入困境後，起義軍又對城內居民進行勒索。「在縣城被圍十個月之後，城裡呈現出一片貧困景象；叛軍首領爲了獲得財源，竟然用酷刑奪取居民手中還留著的一些值錢的東西。所有的廟宇、寺院都被搶劫一空，並且就把這些偷盜來的東西，賣給一些無所顧忌的外國人。」起義軍這些做法，無疑激化了與當地群眾的矛盾，很難再得到他們的支援與幫助。

　　第五，信仰混亂導致內部的離心力增長。上海小刀會是天地會系統的一支會黨，天地會在信仰方面是雜糅了儒釋道三家的許多內容。他們把佛教禪宗初祖達摩奉爲始祖，又把道教的「八仙」作爲崇拜人物，並把儒家的許多信條，如仁義禮智信、忠君孝親等作爲行爲規範。中國民眾屬於多神信仰，對於佛道兩教信者頗眾。而劉麗川等首領爲了得到太平天國的支援，卻要求起義軍和百姓放棄原來的信仰，改信基督教的「上帝」。當然，他理解的「上帝」和人類起源的觀念，並非眞正來自基督教教義，而是「一種稀奇古怪的混合體」。他在告示中將佛道兩教斥「邪教」，要求起義軍和百姓「從今以後勿再崇奉僧道」。這樣，既與天地會的傳統思想相矛盾，在小刀會內部造成思想混亂，使得原來藉以維繫內部團結的信仰遭到破壞；又與大多數中國民眾的宗教習俗相抵觸，難以得到民眾的理解與支援。

　　第六，從當時雙方力量對比來看，小刀會僅僅佔據上海一座孤城，並被清方切斷了與外界的一切聯繫，陷入孤軍無援的境地。而清方則可以不斷調來援軍，且得到列強的幫助。在此力量對比下，小刀會起義軍的失敗，乃是必不可免的。

　　上海小刀會起義雖然失敗了，但它在中國近代史和中國會黨史上，卻佔有重要地位。從中國近代史角度來看，上海小刀會起義乃是太平天國時期東南民眾運動的重要組成部分，又是近代上海人民反對國內專制統治與外國侵略勢力的重要鬥爭，有力地打擊了國內外統治階級的囂張氣焰，大長了中國人民的志氣。不僅使清政府的虛弱暴露無遺，而且使外國侵略者「損兵折將」，使西方武器「喪失威信」，連「西方國家對東方民族一向自矜自持的優越感，也遭到破產。」上海小刀會起義在中國會黨史上也佔有重要地位。上海小刀會乃是天地會系統的三合會，小刀會與其它秘密會黨的聯合體，它標誌著秘密會黨從分散走向聯合；上海小刀會起義，又使會黨從秘密走向公開。在起義軍控制上海及其附近地區期間，小刀會建立了自己的統治，大大加強了秘密會黨在群眾中的影響。小刀會在與國內外

統治階級歷時18個月的鬥爭中，增長了才幹，擴大了眼界，使秘密會黨分散、保守、落後的弱點，有了某些克服。當然，最重要的一點是，人們從這次起義中，更清楚地看到，秘密會黨作為一種原始形式的落後組織，盡管在鬥爭中表現出令人欽佩的英雄氣概，但不可能把鬥爭引向成功，下層群眾也不可能從他們那裡找到出路。

起義也給中國帶來一些負面影響。

首先，導致中國海關權力的喪失。在小刀會起義前，海關的管理權掌握在中國政府手中。小刀會起義期間，江海關遭搶被毀。1853年9月9日英、美等國領事以「海關行政既陷於停頓」為藉口，頒布《船舶結關臨時規則六條》，拒絕向中國納稅，而由領事館代為徵收。次年，英、美、法三國領事又強迫上海道吳健彰簽訂《海關徵稅規則》九條，規定由三國領事指派威妥瑪、卡爾、史密斯三人為稅務司，組成「關稅管理委員會」，使江海關管理權就此落入英、美、法之手。這一制度後來又被推廣到其他通商口岸。最後清廷正式委任英人李泰國（H‧N‧Lay）為海關總稅務司，導致中國的海關完全操縱在西方列強手中。

其次，造成中國在租界的行政權、司法權的喪失。由於雙方交戰，大批民房被毀，殷實商戶遭搶，或被勒索攤派，清兵和廣勇「大肆焚掠，由小南門至大小東門，縱火延燒，通一宵達旦，百年富庶繁華，席捲殆盡」。清軍進入上海縣城後，為了搶劫，大肆放火。「火勢蔓延迅速，一日之間，燒了城廂，約計分會房屋不下一千五百幢，很多老百姓流離失所，衣食無著。」為了躲避戰火，紳民紛紛逃入租界，一時租界內人滿為患。英、美、法侵略者藉口為了保護租界僑民的生命和財產安全，維持租界的秩序，要求擴大租界的權力。清廷被迫承認上海英、美、法租界地皮章程，允許外國在租界內擁有行政管理權、員警和司法權。此後英美租界和法租界先後設立了類似政府機構的工部局和公董局，造成上海地方政府在租界內的部分權力喪失。

第三，造成「上海地方商業陷於停頓」，中外貿易下降，上海的進口

貿易完全解體。受影響的不僅是西方列強，同時也對中國對外進出口帶來巨大的損失。

第四，起義也給上海普通人民的生活造成很大困難。小刀會在佔領上海縣城後，強徵男子入伍，於是逃亡者日多。全城居民原來約有二十七萬（一說三十萬），其後日漸減少，以致僅存四五萬。而租界內華人原來僅有五百人，其後遷入者日增，多達二萬人。由城內逃出者，往往又被清軍捕獲，不分青紅皂白，強指為叛黨而加以殺戮。僅在蘇州河畔大營處死者，即不可勝數。其逃入租界者，亦生活在恐慌之中。

當然，這些負面影響，也是任何社會動盪都要付出的代價，不應對小刀會起義作苛刻的要求。

第十八章

閩南小刀會與閩中
紅錢會

　　閩南小刀會是天地會的一個分支。天地會系統的秘密會黨在福建一直十分活躍，而且影響頗大。據當地官員稱：「福建一省，界連江西、廣東，向有紅錢、鬧公、小刀、江湖等會，傳習已久，牢不可破，名異實同，所在皆是。」咸豐三年（1853）在福建幾乎同時爆發了兩起天地會系統的武裝反抗鬥爭，一起是閩南小刀會（亦稱廈門小刀會）起義，另一起是閩中紅錢會起義。當時，正值太平軍向長江下游勝利進軍，這兩起秘密會黨的起義，在福建牽制了清軍，聲援了太平軍，同時又與兩廣天地會起義遙相呼應，形成了一股巨大的反清浪潮，對清王朝的統治，構成了嚴重威脅。

一、閩南小刀會的淵源

　　閩南小刀會（廈門小刀會）究竟是由誰首先創立？在中外歷史學界尚存在不同說法。日人平山周在所著《中國秘密社會史》一書中道：「道光二十九年，新加坡陳正成設立三合會支部於廈門，命名曰匕首會，入會者數千人。」不過，中國歷史上並無陳正成其人，是平山周將英人威廉‧斯丹敦（William Stanton）所著《三合會或天地會》（The Triad Society or Heaven and Earth Association）一書中的「chen-ching-chen」，誤譯為「陳正成」所致。但是，廈門小刀會是否為陳慶真所創立，目前仍存在分歧。特別是由於陳慶真的國籍問題，當時曾在中英兩國間引起過一場外交風波，致使這一問題更為複雜化。從中國官方記載來看，廈門小刀會確係新加坡歸僑陳慶真等人所倡立。但是，英國方面卻稱廈門小刀會的創立者並非陳慶真，而是他的胞兄陳慶星，是中國官員難以將陳慶星捉拿歸案，而將陳慶真作為替罪羊而逮捕。日本學者佐佐木正哉根據英國官員的說法，也認定廈門小刀會的創始者為陳慶星。那麼事情的真相究竟如何呢？需要作進一步的研究。

　　閩南漳泉一帶，在歷史上便是小刀會十分活躍的地區。據江西道監察御史陳慶鏞奏稱：道光末年，「福建漳州府屬之龍溪、海澄等縣民人，多

往蘇祿、息力、呂宋貿易。每就彼國娶妻生子，長或挈回，其人俗謂之土生子。向在外洋斂錢聚會成風，乃挾其故習，沿及漳州各屬以至廈門，結為小刀會，亦曰天地會。凡入會者，需錢六百九十三文，名曰根基錢，交完即給八卦印一顆，紅白布各二方為記，內有小印，有口號。其股頭各制小旗一面，誓盟歃血。始不過販洋之所謂土生子為之，繼而漸引漸多，散布妖言，遂敢滿貼狂詞，城鄉皆是。」經官府嚴緝，始「稍為斂跡」。但不久又發生廈門人陳馨、同安人王泉等人糾眾結會之事。據陳慶鏞奏稱：「近有廈門人陳馨，素以傀儡唱戲為業，逃藏龍溪縣石美鄉南門黃允家，與同安縣屬白礁鄉王泉倡造謠言惑眾，謂伊有神術，自可通天，能入會者免罪。於是石美、海滄、白礁各鄉販洋者咸受其煽惑。兼以勾結廣東土匪，訛言日至，遂顯然設斂錢之局，名為開香，一開便有數百人從之。而龍溪、海澄、同安各縣知縣皆明知其事而不敢過問，以故該匪肆橫罔忌。且謂入會者上至省城，下至廣東，皆有資糧相助，免至乏食。不數日間，入會者已近數萬人。」其首領有王小、李景、黃允、王靖等人，「皆奉陳馨、王泉為大頭目」。他們雖然主要進行劫富濟貧，但也殃及平民百姓。「千百為群，強派各處股戶，截搶各處販夫，或入會或助糧，從者平安無事，不從者災禍立至。其有大姓強宗股戶未易嚇索者，該匪聲言起事時即先問罪，故始而桀黠者為之，今而謹願者亦從之。始而無賴者為之，今而殷富者亦從之。蔓延數百鄉，橫行郡縣。」由於官府對於他們的活動，或不敢過問，或「有意隱容」，以至王靖、李景等人敢於「白日樹旗，聯絡聲勢，張貼狂悖字樣，遠近駭聞，廈門為之震動。」會眾們甚至將龍溪縣查禁結會的告示，用黃紙貼蓋，「別書字號」。而該縣知縣聞報後，卻「佯為不知。」監察御史陳慶鏞這件奏摺引起了朝廷的極大關注，由軍機大臣轉寄給尚未到任的閩浙總督裕泰，令他「嚴密確查該匪等有無勾通夷匪、假借名色迫脅良民，其傳習者共若干縣，實在黨羽人數多少」。特別是讓地方官員查明小刀會「與兩廣土匪是否聯為一氣。」可見清朝當局對此事十分重視。尚未卸任的閩浙總督劉韻珂與福建巡撫徐繼畬，得知朝廷

已諭令嚴查閩省會黨之事，遂下令地方官對結會之事嚴加辦理，而地方官員卻僅以逮捕劉標等七人一事搪塞交差。

正當閩省督撫大吏對查辦廈門一帶小刀會的活動一籌莫展之時，恰好一向以「查辦會匪等事最為歷練」的張熙宇，由廣西南寧調任福建興泉永道，並已前往廈門赴任。巡撫徐繼畬立即令他趕赴同安，處理此事。張熙宇尚未及到廈門接印任職，便來到同安，「諭令各鄉社家長各自約束查禁，」然後才前往廈門接印。道光三十年十一月二十一日，張熙宇抵達廈門正式接印任職後，立即命令同安縣令圖他本，前往小刀會聚集的積善里查辦。而圖他本並未親至該處，僅來到附近的灌口鄉鳳山廟，召集安仁里的蘇、陳、楊、林諸姓之衿耆，令其出具「地方安靜」之結回報張熙宇。不久，當地生員來到廈門，向張熙宇面稟實情，張熙宇遂於同年十二月初二日會同水師參將陳勝元等，親自帶領兵丁來到同安，將陳慶真的住宅包圍，逮捕了陳本人及在他家閑坐的廚工李芳圃、周德勝等人，解至同安縣署。審訊時，陳慶真自稱是英國臣民，與小刀會並無關係。後經嚴刑拷打，始供認入會並擔任會首等情。陳慶真供稱：「年二十三歲，父母俱在，兄弟八人。小的係同安縣店前村人，素識灌口鄉王泉，商同創立小刀會名目，邀人給錢一千零九十五文，即令入會。為首有吳大舍五〔吳大嘴壺〕、陳慶〔罄〕、黃得大〔德泰〕、黃天直〔添進〕、王運科〔連科〕、林構〔苟〕、蔡第五〔武第〕，共有一萬餘人。所有賬本、錢文及會夥姓名號簿，俱系吳大舍五、陳慶掌管。吳大舍五年約四十多歲，住址何鄉，並不知道，僅曉他故父曾任海滄汛，那陳慶現住後岐尾。小刀會首各有口號，在廣東叫做三點會，廈門叫做添弟會即是小刀會。所有鳩集銀圓千餘，議欲置備器械，不意尚未置成，已經大家花散。落後，吳大舍五讓小的作會首，那王泉係白礁鄉人，會中最為本事。惟黃得大一人，今住山仔頂開煙館，現在不知何住。當日起意係欲謀逆，同扶真主，此係實情。今蒙獲案，只得據實供明，所供是實。」與陳慶真同時被捕的李芳圃、周德也供認是小刀會成員。陳慶真就是陳慶鏞所說販洋者在當地所生

的「土生仔」，其母並非華人。他自幼在新加坡接受教育，會說英語，回國後在原籍同安縣定居。道光二十九年五月二十三日，他在英國駐廈門領事館註冊登記，取得旅居廈門的英國屬民身份，並受雇於英國領事館翻譯官馬里遜（M C Morrison）。翌年初，由馬里遜推薦到英商怡和商行廈門分行任雇員。

陳慶眞被捕後，怡和商行即要求英國駐廈門領事蘇里文（G G Sullivan）對陳慶眞進行營救。蘇里文向清朝官府發出照會，以陳慶眞係在英屬息力（新加坡）出生，且曾在英國駐廈門領事館登記爲英國屬民爲由，要求清地方當局把陳慶眞交給英國領事館處理。蘇里文還派其副手親自到興泉永道衙門交涉，要求將陳慶眞釋放交還給他，結果被張熙宇以陳慶眞乃中國子民而嚴詞拒絕。蘇里文又於當天中午，親自帶領屬員多人來到興泉永道衙門，「在大堂前索取，聲勢洶洶」。理由是陳慶眞的父親雖是中國人，但母親並非華人，且自幼在新加坡接受教育，並在英國駐廈門領事館註冊登記爲英國屬民，故應交還英國領事館處理。而張熙宇則以陳慶眞等人口供爲據，認定陳慶眞乃同安縣店前鄉的中國民人，既然違犯了中國有關禁止結會樹黨的律例，理應由中國官府予以懲處。雙方經過反復爭辯，仍各執一詞，互不相讓。面對相持局面，張熙宇感到，「陳慶眞罪犯應死，若任聽領回，殊無以肅法紀而儆奸頑。若拒絕不予，又恐倉猝釀事。」於是想出一個自認爲是兩全之策，他趁與英使交涉之機，令下屬將陳慶眞依法「重責垂斃」，然後於當天下午派人將陳慶眞的屍體用轎抬至英國領事館。領事館衛隊長素與陳慶眞熟識，得知陳慶眞已經送到，立即前來迎接，但打開轎門，卻發現陳慶眞已經身亡。

英方認爲廈門當局此舉不但違背了中英有關條約，而且是侮辱了英國皇室的尊嚴，當晚便正式照會興泉永道衙門表示抗議，並聲明將把全案經過報告英國駐華公使文翰。對於蘇里文的抗議照會，張熙宇一方面重申陳慶眞乃中國民人，且爲小刀會首領應依法嚴懲外，並稱：「嗣貴府來署言明，該犯係生於所轄屬國，請爲送歸辦理，亦經本道飭廈門廳押送收訖。

茲准文移，該犯已經身死，並經稟明貴公使大臣示尊等因。查此案關係重大，自應秉明兩國大臣批示尊辦。」另一方面把該案的發生經過原委，稟報兼署閩浙總督徐繼畬。聲稱：「陳慶眞實係紳耆秘稟會匪首犯，舉國皆知，民恨入骨。且供詞確鑿可憑，情罪斷難稍貸，乃英國領事輒以『英國人』三字強爲包庇。查陳慶眞等四犯，並非英國衣冠，徒以生長實力（指新加坡──引者）爲詞，硬行索去，情理尤爲不順。誠恐英國公使未知其中底細，未免有費唇舌，仰懇諮會欽差大臣，照會英國公使，嚴飭該領事不得包庇匪徒，並將訊供未定之周德即刻交還，以便拿獲餘犯，提同質訊。」徐繼畬旋即將此事稟報欽差大臣、兩廣總督徐廣縉，請他照會英國公使。蘇里文在致英國駐華公使的公函中，則請求公使向中國政府索取賠償，並將負責此事之地方官員予以嚴懲。不過，他也鑒於新加坡華人普遍加入秘密會黨，難保陳慶眞不是小刀會成員。但他認爲陳慶眞不是小刀會首領，並且推測廈門小刀會眞正的首領可能是陳慶眞的胞兄陳慶星。因爲陳慶星曾在英國駐廈門領事館擔任過通事（翻譯），因系「著名而活躍的小刀會首領」而於1850年（道光三十年）春被解雇，後轉至香港工作。廈門地方當局可能難以將陳慶星緝捕歸案，便將陳慶眞逮捕，作爲替罪羊。雙方幾經交涉，仍各持己見。英方鑒於小刀會在新加坡的活動也對英國在當地的統治不利，況且認爲陳慶眞雖不是小刀會首領，但難保不是小刀會一般成員。加之陳慶眞雖出生和成長於新加坡，但其衣冠已與當地人民無異，地方官員也難以區別。所以，如果一味與中國官員糾纏，對自己也未必有好處，最後也只得不了了之。不過，廈門小刀會究竟是誰所創立，卻成了歷史學家們一個感興趣的問題。日本學者佐佐木正哉便以蘇里文的說法爲根據，認爲廈門小刀會的創始人是陳慶星而不是陳慶眞。其理由是：其一、陳慶眞的供詞，是在嚴刑逼供、臨死的情況下作出的，其眞實性很可懷疑；其二、確認陳慶眞是小刀會首領的依據〈張公去思碑〉，是由張熙宇授意當地紳士們所立，內容並不可信。那麼事情眞相究竟如何呢？

從現有中英文資料來看，實際情況如下：

　　首先，陳慶眞確係出生和成長於新加坡的「土生子」。張熙宇在同英方交涉的過程中，最初主要強調陳慶眞乃是同安本地人，否認他是息力（新加坡）的歸國英籍華人。當英方提出陳慶眞出生並自幼在新加坡成長並接受教育，其母又非華女，並且有英國領事館註冊登記的證明時，便不再強調陳慶眞確係土生土長的同安本地人。而是仍強調雖然陳慶眞出生在英國屬地，回到中國後仍可作爲英國屬民。但是，《中英南京條約》中「並無中國民人生長英國所屬地方，回到中國仍作爲英國人民之例」。並且指出：「現在五口通商，夷人攜眷居住者不少，其在五口生長之人，並無作爲中國民人之說，將來回到英國，更無作爲中國編氓之理。」這表明張熙宇已經承認陳慶眞乃新加坡的歸國華人的「土生仔」。

　　其次，陳慶眞確實是廈門小刀會成員和首領。據咸豐元年閩浙總督裕泰奏稱：閩省先後拿獲王泉、王靖、李景等五十六人。經過審訊確認：「陳慶眞等五十六犯，分隸同安、龍溪、海澄、詔安等縣。陳慶眞向與現獲之王泉合出資本在暹邏國收買洋貨，販至廣東銷售，往返經營，歷有年所，旋因虧本，於道光二十五年間歇業回家。三十年夏間，陳慶眞因在廣東稔知三點會即添弟會歌訣、口號，起意改立小刀會名目，結夥斂錢，並圖搶劫，遇事復得幫助，與王泉商允，遂各分糾。劉標亦轉邀現獲之劉然入會，連陳慶眞等十二人，於六月間不記日期，潛至廈門旗杆腳地方。入會之劉標等十人各出錢六百九十三文，交陳慶眞買備雞酒香燭，供設神前。陳慶眞復與王泉用木柄尖刀兩把，用手架起，令劉標等各從刀下鑽過立誓。並將各人左手中指用針刺血，滴酒共飲。又將各人姓名年庚，開單焚化。陳慶眞復授以「紅旗飄飄，之（兄）弟招招」及「開口不離本，舉手不離三」等口號、歌訣，令劉標等各自記誦。入會之後，逢人問姓，答以本姓某，改姓洪。接遞物件，只用三指。盤辮不拘左右，須將髮稍（梢）垂下兩三寸。褲腳左長右短，胸前紐扣解開兩顆，折入襟內，以爲入會記認，當各走散。」如果陳慶眞本人不是小刀會首領，當然難以對小刀會內部的結會儀式、詩句歌訣如此熟悉。他們在結會之後，正欲

繼續糾入時，劉標等七人卻不意被捕，遂不敢在廈門本地再行結會。後來探知位於龍溪、海澄、同安三縣交界的石鼓堂，地處偏僻，且有空廟一座。遂於同年十月間，又與王泉分頭邀得王靖、李景、黃允、王淮、王秀、李喜然、蘇羊古、劉四、林媽紹、王超、王喜、許勞、陳慶、王倉凜等，共十四人，一同結拜。陳慶眞見入會者仍不多，又與王泉揚言，「不入會者，即糾眾搶劫」。於是，同安、龍溪、海澄三縣鄉民，爲了保護身家性命，紛紛入會。陳慶眞又陸續糾得陳北、王春等十二人，在石鼓堂空廟內結拜。由陳慶眞、王泉、王靖、李景、王（黃）允、王淮、李喜然、劉四、林媽紹、王超、許勞、陳慶、王倉凜等十三人任會首。陳慶眞用紅布剪成小旗，紅旗上寫「天上聖母」，白旗上寫「天庭各（國）色（式）」，每人還給紅布一塊。旋因會夥陳北等十三人在同安縣灌口街地方搶劫店鋪時被拿獲。從上述內容來看，陳慶眞確實是閩南小刀會的首倡者和首領之一。

裕泰此摺是在中、英兩國官員爲陳慶眞被捕一事進行交涉的風波已經平息數月後，根據被捕者王泉等人的供詞寫成。清朝當局這時也已經把下令將杖斃陳慶眞的張熙宇調往他處任職，裕泰完全沒有必要再向朝廷掩蓋事情眞相，故奏摺內容是可信的。從奏摺內容來看，陳慶眞不僅是廈門小刀會的一般成員，而且是首倡者和首領。現有資料表明，陳慶眞之兄陳慶星確爲添弟會首領，但是，卻沒有史料證明他曾把添弟會改名小刀會。而裕泰奏摺中卻明確提到陳慶眞在廣東就已「稔知三點會即添弟會」，並於道光三十年夏，於糾人結會時，將添弟會改名小刀會。可見，陳慶星雖是小刀會成員，但非廈門小刀會創始者。況且，從檔案資料來看，並不存在清朝當局緝捕陳慶星的內容。因此，那種認爲清朝官員因爲未能拿獲小刀會首領陳慶星，而以陳慶眞爲替罪羊的說法，純屬推測，並無實據，難以成立。

第三、英國人休斯（George Hughes）在所著《廈門及其周圍》（Amoy and the Surrounding Districts）一書中，曾提到陳慶眞於被捕時，

官員們從他家中搜獲了《會眾名簿》及會眾的住址。如果陳慶眞不是小刀會首領，他家裡當然不會有這些東西。

二、閩南小刀會起義

1. 閩南小刀會起義的性質問題

閩南小刀會起義屬於什麼性質？迄今有兩種不同看法。一種意見認爲，儘管起義領導集團均非農民出身，但是，「領導人的階級成份並不能決定小刀會的性質，」「不管領導集團的主觀願望如何，這個起義終究是一個反封建的農民革命運動」。另一種意見認爲，這次起義「由於參加鬥爭的主力是城市平民，領導權掌握在商業資本家手中，它所推行的政策，主要是保護商業資本的利益，因此，它與農民起義不同，」「是一次市民反封建起義」。

筆者認爲探討閩南小刀會起義的性質問題，不能脫離對整個清代秘密會黨性質的認識，同時要考慮閩南小刀會本身的特點。

從現有檔案和文獻資料可以確定，閩南小刀會是由新加坡籍歸國華僑陳慶眞等人於清道光二十九年在廈門石鼓堂結成，其成員多爲從事「販洋」之歸國華僑在國外所生的「土生仔」。他們之中許多人在國外時便已經加入了天地會（或稱添弟會、三點會）。1840—1841年，在新、馬一帶的天地會成員，已達五六千人，其大本營就設在新加坡的一座廟宇中。這些在國外已經加入天地會的華僑與華人，回國後因閩南一帶早已存在小刀會的名稱，遂改稱小刀會。閩南小刀會的成員大多是由歸國華人、華僑組成，除了具有內地秘密會黨的互助和抗暴性質外，更具有強烈的反抗精神，這是由清朝統治者所推行、排斥華僑政策所造成的。清朝統治者認爲前往海外謀生者，皆屬不安分的「莠民」，屬於朝廷的「叛逆」。《大清律》認定：出外謀生者「多係不安本分之人，若聽其去來任意，伊等益無顧及」。因此，「一切官員及軍民人等，如系私自出洋經商，或移居外洋島嶼者，應照交通反叛律處斬立決。」甚至規定：「內地販洋人等，定以

三年爲限，三年不歸，不許再回原籍。」歸國華僑不僅在法律上受到歧視，而且要受到地方官員的壓迫和勒索，因而對於清朝統治更爲不滿。造成歸僑結會樹黨的另一原因，是他們回國後，同當地居民間也存在矛盾。從英國駐廈門領事蘇里文發給英國外交部的報告中，可以看到當時在廈門一帶，有許多出生於海峽殖民地（今新加坡、馬來西亞），且擁有英國國籍的歸國華僑。他們「習慣於海外生活，帶著當地出生的妻子，這在一般中國人看來，乃是異端分子。而且，他們大部分是土地所有者，比一般人富裕」。所以，「他們同當地農民在土地和其他方面的糾紛也很多，遭到官府誅求的事也不少。」他們爲了維護自己的利益，便借助於秘密會黨這種形式，組織起來，進行互助和自衛。

從上述情況看來，1853年閩南小刀會起義既非一般「反封建的農民革命運動」，也非「市民的反封建起義」，而是一次以歸國華僑爲主體的秘密會黨的造反活動。

2.閩南小刀會起義的主要首領是誰？

1853年閩南小刀會起義的主要首領究竟是黃德美還是黃位，學者中尚存在分歧。羅爾綱先生根據清人沈儲的《舌擊編》和陳慶鏞在《陳生潤渠殉難紀遺》中的記載，認爲閩南小刀會起義的主要領導人是黃德美。而黃位雖然「可能是一個次於領袖黃德美的領導人物，但不是福建小刀會起義的領袖。」唐天堯則認爲閩南小刀會起義的主要首領是黃位而不是黃德美，沈儲把黃德美說成閩南小刀會起義的主要首領，是爲了向上級「邀功請賞」。所以在稟報黃德美被捕殺一事時，故意不提黃位，因爲黃位當時已經逃往海上，他只說捕殺了「逆首黃德美」，從而給人造成關於閩南小刀會起義首領主要是黃德美的錯覺。閩浙總督王懿德出於同樣目的，在奏摺中重複了沈儲的說法。下面我們根據黃位和黃德美兩人的具體情況，對究竟誰是閩南小刀會起義的主要首領問題進行分析。

先看黃德美的情況。黃德美家道殷實，是個大地主兼富商。民國初

年陳銀練、陳雨沛根據當地父老的傳說，寫成〈小刀會始末記〉一文。文中提到黃德美家中「田園萬頃，富冠全邑」。光緒年間《馬巷廳志》中所附〈小刀會匪紀略〉中也寫道：「黃德美有田在龍溪滸茂洲，常受強佃抗租之苦。越境控追，官不為直，乃約族叔黃位（一說德美養子）同入會以凌佃。」並且稱在閩南小刀會起義失敗後，清朝當局沒收的黃德美家產，多達十萬貫。英國人休斯（George Hughes）在所著《小刀會叛亂》（The Small Knife Rebels）一書中說，「黃德美係一富商，人品高尚誠實，樂善好施，在貧苦百姓中頗有聲望。但因他家道殷實，故官吏向他誅求，令他充當泉州、漳州府的鹽商，使他蒙受80萬元的損失。」施丹頓也記載說：陳慶真被清吏杖斃後，「匕首會領袖地位乃由以富有能力之黃位繼任。黃運用其首領力量，庇護一富人黃德美不使受清吏之壓迫與剝削，蓋匕首會已得其捐資不少矣。黃德美由是加入該會。至1853年，清吏再欲向其勒索鉅款，黃位乃抱不平，伸張公道，即率二千黨徒乘勢起事。」

　　黃德美作為一個歸僑中的大地主兼富商，其財富主要來自海外的父親黃光嚴。黃光嚴是旅居印尼三寶壟的華僑富商，曾回國在龍溪的滸茂洲購置大量田產，其三子黃德美居住在同安縣錦宅鄉石兜村（位於今龍海縣境內）。那麼，黃德美作為一個在當地堪稱首富的歸國華僑，為甚麼會參加下層社會群眾結成的小刀會，並參加反抗當局的造反活動呢？從現有史料分析，不外兩個原因。一是他作為當地的大地主，受到佃戶的抗租，他雖「越境控追」，而「官不為直」，於是「約族叔黃位（一說黃德美養子）同入會，以凌佃。」二是他作為富商和當地首富，受到當地官員的勒索誅求。如英人休斯所說，地方官強令他充當鹽商而使他遭受巨大損失。所以，從黃德美本人情況來看，他參加起義其實是被「逼上梁山」的。

　　再從黃位的情況來看。有關黃位的身份與地位，有兩種說法。一是稱他乃是黃德美的「族叔」，另一說法稱他是黃德美的「養子」。這兩種身份是截然不同的，黃位如果是黃德美的族叔，則肯定也是大地主兼富商一流人物。如此，叔侄兩個當地首富參加小刀會，在當時是不太可能的。

況且，我們從王敦惠的墓誌銘中得知，黃德美的族叔很可能是黃寶齋。從大量史料來看，黃位是黃德美「養子」的可能性最大。在閩南一帶，所謂「養子」實際上就是家內奴隸。據黃爵滋稱：「漳泉各屬，異族有大姓小姓之分，同族有強房弱房之別。推其緣故，多係購買異姓幼子為子，有一人買十餘子至數十者。平時則令其出海販洋，牟利行險。遇有械鬥，即令持械先驅。生則迫令頂凶，死則借屍訛詐。名為父子，視若寇仇，惡習相沿，恬不為怪。」當時在廈門海關任職的英人休斯曾說黃位「出身低微」。在陳銀練等〈小刀會始末記〉中，也說黃位乃是「下流社會的魁領」。可見，稱黃位是黃德美「養子」即家內奴隸的說法比較可信。

綜合現有史料可以得出結論：黃位是同安縣灌口人，以宰牛揉皮為業，綽號「牛皮位」，曾經作為出身低賤的「養子」即黃德美的家內奴隸。他為人慷慨，仗義疏財，加入小刀會後，頗受會眾的擁戴，手下有一千多人，以劫富濟貧相號召，在當地群眾中有較大聲望。而黃德美僅僅是被逼上梁山的富豪，即使起義後曾經擔任名義上的首領，而實際上小刀會的真正領導人還是黃位。

3. 起義始末

咸豐三年閩南小刀會起義，是歸國華僑中的小刀會首領江源、江發弟兄被清方以謀叛罪捕殺所引起的。「初，海澄縣民江源與其弟發，以無賴武斷鄉曲。源歸自外洋，購有小刀數百柄，遍贈同類，結為小刀會。其膂力絕人者，倍其刀，故又名雙刀會。」自從富戶黃德美加入後，其勢「漸盛」，海澄縣知縣汪世清派人「捕江源、江發，寘之法，」並「就地處決」。而且限令各村莊各姓之村長、族長，縛送本房、本族中加入小刀會者到官，命令小刀會首領向官府自首，否則「嚴懲不貸」。這使加入小刀會的黃德美受到壓力。黃位雖然曾經作為黃德美的養子，身份低賤，但是，他在加入小刀會後，已經居於首領地位。他對同會的江源、江發弟兄被當局捕殺感到「憤甚」，便以為江源、江發報仇為名，舉行起義。這

時，黃德美雖然加入了小刀會，最初他並不贊成造反。但是，面對官府的命令，如果去自首，無疑給了地方官員一次敲詐勒索的機會；如果抗拒，則有被捕殺的危險。加上當地官員早已對黃家的財富垂涎三尺，所以對於黃德美來說，參加起義已經是別無選擇。

在小刀會起義前夕，首領們曾在廈門召開秘密會議，參加者除黃位、黃德美外，還有來自漳州的李某、張某，來自泉州的高某，以及來自外省的洪某。大家一致贊成舉兵造反，並於會後通知各地會眾，約期舉事。黃位、黃德美與洪某在回到同安灌口後，又在劉心庵一連開會三天三夜，集合了6000餘人，編爲十二個大隊，皆以紅布包頭，於旗幟上書寫「官逼民反」字樣，眾推黃位爲大元帥，黃德美爲大統領。

咸豐三年四月初六日夜，黃位、黃德美帶領小刀會起義者舉行誓師大會，當天攻佔了海澄縣城。清吏奏稱：「風聞四月初六日夜，漳州府屬之海澄縣，突有小刀會匪千餘人入城，攻搶及焚毀衙署、奪犯戕官之事。該縣汪世清因先經漳州府委赴詔安查辦拒捕案件，至今尚未回縣。此外，石碼、龍溪、漳浦、平和、詔安各廳縣，與泉州府屬之同安縣，亦各有匪潛伏窺伺，欲圖響應，並有攻擾廈門之謠等情。」海澄縣知縣汪世清因不在縣城逃得性命，遊擊崇安被殺。初七日晚，黃位帶領水軍自海澄出發，攻佔了石碼、灌口。「黃帥得美率領大眾兵馬，於四月初七日晚，由海澄港口下船，橫渡石碼港口。船靠泊在南門網頭玄天上帝廟一帶。每個勇士十分疲倦，黃帥也爲了破海澄城劫獄，要搶救江源，因遲到救不來，心情十分悲痛。」「很多戰士對他安慰，不要傷心過度，得美決心重整旗鼓，繼續前進。一不做，二不休。」四月初九日在南門外一帶「掛起黃帥大旗，招募擴軍。二天之內的時間，參加民眾七百多名。」初十日，黃位、黃德美又率眾前去攻打漳州。「四月初十日夜，突有會匪數千攻撲漳州，復於城內潛伏縱火，以致府城失陷。該署鎮曹三祝、該道文秀罵賊不屈，同時遇害。」因爲福建水師提督施得高出洋巡海，廈門守軍兵力空虛，黃德美即於當晚集合精銳千餘人，乘烏蓬船30艘，從石碼出發，徑攻廈門。

十一日清晨，起義軍在廈門登岸，分兵攻打廈門的西、北兩城門。當時，城內僅有參將碩雲，只好閉門據守。「官兵因上年多預入小刀會，至是並爲內應，賊一來，開門直進，如入無人之境。」小刀會在佔領廈門期間，曾多次發布告示。其中一件以「漢大明統兵大元帥洪」的名義發布的布告稱：「清朝至今二百餘年，貪官汙吏，酷害生民，是其氣運將絕之候。今本帥奉仁義之師，救民伐暴。軍旅到日，不許搶掠商民，姦淫婦女。所到之處，秋毫無犯。如有違令，立即按正軍法從事，不少徇情。」要求商民「各安守本業，毋容驚恐。」並申明「本帥言出令行，各宜凜尊毋違。」末尾蓋有「大漢天德義興公司信記」字樣的大印。「天德」是太平天國時期天地會特有的年號，「義興公司」則表明閩南小刀會是東南亞歸僑所建立，因爲天地會在東南亞多稱「義興公司」，其他告示的內容多爲申明起義宗旨，嚴肅軍紀，保護良民和維護社會秩序。

小刀會於佔據廈門的當晚，黃德美派遣元帥黃霸業（一作黃露業）、軍師蔡戀昭率領一支隊伍去攻打同安縣城。起義軍於夜間「梯城擁入，毀搶文武衙署。」「監犯亦乘機逃逸」。知縣李湘洲、參將雅爾頌阿「皆避城外民舍」。

小刀會接連攻克廈門、同安等城，大大鼓舞了各地群眾。「時匪氛甚熾，附近奸民皆聞風蜂起。」四月十二日安溪縣城被當地群眾數百攻破。同日，漳浦縣城也被當地土豪程彩、朱元善等佔據。十四日雲霄廳及銅山（今東山）也被當地群眾自發佔據。廈門及其附近地區相繼落入小刀會起義軍手中，清政權在閩南的統治基礎業已動搖，以至各地土匪乘機大肆搶掠。「漳廈會匪滋事之初，郡城民心極爲震動。」而且「同安一路相持月餘，僅能嬰城自守。」「不但賊匪肆無忌憚，即匪類之未從賊者，亦有藐視官兵之意。又因來護道進兵廈門失利退回，以至訛言四起，各鄉匪徒無不躍躍欲動。」而那些「聯莊團練」，也「欲視我軍之勝負以爲向背。」雖然經提軍等官員「反復開導，總不能踴躍如前。」就連從郡城到同安的驛路，土匪也「竟敢結夥持械公然攔搶」，「甚至帶兵員弁並兵勇

號衣器械，無不洗搶。」以至府城一帶「均有岌岌不能終日之勢。」在南安一帶，「自會匪滋事以來，該匪徒等因地方官無力查辦，心膽愈熾，黨類愈多。凡來往官員以及解送軍裝等項，無人不搶，無物不曳」。漳浦縣令自同安返回郡城時，途中不僅行李被搶，甚至「衣服盤費並被搶掠罄盡」。土匪的搶劫活動，嚴重破壞了正常的社會秩序，給人民生活造成很大影響。爲此，起義軍領導發布告示，嚴禁土匪搶掠，以維護正常的社會秩序。四月十五日起義軍以「漢大明義興二公司」的名義發布告示指出：「現有奸民駕坐匪船，截海劫掠，或黨夥假令，潛到海口街市搶劫，大害商賈。」故要求百姓「如遇匪徒搶劫，立即擒獲解送，盡法究治。」同日，又以「漢大明統兵大元帥黃」的名義發布告示，申明軍紀，以安民心。告示指出：「本帥立法素嚴，所領義兵，不准假公濟私、擅自殺人。並不准藉端滋擾，取民間財物。倘敢故違，立治軍法，斷不稍寬。」勸諭四民「務須各安生業，照常買賣，不必驚慌觀望。若有遭其傷害者，准赴本帥駕前呈明，以憑嚴究。」

　　小刀會起義軍進入廈門初期，曾經表現出良好的紀律，對百姓秋毫無犯，深受當地居民的歡迎。各地群衆紛紛要求加入起義軍，以至起義軍領導人對於要求參加起義者，持嚴格愼重的態度。在四月十五日的一件告示中提出：「目前本帥削平廈地，正宜用賢之際，然用賢固當用武，是以能平天下者，用人不可不愼也。」「自示之後，凡有急義勤忠，受領義旗，招集壯勇，共同大事者，務須揀選壯勇，年少精壯，學習武藝，方可行用。」使起義軍從最初的二三千人，發展到一萬四千多人。告示還對清方人員提出：「從前曾作文武官兵、書役者，盡赦前愆，既往不咎。如有情願從戎效力者，准其出頭投軍，聽候調用。或欲歸農、歸賈，悉從其便。」對於堅決與起義軍爲敵的官員，則加以緝拿懸賞。一件告示還開列出賞金：拿獲大人至遊擊者，賞銀500元；守備至把總賞銀300元；外委並額外，賞銀100元；頭目以下賞銀20元。

　　以廈門小刀會爲主體的閩南各地反清武裝，在起義初期發展順利，在

九天之內攻下了閩南地區的十一座縣城。但是，各地起義軍情況複雜，又缺乏統一領導，加上進城不久軍紀便開始鬆弛，失去了百姓的支持，並遭到富戶與鄉紳的反對。小刀會在漳州「初至猶不擾百姓，數日後肆搶陳光遠綢緞鋪，復戕害汀漳龍道文秀。紳民以該道素得民心，乃共起義忿，將城門珊欄齊閉，巷戰格鬥，共殺賊匪一千餘人，賊始行退出。」而且各地地方官也在積極準備反攻，所以，初期順利發展的勢頭，很快受到遏制。四月初十日起義軍攻佔漳州後，漳州知府的幕賓李生瑛潛伏於城內，秘密聯絡城內紳士，組織武裝，關閉街巷木柵，與起義軍展開巷戰。不久，遊擊饒廷選等人也率領各地鄉勇前來，將漳州城攻佔，起義軍首領謝厚、軍師陳金斗被擒殺。是月二十八、九日，起義軍大將軍吳魁、軍師僧碧雲前來漳州反攻，雙方互有傷亡。三十日，清軍出城將起義軍擊敗，吳魁、僧碧雲等被俘，起義軍死傷千餘人。在同安，東界、馬巷和積善里等處的包、齊二社的鄉紳也糾集民團、鄉勇與起義軍相對峙。起義軍首領見敵方人多勢眾，便把主力撤至城外的田湖鄉。這時，躲在鄉間的知縣李湘洲趁機帶領營兵、民團進入城內，旋即向小刀會聚集的田湖鄉挺進。起義軍大敗，元帥黃霸業、軍師蔡懋昭等十一名首領與骨幹全部戰死，起義軍傷亡大半。其後，漳浦、銅山、安溪、雲霄等地，皆先後被清軍奪回。這時，小刀會起義軍所控制的僅僅剩下廈門和海澄了。

　　起義軍在進入廈門之初，紀律嚴明，受到當地群眾的歡迎。英人林利目睹了當時的情況。「居民歡迎之，由於他們特異的、有節制的行為，其運動極得人望。事實上他們的糧食全由各鄉人民送來。」但是，當漳州、同安等地相繼失去，起義軍控制的地方逐漸縮小，財政收入日益減少，情況就發生了逆轉。特別是起義軍在廈門堅持了半年之久，要維持一支一萬四千多人隊伍的日常開銷，經費逐漸拮据。進城初期，每天可以發給每人100文錢，後來減少至每天60文錢。即使如此，每天就要開支一千餘圓。軍餉減少甚至難以按時發放，不僅影響了起義軍的士氣，而且造成嚴重後果，那就是搶劫活動惡化了起義軍同當地居民和商人的關係。參加小刀會

起義者，雖然大多是為了反抗清統治，但是，其中也不乏流氓盜匪之流，他們是為了獲得某些好處而參加起義的。所以，當軍餉減少或難以為繼時，他們便開始搶掠居民或勒索商店。小刀會長期被圍困在廈門城內，也造成糧食短缺，只得向居民強派徵收。「賊在廈門糧食乏絕，強派居民，有數千金者勒數千金，凡稍有富名，需索殆盡。」為了緩和同當地商民間的關係，起義軍首領不得不採取一些措施。以「漢大明統兵征廈大元帥黃」的名義發布的一件告示，明顯地反映出起義軍與當地商民關係的緊張情況，許多人不再對起義軍持支持態，所以小刀會領導者表示要與居民們「約法五章」。告示寫道：「今與爾商民人等約禁五條，惟願各愛性命，毋犯此五禁。如不從令，予則戮汝無赦。」這五條是：「一、不許街衢隘門日夜關閉，以阻行路，以塞戰道，違者斬首；二、不許行商鋪戶日間放槍，以驚街眾以誤軍號，違者斬首；三、不許人民日間在山頭結黨積堆，大聲疾呼，以亂軍心，以虛市心，違者斬首；四、不許街眾亂言清兵到廈交戰，以搖民心，以啓諜心，違者斬首；五、不許街眾在衙內賣茶果飯食，以生覬覦，以便偵伺，違者斬首。」起義軍紀律鬆弛也表現在軍中賭博之風甚盛，在同年五月的一件告示指出：「賭博之局一設，即輸贏之勢兩分。輸贏之勢既分，則口糧之資必竭。或毀拆楹桷，或砍傷樹木，或取竊民家財物，或變賣軍裝器械，甚至爭竟而相戕賊，失時而誤事機，其流害益不可勝言者。」因而下令「不准爾軍兵日夜賭博」，如敢故違，察出後將該旗首「按律治罪。」

在小刀會佔領同安、海澄後，兼署閩浙總督、福建巡撫王懿德立即上奏朝廷，並且急派署督標水師參將韓嘉謨、鹽法道瑞璸率兵前往鎮壓。咸豐帝聞奏，立即諭令王懿德「將首要各犯悉數殲擒」，「迅速掃除，毋令滋蔓」。又令兩廣總督葉名琛速調廣東省惠、潮各鎮官兵二三千人，赴民閩「助剿」。當廈門及其附近地區被小刀會起義軍攻克後，清廷又令葉名琛在廣東雇募紅頭船即海盜船前往福建。因為此事不便由官方出面，葉名琛遂暗中指示當地鄉紳出面辦理。

　　福建水師提督施得高於出洋巡邏的途中，得知廈門已經失守，遂會同護理金門鎮總兵孫鼎鰲調集兵船十九隻，派遊擊鄭振纓率領於四月十四日前往廈門。結果被小刀會的水師擊敗，鄭振纓被擒殺，頭顱懸掛於起義軍大元帥府門前示眾。

　　截止到咸豐三年七月，小刀會起義軍已經佔據廈門達三月之久，清軍雖然調集了一萬餘兵力，耗費餉銀十萬餘兩，卻仍然只能「坐守同安，不能前越尺寸」。究其原因，「兵之不進，非兵之不多，餉之不繼也，實緣軍無紀律，士乏戰心，統馭無方，賞罰失當，以自守爲得計，以小勝爲奇功。」不過，從小刀會方面來看，在佔據廈門之後也僅僅株守孤城，未有大的發展。這是因爲起義軍領導者缺乏遠大的政治抱負，黃位、黃德美僅僅爲了維護自身利益和替江源、江發弟兄報仇；軍事方面則缺乏作戰經驗，又未能採納有識之士的正確建議。在起義軍佔領廈門之初，曾有一位「賣卜者」洪某來到起義軍首領住處，向黃位獻上十項策略：「漳廈悉濱於海，宜整水軍以圖遠舉。石碼、福河船廠，向爲官府造船之區，宜速采龍邑大木趕造船隻，以資水戰。水戰有具，則晉江、南安唾手可得矣。粵西洪僞王已具有東南諸省，宜亟遣使齎表，遙結聲援。倘能乞一旅之勁，由浙溫處襲閩，則省垣先爲我有，省垣得而臺灣可圖矣！」這無疑是一個頗有遠見的策略，若被採納，起義軍至少可以在軍事方面得到較大的發展。可是，洪某在見到黃位時，因僅「長揖告坐，自稱山人」，未行跪拜之禮，黃位以他態度傲慢遂「唾其面而逐之」。可是，對於清方派來的奸細向他提出的「建議」，他卻因爲來者態度謙和而深信不疑，結果上了大當。起義軍佔據廈門後，「金門兵單餉絀，有岌岌不可終日之危。」時有金門的許疑、葉行二人假意「通賊」，欲「導攻金門」，使得金門「一日數驚」。金門鎮總兵孫鼎鰲、縣丞郭學典招諸生林樟商議對策。林向孫鼎鰲獻上緩兵之計，由他本人和書吏親往廈門，勸說黃德美曰：「金門瘠苦區，土著者上戶無百金產，下戶無三日糧，不足以供資釜。」黃德美誤信其言，未進兵金門，失去了戰機，而清方卻趁此機會，加強防備。當黃德

美發現上當受騙後，急派林沙等統領戰船40餘隻，龍艚船十餘隻去攻金門。水師提督施得高已經會同金門鎮總兵孫鼎鼇率領水師進行攔截，將小刀會戰船擊沉八艘，俘獲三艘，小刀會死傷300餘人，首領林沙等70餘人被俘。其後，小刀會便不再出擊，僅僅在廈門消極防守，而清方卻利用這一機會，調兵遣將，積極籌畫對廈門的反攻。兼署閩浙總督王懿德奏請起用被革職在家的前任浙江提督李廷玉。奏准後，王懿德交給李廷玉3萬多人的軍隊，李廷玉又招募了600多名壯勇，隨同前往對付起義軍。

李廷玉在一切準備就緒後，於七月二十三日從廈門島對面的劉五店出發，進兵廈門。清軍水師30艘戰船駛入廈門外港，兩天后繞過鼓浪嶼，進至內港後佔領陣地，同由另一方向繞過廈門島海岸的船隊會合。此時，陸地上的清軍也由劉五店方面過海在廈門島登岸，在距離廈門城4英里處紮營。雙方接戰後，起義軍失利，副元帥黃潮帶頭衝鋒，結果中槍受傷被俘（一說被殺），洪英也誤中埋伏被擒拿。黃位等人急中生智，從小路逃出，僅以身免。施得高在鼓浪嶼切斷了內地對廈門起義軍的供應線，加上清軍從廣東調來的海盜船──紅頭船，與清軍相配合，給小刀會起義軍造成很大困難。在此後的73天內，雙方共交戰48次。據英人柏克豪斯（E.Baekhouer）記載，清陸軍駐紮在距廈門4公里處，與起義軍相對峙，水師則利用每天海水漲潮之機，將船隊駛近岸邊以縮短距離，以便於向城內開炮轟擊。小刀會在城內雖然也開炮還擊，但是效果甚微。小刀會的船隊約有大小船隻30餘艘，停泊在外國商船對面，以防清軍炮擊。在相當長的時間內，雙方的戰況基本上是這樣：清軍由水陸兩軍相互配合，先由船隊向起義軍的陣地猛烈轟擊，迫使起義軍向後撤退，陸軍便向前挺進。但是，當退潮時船隊停止炮擊後，陸軍便不敢繼續前進，而是退回到原來的陣地。這時，起義軍又重新回到自己原來的陣地，等到晚間再回到城內。如此日復一日地反復進行，彼此間也互有傷亡。被清軍雇傭的海盜船，人員充足，武器精良，本來可以給起義與軍造成更大的損失。不過，實際上並非如此，原因在於海盜船中有許多人暗中與起義軍相聯絡，作戰時只是

濫發炮火，結果僅僅禍及無辜，並未給小刀會起義軍造成多大損失。英人斯丹頓（W. Stanton）對當時的戰況也作了如下描繪：「在會眾踞城期間，每日戰事，雙方均施行極合人道的原則，各能尊重人命，彼此放炮均極審慎，使對方不在射程之內。不過大家仍要消耗相當分量的彈藥，以維持表面上的戰爭。」「他們只在日間作戰，一到用膳時候則停火，因雙方均無夜襲之虞，故各於夜間得安睡，無驚無擾。翌辰起來，精神充足，又再行打仗了。」這種情況一直持續到十月初。

十月初八日李廷玉率領五十艘戰船，水陸官兵二萬餘人，分兵兩路向廈門發起進攻。「北軍薄員簹港，南軍迫鎮南觀。」起義軍「拼死狠鬥，血戰一晝夜」。十一日清晨，清軍於城東門「架雲梯，肉搏登埤」，將東門佔據，起義軍隨之潰散。黃位從西門逸出，後從海上出逃。黃德美先匿於烏嶼橋，錦宅鄉的紳耆等因「懼駢誅及族」，而於十二日把黃德美及其胞叔黃光箸縛獻與官府。黃德美等後被「磔於廈市」，「籍其家，得財產數十萬貫。」新任福州將軍兼署閩浙總督有鳳奏：「於十日將廈門全島克復，續據鹽法道瑞璸稟報，將首逆黃德美、黃光箸、黃光揚三名弋獲，解赴廈門嚴訊，均各承認戕官破城不諱。」並將三人「於廈門就地分別凌遲斬決。」「惟該逆之子黃魯、胞侄黃位先行逃竄，現在跟蹤追捕。」有鳳在這裡稱黃位是黃德美的「胞侄」，而黃家鼎又稱黃位是黃德美的「族叔」，是否將二人輩分弄顛倒了？尚待進一步研究。

黃位從廈門逃出後，又糾眾搶得商漁船二十多艘，於咸豐四年（1854）五、六月間，前往臺灣。先後在淡水廳所屬的香山港及附近洋面，與清水師交戰。其後，又往攻葛瑪蘭、蘇澳，並約當地烏皮船為內應。登陸後，分作水陸兩股，以吳齊之為陸路元帥，黃位自任水路元帥，並設有軍師、先鋒等名目。還張貼告示，招兵買馬，並「添築石圍把守，先為巢穴，約俟夥黨糾齊，分股攻打葛瑪蘭、竹塹。」

三、閩中紅錢會起義

在閩南小刀會起義的同時，在閩中山區也爆發了以林俊、黃有（黃有使）為首的紅錢會起義。這次起義斷斷續續地持續了數年之久，是太平天國起義時期福建天地會系統起義的重要組成部分。

1. 閩中紅錢會的淵源

紅錢會又名洪錢會，是天地會的一個分支，早在清嘉慶年間，在福建建寧一帶就有活動。閩浙總督汪志伊奏稱：「據署邵武府事、候補道李秉鉞具稟，訪有江西南豐縣民江文興，在建寧縣離城40里之貢生楊克榮家糾人結洪錢會。」道光四年（1824），在建陽縣洛田里的蓮源山區，又出現洪錢會的活動，但稱「紅錢會」。道光二十七年（1847），建寧縣又有李先迓糾人結洪錢會。福建巡撫徐繼畬奏：「七月間建寧府屬之建陽縣地方，有匪徒創立洪錢會名目，糾黨傳徒。」李先迓等多人被捕，當局還搜獲布旗、木戳、紅錢、「過江票」等物。李先迓又名吳先迓，江西南豐縣人，在福建建陽縣「種山度日」。道光二十六年（1846）十二月，江西同鄉饒磊狗來到建陽縣尋覓工作時，李先迓與之結識。二人因係同鄉，彼此交好。後來，饒磊狗遇到困難，常常得到李先迓的幫助，道光二十七年三月，饒磊狗身染重病，李先迓又出錢為他調治。饒磊狗出於感激之情，便向李先迓稱，自己因在三點會會首李魁家中傭工，得有結會歌訣一本，三點會即保家會，並將歌本送與李先迓，饒磊狗旋即病故。同年六月，李先迓以持有三點會《會簿》一本，先後糾得72人，於七月二十五日結拜一次；又於七月二十九日糾約63人再次結會。結會時，李先迓向眾人傳授「開口不離本，出手不離三」口訣，及吃飯、拿取物件俱用三指暗號。因三點會查拿嚴緊，人皆畏懼，即改名為「洪錢會」。李先迓將銅錢用銀朱塗紅，每人發給一枚，作為入會憑據。又用紅布一小塊，內鈐黑色木戳，稱為「過江票」。李先迓不久被捕，官府在他家中搜出會內歌本，

內載「五房源流」及各種隱語、暗號，寫有「票、受、和、合、同（均虎字邊）、江、洪、汨、淇、汰」等字樣。以及大小木戳，內書「壽」字及花樣，作為記號。從徐繼畬的奏摺中可知，「紅錢會與前辦會黨李魁在邵武縣糾結三點會案內所供口訣等項，實屬相同。紅錢會歌本，實為前遺存舊本，非李先迋等人自行捏造。」可見，紅錢會實際上就是三點會即天地會。

　　咸豐初年的閩中紅錢會，係傳自靠近江西的閩西北一帶的三點會。據陳慶鏞奏：「其上游一帶賊匪，大都起於邵武、建陽、順昌、崇安、將樂、沙縣之間，而屯於九龍山。傳聞賊首姓洪，有三點號，其暗號則『舉手不離三，開口不離本』，已有三十餘年。後改為紅黑扣，其青衣用紅扣，白衣用烏扣，又改為『紅錢會』，用康熙年間錢式，將字上刀刻三畫，朱其中，每會則云『往朱家吃了沙去』。其暗號則以髮辮為記，凡上午則辮左上右落，凡下午則辮右上左落。約計此匪不下五六千人。其小會曰『燒紙』，每月一會，約數百或數千人，小頭目主之，每人出錢二百，飲酒拜會而散。其大會曰『坐台』。每年一會，搭高臺一座，用刀把門，大頭目主之，初入會者出一千，以針刺臂血於酒，飲之而去。其偽官曰督撫、曰都督，名目不一。鐵板令則打仗者也，草鞋則報信者也，過江龍則大小偽職照名字者也。」陳慶鏞所說「賊首姓洪」，是因為天地會約定，如果遇人問姓，則答以「本姓某，改姓洪」。道光年間紅錢會的結會內容，與嘉慶年間李魁所結三點會基本相同。李魁結會時，「將各人姓名單焚化，宰雞取血，並在各人手指上用針取血滴入酒內，各飲一口。李魁傳授『開口不離本，出手不離三』歌訣，如有人問姓名，則答云：本姓某，改姓洪，接遞物件只用三指。每日上午髮辮自右盤左，下午自左盤右。胸前紐扣解開兩顆，折入襟內，以為同會暗號。」總之，從紅錢會的淵源來看，乃是來自閩北地區的三點會。

2.林俊、黃有使領導的閩中紅錢會起義

　　咸豐初年，福建各地秘密會黨十分活躍，「名異實同，所在皆是」。「一鄉之內，首夥積匪不過數人，其餘附和隨聲，悉無定見。黨類既成，或族姓孤單，慮遭欺侮，或良善富戶希冀保全。迨經鳩金入會，為護身之符。會首號召期會，一有違抗，其禍立至。」當時，紅錢會在閩中一帶也有很大的勢力，在閩南小刀會起義爆發後，紅錢會也開始在閩中的永春、德化等地點燃戰火。不久，又向東波及到閩侯一帶，向西發展到長汀等地，向南則蔓延到了泉州和沿海各縣，向北已擴展到了邵武、建甌各縣。

　　紅錢會起義最初發生在永安、大田兩縣中間的桃源地方。咸豐三年四月十八日，永安紅錢會首領黃有使和江水，在桃源首先發難。

　　黃有使一作黃有，是漳平縣王墩鄉人，曾在南平縣靠「撐船度日」。後來，在漳平、大田、永安毗鄰地區糾人結拜紅錢會。他與永安岩洞寨的頭面人物王永、陳簡等人相交好，以鵝公寨為據點。咸豐三年四月中旬，黃有使與江水等人積極籌畫起義之事。在桃源附近紅錢會首領黃岡、呂海等的配合下，命令紅錢會會眾陸續向桃源集中。四月十五日夜，紅錢會「數百人擁入永安縣城，搶劫人犯，」一舉攻佔了永安縣城。然後分別向大田與沙縣進軍。黃有使一路，在大田城內生員陳某、監生范某的配合下，於二十一日佔據了縣城。黃有使又派范某率眾去攻打德化。「范趦趄不敢前」，黃有使疑其有異心，欲殺之。「范懼遂反戈，鼓眾入城」，起義軍倉促無備，死傷甚多，被迫撤離。江水所率領的一支隊伍，於二十日攻破沙縣，將知縣邵蕫俘獲。「時升平日久，民不知兵，兼之城垣積久多壞，無可為守，遂至城陷，邑令邵蕫被執。」時人劉存仁曾述及紅錢會攻入沙縣的情況。「詢之來差云：二十日永安、沙縣相繼失守，該差正在沙縣，跟賊入城，」「目擊該匪頭縛紅巾，約有數千，器械殘缺，全無隊伍，一哄而集，並無殺掠細民，惟勒派紳富自出錢粟，市廛交易如常，窮民從賊者不少。」江水攻佔沙縣後，黃有使亦率部前來沙縣會合，此時共有一千餘人。黃、江二人留軍師劉飛錫駐守沙縣，自率主力往攻延平。但

未得手，加之清軍提督柄文帶領援軍趕到，起義軍只得放棄攻城返回沙縣。可是，這時沙縣業已被清軍奪回，黃有使等只好退回到山區。「五月十三日為關帝誕辰，居民方祝壽蔭福，一時感動不禁，奮勇持械，糾眾殺賊，救出邵令，恍若有神助之者，維時賊皆驚慌，遁出城外。其後，黃有使雖然又曾兩度攻破沙縣，但均未能固守，並在返回永安途中，遭清軍攔截，死傷慘重，永安亦被清軍奪回，致使起義初期攻佔的三座城池全部丟失了。

繼黃有使起義之後，紅錢會另一名首領林俊也於咸豐三年四月二十四日在永春起義。

林俊學名萬青，字士孝，福建永春縣霞陵村人。其父林頂，號捷雲，為道光元年的恩科武舉。林俊本人也是武生，他「身長七尺餘，聲如洪鐘，少而雄武，以豪俠聞，遠近少年桀點者，多奉之為魁。長善騎射，勇力過人，為武生，」並「好走馬，樂習射」。他曾於道光三十年赴省應試，雖馬、步、巧、力諸項均已合格，卻未能錄取，此後遂絕意功名，曾至德化經商，開設鴉片煙館。在此期間，他與會黨中人廣為接觸，並加入紅錢會，與該縣龍頭鄉烏錢會首領陳瑚相交好。其父對其行為頗為不滿，屢次呵斥，林俊卻依然故我。其父無奈，遂用苦肉計將他捆綁送官。署永春知州崔洲因其父乃有身份之人，對他勸諭一番，便將他釋回。太平天國建都天京的消息傳入閩中，林俊深受鼓舞，便與陳瑚分頭聯絡紅錢、烏錢兩會會眾，並以調解械鬥為名，向附近居民宣傳反清思想。其父懼禍，再次把林俊捆縛送官。崔洲知道林俊此時已經聚有一千多名會眾，佈滿城內，恐怕激成事端，只得又以好言勸諭後，將他釋放回家。這時，德化知縣申逢吉因與林俊有隙，便以禁煙為由將林俊所開煙館查封。林俊聞訊避走，對此懷恨在心，欲圖伺機報復。在黃有使起義後，林俊更加受到鼓舞，遂於咸豐三年四月二十四日，率領會眾舉兵起義。首先攻破德化縣城，將知縣申逢吉俘獲，以杖股洩憤。三天之後因受到當地鄉紳的突襲，被迫退出德化，後至蕉岑坑地方戰敗被俘，當晚又為部下救出。林俊與陳

瑚率領的紅錢會和烏錢會起義軍，於四月三十日將永春州城攻佔，但旋即退出。「詎有匪首林俊首夥四五千人，於四月三十日辰刻圍攻永春州城。該署州崔洲與吏目、州學及各汛弁，督率紳士，帶領兵勇上城抵禦。因寡不敵眾，被匪攻破西門，竄入州署，殺死官親，肆行毀搶，並將監犯全部搶放。」不久，清署遊擊恩霈、守備歐陽斌等「聞訊趕至，」從北門攻入，同再城內的官紳「並力剿殺，斃賊一百餘名，奪獲器械無算，生擒首逆林俊之兄及夥黨十五名，及時正法，賊匪分竄，當將州城克復。」

　　林俊從永春退出，欲往沙縣與黃有使部會合。但此時黃有使也因兵敗退回永安，林俊只好退屯琅口，復遭清軍追擊，又往尤溪方面前進。六月初八日將尤溪縣城攻佔，旋因清軍反攻，難以據守，遂自尤溪撤出，復遭清軍攔截，傷亡甚重，軍師阿金等多人被俘。林俊亦受重傷，僅以身免，傷癒後又隻身潛入永春，與烏錢會首領陳瑚聯絡了安溪一帶會黨中人，集合於永春、德化邊境的山區，伺機待發。德化縣令蕭懋傑聞訊，即率領官兵、鄉勇前來追捕。因兵勇中多與紅錢會中人相熟識，或不戰而退，或倒戈相向，使得清軍大敗，縣令蕭懋傑亦被戕殺，起義軍遂於七月二十七日奪取了德化縣城。

　　林俊之父林頂於林俊攻打永春時，為了避禍而逃往山中，為某僧人所接納。永春知州崔洲一直欲拿獲林頂，以便用來誘降林俊。咸豐三年六月，林頂被練勇頭目邱公立拿獲，解送州衙。知州崔洲立即升堂審問，雙方進行了一場戲劇性的對答。崔洲對林頂說：「黨子行惡，應該怎麼罪呢？」林頂答曰：「小生自知法律，實在敢言沒有罪過。」崔洲又曰：「爾的兒子謀反大逆，是爾黨的，怎麼反說沒有罪呢？」林頂答曰：「當時吾的兒子當招募賓客的時候，就蠢蠢欲動，小生屢戒他不可這樣的不法，他不聽我的教訓。小生不得已，也曾送到貴州請大人辦理，而貴州反勸小生以『不妨事』。今日我的兒子會這樣的舉動，倒是貴知州的慫恿，與小的有什麼相干呢？」知州回答說：「吾們當時那曉得後來會這樣的嗎？」林頂反問道：「大人尚且不知，小生那能知呢？」知州被林頂說的

啞口無言，惱怒之下，便欲對林頂用刑。林頂則曰：「這宗事情，容到總督署對理。」崔洲自知理虧，便將林頂殺害以滅口。林俊在得到其父被崔洲殺害的消息後大為光火，大哭曰：「不期大功未成，而生父竟殞，如此不共戴天之仇，吾若不報，焉能為人？」遂揮師殺向永春，但中途為清軍與民團所阻。適有仙遊之烏、白二旗派人前來聯絡，林俊遂留烏錢會首領陳瑚駐守德化，自率主力往攻仙遊。八月二十四日（10月15日），在烏、白旗的配合與引導下一戰奪取縣城，將知縣黃學惠處死。據福州將軍有鳳奏稱：「永春賊匪先將德化、大田兩縣攻陷，圍困州城，經撫臣王懿德調兵前往應援，該匪知有防備，遂由仙遊與永春連界之白鶴嶺進攻該縣之北門。」該縣候補縣丞帶領鄉勇進行抵抗，「不料該匪串同土匪，蜂擁而來，該縣丞寡不敵眾，於八月二十四日被賊戕害，該縣黃學惠及文武大小各官員均不知下落，縣城即於是日失守。」

在朱維幹先生所著《福建史稿》中，提到林俊在進入仙游後，曾發布過一件告示，也有學者在報刊上對該告示作了論述，給予較高評價。但是，該告示是否為真實的歷史文獻，已有學者提出質疑，認為很可能是後人的偽作。

林俊於攻佔仙遊縣城後，又於九月初來到該縣的楓亭一帶。楓亭一帶的烏、白旗之間，存在不少矛盾，在林俊的勸說、調解下，雙方首領終於言歸於好，決心共同對付清朝當局。這時，起義軍因受到當地烏、白旗的支持，實力大增，給清軍造成一定的威脅。據沈儲記載：「林逆佔據仙遊，聲勢猖獗，該處烏、白旗雖不從賊，實欲留賊自衛。泉郡自楓亭失利之後，將寡兵單，無可調遣。南安縣令雇募本地鄉勇，由羅漢溪小路進復仙遊。」並「秘約仙邑紳耆，臨期內應。」清軍當時「勢單力薄」，只能靠鄉勇「獨當一面」。據有鳳奏：「林俊自攻陷仙遊後，竄至楓亭，經撫臣王懿德派都司常福等前往會剿，」「該匪夥黨不少，並串通本地土匪約有七八千人，沿途阻塞，文報不通。」「初九日辰刻，從楓亭邀集黨羽數千，來攻興化之西南門，殆後愈聚愈多，已有一萬餘人。」為了對付起義

軍，清方調來了陸路提督柄文的標兵，海壇鎮總兵鍾寶山的援軍，加上當地的團練，實力大增。起義軍在此遇到頑強的抵抗，林俊率部攻城竟日未能得手，只得循原路返回仙遊。途經興化、仙遊之間的賴溪時，又遭到當地民團的伏擊，受到重大傷亡。林俊於回到仙遊後，稍事休整，又於九月二十二日來到霞皋，聯合當地烏白旗往攻興化府城，因受到當地鄉紳的頑強抵抗，無功而返。

　　為了削弱起義軍方面的實力，清方對其內部進行離間，由當地鄉紳對楓亭一帶烏白旗進行「招撫」，致使該處烏白旗解散了一半。林俊的力量被削弱後，於十一月撤出仙遊，來到永春、德化交界處的虎豹關。十二月初又遭到永春知州崔洲的襲擊，被迫前往永春的山區福鼎鄉。該處位於永春、安溪、漳平交界處，地勢險峻，易守難攻。其中的帽頂山，僅有「羊腸一線，真有一夫當關之險。山頂寬平，周圍約有二里可容萬餘人駐紮。」林俊在帽頂山，「築寨屯糧」，以為固守之計。這時，原永定縣知縣吳翊昌率領鄉勇往攻德化，烏錢會首領陳瑚兵敗陣亡。不久，黃有使也因受挫，從永安來到福鼎，與林俊會合。林俊又在當地招兵買馬，很快又發展到一千餘人。

　　咸豐三年末，林俊與黃有使合兵一處在帽頂寨固守。他們利用該處「險阻天成，驟難攻取」的有利地形，迫使清軍只能在山下紮湖頭地方駐守。後來，清軍派人潛入山寨，將起義軍所藏糧草大部燒毀，給起義軍造成很大困難。據沈儲記載：「林俊搶掠各鄉糧食不下萬餘石，盡運帽頂山寨，用稻草編席為囷，並用稻草覆蓋。當與練總李維霖密商，潛購賊夥，伺便縱火。隨於十二月三十日夜，放火焚燒，將所積米穀草蓬，盡行燒毀。」此時，清軍在仙遊一帶「並未剿一匪鄉，戮一匪首，一味以招撫和解為主。」而且「兵勇見賊，盡棄軍裝，紛紛外竄。」以至使地方官員「一籌莫展」。而且「該匪徒盡屬土著，聚則為賊，散則為民，雖顧戀家室不敢公然謀逆，而楓亭一帶，搶掠橫行，道路不通。」咸豐四年三月，崔洲等率領清軍來攻，林俊等據險防守，將通向帽頂山的路口盡行堵塞，

又令黃有使、蘇度各率一軍駐梨山下，準備迎敵。清軍分三路大軍向山寨進逼，三月初九日山寨被清軍攻破，林俊、黃有使已於前天夜晚率領200餘人從山後峭壁縋下，一同逃往南安鄉的爐內鄉，被該處潘、黃二鄉紳耆所收留。清軍聞訊立即前來搜捕，要求潘、黃二鄉將林俊等人交出。該二鄉請求寬限一月，在此期間，「鄉中早經搬徙罄淨」。清軍進村後便將該村「房屋查明焚毀」。林俊等只得又逃往仙遊的蓋尾、塘邊一帶。該處係由烏白旗所控制，林俊等受到烏白旗首領朱三、陳尾的接納。「仙游烏白旗匪首朱三、陳尾等，漏網日久，」「本年四月間，逆首林俊被剿窮蹙，後由難南安竄回仙遊，該匪朱三等膽敢遣黨接護入鄉，互相庇護，糾眾負隅。」

在蓋尾一帶，烏白旗有著較深厚的群眾基礎，清軍難以強取，便按兵不動，秘密派人暗殺了白旗的首領朱三。「界尾一鄉，竟如天塹，不能飛渡。惟匪首朱三被興化兵丁連捷高詭稱從逆，於夜間砍取首級，赴興投獻，」起義軍為了洩憤逐將其子殺斃。朱三死後，其部下或受撫或解散，只剩下蓋尾的烏旗，繼續堅持鬥爭。九月中旬，清軍又攻破蓋尾鄉，烏旗首領朱五、陳萬年、陳尾等犧牲，僅林俊、黃有使得以倖免。林俊逃至永春、南安交界的雲峰鄉，黃有使先逃至南安的溪東鄉，投奔陳溪，後得知林俊已到雲峰鄉，即冒險往投，結果在中途遇難。林俊後來又回到了那南安的爐內鄉，此後一段時間林俊便銷聲匿跡了。

咸豐五年林俊又一度東山再起，但旋即失敗，再次銷聲匿跡。咸豐七年初，太平軍從江西進入閩北，林俊受到鼓舞，趁勢攻下沙縣、尤溪、大田一帶。同年四月又赴南安大羅溪一帶活動，並一度攻打到泉州和南安。後又再次攻沙縣，連戰七天未破，只得率師北上，欲投奔太平軍。行至光澤縣的仁壽橋地方，被當地練總張崇旺所包圍，林俊中彈犧牲，餘部或戰死，或被俘，起義至此最後失敗。

第十九章

同治初年臺灣八卦
會與戴潮春起義

一、臺灣八卦會的由來

臺灣八卦會實為天地會之別名。因為乾隆五十一年臺灣林爽文起義失敗後，臺灣又先後出現「復興天地會」和「重興天地會」的活動，引起清朝當局的警惕，遂於乾隆五十七年修訂《大清律》時，專門增加了有關禁止和懲處臺灣「復興天地會」的條款。各地的天地會組織紛紛採用新的名稱，如三點會、雙刀會、小刀會等名稱，以避免遭到清朝當局的打擊。所以，戴潮春之兄戴萬桂便把所建立的添弟會（天地會），改為「八卦會」。戴潮春後來也就繼承了八卦會的名稱。

戴潮春又名戴萬生，家道殷實，祖籍福建漳州府龍溪縣，赴臺灣後寄居彰化縣捒東堡四張犁莊（今屬台中縣）。戴家世代為北協署稿書。戴萬桂因地方盜賊孔多，加之與阿罩霧人爭田失敗，而「集殷戶為八卦會，約有事相援」。戴萬桂任職期間，北陸協副將夏汝賢聞知戴家殷實，遂羅織其罪，肆意勒索，戴萬桂即卸職回家。咸豐十一年（1861），知縣高廷鏡下鄉辦事，「戴潮春執土棍以獻」，北路協副將夏汝賢又因向其「索賄不成，革其職」。戴潮春「懷忿」而召集其兄舊日會眾，藉辦團練為名重立八卦會，隨官捕盜，使當地社會秩序得以改善，「豪強斂手，行旅便安」，從而獲得知縣高廷鏡的重用。八卦會有了合法地位，也獲得進一步發展，「不數月，多至數萬人」。時因內地太平天國起義尚未平定，臺灣富戶人心惶惶，多欲入會以求自保，故需挾鉅資方得入該會首領稱「香主」，結會皆於夜間進行，每人繳會資五角。結會時，「環竹為垣，垣分四門。中設香案三層，上置花亭，中供五祖神位。香案前大書戴之祿位，上冠以「奉天承運天命大元師」之號；旁另一几，書朱一貴、林爽文等人，尊為先賢。凡先入會者，謂之舊香，新入會者稱為新香。皆首包紅布，披髮跣足，在場供執事：以十人為一行，新香叩門欲入，必詢其「從何處來」？答：「從東方來」。問：「將何為」？答：「將尋兄弟」。舊香導新香跪於案前，斬雞立誓曰：「會中一點訣，妻子不能說。若對人洩

漏，七孔便流血」。宣示戒約，然後出城；牽白布為長橋，由橋下穿過。問：「何不過橋」？曰：「有兵守之」。問：「何以能出」？曰：「五祖化小路導出」。諸事畢，然後授以八卦及會中隱語方出。故會中人相呼曰「紅英兄弟」，由是轉相招納。途遇搶劫，若隱語相符，皆免。計香簿上多至十餘萬眾，聲勢日大。時彰化令高廷鏡「飭春自備練勇三百名保路，亡命者藉其勢聚黨相應。迨高罷，新令雷以鎮接篆，仍以春為右臂。」從上述內容來看，臺灣八卦會實際上就是天地會（添弟會），所以，閩浙總督慶端稱「臺灣彰化縣轄有匪徒戴萬生（即戴潮春——引者）倡立添弟會名目」。臺灣八卦會之所以不稱天地會或添弟會，無非為了迷惑清朝當局。咸豐三年閩南小刀會起義失敗後，一部分起義者來到臺灣，臺灣的天地會起而回應，導致臺灣天地會起義。臺灣地方官員對於天地會（添地會）的活動自然非常警惕，稱「八卦會」而不稱天地會（添弟會），至少可以在短時期內可以躲過當局的打擊。

二、戴潮春起義

　　八卦會的迅速發展，受到臺灣官府的關注，於同治元年（1862）三月「委員查辦，清莊聯甲，解散脅從」，並且在斗六門地方「拿獲匪犯數名懲治」。三月初五日，臺灣兵備道孔昭慈調募兵勇600人來到彰化「剿辦」，殺死會黨首領洪某，並令署淡水同知秋日觀「協剿」，四塊厝團練職員林晟即林戇城帶領鄉勇400人隨行。同年三月十七日，秋日觀與署北路協副將林得成、署臺灣協中營遊擊游紹芳及署彰化縣知縣雷以鎔等，分路進攻大墩地方的八卦會起義軍。雙方在犁頭店地方相遇交戰。正當雙方相持不下時，林晟挾仇突然將秋日觀戕殺，導致清軍大敗，游紹芳等均死於亂軍之中，戴潮春趁勢帶領會眾大舉圍攻彰化縣城。時城內之胥役兵勇中入會者不少。九日三更，會內之何有章、陳在等打開縣城東門，引起以軍入城。三月二十日，臺灣道孔昭慈受傷後服毒自殺，參將夏汝賢等弁多人被殺，嘉義會眾也「乘機蜂起」。

　　八卦會在攻佔彰化後，即出示安民，並下令蓄髮尊明制。戴潮春「冠黃巾，穿黃馬褂，健卒數十人前後擁，騎馬入城」，自稱「大元帥」，又稱「東王」，以洪欉爲北王，林晟爲南王，陳弄爲西王，戴印爲三千歲，董九仙爲香主大師，廖阿憨爲宰輔，陳明和、宜水生爲元帥，王光岱爲將軍，江有仁爲副元帥，陳卯等人爲先鋒，王文等人爲旗首。八卦會會眾「皆披髮紅巾，口稱紅英兄弟」。清軍兵丁「皆脫號褂，投兵器以降」。

　　八卦會奪取彰化後，戴潮春派令其弟、二元帥戴雲從乘勝攻打嘉義、鹿港等處，嘉義、鳳山等地的天地會相繼起來回應。臺灣鎭總兵林向榮派千總鄭天才、署嘉義營參將湯得升、署南路營守備趙品等赴嘉義防守，派署安平協副將王國忠率領2,200名兵勇前往「攻剿」。清軍行至柳仔林時遭到起義軍猛擊，倉促進入嘉義城。起義軍追至城下，城內的八卦會會首嚴辦「糾黨響應」，出城加入八卦會的隊伍，受封爲起義軍「元帥」。四月初二日，八卦會圍攻斗六門地方的清營，初四到初六日又大舉攻嘉義縣城。王國忠在城內紳士、富戶的幫助下，帶領清軍抵禦。會眾久攻不下，而且傷亡頗眾，元帥宜水生亦被擒殺，臺灣鎭總兵林向榮也從府城前來嘉義增援。四月初十日，林向榮率軍行抵嘉義城外20里的幫碑地方。「因溪水暴漲，糧餉不繼，」只好移營退往鹽水港，將軍械全部拋棄。八卦會的另一支又去攻打鹿仔港，該處居民以泉州籍移民爲主，而八卦會則以漳州籍移民爲主，該處施、黃等大姓，便利用彰、泉之間的矛盾，募集三十五莊泉州籍600人，與八卦會的隊伍相抗，致使八卦會隊伍在此久攻不下。

　　彰化失守後，閩浙總督慶瑞大爲驚慌，以臺灣鎭總兵林向榮未能對漳州事先預防而將其革職留任，令曾玉明署臺灣鎭總兵，急赴臺灣。五月十一日，曾玉明帶領清兵渡海抵台，先後在大腳佃、侖仔頂等處擊敗八卦會，準備乘勝收復彰化。戴潮春見曾玉明所率清軍接連獲勝，於是留林晟一支隊伍防守彰化，以牽制曾玉明所率清軍。自己則一面指揮調度，一面派人糾約嘉義一帶會黨首領嚴辦等率眾猛攻斗六門，以阻扼外援，切斷糧道。斗六門地處嘉義與彰化交界之處，嘉義乃郡城屛障，而斗六門則係嘉

義藩籬，戰略地位非常重要。九月十七日，八卦會將斗六門攻佔，清軍全軍覆沒，林向榮與副將王國忠等均被擊斃，戴潮春也由漳化來到此地。這時，嘉義也被八卦會的隊伍包圍，署臺灣鎮總兵曾玉明在漳州附近受到八卦會的牽制，無法南顧，嘉義城已岌岌可危。清吏奏稱，自閏八月十一日到十月初九日期間，八卦會起義軍曾先後八次圍攻秀水莊、侖仔頂等處的清軍營盤和湖仔內等處的義民村莊。「斗六既失，賊勢愈張，攻擊各義莊益力，我軍分路救援，實疲於奔命。」南路鳳山一帶，有陳大用等各糾約數百人於十月中旬豎旗起事，經參將淩靜派守備張傳敬帶領兵勇1,300名前往進剿。陳大用等因得知從廈門調來的援軍已到，遂經內山返回北路。十二月以後，城內糧盡，守軍只能以野菜草根充饑。慶瑞遂令署福建水師提督吳鴻源赴台增援，同治二年（1863）正月，吳鴻源率領三千名清軍在安平登陸，於初十日從府城北上鹽水港。此處爲府城門戶，圍攻嘉義的八卦會首領嚴辦一直與戴潮春、林晟準備從這裡進攻府城。因此，嚴辦一面圍攻嘉義，一面率領一千餘人圍攻鹽水港，雙方在此激戰多次。二月，清軍先後攻破馬稠後莊和茄冬，然後逕往嘉義解圍。八卦會受到守城清軍與吳鴻源部的內外夾攻，被迫撤走。吳鴻源在解除嘉義之圍後繼續北上，準備與彰化一帶的清軍會合。但由於八卦會的堅決抵抗，而使得雙方處於膠著狀態。另外，當年從臺灣調往內地鎮壓太平天國的臺灣鄉勇，大半是彰化一帶的漳州籍移民，他們一向與八卦會熟悉，互通聲氣，撤回臺灣後便紛紛加入八卦會，從而加強了起義軍的實力。清廷對吳鴻源未能迅速剿平起義軍十分不滿，遂增派署福建水師提督曾元福、陸路提督林文察渡台，福建巡撫也奏請朝廷委任丁日健爲臺灣兵備道，會辦軍務。

　　曾元福於九月二十一日到達嘉義，攻打嘉義東西南三路的起義軍；林文察接到命令後，也於同治二年十月十四日到達臺灣府城，於二十二日進兵嘉義。曾元福即往攻打嘉義與彰化交界處的鯉魚尾等處，林文察也率部來此「會剿」。十一月上旬，曾元福、林文察兩路來到斗六門一帶。

　　新任臺灣兵備道丁日健曾任淡水同知，咸豐四年參與過剿辦黃位領

導的臺灣小刀會起義，對於臺灣的軍務民情皆較為熟悉。他帶領福建兵丁
400名，於同治二年九月初十日到達臺灣淡水，然後立即率部南下，於十
月十四日派候補知縣白冀良帶兵進入內山的四張犁，自己則率部攻打彰化
北面的要地茄冬莊，並於十月三十日將該處攻破，八卦會被迫退入彰化縣
城。丁日健又密派線民混入城內，約會林文察於十一月初攻打彰化。屆時
雙方在縣城附近展開激戰，傷亡慘重，最後，城內伏兵舉火，先期入城的
線民將城門打開，八卦會被迫撤出，元帥江有仁、先鋒陳卯等被擒，會眾
被殺者400餘人。

　　清軍在攻佔彰化後，隨即直逼斗六門土城。八卦會在此築壘儲糧，以
為死守之計。林文察將兵勇分為十隊，首先用大炮轟擊和消滅了斗六門附
近八卦會的隊伍，擒獲八卦會元帥張鶴、先鋒張杞等多人。但此時斗六門
城內尚有八卦會的精壯數千人，糧食也夠數月之用。林文察又以引蛇出洞
之策，令各處揚言彰化林晟聲勢浩大，急需分兵前往增援。於十一月十八
日佯將斗六門各週邊各營兵撤離，實際上乃埋伏於附近蔗林之內，而令參
將關鎮國等帶領兵丁預積柴草於空營房之內，夜晚放火，造成烈焰飛騰，
兵勇慌亂，四處奔竄的假像。土城內八卦會見狀，以為清營遭到突襲，即
派出千餘人殺出，直奔清軍營壘。這時埋伏於蔗林之兵勇潛出其後，使八
卦會的隊伍腹背受敵。清軍趁勢攻入城內。八卦會首領九十餘人、會眾
四百五十餘人被擒殺。此時，戴潮春尚率眾藏於彰化北面的北勢湳莊。
十二六月初四日，清軍大隊人馬來到彰化境內的斗六地方，戴潮春率領會
眾一千餘人與北投股首洪欉所率數千人，屯駐於張厝莊，該處周圍十餘里
的村莊均為八卦會所控制。十二月十九日，各路兵勇同時進攻張厝莊，雙
方在此激戰六時之久，北王洪欉等被俘，戴潮春見難以支持，遂縱火將該
莊焚毀，帶領數百人在煙火掩護下，逃往芋仔寮莊。這裡壘固寮深，戴潮
春在此抵死固守。兵勇不分晝夜，四面環攻。是月二十八日，各路兵勇突
圍而入，戴潮春藏於竹林之內，被清軍擒獲，旋被處死。

　　戴潮春死後，首領林晟仍在四塊厝莊繼續與清軍相抗。他命陳鮄等

人守外寨，王萬等守內寨，「外列層樓，內置大炮」，嚴陣以待。清將林文察在此久攻不下，於是收買八卦會內的陳梓生，令其將起義軍的大炮口堵塞，在清軍大舉進攻時，大炮無法打響，林晟在最後關頭點燃火藥桶自焚而死，陳鮘帶領餘眾轉移到彰化附近。同治三年（1864）三月，清軍進攻彰化附近的小埔心莊，八卦會首領陳弄率眾並力抵拒，陳弄妻子誘敵深入，用炮火伏擊鄉勇數十人，清軍被迫停止進攻。四月，陳鮘等擁眾數千人佔據八卦山及布仔尾，進而圍攻彰化。林文察聞訊急忙回防，將八卦會的隊伍擊潰，然後趁勝進軍小埔心莊，陳弄妻戰敗自焚身亡，陳弄突圍後被俘犧牲。陳鮘在彰化戰敗後撤退到馬舜潭據守，後來該處被清軍包圍，陳鮘隻身突圍而出，後不知所終，清軍繼續在內山追捕八卦會的起義者。直到同治四年（1865），仍不斷有八卦會首領在繼續鬥爭。是年三月，首領嚴辦等潛回嘉義，他們偽裝成清軍，混入嘉義的水堀頭，「意圖復逞」。署臺灣鎮總兵曾元福派兵前往鎮壓，嚴辦等人率眾「拼死抵抗」，旋因寡不敵眾，嚴辦本人犧牲，會眾十餘人被俘遇害。其後雖然仍有八卦會首領的零星抵抗，已經難成氣候，八卦會的造反活動最後以失敗告終。

第二十章

光緒末年廣西天地
會起義

　　清朝光緒末年（1897—1905）在廣西爆發了大規模的天地會起義，歷時將近9年，波及廣西全境，並且進入與廣西鄰近的廣東、湖南、貴州、雲南等四省的三十四個縣。起義後期，一部分天地會骨幹中的先進分子，接受了革命黨人的領導，走上了民主革命的道路。

一、起義的原因和背景

　　從廣西內部的情況來看，主要是社會經濟凋敝，大批遊勇流向社會，造成社會動盪不安。從外部情況來看，則是太平天國時期兩廣天地會起義軍餘部及其後代在進入越南後，經過中法戰爭又重新回到廣西。其中除少數被招募加入清軍外，大多成為天地會的武裝集團。他們從事搶劫、走私、販賣鴉片，或者攻城掠地，反抗清朝統治。在社會矛盾日益激化的情況下，那些無以為生的遊民，也紛紛投入天地會，為了生存而鋌而走險，走上武裝反抗的道路。

1. 大批遊民的出現

　　廣西本來就山多田少，嘉道以降，不斷有閩、粵等省的人口流入，更加劇了人多田少的矛盾。鴉片戰爭後，洋貨大量進口，造成廣西商品經濟畸形發展，加速了小農經濟的瓦解，大批農民、手工業者破產，被迫離開家園，成為遊民。光緒末年廣西吏治的腐敗，加上廣西地方當局為了彌補財政虧空，各種捐稅氾濫，又遇到百年不遇的自然災害，更加速了農民、手工業者向遊民的轉化。他們為了互相幫助以求得生存，便紛紛「拜台」結會，導致廣西的天地會組織遍布各地。據檔案記載：「會匪即三點會，煽惑鄉愚，訛詐良善，公貲以入會可以保性命，無賴者多翕然從之。及其勢既成，即殷富者亦必多舍財，以衛身家。有阻之者，其禍即不旋踵。」[1]

---

[1] 關於這次起義的首領，除李永和外，還涉及「藍大順」問題。對此，羅爾綱先生認為，這次起義的

2. 越南北部天地會武裝的返回

太平天國時期的兩廣天地會起義失敗後，許多起義者越過邊境進入越南北部。據統計，中法戰爭前，活躍在越南北部的天地會武裝多達153股，其中東路諒山、太原一帶有陸高平、覃四妹、楊大加和李亞生等四大首領。西路紅河、黑水河流域有黑旗軍、黃旗軍、彩旗軍及白苗軍等各支，他們在當地設關建卡，收稅征糧，儼然一個個獨立王國。[2]

中法戰爭期間，以劉永福黑旗軍為首的各股天地會武裝，均參加了越南人民的抗法戰爭。他們在接受清廷的招安後，被改編為清軍，劉永福本人被任命為「記名提督」，他所率領的天地會武裝，由4個營擴展為12個營。天地會武裝在抗法戰爭中雖然立有戰功，但是，戰爭結束後清廷下令裁軍時，卻大多被就地遣散，少數隨清軍回國後，也被陸續遣散。那些留在越南被遣散的天地會武裝，一部分同越北天地會融合，繼續進行抗法鬥爭；一部分則回到國內，流散在廣西各地，成為當地天地會武裝團夥。清廷對於廣西邊境地區的天地會武裝，實行招撫政策，大批天地會武裝分子便湧入了廣西的邊防軍，從而增加了廣西地方當局的軍費負擔，使得邊防軍人的營餉逐年減少，結果造成邊防軍的瓦解。湧入邊防軍的天地會成員，在軍中不僅獲得了當時先進的武器，而且經歷過長期戰爭的鍛煉，具有一定的軍事知識。在邊防軍潰散後，他們仍然以原來的組織，身穿清軍的號衣，成為光緒年間廣西天地會起義的骨幹和主力。廣西巡撫王之春奏稱：「遊匪之變，實由於法越一役，散勇逃卒無家可歸。初不過與外人為難，志在獵食，雖遊弋滇越邊界，未敢深入腹地。間有桀黠之徒，百十成群，均經提臣蘇元春截斬。其股多而焰凶者，或察其首領可用，招使投誠，錄為先鋒，綜計前後收羅帳下者眾且數千。嗣因法官苦其騷擾，與西

首領是李永和與「藍大順」即藍朝璧。而李有明先生則認為，起義首領為李永和與藍朝鼎，史料中並沒有藍朝璧其人。《硃批奏摺》山東道監察御史徐德沅摺，光緒二十八年六月初八日。

[2] 徐舸：《清末廣西天地會風雲錄》，第6頁，廣西師範大學出版社，1990。

防嚴立對汛章程，對關外遊勇不能駐足，遂陸續而闌入內地矣。兼之各前撫臣屢次奏請裁防，邊軍軍餉無所。適值蘇元春調任湖北，聞其遣散數營內大半攜械潛逃，同時雲南散勇四出奔擾。若輩本由招安而來，此刻投誠無望，無任可歸，野性習成，無業可攻，不叛奚待？」[3]王之春此摺，比較眞實地說出了光緒末年廣西天地會起義的原因。

二、起義始末[4]

光緒末年廣西天地會起義歷時九年，按照其發生的時間和波及的地區，大體上可以分爲四個中心。[5]這次起義仍然是一次舊式會黨的造反活動，與辛亥革命時期由革命黨人領導的起義有著明顯的區別。但是，起義後期，一部分骨幹接受了革命黨人的領導，走上了民主革命的道路。

1.桂滇黔邊界地區起義（1897－1901）

這次起義是由從越南歸國的天地會首領游維翰槍殺廣西西林縣常井教堂法籍傳教士馬仙（Mazel）及其兩名隨行人員一事所引發。游維翰是廣西龍州下洴人，曾在越南充當遊勇頭目，光緒二十二年（1896年）帶領百餘人回國，在花田屯一帶活動。[6]翌年三月，游維翰在凌雲縣樂裡槍殺了馬仙等人，廣西地方當局派兵搜捕。游維翰率領百餘名天地會武裝人員，在百票地方與官兵相抗，旋因負傷逃往東蘭州，在返回恩陽（今田陽縣）時被捕遭殺害。這次事件引發了桂滇黔三省邊境地區的天地會起義。起義以廣西泗城爲據點，分別向滇、黔方面出擊。光緒二十四年（1898年），廣西西隆州牛角山的天地會首領唐十二、陳有才等，聯合當地李三花由八

---

[3] 《軍機處收電檔》廣西巡撫王之春摺，光緒二十八年八月二十六日。

[4] 本節參考了徐舸的《清末廣西天地會風雲錄》，特此致謝。

[5] 以往學者對這次起義的研究，比較看重南寧、柳州兩個地區，而徐舸在《清末廣西天地會風雲錄》一書中提出四個中心說，本書基本長採用徐說。

[6] 《電報檔》2044卷（六）3頁，史念祖電，轉引自徐舸：《清末廣西天地會風雲錄》第35頁。

達分州渡過清水河，進入雲南的廣南縣境內，擊斃清軍把總魏國昌，並乘勝攻至邱北縣，知縣倉惶出逃。光緒二十五年（1899）一年之內，天地會武裝在桂滇黔三省邊境地區進行的大小戰鬥三十一起，會黨「每股人數多則四五百，少則二三百，各執快槍，率皆亡命，沿邊數百里，防不勝防」。[7]翌年，新任雲貴總督魏光燾將綱字各營的廣勇分別裁撤，而調綏靖中營接防，導致綱字營官兵紛紛加入天地會武裝。光緒二十八年（1902年），天地會首領李二老闆聯合17股會黨武裝將近萬人，趁綏靖營換防之機，突襲了雲南邊境城市剝隘。雲貴總督魏光燾奏稱：「臘月十九日，粵邊遊匪果即嘯聚黨徒，竄擾剝隘，廣西營遊擊張顯廷管帶綏靖營接防該處，竟於二十三日敗潰，全營棄械脫逃。」[8]對於廣西、雲南邊境地區的天地會武裝和零散的天地會起義，雲貴總督魏光燾也是一籌莫展。他哀歎：「遊匪倏忽聚散，本其故智，人數極多，而散處沿邊之地千數百里，既無大股賊目負隅抗拒，可以力攻。其零星股數，實繁有徒，雜處民間，未能類別群分，亦未便禽獮草薙，辦理殊形棘手。」[9]同年三月初八日（4月15日），天地會首領陳亞秋率眾攻打皈朝，「匪眾數千，裹脅益眾，數幾近萬，蔓延將及百里，多發無煙槍炮。」共擊斃清兵四五百人，管帶秋高陣亡，起義軍將該城攻佔。[10]

廣西天地會也向貴州方面出擊。光緒二十六年十一月十四日，廣西西隆州的天地會武裝數百人「潛夜渡江，燒搶貞豐州之旺母寨」。翌年二月十二日（1901年3月31日）又偷渡紅江，闖入黔境，襲擊了羅斛之桑郎地方。[11]光緒二十八年夏秋之際，又大舉進兵貴州，順利進入西隆州城。據貴州巡撫鄧華熙奏稱：「廣西西隆州有遊匪頭目鄭五旒，七月十一日率眾

7　轉引自徐舸：《清末廣西天地會風雲錄》，37頁。

8　《軍機處錄副奏摺》雲貴總督魏光燾摺，光緒二十八年三月初三日。

9　《軍機處錄副奏摺》雲貴總督魏光燾摺，光緒二十八年三月初三日。

10　《軍機處錄副奏摺》雲貴總督魏光燾摺，光緒二十八年五月初五日。

11　《軍機處錄副奏摺》貴州巡撫鄧華熙摺，光緒二十七年三月初四日。

入城駐紮，官紳無敢阻者。又有數股，在興義屬之對岸扁牙、百樓一帶，麇集約二千人，聲言欲克期入黔」。另外，在泗城府也有「遊匪駐紮，頭目陳姓」，「郡邊一帶係酋目呂三、蘇三，聚匪約千餘人，亦設謀過江擾黔」。[12]同年九月初二日（10月3日）廣西泗城一帶天地會武裝聯合當地饑民、散勇「眾至萬人」，乘霧渡河，攻佔菁口團營，初六日攻佔興義縣城。[13]

　　天地會在桂滇黔邊界地區的起義，以光緒二十八年起義軍首領李二老闆被俘為終結。李二老闆是廣西會黨武裝的重要首領之一，清吏稱：「桂省游、土匪甚多，而著名巨憝、人人切齒者，以李二老闆為最。」[14]光緒二十八年（1902）元月，李二老闆在廣西武緣縣馬鞍村起義，清將前柳慶鎮總兵馬盛治前往剿捕，結果被起義軍擊斃。十月二十四日（11月23日），李二老闆等又在遷江北泗一帶活動，清軍往捕，與天地會武裝發生激戰，李二老闆戰敗被擒，旋被處死。至此，桂滇黔邊界地區的天地會起義全部失敗。

2.鬱林起義

　　該處起義是由李立廷[15]所發動和領導。李立廷（1863－1934）字仕朝，廣西省陸川縣平樂墟大園村人（亦作中塘堡大園村）。其父李秀南參加過太平天國起義，李立廷少年時跟隨其兄李仕英讀過幾年書，粗通文墨。青壯年時期，喜愛武術，精於拳棒。他體格魁梧，性格豪爽尚義。他廣交會黨中人，曾加入三點會並擔任首領，「各處會黨咸奉為大哥。」[16]光緒二十四年，三點會已經發展到鬱林（今鬱林）五屬和容縣、貴縣一

[12]《軍機處收電檔》貴州巡撫鄧華熙致外務部電，光緒二十八年年八月初四日。

[13]《軍機處收電檔》貴州巡撫鄧華熙致外務部電，光緒二十八年九月十七日。

[14]《硃批奏摺》廣西巡撫王之春摺，光緒二十八年十一月初十日。

[15]清朝當局將李立廷寫作「李立亭」。

[16]廣西少數民族社會歷史調查組編：《廣西辛亥革命資料》，22頁，編者自刊，1960年。

帶。首領除李立廷外，還有陸川人廖十八，該縣馬坡墟人陳泰初、博白縣人秦仕立，容縣人甘木、北流縣人陳建廷等。[17]

　　陸川縣中塘堡的李、陶二姓為當地大族，彼此時起爭端。陶姓族中有武舉陶瑞芝，與官府交通，橫行鄉里。光緒二十四年（1898年）四月，李立廷母親去世，附近三點會會眾與農民數百人在李家祭奠吃齋飯。晚間散去時，形成遍山燈籠火把。陶瑞芝便向官府誣稱李立廷於夜間聚眾拜會，意圖造反。官府不審真偽，便將李立廷之兄李仕英逮捕囚於監獄。[18]李立廷本來準備當年八月舉義，此時為了營救其兄，遂決定於五月初四日在陸川、北流、博擺、興業、容縣同時發難。眾首領商定，由李立廷指揮攻取陸川、北流、博白一路；容縣三點會首領封祿階指揮攻取容縣一路；由謝三妹、李平龍指揮攻取興業一路。各縣首戰得手後，會師攻取鬱林州城。五月初十日李立廷在陸川縣帶領三點會會眾及當地農民2,000餘人，攻破石狗寨，殺死陶瑞芝及其全家130餘口，[19]然後率眾攻克陸川縣城，接著又攻佔北流縣城。在博白縣因為有秦永年作為內應，所以兵不血刃便將縣城攻佔，謝三妹、李平龍也順利奪取了興業縣城。在容縣方面，三點會首領是秀才封祿階父子和團練頭目甘木，二人密謀在攻佔縣城後將該縣鄉紳全部殺死。甘木因為在太平天國兩廣天地會起義時，曾出賣過范亞音而被清方授予二品武職頭銜，成為當地的大戶。因他被認為是「土匪」出身，且目不識丁，平時頗受鄉紳的鄙視，故欲借此機會將該縣的鄉紳一網打盡，以泄私憤。但事機洩露，縣城裡的鄉紳大多出逃，封祿階於五月初九日（6月27日）晚間雖然將縣城攻破，而甘木卻未達到自己的目的，於是便轉而與知縣王永貞聯合去收復縣城，起義軍猝不及防，容縣又落入清軍

---

[17]李繼源：〈李立廷在鬱林五屬的反清鬥爭〉，載《辛亥革命回憶錄》（二）527頁，文史資料出版社，1981。

[18]李繼源：〈李立廷在鬱林五屬的反清鬥爭〉，載《辛亥革命回憶錄》（二）第528頁。

[19]廣西少數民族社會歷史調查組編《廣西辛亥革命資料》，22頁。

手中。[20]

北流一路，會黨首領陳檢庭、劉鳳雲等率領3,000多起義者，聯絡清軍已革副將田福志父子，於五月初十日（6月28日）將該縣包圍，但久攻不下。五月十二日（6月30日）夜，起義軍派遣守城官的弟弟說服其兄，開門迎接起義軍進城，但六月十八日（7月16日）北流又被清軍攻陷。

興業一路，會黨首領謝三妹、李平龍率眾於五月初十日包圍該城，六月初十日將城攻破。但起義軍內部的梁亞庚八率部叛變，保護知縣出逃。謝三妹、李平龍為了平息叛亂，無法前往鬱林增援。

博白一路，天地會首領李大廣、劉老八事先與在籍侍衛秦永年約為內應，但被人告密，當起義軍兵臨城下時，官府將秦永年拘捕，但卻秘而不宣。起義軍誤以為仍有秦永年在內策應，遂大膽攻城，結果死傷慘重。

鬱林一路。七月初，起義軍將鬱林團團包圍，當時起義軍已擁有十萬之眾，聲勢浩大。周圍百數十里的地方，到處高掛紅旗，大書「替天行道」、「反清復明」和「弔民伐罪」等天地會的傳統口號。然而鬱林縣城城牆堅固，以長方型大青石為牆基，用長方型大磚砌到牆頂，面上敷以三合土，沿城牆又建有12座炮樓，並有環繞城牆的護城壕。城內清軍防守嚴密，並有商民日夜輪番守護，特別是起義軍原定各路一同攻打鬱林的計劃難以實現，攻打鬱林的任務只能由李立廷獨自承擔。起義軍在鬱林城久攻不下，加以槍械彈藥和糧食補充不上，清軍援兵又從四面前來，最後只得解圍而去。

3. 南寧起義

南寧地區的天地會主要是由越南歸國的天地會武裝在當地招人「拜台」而發展起來的，在當地不斷進行零星的反抗鬥爭，到光緒二十九年形成高潮。該處的天地會武裝比較分散，據統計共有173股之多，僅宣化縣

---

[20] 李繼源：〈李立廷在鬱林五屬的反清鬥爭〉，載《辛亥革命回憶錄》（二）第529頁。

（今邕寧市）就有41股。[21]由於力量分散，沒有統一的領導，大多分股單獨活動，所以未能形成較大規模的起義。其中比較大的是王和順、閉雲培和黃五肥等股。

王和順股

王和順（1868－1934）字德馨，號壽山，壯族，廣西邕寧縣東門鄉二塘那造村人，此據《邕寧縣志》。另據梁烈亞老人回憶，王和順是該縣二塘石板村人。[22]他家境貧寒，少年時曾為人放牛。及長，投身於天地會武裝劉永福部下，在越南參加抗法戰爭中充當哨官。中法戰爭結束後被遣散回到家鄉，在宣化縣署充當捕快。他借「捕盜」職務上的方便，暗中聯絡窮苦的漢、壯弟兄和散兵游勇，設台拜會，發展天地會組織。光緒二十四年，王和順因「通盜」被捕，次年八月從監獄逃出，聯絡會內弟兄，豎旗起義。他「聚黨嘗千數百人，火器精良，出沒於泗鎮、柳慶、思南一帶，下與欽、廉諸匪相流通。」[23]光緒二十八年六月，清總兵馬盛治帶領熙字營向南寧、思恩兩府的天地會武裝發起進攻。王和順帶領起義軍由南寧西郊壇落經副四鄉，退至隆安縣古潭、橋檢一帶埋伏，把馬盛治圍困在馬鞍山峽。馬企圖突圍，結果被王和順擊斃，其餘部大半投降。光緒二十九年清廷又從廣東調來「安勇軍」來對付天地會武裝。該軍素有「天上雷公，地上安勇」之稱，向來以兇狠著稱，在清將陸爵率領下，氣勢洶洶地來到南寧。王和順則在石埠一帶誘敵，在梅龜山布下埋伏，設計讓本地人報告虛假軍情，陸爵長驅直入，被起義軍擊敗，死傷大半。[24]光緒三十年十一月，王和順帶領五六百人往攻南寧府屬的四塘墟，駐紮在大垣村，清軍綏

[21]徐舸：《清末廣西天地會風雲錄》，73頁。

[22]徐舸：《清末廣西天地會風雲錄》，73頁。

[23]民國《邕寧縣志》，兵事篇。

[24]余一清：〈南寧地區人民的反清鬥爭〉，載《廣西文史資料選輯》第二輯，230頁。

遠軍副中營吳勝貴率部往攻，結果中槍斃命。[25]

閉雲培股

閉雲培（1875－1903年）廣西南寧府隆安縣古潭鄉人，少年時曾讀私塾，粗通文墨。及長，因膂力過人，與永淳縣人黃五肥等拜台結會，組建了一支100多人的天地會武裝，控制了右江以西古潭、那桐、喬建一帶地方，其隊伍最多時達到1,000多人。光緒二十九年（1903年）下半年，南寧地區的會黨武裝相繼失敗或者接受招安，閉雲培也被迫接受招安。但他的條件是「受編不受調」，也就是接受改編而不接受調遣，保持行動上的自由。同年年底，被隆安知縣設計殺害。

黃五肥股

黃五肥亦作王五肥（？－1904），廣西南寧府永淳縣（今橫縣）人，木匠出身，曾與閉雲培一同糾人結拜天地會，後來自成一股，在隆安一帶活動。他同王和順、閉雲培等人的造反活動，使廣西「數郡震動」。[26]光緒三十年（1904）冬，黃五肥率領千餘人於宣化、武緣兩縣交界的甘村等地活動，清左江道餘觀察令各營分頭進攻。翌年初，清軍抵達該村，統領陸榮廷帶領榮字、春字及保安等營前往攻擊。進村後不見一人，知是中計，急忙撤退，但已伏兵四起，擊斃清軍兵弁多人。[27]同年二月二十四日（4月9日），黃五肥在永康州境內犧牲。據史料記載：黃五肥率部至永康州後，「乘夜率夥逸出，竄至永康橋西二裡之藏狗洞嶺下，為永康團練擊斃。」[28]

---

[25] 《東方雜誌》第2卷2期。

[26] 《軍機處電報檔》署理兩廣總督岑春煊摺，光緒二十九年閏五月十二日。

[27] 《東方雜誌》第1卷3期。

[28] 民國《同正縣志》，人事。

4.柳州兵變

　　光緒三十年五月在柳州發生的兵變，參加者皆爲受招安後編入清軍的原天地會武裝。其中的骨幹皆來自滇、桂、粵三省邊境地區，因受到清朝當局的會剿，一部分便來到柳州、慶遠一帶，逐步站穩了腳跟。據統計，光緒二十八年到三十一年間，柳、慶地區著名的天地會武裝就有148股，無名目、無首領記載的有50股，合計198股。[29]光緒二十九年（1903），署理兩廣總督岑春煊採取剿撫兼施的方針，在柳州、慶遠地區先後招降了37股天地會武裝。招降之後，便對這些天地會武裝大肆殺戮，使得編入清軍的原天地會成員疑慮重重，一直伺機反抗。光緒三十年（1904）五月，駐守在柳州的紹字各營奉調前往廣東，並稱要換給好槍。紹字各營的官兵均屬被招降的原天地會武裝，管帶梁桂才和陸亞發也是原天地會武裝的骨幹，他們都不願離開家鄉，又擔心途中發生不測，一再要求上級收回成命，但均遭駁回。梁桂才和陸亞發等遂於五月十一日（6月24日）率領紹字左營、中營和先鋒營在柳州發動兵變，切斷電線，搗毀電報局，釋放監獄的犯人，佔據道、府、縣的衙門，繳獲了大量銀錢和武器，控制了城內的局勢。兵變武裝在柳州城內停留了數日後，於五月十五日（6月28日）退出柳州，兵分三路，前往各地。一路由陸亞發帶領，前往柳州、桂林交界的四十八峒的油蔴峒地區；一路由黃慶揚帶領來到桂、黔邊境的梅司寨和丙妹、丙梅（今貴州從江縣城）等地；一路由褚大、歐四等帶領，佔據融縣、羅城之間的五十二峒的三裡五峒地區。

　　柳州兵變對清廷震動很大，因爲兵變武裝佔據了柳州，控制了四十八弄和五十二洞的廣闊地區，使得桂林、柳州、慶遠等府都受到威脅。署理兩廣總督岑春煊專程來到柳州，親自坐鎮，調集了85個營共計3萬多人，圍剿兵變隊伍。[30]陸亞發一路在四十八弄的油蔴洞一帶據險固守，最後被

---

[29]徐珂：《清末廣西天地會風雲錄》，87頁。

[30]黃孟崙等：〈覃老發、陸亞發在四十八弄的反清鬥爭〉，載《辛亥革命回憶錄》（二），536頁。

清軍包圍，與清軍激戰了7天7夜，最後受傷被俘，遭凌遲處死。黃慶揚一路一度攻佔懷遠縣城，並進入貴州境內。後遭清廷調集湘、黔、桂三省共26個營兵力的圍攻，突圍後進入九萬大山，最後在融縣境內犧牲。褚大、歐四一路，先後攻破羅城、河池，後來在廣南、官橋一帶與清軍遭遇，血戰七晝夜，褚大犧牲，歐四在思恩被俘，兵變失敗。[31]

　　光緒末年廣西天地會起義，是一次由舊式會黨領導的造反活動，有的規模還很大，力量也很強。但是，由於缺乏明確的政治目標，僅僅用舊式會黨的「反清復明」、「弔民伐罪」一類口號，雖然給清朝封建統治以一定的衝擊，卻不可能有更大的作為，必然走向失敗。

　　這些天地會武裝反清活動雖然失敗了，卻引起了維新派和革命派的關注。光緒二十六年，維新派領導人康有為曾派人到廣西「運動會黨」以「為己用」。[32]革命黨人對於廣西天地會的武裝鬥爭更為重視。光緒二十四年李立廷起義時，興中會的鄧蔭南、尤列等，曾從澳門「赴桂應之」。[33]章太炎對廣西天地會起義也給予高評價，他說：「今日廣西會黨，則知不必開釁於西人，而先以撲滅滿洲、剿除官吏為能事矣」。「今日廣西會黨，則知己為新體，而西人為客體矣」。「今日廣西會黨，其成敗雖不可知，要之繼之而起者，必視廣西會黨為尤勝，可預言也」。[34]孫中山先生對於廣西天地會起義更是以極大的熱情加以稱讚，他指出：「從最近的經驗中可以清楚地看出到，滿清軍隊在任何戰場上都不足與我們匹敵，目前愛國分子在廣西的起義就是一個明顯的例證。他們距海岸非常遙遠，武器彈藥的供應沒有任何來源，他們得到這些物資唯一的辦法，乃是完全依靠於從敵人方面去俘獲。即使如此，他們業已連續進行了三年的戰

---

[31] 《軍機處收電檔》署理兩廣總督岑春煊致外務部電，光緒三十年十一月十九日。

[32] 《孫中山年譜》第45頁，中華書局，1980年。

[33] 馮自由：〈鄧蔭南事略〉，載《革命逸史》（初集）第43頁。

[34] 章太炎：〈駁康有為論革命書〉，載《章太炎選集》（注釋本），第177頁，上海人民出版社，1981年。

鬥，並且一再打敗由全國各地調來的官軍對他們的屢次征討。他們既有出奇的戰鬥力，那麼，如果給以足夠的供應，誰還能說他們無法從中國消滅滿清的勢力呢？」孫中山不僅以極大的熱情稱頌了廣西天地會起義，而且從他們的鬥爭中看到了希望，樹立起革命必勝的的信心。他說：「一旦我們革新中國的偉大目標得以完成，不但在我們美麗的國家將會出現新紀元的曙光，整個人類也得以共用更為光明的前景。」[35]當然，孫中山也看到了天地會的弱點，注意對會黨分子的引導和教育。胡漢民遵照孫中山先生的有關指示，經常對越南河內同盟會分部原廣西天地會首領王和順、黃明堂、關仁甫、梁蘭泉、梁少廷等人「講演革命宗旨，指導其各種任務」，並且「曉以革命軍紀，糾正其惡習」。廣西天地會首領王和順等人，都是在革命黨人的引導、教育下走上革命道路的。辛亥革命時期革命黨人發動的鎮南關起義和在雲南發動的河口起義，均以加入同盟會的原天地會首領王和順、黃明堂等作為骨幹，以參加過光緒末年廣西天地會起義的會黨分子為基本力量。

三、光緒末年廣西天地會的零散活動

在廣西的天地會，除了上述舊式會黨的起義或兵變外，還有一些零散的結會、搶劫或造反活動。據《廣西諮議局第一次報告書》稱：廣西會黨「遍於七十三廳州縣，無地不有匪，無時不有匪，疲官兵之奔命，竭地方之資財，曾不得一日安靖」。就連省城桂林也多有會黨的活動。[36]光緒二十七年（1901年）廣西巡撫丁振鐸說：「廣西桂林地方會匪甚多，有三點會名目明火劫掠，一月數十起。」「桂林一帶，會匪本多，為首之犯大率放飆斂錢，糾夥搶劫，洵為法所難寬。其間良懦鄉民被逼入會者，亦多迫不得已，」只好「通飭地方文武，密派將弁，不論是否入會，但問是

---

[35]孫中山：〈中國問題的真正解決〉，載《孫中山選集》（上）第63頁，人民出版社，1961年。

[36]〈請購軍火禦匪案〉，載《廣西諮議局報告書》第六類，「建議案」。

否爲匪。」[37]光緒二十八年，貴縣會黨首領張亞北等在羅傘嶺與大番洞一帶「嘯聚甚夥」。清軍往攻，會黨「恃險抗拒」，使清軍管帶、哨官、千總、弁勇、團勇等傷亡二十二人。[38]兩廣總督岑春煊在奏報廣西會黨蔓延的原因時說：廣西「由於地瘠民愚，強半皆無生計，饑寒者眾，盜賊斯多。全省不但多山，山皆多洞，甚有一洞屈曲通至數十里、數百里者，有險阻作逋逃藪，奸民匪類愈易生心。加以比年匪勢蔓延幾遍全省，匪蹤所至之處，無不強人入會拜台。稍稍拂之，全家便遭殺害。民知官不爲保護，自不得不從匪爲暫保目前之計。顧其始也，雖因畏禍而出於脅從。其繼也，竟習若固然，利於匪矣。當此之時，民匪不分，以故兵來則民，兵去仍匪。既無動輒剿洗之理，即使將目下著名匪首悉行擒斬，不待數月，而不著名之匪又漸變爲著名。」[39]1909年，懷遠縣天地會首領吳吉彪、李紅林等，組織4萬人抗捐，並在同盟會幫助下發動起義，攻佔縣城，搗毀監獄，釋放被捕群眾。1910年，廣西東南部各府會黨6萬人「群起叛亂，攜械抗拒官兵」。歲末，安化會黨「忽並成大幫，直向安化廳攻襲」。1911年底，賀縣三點會首領黃十二、邱懷信等，率部2千餘人攻佔縣城。有些會黨還跨越省界，向鄰省進攻。1907年博白會黨聚集千餘人攻取廣東石城（今廉江）。[40]

上述事實表明，即使在晚清時期，秘密會黨作爲下層群眾組織，一部分在接受革命派領導後，可以參加民主革命，有一定的積極意義。但是，大多數仍然從事舊式的造反活動，或進行打家劫舍、綁架勒贖等盜匪活動，依然是正常社會秩序的破壞者。

---

[37] 《軍機處錄副奏摺》廣西巡撫丁振鐸摺，光緒二十八年二月初二日。

[38] 《軍機處收電檔》廣西巡撫王之春電，光緒二十八年十月初六日。

[39] 《硃批奏摺》署兩廣總督岑春煊摺，光緒二十九年十月三十日。

[40] 《三江縣志》卷七，大事記；鍾文典：〈辛亥革命前夜廣西各族人民的抗捐鬥爭〉，載《廣西師院學報》，1981年3期。

第二十一章
辛亥革命時期的兩廣天地會

　　辛亥革命時期的兩廣天地會非常活躍，其中大多數組織仍然採取傳統的活動方式，但也有不少天地會組織的首領因爲接受了革命黨人的引導，走上了民主革命的道路。他們積極參加了革命黨人領導的多次武裝起義，他們的活動已經屬於資產階級民主革命的一部分。

一、兩廣天地會的基本情況

　　天地會在兩廣地區一直存在巨大的影響，尤其是在太平天國起義期間，天地會在兩廣地區建立了諸多政權，使天地會幾乎達到無人不知的地步。儘管這些天地會政權最終都失敗了，但是，天地會卻仍然在民間秘密流傳，到辛亥革命時期，又逐漸發展成一股強大的社會勢力，不斷舉行反清鬥爭，以致引起了資產階級革命派的重視，決定把天地會等秘密會黨作爲推翻清王朝統治的重要依靠力量。

　　辛亥革命時期的兩廣天地會，既是太平天國時期天地會的繼續，又有了新的發展和變化。這時的天地會仍然保持著秘密會黨的傳統特色：在階級結構方面，依然是以破產農民、失業手工業者和小商販、水陸交通線上的運輸工人，以及兵丁、散兵游勇和遊民爲主；組織上也仍然採取歃血結盟的傳統方式；主要活動也是對內實行互濟互助，對外從事打單（搶劫）、勒贖等活動。因此，總體來看，當時的天地會仍然不能稱爲「革命團體」。十分熟悉兩廣天地會的孫中山先生就稱天地會是「下層社會有組織的團體」，認爲「其固結團體，則以博愛施之，使彼此手足相顧，患難相扶，」因而「最合夫江湖旅客、無家遊子之需要也。」[1]從政治訴求看，仍然囿於傳統的「反清復明」思想，雖然部分會黨首領接受了資產階級革命派的引導，但是，大多數會黨分子無論思想上還是行動上，卻仍未跳出以往的窠臼。

　　在廣東的潮州、嘉應州、惠州一帶，天地會的勢力頗大，「其人十居

---

[1] 《孫中山選集》卷上，第171頁，

八九已入反清復明之會。」「一月之內可集山林剽悍之徒三、四十萬。」「廣東之有秘密社會也，以三點、三合爲最盛。」「統計廣東省內，東、西、北三部，私會（按：指天地會等秘密結社——引者）皆極盛，而中部則以打劫爲生，抽行水爲業，雖有堂名，與私會立志迥別。而近年以來，官兵所逼，立腳不住，多逃出洋，不能不入私會以容其身矣。」[2]在廣州府香山縣，天地會「每堂或二三百人爲一股，或四五百人爲一股，廣聯聲氣，專以勒收沙所行水爲事。每於農田成熟之時，打單強索，不遂其欲，焚殺劫掠，禍即立見。農民畏其兇悍，輒暗中付給。」[3]

在廣西天地會等會的情況也大體相同。「粵西向稱盜藪，有遊匪、會匪、土匪之名。然其擾害地方，則勾結一氣。會匪放飄斂錢，拜台聚眾，簿籍或數千人，或數百人，陰謀叵測，劫殺勒贖，習以爲常。」「三點會煽惑鄉愚，訛詐良善出資，以入會可以保性命，無賴者多翕然從之。及其勢成，即殷富者亦必多舍財以衛身家。有阻之者，其禍即不旋踵。其拜會每於山林避靜處夜間爲之，或百餘人，或數十人不等。其名目正座之頭人爲老披，儲資者爲東主，尚有勾引入會者爲帶舅。其紀功有一九，有雙花，功之最者爲轉底。」「動以數十萬計。」[4]

辛亥革命時期的天地會的主客觀條件有了許多新的發展和變化。

首先，在階級構成方面，仍然以下層群眾中的破產勞動者、無業遊民、江湖流浪者爲主，但是已經有不少知識層次較高的人參加，其中不少是歸國留學生、華僑。他們在國外吸收了不少西方政治思想方面的新知識，在加入天地會後有的成爲骨幹，有的還成了首領，從而爲天地會組織輸入了新的血液，加強了天地會的領導力量，提高了領導集團的政治和文化素質。

---

[2] 歐榘甲：〈新廣東〉，載張枬、王忍之編《辛亥革命前十年時論選集》，第一卷上冊，300～301頁，生活、讀書、新知三聯書店，1977年。

[3] 《硃批奏摺》署理兩廣總督岑春煊摺，光緒三十一年七月初四日。

[4] 《軍機處錄副奏摺》掌山東道監察御史徐德沅摺，光緒二十八年六月初八日。

其次，當時中國已經處於反帝、反封建的資產階級民主革命時期，新興的資產階級革命派正致力於推翻清王朝的革命，為天地會獲得先進階級的領導，創造了條件。1895年中日甲午戰爭中，清朝軍隊失敗，清廷被迫割地賠款。1900年八國聯軍入侵，更使中華民族陷入了空前的危難之中。清朝當局一味對外國侵略者屈膝投降，變成了「洋人的朝廷」。資產階級革命派為了救中國於危亡之中，便要求推翻腐朽的清王朝。但是，當時中國的資產階級力量薄弱，僅僅依靠自身的力量，不足以對付中外反動勢力，亟需一支現成的力量替自己衝鋒陷陣。這樣，在反對清王朝的共同目標下，兩者便有了聯合的基礎。

天地會在上述主客觀條件下，發生了前所未有的變化，主要表現在以下方面。

在組織上由分散趨於聯合

天地會組織上具有分散性的弱點，加上奉行小團體主義，一切以個人或小團體的利益為轉移。不同地方的組織在利益上很難求得一致，難以聯合起來為某一目標共同鬥爭。不僅沒有形成全國性統一的天地會組織，就連一個省、一個州縣的天地會組織，彼此間也互不統屬，所發動的反清起義，往往被清朝當局各個擊破。革命黨人看到天地會的分散主義弱點，主張對它們加以引導，使之逐漸聯合起來。其中比較突出的例子是在革命黨人努力下，使兩廣地區的三合會、三點會同長江流域的哥老會聯合組成「興漢會」。1908年春夏間，浙江革命黨人也「將江、浙、皖、贛、閩五省秘密會黨熔鑄而一之，定其名曰革命協會」，[5]並且制定了《龍華會章程》。在湖南，也實現了會黨的聯合，據熟悉會黨內情的陳浴新說：譚人鳳認為湖南會黨要緊密聯繫，統一行動，才能配合海內外洪門共圖大舉，於是於光緒三十年（1904）邀約湖南會黨各山堂的負責人於重九節齊集長

5　《浙案紀略》，載《辛亥革命》（三），第21頁。

沙舉行遊山會，以期通過會議，把名義、規章和行動統一起來。[6]1900年前後，會黨聯合的形勢又有了進一步發展。孫中山「命史堅如入長江，以聯絡會黨，命鄭士良在香港設立機關，招待會黨，於是乃有長江會黨及兩廣、福建會黨合併於興中會之事也。」[7]

部分天地會在組織上接受了資產階級革命派的領導

革命黨人採取加入會黨或使會黨首領加入革命黨的辦法，使部分天地會在組織上接受了革命黨人的領導。陳少白認為「因為聯絡會黨，非先入黨不可，」[8]於是在香港加入三合會，並被封為「白扇」，以後他便在廣東各地進行聯絡會黨的活動。為了聯合長江流域的哥老會，他又找到與兩湖哥老會有聯繫的畢永年，加入了哥老會，並被封為「龍頭之龍頭」。然後又約哥老會的重要首領，其中包括金龍山龍頭楊洪鈞、騰龍山龍頭李雲彪以及張堯卿、辜鴻恩等人到香港開會。[9]哥老會首領們表示：「現今世運大開，國事亦非昔比。我國豈能故步自封？因此特來向諸位請教。」又說：「現在如不瞭解國際情勢，貿然揭竿而起，則將遺禍百年之後。而我們會黨中無人通曉外國情況，所以，對孫先生期待甚切」。[10]1899年由哥老會、三合會首領共同在香港成立興漢會，公推孫中山為「統領」，並且接受了革命黨人的「三條綱領」。據宮崎滔天回憶說：「參加會議的共十二人，他們是：哥老會（騰龍）山主（李雲彪），哥老會（金龍）山主（楊鴻鈞），同會ＸＸ山主（辜鴻恩），同會ＸＸ山主（辜仁傑），同會骨幹（李和生）、（師襄）、（張堯卿）；三合會首領（曾捷夫）、（曾儀

---

6 陳浴新：〈湖南會黨與辛亥革命〉，載《文史資料選輯》，第三十四輯。對於陳浴新關於譚人鳳於1904年在樂麓山舉行遊山會的說法，鄒協勳在〈我所知道的譚人鳳〉一文中，根據譚人鳳《石叟牌詞敘錄》的記載，提出質疑。

7 孫中山〈革命原起〉，載《辛亥革命》（一）第7～8頁。

8 陳少白：〈興中會革命史要〉，載《辛亥革命》（一）第60頁。

9 陳少白：〈興中會革命史要〉，載《辛亥革命》（一）第61頁。

10 宮崎滔天：《三十三年之夢》，第168頁，花城出版社，1981。

鄉）；興中會領導人（陳少白），以及該會（鄭士良）、（楊衢雲）。」「即推選孫中山為統領，會名改稱（忠和）堂（興漢）會，制定三條綱領，歃血立誓，製造印信獻給孫先生。」[11]這裡所說的三條綱領，無疑是指「驅除韃虜，恢復中華，創立合眾政府」。把以往會黨的「反清復明」思想，在一定程度上引導到民主革命的思想。

　　以往幫會的「反清復明」思想，實際上帶有封建忠君的意味，表現出皇權主義的傾向。到了太平天國時期的兩廣天地會起義中，因為有一些較高文化素質、接受過儒家傳統思想薰陶的知識份子參加，其「反清復明」口號，已經從忠於明朝君主的「復明」思想，演化為漢族「反滿」的思想，如廣州附近天地會告示中寫道：「茲爾清國，始以夷虜窺伺中華，繼以入援乘亂奪明鼎。凡我先朝之裔，忠臣之後，附心切齒，布德兆謀者蓋二百年於斯。」[12]又如建章王黃鼎鳳的檄文中寫道：「傑自滿夷入主，漢族蒙羞，變我衣冠，形容非舊。屠我族類，血跡猶新。」[13]到了辛亥革命時期，天地會在思想方面又有了進一步發展，一些首領受到革命黨人的影響，開始接受比較先進的民主革命思想。如廣東惠州三合會首領鄭士良在結識孫中山以後，便接受了新思想。他在自述與孫中山結識的情況時說：「我雖是三合會的頭目，但我近來想，非有新思想的人不能成大事，所以我想找這樣的人，我覺得你是這樣的人，便跟著你來了。」[14]廣西天地會首領黃明堂本來並沒有明確的革命思想，孫中山教導他說：「我輩皆漢族子孫，自滿清入關，佔據我土地，奴役我同胞，至今二百餘年。吾黨奔走革命，志在恢復，望君等協力同心，共建大義。」黃明堂聽後表示「悅服」，並願意「聽指揮」。[15]另一位廣西著名的天地會首領王和順也是在

[11]宮崎滔天：《三十三年之夢》，第170頁，花城出版社，1981。

[12]（日）佐佐木正哉：《清末的秘密結社》，（資料編），第28頁，1967年，近代中國研究會刊。

[13]民國《貴縣志》卷十七。

[14]〈宮崎滔天談孫中山〉，載《廣東文史資料》第二十五輯，第321頁。

[15]〈黃明堂傳〉，見鄒魯：《中國國民黨黨史稿》第四篇。

孫中山的影響下接受革命思想的。他自述說：「及從孫文先生游，得與聞治國之大本，始知民族主義足以復國，未足以強國，必兼樹國民主義，以自由、平等、博愛爲根本，掃專制不平之政體，行土地國有之制度，使四萬萬人無一不得其所。」[16]這表明王和順已經在革命黨人的引導下走上了民主革命的道路。正是因爲辛亥革命時期一部分兩廣的天地會在組織上和思想上接受了革命黨人的領導，才使得這一部分天地會的活動，能夠被納入民主革命的軌道，在辛亥革命的武裝鬥爭中，扮演了重要角色。

二、革命黨人對廣東天地會的聯絡與引導

　　辛亥革命時期的廣東天地會（三合會、三點會）在革命黨人「聯絡」與引導下，積極參加了廣東地區的武裝反清鬥爭。

　　在廣東最早聯絡會黨、成果最大的便是孫中山先生，他的革命生涯，也正是從聯絡天地會開始的。孫中山自幼生長在廣東省香山縣（今中山市），這裡乃是洪門天地會最爲活躍的地方之一。早在道光十二年（1832）和十七年（1837），就發生過兩次天地會起義，道光末年又先後發生過四次天地會的反清起義。[17]太平天國起義時期，香山縣以盧靈飛、黃福等爲首的天地會，加入了廣東的洪兵起義。這些天地會起義的事蹟，通過當地父老鄉親的口碑，對孫中山產生了重要影響。特別是同治五年（1866）廣東惠州府甯山地區三合會有三千多人起義抗官，給了孫中山以很大鼓舞，他感到「中國人已經有了相當的覺悟，還存在種族的團結力，遍布華南的三合會和各地的綠林，也蘊藏著反滿的潛力。」[18]同年夏，他在廣州博濟醫院附設的南華醫學堂結識了三合會的鄭士良。鄭士良（？——1901），字弼臣，廣東惠州府歸善縣淡水墟人。「嘗從鄉

---

[16]《中國日報》1907年9月28日，轉引自陳列等：〈孫中山與會黨〉，載《華南師範大學學報》（社會科學版）1987年4期。

[17]民國《香山縣志》，卷二十二，紀事。

[18]史扶鄰（美）：《孫中山與中國革命的起源》，轉引自陳列等：《孫中山與會黨》。

中父老練習拳技，頗與鄰近綠林豪俠及洪門會黨相往還，漸具反清複漢思想。」[19]孫中山與鄭士良一見如故，「鄭士良弼臣者，爲人豪傑尚義，廣交朋友，所接納皆江湖之士，同學中無有類之者。予一見奇之，稍與相習，則與之談革命。士良一聞而悅服，並告以彼曾投入會黨，如他日有事，彼可爲我羅致會黨，以聽指揮云。」[20]孫中山從鄭士良那裡瞭解到會黨的大量情況，「及交愈稔，始悉彼爲三點會頭目之一，於是賴以得知中國向來秘密結社之內容，大得爲予實行參考之資料。」[21]

　　孫中山把聯絡會黨的工作，作爲戰略問題加以重視，所以收到很大效果。從1894年興中會成立到1900年惠州起義期間，興中會骨幹中有大量天地會中人，除鄭士良、鄧蔭南等16人[22]之外，還有李雲彪、楊鴻鈞等40人。[23]後來又有黃三德、馬福益等48位會黨重要首領加入興中會。[24]1895年準備從香港開赴廣州參加起義的20名會黨分子，「全數加入興中會」。[25]當時與洪門會黨接觸者除孫中山外，革命黨人中還有陳少白、楊鶴齡、陸皓東等。

　　革命黨人聯絡洪門會黨的目的，在於利用其現成的組織和人力、物力，進行推翻清朝統治的鬥爭。爲此，孫中山提出：「會黨本是民族主義的遺產」，「所以，教同志們趕緊去加以整理與指導。」[26]在孫中山這個思想影響下，許多革命黨人親自參加會黨組織，以便於對會黨的「整理與

---

[19]馮自由：《革命逸史》，初集，24頁，中華書局，1981。

[20]孫中山〈革命原起〉，載《辛亥革命》（一），第4頁。

[21]《孫中山全集》，第一卷，第584頁，中華書局，1981年。

[22]馮自由：〈興中會初期孫總理之好友及同志〉，載《革命逸史》（三集），第1～23頁。

[23]馮自由：〈興中會時期之革命同志〉，載《辛亥革命》（一）第144～172頁。

[24]馮自由：〈興中會時期之革命同志〉，載《辛亥革命》（一），第173～224頁。

[25]《革命先烈先進傳》，第503頁，1956年版，轉引自陳劍安〈同盟會以前的孫中山與會黨〉，載《會黨史研究》第246頁。

[26]胡漢民：〈七十二烈士的成仁就是成功〉，載《革命先烈專刊》，轉引自丁旭光：〈資產階級革命派與廣東會黨〉，載《廣東社會科學》，1988年第1期。

指導」。如陳少白（1869－1934）在談及自己加入三合會時說：「我因為要聯絡會黨，非先入黨不可。」恰好當時有一位從檀香山回來的陳南，與三合會中的人熟識，陳少白就托他想辦法。陳南就邀請了一位資深三合會首領黃福到香港為陳少白「開台」入會。陳少白在加入三合會後，立即被封為「白扇」，陳少白認為取得三合會內的白扇地位，「當了職，將來辦事就可以發命令，調動人馬了。」[27]

在廣東聯絡天地會的另一種辦法是把天地會的首領吸收入興中會。重要的由：歸善的三點會首領曾捷夫，曾幫助鄭士良「運動會黨」；曾捷夫的族侄曾儀卿，擁有大量會黨「黨徒」，在庚子三洲田起義中曾帶領當地三點會會眾進行策應；博羅三合會首領林海山，在庚子之役幫助鄭士良「甚得力」。此外，參加興中會並且參加惠州七女湖起義和三洲田起義的天地會成員還有蔡牛、陳福、黃楊、劉運榮等多人。[28]

三、天地會參加革命黨人領導的廣東起義

辛亥革命時期革命黨人在廣東多次舉行武裝起義，領導者雖然都是革命黨人，但基本群眾則是天地會的成員。這固然反映了革命黨人聯絡會黨的成果，但是不可否認，革命黨人並未深入到會黨群眾當中進行革命思想的教育，而是僅僅說服了他們的首領，因為作為舊式會黨組織，會眾們皆惟首領之命是聽，只要把首領說服了，他們願意參加革命，整個組織便都聽命於他。對於天地會的一般成員來說，他們參加這些武裝鬥爭時，大多都沒有明確的革命目標，往往是作為雇傭軍參加的。因此，一旦軍餉供應不足，便往往自行散去。這也就是這些武裝鬥爭難以取得成功的根本原因。

---

27 陳少白：〈興中會革命史要〉，載《辛亥革命》（一）第60～61頁。
28 馮自由：〈興中會時期之革命同志〉，載《革命逸史》第三冊60～61頁，中華書局，1981。

1.乙未（光緒二十一年，1895）廣州起義

中日甲午（1894）戰爭後，清廷為了對日本侵略者賠款，加緊了對廣大人民的搜刮，造成經濟凋敝，民不聊生。革命黨人趁此「民心激憤」之機，決定在廣州舉行起義。

這次起義是由興中會所發動，由興中會成員兼會黨首領作為起義的領導和骨幹，以天地會和綠林成員為基本隊伍。光緒二十二年（1896年）二月下旬，孫中山與陸皓東、鄭士良來到廣州，建立了興中會分會，積極聯絡天地會、綠林和遊勇以及清軍水師和民團中人。先後有天地會首領朱貴金、丘四，綠林首領梁大炮，水師軍官程璧光、程奎光弟兄等參加了起義的策劃。革命黨人楊衢雲、鄧蔭南等，專門從檀香山回國，參加起義的領導。

楊衢雲（1861—1901）字肇春，號衢雲，原籍福建漳州，出生在香港，為人仁厚和藹，任俠好義，[29]「少時曾學拳勇，見國人之受外人欺者，輒抱不平，不惜攘臂為之力爭」。[30]加入興中會後曾任第一任會長。光緒二十一年初，與孫中山共同籌畫起義事宜，決定由孫中山赴廣州任「軍事運動」，楊衢雲「則駐香港，任募集死士及籌畫餉糈」。[31]鄧蔭南（？——1922），廣東開平人，幼年隨父在檀香山經商，兼營農業，與兄鄧燦均為三合會成員，興中會成立時他率先參加。其兄鄧燦且為檀香山致公堂執事。為了發動廣州起義，他變賣家產得資數萬元以助軍餉，並專程赴香港。[32]

光緒二十一年六、七月間，歸善、永安、長樂一帶天地會、綠林分子二三千人舉行暴動，革命黨人感到起義的時機已經成熟。八月二十九日

---

[29]馮自由：〈楊衢雲事略〉，載《革命逸史》（初集），第4頁。

[30]陳少白：〈興中會革命史要〉，載《辛亥革命》（一）76頁。

[31]馮自由：〈楊衢雲事略〉，載《革命逸史》（初集），第4頁。

[32]馮自由：〈鄧蔭南事略〉，載《革命逸史》（初集），第43頁。

（10月17日），孫中山、陳少白、楊衢雲、謝纘泰等在香港討論了奪取廣州的行動計畫，擬分別由江北、順德、香山、香港各路，進入廣州。決定於陰曆九月九日重陽節這天在廣州集中，九月初八日（10月25日），除香港一路外，各路均已集中待命，準備行動。楊衢雲本來答應在九月八日晚帶3000名三點會的人從香港前來廣州，但屆時他又來電，要求起義推遲二日。[33]這時興中會員朱淇之兄朱湘擔心其弟因參加起義受到株連而向官府告密，致使廣州當局加強戒備。孫中山又急電楊衢雲停止前來廣州。但楊衢雲接到電報時，業已經派人起程，因而在到達廣州後，便有40人被捕。兩廣總督譚鍾麟下令在廣州城內搜捕起義者，革命黨人陸皓東和天地會首領朱貴金被捕遇難，陳少白、鄭士良、孫中山等逃亡日本，楊衢雲逃往南非，廣州起義即告失敗。[34]

2.庚子（光緒二十六年，1900）惠州三洲田起義

惠州位於粵東，為「東江扼要之區」。革命黨人若能奪得惠州，再取廣州，則「有建瓴之勢」。加之惠州府歸善縣之三洲田、稔山等處「向為三合會黨淵藪」，天地會在這裡有雄厚的群眾基礎，故革命黨人在廣州起義失敗後，便選擇惠州作為起義的發難之所。

光緒二十六年六月二十一日（1901年7月17日），孫中山與楊衢雲、鄭士良、陳少白、謝纘泰、鄭士良等多人在香港外海舟中開會（因港英當局不許孫中山登岸）。決定由鄭士良率三合會首領黃福等北上惠州發動起義，由史堅如、鄧蔭南赴廣州「組織暗殺機關，以資策應」[35]，楊衢雲、陳少白、李紀堂等在香港接濟槍械。[36]惠州起義的基本力量主要由兩部分

[33]陳少白：〈興中會革命史要〉，載中國近代史資料叢刊《辛亥革命》（一），第30頁。

[34]鄒魯：〈乙未廣州之役〉，載中國近代史資料叢刊《辛亥革命》（一），第225～234頁；馮自由：《革命逸史》第四集。第10～14頁。

[35]馮自由：〈庚子惠州三洲田革命軍實錄〉，載《革命逸史》（五集）第16頁。

[36]陳春生：〈庚子惠州起義記〉，載中國近代史資料叢刊《辛亥革命》（一）第235～236頁。

人組成：一部分是新安的綠林，他們都有槍械，是這次起義的主力；另一部分便是嘉應州一帶的三合會。陳少白回憶說：「三合會的會員散處四方，不容易號召。有一個名黃福者，在三合會領袖中最得人望，他和鄭士良甚相得，其時正在南洋婆羅洲謀生，我們就派人去請他回來。說也奇怪，他一回來，各處堂號的草鞋[37]都會圍集攏來。只要黃福發一個命令，真是如響斯應，無不唯唯照辦。」[38]

惠州歸善縣的三洲田的戰略地位非常重要，而且會黨勢力雄厚。「三洲田地方，山深林密，路徑迂迴，南抵新安，緊逼九龍租界。西北與東莞接壤，北通府縣二城，均可竄出東江，直達省會。東南與海豐毗連，亦係會黨出沒之處」。[39]鄭士良是歸善縣當地客家人，又是會黨中人，他很快在三洲田聚集了600名起義者。同年九月，孫中山從日本抵達臺灣，得到臺灣總督、日人兒玉源太郎關於接濟革命黨人槍械的承諾，便令鄭士良改變原定計劃，「不直逼省城，而先佔領沿海一帶地方，多集黨眾，以候予來乃進行攻取。」[40]鄭士良接到命令，便聯絡潮州、惠州、嘉應州等地三合會與綠林首領，把隊伍集中在惠州歸善縣與新安縣交界的三洲田。該處地方遠僻，向來沒有多少兵丁駐紮，而且是「會黨嘯聚之區」，[41]距離香港又近，接濟軍火比較方便。所以，起義軍「一發動，清軍望風便走」。據宋少梅老人回憶：「閏八月二十日（10月13日）那天是新墟的墟期，趕墟的人還未上集的時候，紛傳『紅頭賊』來，我和家人一起隨著大眾走避。有人說三點會打從白芒花經鶴地來了」。「清軍喜字營先已入了平潭，出到茇子園就遇著三點會過河衝殺而來。他們槍好人強，清軍不是敵

---

[37] 草鞋是天地會（三合會）中負責聯絡工作的首領。

[38] 陳少白：〈興中會革命史要〉，載中國近代史資料叢刊《辛亥革命》（一），第67頁。

[39] 中國近代史資料叢刊《辛亥革命》（一），第242頁。

[40] 《孫中山選集》，上卷，第173頁，人民出版社，1961年。

[41] 馮自由：《革命逸史》（五集），17頁。

手，抵擋不住，只得邊戰邊走。」[42]據梁鏡球老人回憶：「這時，街談巷議，紛紛傳說三合會黨人打新安、打海豐、打博羅城，打和平城的消息，滿城風雨。」「當起義軍到上漾圍的時候，鄉中楊發領著全鄉的人開大會歡迎，大張宴會」。「這是由於起義軍軍紀良好，而且三合會黨聲勢浩大，四處聯絡，和清軍對比，很容易分出優劣，使一般人相信腐敗的清朝是可以打倒的，起義軍是可以成功的。」[43]起義軍從三洲田向東經淡水來到三多祝地方。不久，清方調集了4,000餘人，向該處逼近，另有兩路清軍分駐新安縣的沙灣與淡水，以便對起義軍進行堵截。鄭士良見情況緊急，必須先發制人，遂於九月十五日（11月6日）晚，派三合會首領黃福率領敢死隊八十餘人，夜襲沙灣的清軍，初戰告捷。起義軍趁勝向深圳推進，欲先攻新寧，再奪廣州。但這時又接孫中山急電，稱槍械無法從香港運來，令鄭士良進攻閩南，以便從臺灣運送軍火。起義軍在鎮隆地方大敗清軍，二十一日（11月11日）達到三多祝，四處前來投軍者2萬餘人，其中大多為三合會成員。當時，形勢對起義軍十分有利，但是，由於隊伍僅聚集於惠州一隅，加上孫中山從臺灣取得軍火的計畫失敗，使起義軍處於彈盡援絕的困境，結果，起義隊伍被迫解散，鄭士良等首領避往香港，惠州起義失敗。[44]

3. 壬寅（1902年）洪全福起義

　　清光緒二十八年除夕（1903年1月28日）在廣東發生了洪全福起義。起義表面上的領導人是洪全福，因此一般稱為「洪全福起義。」洪全福（1834－1904或1910）字其元，號春魁，是洪秀全三弟之子，廣東花縣人。幼年曾跟隨洪秀全參加太平天國起義，太平天國失敗後，逃亡香港，

---

[42]張友仁：〈庚子惠州三洲田起義訪問錄〉，載《辛亥革命回憶錄》（二），267頁，文史資料出版社，1981。

[43]張友仁：〈庚子惠州三洲田起義訪問錄〉，載《辛亥革命回憶錄》（二），278～279頁。

[44]馮自由：〈庚子惠州三洲田革命軍實錄〉，載《革命逸史》第五集，第17～20頁。

在外國輪船上充當廚師。他浪跡江湖多年，曾加入天地會。[45]這次起義的實際領導人乃是興中會的謝纘泰，而起義的經費則完全由興中會的李紀堂承擔。謝纘泰（1872－1937）字聖安，號康如，廣東開平人，1872年出生於澳大利亞新南威爾士的悉尼（舊譯雪犁）。其父謝日昌在澳洲經商數十年，「為三點會前輩，與太平天國天王洪秀全之從侄全福相善。」謝纘泰少年時期就「屬洪門黨籍，夙以反清復明為宗旨」。[46]1887年十五歲時回到國內，在香港皇仁書院結識了楊衢雲，並與之結拜弟兄。1899年冬，謝纘泰之父謝日昌與老友洪全福相遇，使纘泰也與洪全福相識，並聽聞洪全福講述「太平天國逸事及其在洪門會黨之潛勢力，」發現洪全福「曾在其叔父『太平天王』洪秀全的軍隊中受過良好的軍事訓練，有頗豐富的經驗」，[47]於是與父親商量，邀請洪全福參與廣州起義。洪全福也「喜躍異常，並言能召集洪門弟兄一致奮鬥，但需款極大，非五十萬元不可」。[48]當時革命黨人正苦於缺少經費，謝纘泰便於1900年夏介紹興中會的李紀堂與洪全福相識，共同籌畫起義之事。李紀堂（？──1943），廣東新會人，是香港富商李升的第三子，1900年加入興中會。其父去世後曾繼承了上百萬港幣的財產，他「性任俠，好與秘密會黨遊」，[49]表示願意承擔起義所需要的50萬元經費。[50]光緒二十七年九月二十三日（1901年11月3日）謝纘泰與李紀堂商量決定，把組織革命軍隊的任務交給洪全福，洪全福遂「召集粵港洪門弟兄克期大舉。」[51]並擬定國號為「大明順天國」，

[45]陳春生：〈壬寅洪全福廣州舉義記〉，載中國近代史資料叢刊《辛亥革命》（一）第315～316頁。

[46]《華僑革命史》下，第8頁，臺北，正中書局，1981年。

[47]謝纘泰：《中華民國革命秘史》。

[48]〈李紀堂〉，轉自劉強倫《洪全福起義始末》，載《史學月刊》，1984年6期。

[49]馮自由：〈李紀堂事略〉，載《革命逸史》（初集），92頁。

[50]馮自由：〈革命富人李紀堂〉，載《革命逸史》（三集），159頁。

[51]馮自由：〈李紀堂事略〉，載《革命逸史》（初集），93頁；《壬寅大明順天國失敗始末》，載《革命逸史》（四集），102頁。

把原來洪春魁的名字，改爲「洪全福」，「以示借洪秀全福蔭之意」。[52]
光緒二十八年（1902年）六月，在香港中環德忌笠街（D' Auilar Street）
設立革命機關，名曰「和記棧」，具體負責起義的籌畫工作。光緒二十九
年（1903年）末，洪全福通知謝纘泰，定於當年除夕趁清朝官員齊集萬
壽宮舉行慶典時，以縱火爲號，各路並起。約定首先炸毀萬壽宮，佔據
並焚毀火藥庫，奪取軍火，[53]然後分別佔據各個衙門，宣布共和政治。又
派遣人預約惠州會黨同時起義，以牽制清軍。[54]但到起義臨近時，預售槍
械的洋行商人爲了侵吞已經拿到的數十萬元定金，不僅不按期交貨，而且
向當局告密。清方立即通知香港警方，將「和記棧」的革命機關破獲，廣
州的革命機關也同時遭到破獲，數十人被捕，起義尚未舉行，即告夭折。
洪全福改裝易服從廣州逃往澳門。清朝當局在廣州的起義機關，查獲了幾
件重要文件，包括：〈大明順天國元年南粵興漢大將軍檄〉、〈大明順天
國元年南粵興漢大將安民告示〉、〈大明順天國元年南粵興漢大將軍申明
紀律告示〉、〈大明順天國元年南粵興漢大將軍重懸賞格告示〉、〈大明
順天國元年南粵興漢大將軍四言安民告示〉等，文件譴責清廷的壓榨剝
削，「外托仁慈，陰恣狼〔狠〕毒，藉口輕徭薄賦，肆意吸髓敲骨。」和
對漢人的歧視、壓迫，「凡我漢人一絲一粟皆重徵稅厘，而彼滿人依然飽
食暖衣，不耕不織。滿人則至愚極賤亦可居高位，漢人則奇才碩彥亦屈居
下僚。」這些檔案既體現了天地會傳統的「反清復明」思想，帶有濃厚的
天地會色彩，如國號稱爲「大明順天國」，提出「本將軍順天應人，弔民
伐罪，邀集豪傑之士，爰舉義旗，務滅滿清之政，重興漢室」。檔案也反
映了天地會在接受革命黨人引導後，出現的新思想，如提出「本將軍宗
旨，系專爲新造世界」，「行歐洲君民共主之政體。天下平後，即立定

---

[52]馮自由：〈壬寅大明順天國失敗始末〉，載《革命逸史》（四集），103頁。

[53]《軍機處收電檔》署理兩廣總督德壽電，光緒二十九二月三十日。

[54]馮自由：〈壬寅大明順天國失敗始末〉，載《革命逸史》（四集），103頁。

年限，由人民公舉賢能總統，以理國事。」[55]在由謝纘泰起草的〈獨立宣言〉中，更充分體現了西方資產階級民主政治的思想，其重要內容包括：「一、在公平統一的法律下，全國人民皆享有自由平等之權利；二、國家法律由全國人民選舉代表製成，並用明文規定之；三、政府官吏為人民之公僕，其執行法律須秉持公道，不得魚肉人民。次等官吏由國家給予豐厚之定額俸金，此外不得有受賄行為。官吏之任命，務宜用得其才，一概屏除私情與賄賂；四、人民有納稅的義務，惟稅額之徵收，須完全依照平等比例之原則。政府對於稅收之支配，須有合理的預算，不得任意濫用；」[56]這次起義雖然表面上打著舊式會黨的旗號，但是。從起義的宣言來看，則已經帶有資產階級民主革命的內容。

4. 丁未（光緒三十三年，1907年）潮州黃崗起義

潮州黃崗地處廣東省潮州府饒平縣境內，為閩粵交通之孔道，且係「為三點會最盛之區」[57]，有較好的群眾基礎。黃崗起義是同盟會成立後領導的第一次武裝起義，有大批天地會中人參加，為首者是余醜（余既成）、陳湧波、余通等，起義的直接領導人是許雪秋。

許雪秋（1875－1912）原名有若，原籍廣東潮州海陽（今潮安），其父為新加坡華僑鉅賈，是當地華人三合會中的重要人物。許雪秋自幼隨父親在新加坡經商時，便與三合會中人往來熟悉。回國後曾捐納道台銜，但他並不去做官，卻與洪門中人往來，被稱為「小孟嘗」。[58]1904年9月回

[55] 〈洪全福起義檔案〉，載中國近代史資料叢刊《辛亥革命》（一）322～327頁；《清代檔案史料叢編》，第一輯142～151頁，中華書局，1978。

[56] 該宣言原為英文，譯文見於王幸瑞〈清季輔仁文社與革命運動的關係〉，載於《史學雜誌》創刊號，重慶1945年版。本書轉引自袁鴻林〈興中會時期的孫楊兩派關係〉，載《紀念辛亥革命七十週年青年學術討論會論文選》，20頁，中華書局，1983年。

[57] 馮自由：〈丁未潮州黃崗革命實錄〉，載《革命逸史》（五集），88頁。

[58] 黃珍吾：《華僑與中國革命》，第103頁；楊天石：〈許雪秋〉，載《民國人物傳》，第二卷，33

國，在家鄉宏安鄉許氏舊居「寄雲深處」設壇立會，招人歃血拜盟，結拜三合會。1906年他加入同盟會，成為革命黨人，被孫中山委任為「中華國民軍東軍都督」，在廣東潮州、嘉應州一帶負責組織反清起義。

潮州黃崗一帶洪門的勢力較大，汀海人黃苞在這裡設有洪門組織，「入會者數逾數百」。當地的革命黨人余醜、陳湧波「以為革命運動首在得眾，洪門宗旨不外反清，與吾黨主義無殊，應聯絡以厚勢力。乃加入共同進行，分工任事。」[59]余醜號既成，廣東饒平縣黃崗人。他「少列洪門會籍，在會中資格最老」，「以反清復漢為己任」。他在廣東饒平與福建詔安一帶邀人拜會，使洪門的勢力得到進一步發展，並設立革命機關於挑水岸。許雪秋於1904至1905年「在潮梅各縣著手聯絡秘密會黨，知既成素負眾望，遂深相接納，引為左右手。」[60]陳湧波與余既成同鄉，也是黃崗人。他「性坦直，好技擊，膂力過人，屢與朋輩馳馬校獵，槍無虛發，潮州各縣會黨咸敬服之。」[61]余通字子明，也是黃崗人，「弱冠營商，開設泰興雜貨店於黃崗城之挑水岸，饒平各鄉鎮之洪門黨人咸假為東道主」。[62]1907年春，許雪秋在黃崗對起義做了布置，然後便親自到香港找到馮自由，並電告在日本的孫中山，請求派幹部回國協助起義。孫中山接電後立即派廖仲愷等人回國，協助許雪秋。許雪秋旋即返回汕頭，招集陳湧波等人開會，決定丁未（光緒三十三年）正月初七日（1907年2月19日）夜，趁當地官員不備之機舉行起義。屆期，因風雨大作，各鄉起義者集合不便，旋聚旋散。加之派往饒平調度之人膽怯心驚，未能實心任事，饒平首領又將約定四時出發，誤作十時出發，致使各路起義隊伍未能及時聯絡，不敢集中。等到天明，饒平一路隊伍仍未到達，福建詔安、漳浦、

頁中華書局，1980年。

[59]鄧慕韓：〈丁未黃崗舉義記〉，載中國近代史資料叢刊《辛亥革命》（二）541頁。

[60]馮自由：〈潮州黃崗革命軍將領列傳〉，載《革命逸史》（三集）258頁。

[61]馮自由：〈潮州黃崗革命軍將領列傳〉，載《革命逸史》（三集）264頁。

[62]馮自由：〈潮州黃崗革命軍將領列傳〉，載《革命逸史》（三集）266頁。

雲霄等臨近地方的起義隊伍已經來到，因無人調度指揮，亦先後散去。許雪秋在潮州等候多時，不見饒平等地起義隊伍前來，斷定情況有變，遂通知各地起義隊伍暫時解散，並親自赴香港向胡漢民報告事情的經過。又函告在日本的孫中山請示方略，孫中山立即覆函：「起義須潮、惠、欽、廉同時發動，以便牽制清軍，萬勿孟浪從事，以傷元氣。」[63]許雪秋接到命令，即留守於香港等候時機，內地之事委之陳蘭生，並令方漢成等在黃崗繼續為起義做好準備。同年陰曆二月中旬，許雪秋派人通知潮州地區革命黨人，定於三月初一日在海陽、揭陽、惠來、饒平、澄海等六縣同時舉義。陳湧波接到通知後，便前往汕頭領取款項及軍械火藥，並趕造旗幟數十面，旋因事機不密，為清吏偵知，將革命黨人二人逮捕。四月十九日，潮州鎮總兵黃金福率領兵丁前來查辦，革命黨人召集緊急會議商量對策，決定先發制人。四月十一日晚九時，起義軍整隊誓師，宣布軍法十條，分路進攻。守軍或死或逃，起義軍遂將黃崗攻佔，革命黨人在此建立軍政府，出示安民，社會秩序良好。當時香港《中國日報》報導說：「此次會黨起事，旗號大書革命軍字樣，又遍貼告示，內載明：遊手好閒者殺，強買強賣者殺，姦淫邪道者殺，吸食洋煙者殺，臨陣退縮者殺。尚有多款未詳，並令各生理如常交易云」。[64]洪門中人紛紛加入起義隊伍，「三合會來歸者，如水就下。」[65]清軍既失黃崗，便向兩廣總督周馥告急，周馥即令水師提督帶領八營清軍前去反攻。雙方在離黃崗20里之井洲地方展開激戰，後因清援軍趕到，革命黨人力漸不支，退回黃崗。原擬移師再攻潮州，後因軍餉不足，槍械缺乏，為了保存實力，決定解散起義隊伍，余既成等由海路逃往香港，黃崗重新落入清軍手中。

---

[63] 佚名：〈丁未潮州黃崗二役別記〉，載丘權政等編：《辛亥革命史料選輯》，284頁，湖南人民出版社，1981。

[64] 陳春生：〈丁未黃崗舉義記〉，《革命之宣導與發展》，轉引自金沖及、胡繩武《辛亥革命史稿》第二卷，第162頁。

[65] 鄒魯：《中國國民黨史稿》，第四編，列傳，許雪秋傳。

5. 丁未（光緒三十三年，1907年）惠州七女湖起義。

　　七女湖距離惠州府城約20里，是歸善縣著名的圩場，洪門勢力較強。這次起義是革命黨人鄧子瑜奉孫中山之命所發動，也是以洪門會黨爲基本群眾。鄧子瑜是廣東歸善人，「自少行俠好義，日與其鄉之秘密會黨遊，深得眾心，歸善、博羅、惠陽數邑之三點會豪俊咸昵就之」。[66]他向在香港、新加坡經營旅館業，「惠屬會黨之避地南洋者，咸奉之爲東道主。其友陳佐平、溫子純亦在開旅館，與內地會黨聲氣相通。」[67]鄧子瑜回到歸善之後，便派歸善、博羅兩地洪門首領陳純、林旺、孫穩等，集合洪門分子，令他們在歸善、博羅和龍門三處分路起義。他們宣稱隨處有清軍防營的槍械可用，故每處只需經費400元。陳純等潛入惠州後，因博羅、龍門兩處會黨不易會合，便在歸善縣七女湖集中了百餘人，於光緒三十三年於四月二十二日起義，[68]一舉奪得清軍防營的槍械，擊斃巡勇及水軍巡船哨弁多人。接著乘勝進攻泰尾，該處守軍「聞風而逃」，起義軍連克楊村、三達等墟。二十七日攻至柏塘，起義軍「殺其哨弁一名，盡繳其械」，「各處會黨紛紛來會，聲勢大振。」[69]起義軍在此發布的告示頗具洪門色彩，其文曰：「洋洋中國，蕩蕩中華，千邦進貢，萬國來朝。夷人占奪，此恨難消。招兵買馬，腳踏花橋。木楊起義，剿絕番苗。軍民人等，英雄盡招。正面天子，立轉明朝。」[70]

　　起義軍所向克捷，兩廣總督周馥大爲震驚，急令水師提督李準將原來準備派往黃崗的清軍改援惠州。七女湖起義雖然獲得小勝，但並未能實現孫中山關於惠、潮、欽、廉同時起義的總體計畫。加之惠州所屬之歸善、

---

[66]馮自由：〈惠州革命首領鄧子瑜〉，載《革命逸史》（四集）第173頁。

[67]馮自由：〈丁未惠州七女湖革命實錄〉，載《革命逸史》（五集）第100頁。

[68]劉蜀永：〈香港與辛亥革命運動〉，載《辛亥革命在各地》，第463～464頁。

[69]馮自由：〈丁未惠州七女湖革命實錄〉，載《革命逸史》（五集）第101頁。

[70]黃珍吾：《華僑與中國革命》，116－120頁，臺灣「國防研究院中國文化研究所」印行，1963年複製本。

龍門、博羅同時並舉的計畫亦受挫，故未能牽制各地的清軍，使之得以從容調動，彙集惠州。而接濟惠州起義的槍械亦因清方訪察嚴密而難以運抵，黃崗起義的失敗，也無法與之回應。在此情況下，起義的領導者不得已下令將槍械埋於地下，宣布起義軍解散，鄧子瑜等取道返回香港。[71]

四、天地會參加革命黨人領導的廣西起義

1907年初，同盟會在越南河內建立了籌畫在兩廣舉行武裝起義的總指揮部，計畫在潮州、惠州、欽廉和鎮南關四地同時起義。其中廣西欽廉和鎮南關的起義由孫中山和黃興親自領導，以便奪取南寧，建立軍政府，再北取桂林以出湖南，東取梧州以出廣東。因此，辛亥革命時期同盟會在廣西的起義，具有十分重要的意義。

1. 廉州[72]防城起義

光緒三十三年，革命黨人在廉州防城領導的起義，基本群眾也是洪門中人。廣東欽、廉兩州向來地瘠民貧，當地農民主要靠種植甘蔗爲生。光緒三十三年春，欽、廉兩州地方官員在原有賦稅之外，又加征糖捐，農民聚眾抗捐，兩廣總督周馥聞訊大驚，立派郭人漳帶領防軍前往鎮壓，導致抗捐首領被殺，群眾憤怒之餘，便派代表赴越南河內求救於革命黨人。孫中山見民心可用，便派黃興、胡毅生冒險進入清營，勸說清軍統領郭人漳、標統趙聲二人參加起義。二人表面答應，表示願意支持革命。孫中山又派王和順深入到欽、廉兩州的腹地，聯絡當地的三合會。王和順本人是洪門中人，在粵桂邊境一帶有較大勢力，被孫中山委任爲「中華國民軍南軍都督」。他來到該處後，在三那（即那黎、那彭、那思）收集抗捐武裝，負責指揮，並分派幹部由南寧至桂林各縣，及防城、欽

---

[71]馮自由：〈丁未惠州七女湖革命實錄〉，載馮自由：《革命逸史》（五集）第99～103頁。
[72]廉州在清末屬於廣東，今屬廣西壯族自治區。

州各地聯絡洪門成員，把他們編練成隊伍。又同三合會首領、宣化人梁植堂保持密切聯繫。不久，三那三合會首領梁建葵、梁少庭、劉顯明等「咸率眾來會」。王和順在三那雖然為起義做了充分準備，但一直未找到機會。後來得知清軍防城守軍連長劉輝廷等有反正之意，遂與之聯絡，並於同年七月二十七、八兩日，率洪門會眾200餘人，在防城北部的王崗山起義，兼程攻取防城。因為有劉輝廷等人充當內應，使起義軍一舉進城，殺死知縣宋漸元等人。[73]當天，王和順以「中華國民軍南軍都督」張德興的名義發布了〈告粵省同胞文〉、〈告海外同胞文〉和〈招降滿清將士布告〉等，一方面申明洪門的宗旨「反清復明」，同時強調接受孫中山「建立新國」的主張。文告提出「本都督少居父母之幫，長懷四海之志，與父母長者游，或聞亡國事實，扼吭悲憤，搏膺大呼」。「非摧廓震盪之，不足以成恢復之業。乃慷慨扶義而起，奮入洪門，奉其宗旨，以反清復明為職志。明指中國，清指韃虜，非為朱家盡忠，乃為中國戮力」。「及從孫文先生游，得與聞治國大本，始知民族主義雖足以復國，未足以強國；必兼樹國民主義，以自由、平等、博愛為根本，掃專制不平之政治，建民主立憲之政體，行土地國有之制度，使四萬萬人無一不得其所」。「本都督適於此時統率義師，誓當與我國民，披堅執銳，共冒矢石，以驅醜胡，以立新國」。[74]因為王和順起義時改名張德興，因此發布的告示署名「張都督」。[75]起義軍獲勝後決定乘勝進攻欽州府城，欽州邊防督辦郭人漳雖然表面上表示投向革命，答應在起義軍進攻時居中策應。但當起義軍到達時，郭人漳不僅未策應起義軍，而且還派兵與守城清軍對起義軍進行夾

---

[73] 馮自由：《革命逸史》（五集）第106～107頁。亦說起義軍僅將宋俘獲，宋為立功自贖，曾自願扮作解犯，以助攻欽州。見鄧慕韓：〈書丁未防城革命軍事〉，載中國近代史資料叢刊《辛亥革命》（二）第546頁。

[74] 〈防城起義文告〉，轉引自金沖及、胡繩武：《辛亥革命史稿》第二卷，第167～168頁。

[75] 唐頌南：〈我參加欽防兩次起義的回憶〉，載《辛亥革命回憶錄》（七）第169～171頁；馮自由：〈丁未欽州防城革命實錄〉，載《革命逸史》（五集），106頁。

攻，甚至還揚言「橫直鏟十塘路」，即要在十塘（約合百里）之內逢人就殺。[76]起義軍腹背受敵，加上軍需糧餉困難，堅持到九月中旬，被迫退入粵桂邊境的山區。[77]

2.鎮南關起義

　　光緒三十三年革命黨人在發動的欽廉、防城起義失敗後，孫中山決定以廣西鎮南關（今友誼關）爲突破口，進而奪取南寧，出師長江。孫中山認爲：「南寧爲廣西之中心，得南寧則北取桂林，以出湖南；東取梧州，以出廣東，革命之基礎可固」。「虜兵既破，南寧既得，則兩廣指日可定。有兩廣以爲根本，治軍北上，長江南北及黃河南北諸同志必齊回應」。[78]說明孫中山對奪取鎮南關一事非常重視。

　　鎮南關是廣西南面的關口，扼中國與越南兩國的要衝，地勢險要，四周設有炮臺，沿線佈滿防禦工事，且有號稱邊軍精銳的陸榮廷「榮軍」在此駐守，因此奪取鎮南關對革命軍具有重要意義。奪取鎮南關的具體計畫是由黃興直接策劃與領導的，由原廣西天地會首領黃明堂、王和順、梁蘭泉、關仁甫等具體執行的。黃明堂等人在廣西與越南交界地帶活動多年，對當地情況十分熟悉，加之在鎮南關的守軍官兵中，也多有受招安的原天地會武裝人員，因而便於進行策反與秘密聯絡工作。還有一個名叫何伍的武術教練，本人是三點會中人，手下的徒弟很多，而且在中越邊境地區很有名。[79]大家商定由梁蘭泉負責勸說鎮南關炮臺的兩哨清營官兵參加起義。梁蘭泉原來是清軍的管帶，久駐邊關，與清軍駐軍軍官熟識，遂招集流浪在越南的會黨成員七八十人，於8月初企圖越境進入內地。旋爲清朝官員發覺，並密告法國官員，稱係劫盜，遂被法方捕獲，後雖因審實係革

[76]唐頌南：〈我參加欽防兩次起義的回憶〉，載《辛亥革命回憶錄》（七）第171頁。

[77]馮自由：〈丁末欽州防城革命實錄〉，載《革命逸史》（五集）第104～109頁。

[78]《孫中山全集》，第一卷，第346—347頁。

[79]鄭惠琪等口述：〈鎮南關起義見聞〉，載辛亥革命回憶錄》（二）第430～431頁。

命軍而獲釋，但仍被迫離開越南。關仁甫因與駐守鎮南關的清營哨長黃瑞仰相好，遂派遣心腹秘勸其參加起義，黃亦應允屆時相機行事。憑祥的土司李佑卿乃天地會中人，且與革命黨人早有聯繫，王和順遂親自前往，與之商討奪取鎮南關炮臺之事。

奪取鎮南關的計畫商定後，孫中山任命王和順爲南軍都督，負責鎮南關起義之事。王和順考慮到他本人在防城起義時，陸榮廷曾同他作對，二人結下深仇。而此次鎮南關起義，革命黨人正在爭取陸榮廷反正，如果自己擔任此職，恐對爭取陸榮廷不利，遂向孫中山懇請辭去此職。孫中山感到王和順的意見有道理，遂改任黃明堂、李佑卿擔任南軍正副都督，王和順爲「中華民國前軍第一司令」，負責襲擊平而、水口二關及考利隘之責，作爲聲援。[80]

黃明堂（1870—1939）字德新，出生在廣東欽縣（今廣西欽州）大寺米厘村的農民家庭，壯族。1906年廣東欽縣三那人民反抗當局開徵糖捐的首領劉思裕犧牲後，黃明堂作爲當地三合會的文牘，積極領導當地人民反抗土豪劣紳和官府的鬥爭。後來被迫流亡越南，加入洪門，[81]出沒於中越邊境地區，特別是鎮南關那模村一帶與清兵相抗。在接受革命黨人引導後加入同盟會，[82]於1907年10月被孫中山委任爲「中華革命軍鎮南關都督」，計畫奪取鎮南關。但是，鎮南關是中越邊境的要塞，附近山頂建有炮臺，均爲大石砌成，山路陡峭，易守難攻。清軍在此駐有兵1千餘人，革命黨人要從越南方面奪取鎮南關實非易事，因而採取勸說清軍官兵反正，投向革命的策略，用內應外和的辦法奪取之。當時鎮守南炮臺的哨長李福南原來是會黨首領梁蘭泉的部屬，梁在加入同盟會後，李已經投向革

---

80 梁烈亞：〈鎮南關起義的回憶〉，載廣東文史資料《孫中山與辛亥革命史料專輯》第6～7頁；馮自由：〈丁未廣西鎮南關革命實錄〉，載《革命逸史》（五集）第119～122頁。

81 邢鳳麟：〈黃明堂〉，載《中華民國史資料叢書》，《民國人物傳》，第五卷，第47頁，中華書局，1986年。

82 江舉整理：〈黃明堂傳略〉，載廣東文史資料《孫中山與辛亥革命專輯》，第213～214頁。

命方面，而且在臨近起義時又得知鎮守北炮臺的姚子安已經決定於光緒三十三年十月二十六日起義。李福南遂派人前往越南境內與黃明堂、李佑卿等人聯絡，約定二十六日同上炮臺。二十五日下午四時許，李福南、梁蘭泉等人先上炮臺做好準備，黃明堂、李佑卿、關仁甫等如約率領在越南境內的革命黨人及其他革命分子，總共500多人進入中國國境。在到達炮臺附近時，受到李福南等人的歡迎。二十五日午夜過後，便先後佔領了鎮南關的北、中、南三座炮臺。孫中山在越南河內接到黃明堂等人關於勝利奪取鎮南關的消息，於二十七日早同黃興等20餘人起程入關，同日下午來到炮臺，受到起義者的熱烈歡迎。

清朝當局得知鎮南關已經落入革命黨人之手，立即電令兩廣總督張人駿、廣西巡撫張鳴岐，限令左江道總兵龍濟光、參將陸榮廷儘快把炮臺奪回，「倘有遷延退縮者，立按軍法懲治」，並將張鳴岐「先行交部議處」。[83]陸榮廷遂於二十八日夜晚，親自督戰攻打炮臺，結果大敗，龍濟光率兵欲與之會合也被擊敗。龍、陸兩次慘敗，擔心延誤清廷限令，遂搜集殘部及增援隊伍共5千餘人，將炮臺三面包圍，並用大炮、扒槍密集攻擊。革命軍則予以還擊，擊斃清軍400餘人。經過7天的激戰，革命軍因糧食、飲水告罄，於11月初五日（12月9日）撤離鎮南關退回越南境內。[84]

鎮南關起義是辛亥革命時期革命黨人發動的一次重要武裝鬥爭，而起義的具體領導人則大多是革命黨人委任的會黨中人。如鎮南關都督黃明堂、副司令李佑卿、支部長何伍等。作為襲擊鎮南關戰役的主力一百餘名士兵，基本上是會黨或遊勇。參與這次戰役的，還有欽廉防城起義失敗後退入十萬大山的2,000餘人，也屬三合會的武裝。[85]

---

[83]《軍機處電寄檔》光緒三十三年十一月初三日。

[84] 梁烈亞：〈鎮南關起義的回憶〉，載廣東文史資料《孫中山與辛亥革命史料專輯》，第8～13頁；
　　馮自由：〈丁末廣西鎮南關革命實錄〉，載《革命逸史》（五集）第120～127頁。

[85] 譚永年：《辛亥革命回憶錄》（二），第85頁，臺北文海出版社，1976年。

3. 欽廉上思起義

鎮南關起義失敗後，孫中山在越南法國當局的逼迫下，於1908年3月前往新加坡。臨行時布置黃興在欽廉地區再次發動起義，並令王和順、黃明堂赴雲南河口發難以資策應。孫中山與黃興「以欽廉會黨之勇氣可用，決由克強統領鎮南關及十萬大山餘眾親入欽州」[86]。其後，黃興又與王和順、黃明堂、關仁輔等會黨首領在越南的同登開會，命令潛伏在十萬大山的會黨武裝分別攻打靈山和欽州。[87]3月27日，黃興率領黎仲實、梁少廷、梁瑞陽、靳岐山等會黨首領及越南華僑青年200餘人，以「中華國民軍南路軍」的名義，繞道越南，進攻欽州。3月29日行至小峰地方，清軍30餘人誤以為是統領郭人漳的隊伍而出迎，結果被革命軍殺死5人，逃走3人，其餘皆降。4月2日，革命軍又在馬篤山擊潰清軍三營，繳獲槍彈甚多，聲勢日盛，隊伍已聚至600餘人。正準備取道那樓、大錄等處，向廣西邊境進攻，不幸遭到郭人漳、王有宏等所率3,000清兵的包圍。黃興率敢死隊夜襲清軍營房，大獲全勝。起義軍在欽廉上思一帶苦戰40餘天，終因敵軍實力強大，加上幫會分子難以軍法約束，甚至殺人越貨，得不到百姓的歡迎而被迫解散，起義失敗。

---

[86] 馮自由：〈戊申欽州上思革命軍實錄〉，載《革命逸史》（五集）第128頁。
[87] 譚永年：《辛亥革命回憶錄》（二）第115頁。

第二十二章

海外洪門與辛亥
革命

孫中山先生曾有過一句名言：「華僑爲革命之母」，以表彰華僑對辛亥革命的支持。由於華僑中十之八九皆係洪門成員，故華僑在辛亥革命中的貢獻，在很大程度上是由海外洪門做出的，因此，海外洪門在辛亥革命中功不可沒。

一、孫中山在革命初期受到海外洪門的熱情幫助

在孫中山先生的革命生涯中，曾遍遊經世界各地，深知海外洪門與海外華人、華僑的密切關係。爲此，他不惜花費大量的時間和精力用來開展海外洪門的工作，並取得了重要的成果。早在1894年興中會創立時，孫中山就得到了海外洪門成員鄧蔭南等人的大力支持和幫助，興中會初期的成員，大多是洪門分子。孫中山爲了「糾合海外華僑，以收臂助」，曾三次赴美，向華僑宣傳革命，以取得華僑在經濟上對革命的資助。光緒二十二年（1896年）孫中山第一次赴美時，因未能得到洪門致公堂的幫助，收效不大。孫中山回憶當時情況時說：「美洲華僑之風氣閉塞，較檀島尤甚。故予由太平洋東岸之三藩市登陸，橫過美洲大陸，至大西洋西岸之紐約市，沿途所過多處，或留數日，或數十日，所至皆說以祖國危亡，清政腐敗，非從民族根本改革，無以救亡，而改革之任，人人有責。然而勸者諄諄，聽者終歸藐藐，其歡迎革命主義者，每埠不過數人或數十人而已。」[1]僅在三藩市結識何柏如、唐瓊昌及基督徒陳翰芬等數人。[2]孫中山從這次實踐中認識到，鑒於美洲華僑中，十之八九皆列籍洪門，故欲收革命宣傳之實效，必借助洪門之幫助。而洪門之門戶之見甚深，若非加入其中，皆被視爲「倥子」、「風仔」，不可能給予幫助。故於1904年第二次赴美途經檀香山時，便接受其母舅、檀香山洪門人士楊文柄與胞兄孫德彰之建議，親自加入洪門。其母舅對他說：「洪門習慣非曾歃血拜盟者，

---

1 孫中山：〈革命原起〉，載中國近代史資料叢刊《辛亥革命》（一）第5～6頁。

2 馮自由：《革命逸史》（初集）第138頁。

不得認為手足，故為聯絡多數同志起見，宜即列籍洪門，以厚黨勢。」光緒二十九年十一月二十四日（1904年1月11日），檀香山致公堂組織「國安會館」為孫中山入閣舉行了開台演戲即入閣儀式。入閣儀式由代香主江主璋、先鋒陳元發主持。隨後孫中山親自在五祖像前發36誓，願遵守洪門21條例，10條禁。主盟人封其為「洪棍」，洪棍係洪門首領中執法者的職務，並在致公堂名冊上記寫：「香邑孫逸仙領票鐘國柱保」，自此，洪門中人皆孫中山為「孫大哥」。當時與孫中山一道加入者有六十多人，孫中山加入洪門的會員名冊尚保存在檀香山。[3]因「洪門例稱曾起兵討清之首領曰大哥，故此後洪門中人便尊孫中山為「孫大哥」。[4]從此，孫中山便與洪門建立起更為密切的關係。1905年中國同盟會在日本東京成立，而在其盟書中使用了「天運」的年號。為什麼使用「天運」作為年號呢？孫中山舉出兩點理由：「一、語云：胡人無百年之運。滿族佔據華夏將300年，其運祚亦已告終，此後即為漢族中興之運。天運二字即漢興滿亡之表示，其意義極為深長；二、明亡後，中國各秘密會黨如天地、哥老、三合諸會，均沿用此年號，由來已久，吾黨用之可以吸收全國各秘密會黨為我所用。」所以，馮自由認為「天運二字實為洪門歷代人士所用之傳統年號，同盟會特襲用之耳！」[5]孫中山在到達美國後，便得到了致公堂的大力支持與幫助。1904年3月，孫中山抵達美國三藩市後，保皇會為了阻撓孫中山的革命活動，串通美國移民局官員，誣稱孫中山的護照是偽造，而將他囚禁於碼頭的小木屋。[6]全美致公堂的首領黃三德聞訊後立即組織

3　帥學富：《清洪述源》第117頁，臺北朝陽印刷有限公司，1962年。

4　馮自由：《革命逸史》（初集）第147頁。

5　馮自由：《革命逸史》（三）第202～203頁。

6　孫中山當時所持確為美國護照，因為他幼年時曾在夏威夷居住，會說夏威夷式的英語，在夏威夷成為美國殖民地後，即以生長於夏威夷的名義取得美國公民權，獲得美國護照。孫中山第一次赴美時，正值美國瘋狂排華之際，因此對孫中山的美國護照產生懷疑。或曰保皇黨之告密所致。見唐德剛《晚清七十年》（5）第198頁。

營救。他與致公堂英文秘書兼《大同日報》總經理唐瓊昌等人，以5000美金，[7]將孫中山保出，又延請律師同華盛頓有關當局交涉，終於使孫中山得以脫險。孫中山獲釋後，受到致公堂黃三德等人的熱情接待，讓孫中山在致公堂堂址下榻。[8]

東南亞的洪門組織說明同盟會在各地建立分會。同盟會成立後，孫中山立即著手準備在東南亞各地建立分會。同盟會新加坡分會在很大程度就是依靠洪門的努力才建立起來的。1906年4月6日，新加坡的革命者趁孫中山的到來，建立了同盟會新加坡分會。分會創立者有陳楚楠、張永福、林義順、尤列、黃耀庭、許子麟、李竹癡、林鏡秋、蕭百川、劉鴻石、蔣玉田、吳業琛、何心田、林航葦等十四人。[9]同盟會分會的負責人全是洪門會黨成員，在同盟會新加坡分會的400名成員當中，骨幹成員就有21人是洪門成員，他們是：尤列、許雪秋、鄧子瑜、余通（子明）、黃耀廷、余醜（既成）、陳湧波、黃獻臣（乃裳）林受之（喜尊）、蕭竹漪（奕華）、吳金銘（一鳴）、吳金彪、林希俠、陳著生、李子偉、李子偉、陳連才（楚楠）、張永福、康前田、林義順（蔚華、發初）、陳嘉庚、劉凌滄（焦餘）等。[10]陳楚楠和林義順還到檳榔嶼組建同盟會分會，到曼谷發動會黨人士參加同盟會，因此曼谷的同盟會分會也有不少是洪門中人。

1902到1903年，孫中山利用應邀在越南河內參觀河內博覽會的機會，在當地華僑、華人中間宣傳革命，建立興中會分會。由於越南有不少從廣西來此謀生的下層群眾，爲了生存而加入了會黨組織。僑居越南的華僑、華人中「從事體力勞動的僑胞，十之八九都參加了（洪門三合會）這種秘密結社」。「安南（即越南——作者）各處有洪門，堂號二十有八。總理

---

[7] 5,000美金疑係500美金之誤，見馮自由《革命逸史》（二）第108頁。

[8] 馮自由：《革命逸史》（六）第41頁。

[9] （澳）顏清湟著，李恩涵譯：《星馬華人與辛亥革命》，臺灣聯經出版社，1982。

[10] 黃建淳：《晚清新馬華僑對國家認同之研究》，第106—110頁（台）「中華民國海外華人研究會」出版，1993年。

乃爲之聯爲一氣，使其爲本黨信徒。」[11]不過，當地三合會堂口林立，互不團結，甚至發生械鬥。孫中山在河內便「召集各幫三合會的堂口首腦開會」，鼓勵他們團結一致，參加革命。「對洪門各首腦說：中國人都是同胞兄弟，大家都因爲在國內爲生活所迫，才遠涉重洋來安南謀生。彼此都在安南飽受外國人壓迫，應該團結互助。兄弟鬩牆，只會被外人恥笑，對彼此都無好處。洪門的宗旨在反清復明，革命就要推翻清朝，希望洪門兄弟同心同德，支持革命。」[12]經過孫中山的調解，該處三三合開始團結起來，許多人加入了同盟會，並參加了中越邊界的幾次反清起義。

　　暹羅（即泰國）華僑中也有不少會黨成員，其中一位有影響的人物叫鄭智勇。他從越南來到暹羅時，持有法國國籍的護照，在暹享受治外法權。據此，他在曼谷事業發展順利，成爲華僑會黨首領，並獲得暹王的寵信而封官授爵。1908年冬，孫中山第二次蒞暹組建同盟會，並在僑眾中發表演講宣傳，鼓動革命，揭露保皇黨阻撓革命的活動。接受保皇思想的鄭智勇聽了孫中山的演說後，茅塞頓開，深受感染。第二天，孫中山親自登門拜訪鄭，兩人促膝長談。孫中山的雄才大略及革命的理想信念，振興中華的遠大抱負，喚醒了鄭沉積在心底的愛國意識，使他對孫中山很敬佩，從此兩人結爲摯友。分手時鄭智勇對孫中山表示：「你可去運動革命，要銀我可秘密幫助。」[13]後來，鄭智勇暗中拿出大量金錢資助孫中山革命。孫中山對南洋會黨的爭取，主要精力是發動他們支持和參加反清武裝起義方面。興中會時期，孫中山親自發動或在他影響下爆發的三次反清起義，都爭取到了海外洪門會黨的大力支持。1895年初，孫中山回國策劃第一次廣州起義，檀香山洪門成員鄧蔭南等七八人隨其回國參加起義。1900

[11]鄒魯：《中國國民黨史稿》，臺灣商務印書館 1976年第3 版，第73、36 頁。

[12]中國人民政治協商會議廣東省委員會文史資料研究委編：《孫中山與辛亥革命史料專輯》28 頁，（廣東文史資料專輯）廣東人民出版社，1981年3月。

[13]黃珍吾：《華僑與中國革命》，臺灣國際研究院1963 年版，第221 頁。

年秋，鄭士良發動惠州三洲田起義，新加坡會黨首領鄭子瑜「為主謀盡力
之人」。起義主要領導人之一黃福，「在三合會領袖中最得人望，他和鄭
士良甚相得，其時正在南洋婆羅洲謀生」。「他一回來，各處堂號的草
鞋都會圍集攏來。只要黃福發一個命令，真是如響斯應，無不唯唯照辦
的。」[14]

二、美洲洪門致公堂接受同盟會綱領並且與同盟會合併

孫中山在美國期間感到，美洲洪門致公堂雖然人數眾多，但是，團體
渙散，加之受到保皇會之影響，很難為革命服務，因而徵得致公堂領導同
意後，提出致公堂成員重新註冊，並親自對致公堂章程加以修訂。修訂後
的致公堂章程中，已加進了革命黨人的綱領，其主要內容有：

1. 本堂名曰致公總堂，設在金山大埠，支堂分設各埠，前有名目不同
   者，今概改正，名曰致公堂以昭劃一。
2. 本堂以驅除韃虜，恢復中華，創立民國，平均地權為宗旨。
3. 本堂以協力助成祖國同志施行宗旨為目的。
4. 凡國人所立各會黨，其宗旨與本堂相同者，本堂將認作益友，互相提
   攜。其宗旨與本堂相反者，本堂當視為公敵，不得附和。
5. 凡各埠堂友須一律註冊，報告於大埠總堂，方能享受總堂一切之權
   利。[15]

致公堂在接受革命黨的綱領後，已經開始從舊式會黨向具有民主革命
性質的社團轉化，這是革命黨人改造舊式會黨的一個典範。不過，由於洪
門內部派系林立，不少人仍未識破保皇會的真面目，有些人也不明白革命

---

[14] 陳少白：〈興中會革命史要〉，載中國近代史資料叢刊《辛亥革命》（一）第67頁，上海人民出版
社，1955年版。

[15] 馮自由：《革命逸史》（初集）第147～150頁；近代史資料專刊《華僑與辛亥革命》，中國社會科
學出版社1981年版，第45頁。

之大趨勢，因而使致公堂重新註冊一事，未能收到預期的效果。

　　為了進一步爭取海外洪門參加反清革命，為國內武裝起義籌措經費，孫中山又於1911年5月第三次赴美。在三藩市同致公堂大佬黃三德協商後，決定將美洲致公堂與同盟會合併。凡未曾加入同盟會的致公堂成員，一律加入同盟會；凡未入致公堂的同盟會會員，也均加入致公堂。經過合併，使具有革命思想的同盟會會員加入致公堂，為致公堂輸入了新鮮血液，為洪門籌餉局的建立，打下了基礎。而致公堂成員加入同盟會後，則更直接受到革命思想的薰陶，許多人從此走上了革命的道路。

　　經過雙方協商，同盟會在《少年中國晨報》上刊出布告。

同盟會布告

　　洪門為中國提倡排滿革命之元祖，而大埠致公總堂之改良新章，更與本會三民主義相合。原可互相提攜，共圖進取。惟洪門內含有秘密性質，而本會會員尚多未入洪門者，故不免窒礙。今得孫總理駕抵金山，主張聯合，致公總堂開特別會，以招納本會會員之未加入洪門者，本會集議全體贊成，特此布告各埠會員，一體遵照，以成大群，合大力而圖光復之大業，是為厚望。

　　天運辛亥年五月二十二日，三藩市中國同盟會啟。

　　致公堂則在《大同日報》上刊登啟事：

致公總堂布告

　　孫文大哥痛祖國沉淪，抱革命真理，遍遊五洲，駕抵金山，與眾兄聚集，倡議與同盟會聯合，結大團結，匡扶革命事業。同盟會員熱心祖國，全體會議，其未進洪門者，一律入闈，聯成一氣。本總堂叔父、大佬、義兄弟備極歡迎，開特別招賢之禮，以示優遇。盡釋從前門戶之分別，冀贊將來光復偉業，掃虜廷專制惡毒，復漢家自由幸福。仰我洪門人士一體知悉：須知招納天下英才，乃本總堂之主義。特此布告，統為鑒照。

天運辛亥五月二十二日，美洲大埠致公總堂啓。[16]

如此，美洲洪門致公堂便與同盟會在形式上同一了，這對於洪門參加反清革命具有重要的意義，洪門籌餉局的設立，便是很好的證明。

三、洪門致公堂組織籌餉局爲國內武裝起義籌集軍餉

在同盟會與致公堂合併後，孫中山又向致公堂提議建立洪門籌餉局，爲國內武裝起義籌集軍餉，對外則用「國民救濟局」之名稱。他在洪門籌餉局緣起中寫道：「內地同胞久在苛政之下，橫徵暴斂剝皮及骨，遂至民窮財盡，故無從以集資財，而爲萬金之布置也。故輸財助餉，以補助內地同胞之所不逮，實爲我海外華僑之責任，義不能辭也。內地同胞捨命，海外同胞出財，各盡所長，互相爲用，則革命之成，可指日而定也。我洪門創設於美洲，已數十年矣，本爲合大群出大力，以待時機而圖光復也，所謂反清復明者也。今時機已至，風雲亦急，失此不圖，則瓜分之禍立見矣，」[17]洪門籌餉局成立後，致公堂總部立即派員赴美國各地進行演說，動員洪門成員爲革命捐款，同時發布籌餉告示，內稱：「本總堂首次提倡籌餉，爲空前之偉舉。我洪門人士，雖羈身海外，而二百六十餘年亡國之慘痛，刻不去懷。今者風雲急矣，時機熟矣，籌餉之議，全體贊成，同肩責任矣！現經印就捐冊，寄呈各埠，復派演說員兩隊。孫文大哥、黃芸蘇君爲一隊，周流美國之北；張藹蘊君、趙昱君爲一隊，周流美國之南。分途遍游全美，演說勸捐，發揮本堂宗旨，務達實行目的。該員等所到各埠，凡我同志，務祈優禮歡迎，並望各埠職員、叔父，鼓勵同胞，慷慨捐助，鉅資彙集，大舉義旗，十代之仇，指日可復。不特洪門之光，抑亦漢族之幸矣。」[18]

---

[16] 馮自由：《革命逸史》（初集）第157頁；近代史資料專刊《華僑與辛亥革命》，第304～306頁。
[17] 中國近代史資料叢刊《辛亥革命》（二）第90～91頁。
[18] 馮自由：《革命逸史》（初集）第162頁。

經過致公堂總堂與洪門籌餉局的努力，僅僅在五個月的時間內，便籌集到144,130餘元，有力地支援了國內的革命事業。[19]在洪門籌餉局存在期間，共捐得美金40多萬元。[20]辛亥革命期間，歷次起義中所需購買槍支、彈藥的經費，起義士兵的軍餉，革命組織的活動費，創辦報刊等宣傳費，以及孫中山、黃興等革命領袖奔走各地的車旅費和生活費，絕大部分是海外華僑所捐贈。兩次參與廣州之役和惠州起義的洪門志士鄧蔭南，把他在檀香山的商店、農場全部出賣，用來充當起義的經費。在東南亞，新加坡洪門人士張永福不僅為革命黨人在海外的革命宣傳投入大量資金，而且為革命黨人在兩廣發動的歷次武裝起義提供經費，僅1911年廣州起義他就捐資10萬餘元。[21]。泰國會黨首領「二豐哥」鄭智勇聽到孫中山在曼谷公開演說後，又與孫中山促膝長談，深受感染，決定出資支持國內革命，民國成立後，鄭智勇一次就獻銀5萬元給南京中央政府。

在美洲洪門致公堂為革命籌款的過程中，加拿大洪門致公堂的事蹟尤為感人。1911年初，孫中山抵達加拿大的溫哥華，受到當地華人的熱烈歡迎。孫中山在華人大戲院連續演講四天，聽眾極為踴躍，盛況空前。為了支援國內革命事業，溫哥華致公堂「以應祖國大舉」，捐港幣一萬元。維多利亞致公堂鑒於洪門人士多為下層勞動者，難出多資，遂有洪門成員提出：「孫大哥現接香港急電，廣東起義在即，急需軍餉。吾等有心協助，緩不濟急。本堂現有樓房可以抵押現款，似宜向銀行借若干，電匯濟急。」[22]加拿大致公堂總堂盟長馬延元便召集會議進行討論，結果，與會者一致同意將維多利亞致公堂的公產抵押給銀行，所得三萬元全部用來支援國內革命。消息一經傳出，溫哥華、多倫多的致公堂也相繼效法，將其

[19]廖平子：〈孫總理三度游美事略〉，載《辛亥革命史料選集》（上）第364～365頁，湖南人民出版社1981年。

[20]劉伯驥：《美國華僑史（1848—1911）》第440～442頁，臺灣黎明文化實業公司，1981年。

[21]林遠輝、張應龍：《新加坡馬來西亞華僑史》第291頁，廣東高等教育出版社，1991年。

[22]馮自由：《革命逸史》（三集）第326頁。

公產抵押，各得一萬元，大多捐助革命。加上美國檀香山、三藩市、紐約、芝加哥、波士頓等地華僑與洪門的捐款，總數達99,000餘元。[23]據溫雄飛回憶，「致公堂方面熱心於變產助餉的工作，當推唐瓊昌、黃三德二人。」他估計「黃花崗一役之後，香港總機關統籌部出納科科長李雲海的統計，海外各地捐款，共收到十五萬七千二百十三元，其中美洲僑胞捐款有七萬七千元之多。」[24]

四、回國參加反清武裝起義

　　為了推翻清王朝的專制統治，革命黨人從1895年到1911年的16年當中，策劃和發動了多次武裝起義，在歷次起義當中，每一次都有海外洪門志士回國參加，有時還是起義軍的領導者和骨幹。

　　1895年廣州之役，有海外洪門成員鄧蔭南、謝纘泰等參與領導。1900年10月的惠州起義，領導人是新加坡洪門人士鄧子瑜和婆羅洲「三合會領袖」黃福。1902年廣州起義，更是以海外洪門首領洪全福的名字載於史冊。1907年潮洲黃岡起義，從一開始就是由洪門人士黃乃裳、林受之、許雪秋等所組織和領導的，許雪秋還在這次起義中被委任為「中華國民軍東都督」。這次起義的特點之一是「實際參與是役之籌畫或捐助者，幾乎全為新加坡潮州幫華僑，如許雪秋、陳湧波、林希俠、劉淩滄（焦余）、張永福、林義順、林受之、陳楚楠等，他們都是新加坡同盟會會員，兼具潮州黃崗三合會或三點會會員的雙重身份者」。[25]而且，參加起義的士兵也多為會黨分子。同年發動的惠州七女湖起義，也是由與當地三合會有密切關係的惠州人進行策劃，參加起義者除本地三合會分子外，還有許多新加坡秘密會黨成員參加，其中以黃亞聰部會黨最多，甚至還頒發了頗具天地

---

[23] 俞雲波：〈美洲致公堂與辛亥革命〉，載《辛亥革命與華僑》，人民出版社1982年版，第67頁。

[24] 溫雄飛：〈回憶辛亥革命前中國同盟會在美國成立的經過〉，載《廣東文史資料》第25輯。

[25] 黃建淳：《晚清新馬華僑對國家認同之研究》第195－196頁，中華民國海外華人研究會出版，1993年。

會色彩、以「兵馬大元帥黃」名義的告示。[26]1908年3月欽廉上思起義的主要力量，便是以海外洪門為主力的短槍隊200多人。在1907年12月的鎮南關起義和1908年4月的雲南河口起義中，越南洪門成員也有不少參加了起義的隊伍。1911年4月27日的黃花崗之役，僅從新加坡、檳榔嶼回國的華僑就不下500人，越南華僑還組織了以石錦泉為首組織了敢死隊。在起義中犧牲和被捕之後就義的86人中，海外華僑就占了三分之一左右。其中有許多是洪門中人，現在已經查明的七十二烈士中，洪門人士李雁南，原籍廣東開平，因參加三合會遭清吏迫害而逃亡南洋謀生。後得到革命黨人的引見，見到孫中山先生並加入同盟會。1911年春，得知廣州將有起義，且聞知南洋各地已有人赴香港待命，乃攜帶妻小回國，參加廣州起義，跟隨黃興攻打兩廣總督衙署，不幸中彈負傷被俘。審訊時他「慷慨陳詞，說中國要有救，必須革命，必須推倒滿清，祇恨身中兩槍，不能再戰，今日被捕，且求速死。」清吏下令將他槍決，他泰然走赴刑場。並厲聲告訴行刑士兵曰：「可用槍從口內射擊」，即張大口飲彈犧牲，「清吏兵警為之駭然」。[27]

　　1911年，美洲洪門總會專門對清朝官員發出檄文，敦促其棄暗投明：「我洪門人士決然奮興，與少年志士聯合為一，誓即掃滅胡塵，廓清華夏。凡殘殺同胞，為虎作倀之輩如爾者，悉將不容。今姑念爾等生於退化黑暗之國，仕於野蠻專職之朝，未睹文明之治。不忍不教而誅，特開爾等自新之路，限於接到此檄之日，三月內率爾不下反正，為國民軍之先驅，掃除胡虜，光復中華，以為抵罪。否則決以爾等野蠻之法，還治爾等野蠻之人。」[28]

[26]黃珍吾：《華僑與中國革命》，臺灣國防研究院印行，第117頁，1963年。

[27]黃珍吾：《華僑與中國革命》，第184頁。

[28]李准文：〈美洲洪門總會檄張鳴岐〉，1911年下，載黃新等編：《孫中山藏檔選編》，第43頁，中華書局，1986年

　　總之，辛亥革命時期，海外洪門不僅在經濟方面給祖國革命以巨大的支持和幫助，而且許多洪門人士不遠萬里回到國內親身參加推翻清王朝的武裝起義，為結束中國數千年君主專制的統治，立下了不朽的功勳，他們的英勇事蹟，將永垂青史。

中篇　哥老會及其他會黨

第二十三章

哥老會的起源

一、有關哥老會起源諸說

　　哥老會的起源也如同天地會起源問題，在學術界存在諸多分歧。究其原因，一是哥老會作爲下層民眾組織，創始人大多缺少文化知識，不可能留下創立的文字資料。二是哥老會作爲秘密結社，創始人也不可能把該組織創立的眞實情況形成文字在會內廣泛流傳。更重要的是辛亥革命時期革命黨人出於當時政治鬥爭的需要，爲了聯絡天地會和哥老會，把二者說成同出一源，是清初鄭成功爲了「反清復明」而創立的。此說對後來學術界影響頗深。清末民初，由於青幫、洪門與哥老會三大會黨相互滲透與融合，一些會黨中人也大力宣揚洪門、漢留（哥老會）源出一家之說，並得到學術界一些人的認同，使哥老會的起源成爲一個難解之謎。迄今有關哥老會起源的說法，大體上有兩種，即鄭成功創立說和嘓嚕演化說。

1.鄭成功創立說

　　哥老會由鄭成功創立之說，主要是辛亥革命時期革命黨人爲了「革命排滿」的宣傳而提出。認爲哥老會是康熙初年鄭成功在臺灣爲了「反清復明」而創立，其主要依據是哥老會內部流傳的秘笈《海底》。

　　《海底》又稱《金臺山實錄》、《金不換》，相傳是哥老會內部流傳的秘笈，如同天地會內流傳的源流傳說《西魯序》，其內容在劉師亮所著《漢留史》一書中有較爲詳細的記述。書中稱：「海底名稱，由（四川）永寧郭永泰開蓋忠山始。永泰先世爲雲南大理府人，常隨父執販藥材，走黔滇山中，以故與黔滇豪傑善。道光十五年，省其服叔於福建之廈門道署，暇時出遊，偶憩民家。見其蓋米甕有舊書一本，面署『金臺山實錄』五字，書面蓋有長方形印章一顆，文曰：『延平郡王招討大將軍』。知係鄭成功遺物，問所由來，自言伊父生時業漁，善泅水，能於水中伏一畫夜，於海底得一鐵匣，苦無法揭視。揭三日之力，始將鐵匣鑿開，內貯金珠數件，小玉印數方，舊書一本，餘無他物。因不識字，不悉何書。永泰

以百錢購得，並問玉印安在？答以售與鄰某，永泰又以白金十兩贖回，從此，《金臺山實錄》並小玉印落入永泰之手。道光二十八年，郭永泰等開蓋忠山所傳各令，並漢留組織之密書，即名《海底》又名《金不換》。當時各會員所領證書均蓋有「延平郡王招討大將軍」十字。其證書至今尚有存者，惟《金臺山實錄》與鄭成功之小玉印，即遭太平天國之亂，不知下落。」[1]

這是一個充滿神秘色彩的傳說故事，卻成了哥老會緣起說的依據。辛亥革命時期，革命黨人陶成章在浙江聯絡會黨時，爲了動員哥老會成員參加反清革命，特別強調哥老會與天地會皆爲鄭成功所創立。他在《教會源流考》中說：「哥老會也，無非出自天地會，故皆號洪門，又曰洪家，別稱洪幫。」又說：太平天國亡前，「李秀成、李世賢等知大仇未復，而大勢已去，甚爲痛心疾首。逆知湘勇嗣後必見重於滿政府，日後能左右中國之勢力者，必爲湘勇無疑。於是乃隱遣福建、江西之洪門兄弟，投降於湘軍，以引導之。復又避去三點、三合之名稱，因會黨首領有老大哥之別號，故遂易名曰哥老會。」[2]後來，這個說法又被民國年間會黨文人所發揮，[3]以至學術界有人也認同了這個看法。[4]

---

[1] 劉聯珂：《中國幫會三百年革命史》，第83—86頁，河北人民出版社，1990年影印；張贇《金不換》，洪門秘笈，第5頁，1947年；劉師亮《漢留全史》，第三章〈漢留之海底〉，1935年。以上諸書有關哥老會起源的說法，均以《海底》爲依據。本書引文來自劉師亮著《漢留全史》，第五章〈漢留之海底〉，成都球新印刷廠，民國三十六年。

[2] 陶成章：《教會源流考》，載《辛亥革命》（三），第99—111頁，上海人民出版社，1957年。

[3] 如朱琳在《洪門志》第7頁〈推進時期〉說：順治十八年，鄭成功據守臺灣，爲了推進漢留組織，而「開山立堂，定名爲金臺山明倫堂」，並派遣部將蔡德忠等向中原進發，至福建莆田九蓮山少林寺爲僧，與鄭成功之侄鄭君達等共圖義舉。康熙十一年西魯入侵，蔡德忠與鄭君達等前往投效，打敗西魯。後遭奸臣陷害，逃至萬雲山萬雲寺，遇萬雲龍及陳近南。雍正十二年在四川雅州以漢留組織，開精忠山，是爲四川哥老會之始。河北人民出版社，1990年影印。

[4] 胡珠生在〈天地會起源初探〉一文中，認爲天地會與哥老會屬於「同源」，乃鄭成功所創立。見《歷史學》1979年第4期。

　　《海底》雖然被譽爲哥老會的秘笈，但是，書中所述鄭成功爲了「反清復明」而在臺灣同部下結盟，創立洪門的說法，並無史料依據，僅僅是後人的附會之作。

　　首先，謂鄭克塽在清軍入台後自殺一事完全違背歷史事實，實際上當時鄭克塽不僅並未自殺，而且還投降了清朝，被封爲「海澄公」，抬爲「漢軍旗」，其部下多被安排在直隸一帶任職。

　　其次，關於鄭成功在臺灣與部下結盟，創立「金臺山明遠堂」一事，乃是對歷史的附會。據黃宗羲所著《賜姓始末》記載：（順治）丙午（三年）十二月，成功大會文武群臣於烈嶼，設高皇帝神位，定盟恢復。」鄭成功與部下結盟一事，即對此之附會。據學者考證，烈嶼就是今天的小金門。鄭成功此舉，在於「推動各派抗清力量在反清復明的統一旗幟下，蠲棄前嫌，同仇敵愾，聯合起來抗清，爲以後東南抗清統一體的形成，奠定了政治基礎。」「鄭成功以隆武賜姓和鄭芝龍繼承人的特殊身份，首倡會盟，並以隆武的年號，及抗清復明相號召，盡可能廣泛地團結並爭取隆武舊臣和鄭芝龍舊部的支持，爲其日後統編各海上武裝，收拾殘局建立統一的東南抗清武裝，奠定了軍事基礎。」[5]所以，所謂鄭成功同部下在臺灣結拜弟兄、建立「金臺山明遠堂」之事，乃是對鄭成功大會文武群臣於烈嶼一事的附會。

　　第三，史料記載表明，哥老會在四川開山立堂，最早是在咸豐末年。[6]歷史上根本不存在鄭成功於順治十八年在臺灣建立「金臺山明遠堂」之事。

5　潘文貴：〈鄭成功烈嶼會盟考評〉，載《臺灣研究集刊》1994年3期。

6　（韓國）尹恩子：〈清代哥老會山堂考——山堂組織的發展與等級結構的變遷〉，載《清史研究》，2010年第1期。

2. 哥老會來源於嘓嚕說

　　有關哥老會是由嘓嚕演變而來之說，最早來自清代咸豐年間的官員李榕。他說：「竊按蜀中尚有嘓嚕會，軍興以來，其黨多亡命歸行伍，十餘年勾煽成風，流毒遍湘楚，而變其名曰江湖會。每起會燒香，立山名、堂名，有蓮花山富貴堂、峨眉山順德堂諸名目。每堂有坐堂老帽、行堂老帽。每堂八牌，以一二三五為上四牌，六八九十為下四牌，以四、七兩字為避忌，不立此牌。其主持謀議者號為聖賢二爺，收管銀錢者號為當家三爺。內有紅旗五爺專掌傳話派人，黑旗五爺掌刀仗打殺，其聚黨行劫者謂之放飄，又謂之起班子。」[7]李榕所描述的，正是哥老會的情況。左宗棠也說：「蓋哥老會者，本川黔舊有嘓嚕之別名也。」[8]又說：「自頃嘓嚕變為哥老會匪，軍營傳染殆遍。」[9]許多學者根據這些說法認為「哥老」便是嘓嚕的音轉，哥老會也就是嘓嚕會。莊吉發先生提出：「哥老會即嘓嚕的音轉，為清初福建等處流入四川的遊民所設立，而盛行於四川省。」[10]戴玄之也認為：「哥老會為嘓嚕的變名，」「哥老會是由嘓嚕子演變而來。」[11]胡珠生認為成都附近各縣的方言，是有異於普通四川話的客家方言，據此判斷嘓嚕二字乃客家方言「哥老」的錄音。提出：「哥老會儘管推源於明末鄭成功，但可靠的史實只能證明它以哥老（嘓嚕）形式起源於清初四川（來源於閩粵客家的移民）」。[12]而四川學者卻對哥老會為嘓嚕的音轉說法提出異議。胡昭曦等人在〈嘓嚕考析〉一文中指出，以往人們把「哥老」說成是嘓嚕的音轉，是因為把「嘓嚕」誤讀作「guo-

---

[7]　（清）李榕：〈稟曾中堂、李制軍、彭宮保、劉中丞〉，載《十三峰書屋》批牘，卷一。

[8]　《左文襄公奏稿》卷三十一。

[9]　《左文襄公奏疏》續編，卷三十三。

[10]　莊吉發：〈清代哥老會源流考〉載臺灣《食貨》（復刊）第九卷第九期。

[11]　戴玄之：《中國秘密宗教與秘密會社》（下）第895～896頁，臺灣商務印書館股份有限公司，1990年。

[12]　胡珠生：〈天地會起源初探〉，載《歷史學》1979年4期。

lu」（國魯），但四川方言裡嘓嚕應讀為「gu-lu」。而「哥老」則應讀作「guo-lao」，所以，哥老與嘓嚕的讀音並非相近。[13]乾隆年間在四川任職的湖廣總督舒常稱：「川省人呼之為嘓嚕子，即各處所謂光棍、泥腿之類，或肆強搶，或行狗偷。」[14]

二、哥老會的前身——嘓嚕

嘓嚕最早是乾隆年間由進入四川的外省移民和四川本省遊民所結成的武裝集團。乾隆初年嘓嚕已經見於史料記載。據《清高宗實錄》記載：乾隆四年十月，署四川巡撫、布政使方顯奏稱：「川省惡棍名為嘓嚕子，結黨成群，暗藏刀斧，白晝搶奪，夜間竊劫」。[15]乾隆八年四川巡撫紀山也奏：「川省數年來，有湖廣、江西、陝西、廣東等省外來無業之人，學習拳棒，並能符水架刑，勾引本省不肖奸棍，三五成群，身佩凶刀，肆行鄉鎮，號曰嘓嚕子。」[16]四川官員稱：「川省係五方雜處之地，外來之流棍頗多，其最著者莫如嘓嚕子一項。此等棍徒悉係滇黔秦楚之人，少則三五成群，多者數十餘眾，率畢年力精壯，亡命無賴。凡搶奪姦淫，賭博酗酒等事，無一不有。」[17]御史柴潮生講的更加詳細：「四川一省，人稀地廣，近年以來，四方遊民多入川覓食。始則力田就佃，無異土居，後則累百盈千，浸成遊手。其中有等桀黠悍者，儼然為流民渠帥，土語號為嘓嚕，其下流民聽其指使。凡為嘓嚕者，又各聯聲勢，相互應援。先前不過強乞強買，凌壓平民，近年橫暴愈甚，有白晝攫物者，有殺傷平民者，有將人搶去姦姦汙者，有因而致死者。」[18]嘓嚕是採取結拜異姓弟兄的方式

---

[13] 胡昭曦等：〈嘓嚕考析〉，載四川省史學會編：《四川省史學論文集》第254～270頁，四川人民出版社，1982年。

[14] 《硃批奏摺》湖廣總督舒常摺，乾隆四十六年七月初八日。

[15] 《清高宗實錄》卷103，乾隆四年十月癸卯。

[16] 《清高宗實錄》卷203，乾隆八年十月己卯。

[17] 《硃批奏摺》四川按察使姜順龍摺，乾隆八年六月初八日。

[18] 《軍機處錄副奏摺》御史柴潮生摺，乾隆九年十一月初六日。

結成，以割去髮辮爲記號，「其割辮夥內，成群結拜，割下之髮（辮）燒灰入酒共飲，各護各黨，其棚頭因欲出頭露面，故不割辮」。[19]而且「拜把之後，不許擅散，有散去者，輒追殺之。」「遇追捕急，公議散去，始敢各自逃生。如未議而一、二人先散，眾共追戮之，其黨極爲堅固。」[20]清人邱仰文在〈論蜀啯嚕狀〉中說：「查啯嚕種類最夥，大約始乎賭博，卒乎竊劫，中間酗酒打降，勒索酒食，奸拐幼童，甚而殺人放火，或同夥自殺，皆謂紅錢，自稱亦曰紅錢弟兄。以上各類皆不爲盜，下此掏摸掐包竊絡，已刺面則紅錢不入，別爲黑錢，此啯嚕情狀也」。「查啯嚕來自黔粵十無一二，率楚省流寓爲多，原在籍皆良民也。國初蜀地草昧人稀，移來即可占耕，俗名插業。近時承平日久，生聚教訓，百餘年來，居民密比，幾於土滿，流來如故，無業可棲，一經失所，同鄉同類，相聚爲匪，勢所必至」。[21]熟悉哥老會由來和演變情況的李榕說：「竊按蜀中尚有啯嚕會，軍興以來，其黨多亡歸行伍，十餘年勾煽成風，流毒湘楚，而變其名曰江湖會。內有紅旗五爺專掌傳話派人，黑旗五爺掌刀杖打殺，其聚黨行劫者謂之放飆，又謂之起班子，人數多寡不等」。[22]李榕所描繪的江湖會就是哥老會。上述史料，均說明哥老會乃是從啯嚕演變而來。

移民的武裝集團在演化成啯嚕後發生了諸多變化。

首先，在組織方面較以前爲嚴密。「川中膏沃，易於存活，各省無業之民，麇集其間，要結朋黨。其頭目必材技過人，眾乃推之。凡數十人結大夥，先約遇難不許散幫，遇追捕急，公議散去，始各自逃生。如未議而一二人先散者，眾共追戮之，其黨極爲堅固。」[23]其頭目的名稱也由「棚頭」、「輿夫」改爲「帽頂」等。「頭目曰帽頂，總頭目曰大帽頂，其最

---

[19]《清高宗實錄》卷1145，乾隆四十六年十一月戊午。

[20]嚴如熤：《三省邊防備覽》，卷十四，藝文，〈三省山內風土雜識〉。

[21]邱仰文：〈論蜀啯嚕狀〉，載賀長齡編：《皇朝經世文編》卷75，兵政。

[22]李榕：〈稟曾中堂李制軍彭宮保劉中丞〉《十三峰書屋》批牘卷一。

[23]嚴如熤：〈平定教匪總論〉，載賀長齡編：《皇朝經世文編》，卷八十九，兵政二十。

大者曰坐堂老帽」。[24]「其為首者曰帽頂，暗言其為主也。其次曰大五、小五，暗言大王、小王也。又其次曰大老么、小老么，言兄弟也。以下曰大滿、小滿。其新入夥者曰佲娃娃」[25]。入夥的青少年，不僅白天為首領背負行李，晚上還要遭受首領雞奸。[26]

其次，其活動已經不僅僅局限於搶劫，開始進行劫富濟貧，具有秘密會黨的特點。曾經充任過嘓嚕首領、後來擔任了清軍提督的羅思舉回憶說：「甲辰年（乾隆四十九年）余外出訪友，途遇仁義弟兄陳際盛、汪蠻、馬貴，詢知伊等在九打杵樊嘓殿偷竊商賈銀40兩。余曰：『我等弟兄先前結拜之時，原講義氣，打富濟貧，不許竊人財物，致傷義氣。伊等即將銀兩付還，那商賈感謝不已。」「繼至南壩場，瞥見楊某攜家途乏盤費，賣女於周家，得銀八兩。臨別，母女嚎啕痛哭。余睹慘狀，如數秤銀以贖此女，並另送銀三兩做路費，其父女叩頭感謝。[27]

第三，嘓嚕的基本民眾乃是「不能謀衣食」的「無賴惡少」，[28]即破產的勞動者和無業遊民。據學者統計，在搜集到的165名嘓嚕當中，已知身份者有69人，而破產失業者達44人。[29]這些人為了自身的生存，「凡搶奪、姦淫、賭博、酗酒等事，無一不為」[30]；他們「十百為群，以焚搶為事」[31]；「始乎賭博，卒乎竊劫」。[32]這種生活方式，使他們逐漸從破產勞動者墮落成市井無賴，地痞流氓，「不欲自食其力，以至東飄西逐，

---

[24] 劉蓉：〈復李制軍書〉，載《新增經世文續編》卷八十三。

[25] 陳慶鏞：〈與舒雲溪制府書〉，載《新增經世文續編》卷九十七。

[26] 《硃批奏摺》湖廣總督舒常摺，乾隆四十六年八月十六日。

[27] 羅思舉：《羅壯勇公年譜》第17頁、第31頁，臺北文海出版社，1971年。

[28] 嚴如熤：《三省邊防備覽》卷十一，策略。

[29] Cheng-yun Liu, "Kuo-Lu: a Sworn-Brotherhood Organizathonin Szechwan", Late Imperial China, Vol.6, No.l(1985).

[30] 《軍機處錄副奏摺》：四川按察使姜順龍摺，乾隆八年六月初六日。

[31] 梁上國：〈論川楚教匪事宜疏〉，載賀長齡編《皇朝經世文編》卷八十九。

[32] 邱仰文：〈論嘓嚕黨狀〉，載賀長齡編《皇朝經世文編》卷七五，兵政，六。

三五成群，或劫掠於鄉場，或強梁於市肆，美衣甘食，晝賭夜淫。」[33]往往「晝搶場市，夜劫富民，小則拒捕抗官，大則揭竿謀逆」[34]。

上述變化反映出嘓嚕已經逐漸從最初外省移民或本地遊民中的武裝集團向秘密會黨演化。

籠統地說哥老會來源於嘓嚕之說並不確切，因為嘓嚕在四川分為兩部分，其中一部分活躍在川楚陝老林地區，從事強買強賣或搶劫活動；另一部份則在川江上充當水手、縴夫，哥老會並非來自老林地區的嘓嚕，而是由川江上游的失業的水手、縴夫中的嘓嚕演化而來。乾隆十二年三月，委運京鉛之貴州駐重慶之貴州都勻府獨山州知州謝國史稟報：川省自瀘州以下，嘓嚕搶劫之案甚多，巴縣一邑於二月內，連見發覺，並有傷人之案。[35]乾隆十四年，四川提督岳鍾琪奏：嘓嚕「查係各省遊食之人」，其中「一人為首，其黨或數十人、數百人者。也有本省無業之人附入其中。」[36]史料還記載：「川省重慶、夔州二府，與湖廣等省毗連，結黨為匪者，每起或二三十人，或四五十人不等。每起必有頭人，名掌年兒的，帶有兇器，沿途搶奪拒捕」，「此等嘓匪起自川省之重慶、夔州所屬，成群結黨，每起多至數十人」。[37]乾隆後期，嘓嚕的活動更是有增無已。四川總督文綬在談到嘓嚕時稱：「此等匪類，多係無籍惡徒及外省遊民，平日三五成群，到處遊蕩，因而輾轉糾合，乘機搶奪，蹤跡本無一定。及聞兵役查拿，相率奔逃，猝遇追急，即恃眾拒捕，旋即四散竄伏，仍於他處潛結為匪。」[38]

鴉片戰爭以後，外國侵略者取得在我國的內河航行權，輪船大舉進入

33 《硃批奏摺》，四川總督策楞摺，乾隆十五年七月二十九日。

34 陳慶鏞：〈與舒雲溪制府書〉，《皇朝經世文續編》卷九十七。

35 《硃批奏摺》貴州巡撫孫紹武摺，乾隆十一年三月（日缺）。

36 《硃批奏摺》四川提督岳鍾琪摺，乾隆十四年十月十八日。

37 《清高宗實錄》卷1137，乾隆四十六年七月癸亥。

38 《硃批奏摺》四川總督文綬摺，乾隆四十六年六月二十三日。

長江，排擠了原來行駛在長江上的木帆船，從而導致更多駕駛木帆船的水手、縴夫失業，只好加入到嘓嚕的行列中來。在外國輪船侵入長江以前，從四川重慶到湖北宜昌再到上海的航線上，無論是客運還是貨運，主要都是依靠木帆船。「長江未通航以前，商賈運貨，行旅往來，悉雇民船，帆檣如織。」[39]而從重慶到宜昌的航線上，共有船夫、水手和縴夫二十萬人。[40]重慶等地處於長江上游，從兩湖等省向上游四川運輸貨物，係上水逆行，除船隻配備的船員進行拉縴外，還得臨時雇傭若干勞力臨時拉縴，一般縴夫的數量約是船員的四五倍。當船隻到達目的地之後，縴夫就各自散離。隨船上行的大批縴夫散離後多滯留於川東的重慶等地。據嚴如熤估算，在道光年間，「到重慶的上水船，每日以十船為率，前來水手、縴夫七八百人；離開重慶的下水船，每日亦以十船為率，離去水手、縴夫三四百人。一來一去，每日剩下三四百人，也就是有三四百人成為無業者。推而論之，十日就有三四千人，一月超過萬人。」[41]這些船夫、水手和縴夫們，漂泊在千里長江之上，隨時都有翻船或觸礁的危險，而且勞動十分艱辛，迫切需要互相幫助。嚴如熤寫道：「大船用縴五六十人，小亦二三十人，船頭仍用橈楫，上拉下推，逆流而上。遇灘則合三四船之縴夫百餘人共拉一船上灘，再拉一船，名為並縴。縴道忽上山巔，忽落岩腳，石壁橫鐵索，便扒換或鑿小石孔，僅能容趾，人如猿猱蟹𧓽，負縴而行。間有無縴道處，則全賴橈楫。船行江中，縴所上頂，聲息不能相聞。船上設鑼鼓，以鑼鼓聲為行止進退。縴繩或掛樹梢，絆石上，則鑼鼓驟發，縴夫行足。另有管縴者名『檢挽』，無論岩之陡峭，樹之叢雜，傾跌所不計。縴繩掛住，船則轉折不定，危在呼吸。若縴斷，更不待言。江河之險，川流為最。川流之險，又莫過於峽中。」[42]

---

[39] 聶寶璋編：《中國近代航運史資料》第1274頁，上海人民出版社，1983年。

[40] 聶寶璋編：《中國近代航運史資料》第1339頁。

[41] 嚴如熤：《三省邊防備覽》卷五，道光二十三年刻本。

[42] 嚴如熤：《三省邊防備覽》卷十四，藝文。

　　縴夫們在艱苦勞動中形成互助意識，在被遣散後，衣食無著，便只好去當嘓嚕。張集馨在《道咸宦海見聞錄》中寫道：「四川本魚米之鄉，不但本省民食充足，而且接濟兩湖、江南，民間生計，不甚艱難，惟游手好閒者太多，是以地方易於滋事。上曰：『遊民何以爲是之多？』對曰：『四川水陸通衢，陸路由陝西、甘肅，自寧羌州入蜀。水路由湖北宜昌至重慶、夔州入蜀，來往商旅，無論舟船，皆雇覓縴夫，負繩牽挽，盤旋而上。至蜀則縴夫無用，若輩到處無家，無資回籍，下水船隻，不雇縴夫，流落異鄉，群居爲匪，是以每次辦一嘓匪大案，脅從者半爲遊民。」[43]說出了川江上縴夫、水手演化爲嘓嚕的原因。嚴如熤講的更加明確、具體：「川東之可虞，時宜防範者，在大江之水手。川江大船載客貨，由漢陽、荊宜而上，水愈急，則拉把手（即縴夫——原注）愈多。每大船一隻，載貨數百石，縴夫必雇至七八十人。夔門不過經過之地，至重慶即卸載。客商改雇小船，分往川北、川西南，其嘉陵、渠、潼、瀘、涪等江，各有熟水道板主（即船主——引者）另雇而行。荊宜所來拉把手，在重慶府河岸各棚待下水重載之雇募。下水重船需水手較上水爲少，每隻多至三四十人。計重慶所至上水船，每日以十船爲率，是水手去三四百人。以十日總計，河岸之逗留不能行者，常三四千人，月計萬餘矣。此輩初至，尚存有上水身價；漸次食完，則賣所穿衣服履物；久之，即成精膊溜矣。（山中惡少無衣履者，謂之精膊溜——原注）弱者爲乞丐，強則入嘓匪夥黨。」[44]

　　從檔案記載來看，早在乾隆年間便有許多水手因謀生維艱而加入嘓嚕，且因遭到官府的追捕而逃往外省。湖北松滋人李維高於乾隆四十三年，「推樁」來到四川巴縣，與魏老虎等共五十三人結盟拜會，成爲嘓嚕，至梁山縣一帶搶劫。四川重慶府人劉玉彩，於乾隆四十三年五月，加

[43] 張集馨：《道咸宦海見聞錄》第119頁，中華書局，1981年。

[44] 嚴如熤：《三省邊防備覽》卷五，水道。

入嘓嚕，與同夥20多人在永川縣搶劫，聞拿逃散，靠當水手推橈，後來又與嘓嚕周老么一同討飯、搶劫。[45]貴州青溪縣人周德，因貧苦靠乞食為生。乾隆四十六年三月來到四川巴縣，加入嘓嚕劉鬍子一夥，在該縣馬場搶劫布客商人銀兩，後來，又在巫山縣一帶沿江地方搶劫。另外，湖南會同縣人向群，靠撐木筏來到湖北來鳳縣，再至四川尋覓工作。乾隆四十六年，在秀山縣加入嘓嚕黃老么一夥，搶劫過往客人。[46]湖北監利縣人彭老三，在川江靠推橈為生。乾隆四十六年三月，彭老三在梁山、墊江一帶被黃大年糾邀加入嘓嚕，隨同搶劫。[47]乾隆四十六年被捕的嘓嚕吳萬年，被官兵追捕，下河在運銅船幫助推橈到湖北宜昌上岸。[48]當時的督撫大員們，也多次奏報川江水手們加入嘓嚕的事。湖廣總督舒常奏稱：「查嘓匪始而結夥行強，繼而聞拿四散，近來屢獲之犯，或推橈寄食，或沿路乞丐。」[49]四川總督文綬稱：「川省嘓匪到處遊蕩，乘間搶竊，其蹤跡本無一定，此處查拿則逃往彼處，非止重慶、夔州地方為然。至匪黨一夥，少或數人，多或十餘人，向俱以年長之人為首，故稱為之長年兒的，其飯食、分贓等事，皆長年者經營，即俗所稱老大之謂。其有以強梁為首者，亦各以長年稱之，或又稱為棚頭、輿夫、紅線、黑線等名。白日絡竊為紅線，黑夜偷竊為黑線。」而且「其首夥名姓排行率皆變易無常，即同時同案之犯，所供本夥姓名、籍貫，亦各不相同，且有一人數名，皆非真名實姓。」[50]繼任川總督福康安更奏稱嘓嚕多來自橈夫、水手：「川省為荊楚上游，帆檣絡繹，自蜀順流而下，推橈多用人夫。自楚溯江而上，拉縴又需水手。往來雜遝，人數繁多。每於解維之際，隨意招呼，一時蝟集。姓

---

45 《硃批奏摺》湖廣總督舒常摺，乾隆四十六年九月初七日。

46 《宮中檔乾隆朝奏摺》第51輯，署湖南巡撫李世傑摺，乾隆四十七年二月二十八日。

47 《硃批奏摺》湖廣總督舒常摺，乾隆四十六年八月十六日。

48 《硃批奏摺》湖南巡撫劉墉摺，乾隆四十六年七月二十日。

49 《硃批奏摺》湖廣總督舒常摺，乾隆四十六年八月二十五日

50 《硃批奏摺》四川總督文綬摺，乾隆四十六年八月初九日。

名既屬模糊，來去竟無考察。」「川省人多類雜，棍徒搶劫行兇，遂有嘓嚕之稱。[51]從上述記載可知，早在乾隆後期，四川的重慶、夔州一帶沿江兩岸，已經有許多縴夫、水手因貧困無奈而成為嘓嚕，從事搶劫等活動。所以，四川總督文綬稱，許多嘓嚕「或冒入銅船、鹽場及官兵船隻，充夫混跡。」因此下令於水陸要隘搜查截捕，並飭各該廠員，將各廠砂丁、背夫新來面生可疑之人，及重慶、夔州船行關口經過官商船隻橈夫，嚴加盤查。」[52]

　　嘉慶年間，川江上的嘓嚕更加活躍。「川省自邪教蕩平以來，民情屢豐，元氣漸復。惟近來嘓嚕匪潛滋，川北、川東為甚，自五六十人至一二百人不等。或聚或散，忽東忽西，遇行客則肆行劫奪，入場鎮則結黨成群，而大江船隻，劫掠更多。各州縣等皆因該管上司以地方平靜，不欲辦此重案，遂多不稟報。」[53]

三、從嘓嚕到哥老會的演化

　　當川江上的窮苦水手、縴夫和其他無業遊民加入嘓嚕以後，由於受到當局的查拿、追捕，便沿川江順流而下，來到湖北、湖南、貴州、江西等省。乾隆四十六年，湖廣提督李國梁稱：有嘓嚕104人從四川之石柱縣來至湖北之利川縣魚筌口地方，遭兵役擒拿。嘓嚕情急拒捕，拒傷兵役七人。為首之棚頭蔡有應被捕後供稱：同夥共104人，欲到貴州地方，「原想在沿途遇有大客商，搶奪些銀兩發財。」[54]據湖南巡撫劉墉奏稱：乾隆四十六年閏五月十六日，有嘓嚕多人，從四川彭水縣進入貴州思南府之峝川縣，持械搶劫，戳死鹽販吳大元等人。據被捕獲之鍾鳴鳳供稱，為首者為楊老大等，共有九十餘人。[55]經湖北官兵截拿，餘眾七八十人又逃往

---

51 《硃批奏摺》四川總督福康安摺，乾隆四十七年五月十二日。

52 《硃批奏摺》四川總督文綬摺，乾隆四十六年七月二十七日。

53 韓晉鼎：〈奏陳四川應除積弊六條疏〉，轉引自胡昭曦等：〈嘓嚕考析〉。

54 《硃批奏摺》湖廣提督李國梁摺，乾隆四十六年六月初二日。

55 《硃批奏摺》湖南巡撫劉墉摺，乾隆四十六年七月初三日。

貴州。[56]另有嘓嚕劉鬍子、朱大漢等於乾隆四十六年五月由四川太平縣一帶，逃往楚黔等省。[57]據被捕者供稱：「因四處截捕嚴拿，竄避山林，沿途遇有匪類，即漸相糾結，並誘脅乞丐、童稚，一路隨行，希圖人眾難拿，逃往外省躲避。」有的還「竟敢挺身拒捕，殺傷兵役，逃入湖北，轉竄黔省。」[58]由於與沿途各地秘密結社的接觸，逐漸從移民的武裝集團向秘密會黨轉化並發展為哥老會，在四川又稱為「袍哥」，在長江中下游則稱為「紅幫」。左宗棠曾說：「哥老會匪，本四川嘓嚕之變稱。」[59]湖南巡撫劉昆奏稱：「臣詳查卷宗，細加考究，哥弟之起，始於四川，流於貴州，漸次及於湖南以及東各個省。」[60]可見哥老會的形成與四川的嘓嚕確有密切關係。

不過，從嘓嚕到哥老會經歷了一個相當複雜的歷史演變過程，而且是在道咸年間秘密社會大融合的背景下逐漸形成的，是在天地會、邊錢會和青蓮教的影響下，促成了嘓嚕向哥老會的演化。

嘓嚕在演化為哥老會的過程中，受天地會的影響是顯而易見的。如哥老會秘笈《海底》，就深受到天地會《會簿》中「西魯故事」的影響。天地會《會簿》中的西魯故事稱，少林寺僧在幫助康熙皇帝打敗西魯後，受到奸臣陷害，康熙帝派兵將少林寺焚毀，劫餘五僧蔡德忠、方大洪、馬超興、胡德帝和李色開等，遇見「小主」朱紅竹和萬雲龍，一同結拜天地會。而《海底》則將此故事修改為：鄭成功在臺灣金臺山結盟後，派部下蔡德英、方大成、馬超興、胡帝德、李式開來到中原，進入福建少林寺為僧，「遂開洪門之盛」。[61]並稱鄭經死後，其子鄭克塽於清軍佔據臺灣

---

56 《硃批奏摺》四川總督文綬摺，乾隆四十六年七月初五日。

57 《硃批奏摺》四川總督文綬摺，乾隆四十六年八月初四日。

58 《硃批奏摺》四川總督文綬摺，乾隆四十六年七月十六日。

59 《左宗棠全集》第十三冊，書牘，卷十一。

60 劉昆：《劉中丞奏稿》卷二。

61 劉師亮：《漢留全史》第一章〈漢留之緣起〉，四川成都球新印刷廠，1947。

時，將《金臺山實錄》裝入鐵箱，沉入海底。道光二十五年，四川人郭永泰到福建廈門探親，偶而在漁民家裡發現了《金臺山實錄》，將其增刪修改，變成了哥老會的秘笈《海底》。從天地會和哥老會的緣起內容，可以看到哥老會所受天地會的影響。

至於哥老會受青蓮教的影響，也有明確記載。曾任署四川布政使的湘軍統領劉蓉曾指出，哥老會「其源蓋發於蜀，根株最深，蔓延最廣，蓋青蓮教之餘孽，所謂紅錢會者。其頭目曰帽頂，總頭目曰大帽頂，其最大者曰坐堂老帽，設有管事人員，各立名目，不可勝記。入其會者給予牌符，轉相煽誘，其能招聚百人者為百人頭領，招千人者為千人頭領，招萬人者為萬人頭領，各立某山堂字型大小以區別之。如龍虎山忠義堂之類，自分支派，不相混淆，聞今且遍於天下妄分五旗，籍兩湖、江西者為白旗，籍兩粵閩浙者為黑旗，籍皖吳河南者為藍旗，籍雲貴、陝甘者為紅旗，籍四川者，為黃旗，尊其教之所自出者」。[62]這條史料明確提到嘓嚕頭目的稱謂，實來源於青蓮教，說明嘓嚕演變為哥老會時確實受到了青蓮教的影響。而且，哥老會開山立堂之風，也是直接從青蓮教借鑑而來的，青蓮教支派金丹道多立有山名，如峨眉山、老萬山等等。[63]

在從嘓嚕到哥老會的演化中，還受到過江西邊錢會的影響。如會內首領稱謂和功能等，實來源於江西的邊錢會。嘉慶二十一年貴州孝義會又名為邊錢會，「設立坐令、平令、行令三項名目」，分別負責號召傳人、處罰、通信，此外有「大五、大滿、滿等職分」。[64]

哥老會的名稱何時出現？目前尚未發現可靠的歷史記載，現在只知道在咸豐三年曾國藩創辦湘軍以前，尚未出現有關哥老會的記載。從咸豐八

---

[62]劉蓉：《養晦堂文詩集》卷八，載沈雲龍編《中國近代史叢刊》，第39輯，臺北文海出版社，1966年。

[63]周育民、邵雍：《中國會黨史》第113頁，上海人民出版社，1993。

[64]《硃批奏摺》貴州巡撫文寧摺，嘉慶二十一年十一月初九日。

年曾國藩草擬的湘軍營規中可知，在湘軍創立後不久，就出現了哥老會的名稱。在湘軍營規的《禁洋煙等事之規》七條中，提到「禁止結盟拜會：兵勇結盟拜會，鼓眾挾制者嚴究；結拜哥老會，傳習邪教者斬！」說明當時湘軍中已經有人在結拜哥老會。左宗棠在招募、訓練楚軍時也在《行軍五禁》中規定：「嚴禁軍營結拜哥老會。」[65]他在一件奏片中也說：「近年江、楚之間，游勇成群，往往歃血會盟，結拜哥老會，又號江湖會。臣於咸豐十年成軍時，嚴禁各營不准收用此等游勇，並諭禁勇丁不許蹈此匪習，犯者立正軍法。」[66]當然，哥老會作為一個秘密結社組織，在被發現之前，肯定已經存在。所以其形成的時間，當比咸豐八年更早，從哥老會內部秘笈《海底》的內容判斷，大約在道光末年哥老會已經初步形成。

哥老會在形成的過程中，不僅明顯地受到天地會的影響，而且至遲在清末光緒年間，哥老會與天地會的融合，已經十分明顯。光緒十九年，廣東曲江縣三點會總頭目劉叫妹來至江西大庾、南雄等地糾人結會。其軍師胡堅臣，平日靠賣藥為生，仿照哥老會開山堂，散賣飄布三百餘張。[67]據光緒二十年刊印的廣西《鬱林縣志》記載：「天地會又名添弟會，即哥老會之變名。」[68]這些史料說明，有些地方的天地會與哥老會已經融合，而且，哥老會也接受了天地會自稱洪門或洪家的傳統。清末以來，鑒於天地會與哥老會皆自稱洪門，以致人們往往把二者視為同一組織。說明二者確實有著密切關係，不過，這並不能說明二者有著同一來源。

還需要說明的一點是，在川江上水手、縴夫中的嘓嚕逐漸演化為哥老會以後，四川、貴州等省山區、老林裡的嘓嚕仍繼續存在。而且一直到清末，仍然與哥老會並存。而且，在《大清律》裡還專門設立了針對嘓嚕的條款，說明並非四川所有的嘓嚕都演變為哥老會了。

---

[65] 《左文襄公全集》奏稿，卷二十二。

[66] 同上。

[67] 《硃批奏摺》江西巡撫德馨摺，光緒二十年八月二十七日。

[68] 光緒《鬱林縣志》卷十八。

第二十四章

哥老會的內部狀況

哥老會大約正式形成於咸、同年間。在其形成的過程中，因爲從四川沿長江順流而下，在兩湖、貴州和安徽、江西、浙江、江蘇、福建等省受到其他秘密結社，特別是天地會和青蓮教、邊錢會的影響，因而汲取或借鑑了這些組織的運作方式和組織結構，使新形成的哥老會在其組織結構與運作方式比天地會更加完備、靈活。

一、組織結構

哥老會的組織結構是逐漸發展完善的。咸豐末、同治初年湖南哥老會的組織形式尙比較原始，據崔暕記載：「其結會或數十人，數百人不等，共飮雄雞血酒立誓。」「稱會首爲『老帽』，會末爲『老么』，並有『冒殼子大爺』、『聖賢二爺』、『當家三爺』、『紅旗五爺』之稱。其餘爲八牌上的，有上四牌、下四牌之分。並各帶小兒，曰『小侄兒』，又曰『太保』」。會內中人相見，「年與己尊者稱爲『兄弟』，自稱『弟兄』；年與己卑者，稱爲『弟兄』，自稱『兄弟』。遞茶遞煙，皆以右手中指、食指、無名指伸出，大小指按下。使禮則手拱耳旁，亦伸三指。飯罷，左手執碗，右手伸三指，執箸向碗中一挑，復向碗底橫繞，然後放下，皆爲出指不離三。邀夥飮食爲『達平夥』，剃頭爲『揪草』，辮髮絲線多用至二三斤，斜盤頂上，垂其尾，亦有不用絲線者。」[1]

光緒年間哥老會的組織結構已經逐漸完備，會內的領導成員的名稱主要有：正龍頭、副龍頭、坐堂、陪堂、禮堂、刑堂、智堂、護印、香長、心腹等。這些人皆可稱爲「老大」，老大可以另外再開山堂。除老大外，還有「聖賢老二」、「王侯老三」、「紅旗老五」。以上稱爲「上四等」；另外還有「下四等」，即「巡風老六」、「順天老八」、「尖口老九」和「銅掌老么」。[2]因爲哥老會避諱四和七，所以只有上四等和下

---

[1] 崔暕：《辟邪紀實》附：《哥老會說》，同治辛末夏重刻本。

[2] 《軍機處錄副奏摺》安徽巡撫沈秉成摺，光緒十八年九月二十一日。

四等，中間皆無四和七。有的山堂所設首領的職名有所不同，設有：龍頭、坐堂、陪堂、禮堂、刑堂、值堂、監證、香長、心腹、文聖賢、武聖賢、桓侯、當家、披紅當家、插花當家、青缸花冠、懸牌江口、銅章鐵印等。[3]到了辛亥革命時期，從日人平山周在兩湖地區的調查來看，哥老會內部的組織情況與光緒年間已經有所差異。平山周說：哥老會「每山之首領稱正龍頭，正龍頭下有副龍頭，副龍頭下有坐堂、陪堂、刑堂、理堂、執堂、謂之五堂。別有稱盟證及香長者，係舉行儀式之際，臨時增添，由五堂中人兼攝之。又有稱心腹、聖賢、當家、紅旗、巡風者，大抵皆為頭目。頭目之下，有稱大九、小九、大么、小么、大滿、小滿者，是皆普通會員，各視其功能而升轉。於普通會員之外，有八牌，均係身家不清者，大都無人格，不能升轉。」[4]

陶成章曾經於辛亥革命前在浙江對會黨（主要是哥老會）的情況做過調查，其組織情況與兩湖地區又有所差別。他在〈教會源流考〉中寫道：「哥老會之制，第一為督理，而副以總理，是為元帥。復以五堂之自開山堂者，稱曰正副龍頭，蓋以督理、總理為君主，而以五堂為將帥矣。……是為大哥。第二為聖賢，即參軍也，開堂之時主香，故又有香主之稱，……是為老二。第三曰心腹，即巡撫都御史也，是為老三。第四本掌錢穀，當布政司之職，相傳以犯規約被誅，後遂不設錢穀之事，以心腹兼之。第五曰紅旗，即按察使及副使兵備道也，掌軍正事，因廢第四，故於第五分設副紅旗也。第六藍旗，即按察僉事分巡道也，稽查會員一切內外事宜，是為老六。第七亦以罪誅，因廢不設，特於第六添設藍旗副管

3 《軍機處錄副奏摺》安徽巡撫沈秉成摺，光緒十七年十月初一日。光緒十二年，在廣東肇慶府被捕的哥老會首領李世貴（原件作「李氏瀆」）供稱：哥老會「會內有大、小之分。第一首領稱大哥，次之總坐、香長、護印、坐堂、護劍、配堂、明堂、禮堂、管堂、執堂、行堂、心腹、軍師、黃候〔桓侯〕、紅旗、巡風、打八、大九、大滿、小滿等名號。」見湖南圖書館供稿：〈湘粵剿滅哥老會文稿〉，載《近代史資料》總67號。
4 （日）平山周：《中國秘密社會史》（修訂本）第100頁，商務印書館，2019年。

事。第八巡風，偵探一切事宜，是爲老八。第九即大九、小九也，爲普通會員。」此外，「於老九之下，復設大么（滿）、小么（滿），大么七牌、八牌等名目以處之，有功者升（滿），可以平步入五堂。既進五堂，亦即可以自開山堂矣。」[5]

　　到清末，隨著哥老會組織的壯大，其內部組織結構也更加完備，各山堂內又設立了內、外八堂，將各級首領的職責進一步明確。1910年日本外務省派遣山口升在華中、華南調查哥老會，於1911年6月寫出的調查報告《中國的形勢及秘密結社》。其中第四章第一節〈哥老會的稱呼〉中，較爲詳細地介紹了哥老會的組織狀況：

　　「哥老會素來每團必設某某山名，又有堂名，猶如《水滸傳》中梁山泊忠義堂，此等山堂，在中國十八省中有上百個，其組織雖略相同。然各地的頭目互相獨立，更無聯絡運動，又無總括之大本營。近時革命黨投入其中，全國各山始謀統一，但毫無把握。哥老會既無適當的領袖人物改變其名義，今日之哥老會雖仍用舊名，但幾乎同從前的哥老會沒有關係。散布在各處的一切秘密結社，假如把昔時的會員召集起來，他們必然關係到勢力的成長。他們不能與從前的哥老會有同樣興旺的勢力，由於這種情況，最終必不能釀成暴亂，統一的大業也不可能完成。今舉歷來的山名、所在地、頭目等姓名如表24-1：

山名	所在地	正龍頭姓名
金龍山	湖南	楊鴻均
虎形山	甘肅	同上
泰華山	湖南	蕭松山
寶華山	山海關	同上

5　陶成章：〈教會源流考〉，載中國史學會編輯：《辛亥革命》（三）第110～111頁，上海人民出版社1957年版。

山名	所在地	正龍頭姓名
錦華山	湖南	劉傳福
楚金山	湖南	陳堯
金鳳山	湖南	胡佐任
天臺山	湖南	胡○雲
西涼山	甘肅	賀桂林
峨眉山	四川	顏扇章
天寶山	廣東	蕭朝舉
東梁山	江蘇	李雲龍
終南山	浙江	何少鴻
飛虎山	浙江	劉來福
萬雲山	浙江	王金寶[6]

表24-1

　　湖南哥老會分為富有、華新、黃漠、回天、洪江、紅燈、白蓮、洪天寶（一名保華田）等，其組織與哥老會舊制相同，如下：

國師（一人）

大元帥（一人）

五堂：座堂二人、執堂二人、陪堂二人、禮堂二人、刑堂二人。

外八堂：心腹二人（號稱龍頭）

聖賢二人（軍師即參謀）

當家二人（專司出納事務）

管事二人（庶務）

紅旗二人（專司軍器）

九江二人（庶務）

6　（日）山口升：《中國的形勢及秘密結社》第三卷第二章〈湖南及長江沿岸的哥老會〉，載《近代史資料》總57期，中國社科出版社，1989年。

巡風二人（偵察）

么滿二人（傳令）

其它地方組織如表24-2：

內八堂

名稱	俗稱
正龍頭	總正龍頭或正龍頭大爺
副龍頭	副龍頭大爺
坐堂	左相大爺
盟證	中堂大爺
陪堂	右相大爺
禮堂	東閣大爺
刑堂	西閣大爺
執堂	尚書大爺

表24-2

有的地方無副龍頭，代以香長，亦稱內八堂。

外八堂

心腹大爺

聖賢二爺

當家三爺

管事五爺

江口六爺

巡風八爺

大滿九爺

么滿十爺

四、七曾出叛徒，故不用。

另，外八堂亦有如下形式：

心腹（京內軍師，俗稱老一）

聖賢（京外軍師，俗稱老二）

當家（總督糧餉，總理軍機，總理營務，俗稱老三）

紅旗（有正副管事及紅旗不管事，俗稱老五）

巡風

大九

小九

總公滿

大公

小公

大滿

小滿

八牌[7]

　　蔡少卿曾經對清末江西萍鄉和湖南瀏陽、醴陵一帶哥老會的情況做過實地考察，瞭解到清末當地哥老會內外八堂的具體情況。內八堂是哥老會山堂的領導核心，可以決定本山堂的一切重大事項，如開堂放飄，確定山堂的宗旨、方向等。內八堂的職級有：總堂、座堂、陪堂、盟堂、禮堂、管堂、執堂、刑堂。總堂即龍頭，座堂為副龍頭，陪堂相當於副龍頭。盟堂分管政務、監察，一般由資格老、有威望而且熟悉內部事務者擔任；禮堂負責文書繕寫，制定規章禮節，必須具有一定的文化素養；管堂掌管人事，調節內部糾紛；執堂負責執行任務；刑堂負責執法、執規。內八堂的名稱，對內稱總堂、座堂、陪堂、盟堂、禮堂、管堂、執堂、刑堂，對外

---

[7] 國家圖書館藏：《清國秘密結社》，日本外務省政務局第一課，明治四十四年六月（1911年6月）第七章《秘密結社之種別》第二節〈哥老會〉第三款「組織及會則」，宋軍譯稿。

分別稱孝、悌、忠、信、禮、義、廉、恥諸堂。

外八堂歸內八堂領導，共有十個職位，因為四、七兩個職位或者空缺，或者由女性擔任。外八堂分別是：心腹大爺、聖賢二爺、當家三爺、（四姐）、紅旗五爺、巡風六爺、（七妹）先鋒八爺、江口九爺、么滿十爺，由於四姐、七妹大多空著，所以實際上仍是八堂。外八堂的位子通常有幾個人，故又把一個職位分為一排，共有十排。外八堂的職責分別是：心腹，負責接待各地往來的同會，因此要有一定的財產；聖賢，為軍師，要有文化，善於謀略；當家，管理會內帳目；紅旗，負責組織，下轄藍旗、黑旗，協助捉人執法；巡風負責巡邏；先鋒負責探聽消息；江口負責口岸。么滿分為大滿、小滿，專管接待和通風報信。[8]

當然，由於哥老會本身的分散性，會內山堂林立，內外八堂的名稱和內涵，在不同時期和不同地方也有所差異。如萍瀏醴起義時清吏從在岳州被捕的哥老會「巡風」蔣國才身上搜出的「富有票」上所載內八堂有：正龍頭、副龍頭、總堂、座堂、倚堂、盟堂、禮堂、管堂、值堂、型（刑）堂、盟證和香長；外八堂有：副印、心腹、聖賢、當家、管事、巡風、順八、江口、十牌、大備、小么。[9]

四川哥老會[10]的情況，與江西和兩湖相比較，也是大同小異。據劉師亮在《漢留全史》裡記載：

---

[8]　蔡少卿：《中國秘密社會》第52～54頁，浙江人民出版社，1990年。

[9]　杜邁之等編：《自立會史料集》，第128～129頁，嶽麓書社，1983年。

[10]四川的哥老會又稱袍哥或漢留。據會黨內人解釋說：「袍哥二字是根據《三國演義》上的一段故事而來。曹操將關羽留在曹營，贈與很多金銀財帛，他都不接受，只收了一件錦袍，平時不穿，有事穿上，卻把舊袍穿在外面。曹操問其原因，關羽說：『舊袍是我大哥玄德賜的，受了丞相的新袍，不敢忘記我大哥的舊袍！』其含義是漢朝遺留下來，故稱『漢留』。到了清初，明遺臣顧炎武受『洪幫秘密組織的影響，欲起兵反清，但因清政府對洪幫防範甚嚴，拿獲即殺無赦，抄家滅族，故只能在窮鄉僻壤開山聚眾，並仿洪幫而組織漢留，以兄弟相稱。他照《詩經》上『豈曰無衣，與子同袍』的含義，首先使用『袍哥』二字。」見王大煜〈四川袍哥〉，載《中華文史資料文庫》，第20卷，第392頁。中國文史出版社，1996年。

「按漢留之名次，行一有正、副龍頭、香長、盟證、坐堂、總印、正堂、陪堂、護印、禮堂、執堂、心腹。行二有聖賢（又名春秋，亦名提調），行三有桓侯、當家（又名錢糧台或糧台），行五有承行、執法、紅旗、黑旗、幫辦、中點子。行六有巡風、護律、藍旗、行八紀綱、行九掛牌、行十轅門。行么有鳳尾、有大老么、小老么」。[11]

四川哥老會也設有內外八堂。

「內八堂」分別爲龍堂、盟堂、香堂、座堂、陪堂、禮堂、執堂，與江西、兩湖的哥老會一樣，是哥老會山堂的領導核心，有權決定本山堂的宗旨和方向，並行使主持開堂放飄，發展會員等職能。大的公口一般可設十二位「大爺」，分別擔任以下職務：

香長，是堂口的最高負責人，即山主；

總座或總堂，又稱舵把子、龍頭，負責日常事務；

座堂又稱副舵把子、副龍頭，爲內八堂首席執事，掌人事的升遷；

陪堂，掌管堂口經濟，級別相當於座堂；

盟堂（盟證），負責監察堂口盟誓，此職一般由資格老、有聲望、且熟悉會內事務的人擔任；

禮堂，管司儀，負責文書繕寫，制定規章禮節，必須具備一定的文化修養；

執堂，負責執行任務；

刑堂，負責執法。

內八堂之外還設有一個「通城么滿」的職位，協辦堂口臨時指派的事務，遞補以上正職的空缺。普通會員有功者晉升此職後，「可以平步入五堂，既入五堂，亦可以自開山堂矣。」因此，他有一人之下，萬人之上的權利。他在宴會等公共場合中，只要介紹是「通城」，就必須有一個相當

---

[11] 劉師亮：《漢留全史》第十一章「漢留之職名」，成都球新印刷廠，民國二十七年（1938）版。

寨主一樣的席位。

外八堂

四川哥老會的「外八堂」有十個序列，又稱「十牌」、「十派」。因為忌諱四、七，所以實際上是八牌。

行一，稱牌把大爺，[12]即分山主或社長；

行二，稱聖賢二爺，有時分管提調，有時僅為受人尊敬的閒散位置。

行三，稱桓侯三爺，管錢糧、人事，故內部稱為「當家」。

行五，即管事，有承行、執行、紅旗、黑旗、迎賓等各類管事，分掌承上啓下，執法訊問，辦理交際，調處紛爭等。

行六，稱巡風、護律，又叫藍旗，負責偵察放哨及資格審查。

行八，稱紀綱，負責紀律檢查。

行九，稱掛牌，登記會內弟兄排名。

行十，稱營門，負責傳達。[13]

四川哥老會的組織名稱另有特色。在清代，四川哥老會的碼頭各有專名，以「仁義禮智信」五字或「威德福智宣」為堂名，堂口之下又分為若干「公口」。仁字旗號的成員主要包括士紳、財主、官僚等社會上層人士；參加義、禮兩字的袍哥，以商人為主；參加其他字型大小的，包括士農工商兵各階層的都有；[14]參加智字旗號的主要是貧苦勞動者、失業工人、破產農民等；參加信字的則是所謂「下九流」的人員。這五個字型大小之間地位不平等，仁字型大小班輩最高，義字低一輩，義字袍哥見到仁字袍哥要叫叔伯。禮字更低一輩，見到仁字袍哥要叫公公，以此類推。而且，在江湖上見面，這種關係不能紊亂。

哥老會各山堂、公口之間均有照應，「凡遠來會黨以及犯案棒匪，

---

[12] 亦稱「心腹大爺」。

[13] 王純五：《袍哥探秘》第36～38頁。

[14] 王純五：《袍哥探秘》第26頁。

身邊必攜有該匪本處公口名片。每至一處，即出片拜問各碼頭管事，該管事即代為招呼棧房，每日繳用取公項之錢為應酬，妥為保護。如案情重大者，臨別時恐被盤詰，更須選派拜弟多人護送潛行，所以犯匪逃逸無處不可棲身者，只此故耳」。[15]許多窮苦人為了遇事得有幫助，外出患難相顧而紛紛加入其中。光緒末年陝西巡撫升允所奏渭南哥老會頭目拜霖的情況就比較典型。拜霖平日靠「貿易度日」，光緒二十三年「貧苦難度」，因聽說「江湖會有許多好處，外出能患難相顧，」遂約人結拜哥老會，設立「集貿山，聚星堂，忠孝香，結義水。」[16]

　　長江中下游的哥老會皆設有所謂「山、堂、香、水」和內外口號，以區別其他的哥老會堂口。日人平山周通過對清末兩湖地區哥老會的調查，瞭解到「哥老會每團必設一某某山名，猶寺院之在某某山也。又有堂名，猶《水滸傳》梁山上之有忠義堂。又有水名，有香名。」平山周提到的某山堂就設有「錦華山，忠義堂，萬福香，四海水」，內口號是「義重桃園」，外口號是「英雄克立」。[17]辛亥革命前夕，河南彰德人彭雲山當營兵被革後，在江西新喻縣加入哥老會，後改名洪江會，立有「臨潼山，忠義堂，天下黃河水，西嶽華山香」。[18]

二、人員構成的變化

　　哥老會作為一個下層民眾的結社組織，其成員的構成往往隨著外部環境的變化而改變。

　　初期的哥老會是以下層民眾為主，主要是破產農民、失業手工業者、遊民及縴夫、水手和外省入川的移民、商販和兵丁、差役等，而以遊民中

---

[15] 中國第一歷史檔案館，北京師範大學歷史系編選《辛亥革命前十年民變檔案史料》上冊，第793頁，中華書局1985年版。

[16] 《軍機處錄副奏摺》陝西巡撫升允摺，光緒二十八年二月十九日。

[17] （日）平山周：《中國秘密社會史》第98—9頁，商務印書館，2019。

[18] 中國第一歷史檔案館、北京師範大學歷史系編《辛亥革命前十年民變檔案史料》（下冊）第292頁，中華書局，1985年。

的豪俠強悍者爲首領。在湘軍興起後，哥老會利用各種途徑向軍營滲透，從曾國藩創辦湘軍到湘軍攻佔天京這一時期的哥老會成員，則以在營兵勇爲主。《湘軍志》中說：「哥老會者，本起四川，遊民相結爲兄弟，約緩急必相助。軍興，而鮑超營中多四川人，相效爲之，湘軍亦多者。」[19]左宗棠所率的「蜀軍十營，官弁勇丁，無一不係會匪」。[20]浙江巡撫松駿奏稱：「會匪一項，強半皆閒散弁勇爲主。當軍興之際，若輩奮跡田間，血氣方剛，大有敵愾同仇之概。殆至凱撤而還，不免漸習驕奢，性耽安逸，遂致不治生產，遊蕩度日。一旦無所依歸，艱於衣食，其不流爲匪者蓋亦鮮矣。」[21]廣西巡撫張聯桂稱：「軍興以後，遊民散勇無地無之，若輩平日既無恒業，衣食靡所取資，狼性難馴，因而思逞。或持齋誦經，或拜會結盟。」[22]不但普通的士兵參加了哥老會，而且有一部分下級軍官及少數中高級軍官也加入了哥老會。同治六年（1867）閩浙總督英桂等奏報在軍營中破獲一起哥老會組織，共有三十餘人參加結拜，其中就有花翎遊擊蕭保和，都司龍正文、張國佐，藍翎守備劉吉芬等中級軍官七人。[23]同年九月，陝甘總督左宗棠奏稱：「近年哥老會匪涵濡卵育，蠢蠢欲動。江楚黔蜀各省，所在皆有。其由會中分股聚徒者，謂之開山；誘人入會者，謂之放飄。凡官軍駐紮處所，潛隨煽惑，陝甘兩省游勇成群，此風尤熾。甚有曾經打仗出力，保至二三品武職，猶不知悛改者，實爲隱患。」又說，這些武職大員「一被煽誘，遂起異心，江湖哥老會之多，半由於此。」[24]

　　隨著太平天國和捻軍起義的失敗，清朝當局大量裁軍，兵勇在被遣

---

[19] 王闓運：《湘軍志》，〈湖南防守篇〉第五十二，嶽麓書社1983年版。

[20] 宣統三年八月初三日龔寶璜致盛宣懷函，見顧廷龍主編《辛亥革命前後——盛宣懷檔案資料選輯之一》，上海人民出版社1979年版，第161頁。

[21] 《軍機處錄副奏摺補》浙江巡撫松駿摺，光緒十九年正月初十日。

[22] 《硃批奏摺》廣西巡撫張聯桂摺，光緒十九年正月初六日。

[23] 《硃批奏摺》閩浙總督英桂摺，同治六年九月十二日。

[24] 《硃批奏摺》陝甘總督左宗棠摺，同治六年九月初二日。

散後，往往加入哥老會，使哥老會的許多組織多由被遣散的兵丁、軍官構成。「各處軍營遣革遊勇，無業可歸，狡焉思逞，往往結爲哥老會匪，倡立山堂名目。」[25]劉坤一指出沿江各省哥老會「半係軍營遣撤弁勇」。[26]沈秉成也說：「哥老會之名，起自營勇遣革者，流而爲匪，開堂放飄。其初藉以斂錢，繼即當多膽大，橫行不法，滋蔓難圖，幾爲天下隱患。」[27]張之洞說的更加具體：「自咸豐初年軍興以後，湘民釋耒從戎，轉戰各府，湘軍幾遍寰區。殆軍務肅清，紛紛遣撤歸農。從軍既久，習於遊惰，又兼家無恒業，遂不肯復安耕鑿。每踵軍營積習，結拜弟兄，謬立山堂名號，刊發飄布，僞造歌謠，煽惑愚蒙，肆行搶劫，甚至嘯聚爲亂，乘機揭竿滋事。」[28]

哥老會最初主要在四川活動，太平天國時期，伴隨著湘軍軍事行動的擴展而迅速蔓延至湖南、湖北和貴州、陝西及長江下游一帶。湘軍興起後，由於兩湖地區投營充勇者特別多，因而哥老會成員也相應增多。光緒二年湖南巡撫王文韶奏：「臣查哥老會匪名目，起自軍營，沿及各省。軍營之勇，湘淮爲多。」[29]湘軍隨著左宗棠轉戰各地，哥老會也蔓延到新疆、內蒙、甘肅、寧夏等省，並且跟隨川軍進入西藏。在湘軍大量被裁撤後，被裁者更紛紛湧入哥老會。同治五年，湖南巡撫李瀚章奏稱：「各省撤回勇丁，有以哥老會名目勾結夥黨，圖謀不法情事。」「閩浙總督左宗棠先後諮會，訪有藍翎都司沈滄海潛至汀郡，結拜哥老會，乘勇丁散撤，布散謠言，煽惑軍士不繳軍器。」[30]而且南方各省的許多乞丐、盜竊團夥，也逐漸被吸收到哥老會中來。鑒於各地區社會經濟的發展的不同，哥

---

25 《硃批奏摺》奏者缺，光緒十五年（月日缺）。

26 中國科學院歷史研究所第三所編：《劉坤一遺集》（一）中華書局1959年版，第381～382頁。

27 《硃批奏摺》安徽巡撫沈秉成摺，光緒十九年六月初一日。

28 《軍機處錄副奏摺補》湖廣總督張之洞摺，光緒十八年七月二十三日。

29 《軍機處錄副奏摺》湖南巡撫王文韶摺，光緒二年。

30 《軍機處錄副奏摺》湖南巡撫李瀚章摺，同治五年七月二十五日。

老會成員的構成也發生變化。一般來說，在城市中多以平民、手工業者居多；在農村則是以農民和破產農民爲主；在水陸碼頭，則是以船夫、苦力爲多；個別公口則是以士兵爲主；少數地區又是以散兵游勇爲主。[31]

　　哥老會成員的構成也隨著時代的變遷而變化。特別是在十九世紀九〇年代以後，隨著各種社會矛盾的激化，清朝當局對社會的控制逐漸弱化，哥老會的組織迅猛發展，成員的構成也變得越來越複雜。到清末，成員當中既有下層社會的民眾，也有社會上層的鄉紳地主、富商、官吏及其他社會名流。在四川人們常說：「袍哥（即哥老會）能結萬人緣」，「上齊紅頂子（指有官職的），下齊討口子（乞丐）」，「千里不要柴和米，萬里不要點燈油」。江西的哥老會，不僅有被裁撤的兵勇，而且有一般窮苦百姓。據江西巡撫德馨奏稱：「查哥老會匪萌孽於兵燹之後，至今日而其勢愈長，其禍莫測。」「蓋此等匪徒，其始皆裁革遊勇，土著之民尚少。近則到處煽惑，凡鄉愚無知，遊手好閒之輩，無不勾引入會，愈聚愈多。其始尚潛匿深藏，有影無形，近則敢設立山名會名，散賣保家僞飄，不法情形日彰一日。」[32]

　　在江西的哥老會（變名洪江會）中，參加者各行各業都有。諸如商店和茶樓酒肆的老闆、店小二，開鴉片煙館的夥計、澡堂子裡擦背修腳的、剃頭的、殺豬的屠夫、刻字的匠人，打鐵的、做銅匠的、做漆匠的、駕船的船戶和划船的水手，衙門裡的三班六房，以及妓院裡的僕役，沿街乞討的叫化子和無業遊民，出家的和尚、道士等。清末哥老會還包括很多固定的職業群體，湖南的洪江會大多由安源煤礦的工人組成。「湘潭人蕭克昌爲各匪會總理」，「久居安源，能左右窰工」。[33]由於晚清政府行政功能的弱化，很多農民爲了尋求保護而加入了哥老會。如四川哥老會「強迫農

---

[31] 隗瀛濤、田一平：〈同盟會與四川會黨〉，載於《重慶文史資料》第13輯。

[32] 《軍機處錄副奏摺補》江西巡撫德馨摺，年月缺（案卷號：571/3）。

[33] 汪文溥：《醴陵平匪日記》，載《近代史資料》1956年第4期。

民入黨，農民之安分者，若不相從，則身家莫保」。[34]

隨著清王朝日益走向沒落，許多知識份子也紛紛加入到哥老會中來。如湖南的焦達峰，四川的楊滄白、向楚、朱叔癡、尹昌衡和羅綸，都加入哥老會並成為哥老會的舵把子。[35]除士紳外，「富家大族之子弟，遂至有用錢捐當帽頂之事」。[36]《四川官報》也記載：「紳糧之家亦有在（哥老）會者，各為借此保家，實則廣通聲氣，以自豪恣，於是會黨哥老便無孔不入，滲進四川社會各階層之中，入會者自紳商學界，在官人役，以及勞動苦力群不逞之徒，莫不有之。」[37]

哥老會民眾基礎的擴大，特別是大量社會精英的加入，反映清政權已失去其統治的社會基礎。

三、開山堂與開香堂

哥老會為了顯示會黨組織的權威性和神秘性，還規定了許多複雜的儀式，其中最重要的就是開山堂與開香堂。

1. 開山堂[38]

開山立堂是哥老會建立新組織的標誌，也是哥老會內最隆重的儀式，其程式在不同時間、地點也有所差異。在晚清時期，兩湖一帶的開山堂儀式，「必設於深山古廟中，人跡不到之所，擇黃道吉日行之。場中正面壇

---

34 〈四川農民疾苦談〉，載《衡報》第6號。

35 李儂：〈袍哥在西充〉，載《西充縣文史資料選輯》（五）第54頁。

36 四川總督丁寶楨光緒五年三月初九日奏片，見中國人政治協商會議四川省文史資料研究委員會，四川省人民政府文史研究館同編、政協四川省文史資料研究委員會編：《四川保路風雲錄》第53頁，四川人民出版社1981年。

37 轉引自王純五：《袍哥探秘》第27頁。

38 會黨內部人稱：開山堂是根據《海底》而來，其意思是「占山落草」、「插旗造反」，仿效梁山泊聚義。見王大煜：〈四川袍哥〉，載《中華文史資料文庫》第20卷（社會民情卷）第394頁，中國文史出版社，1996年。

上，設五祖、關帝等神，別備紅紙所書之進山柬、出山柬。〈進山柬〉有昭告天地之誓文，多用四六體，內附許多會員之等級及種種條例。〈出山柬〉則爲通告天下各山主之檄文，與進山柬大同小異。一俟各會員到場齊集後，正龍頭即向神壇朗誦進出山柬。朗誦訖，各會員即禮神行抖海式。」[39]

四川「袍哥開山立堂，是仿效梁山泊忠義堂聚義故事，選在避靜山區舉行，時間多在夜裡，以示秘密。事先密發通知，送平素有聯繫的碼頭、公口，後者有的送禮，有的派人來賀。交通接送、住宿飲食，都須預爲準備。屆期先行巡風查山，派人密設卡哨，安置放風瞭望，或備意外，以防『白袍』、『侉子』闖入窺探。」爲了表示儀式的莊嚴隆重，香堂多布置的嚴肅壯觀，張燈結綵，大門稱爲「轅門」，大堂稱爲「忠義堂」，正中安放龍頭的座位，兩邊擺著八字形12把交椅。大哥、客位坐交椅，各級弟兄坐兩旁。開山堂的程式是：由紅旗管事任司儀，先由龍頭大哥升座主盟，音樂齊鳴，迎聖接駕：行拐子禮，[40]並說許多贊詞，由兩位二哥捧關羽牌位安放上面。接著就是安位、焚香、上祭、開光、點像等一套繁文縟節。由紅旗管事恭讀迎聖令：「天空彩雲飄，聖人下天朝，弟子來接聖，恭請坐中堂。」接著高呼「參聖」，鳴炮後，按排行參聖禮，各行三跪九叩，再呼安位。紅旗管事向堂中一個箭步，先向堂中先丟一個「歪子」，然後高唱「高高山上掛金牌，位位仁兄到此來，位位仁兄齊來到，忠義堂上把位排。大哥請坐金交椅，客位請坐迎賓台。二哥請登聖賢台，五哥請上虎豹台，六、八、九、十無座位，耀武揚威兩邊排，龍歸龍位，虎歸將

---

[39] （日）平山周：《中國秘密社會史》（修訂本）第101－102頁，商務印書館，2019年。

[40] 拐子禮是哥老會內的大禮，俗稱「作歪屁股揖」，表示有甲冑在身，不便行大禮，只斜出左腳。具體作法是：把頭用力一擺，把髮辮甩到右肩前面，兩手捧髮辮作打拱狀。其程式是：左腳前伸，右腳微屈以支撐閃身重量行一（大爺）左手握拳，右手拐比肩微低，左手握拳放在右手頸上，行三（三爺）左手握拳，放於手杆中部；行五（五哥）左手握拳，放在右手杆彎上，置於胸部，右手拐直伸握拳，大拇指向上直伸。舵把子丟拐子時，左手握拳，大拇指上伸，表示是龍頭大哥。

台。安位不公休見怪，禮儀不周要寬懷。」接著向大哥丟一個歪子禮，拱手還禮。繼續高唱：「大哥好似魏徵樣，三十六人據瓦崗，侍候唐室爲卿相，瓦崗兄弟也沾光。」上把交椅請大哥上座。大哥上座之後，紅旗管事又高唱：「太陽出來一點紅，秦瓊賣馬在山東，秦瓊賣了黃驃馬，五湖四海訪英雄。久聞你哥子多仁義，好比桃園美髯公。承蒙兄弟來相訪，休怪敝社禮不恭。不嫌此地土地淺，忠義堂前請居中。」深施一禮。把來客安排在首席位上，以下是本地各公口大、二、三、五哥及客位。十二把交椅坐滿之後，管事再向堂中一立，以命令的口氣宣布：「紅旗閑五、巡風附六、兩廂落座。鳳尾么哥轅門侍候。有位者得位，無位者站立敘話。安位已畢，請龍頭大哥升座主盟。行一歪子禮，即宣布規章紀律，再發開山立堂結拜令。宣布山名、堂名。然後公布山堂的正副龍頭、盟證、座堂、陪堂、正印、副印、刑堂、香堂、監堂、原堂、心腹各位大哥名單，及聖賢、錢糧、管事、六、八、九、十、么滿各牌名單。各歸各位，互相道喜。最後是歃血、宰牲，即把雄雞宰掉，把雞血滴入酒中，大哥帶頭端酒杯，跪在神像前面發誓：「上座關聖賢，下跪弟子△△△在面前，今後如有上不認兄，下不認弟，不得好死。」誓畢，將酒飲盡，大家依次發誓。然後開寶用印，龍頭大哥按名單點名蓋章。然後講《十條》、講《三把半香》、傳「三刀六眼」令。[41]

2. 開香堂

吸收新人加入哥老會稱爲「開香堂」。開香堂是僅次於開山堂的又一次較爲隆重的儀式。香堂分兩種，一稱大香堂，禮節較繁；一稱小香堂，禮節較簡。香堂舉辦的時間一般選擇在農曆五月十三單刀會（紀念關公過

---

[41] 唐紹武、李祝三、蔣相臣：〈重慶袍哥史話〉，見《近代中國會黨內幕》（下）民眾出版社1993年版，第262～263頁；王大煜：〈四川袍哥〉，載《中華文史資料文庫》第20卷（社會民情卷）第394頁，中國文史出版社，1996年。

江去東吳赴會的英雄事蹟），或七月十五中元節，或臘月下旬的團年會，也有臨時舉行者。

要求加入哥老會者，必須經過「引、保、承、恩」四道手續，手續齊備，才可舉行開香堂的儀式。「引」是引見，就是入幫的介紹人。「保」是保舉，「承」是承擔，由三牌當家擔任，「恩」是恩准，由執事大爺做決定。故引、保、承、恩又稱「四大盟兄」。介紹新人加入哥老會，須查明他是否「身家清，己事明」。主要指是否投降清廷的「漢奸賣客」，而且理髮匠、裁縫不得加入，因為清初理髮匠曾幫助清廷強迫漢人剃髮，裁縫曾幫助清廷迫使漢人改變衣冠。在查明新入會者身家清白後即可舉行開香堂儀式，開香堂的儀式與開山堂大同小異，只是規模較小，不那麼隆重，也稱作「開堂放飄」。

兩湖地區哥老會開香堂的情況：「入會儀式則擇清淨之古廟舉行，名其廟曰『啞巴窯子』，謂神佛不能開口，像人之啞巴也。會員曰『在玄』，亦曰『圈子』，新會員曰『初在玄』。」「入會時會場之布置，亦與開山式同，保舉者即介紹其人於管事者之時，管事者乃與部下頭目一人，引介紹者及新會員入古廟之會場。」入會儀式稱為「行抖海式」。先由成員及拜兄行禮，禮畢，新入會者跪在神前。管事者此時乃問入會者：「爾來做什麼事？」入會者曰：「來歸洪」。管事者曰：「爾來歸洪，係何人引進？」入會者曰：「保舉人某」。管事者乃顧而問介紹人：「此人是爾引進呼？」曰：「然」。管事者乃再問入會者曰：「入洪門之禮數，爾知之呼？」曰：「全杖承兄及拜兄之戒摩。」管事人又曰：「爾何須入會？」曰：「為忠義故」。管事者乃曰：「進我會後，為韃子所知，將殺爾。犯我會中之條款，亦將殺爾？爾願之否？」曰：「若事不機密，為韃子所知，則一人做事一身當，決不連累兄弟。若犯我自己的條款，或私與碼子通，越禮反悖，則願受三刀五斧。」管事者乃顧介紹者曰：「既如此，為其抖海式。」入會者乃對神宣誓曰：「我既歸洪，若有三心兩意，或溝通碼子，或私賣梁山，日後甘死於槍炮或刀劍之下。」是時，管事者

立於神之左側，手持利刃，即時斬一白雄雞而言曰：「有如此雞」。神前供三牲，凡供三牲者，必更用白雄雞，若略式則僅供香燭，以五色絲束線香一股，乃截香為二，曰：「有如此香」，即以代宰雞之用。誓畢，再起立行禮，然後行洪家之抖腕式即請安禮。禮畢，管事者乃將入會者之姓名填記於「寶」，轉而與導引來之頭目，頭目兩手捧寶，高誦「大哥命我解寶來」。誦畢，入會者兩手接寶，口中念誦：「多謝某大哥來解寶」。受寶後，交納入會費108文，乃照大小等級，拜見諸兄及送寶者，彼此互相道賀。

　　江浙一帶哥老會開香堂的儀式，與兩湖地區稍有不同。也是在夜深人靜時進行，會場中間擺設香案，供奉關羽的牌位，兩旁插有各色旗幟。香案上擺設香燭等物，案前鋪有供人跪拜的墊子。另外還準備有白酒、菜刀等物。儀式開始前，與會者均須漱口、洗面。早已入會的弟兄分立兩旁，新入會者（稱「新貴」）各執點燃的棒香一支，排立階前。儀式開始時，由紅旗管事（司儀）大聲喊道：「請大哥登山！」這時，在屋內休息的龍頭大哥即走進香堂，邊走邊念念有詞：「大令出哨，地動山搖，逢山開路，遇水搭橋。……為的是俺們弟兄結仁、結義、結豪傑。」來到香案前，又口誦：「一步天長地久，二步地久天長，三步來到忠義堂，忠義堂前喜洋洋。」念畢，展示新入會者名單，並按名點呼。點畢，司儀手執一雄雞來到香案前，說：「此雞不是非凡雞，頭又高，尾又低，一飛飛到香堂裡，仁義大哥一見笑嘻嘻。仁義大哥撒把米，這叫結紅、結義患難雞。」念畢，將雞頭斬下，將雞血滴於酒碗內，新入的弟兄同至香案前共飲雞血酒。主持人再把各人手裡的棒香束在一起，聲稱：入會之後，遵守幫規，倘違此旨，猶如此香，即將香砍斷。最後，用「拉拐子」禮向龍頭大哥致敬。新舊弟兄互相道賀，儀式結束。[42]

　　新會員加入哥老會後，由山堂發給「飄布」，作為入會的憑據。飄

---

[42]《鎮江文史資料》第8輯第44～45頁。

布上要寫明山、堂、香、水及內、外口號。如光緒年間湖南瀏陽人所創立的洪江會（哥老會），其飄布上寫有：「富有山、樹義堂、萬國香、天下水」。內口號是：「日新其德」，外口號是：「訪盡英雄」。[43]辛亥革命時期兩湖一帶哥老會飄布的內容也與此相仿。平山周在《中國秘密社會史》裡載有一件哥老會的飄布，其山堂香水：「錦華山，仁義堂，萬國鄉，四海水。」內口號是：「義重桃園」，外口號是：「英雄克立。」而且有一首詩：「錦華山上一把香，五祖名兒到處揚，天下英雄齊結義，三山五嶽定家幫。」[44]

　　四川哥老會開香堂的儀式又稍有不同。儀式開始事，先由總舵把子向神像叩頭，然後由其他大哥依排行叩頭，再由執事大哥坐在當中，由大、二、三、五哥依排行坐，其他兄弟站立兩旁。紅旗管事宣布儀式開始後，要做五堂法式：第一是「訪山」，介紹歷代講義氣的英雄事蹟。第二是「團江」，用袍哥術語介紹五排以上的袍哥彼此認識。第三是「過江」，宰「長冠」給新入會者滴血。第四是宣誓，第五是「出山」，儀式結束。[45]

四、幫規、戒約與聯絡方式

　　哥老會為了維護內部的團結，統一成員的行為方式，保障組織的生存和發展，協調各山堂的行動，各山堂都訂立了嚴格的幫規、幫紀。其內容因時因地而略有不同，各種會黨著作的記載也各有差別。四川哥老會的對內規制有《十條》、《三要》及《十款》：

---

[43]《軍機處錄副奏摺》護理江西巡撫沈瑜慶摺，光緒三十四年三月十七日。

[44]（日）平山周：《中國秘密社會史》（修訂本）第104－107頁。

[45]王大煜：〈四川袍哥〉，載《中華文史資料文庫》第20卷（社會民情卷）第395頁。

《十條》

第一父母要盡孝，尊敬長上第二條，

第三莫以大欺小，兄寬弟忍第四條，

第五鄉鄰要和好，敬讓謙恭第六條，

第七常把忠誠抱，行仁尚義第八條，

第九上下宜分曉，謹言慎行第十條，

《三要》

若逢弟媳和兄嫂，俯首潛心莫亂瞧。

一見婦女休調笑，猶如姊妹是同胞。

寡婦尼姑最緊要，宣淫好色要挨刀。

《十款》

一不許前後把衣紮，二不許帽子戴歪斜，

三不許敲腳把腿掛，四不許口内亂開花，

五不許當堂把架打，六不許佔扯與胡拉，

七不許談言無上下，八不許吵鬧肆喧嘩，

九不許栽瓜或逗壩，十不許減股並卞娃。[46]

　　哥老會的幫規帶有濃厚的封建倫理色彩，如要求其成員遵從儒家的
「三綱」、「五常」、「四維」、「八德」，這些幫規無非爲了維護首領
的權威地位和會黨内部的等級秩序。因此，對違紀犯規的成員，要視其
情節輕重而進行處罰。哥老會對違犯幫規成員的處罰主要有五種：1.打紅
棍，即打法棍；2.黜名，將犯規者開除；3.三刀六眼，即幫内人士所說的
「三刀六個眼，自己找點點」，由紅旗大管事或犯者在自己的心、腹、小
腹各刺一刀，必須刺透；4.挖坑自跳，即活埋；5.釘活門神，即用六顆釘
子將違法者釘在門板上。哥老會在各地的幫規大同小異，對違犯幫規者的

---

[46]劉師亮：《漢留史》第82～83頁，成都球新印刷廠，1938版。

懲處也不完全相同。四川哥老會對違犯幫規者的處罰有如下幾種：

1. 矮起：如不孝順父母，打罵兄長，處以下跪，稱爲「矮起」。
2. 擱袍哥：如果違犯幫規屬實，本人又承認不諱，則把袍哥身份「擱了」，即暫停其會籍，悔改後再恢復。
3. 磕轉轉頭：如果錯誤嚴重又願意悔改者，由龍頭大哥召開大會，由犯錯誤者向每位元在場者磕頭。
4. 放河燈：如有姦情，用門板將姦夫淫婦釘其四肢與門板上，放入河中順水漂流。
5. 沉水：如犯逆倫罪，或者虐待、毒打父母而屢教不改者，沉於水中溺死。
6. 草壩場：犯了嚴重罪行，由龍頭大哥傳堂，於深夜荒涼之處處死，或者「三刀六眼」，即在心、腹和小腹處刺穿三刀，形成六處傷口。或者自己挖坑把自己活埋。

　　哥老會在對違反幫規者進行懲處時，一般要開香堂，由各位首領對違規者進行議處，然後執行。不過，這些幫規都是實行只對內不對外的原則，也就是不許在會黨內部違犯這些條規，如在會黨內部不得搶劫、不得以強凌弱，不得姦淫幫內兄弟的妻子姐妹。至於對待會黨外面的人，則即使胡作非爲也不算違犯幫規。

　　哥老會也如同其他會黨那樣，奉行小團體主義，一切以會黨的利益爲轉移。當然，真正得利者乃是首領——龍頭或舵把子，爲了「利」，哥老會竭力宣揚「義」，所以宣揚「義」正是爲了「利」。正如一位哥老會中人所說：「袍哥講義氣，只是對袍哥兄弟而言。如果袍哥與沒有嗨袍哥的『侺子』發生糾紛，袍哥只能袒護袍哥，壓抑侺子，也不管對方有理無理。」「袍哥內部講的江湖義氣是，有錢有勢的大爺，對一般經濟困難的兄弟夥，經常施以小恩小惠，出手越大方越漂亮。遇上外地袍哥闖了禍，跑來避風頭，要儘量掩護營救，出錢出力。對一般過往的袍哥客夥，招待應酬，慷慨大方。遇有困難危險事情，挺身負責，不推託畏縮。」龍頭大

爺們平時對一般會眾既施以小恩小惠，那麼，大爺們遇到危險，一般會眾自然要捨命相救，以此作為報償。甚至出面頂頭背禍，滾案受刑，抓生替死，報仇拼命。[47]

哥老會內部如果發生糾紛，「即投明老帽，邀入茶館批斷，稱為『講皮判』。屆時老帽上坐，群黨旁坐，聽判者下跪。判畢，茶錢無論數十人數百人，皆判輸者獨償。若或辯駁，即驅至野外，憑眾吩示：重則殺之，為『毛拋水中』，為『丟灰』；輕則以刀向身隨刺，三對穿孔為『三刀六眼』。以巨炮子打之，為『吃湯丸子』，及割鼻、割耳、割足筋不等。」[48]

哥老會為了闖江湖、跑碼頭，走私販毒，販賣私鹽，或者逃避官府的追捕，都需要得到各地哥老會堂口的幫助。可是，各地哥老會的弟兄彼此間並不一定熟識，甚至往往從未謀面，這就需要通過隱語、暗號，也就是特殊的語言、動作互相識別，相互聯絡。為此，哥老會成員間都必須將會內的隱語、切口、手勢、茶陣等背得滾瓜爛熟，以便交流時能夠運用自如。這樣，即使身無分文也可走遍天下，到處有會內人員接應供食，臨走時贈送到下一站的盤纏，幫助解決疑難，甚至賣命報仇。反之，如切口不熟，手勢不符，就會被看作是「倥子」，不但得不到幫助，反而會有殺身之禍。

對於哥老會成員來說，最重要的暗號是要記住本山堂的四柱——山、堂、香、水的名稱，和四大盟兄——恩、承、保、引四位大哥的姓名，這樣才可遍行天下，到處有哥老會兄弟的接待和照應。四柱名稱和四大盟兄的姓名，必須絕對保密，不可對會外之人洩露，上不傳父母，下不傳兄弟和妻子兒女。

哥老會在進行秘密活動，特別是犯罪活動中，往往使用隱語。各地哥老會所使用的隱語也是大同小異。清末兩湖一帶哥老會的隱語，有代表性

---

[47] 唐紹武等：〈重慶袍哥史話〉。

[48] 崔陳：《辟邪紀實》附：《哥老會說》，同治辛未重刊。

者舉例如下：強盜稱「撲風」，扒手稱「采荷」，搶物稱「爬」，偷物稱「尋」，殺人稱「劈糖」，處死稱「放倒」，販賣私鹽稱「走砂子」，販賣婦女稱「開條子」，販賣兒童稱「搬石子」，大隊行劫稱「武差使」，串騙稱「文差使」，差役稱「馬子」，縣城稱「圈子」，衙門稱「威武窯」，分贓稱「開花」，槍斃稱「升堂」，槍彈稱「白米」，被捕稱「失風」，脫逃稱「得風」，入獄稱「跌饞牢」。

四川哥老會常用的隱語，主要有：

「光棍」——袍哥自稱

「嗨皮」——指參加袍哥

「倥子」——指未入哥老會者

「歸標」——指轉移哥老會的組織，一作加入哥老會。

「打響片」——指將事情向內部公開

「結梁子」——指結仇

「拿言語」——指通知注意事項；

「傳堂」——指召集會內弟兄共同議事；

「避豪」——指到外碼頭避難。[49]

哥老會成員因公（會內公事）或因私（在江湖上闖蕩混飯吃）來到某地，均要首先拜訪當地的碼頭。但是，各地的碼頭均屬秘密據點，外地人來到這裡，人地生疏，難以尋覓，便用「掛牌」的辦法，尋找當地碼頭的聯絡人。各地碼頭的聯絡點，多設在茶肆酒樓，故來者一般都到這些地方「掛牌」。來客在茶樓酒肆就坐後，兩腿平放，口稱「請堂倌泡茶！」（在酒館也稱請堂倌泡茶）堂倌則把蓋碗茶送來，並拿一雙筷子。來客便用茶碗和筷子的特殊擺法來表明自己的哥老會身份，堂倌看到來客的動作便知道是前來跑碼頭的哥弟。為了防止「倥子」冒充，還要用幫內的特殊言語與之對話：

---

[49] 王純五：《袍哥探秘》第61～63頁，巴蜀書社，1993年。

堂倌：先生要什麼茶？

來客：要紅茶（講紅茶是有找紅幫弟兄之意）。

堂倌：先生要吃什麼？

來客：我要吃糧（指紅幫原是當兵吃糧）。

堂倌：先生從那裡來？

來客：從山裡來（有從山堂來之意）。

堂倌：先生又到那裡去？

來客：從水路回家（意指從香堂山水訪自家人）。

（此時，堂倌如係碼頭的紅旗老五，便換稱呼再問。）

堂倌：您哥子府上哪裡？

來客：家堂頭鄉（香）下（暗言山堂香水）。

堂倌：您哥子尊姓大名？昆仲幾人？

來客：兄弟姓某名某弟兄八人，我是長房老幾，或二房老幾（八人指內外八堂，長房指內八堂，二房指外八堂，老幾指擔任的職務）。

（堂倌——紅旗老五在初步認定來者是幫內弟兄後，還要領來客面見碼頭負責人。）

堂倌：您哥如要解手，便所，我可領您去（便所暗示可方便談話的地方，非指洗手間）！

來客：謝謝五哥！

這樣，來客就跟著堂倌去便所。[50]

　　來客被請到另外一個房間後，要做進一步考察，引導他與本地碼頭負責接待者相見。見面後雙方都講一套固定的套語：

---

[50]崔錫麟：〈我所知道的清洪幫〉，載劉劍丁、丁小梅編：《會黨奇觀》第36～37頁，中國文史出版社，2001年。

來客：「我兄弟來的鹵莽，望爾哥哥高抬一膀，恕過兄弟的左右。我聞爾哥哥有仁有義，有能有志，在此拈旗掛帥，招聚天下英雄豪傑，栽下桃李樹，結下萬年紅，特來與爾哥哥隨班護衛。初到貴市寶碼頭，理當先用草字單片，到你哥子龍虎寶帳請安報到，稟安掛號。兄弟結交不到，禮儀不周，長評不熟，鉗子（指口）不快，衣帽不整，過門不請，長腿不到，短腿不齊，跑腿不稱。所有金堂、銀堂、位主盟堂，上四排哥子，下四排兄弟，上下滿圍哥弟，兄弟請安不到，拜會不周，今請你老哥打個好字旗，金階、銀階、金副、銀副，請你老哥出個滿堂上副。」[51]

接待人員：「好説，好説！不知你老哥大駕到來，[52]兄弟未曾收拾少安排，未曾接駕休見怪。你老哥仁義勝過劉皇叔，威風勝過瓦崗寨，交結勝過及時雨。」「早知道你哥哥駕到，應當鋪三十里地氈，結四十里彩虹，五里派排茶亭，十里擺香案，派遣三十六大滿，七十二小滿，擺隊迎你老哥，才是我兄弟的道理。」

客套之後，接待者將要對來者進行盤問。如：

問：不知你哥哥旱路來，水路來？
答：兄弟旱路也來，水路也來。
問：旱路多少灣？水路多少灘？
答：霧氣騰騰不見灣，大小茫茫不見灘。
問：請問有何見證？
答：有憑為證。

於是來客拿出憑證，包括哥老會公片、寶劄、拜見的紅片等。公片

---

[51]朱琳編：《洪門志》第211頁；李子峰：《海底》第289頁。
[52]通過掛牌式的動作，即可知來客在幫內地的地位。

代表哥老會的堂名，正面用黑色正楷書寫山堂名稱，背面蓋有與山堂有關的祝福語（八字木印章）。寶劄與公片同等重要，用紅綾裱成，上面寫有本山堂的「山堂香水」，並有彩色圖案和讚譽本山堂的詩句。紅片是會內恩、承、保、引四大拜兄所發，表示某某人皆係哥老會成員之證人，正面印黑字姓名，背面印有本人山堂的名號的紅色小圖章。來客只有持有這些證明材料才能正式跑碼頭，求得幫助與保護。[53]

暗號

　　哥老會用動作或器物來進行交流，如紮袖管、戴帽子的姿勢，放筷子、煙槍的位置，放茶壺的地方，拿茶杯的手式，接遞煙茶的姿勢、派頭等，皆用來表達一定的含義。如哥老會成員在廟裡看戲或在茶館酒肆遭人欺侮，即可將手舉起來，做一個暗號（將大拇指與食指靠攏，做成一個圈子，中指、無名指和小指三個指頭伸直，表示是在圈子裡的意思）。三個伸直的指頭就是象徵「桃園三結義」，要像劉備、關羽、張飛那樣的講義氣。如此，將做暗號的手在空中搖晃，在幫弟兄知道是幫內弟兄，就會一擁而上，幫助打架。[54]

　　哥老會成員跑碼頭來到茶館、酒店，進門時應用右腳向前跨門檻，來客坐下將兩手分開撲在桌邊。在四川，外地來的袍哥要拜碼頭，走進哥老會開設的茶館，先在茶館找個位置坐下，兩腿平放，不能翹「二郎腿」。哥老會成員在接茶端杯方面有一定的手勢，堂倌來倒茶時，客人接過茶碗以右手姆指置於茶杯邊，食指放置茶杯底，向倒茶人相迎，左手做成「三把半香」之形，直伸三指尖附茶杯底或向下附於右手，由拇指上面起，至膀臂的任何一部分，夥計便知道此人是自己的弟兄，並知其在洪門中的地

---

[53] 朱琳編：《洪門志》第20章第4節《拜碼頭》，河北人民出版社，1990年影印；李子峰：《海底》第289～290頁。

[54] 周寒僧口述：〈我所知道的江西洪江會〉，載《近代中國會黨內幕》（下）第69頁，民眾出版社1993年。

位。手拿茶碗時，切忌把手掌覆蓋在碗口上，這在江湖上叫作「封口」，是很不恭敬的表示。[55]

擺茶碗陣是袍哥之間用非語言交際的方式之一，四川的袍哥公口多設在茶館裡，所以，擺茶碗陣便成爲袍哥之間進行聯絡的重要方式。所謂「茶碗陣」就是用茶杯、茶壺等按不同方式排列組合來表達某種含義。茶碗陣既是哥老會用來區分是否哥弟的一種方式，也是袍哥之間的聯絡工具，同時還有一定的娛樂功能。

五、對內、對外活動

哥老會作爲一個下層民衆的社會組織，每個成員加入其中的目的雖然千差萬別，但是他們都有一個共同點，那就是爲了改善自己的地位與處境。社會學認爲，所有社會群體中個人的行爲，都是由某種解決問題的活動所構成的。某一群體的共同目標，是由其成員所面臨著的某些共同問題，並且大家同意共同努力解決這些問題所決定。哥老會作爲一個結社組織，必須通過說明成員解決各種問題而使其組織得以存在與發展。因此，每個哥老會的山堂在建立後，必然要經常進行各種活動。這些活動總地說來，無非對內、對外兩個方面。

1.對內活動

哥老會對內的活動，主要是在成員間互濟互助和自衛抗暴，這乃是一切會黨賴以存在的必要條件。會黨講「義氣」，說到底就是爲了彼此遇事互相幫助和照應，使會內弟兄的利益得到保護。所以，會內弟兄遇到經濟上的困難，就要通過邀會集資的辦法予以幫助，使之渡過難關，給沒有職業者介紹工作。許多人在本地難以存活，便外出「跑碼頭」，通過各地哥老會山堂的幫助，找到新的生活出路。幫助會內弟兄辦理紅白喜事，也

---

[55]王純五：《袍哥探秘》第65頁，巴蜀書社，1993年。

是哥老會內部的重要活動。沒有錢的哥弟爲老人辦理喪事，便可以請求山堂的幫忙，由紅旗老五吩咐弟兄們每天輪流值班，接待客人，把煙、酒、茶、飯、開奠、送葬等事項，安排得井井有條，周密細緻。貧窮的哥弟死了老人，首先向本堂口的執事大、三、五爺磕頭拜孝，說明衣、衾、槨等無錢辦理，請求幫忙解決。公口的舵把子便通知管事老五，託人情，找兄弟湊錢，並招呼哥弟們送情幫忙，不吃酒飯。有的還幫助製備若干套孝衣，由會內弟兄穿著送葬，顯得風光氣派。哥老會組織因爲在本地的親朋故舊甚多，一般不在本地幹壞事，而且爲了得到本地人們的稱頌，甚至往往還在本地舉辦一些慈善事業。遇到天災人禍，寒冬年節，便向本地窮人發放一些錢財衣米，以救濟老弱孤寡。[56]在哥老會內部，山堂也往往起到調解內部糾紛、協調各種關係的作用。如果遇到會內人與人之間，鄰里與鄰里之間發生口角與糾紛，便可以請山堂的大爺出面調解。一般是到茶館評理，稱爲「言語」或「吃講茶」，由理虧一方出錢。屆時老帽上坐，群黨旁坐，聽判者下跪。判畢，茶錢無論數十人數百人，皆判輸者獨償。若或辯駁，即驅至野外，憑眾吩示：重則殺之，爲『毛抛水中』，爲『丟灰』；輕則以刀向身隨刺，三對穿孔爲『三刀六眼』。以巨炮子打之，爲『吃湯丸子』，及割鼻、割耳、割足筋不等。」[57]如果雙方各有曲直，地位又相當，彼此都不肯認輸，則由舵把子使出絕招，把雙方的理由講清楚，然後自認對兄弟幫助不夠，管教無方，以「不看僧面看佛面」爲結論，自己把錢付了，然後說：「把今天的事丟塔（罷了），今後和好如初，不許再提。梁山弟兄不打不親，袍哥人不講不明，理明氣散，那裡說那裡丟，那裡講，那裡休。今後若雙方再提此事，就是不給我面子。」如此，雙方既不傷和氣，又平息了爭端，頗得人心。如果會內成員家內發生糾紛，如兄弟間不和，兒子不孝順父母，則由紅旗管事先進行勸說調解。

---

56 王純五：《袍哥探秘》第65頁，巴蜀書社，1993年。

57 崔陳：《辟邪紀實》附：〈哥老會說〉。

若一再勸說無效，則由舵把子出面，召集當事人會面，先令兒子「矮起」即下跪，向他講明不孝順父母是大逆不道的道理，再責令兒子向老子磕頭請罪。情節嚴重者，還要向眾人磕「轉轉頭」。若仍然不肯改悔，則把袍哥「擱了」，即暫停會籍，改正後再恢復。[58]

2. 對外活動

哥老會的對外活動（不包括大規模武裝造反活動），基本上屬於反社會活動。哥老會作為一個秘密會黨，隨著組織的擴大，人員的增加，需要有源源不斷的財源來維持其存在與發展。而僅僅靠一般性搶劫、勒贖等活動，是難以為繼的。所以各山堂便進行各種集體的違法會活動，藉以謀取暴利。這類活動主要有以下方面。

販賣私鹽

清代的鹽稅一直是朝廷財政收入的重要項目。在清代的榷鹽制度中，主要是實行「官督商銷」，即由鹽商向官府繳納鹽課、領取鹽引後，到指定的地點買鹽，再運到指定的地點銷售。所謂「鹽引」便是由官府頒發的專賣許可證，鹽商在得到鹽引後，便可以對食鹽進行壟斷，從中獲取高額利潤，而官府則通過支持鹽商的壟斷地位而取得鹽稅。所以，朝廷一再重申「鹽課錢糧，關係軍國急需」，「鹽課關係國賦、最為緊要」，因此要「嚴緝私販」，「以裕國課」。[59]鹽商們在政府的保護、支持下，大多成為暴富。清代前期鹽商的資本額已經由幾百萬兩膨脹到上千萬兩，而食鹽的走私既不必向政府繳納鹽課，也就可以比鹽商獲得更大的暴利。所以，長江上游的哥老會和中下游的青幫、紅幫，便競相從事販賣私鹽的違法活動。在江淮一帶最著名的紅幫頭子盛春山一夥，擁有小船數百艘，槍數千支。他們把幫內弟兄分為若干個組，每組派首領一名，帶小船若干，攜帶

---

58 蔡墩：〈話說哥老會〉，載《近代中國會黨內幕》，下卷，第244—246頁。

59 薛宗正：〈清代前期的鹽商〉，載《清史論叢》，第4輯。中華書局，1982年。

武器，分頭到各產鹽地區收買私鹽，再運到無鹽之處銷售。因為私鹽沒有賦稅負擔，在運輸過程中也沒有繁瑣的手續和流通費用，因而比官鹽價格低廉，容易銷售。而哥老會的走私活動，又有各地會黨的協助，更加有利可圖，所以，從四川到江蘇的哥老會，無不靠販賣私鹽牟利。

走私鴉片

鴉片戰爭後，中國的大門被列強打開後，鴉片大量輸入。1858年11月簽定的中英《通商章程善後條約：海關稅則》第五條規定：「洋藥准其進口，認定每百斤納稅銀三十兩。惟該商止准在口銷售，已經離口，即屬中國貨物，止准華商運入內地。」這裡說的「洋藥」就是鴉片。鴉片本身就有著巨額利潤，走私鴉片，其暴利自不待言。因此，青幫、哥老會（紅幫）、天地會等會黨，無不染指其事。四川的瀘州乃是滇黔鴉片走私的孔道，外地煙販來到瀘州，通過哥老會組織把鴉片買好，由瀘州的舵把子招呼，由會內弟兄以武力護送出境。[60]

占碼頭

每一城鎮往往不止一個哥老會的山堂、碼頭，而且除哥老會外，還有青幫、天地會等會黨組織。因此，在不同的會黨系統，或者同一會黨內部不同的山頭之間，均劃分有一定的勢力範圍，彼此各不相犯。在其勢力範圍之內的各種不法活動場所，如賭場、妓院、煙館等，或者由某一會黨經營，或者向某一會黨繳納保護費。如有外來的會黨前來染指，則必然發生爭鬥，甚至發生流血事件。勝者便成為當地的地頭蛇，稱為占碼頭，敗者拱手相讓，不敢來犯。

搶劫勒贖

這是會黨的一項經常性活動，哥老會自不例外。在四川的哥老會分為清水袍哥和渾水袍哥，前者一般都有固定職業和收入，後者便是專門從事

---

60 楊楚湘等：〈瀘州袍哥〉，載《近代中國會黨內幕》下卷，第353頁。

搶劫勒贖活動的土匪組織。湖南的哥老會分為「紅會」與「黑會」，前者係白晝搶劫，後者為黑夜偷盜。勒贖即綁架，又稱綁票，即將某人強行劫持，再通知其親友家屬用錢來贖，過期不贖則將被綁架者處死，稱為「撕票」。在晚清時期，各地哥老會均進行搶劫勒贖的活動。據光緒末年兩江總督端方奏稱：「蘇、浙兩省梟匪，即蔡乃煌摺內所稱浙西之青紅幫」，「平日以販私、開賭為生，與民雜處，恃眾橫行，有時強借強索，有時擄人勒贖，有時白晝搶劫。」[61]咸豐初年，湖廣總督程矞采奏：「查瀏陽縣匪徒私立忠義堂名目，並傳有雙莊會名，意在糾合鄉愚，以為聚會斂錢之計，聞亦歷有年所。」「凡設立會教，皆盜賊依為護符。所謂紅會者，即紅簿教，係白晝持械搶劫之盜也。所謂黑會者，即黑簿教，係黑夜穿窬偷竊之賊也。」[62]江蘇巡撫吳元炳提到，江西人黃紹幅在吳淞一帶糾人加入哥老會的九龍山，九龍山會首李鬍子每年春秋兩季駕船，率眾在海上搶劫。[63]湖南巡撫卞寶弟奏稱，武陵縣哥老會（變名烏龍會）內「老帽」龍老九，於光緒十二年六月在該縣白衣庵地方開「太吉山」堂，放飄糾人，派有「總理大爺」、「當家老三」、「紅旗五爺」等。令會眾打造刀矛一百餘把，製造火藥八十餘斤，在白衣庵聚集了三百多人，約定到常德府城外搶奪財物。[64]陝西巡撫岑春煊奏稱：光緒二十六年八月，渭南田桂斌等糾人結拜哥老會，立有山堂香水。是年八月，「因天旱糧貴，人心易惑，起意乘機煽誘，搶糧燒房。」八月三十日，田桂斌等各持槍刀器械，先至縣屬楊家窯搶搬糧食，並搶劫鋪戶，放火燒房。[65]

---

[61] 《軍機處收電檔》，兩江總督端方奏，光緒三十四年十二月十七日。

[62] 《軍機處錄副奏摺》湖廣總督程矞采摺，咸豐元年八月二十二日。

[63] 《軍機處錄副奏摺》補，江蘇巡撫吳元炳摺，光緒二年六月初六日。

[64] 《軍機處錄副奏摺》湖南巡撫卞寶弟摺，光緒十三年五月十五日。

[65] 《軍機處錄副奏摺》陝西巡撫岑純煊摺，光緒二十六年正月初七日。

暴力活動

　　哥老會在各地舉行暴力活動。光緒末年，四川閬中人劉天貴早年加入哥老會，於光緒二十二年來到陝西，自稱手下有千餘人，曾得有天書，並說：「世界不好，不如造反，圖個出身。」與同鄉文在洪等商議，大家湊錢打造刀矛槍械，買布制旗。劉天貴自稱為王，封文在洪等為元帥、總管、統領、營官等明名目。約定次年初起手，旋被出首，逃至周至被拿獲。[66]光緒十八年七月，江西萍鄉哥老會首領鄧海山等聚眾造反。鄧海山先在軍營當勇，被辭退後在家靠教練拳棒度日，後來與湖南人屈希之等結拜哥老會，倡立「五嶽山，洪福堂」，散賣飄布，傳授口號。因素知當地武功山大安里地勢偏僻，有險可憑，遂邀集各路頭目，帶領會眾八九千人，於七月二十八日在大安里「豎旗起事」。鄧被尊為正龍頭和「楚氏一王」，先赴萍鄉縣盧溪市地方搶掠軍械軍火，並出安民告示，然後率眾二千餘人圍攻縣城。[67]

其他不法活動

　　哥老會吸收的成員大多是三教九流的人物，他們除了進行上述各種不法活動外，還從事各種詐騙或迷信活動。四川哥老會的這些活動，據劉師亮披露有以下一些：

　　驚門。包括各種迷信活動，如算命、占卦、堪輿、相面、跳端公、配像、招魂、收妖及女巫、用鸚哥啄字條、用符水治病、挑牙蟲、圓夢、桃木辟邪等；

　　培門。即擺攤賣補養藥者，又分為「文四平」，即設攤賣丸散膏丹者；「武四平」，即擺弄刀、叉棍棒等各種兵器，藉以賣跌打損傷藥者。

　　飄門。即江湖所稱「飄葉子」，有的在紙上書寫各種字謎，在茶館酒肆讓客人猜測，向客人索要金錢。或以字畫上落客人的姓名，向之索錢。

---

66 《軍機處錄副奏摺》陝甘總督陶模摺，光緒二十二年月缺。（567卷第3件）
67 《硃批奏摺》江西巡撫德馨摺，光緒十八年九月十日及九月十四日。

猜門。即各種賭博行當，如門寶、擺寶、詩謎、花寶、佔標等，即設一謎局讓眾人猜，猜中者給以小利，猜不中則全注皆傾。

風門。就是利用年輕有姿色的女子先勾引一好色之男子，與之同居，然後再令男子充當富商，在誤飲毒酒後，故意向另一富商尋釁鬥毆而受傷致死，然後借屍詐財。

火門。即利用一些人貪財好色的心理，假稱利用鉛錫等物可煉金銀，引誘富有的貪財者上鉤，然後再利用女色進行詐騙。

晚清哥老會雖然也參加過一些反抗國內專制統治和外國侵略者的鬥爭，但是，由於嚴重的小團體主義和濃厚的封建迷信色彩，作爲一個落後的秘密結社，在晚清巨大的社會變革中，逐漸蛻變爲軍閥官僚的工具或黑社會組織。

六、哥老會與湘軍

1.哥老會對湘軍的滲透

在嘓嚕向哥老會演化的早期，活動範圍主要在四川境內，後來，便沿長江順流而下。咸同年間，已發展到整個長江流域和雲貴、陝甘等省，甚至兩遙遠的、內蒙、新疆、西藏，也有哥老會的活動。正如左宗棠所說：「哥老會匪起於川黔，盛於三江兩湖，稍遲則淮皖豫諸軍，亦將被其傳染。」[68]哥老會雖然源於四川的嘓嚕，但大量興起則與湘軍密切相關。清末歐榘甲在〈新廣東〉一文中指出：「自洪楊滅後，湘、楚、霆、淮四軍橫行各省，中國稱私會之眾者，以哥老會爲稱首。」[69]

湘軍是太平天國時期以曾國藩爲代表的湖南紳士，爲鎮壓太平天國等農民起義而創辦的一種臨時性私人軍隊。所以在組建時是先選將，後募兵，兵歸將所有，王闓運在《湘軍志》裡說：「其將死，其軍散。」在任

---

[68]《左宗棠全集》第十三冊，書牘，卷十，〈答劉壽卿〉。

[69]張枬、王忍之編：《辛亥革命前十年間時論選集》第一卷，第295—296頁，生活、讀書、新知三聯書店1978年版。

務完成後即可能被解散。咸豐二年，清廷爲了對抗太平軍和加強對湖南的統治，任命丁憂在籍的禮部右侍郎曾國藩爲湖南幫辦團練大臣。曾國藩遂以湘鄉團練爲基本隊伍，把全省團練中「曾經訓練之鄉民，擇其壯健樸實者招募來省」，以此爲基礎開始編練湘軍。爲了增強內部的凝聚力，湘軍的大小頭目多爲舉人、童生，因爲他們「悉皆鄉里農人」，彼此以同鄉、師生、親戚爲聯繫關係的紐帶，被招募的士兵須「取具保結，造具府、縣、里居、父母、兄弟、妻子、名姓、箕斗清冊各結附冊，以便清查。」[70]

道咸年間，隨著商品經濟的增長，土地兼併更爲激烈，廣大農民「破產相踵」。農民破產後不得不棄耕從戎，依賴湘軍優厚的餉薪養家餬口，這就爲湘軍的崛起提供了充足的兵源，使曾國藩得以把大量破產農民編入湘軍。鑒於當時湖南各地秘密結社的風氣盛行，許多破產農民和無業遊民紛紛投入哥老會等秘密結社的懷抱，所以，哥老會的組織也就隨著大批破產農民和遊民的加入，逐漸滲透到湘軍的軍營。曾國藩、左宗棠等一再嚴禁秘密會黨流入軍營，左宗棠多次提到：「嚴禁各營不准收用此等遊勇，並諭禁勇丁不許蹈此匪習，犯者立正軍法」；「咸豐十年初開楚軍時，即將哥老會及結拜兄弟一律懸諸戒條」；「吾于金盆嶺練軍，已嚴定立斬之條。」這些禁令說明在湘軍初創時期哥老會流入軍營的情況就已經相當嚴重。

在湘軍後來的發展過程中，也有大批哥老會分子混跡其中，鮑超組建的「霆營」就是個突出的例子。咸豐六年底，胡林翼讓鮑超赴湖南募勇成立「霆營」，儘管一再叮嚀他「勇丁以山鄉爲上，近城市者最難用」，[71]要求他前往江華、道州、新寧等湘南山區募勇，但鮑超卻仍在長沙附近募勇，結果導致大批哥老會分子進入「霆營」。王闓運在《湘軍志》中說：

---

[70] 《曾文正公雜著》卷二，光緒戊子年鴻文書局校印。

[71] 胡林翼：《胡林翼集》（二）〈致鮑超〉，嶽麓書社，1999年。

「哥老會者，本起四川，遊民相結爲兄弟，約緩急必相助。軍興，而鮑超營中多四川人，相效爲之，湘軍亦多有」。[72]左宗棠也說：「鮑超籍隸四川，而流寓湖南最久，……所部多悍卒，川楚哥老會匪亦雜廁其間」。[73]同治九年，左宗棠率領湘軍遠征陝甘時奏稱：「西蜀當嘉慶年間，名將輩出，自頃嘓嚕變成哥老會，軍營傳染殆遍。……臣初入關時，黃鼎以蜀人帶蜀勇，正苦哥老充斥」。[74]說明在在湘軍發展、征戰過程中，也有大量哥老會進入。

　　哥老會分子進入軍營後，爲了在作戰時互相幫助，便在湘軍內部引誘軍營士兵結盟拜會，特別是加入哥老會。劉崑在奏摺中指出：「查軍興以來，各省招募勇丁，在營之日，類多結盟拜會，誓同生死，期於上陣擊賊，協力同心。」[75]兩江總督劉坤一也說：「前此各省用兵，營中材武之士，結爲兄弟，自成一隊。遇有勁敵輒以陷陣衝鋒，帶兵員弁，另給旗幟號衣以作其氣而收其效。」[76]

　　湘軍的兵勇之所以樂意加入哥老會，自然有其自身的原因。他們長年在外面征戰，遠離家鄉和親人，精神上感到孤獨，生活上的困難又無人照應，而加入哥老會則可相互幫助。曾國藩也看到兵勇結拜哥老會主要有兩個原因：「一曰在營會聚之時，打仗則互相救援，有事則免受人欺；二曰出營離散之後，貧困而遇同會，可周衣食，孤行而遇同會，可免搶劫。因此同心入會」。[77]就是說，兵勇們一方面爲了打仗時彼此照應，另一方面則爲了將來被遣散時互相幫助。兵勇們自己也說：「某等所以皆願與此會者，非無故也。當在營充勇之時，彼此相顧，如同兄弟，患難同當，安樂

---

[72]王闓運：《湘軍志》，湖南防守篇，第18頁，嶽麓書社1983年版。

[73]左宗棠：〈陳鮑提督所部仍請由該員自爲主持片〉，《左恪靖伯奏稿》卷十五。

[74]《左文襄公全集》奏稿，卷37，第32頁。

[75]劉崑：〈撲滅湘鄉會匪並擊散瀏陽齋匪摺〉，載《劉中丞奏稿》卷二。

[76]中國科學院歷史研究所第三所編，《劉坤一遺集》第6冊，中華書局1959年版，第2794頁。

[77]《曾文正公全集》批牘，卷三。

共用。及至裁撤之後，不能歸田務農回里安分者，有此與會憑據，可以周流各省。即遇素不相識之人，可代爲設法報復。」[78]另外，湘軍在後期，將領剋扣兵餉的現象非常嚴重，軍餉發到軍營後，有的被統領、營官剋，有的被主管發餉的糧台剋扣。所以，士兵們爲了反對將領們剋扣軍餉，便紛紛加入到具有凝聚力的哥老會中來。對此，左宗棠曾說：「兵數日增，餉事日絀，非僅不能制賊，且更以增賊。今之土匪、哥老會匪、遊勇、潰勇，則皆無餉之軍不能制賊，反以增賊之明驗也。」[79]事實證明，湘軍軍營中的幾起嘩變案件，大多與哥老會索餉有關。另外，由於軍官平日剋扣軍餉，以至在兵勇被遣散時尚拖欠兵餉，兵丁爲了維護自己的切身利益，也會求助於哥老會。左宗棠曾奏稱：「臣旋閩時，飭汀州鎮總兵沈俊德將所部鄂軍元右營、副左營清給口糧，撤遣回籍，以節餉需。該鎮所部以湖北舊欠口糧未清，嘖有煩言，意存要脅。」當時，被裁的藍翎都司沈滄海來至汀州附近，「交結哥老會匪，乘勇遣散，布散謠言，煽惑軍士，不繳武器。」「幸記名總兵張福齋一軍凱旋回閩，駐汀鎮壓。沈俊德挪借閩餉，墊發鄂欠餉三成，始將所部遣散，安靜出境。」[80]

　　當然，湘軍中的異姓結拜組織，並非完全是結拜哥老會。湖南布政使李榕曾說：「楚師千萬，無一人不有結盟拜兄弟之事」。[81]湘軍禁約中也規定，「結盟拜會，鼓衆挾制者嚴懲，拜哥老會習邪教者摒誅。」[82]說明若湘軍中除哥老會外，還存在一般的結盟拜會活動。不過，這些結拜組織在哥老會傳入湘軍後，也可以轉化爲哥老會。如同治十一年湘軍將領何璟奏稱：「查各營兵勇向有結盟拜會之事，原爲戰陣之際互相救援，迨糾衆

[78] 《申報》光緒二年七月初四日。

[79] 《同治朝東華續錄》卷74，同治七年九月二十九日。

[80] 《硃批奏摺》左宗棠摺，同治四年五月初一日；另《左宗棠未刊奏摺》第四十九—五十頁。

[81] 李榕：《十三峰書屋全集》卷7，批牘一第13頁，〈湘潭縣梅震榮到任稟批〉。

[82] 王定安：《湘軍記·水陸營制篇》，嶽麓書社，1983年。

太多，良莠不一，遂有哥老會名目」。[83]

此外，湘軍駐地外部的哥老會分子也往往與駐地內部的士兵相互勾結，結拜哥老會。在湘軍存在的後期，因爲處在哥老會活動比較猖獗的地方，軍營外的哥老會便大力向軍營滲透。曾國藩指出：「大兵紥營之所，常有遊手數千隨之而行，或假充長夫，或假冒余丁，混雜於買賣街中，偷竊于支應局內」。[84]同治六年陝甘總督左宗棠奏稱：哥老會在「官軍駐紥之所，潛隨煽結。陝甘兩省，游勇成群，此風尤熾」。[85]同治八年，左宗棠在乾州營次所寫的家書中也說：「軍興既久，哥老會匪東部各省遍地皆然。」所部「自閩浙轉戰而來，舊勇物故，假歸者多，時須換補，而匪徒即伏匿其間。比上年轉戰直東各省，遊勇麋聚連鎮、吳鎮之間，潛相勾煽，而此風轉熾。凱旋後駐軍西關，察親兵一營，即有數百人入會。」[86]不僅有士兵，還有軍官參加哥老會。據閩浙總督英桂稱：「竊自軍興以來，官兵駐紥處所，每有江湖會內匪徒潛隨煽惑，聚黨結盟，變名哥老會。軍營武職人員亦竟有甘心入會者，」並提到有花翎遊擊蕭保和等三十餘人結拜哥老會。[87]那些被裁汰的軍官、士兵，也很容易與軍營裡的官兵糾集在一起，結盟拜會。同治九年，湘軍被裁汰兵弁張大源，在廈門邀約現任哨官曾廣幅，並由曾廣幅約營兵及居民多人結拜哥老會。張大源又名備修，曾投營充勇，因誤事被革退。同年九月，他糾約曾廣幅等五人結拜哥老會[88]。同治十年，陝西「各汛軍營，時有遣散勇丁往來如織，該匪等往往僞託營名，冒稱差使，攝取訊票文劄以及護符，時復盤踞附近州縣，

---

83 《軍機處錄副奏摺》何璟片，同治十一年七月（日期缺），案卷號2724。

84 曾國藩：〈嚴辦土匪以靖地方摺〉，《曾國藩全集》奏稿一，第45頁，嶽麓書社，1987年。

85 《硃批奏摺》陝甘總督左宗棠摺，同治六年九月二日。案卷號702～1。

86 《左宗棠全集·詩文家書》第122頁，嶽麓書社，1986。

87 《軍機處軍機處錄副奏摺》閩浙總督英桂摺，同治十年八月初一日。

88 《硃批奏摺》閩浙總督英桂摺，同治十年三月十八日。

串通消息，各挾盟單暗記，勾誘營勇入夥，此拿彼串，蹤跡詭秘。」[89]在外部哥老會分子的滲透下，哥老會在湘軍中更加廣泛傳佈開來。

2.哥老會對湘軍滲透所造成的社會問題

哥老會在湘軍軍營裡的流傳與發展，使當時的軍營內的結拜活動大為盛行，「各營相習成風，互為羽翼」[90]。左宗棠的幕僚龔寶琛曾提到：「昔隨左文襄公西征，見有蜀軍十營，官弁勇丁無一不係會匪。全軍哨弁見營主，營主謁統帶，皆莫不以大哥呼之，而不聞有稱大人者，此蜀產之根深蒂固也。」[91]進入湘軍的哥老會分子，往往進行擾亂社會治安的活動。咸豐十一年，湖南寧鄉人崔暕在〈哥老會說〉一文中說：「其黨每於山隘及江湖港邊泊船所在謀劫，客商多遭殘害。故行旅相結伴，孤則不敢出。自紅巾賊倡亂，其黨多附去者，於是行旅稍稱安謐。乃近日則此害有更不可言者，緣四川、貴州兵多入其會，調至各省防剿，與各新募勇丁暗相聯絡，致勇丁入會者亦十之三四，在營為官軍出營即為盜賊。或告假或遣發而出，即十百成群，於各處伺探過客，以至山隘早晚經行及江湖泊船，稍不備者即遭害。且其黨亦著營中號衣，亦有軍器，無從辨別真偽。遭害者不可數計，鳴官亦不能究。」[92]

哥老會在湘軍內擁有自己的一套組織系統，與湘軍本身的組織與指揮系統發生衝突。湘軍將領指出：「湖南行軍日久，（哥老會）傳衍尤多，其頭目或當散勇，而營官、百長之資格有轉出其下者。晝則拜跪營官、百長之前；及會中有事，則此為散勇者傳集其黨於山墅間，夜升高座，營官、百長反從而跪拜之，予杖則杖，予罰則罰，無敢嘩者。」[93]如此便在

---

[89] 陳旭麓等編：《辛亥革命前後盛宣懷檔案資料選輯》（一）第161頁，上海人民出版社，1979

[90] 《軍機處錄副奏摺》兩江總督曾國藩摺，十一月二十七日。

[91] 陳旭麓等編：《辛亥革命前後盛宣懷檔案資料選輯》（一）第161頁，上海人民出版社，1979年。

[92] 崔暕（天下第一傷心人）：〈哥老會說〉見《辟邪紀實》附卷，同治元年刊。

[93] 劉蓉：〈復李筱泉制軍書〉，《養晦堂文集》卷八。

湘軍軍營裡出現了一種奇怪的現象：由於有的兵丁是哥老會頭目，軍官反而是一般哥弟，以至軍營中白天是按湘軍的組織體系運作，兵丁要跪拜營官。而夜間則是按哥老會的一套組織方式運作，營官反而要跪拜兵丁中的哥老會頭目。這樣，遇到行軍打仗，自然會產生矛盾，使湘軍本身的組織系統與指揮系統被弱化。

　　軍營中哥老會勢力坐大後，往往藉端生事。同治四年十一月，駐紮在安徽皖南道的強字營都司楊富生「倡首煽亂」。在楊富生指揮下，勇丁馮其隆等「歃血祭旗，私相傳約」，聚眾鬧餉。而且，「有都司龍家壽者，為哥老會巨魁，刻錢塗朱，以為信符，聚眾斂費，謂之放飄。當其鬧餉之際，龍家壽私造令箭、令旗，鳴鑼傳令，大張條示，其黨奉命唯謹。」[94]哥老會崇尚義氣，事敗後也絕不供出同夥。哥老會成員、遊擊許桂林於光緒年間鬧事被捕後供僅稱：「先於霆營裁撤後，曾糾集多人結拜哥老會，眾人推為頭目，造有八卦圖片、盟書飄布。」當審訊者詰問：「黨羽人數、姓名」時，許桂林則「堅不供出，輒稱自己業已被獲，決不再害會內弟兄。」[95]光緒三年三月二十九日，湖北省監利縣東南鄉唐家洲地方，有哥老會王華章等，「潛串該處遊民，約期搶劫起事。」王華章被捕後供稱：向入哥老會，本年三月內邀約會內多人，定於四月初三日搶劫朱河典鋪和臨湘縣山內茶莊，欲在得有資財後，乘機起事。[96]光緒十七年，兩江總督劉坤一奏稱：「江蘇自兵燹以後，伏莽未靖，遊勇會匪到處勾結為患，以致盜風日熾，剿劫頻仍」。[97]

　　對於湘軍軍營中哥老會的勢力，一些將領也無可奈何。同治五年正月，羅惇衍奏：「各營勇紛紛拜會，名曰江附（湖）會，又一名幗（哥）

94《軍機處錄副奏摺》兩江總督曾國藩摺，同治四年十一月二十七日。

95《軍機處錄副奏摺》湖廣總督李瀚章摺，光緒二年七月初八日。

96《軍機處錄副奏摺》湖廣總督李瀚章摺，光緒三年五月二十日。

97《劉坤一遺集》（二）第689頁。

老會，其匪首則稱爲老帽，出入營盤，官不敢禁。」[98]一些湘軍將領爲了控制自己的下屬，甚至不得不親自主持歃血結盟或加入哥老會。相傳左宗棠在出兵新疆鎮壓回民起義時，途中發覺自己統領的湘軍、淮軍竟然大多都是洪門（哥老會）分子，擔心難以掌握。其幕僚獻策，讓左宗棠自己開山堂，做洪門大龍頭。[99]這雖然是傳說，不一定可信，但卻反映了哥老會勢力之強大。

3. 湘軍被遣散與哥老會的進一步蔓延

哥老會在湘軍中勢力坐大引起的種種弊端，迫使清廷不得不考慮解散湘軍。而湘軍的解散，又加速了哥老會的發展，並蔓延於整個社會，成爲清朝統治者的一個巨大隱患。

隨著太平天國、捻軍起義逐漸遭到鎮壓，清廷便開始大量裁撤和遣散湘軍。湘軍是曾國藩等人爲了鎮壓太平天國起義而臨時組建的，所以，太平天國失敗後，這支隊伍也就必然被遣散了。不僅曾國藩的湘軍，而且左宗棠的楚軍和李鴻章的淮軍，也都面臨著同樣的命運。從同治三年七月到同治五年，湘軍被裁兵勇多達11萬人。由於當時社會經濟蕭條低迷，難以給被遣散的兵勇提供充分的就業機會，加上兵勇們在軍營中養成了諸多惡習，不願再回到農村從事艱苦的農業勞動，於是紛紛投入到哥老會的懷抱。

無論是清朝朝廷還是湘軍的創始人曾國藩，都僅僅從防範被遣散的兵勇滋事這一點考慮，並未從被遣散者本身的切身利益著想。從清朝當局來看，湘軍僅僅是曾國藩招募的私人隊伍，無須對被遣散者負責。曾國藩等則只管出錢募人當兵勇，藉以鎮壓太平天國和捻軍、回民起義，至於事成之後如何安置被遣散的兵勇，則並不關心，只要被遣散者不要滋事就萬

---

[98] 《清穆宗實錄》卷一六七，同治五年正月己丑。

[99] 王恒偉、李己平、沈志強：《中國秘密社會內幕》，吉林文史出版社1989年版，第18頁。

事大吉了。在此情況下，數以十萬計的被遣散兵勇解甲而不能歸農，也找不到其他謀生辦法，絕大部分成爲無家可歸的無業遊民。他們中間的善良者被迫死於溝壑，強悍者結夥爲盜、爲匪。由於他們在軍營中加入哥老會後，「謂可通融財物，謂可保衛身家。」[100]「出營離散之後，貧困而遇同會，可周衣食。」[101]因而被遣散後便與各地的遊民相糾結，按照傳統的結拜弟兄的方式，紛紛結盟立會。湖廣總督張之洞說：「自咸豐初年軍興以來，湘民釋未從戎，轉戰各省，湘軍幾遍寰區。迨軍務肅清，紛紛遣撤歸農。從軍既久，習於遊惰，又兼家無恒業，遂不肯復安耕鑿，每踵軍營積習，結拜弟兄，謬立山堂名號，刊發布颺，僞造歌謠，煽誘愚蒙，肆轉行強劫，甚至嘯聚思亂，乘機揭竿滋事」[102]。劉坤一也說：「迨江南大功告成之後，遣散兵勇數以十萬計，多係獷悍久戰之士，不能斂手歸農。」因而「哥匪名目因之乘之以興。」[103]加之「江湖流蕩之輩固趨赴不遑，市鎮負販之徒亦相從而靡」[104]，使得哥老會又在地方上迅速蔓延開來。

　　大量被裁撤的散兵游勇的加入，更壯大了哥老會的實力。湖南巡撫劉崐奏稱：「軍興十年，湖南兵勇遍布各省，其在營往往與同營同哨之人結爲弟兄，誓同生死。當時頗資其力，浸淫既久，一二狡黠之徒，因而煽結，於是哥弟會之黨以眾，而其勢亦愈張。」「湖南哥弟會黨人數多不可記，其徒眾復多習於戰鬥，殺人放火，視爲故常。」[105]同治十一年，江蘇巡撫張之萬奏稱「蘇省結會拜盟之案，層見疊出，多因遊兵散勇到處勾煽」。「訪聞（蘇州）木瀆地方有開設煙館之匪犯蕭斗三行蹤詭秘，結黨營私，藏有白布印旗。」游勇魏誠德等人供稱「欲圖糾集千餘人至揚州

---

100 《硃批奏摺》湖廣總督張之洞摺，光緒十八年正月二十五日。

101 《曾文正公全集》書箚，卷三十一，〈復劉韞齋中丞〉。

102 《硃批奏摺》湖廣總督張之洞摺，光緒十八年閏裡月二十六日。

103 《劉中丞奏稿》卷七，光緒二十二年刊本。

104 《劉坤一遺集》公牘卷二，中華書局，1959年。

105 《軍機處錄副奏摺》（補），湖南巡撫劉崐摺，同治六年十月初七日。

起事。」[106]光緒三年浙江杭州府拿獲的哥老會成員崔華雲，係湖南常寧縣人，曾在嚴州湘營中充勇，太平天國攻佔嚴州時投降太平軍，同治初年清軍克復嚴州後，又投入清營充勇。被遣散後在仁和縣塘棲地方開設洋煙館，因「時有游勇鐘景光、黃發洋、胡鏡卿、彭受輝往來吸食」，遂起意糾眾結拜哥老會，並刊刻「浙江省集賢龍頭總坐總理合辦各軍帥印」，放飄發展會眾。[107]

各地哥老會也大量吸收被遣散的兵勇，開山立堂，結拜哥老會。據一件不知作者的奏片寫道：「臣風聞各處軍營遣革遊勇，無業可歸，狡焉思逞，往往結為哥老會匪。倡立山堂名目，自號坐堂、當家、正龍頭、副龍頭各名目，勾結黨羽，圖謀不軌，甚在各處飯鋪煙館聚集匪黨，名為設卡。凡有軍營散勇回籍，必須向其掛號，勒索錢文，稍不遂意，動輒攔搶逞兇。」當權者也看到被遣散的兵勇，「年復一年，餬口無資，棲身無地，其流而為匪者情也，亦勢也」。[108]在湘軍的發祥地湖南，問題尤為突出，這裡被遣散的兵勇有數十萬之多。他們回鄉後不能斂手歸農，其中有大量哥老會分子，使湖南很快成為哥老會流傳最盛的地區之一。同治九年（1870）湖南巡撫劉崑奏稱：「溯查湖南二十餘年以來，支持東南大局，籌兵籌餉，歷久不懈，其時尚值年歲豐稔，官紳殫心籌畫，略無旁顧。近年濱湖大水，上游州縣各時遇饑旱，民力久經告竭。而自江南大功告成之後，遣散兵勇以數十萬計，多係獷悍久戰之士，不能斂手歸農。從前平定川陝三省教匪，籌辦善後，安插數十餘年之久，始能敉定。此次軍務十倍於川陝善後，安插又遠不能及嘉慶年間物力之厚，勉強敷衍。苟顧目前，兵勇之情，多未安帖，哥匪名目因之乘之以興」。[109]

106　《軍機處錄副奏摺》江蘇巡撫張之萬摺，同治十一年正月初五日。

107　《軍機處錄副奏摺》浙江巡撫梅啟照片，光緒三年七月十八日。

108　何良棟：《皇朝經世文四編》卷三十九，〈論會匪〉。

109　劉崑：〈湖南餉源匱竭懇賜協撥摺〉，載《劉中丞奏稿》卷七。

　　被遣散的勇丁經過多年征戰，一般都變得兇悍狡猾，再加上他們中間的很多人在軍營時便加入哥老會，回鄉後很容易聚眾鬧事。從同治六年起，哥老會在湖南不斷滋事，雖然地方官府嚴加搜捕，但「會匪愈辦乃愈覺其多」。

　　對於日益發展的哥老會，湘軍將領們也感到束手無策。曾國藩甚至哀歎：「剿之而不畏，撫之而無術」。[110]鑒於有不少軍營中「有二三品武職人員」加入哥老會，他們利用自己在軍營中的地位「易於招呼醜類」，被遣散後，更易於滋事。於是有大臣奏請朝廷對於這些被遣散的高級軍官加以安撫，「飭下湘鄂等省寬爲收標，仿照江西奏准章程，給予半俸，既得升斗以養身家，且冀補署有期，不致自甘暴棄。」[111]但是，也有地方督撫對此持有異議。安徽巡撫裕泰奏稱：「皖省自軍興以後，因歸標員弁人數眾多，庫款支絀，久經停給。然恐無以贍其口食，因仿前督臣曾國藩按月考課章程，每月課試一次，分別等第，給予獎賞，屢次前列者，准其儘先報署委差。」認爲此法較之給予被遣散的高級軍官半俸更爲實際。[112]江西巡撫劉秉璋也贊成讓被遣散軍官「投標候補」的辦法。認爲：「該員等效命戎行，頻年出征，出生入死而得一官。若事平遣撤，置散投閑，情殊可憫，是以准其投標候補，上則爲國家儲備將才，下則振作行間士氣非苟爲贍恤而已。」[113]由於官員們爭論不休，此議只好不了了之。

---

[110] 曾國藩：〈復吳南屏〉，載《曾文正公書劄》卷二十七。

[111] 《軍機處錄副奏摺》兩江總督劉坤一摺，光緒元年十月十九日。

[112] 《硃批奏摺》安徽巡撫裕泰摺，光緒二年三月二十二日。

[113] 《軍機處錄副奏摺》江西巡撫劉秉璋摺，光緒二年二月初九日。

第二十五章

哥老會的反抗活動

一、發動兵變

曾國藩的湘軍、左宗棠的楚軍和李鴻章的淮軍，都有大量哥老會成員混跡其中。軍營中長期存在的各種矛盾，終於釀成哥老會的大規模兵變。湘軍後期兵勇待遇菲薄，生活十分苦楚，而且軍官與兵勇的薪金也相差很大。據日本東幫協會編輯的《中國財政紀略》記載，當時清營的兵丁與軍官的收入相差17倍，若加上所謂公費開支則相差67倍。[1]湘軍的情況也基本上如此。而且，湘軍軍餉還常常遭到剋扣或不能及時發放，使兵勇難以維持正常的生活，從而導致軍營中不時發生兵變。同治四年的「霆營」兵變，就是這類矛盾的突出表現。

霆營是由鮑超於咸豐六年（1856）組建立的一支湘軍。鮑超是四川人，以川勇投入湘軍，成為高級軍官，因鮑超字春霆，所以他組建的這支湘軍就稱為「霆營」。王闓運在《湘軍志》中寫道：「哥老會者本起四川，遊民相結為兄弟，約緩急必相助，軍興而鮑超營中多四川人，相效為之，湘軍亦多有。」[2]左宗棠認為鮑超所部「多悍卒，川楚哥老會匪雜側其間」[3]說明該軍中有大量哥老會分子。同治四年初，鮑超因受傷而回籍調養，其部由宋國永帶領。同年三月，清廷調該部赴甘肅鎮壓回民起義，因為拖欠軍餉「百數十萬」[4]，士兵多不願西行。四月初七日，鮑超所部十八營的八千餘名兵士，在從江西調往四川的途中，以黃矮子和歐陽輝為首的中下級軍官，利用兵士不願西行的情緒，組織大家「歃血飲酒，鼓噪索餉」。當隊伍乘船行至湖北武昌附近金口時，舉行嘩變。嘩變官兵登岸後攻入咸寧，殺死知縣，旋由湖北進入湖南平江，然後改道由通城進入江西銅陵、萬載一帶，又由江西萍鄉進入湖南攸縣、茶陵、安仁等縣。同治

1　轉引自彭先國：《湖南近代秘密社會研究》第105頁，長沙，嶽麓書社，2001年。

2　王闓運：《湘軍志》，「湖南防守篇」第一，第18頁，長沙，嶽麓書社，1983。

3　左宗棠：《左恪靖侯奏稿初編》卷二十五。

4　曾國藩：《曾文正公奏議》卷二十七。

四年五月，在安仁「突入縣城搶劫」，燒毀環城二十餘里的地方。[5]到達義寧時，已經擁有二三萬人。後來又進入廣東，加入花旗軍。[6]

同治六年，哥老會在甘肅軍營中也發動了一次鬧餉事件。據陝甘總督楊岳斌奏稱：「甘肅糧餉兩窮，軍心頗多不固，各營弁勇間有不守營規者，燒香聚眾，設立江湖哥弟會，動輒散布伏莽，奪取行商，甚則索餉鬧糧，挾制將領，相率譁然。」並稱軍營中有一名由五品銜訓導保升花翎候選知縣的郭祖漢，「約黨燒香，數以千計」。並於同治六年二月，「托故進城，又復暗地燒香，糾眾鬧餉。」[7]

同治八年二月，又同時發生兩次由哥老會發動的兵變。二月十三日，駐防陝北綏德劉松山部的老湘軍後旗勇丁謝永青等五人，結拜哥老會，被營官發覺捕獲。「該營勇丁蜂起奪犯，左軍旗弁丁從而附和，右旗、後旗及馬隊四營繼起應之，當劫劉松山所設綏德州城糧局，」搶去軍餉數萬。接著，綏德州城附近諸營同時嘩變，提督、總兵等將領「有離營者，有被叛卒脅制入城者」。事件平息後，將參將銜補用遊擊羅忠桂等及叛卒127人處死。[8]僅事隔七天，甘肅提督高連生所部也在慶陽的楊店大營發生兵變。起因是哥老會首領丁玉龍等原定於二月二十八日密謀舉事，因被提督高連生發覺，搜捕甚急，丁玉龍遂於當月二十日夜間提前舉事。當夜丁玉龍等帶領哥老會會眾數百人，「借索餉為名，徑赴高連生營次，」殺死提督高連生及提督銜總兵黃毓馥、總兵銜副將楊茂林等。這次兵變失敗後，被「陣斬」的兵丁多達一千五百餘人，被捕後處決者一百八十餘人，包括哥老會內的「香長」、補用總兵唐畢賢。[9]

其後，又接連發生多次哥老會舉行的兵變。同治九年五月，甘南親

---

5 同治《安仁縣志》卷一六五，〈事記〉。

6 《同治朝東華續錄》第45卷，第20頁。

7 《軍機處錄副奏摺》（補）陝甘總督楊岳斌摺，同治六年三月二十七日。

8 《同治朝東華續錄》卷七十七，同治八年三月初一日。

9 《同治朝東華續錄》卷七十七，第22—23頁。

兵右營營官、已保總兵魏紹珍，帶領各營兵索餉；八月，又「蠱惑各營圍逼涼州鎮總兵傅先宗營盤，肆行索餉」。[10]魏紹珍所部多係「降眾」，其中有多為哥老會成員，魏紹珍「即其渠魁」。[11]同治十一年七月，陝西乾州的駐防兵丁舉行兵變，哥老會首領丁恒汰等率領兵丁離營潛逃，將追捕的營官殺死。同治十二年四月，貴州新城駐防營軍哨長丁發桂等，同勇丁五六百人索餉嘩變，攻入內城，另外一股攻入興義府城，殺死道員周康祿。[12]丁發桂等「多係嘓匪」，[13]實即哥老會。

二、豎旗起事

湘軍被遣散的兵勇無以為生，便紛紛起來造反。他們「年復一年，餬口無資，棲身無地，其流而為匪者情也，亦勢也」。[14]在湘軍的發祥地湖南，問題尤為突出，這裡被遣散的兵勇有數十萬之多，其中有大量哥老會分子，使湖南很快成為哥老會流傳最盛的地區之一。「湖南二十餘年以來支持東南大局，籌兵籌餉，歷久不懈，其時尚值年歲豐稔，官紳殫心籌畫，略無旁顧。近年濱湖大水，上游州縣各時遇饑旱，民力久經告竭。而自江南大功告成之後，遣散兵勇以數十萬計，多係獷悍久戰之士，不能斂手歸農。從前平定川陝三省教匪，籌辦善後，安插數十餘年之久，始能敉定。此次軍務十倍於川陝善後，安插又遠不能及嘉慶年間物力之厚，勉強敷衍。苟顧目前，兵勇之情，多未安帖，哥匪名目因之乘之以興」。[15]哥老會遂在湖南各地不斷起事：同治八年湘潭江湖會舉兵，直撲省城；同治九年，宣恩、湘潭哥老會起事；同治十年，益陽哥老會起事；同治十二

---

[10]左宗棠：《左恪靖侯奏疏續編》卷三十四，同治九年十一月十一日。

[11]左宗棠：《左恪靖侯奏疏續編》卷三十四，〈魏紹珍等倡率鬧餉立于正法片〉。

[12]《同治朝東華續錄》卷九十七，同治十二年閏六月初九日。

[13]民國《寧鄉縣志》，〈故事編第十：先民傳〉。

[14]何良棟：《皇朝經世文四編》卷39〈論會匪〉。

[15]劉崑：〈湖南餉源匱竭懇賜協撥摺〉，載《劉中丞奏稿》卷七。

年，藥姑山哥老會起事。

　　光緒年間，哥老會的起事更頻頻發生。光緒十六年，安徽石埭縣十三都地方，唐玉苟、謝海山等七人，聽從江西鄱陽人周子意糾約加入哥老會，「商同謀反，約期舉事」。周子意與唐玉苟「前在軍營充勇，後因事斥革回籍，遊蕩度日。」結拜後唐玉苟自稱「九千歲」，謝海山「受唐國公，」其餘各人分別被任命為白袍將、黑袍將、藍袍將、紅袍將等名目。凡有人入會，即給予小旗一面，遇有同夥，暗述口號即可彼此知照。謝海山自稱軍師，能知過去未來，稱周子意是「飛天白虎星下世，能成大事」。光緒十六年四月，周子意等約期於五月十三日攻打建德縣城。[16]光緒十七年安徽省宣城縣哥老會首王靄亭等，糾集會眾八千餘人。官府往拿，王靄亭「揮眾拒敵，各執洋槍利刃轟砍兵役數人。」王靄亭於被俘後供稱：先在原籍湖北入哥老會，後來在安徽宣城、建平、青陽一帶建立哥老會，名為「紫壽山，銀河水，集義堂，蓋世香」。自任「龍頭坐堂」，其手下設有陪堂、禮堂、刑堂，值堂、盟證、香長、心腹、文聖賢、武聖賢、桓侯當家、披紅當家、插花當家等名號。「在會者聽其分派，受其指揮，各備軍器，專事搶掠，坐分贓物，變錢私購洋槍。」[17]

　　光緒十八年，湖南臨湘縣汪殿臣糾約千餘人，在該縣漁角地方「聚眾豎旗起事」，並「據險設卡，張貼偽示，偽稱『順天大王』，『總統乾坤離坎四卦』。」光緒二十七年，安徽甯國縣哥老會聚眾造反。為首者田化龍原籍湖南，「向稱哥老會總頭目，偽號九千歲大元帥，自立山頭，派下夥匪有二三千人，到處開堂放飄。」光緒二十七年初，與首領曹學周等人商量起事，攻打寧國縣城。二月初一日，在廣德州邊界會齊，沿途搶掠，共糾集八九百人。是月初四日，攻至縣城附近，旋被官兵擊潰。[18]

---

16 《硃批奏摺》安徽巡撫沈秉成摺，光緒十六年九月初七日。

17 《硃批奏摺》安徽巡撫沈秉成摺，光緒十七年九月十四日。

18 《硃批奏摺》安徽巡撫王之春摺，光緒二十七年四月二十七日。

　　據有關資料統計，從同治三年到光緒十八年，湖南哥老會起義大小有47次，其它「隱見無常，其風至今未息」者更是不可勝數。郭嵩燾曾經在一封信中就開列了湖南有裁勇會黨鬧事的24個州縣，並說其中的「郴、桂兩州，無歲不有蠢動，雖立時破案，而旋散旋聚」。[19]湖廣總督張之洞也說：「哥老會匪接連長江，上下三千里，匪黨購運軍火，圖為不軌，夥黨極多。」[20]一些官紳不禁驚呼「群匪如毛」，「湖南恐非樂土」。

　　哥老會在北方也廣泛流傳，並趁機起事。河南巡撫陳夔龍奏，在河南汝州魯山一帶，有張半仙等「放飄煽誘」。張半仙名張至極，係游方道士，原籍湖南，光緒二十六年（1900）在安徽九華山加入哥老會，旋於河南裕州遇四川人雷震遠。雷稱廣東九龍山會主係大正國安定王朱洪寅，並自稱乃「保主親信頭目」，帶有書本，名為「安定天書」。張半仙索要借抄，加入其會，雷震遠即委任張半仙為「九龍山幫辦」，並用隨身所帶木刻的「大正安定王玉璽」，印給紙樣一張，囑令張半仙照刻執照一件，以便糾眾入會並封授大小官職。其後，張半仙在河南魯山一帶邀請張有才等結會，封張有才為「大正國吏部主事」，封趙德幅為「大正國兵部主事」。張有才、趙德幅等先後糾約一百四五十人入會，並約期起事。[21]光緒三十年（1904），河南彰德府有哥老會的分支「在園會」活動。直隸總督袁世凱奏：「在園會安陽最多，煽及湯陰、臨漳、內黃等縣。」「彰德之在園會匪，即哥老會匪餘黨別立名目。其始由於軍營散勇來往河北一帶（按：此處「河北」係指河南省的黃河以北的三個府——引者）煽誘愚民，其中有甘心從匪者，亦有無知誤犯者。」光緒二十六年，有銳字營什長、山東人張大坤與安陽的徐添仁、徐添義等結拜在園會，「每人出錢二百四十八文，開堂燒香，焚紙聚拜，不分尊卑年齒，皆以兄弟稱呼。」

19 郭嵩燾：〈致伯史家書〉，《雲臥山莊尺牘》卷八，郭氏清聞山館刊。

20 《軍機處錄副奏摺》湖廣總督張之洞摺，光緒十七年十二月二十四日。

21 《宮中檔光緒朝奏摺》第十九輯，河南巡撫陳夔龍摺，光緒三十年五月十八日。

封徐添義爲心腹大哥，張大坤爲聖賢二哥，各有位次，傳授口號。[22]河南巡撫林紹年奏，拿獲在園會首領張增盛等，起獲五色旗、司令旗、告示、分營軍冊、僞軍章程、軍衣和洋槍等物。張增盛等供稱：「先後入江湖會即在園會，又名天地會。張增盛先充紅旗老五，後被推爲浮龍山老大。」並且「立堂號曰公議堂，散放飄布，斂錢糾人，不計其數。」[23]另外，河南哥老會的山堂還有：精忠山報國堂、自來山福來堂等。[24]寧夏也有哥老會的活動，據被捕者黃祺供稱：「湖南長沙人，向在各省當營勇，光緒二十二年在甘肅西寧縣（今屬青海省）地方入哥老會，僞職刑部，製造僞印，歷在甘陝、河南等省開山立堂八處，糾人入會，不計其數。」[25]光緒三十四年，河南省鄧州哥老會分支江湖會首領鄭自謙以行醫爲業，加入江湖會即英雄會後，遞升爲統領，旋被推爲「營定王」，約定是年七月初四日樹旗起事。事敗後當局起獲王帽、王衣、黃旗及詔書，以及木質雙龍印等。[26]甚至遠在新疆，也發現哥老會的活動。新疆撫臣劉錦堂諮文稱，拿獲哥老會首領宋炳武供，曾在省城烏魯木齊「開設山堂，燒香結盟」。[27]另據伊黎將軍金順奏，在烏魯木齊和吐魯番一帶，有綽號蔡老帽名芝桂者，在當地「勾結匪徒，結盟拜會」。經查拿逃逸，後來又「潛匿瞻德城內，故智復萌，煽惑閒雜人等，開設山堂，燒香放飄。」[28]

　　光緒三十二年江西撫州府臨川縣哥老會昆侖山忠義堂大頭目康星田「自稱僞山主大元帥，散賣布飄，製造軍火器械，」在當地聚眾起事。

---

[22]《軍機處錄副奏摺》直隸總督袁世凱摺，光緒三十年十一月初二日。

[23]《軍機處錄副奏摺》河南巡撫林紹年摺，光緒三十四年四月十四日。

[24]《軍機處錄副奏摺》直隸總督袁世凱摺，光緒三十二年八月三十日。

[25]《硃批奏摺》署理江西巡撫夏㠎摺，光緒三十年五月初二日。

[26]《硃批奏摺》護理河南巡撫朱壽鏞摺，光緒三十四年九月十一日。

[27]《軍機處錄副奏摺》色楞額摺，光緒十四年七月初三日。

[28]《軍機處錄副奏摺補》伊黎將軍金順摺，光緒十一年十二月十六日。

「各處張有僞示，聲言欲赴南城劫獄奪犯，各處匪徒聞風回應。」[29]遠在西南邊陲的雲南也有哥老會的活動，據雲貴總督王文韶稱：「雲南遠居邊徼，遊兵散練出沒無常，往往暗中煽惑莠民開立山堂，結盟散片。」「通省以東之曲靖府屬南寧、平彝、羅平等州縣，及昭通、東川兩府屬爲尤甚。」[30]參加哥老會者，不僅有漢族，而且有回族。兵科給事中王會英稱：「雲南前有回回馬德新，糾黨多人，聚眾叛亂。歲經剿除，尚有門徒甚眾。」並有新興州馬聯之、甯州馬登甲等，「黨羽甚多，素有大五之稱，自呼爲老教會即哥老會。」[31]

在哥老會發展、壯大中，湧現出不少著名的首領。其中最著名的就是所謂「長江三龍」，即龍松年、陳殿龍（陳金龍）和黃金龍（王金龍），他們都是軍營出身的哥老會首領。

龍松年又名龍大勝、慶延松、延青蓮，湖南益陽縣人。曾在軍營充當書職，後來離營在安慶「託名外科治病」。光緒八年在湖北樊城與陳國重糾約數十人結拜哥老會，會名爲「楚鄂山，永樂堂，郇陽香，長江水」。又與魏慶祥創立「雙龍山，公義堂，五湖香，四海水」。他被當局稱爲「長江會匪總頭目，聲名極大，力能馴服諸匪首，煽惑諸亂民」。[32]

陳金龍即陳殿魁，「係紅會首匪，爲長江三龍之一，在上海吳淞等處開龍華會及五龍等山堂。」而且是「安清道友的通字輩」。[33]

黃金龍（王金龍）即王呈祥，又名吉祥，湖南長沙人，向習木匠手藝，加入哥老會後曾任會內「五老」，來往於長江，「結交各處匪首」，指使匡世明開設飛龍山，高德華開龍鳳山，李義元開萬壽山，莫海樓開金

---

[29] 《軍機處錄副奏摺補》江西巡撫吳重憙摺，光緒三十二年九月二十九日。

[30] 《硃批奏摺》雲貴總督王文韶摺，光緒十七年二月二十四日。

[31] 《軍機處錄副奏摺》兵科給事中王會英摺，光緒十七年十二月初七日。

[32] 《硃批奏摺》安徽巡撫沈秉成摺，光緒十八年八月初四日。

[33] 《硃批奏摺》兩江總督劉坤一摺，光緒十八年三月十八日。

臺山。[34]

　　另外一個著名的哥老會首領是鐵通即馬通，又名鐵世忠、馬百川，陝西涇陽人，曾在陝西當勇，因鬧事被斥革。光緒十六年拜蕭潮幅爲師入哥老會，後來又自開「萬終南山」，刊刻「巡撫」字樣的木戳，在河南陳州、許州等處散飄招人入會，後來成爲河南周口以下哥老會的總頭目。會內設有正龍頭、副龍頭、坐堂、陪堂、禮堂、刑堂、智堂、護印、香長、心腹等十個「老大」，皆可另開山堂。又有聖賢老二、王侯老三、紅旗老五，爲「上四等」；巡風老六、順八老八、尖（江）口老九、銅掌老么是「下四等」。內口號是「乾坤正氣」，外口號是「萬福來朝」。規約有《紅十條》，《黑十款》。[35]

三、李永和、藍朝鼎煙幫的造反活動[36]

　　李永和、藍朝鼎的造反活動，以往曾被認爲是哥老會領導的「第一次大起義」。[37]有學者認爲這次起義「對四川各地人民和各少數民族的起義起了巨大的推動作用。」而且「從根本上動搖了清王朝的統治，在四川人民心中埋下了一顆革命的種子。」[38]此論頗爲偏頗。實際上李、藍二人都是走私鴉片的「煙幫」首領，他們的造反活動，根本談不上是「起義」，更談不上「從根本上動搖了清王朝的統治，在四川人民心中埋下了一顆革命的種子」。

　　「煙幫」是一種販運和走私鴉片的武裝團夥。自1840年林則徐禁鴉片後，煙販們被迫改道越南，再經雲南進入四川，因爲交通不便，沿途經

---

[34]《硃批奏摺》安徽巡撫沈秉成摺，光緒十八年四月二十一日。

[35]《硃批奏摺》安徽巡撫沈秉成摺，光緒十八年九月初六日。

[36]關於這次起義的首領，除李永和外，還涉及「藍大順」問題。對此，羅爾綱先生認爲，這次起義的首領是李永和與「藍大順」即藍朝璧。而李有明先生則認爲，起義首領爲李永和與藍朝鼎，史料中並沒有藍朝璧其人。

[37]周育民、邵雍：《中國會黨史》第237頁。

[38]胡漢生：《李藍起義史稿》第111—114頁，重慶出版社，1983年。

常受到搶劫，於是出現了煙幫這種武裝保護煙販的組織，李、藍就是煙幫的首領。據史料記載：「藍李者，藍大順、李短（答）〔搭〕，居雲南昭通大關邊，以運護鴉片爲私販魁。其黨徒無慮數十部，率三五人或數十人爲一隊，往來敘州（今四川宜賓），射利作奸。」[39]咸豐九年九月，這支煙幫自雲南購販煙土來到四川敘府筠連縣的關卡，因爲該縣徵收的稅銀較多，煙幫未能如數繳納，要求「留二人爲質，餘往措銀交納。」而該縣稅吏不僅不允，而且以「獲奸解府，該府將二人駢誅。」[40]還將李、藍幫內弟兄胡登科、楊寡狗二人殺害。「販黨憤懼，初謀劫獄，既聚眾百許人。道路凶凶，邊縣震恐」。[41]遂於同年九月在牛皮寨開立山堂，全體割辮，正式造反。李、藍以唐有耕爲先鋒向四川進軍，接連攻克筠連、高縣、慶符三城。十月，進圍敘府，將清提督馬天貴、參將高克騫擊斃，全川爲之震動，這時參加造反者已經達到萬人。李、藍遂決定留一部分人繼續圍攻敘府，由李永和率領主力沿岷江北上，佔領犍爲的鐵山。他在此「帝制自爲，有木印大如斗，其篆文云：『受命於天，唯德永昌』。並自稱「順天王」。[42]藍朝鼎一部則佔領了犍爲的五通橋鹽場，並於咸豐十年春一舉佔領自流井、貢井鹽場。自、貢一帶的鹽場有大批鹽工和失業工人，其中不乏哥老會成員，他們紛紛加入造反隊伍，其眾擴大到十餘萬人。李永和這時又提出「打富濟貧」和「誅貪官汙吏」，以及「掃清一十七省山河」等口號。[43]據地方志記載：李、藍的隊伍張貼在敘州眞武山的對聯中寫道：「聖主本仁慈，恨爾貪官汙吏，敗壞二百餘年基業；皇天多眷顧，憑我猛將雄兵，掃清一十七省山河。」[44]清廷鑒於李、藍起義聲勢浩大，遂急調

---

[39] 王闓運：《湘軍志》，川陝篇第十三，第134頁，緗綺樓全書本。

[40] 《東華續錄》，咸豐九年八月十一。

[41] 王闓運：《湘軍志》，川陝篇第十三，第134頁。

[42] 胡漢生：《李藍起義史稿》第31頁，重慶出版社，1983年。

[43] 黃淑君：〈李、藍起義軍在四川〉，載《西南師院學報》1978年第1期。

[44] 《興文縣志》卷三十六，〈記事〉。

湖南巡撫駱秉章率領湘軍入川督辦軍務。駱秉章令手下的得力幹將、湘軍果毅軍統領黃淳熙首先進入四川，結果在二郎場地方被李藍的隊伍生擒後處死，果毅軍全軍覆沒。不久，藍朝鼎在綿州被官軍擊敗，此後又經過眉州戰役、青神戰役和鐵山戰役和龍孔場諸戰役。[45]起義隊伍裡的大量哥老會成員，原屬散兵游勇和流氓無產者，因而紀律散渙，經過七年的戰鬥，最後藍朝鼎戰死，李永和被俘犧牲，起義以失敗告終。

四、反對外國教會侵略的鬥爭

　　鴉片戰爭以後，一些西方國家的傳教士利用不平等條約，在各地紛紛建立教堂，作為侵略中國的前哨據點。在1842年清廷被迫簽定的中英《南京條約》中，寫有「耶穌、天主教原係為善之道，自後有傳教者來至中國，一體保護」等字樣，為西方傳教士來華活動提供了法律依據。在《中美望廈條約》中，更進一步規定除了傳教士能在五口傳教之外，還可以建立教堂，又為西方傳教士在中國建立教堂和傳教大開方便之門。在來華的西方傳教士中，儘管也不乏虔誠的信徒，確實是為了傳布基督宗教（包括天主教和新教），也為中國民眾做了一些好事，如在各地設立醫院和建立學校等。但是，總體來看，傳教士卻是為西方帝國主義侵略服務的。傳教士們還以不平等條約為護符，以帝國主義的武力為後盾，在各地發展教徒，搜集政治、軍事、經濟、文化等各方面的情報，充當帝國主義的間諜。第一個到上海的英籍德國傳教士郭士力最為典型，他曾參加東印度公司阿美士德號間諜船窺探中國沿海的航行。他們從澳門出發，以經商、傳教為名，察看了廈門、福州、寧波、上海等港口、港灣的水道，刺探當地政治、經濟、軍事情報，提供給英國侵略者。有的教會還以強買強租等手段獲取房地產，憑藉特權，兼併中國農民土地。據1910年四川洋務局統計，法、英、美、德等國的教會，在四川佔有的地產多達17,386畝，房屋

---

[45] 李藍起義的經過主要參考胡漢生的《李藍起義史稿》。

864所又419間。[46]有的教會還憑藉其治外法權的特權，干涉中國司法，凌駕在中國官府之上，包攬詞訟，袒護教民。遇到民教糾紛，「教士不問是非，曲庇教民。」[47]「凡遇民教控案到官，教士必為之關說，甚至恫嚇。地方官恐以開釁取戾，每多遷就了結，曲直未能胥得其平。平民飲恨吞聲，教民益得意滿。久之，民氣遏抑太甚，積不能忍。」[48]儘管教民當中也不乏虔誠的信徒，但是，其中也確實有許多人「以入教為護符，嘗聞作奸犯科，訛詐鄉愚，欺凌孤弱，占人妻，侵人產，負租項，欠錢糧，包攬官事，擊斃平民，種種妄為，擢髮難數。」[49]「入教者倚勢欺人，不服之心固結不解，迨民教相爭，釀成巨案，地方官理當查辦，教士又出而庇護。教民借此藐視官長，民心更為不服。且當中國有事之秋，一切罪人訟棍，俱以教中為逋逃藪，從中為亂。百姓始而抱怨，繼將成恨，終且為仇。」[50]光緒年間曾經在廣東陸豐縣署理過兩年知縣的徐賡陛對此寫道：教民「始而假教士之勢萃聚逋逃，繼而尋平昔之仇，橫起爭訟，終且合不逞之徒奪犯毆差，橫行鄉裡。甚謂一經入教，官司不得拘責，朝廷免徵錢糧，占民田房，賴人錢債。民控教則拘傳不到，教控民則挾制忿爭。偶拂其心，教士則飾詞上訴。州縣畏其糾纏，於是遇事含容，多方遷就，以至民情激忿，疾之如仇。」[51]「教士所到之處，不擇莠良，廣收徒眾，以多為能。無識愚民，或因詞訟無理，或因錢債被逼，輒即逃入教中。教士聽其一面之詞，為之出頭庇護。詞訟無理者，可以變為有理，錢債應還者，可以不還。莠民以教士為逋逃藪，教士以莠民為羽翼。俗諺有曰：『未入

[46]林頓等：〈清代外國教會在川勢力述論〉，載《近代中國教案研究》第469頁，四川社科院出版社，1987。

[47]寶鋆：《籌辦夷務始末》（同治朝）卷七十六第30頁。

[48]王明倫選編：《反洋教書文揭貼選編》第65頁，齊魯書社，1984年。

[49]鄭觀應：《盛世危言》卷四，傳教。

[50]《教務紀略》卷三，下，第5頁，上海書店，1986年。

[51]徐賡陛：《不慊齋漫存》卷六，〈稟報教民案件〉。

教，尚如鼠。既入教，便如虎。』」[52]不法教民的活動，自然引起了廣大民眾的強烈不滿。

　　外國教會還從事各種非法活動，如通過教堂辦學校、開醫院、建育嬰堂等，殘害中國兒童。一些傳教士甚至進行地租剝削、放高利貸、販賣鴉片，橫行不法，作惡多端。1860年以後，重慶白果樹的法國天主教堂佔有當地70%以上的土地，當地的許多農民成為教堂的佃農，承受教堂的地租剝削，所以當地農民稱天主教為「地主教」。川東的天主教主教范若瑟還利用教堂貯存鴉片，而且為鴉片販子提供「保險」，收取保護費，如同黑社會頭目。[53]在陝西寧強縣，義大利傳教士郭西德霸佔當地居民房產，強行派徵糧食，而且以傳教為名，姦淫婦女多人。[54]

　　外國傳教士和依仗洋人勢力的不法教民胡作非為，激起了各地各階層民眾的強烈不滿，遂開展了轟轟烈烈的反對外國教會侵略的鬥爭。在這場鬥爭中，秘密結社起了重要作用，在北方主要是教門系統，在南方則由哥老會衝鋒陷陣。官方記載：「各省哥老會匪最為地方之害，」「近來江蘇、安徽、湖北、江西等省，屢有焚毀教堂之事，其拒捕逞兇，搶劫衙署等案，更層見迭出。」[55]哥老會反對外國教會侵略的鬥爭，主要有以下一些。

1.皖南教案（九龍山事件）

　　這是一起哥老會和姚門教借剪髮辮嫁禍於外國教會的反教會事件。

　　光緒二年春，從南京一帶傳出有人用紙人剪取男人髮辮的謠言：「九

---

[52]《籌辦夷務始末》（同治朝）卷七十六，第32—33頁，故宮博物院抄本影印，1930年。

[53]曾紹敏：〈第二次重慶教案述論〉，載顧大權等編《教案與近代中國》，第111頁，貴州人民出版社，1990。

[54]陳顯遠：〈南鄭八角山教案調查〉，載《陝西文史資料》第16輯。

[55]《光緒朝東華錄》總3178頁。

龍山妖僧剪紙為人，能入人家斷髮辮，」「辮髮落者期百日死。」[56]相傳「紙人翱翔空際，帶有剪刀，不時降落人間，剪取男人之髮辮或女人之衣襟鞋帶，剪刀奇妙神速，非人力所能預防，被剪者生命有旦夕之憂。」[57]謠言很快從江蘇到傳到浙江和安徽，是年三四月間，首先有安徽巢縣知縣金剛保稱拿獲剪辮者。其後，盧州、池州等府及英山、霍山、建德、潛山、東流等縣，也陸續拿獲剪辮者。從審訊中得知，被拿獲者有的屬於「拜會傳徒者」，有的則是「念咒剪辮者」。各地傳來的消息中，傳說被剪者「皆未從教之民，而從教者不與焉。」[58]於是「人情洶洶，到處驚疑，至有指天主堂為匪黨淵藪者。」[59]光緒二年閏五月十六日，剪辮活動傳到安徽建平（今朗溪縣），河南客民阮光福的辮子被人剪掉，當天村民易景懷等追拿剪辮者，該縣歐村教堂的傳教士白會清前來阻止，結果被民眾扭送到縣衙，旋被神甫黃之坤持名片索回。事情緣起是，是月十一日阮光福等人在田裡勞動時，談起剪辮之事乃是教堂所為，此話恰好被過路的傳教士楊錫琴聽到，雙方發生口角，互相辱罵。當晚，楊錫琴與神甫黃之坤將阮光福等人抓進教堂，雇工們遂找到河南籍客民首領何渚。神甫黃之坤平日依恃教會的勢力，姦淫婦女，包攬訴訟，干預地方公事，無惡不作，早已引起當地居民的憤恨。十三日清晨，七八百名村民手持棍棒將教堂包圍，殺死黃之坤和楊錫琴。民眾在尋找阮光福等二人時，在教堂所辦的女校中找到被神甫蹂躪的婦女胡宋氏等人，憤怒的民眾遂將女校與教堂燒毀。這樣，多年來積於民眾胸中的怒火，便一下噴發出來。從閏五月二十日到六月初三日的十多天之內，各地民眾共拆除、焚毀教堂、學校和神甫居室四十餘處。安徽皖南的建平、寧國、廣德民眾哄打教堂的事件，

[56] 光緒《清河縣志》卷二十六。

[57] 《硃批奏摺》安徽巡撫裕祿摺，光緒二年八月十四日。

[58] 沈葆楨：〈研訊皖南教堂滋事確情分別示懲摺〉，載《沈文肅公政書》卷六。

[59] 《軍機處錄副奏摺》光緒二年十月二十七日王文韶奏。

進而影響到長江下游地區。

事後查明散布謠言者，乃是受哥老會九龍山的張龍虎、九華山的僧普清所主使。[60]九龍山乃是哥老會的一個山堂名，官府認定剪辮的策劃者，「其宗派大抵出自白蓮教，其頭目大抵出自哥老會，與天主教並無干涉。」[61]在安徽建平，「本年夏間剪辮事起，建平之民亦知係白蓮教妖術，與天主教無涉也。乃該處被剪者甚眾，皆未從教之民，而從教者不與焉。」[62]剪辮事件實際上是由哥老會和白蓮教（實爲姚門教）、夭水教成員聯合發動的。[63]據江西巡撫劉秉璋稱：以「邪術剪取人髮、雞毛者」，「在都昌縣拿獲教匪方普志、塗坤玉」等二人；安仁縣「拿獲教匪僧長喜」一名，「均入姚門教。」該教「均以普字爲派名，與白蓮教相似。」還有「喻學環拜在逃之鄧錫飛爲師，入夭水教。」萬載縣「拿獲哥老會匪李成德、高裕功」等二名，「均學習邪術符咒，剪取人髮、雞毛，送往九龍山匪首張龍虎、九華山匪首僧普清處，訛稱能練陰兵，潛謀爲逆。」[64]故官員認爲剪辮事件「係內地齋教會匪，與天主教毫無干涉。」[65]安徽巡撫裕祿說：「陸續獲匪趙洪城等四十七名，或爲哥老會匪首，或爲剪髮拜燈之邪匪，其會名有所謂江湖會、先天會名目。」聲言剪得之辮「分插木人頭上，可化爲兵。」[66]

其實，剪辮事件僅僅是整個事件的導火線，哥老會發動反對外國教會鬥爭的眞正原因，則是人們普遍痛恨外國教會的侵略行爲。正如活躍在川黔楚邊界的江湖會（哥老會分支）首領吳才標在〈出山柬〉裡所指出的：

60《清德宗實錄》卷三十九，光緒二年八月辛亥。

61 吳元炳、裕祿：〈匪徒散播流言民情驚擾現籌查辦情形摺〉，見《增訂教案彙編》卷二第13頁。

62 李剛己輯：《教務紀略》卷四，上海書店，1986年根據清光緒三十一年南洋官報局本影印。

63《軍機處錄副奏摺》江西巡撫劉秉章奏片，光緒二年八月二十三日。

64《軍機處錄副奏摺》江西巡撫劉秉璋摺，光緒二年八月二十三日。

65《軍機處錄副奏摺》江西巡撫劉秉章奏片，光緒二年九月二十九日。

66《硃批奏摺》安徽巡撫裕祿摺，光緒二年八月十四日。

「鎮華莫先於除害，中華之害起於外夷。大英、大法、俄羅斯、回鶻、日本群焉。窺伺中原鼎沸，而中原之攬大柄、操大權者，不思恢復之計，每每有議和者，抱薪救火，而甘牛後之差，是何異於開門而揖盜乎？咱弟兄戮力同心，凡屬夷種，悉皆蕩之。」[67]明確表達了廣大民眾反對外國侵略的思想。

在哥老會反對外國教會侵略的初期階段，主要是借助於散播謠言來煽動民眾對教會的不滿情緒。如傳言外國教會所辦的育嬰堂「係爲食小兒肉而設」，[68]「有剖取幼孩腦髓眼珠種種不法之事」。[69]傳言天主教會「拐騙男女幼孩，取其精髓，造作丸藥」。[70]以此激發民眾的憤慨，引發反教鬥爭。

2. 李洪事件與長江教案

光緒十七年的長江教案是和李洪事件聯繫在一起的。

李洪是河南固始縣人，原名李顯謀，其父李昭壽曾在家鄉結捻起義，成爲一支捻軍首領，後投降清朝道員何桂珍，進攻太平天國。之後又殺死何桂珍投向太平軍，成爲李秀成的部下。咸豐八年，他在清將勝保的拉攏下率部降清，清廷賜名李世忠，擢升至江南提督。據說李洪之父李昭壽在參加太平軍時曾經秘密加入過天地會，降清後仍與天地會有來往，清廷對他始終懷有戒心，所以在鎮壓太平軍後，便以他在揚州府滋事爲名將其革職，交地方官管束。光緒七年，清廷藉口李昭壽在鄉里抓捕了貢生吳廷鑒等，「誣以行搶，橫加毆辱」，令安徽巡撫裕祿將他處死。[71]李顯謀獲悉

---

[67] 《軍機處錄副奏摺》四川總督丁寶楨奏拿獲吳才標折所附〈吳才標出山柬〉，光緒四年九月初九日。

[68] 《清季教案史料》第1冊第5頁，故宮博物院，1948年。

[69] 《教務教案檔》第二輯（二）第578頁，轉引自張力等著：《中國教案史》第401頁。

[70] 王明倫編：《反洋教書文揭帖選》第115頁，齊魯書社，1984年。

[71] 朱壽朋：《光緒朝東華錄》第一冊總第236頁，中華書局，1958年。

父親被殺後，將家產變賣，[72]化名李洪、李鴻，加入哥老會，「一雪父恥
爲念，欲傾覆滿政府以復仇。」[73]此時長江流域青紅幫合流以及各地民教
矛盾的激化，爲其復仇創造了契機。

　　李洪開始以鎮江爲活動中心，結識了一大批青紅幫頭目，如號稱「長
江三龍」的龍松年、陳金龍、王金龍；楚金山山主高德華，哥老會大首領
匡世明等，並通過他們與長江中下游的會黨組織建立了密切聯繫。又通過
哥老會頭目徐春山與其弟徐春亭的關係，結識了鎮江海關幫辦、英國人美
生（C.Mason，又譯作「梅生」），交給他三萬兩白銀，托他到香港購買
軍火。美生因見長江哥老會勢力很大，企圖借此瞭解哥老會的內幕，即
「佯入會爲辦軍火」。[74]據哥老會頭目高德華被捕後供稱：「光緒十五年
五月，在上海會遇已革提督李世忠之子李洪，號雨生，說他是會中大哥，
擬邀各路同會的人與他父親報仇。已托洋人在外洋購辦軍火器械，到齊即
約期起事。」同年六月初，李洪通知各處頭目，稱軍火器械已經辦就。七
月初一日，眾頭目先後到達安慶，商定分爲兩支「同時樹旗起事」，並
「奉李洪爲大元帥。」[75]

　　光緒十七年七月十五日，李洪利用各地民眾反洋教群情激憤的形勢，
召集各路首領五六十人，在湖北大冶縣以做盂蘭盆會爲名，舉行會議。在
龍松年主盟之下，約定十月十五日，在沙市豎旗起事。當時，李洪憑藉自
己的地位與財力，動員了哥老會成員六萬之多，以沙市和安慶爲據點，在
沿江的漢口、黃石港、九江、大通、蕪湖、金陵、鎮江等十二個城市派有
頭目。清朝官員也驚呼哥老會勢力之大，「此次哥老會匪溝通洋人，結
連長江上下三千里匪黨，購運軍火，圖爲不軌，夥黨極多，蓄謀至爲深

72 《劉坤一遺集》，（二）第769頁。

73 （日）平山周：《中國秘密社會史》（修訂本）第94頁，商務印書館，2019。

74 《劉坤一遺集》第五冊第2552－2554頁。

75 《硃批奏摺》湖廣總督張之洞摺，光緒十七年二月初七日。

險。」「上起荊襄，下至武漢以下，皆已聯為一氣。一處蠢動，處處回應。」[76]

美生從香港購置到軍火35箱，雇傭了20名洋人，其中有6人已加入哥老會，乘坐輪船，他們於八月初十日抵達上海。由於海關事先已經掌握了這批軍火入境的情報，當軍火到達後，立即將其扣留，美生隨即也被英國海軍捕獲，英國領事館破例將美生交給上海當局審問。美生供出「洋人入會甚多，鎮江各處購藏軍火不少」等重要內容。在英國人的默許下，清朝地方當局進行了大規模的搜捕，李洪以及高德華、匡世明、徐春山等一大批哥老會頭目相繼被捕入獄，李洪策劃的起事隨即流產。

李洪托洋人購買軍火和乘機造反，無非為了報殺父之仇，並不屬於反對外國教會侵略的範疇。但這次事件，卻也反映了哥老會在長江中下游發展、壯大的情況。而且，後來哥老會在各地的「反洋教」鬥爭，也大多為李洪的部屬所為。[77]

光緒十七年五月到九月，在沿長江流域的下游，爆發了大規模民眾反對外國教會侵略的鬥爭，這便是著名的「長江教案」。

這場鬥爭始於江蘇揚州，[78]很快就波及到安徽其他各地及浙江、江西、湖南、湖北等省的數十個城市。在整個長江流域反對外國教會的「教案」，都是由哥老會所發動的。薛福成奏稱：「此次焚毀教堂，毆斃教士，傳聞係哥老會匪散布揭貼，激發眾怒，事起則率黨縱火，事畢則潛蹤四散。此輩皆係遣撤勇丁，所以氣勢較盛，蔓延較廣。」[79]安徽巡撫沈秉成也說：「沿江各省哥老會匪，勾結煽惑，分擾教堂，遊勇乘機劫奪生事。」[80]參與此次反教活動的哥老會首曹義祥和唐玉亭稱：光緒十七年陰

---

[76]張之洞：《張文襄公全集》第31卷，奏議31。

[77]《劉坤一遺集》第二冊第715頁。

[78]雲乃慶：《長江教案發端揚州論辯》，《學海》1996年第5期。

[79]薛福成：《庸庵全集·出使奏疏》卷上。清刊本。

[80]《硃批奏摺》安徽巡撫沈秉成摺，光緒十八年四月初四日。

曆三月十四日，哥老會首領蔣桂仿等到曹家，聲言「要到各碼頭毀鬧天主教堂」，已約允在會的馬玉堂等人同去，並制定了一套「鬧教」的策略：先預備匿名揭貼，揭露教堂害死小孩、挖取眼睛等罪行，發布討檄傳教士種種劣行惡跡的宣傳品。其次是將宣傳品「遍地張貼」，使得「上自督撫大員，下至街頭苦力，人人喻曉」；第三步是「哄動眾人」攻擊教堂；第四步是焚燒教堂後，迅速脫身，隱匿異地。[81]

　　各地的「鬧教」活動基本上是按照這個策略進行的。在蕪湖鬧教以後潛赴安慶鬧教的劉金籌、黃金標、田老五等人，都是長江哥老會大頭目龍松年、匡世明的夥黨。[82]可見，哥老會在這次反教運動中起到了發動和組織作用。哥老會作為一個下層民眾的結社組織，之所以積極參與反對外國教會侵略的鬥爭，根本原因在於外國侵略者的勢力侵入長江流域後，給當地人民，特別是下層民眾帶來了無窮無盡的災難。外輪入侵造成舊式航運業的衰落，從而使大批船夫、舵工、水手、縴夫失業。「航業者無可謀生，其在船水手十餘萬人不能生存，必致散而為匪。」[83]而在這些失業者當中，有大批的哥老會分子，他們大多靠駕船為生者，所以痛恨外國侵略者。

　　揚州教案是教會和不法教民的胡作非為，特別是育嬰堂虐待、慘殺兩名女嬰所引起的。十九世紀七、八〇年代，長江流域盛傳天主教堂拐騙幼童和挖眼製藥等事件。這些傳說未必確實，但也是事出有因。當時，教會在各地舉辦醫院、育嬰堂、孤兒院等「慈善事業」，雖然也曾為民眾辦過一些好事，但也確實發生過外國教會虐待、殘害中國兒童的醜聞。有些育嬰堂由於條件差，嬰兒得不到照料，生病和死亡率甚高。加上有的教會勾結人販子拐騙幼兒進入教會，自然也引起民眾的懷疑。據史料記載，早在

81《教務教案檔》第5輯（二）第735－738頁。

82《硃批奏摺》安徽巡撫沈秉成摺，光緒十八年四月四日。

83寶鋆：《同治朝籌辦夷務始末》第28卷第38頁。

同治七年（1868），揚州天主教堂內就有四十多名幼嬰被虐待致死。[84]當時民眾傳稱教會「有將幼孩挖眼挖心之事。」並散發揭貼說：「育嬰堂係為食小兒肉而設。」[85]並有傳聞說，教會醫院用嬰兒和貧苦病人做實驗。這些傳聞雖然不一定準確，但反映了當地民眾對外國教會的懷疑和惱怒情緒。據當時報紙報導，光緒十七年四月二十四日，有人在揚州街道上張貼揭貼，攻擊育嬰堂「慘殺兩個少女」，但「官不公允，庇護洋人」。五月初一日傍晚六時，無數憤怒的民眾包圍了天主堂與育嬰堂，「突聞一片喧嚷吶喊之聲與拍手，幾同四面春雷同時併發，擁擠之下將聖母（育嬰）堂花牆擠倒，轟然一聲，聞於遠近」。[86]接著人們拋磚擲石，育嬰堂的屋瓦與門窗上玻璃悉被擊碎。初三日上午十一時，「民眾又開始騷動，天主堂受到了威脅，所有的門都被打開，住院被侵入」，「夜間屢有一些魯莽的人硬要闖進天主堂內。」[87]

揚州教案很快傳遍長江中下游沿線各地，掀起沿江上下的反教浪潮。

光緒十七年五月，有關教會拐騙幼孩，挖眼製藥等傳說，流傳到安徽的蕪湖。五月十日，恰好有兩個天主教堂的華人修女外出探視病人，因為有一家的兩個小孩患傳染病，由她們帶回教堂。被幼孩親戚看到，要求抱回，被修女拒絕，雙方在爭執中引來路人，指斥教堂迷拐幼孩。民眾將兩名修女拘送縣署處理，知縣怕事，遂將二修女釋放，於是引起數千人衝入教堂，造成著名的蕪湖教案。蕪湖教案發生後，很快在安徽全省產生連鎖反應。五月十五日，和州人民以當地天主教堂「迷拐幼孩」為由，將教會學校包圍。五月十七日，安慶城內有民眾五六百人，圍攻教堂。六月初，在江蘇丹陽也發生了反對教會的運動。江蘇丹陽天主教堂附近居民懷疑教

---

[84]曾國藩：《曾文正公全集》，批牘，〈箚法國領事文稿〉。

[85]王彥威等：《清季外交史料》第10卷第5頁。

[86]《申報》1891年5月6日〈大鬧教堂〉。

[87]高龍倍勒：《江南傳教史》第5冊卷1，第146、147、148頁，轉引自雲乃慶《長江教案發端揚州論辯》。

堂虐殺兒童，要求進入教堂察看，遭到拒絕。民眾從後門進去，發現一個木匣，內裝小孩屍體，接著又發現十具屍體，見此慘狀，民眾怒不可遏，大聲呼喊要打教堂。消息傳出後，周圍的民眾聞訊趕來，將教堂包圍。縣衙調來兵丁鎮壓，民眾奮起反抗，打傷兵丁數人，並「將天主教堂及附近住屋等付之一炬。」[88]

　　無錫教案也是因為傳聞法國天主教堂虐殺兒童而引起的，當地自從建立天主教堂後，教堂附近居民經常丟失兒童，而且只見兒童進入教堂，不見出來。光緒十七年五月初二日，數百人來到該縣三里橋的天主教堂，要求進去查看究竟。官府聞訊調來軍隊保衛教堂，大批民眾衝入教堂後，在木版上發現小孩屍體一具，並在教堂前面的空院內發現埋葬兒童的墳墩，掘開後發現埋有嬰兒屍體200餘具，[89]憤怒的民眾於是舉火焚燒了該處天主教堂。接著，陽湖、江陰、如皋各縣教堂，多被焚搶。在江西、湖北交界的武穴，也有千餘民眾攻打教堂，當場擊斃一名英國教士。同年九月，在湖北宜昌有數千人焚燒聖公會和聖母會，事情也是由法國天主教堂拐賣兒童傳聞而引起的。當時，丟失孩童的家長找到教堂，居民也紛紛聚集在教堂外面，要求檢查。美國聖公會的傳教士竟向民眾開槍，激起民憤，數千民眾打傷傳教士，焚毀教堂。[90]當時《申報》報導說：「自揚州鬧教以後，繼而起者已有蕪湖、安慶、鎮江、南京、丹陽等處，旋起旋滅，幸不枝蔓。方謂從此可無意外，共用太平矣。不意昨接電傳，武穴、九江又蹈覆轍。」[91]

4. 四川大足教案和余棟臣起義

　　十九世紀末在四川大足縣爆發的兩次余棟臣起義，也稱大足教案，乃

---

[88] 王仁堪：《王蘇州遺書》卷六，〈丹陽教案始末〉，清刊本。

[89] 無錫地方志編輯委員會編：《無錫人民反洋教鬥爭》。

[90] 中國近代史資料叢刊《辛亥革命》第三冊，第404頁。

[91] 《申報》1891年6月11日〈論保護教堂即所以保護中國人民〉。

是民眾性反對外國教會侵略運動的深入和發展。

　　四川大足縣是外國教會較早入侵的地區之一，早在1865年法國傳教士就在該縣修建了第一座天主教堂。1882年以後，又在該縣龍水鎮等處修建了多座教堂，並強行購買了附近的良田二千七百多畝。[92]凡是教堂看中的田地，不管業主是否願意出賣，都要強行購買，僅在龍西二村就強行購買了水田一千二百畝。[93]以至大足地區凡有教堂的地方，良田多爲教堂所有。教會不僅向當地農民徵收地租，而且還放高利貸。據《永定章程》碑記載，同治四年教堂以錢七十串放高利貸，到光緒二十二年，連本帶利增至一千二百餘串。[94]不法教士橫行無忌，魚肉鄉民，以至「人情怨憤，疾之苦仇，強悍之徒，久欲得當以懲創之而未發也。」[95]

　　教民的不法行爲也是導致教案發生的重要原因。據川東道張華奎稱：「蓋習教之民，大抵讀書明理者少，遊手無賴者多，或因貧窮不能治生，希圖教堂給予資本營貿；或因訟事恐難必勝，投入教堂，借其聲勢抗爭。甚有在他處犯案，而以教堂爲逋逃藪者。有被田主追租而依教堂爲報復者。」「又復時行橫惡，傷犯平民，稍不如意，動輒興訟。」而且，只要司鐸把名片送往衙門，官府即「袒教抑民」，引起百姓的憤怒。[96]一些社會上的不法分子、流氓無賴，爲了從教會獲取好處而加入教會，稱爲「吃教」。他們在入教後，依恃教會的勢力，欺壓民眾，挑起民教爭端，教會則予以庇護和慫恿。法國傳教士公開說：「我們絕對關心教徒，如果因爲他們是教徒而受到任何凌辱，就等於對法國不友好。」[97]不法教徒因而更

---

[92] 曾紹敏：〈試論余棟臣起義的性質〉，載《近代中國教案研究》第166頁，四川社會科學出版社，1978年。

[93] 《近代史資料》1958年第1期，第122頁。

[94] 曾紹敏：〈試論余棟臣起義的性質〉。

[95] 《教務教案檔》第5輯第1480頁。

[96] 《教務教案檔》第5輯第1480頁。

[97] 轉自張力等：《中國教案史》，第365頁，四川社會科學出版社，1987年。

加有恃無恐，胡作非為。「民教生事之故，多由不法痞棍一經入教，即恃為護符，妄礚滋非。」[98]「莠民以入教為護符，嗜聞作奸犯科，訛詐鄉愚，欺凌孤弱，占人妻，侵人產，負租項，欠錢糧，包攬官事，擊斃平民，種種妄為，擢髮難數。」[99]教民的橫行不法，更加導致了民眾對教會的不滿與仇視。

這兩次起義的主要領導者余棟臣又名騰良，是四川大足縣龍水鎮余家壩人，生於清咸豐元年八月十二日，因膂力過人，被人呼為「余蠻子」。幼年家貧失學，及長以挑煤為生。他「有膽略，喜為人雪不平，然不肯輕侮人，故人與無忤。」而且他「名聲噪，雖縉紳不敢抗衡。」[100]因此被當地哥老會推為龍水鎮龍善堂的龍頭。[101]哥老會在龍水鎮擁有較大勢力，這裡哥老會的公口遍地，「一紳二糧三袍哥，外搭福音教」[102]。余棟臣在大足縣的兩次搗毀教堂的鬥爭中，都充當了領導者的角色。

第一次余棟臣起義

龍水鎮人民鑒於當地天主教堂胡作非為，曾兩次將教堂搗毀。光緒十二年六月十九日，適值靈官會期，來趕廟會者甚眾。恰好當地新教堂剛剛修成，人們出於好奇，前往參觀。而教民、教士卻執鞭守門，不允許進入，雙方發生口角，繼而互相打鬥，民眾在憤怒之下將教堂搗毀。光緒十四年六月，龍水鎮煤窯和紙廠工人，因炭市被教民佔據，十分憤怒，趁教堂修好之機，再次將教堂搗毀。光緒十六年六月十九日，又值靈官會期，傳教士彭若瑟鑒於以往靈官會期發生民眾打鬧教堂事件，便派人守護教堂，並請官府禁止舉行靈官會。余棟臣事先已經做好組織、聯絡工作，

---

[98] 王彥威編：《清季外交史料》第10卷第5頁，書目文獻出版社，1981年。

[99] 李文治等編：《中國近代農業史資料》第一輯，第985頁，三聯書店，1957年。

[100] 〈余棟臣傳〉，載《近代史資料》，1955年第4期。

[101] 汪茂修：〈余棟臣仇教記〉，《四川教案與議和拳檔案》第507頁，四川人民出版社，1985年。

[102] 《教務教案檔》第5輯第1460頁，四川總督劉秉璋摺，光緒十六年十二月十七日。

當天中午，人們紛紛湧至教堂，有人質問清軍把總劉聯生：「你們究竟是朝廷的官還是洋人的官？」劉大怒，當即令兵丁捕人，民眾與兵丁展開搏鬥。「有幼孩用石襲擲教堂內玻璃，教民用石灰包從內打出，遠近進香之人齊聲喝阻，教民遂執刀戳傷十餘人，蔣贊臣之侄所受傷最重。」[103]當時有蔣姓村民數人正沿街打金鼓樂，唱川戲，聞訊亦趕至，為救護蔣贊臣之侄，遂與教民發生衝突。教民奪獲大鑼一面，上書「蔣贊臣」三字，即指名控告，誣蔣為「仇教禍首」。「教民即冒充公差捉拿蔣贊臣，以至民情愈憤」。縣令隨即即派兵緝捕蔣贊臣。而蔣贊臣並不知此事，聞知官府緝拿，便逃到余棟臣處，余棟臣激於義憤，遂約同唐翠坪等十二人，歃血為盟，約期起事。

　　光緒十六年六月二十三日，在余棟臣帶領下，由煤窯、紙廠工人組成的起義隊伍，正式豎旗起義，發布檄文，列數了列強「自火燒圓明園以來，盤踞京師，竊窺神器」等，「欺侮中華」的「駭天八大罪」，痛斥外國傳教士「無法無天」的罪惡行徑。[104]民眾「投袂而起，以滅教相號召，贊臣既含冤莫白，乃共歃血為盟，推棟臣為首，攘臂一呼，聚者數千，又立將教堂焚毀，並殺斃教民數人。」[105]起義者佔據龍水鎮一個多月，殺死教民十二人，焚毀附近教堂多處。清朝當局聲稱：「余蠻子脅眾抗官，此風亦斷不可長」，應照律「嚴拿」[106]，急派候補知縣桂天培帶領官兵到大足辦理教案。桂天培到大足後，一方面分化起義隊伍，一方面組織當地鄉紳武裝配合官兵攻捕。起義者遭到了清軍的殘酷鎮壓，余棟臣被迫撤出龍水鎮，退守西山腳下的余家院子。在西山最艱苦的日子裡，仍多次下山出擊，轉戰於大足、銅梁間，屢與清軍激戰。起義最終失敗，余棟臣的兄弟

103　胡齊畏：〈大足人民反洋教鬥爭〉，見《大足文史資料選輯》（二）第56頁。

104　《近代史資料》1985年第1期第123頁。

105　民國重修《大足縣志》卷四，政事下。

106　《近代史資料》1958年第1期第125頁。

余翠坪被殺，另一兄弟余海坪和蔣贊臣被迫投降，余棟臣隻身突圍逃離，當局以重賞捉拿。

第二次余棟臣起義

光緒二十四年又爆發了大足縣第二次反教會起義。

第一次反教起義以後，余棟臣潛藏民間，受到民眾保護，光緒二十一年，大足縣令桂天培調往忠州，余棟臣遂返回大足。這時，他娶妻生子，不再同教會鬥爭，並且在大足縣公開露面。他的到來及在民眾中的影響，使傳教士和教民膽戰心驚，必欲除之而後快，法國天主教駐重慶的主教杜昂敦促當局將余棟臣捉拿歸案。官府為了取媚洋人，便設計將余棟臣誘捕，囚禁在附近的榮昌監獄裡。蔣贊臣等聞訊便商同鄉村哥老會首領張桂山設法營救，邀集到西山煤窯和紙廠的工人及附近農民二百餘人，於四月二十日從龍水鎮出發，前往榮昌縣城，以武力迫使典史將余棟臣釋放。次日，余棟臣在眾人的簇擁下返回龍水鎮。余棟臣回到龍水鎮後，認為「事已至此，當再舉，」[107]便和楊玉成、唐翠屏、張桂山等為核心，團結了包括煤窯、紙廠工人和挑販等數千名哥老會會眾，訓練隊伍，製造武器，準備自衛。不久，隊伍發展到五六千人，由蔣贊臣等為之出謀劃策，勢力較前更為壯大。他們佔據龍水鎮，沒收了教堂與教民的糧食，以充軍需，多餘者按照市價的一半拋售。五月十五日，余棟臣派張桂山、唐翠屏分兵兩路，前往榮昌縣河包鄉鄭家灣天主堂，捕捉了法國主教華方濟。余棟臣、蔣贊臣、張桂山等在龍水鎮東嶽廟設立「義民統領」辦公處，豎立大旗「義民統領余」和小旗「順清滅洋」、「專打洋教」和「保民革教」等。[108]接著又派人到各處去攻打教堂，並且發布檄文：提出「但誅洋人，非叛國家」的口號。法國主教華方濟被捉後，法國駐重慶領事便向清朝當局提出「抗議」。清廷恐法國主教士被害，派人允許以鉅款將華方濟贖

---

107 民國重修《大足縣志》卷五，人物。

108 黃天明：〈十九世紀末的四川大足愛國運動〉，載《西南師院學報》1982年3期。

回。但余棟臣堅持要交出誘捕他的羅國藩為條件，清方不允，四川總督恭壽並下令對余棟臣「嚴密拿犯，務獲重懲」[109]。起義軍聞訊即主動出擊，北攻銅梁、安岳，南攻永川、江津；東攻重慶；；西攻內江。同年八月，蔣贊臣一支隊伍攻入安樂、資中。在沿途發布告示，提出：「此番興師起義打教，非比尋常，意在除邪輔正，並不擾亂地方。」[110]起義軍所過之處，打毀教堂，沒收教民財產，起義隊伍發展到一萬多人，大都是哥老會成員，其中有不少是從湘軍裁撤下來的營勇。

　　起義隊伍的不斷擴大，在全省各地「鬧教三十餘州縣，焚毀教堂、醫院二十餘處」。[111]清廷改派奎俊就任四川總督，令四川布政使王之春率領大兵鎮壓起義軍。清軍先後擊敗唐翠屏於資中，接著又擊敗安岳、銅梁等處義軍，最後將龍水鎮包圍。光緒二十五年十二月初六日，王之春夜襲龍水鎮，余棟臣被迫率眾退入西山，據險防守。清軍屢攻不克，但起義軍也因被困日久，糧食短缺，余棟臣只得將華方濟釋放，並與蔣贊臣等攜帶家屬自赴清營「悔罪投誠」，起義失敗。余棟臣被處以「禁錮終身」，蔣贊臣被遣戍陝西西安。[112]

　　余棟臣起義有力地推動了各地反教運動的深入發展，使反教運動進入一個新的階段。

109　《清德宗實錄》卷420，光緒二十四年五月丁丑。

110　《近代史資料》1958年1期。

111　張之洞：《張文襄公全集》，第3冊，中國書店1990年影印，第792頁。

112　汪茂修：〈余棟臣仇教記〉，載四川省檔案館編：《四川教案與義和拳檔案》，第514頁，四川人民出版社，1985年。

第二十六章

辛亥革命時期浙江
與福建的會黨

一、辛亥革命前夕的浙江會黨

　　辛亥革命前夕的浙江會黨大多屬於哥老會系統，少數屬於青幫，或與教門關係密切者。這些會黨十分活躍，陶成章在〈浙案紀略〉中說：「太平天國兵興後，浙人恢復之思想復活，而會黨之勢乃又熾矣。然皆限於一隅，坐井觀天，以故一村起一村即滅，一縣起一縣即滅。計自太平天國兵興後，迄今四十餘年，會黨之起義者，不下數十次，蓋幾於無歲無之。經此數十次之摧殘，會黨乃益加進步，於是一村者求附於一縣，一縣者求附於一府，一府者又復與他府相聯接，會黨之勢乃日見其強大，時勢逼人，乃復有所謂革命黨者乘時奮興，與諸會黨結合，為之助其焰而揚其波。」[1]

　　辛亥革命前浙江省屬於哥老會系統的秘密會黨主要有以下一些

1. 終南會

　　終南會按照哥老會山堂的規矩又名終南山，太平天國起義後，終南會從湖南經江西傳入浙江的衢州以及福建的建寧，其分支有萬雲、龍華、伏虎、玉泉、關帝等會，主要分佈在衢州、金華、台州等府。衢州的終南會以劉家福為首，骨幹有沈榮卿、張恭、周華昌、王金寶等，後來沈榮卿、張恭、周華昌等人所開山堂稱「龍華會」。

　　劉家福又名劉知標，浙江江山縣棗壟村人，出身貧苦，少時靠替人牧牛，成年後拜當地終南會首領吳洪星為義父，並加入該會，遞升至「心腹」。後來與吳洪星之子吳嘉猷同往福建浦城九牧，拜拳師程鐵龍為師學習武功，[2]回到浙江後，投入清軍充當營勇，因「釀事被革」。義和團運動在北方興起後，劉家福認為時機已到，利用終南會的組織積極籌畫起義。這時，江山縣八都地方的豪紳吳善高覺察到終南會的活動，向官府舉

---

[1] 陶成章：〈浙案紀略〉，載湯志鈞編《陶成章集》第335頁，中華書局，1996年。

[2] 徐禾雍等：《浙江近代史》，194頁，浙江人民出版社，1982年。

報吳洪星「圖謀不軌」，江山縣署遂將吳洪星及其子吳嘉言、吳嘉諭拘捕入獄。吳嘉猷往劉家福處告急，劉家福遂決定於光緒二十六年六月十九日率領終南會會眾28人，頭裏紅巾，高舉「興漢滅旗」旗幟，在江山縣九牧地方起義。[3]在攻佔楓嶺營後，敗清軍於仙霞嶺峽口，復進兵至離江山縣城15里的清湖鎮，擊敗清軍遊擊陸嗣兵，奪得江山縣城。拳師程鐵龍建議立即攻打衢州府城，然後進兵江西。程鐵龍是江山縣人，歷任終南山會內的「紅旗」，爲劉家福的心腹。而軍師祝耀南則認爲「古之王天下者，必先正號位，定名分」，今得江山縣，「乃握掌山河之預兆，必須再至龍遊，以協飛龍之吉祥，方可上應天命」。劉家福採納了祝耀南的意見，建號「羅平國王」，並「設朝儀，命百官，置酒高會」。程鐵龍得到劉家福的同意，又前往嚴州、金華二府聯絡當地的秘密會黨前來接應並切斷來自杭州的清軍。劉家福又從江山縣繞過衢州往攻龍遊，破城後復返回將衢州府城包圍。[4]清廷聞訊後立即命令浙江巡撫劉樹堂「務將江山、常山二縣城克日規復」，並敕令兩江總督劉坤一、閩浙總督許應騤、安徽巡撫王之春、江西巡撫松壽「各派勁兵會同兜剿」。[5]清軍以江蘇、安徽和浙江之兵前來解圍，劉家福率眾迎戰失敗，逃往福建，江山、龍遊等處起義軍皆「聞風逃逸」。[6]

2.伏虎會

　　按照哥老會的慣例又稱「伏虎山」，爲終南山分支，主要活動在台州地區。會首王錫桐[7]（1860－？）又名守眞，字鳳棲，號守曾，寧海北鄉

---

[3] 江山縣文聯：〈劉家福起義調查記〉，轉引自徐禾雍等：《浙江近代史》，195頁。

[4] 陶成章：〈浙案紀略〉，載湯志鈞編：《陶成章集》365～366頁。

[5] 《光緒朝東華錄》，總4561～4562頁。

[6] 陶成章：〈浙案紀略〉，載湯志鈞編《陶成章集》第335～336頁。

[7] 以往有關論著多把王錫桐誤作「王錫彤」，據浙江寧海《大里王氏宗譜》及王錫桐於光緒二十二年
　　九月的親筆簽名，應作王錫桐。見徐禾雍：〈義和團運動期間浙江寧海王錫桐起義〉，載《杭州大

大里村人。出身於中小地主家庭，雖刻苦讀書，卻屢試不第，直到三十九歲時才考中秀才，長期在鄉村以教讀爲生。他爲人耿直，膽氣粗豪，常爲鄉人排憂解難，在民眾中有較高威望。他還以先賢自律，富有正義感和愛國心，對於寧海教會的橫行霸道和八國聯軍的入侵極爲憤慨。他說：「何夷人猖獗若是，吾輩讀經何用！」遂毅然棄教從戎，投入本地的反教會的鬥爭。寧海縣屬於浙江省台州府管轄，寧波天主教教區的傳教士早在同治十年（1871）就在寧海的風潭開設教堂，其後又在該縣的北鄉、中胡、大里等處開設教堂。當地一些地痞流氓、土豪劣紳認爲加入教會後，可以得到傳教士的幫助和庇護，特別是幫助他們打官司，於是紛紛入教。入教後的教民「每人給以劄諭一道，宛如中國之委員，劄諭中開明一切辦事之法，宛如律例。」而教會則利用帝國主義爲靠山，橫行霸道，作威作福，幾乎成了當地衙門的太上皇。教士、教民在當地強佔農民的土地，欺壓平民，大里村的天主教神甫甚至強佔村裡的水井，不准村民取水。有的教民不僅借債不還，而且還鞭打債主，甚至逼死人命。地方官爲了執行朝廷「保護教民」的政策，對教會唯命是聽。知縣孫啓泰「一意取媚天主教人」，「神甫一名刺入縣，無不如請而行，甚至以後神甫不以名刺來，亦無不照辦。苟爲天主教之人，則必一律袒護。」[8]寧海人民在教會的壓迫下，被迫在光緒二十六年揭竿而起。

　　這次起義的具體導火線是寧海王姓家族中的教民依照天主教的規矩，不肯到王姓祖墳致祭而引起的。王氏家族有祭田一塊，循例由族中之人輪流耕種並致祭。光緒二十六年輪到族中教民王品松耕種祭田，但他卻不肯於清明節時到祖塋致祭，引起王氏族人不滿，湧至其家理論。其族叔王錫桐斥責其既不祀祖，即不應耕種祭田，並將其毆打。王品松即於次日跑到

　　學學報》，1979年12期。本節内容參考了徐禾雍此文，特此感謝！

8　〈西函述寧海亂事詳情〉，載《中外日報》，1903年3月24日，轉引自徐禾雍：《義和團運動期間浙江甯海王錫桐起義》。

城內教堂哭訴，慈恩教士出面干預，教會即令寧海知縣派人拘捕王錫桐等人。王氏族人聞知縣府要來抓人，便齊集王錫桐處商議對策。差役來到時，王錫桐挺身而出，怒斥差役說：「叔伯毆子侄，有何不可？縣府竟以火簽拿人，毋乃太過？」遂將火簽折斷，並親赴縣衙申訴。知縣迫於教會壓力，只得將王錫桐拘禁於縣衙。王錫桐受此大辱，更加痛恨教會，回家後便沿用當時寧海一帶秘密會黨的組織形式，「立會招賢，以排外爲宗旨」，[9]創立「伏虎會」，藉以組織民眾，進行反對外國教會的鬥爭。陶成章通過對浙江秘密會黨的調查，認爲包括伏虎會在內的秘密會黨「均係哥老會，號稱洪門，又曰洪家。」[10]

　　光緒二十六年六月，王錫桐看到各地反對教會的鬥爭彼伏此起，認爲時機已經成熟，遂向伏虎會和其他反對教會的鄉民提出：「天主教惡貫滿盈，天怒人怨，北方義兵蜂起，正吾儕驅除天主教時矣！」[11]於是組織武裝起義，燒毀大里、中湖、溪也等處的教堂，懲處了當地爲非作歹的不法教民。天主教會浙東教區的主教趙保祿得知此事，便向浙江巡撫聶緝椝施加壓力，指責寧海縣知縣紐蘭保護教堂不力，聶緝椝只得將紐蘭革職，改派孫啓泰爲寧海知縣。孫啓泰接任後，立即率領兵勇趕到大里鎮壓。王錫桐爲了保存實力，便轉移到寧波、慈溪一帶，反教會的活動也暫時停頓。次年清明節，王錫桐帶領會眾重返大里，招集伏虎會的骨幹商議反教問題。當地天主教會聞訊，立即組織大里、中湖的教民，持槍搜捕伏虎會。王錫桐遂率眾反擊，延至中湖，搗毀該處重新修建的教堂。知縣孫啓泰恐武力鎮壓難以奏效，遂親赴大里將王錫桐騙入縣城。王錫桐發覺受騙，即對孫祖護教民、欺壓民眾等罪惡加以揭露。孫啓泰氣急敗壞，即令差役將王錫桐監禁。當地塑佛像工匠連夜趕赴大里報信，村民聞訊後百餘

9　陶成章：〈浙案紀略〉，載《陶成章集》第336頁，中華書局1986年。

10　陶成章：〈浙案紀略〉，載《陶成章集》第337頁。

11　伊蓀：〈王錫桐鬧教始末記〉，載《寧海文獻》第3期。

人在王錫桐妻子陳茂英的帶領下，前赴縣城營救，沿途又有數千人加入其行列。陳茂英等率眾直衝縣署，知縣孫啓泰越牆而逃，王錫桐聽見外面呼聲，即破門越獄而出，與鄉親們返回大里。孫啓泰旋即率領兵勇前往王家搜捕未著，便將王家住宅焚毀。其後，王錫桐便帶領伏虎會骨幹在嘉興、湖州一帶活動。天主教浙東教區主教趙保祿一面籲請法國駐上海總領事泰勒出面干預，一面改派洋人的忠實走狗朱國光爲甯海神甫。朱國光抵任後，即「糾集黨羽」向鄰近殷實人家中與前案有牽連者「挨戶敲詐」。[12]光緒二十九年九月，王錫桐與伏虎會的骨幹商議，認爲如不搗毀寧海天主教總堂，嚴懲朱國光，難以從根本上摧毀天主教在寧海的勢力。於是重整反教會武裝，並派人去聯絡白岩寺的僧眾，共同鬥爭。當地民眾在王錫桐的號召下，「從者如雲」，[13]起義者懲辦了許多平日作惡多端的教民。九月三十日，神甫朱國光在寧波清軍的護送下，回到寧海，準備對付起義者。十月初二日，王錫桐在大里王氏宗祠召集伏虎會成員300餘人，發布攻打寧海天主教總堂的命令，並於次日從大里出發，向寧海縣城進軍。沿途不斷有人參加進來，而且還有幾百名清軍士兵也參加了攻打總教堂的活動。起義軍將縣城包圍，代理知縣蕭慶增易服出逃。王錫桐在城內的城隍廟設立指揮部，出示安民，並派人包圍寧海天主教總堂。憤怒的民眾一舉將總堂燒毀，捕獲並處死民憤極大的神甫朱國光。十月初五日，王錫桐帶領起義軍回到大里。五天後，各路清軍將大里攻佔，王錫桐帶領部分伏虎會骨幹前往奉化、新昌、嵊縣、金華等地，聯絡當地反教會的平陽黨和龍華會，後來伏虎會加入龍華會，王錫桐本人下落不明。光緒三十一年，王錫桐手下的伏虎會會眾，又在浙東散布「興華滅洋教、解憂安民王」的飄布，「定分兩路，於二月某日同時進城，殺官害教，擄營劫獄，並焚毀各

---

[12] 〈王友錫桐事略〉，載宣統二年修《大里王氏宗譜》。

[13] 伊蓀：〈王錫桐鬧教始末記〉，載《寧海文獻》第3期。

處教堂，其勢洶洶不可遏。」[14]

3. 金錢會

金錢會最初是浙江南部平陽縣的一個秘密會黨，曾受到白布會的打擊，咸豐八年由周榮和平陽人趙啓所創立，最初流傳於平陽、里安一帶。周榮原名周兆榮，以賣筆爲業，金華人，「流寓青田，粗識字，能卜卦，娶妻於青田小溪，以妖術教人吃菜。入其教者，出錢二百五十投沸湯中煮，焚以符咒，取湯飲之，刀棒不能傷，謂之『銅錢壯』，聚於永嘉青田之山中」。「青田令捕之急，遂走溫州平陽錢倉鎮，更名曰周榮。」[15]趙啓一作趙起，是平陽錢倉人，「年三十餘，設飯鋪於其鄉，善技擊，結交皆拳勇輩，遇貧乏則贈以資財，以是名震江南北，漸至閩疆。亡命之徒往依者眾，人皆稱趙大哥。」[16]他「以結盟拜會聚諸惡少年，入會者給大銅錢一，紅帖條約一，無少長老幼皆稱兄弟。其錢文曰『金錢義記』，其帖分八卦，卦以三千起，數至五六千人，以張聲勢。」[17]

咸豐八年八月十五日，適有善塑繪者繆元，自稱夜夢天懸二月，往問趙啓。趙啓回答說：兩月爲朋，君有大志，異日必應以光明之象。趙啓遂與周榮等「謀聚眾斂錢」，周榮「自云得金錢七於山中，後當貴。於是與奸民朱秀三、謝公達、繆元、張元、孔廣珍、劉汝鳳等八人，合謀爲金錢會」，「入會者納錢五百於會首，則詣廟，誓無負約。」[18]趙啓遂與周榮、繆元等八人結爲弟兄，分做八卦。[19]入會時「眾對神結盟，無長幼俱呼爲兄弟。每入會者，先詣趙啓飯鋪受金錢一，出制錢五百文，歸諸會

---

[14] 〈函請查辦造謠仇教之匪黨〉，載《時報》1905年3月24日。

[15] 孫衣言：〈會匪紀略〉，載聶崇岐編：《金錢會資料》第46頁，1958年，上海人民出版社。

[16] 劉祝封：〈金錢會紀略〉，載《近代史資料》1955年3期。

[17] 《平陽縣志》，卷十八，「武衛志」二。

[18] 孫衣言：〈會匪紀略〉，載聶崇岐編《金錢會資料》，第46頁。

[19] 劉祝封：〈金錢會紀略〉，載《近代史資料》，1955年3期

首」。[20]旋有平陽北門的歲貢生程傑，善弄刀筆，往依趙啓，取錢三千，用銅鑄面，注「金錢義記」四字，其金字頭不用人而用入，作爲會內之記號。[21]並以抵禦太平軍爲名，私刻「精忠報國」印，並「沿錢倉江南北，公然釀飲焚香，金錢外復加紅帖，編列八卦號數。」[22]

　　金錢會在里安發展甚快，會眾「統共約一萬人」，咸豐八年八月二十七日，趙啓在沙垟娘娘宮戲臺點一萬人，分十隊，以八卦字型大小分付各人。解散頭髮，分掛兩耳，頭上用白布、紅布、綠布、青布、藍布包纏，照色歸隊。該會鑄有「義記大錢」，每人分給一枚，「遇警應援，以爲信守」。[23]臨陣時，每人右手袖子脫下，把袖纏腰間，以爲記認。[24]咸豐十一年十二月初六日，金錢會再次攻入平陽縣城。[25]

4. 白布會

　　白布會最初創立於溫州，是由當地豪紳孫鏘鳴準備對抗太平軍和金錢會而創立的團練組織，創立時間大約在咸豐八年。[26]因爲「人給白布一方，上書『安勝義團』四字爲號，賊逆指爲白布會。」[27]當時，趙啓領導的金錢會正在平陽、里安一帶活動，孫鏘鳴的團練遂與之對立並積極參加鎮壓金錢會的活動。「時侍讀孫鏘鳴以奉旨團練在籍，謀散其黨，使村各爲團，人執白布一方以爲號，凡入團者，不許入會。」與金錢會「隱若敵國」。[28]後來，溫州的客民便又把該會傳到嚴州、衢州、處州等地。在

[20]黃體芳：〈錢虜爰書〉，載聶崇岐編《金錢會資料》第1頁

[21]劉祝封：〈金錢會紀略〉，載《近代史資料》1955年3期。

[22]黃體芳：〈錢虜爰書〉，載聶崇岐編：《金錢會資料》第2頁

[23]《硃批奏摺》福建總督慶瑞摺，咸豐十一年十月二十三日。

[24]趙之謙：〈金錢會瑣記〉，載聶崇岐編：《金錢會資料》第44頁。

[25]《硃批奏摺》浙江巡撫左宗棠摺，同治三年六月二十七日。

[26]孫衣言：《遜學齋文鈔》，〈會匪紀略〉，載聶崇岐編：《金錢會資料》第46頁。

[27]黃體芳：〈錢虜爰書〉，載聶崇岐編：《金錢會資料》第9頁。

[28]黃體芳：〈錢虜爰書〉，載聶崇岐編：《金錢會資料》，第3頁。

濮振聲加入該會並成為首領後，修改了該會的章程，使之從地主豪紳的團練，轉化為帶有反對外國教會和清政權性質的秘密會黨，只是在組織上仍然保留了團練的形式。[29]濮振聲字景潮，浙江桐廬人，歲貢生，「以訓導銜候選在家，為建德、分水、桐廬、富陽、新城、臨安六縣客民總董事。」他家道殷實，疏財仗義，在當地有較高的威望。義和團運動期間，濮振聲「以保護鄉里為名，借會眾以創辦團練，名為『寧清團』，又曰『寧清會』，言欲以綏靖清室，蓋為掩飾耳目計，其實意則反清。」[30]光緒二十九年夏秋之際，「因天主教教民專橫，官不能制，」濮振聲遂率領白布會會眾，在建德、桐廬、新城三縣交界處舉兵，攻破清軍橫村守備營，並打敗從桐廬前來進剿的官兵，乘勝佔據桐廬與分水兩城，繼而向盧州府進軍。地方當局立即派兵進剿，濮振聲率眾在桐廬橫村埠、百歲坊等處與清軍激戰。兵敗，逃匿山中，後被迫出降。浙江巡撫因濮振聲「素得士民心，殺恐激民變」，[31]僅將他監禁，濮振聲因此一直被監禁在仁和縣衙署。辛亥革命前夕，陶成章在浙江各地聯絡會黨時，曾來到仁和縣署監獄會見他。濮振聲為陶成章出具介紹信，使陶得以聯絡各地的會黨首領。

5. 雙龍會

　　也是終南會的分支，首領王金寶係受終南會的委派而創立該會，對外則稱「雙龍會」，飄布上繪有雙龍。王金寶是浙江青田人，幼年隨父親「遊行四方」，因此，「諸省秘密會中之豪士莫不與之聯交」。他曾充當松陽富戶黃某的保鏢，黃因受人欺凌，遂出資勸王金寶創立一會以圖報復。王金寶遂乘機聚眾結會，稱「雙龍會」，實際上是王金寶受終南會之委託而創立之分，又稱「萬雲會」、「萬雲山」。[32]

---

[29]陶成章：〈浙案紀略〉，載湯志鈞編：《陶成章集》368頁，中華書局，1956年。

[30]陶成章：〈浙案紀略〉，載《陶成章集》第368頁。

[31]余紹宋：《重修浙江通志稿》，〈癸卯桐廬之教案〉，掃描重印本，1983年。

[32]陶成章：〈浙案紀略〉，載湯志鈞編：《陶成章集》369—370頁。

6. 龍華會

又稱「龍華山」，亦係南會的分支，本部在金華，會主何步鴻、副會主朱武原為湘勇營官，被遣散後寄寓金華。何步鴻死後，朱武亦離開，會內的沈榮卿、張恭等遂自開山堂，因當地民謠有「若要天下真太平，除非龍華會上人」而取名「龍華會」，由沈榮卿任會主，張恭、周華昌任副會主。沈榮卿名樂年，又名沈瑛，山陰人，寄居永康。張恭又名臨，字伯謙，是金華人，曾結「積穀會」與「千人會」，後入終南會，受到沈榮卿的器重，成為龍華會的實際首領。1907年參加秋瑾、徐錫麟領導的金華起義，失敗後遭到官府的追捕，被迫東渡日本，在日本時曾與平山周交往，「悉以胸臆相吐露，平山大韙之，因錄其語為一書，即今所傳《中國秘密社會史》者也。」[33]周華昌原名金海，字安瀾，原籍縉雲，寄居武義。為了聯絡會黨中人，沈榮卿曾在永康的交通要道處開設雜貨店，周華昌在武義開設酒館。龍華會的本部設在金華，在該府所屬的八縣皆設有分部。該會按照哥老會的規則，「命紅旗管理其事，用五言詩四八句為字型大小次第，而以中間一字為總紅旗，督理一縣黨軍事宜，餘四字分作東南西北四區，為散紅旗，分頭理事。如另有事故，則特派一親信幹員，以總理數縣事宜，事平則去之。黨徒號稱五萬人，實則二萬數千人。[34]

7. 平陽黨

原名「平洋黨」，本部設在紹興府的嵊縣，首領竺紹康，因與本地土豪蔡老虎有殺父之仇而組織該會。[35]其成員號稱萬人，義和團運動期間，該會因積極參加反對外國侵略的鬥爭，故稱「平洋黨」。

---

[33] 陳去病撰，曹謙注：〈金華張恭傳箋注〉，載《浙江辛亥革命回憶錄》第107頁，浙江人民出版社，1981年。

[34] 陶成章：〈浙案紀略〉，載湯志鈞編：《陶成章集》第337頁。

[35] 陶成章：〈浙案紀略〉，載湯志鈞編：《陶成章集》第336～338頁。

8.烏帶黨

　　首領王金發（1882－1915），名逸，字季高，浙江嵊縣東龍岡人，出身於世家大族。他「生性奔放不羈，桀驁難制，任俠尚義」，膂力過人，相傳能徒手推倒牆壁，故有「小人大王」之稱。他家道殷實，喜歡打獵，因而練就一手好槍法，又好結交江湖朋友，結識了平陽黨的首領竺紹康。辛亥革命前夜，浙江各地革命運動風起雲湧，王金發見竺紹康等結平陽黨，自己便組織烏帶黨，（因會眾均於腰間繫一黑帶，故被人稱為「烏帶黨」）與竺紹康的平陽黨相呼應，多次領導農民暴動。1905年初，徐錫麟在浙東一帶聯絡會黨，與竺紹康、王金發等結交。同年8月，大通學堂開辦後，王金發應邀至紹興，入大通學堂，任體操教員，並加入光復會。後來成為秋瑾的得力助手，時常前往浙東各縣聯絡會黨，接納綠林豪客。[36]

9.青幫

　　浙江的青幫主要活躍在杭嘉湖一帶，陶成章稱之為「梟黨」或「私販黨」。首領余孟庭，安徽廬江人（一說巢縣人[37]）。青年時流寓杭州，入湘軍充勇，曾任「旗牌官」。湘軍遣散後漂泊於蘇、松、嘉、湖之間，後遇「梟魁」李能掌，曾率眾大破梟黨中降清的沈小妹部，「盡獲其軍械以歸」，因而被推為首領。後來「與革命黨交通，懷志反清」。徐錫麟、秋瑾起義失敗後，浙東一帶「義師繼起」，清朝當局為了保衛南京，派兵萬人南下，浙東梟黨以為清方此舉係針對自己，遂與太湖梟黨首領夏竹林聯合反清。夏竹林領主幫，有船20餘隻，快槍100餘桿，徒眾200餘人；余孟庭領客幫，有船20餘隻，快槍260餘桿，徒眾300餘人。他們在嘉興、嘉善、海鹽、海寧、石門、平湖諸州縣「焚居卡，逐清吏」，並「兼出清

---

[36]裴孟涵述：〈王金發其人其事〉，載《浙江辛亥革命回憶錄》，第54～58頁，浙江人民出版社，1981年。

[37]朱福宜：〈記敖嘉熊〉，載《浙江辛亥革命回憶錄》，95頁。

吏及富家積粟以賑饑民」。行軍所至「咸以劫富濟貧爲辭」，以至「鄉里窮民望余孟庭軍旗，儼猶大旱之望雲霓」，「孟庭之名震於沿江上下游諸省。」兩江總督端方命令江浙合師會攻，余孟庭與清軍戰於蘇、松、嘉、湖、甯、杭之間，「戰無不克」。年末，余孟庭擬於來年舉行更大規模的軍事行動，遂派人與浙東會黨首領竺紹康、王金髮等聯絡，以便造成「東西同時並舉之策」，並與革命黨人陶成章、龔味蓀相聯絡。端方聞訊大驚，「乃盡出南京銳師」入蘇、松，雙方鏖戰兩日，未決勝負。後來起義軍彈藥告罄，夏竹林率眾冒險赴清營奪取軍械，遭清軍圍攻，夏竹林與會眾300餘人犧牲，余孟庭亦被俘遇難，起義失敗。[38]

二、革命黨人對浙江會黨的聯絡和引導

　　辛亥革命時期浙江的會黨主要有哥老會系統的終南會、伏虎會，團練形式的白布會、金錢會和教門形式的神拳以及天地會、青幫等。革命黨人對這些會黨進行了卓有成效的聯絡和引導工作，使這些秘密會黨在辛亥革命中起到了重要作用。

　　光緒二十九年十一月，浙江革命者建立「光復會」，其首要工作是運動江蘇、浙江、安徽、福建、江西等省的會黨，由陶成章、徐錫麟等人負責，初期的主要成就在聯絡浙江的會黨。[39]

　　革命黨人在聯絡會黨工作方面最爲突出的是陶成章。陶成章（1878－1912）字煥卿，號匋耳山人，自稱會稽先生，1878年1月2日出生在紹興城東40里的陶堰西上塘村。[40]他自幼熟讀經史，尤其喜歡閱讀明末清初一些具有反滿意識學者的著作。及長，在家鄉設館任塾師，接觸到新書籍，對國家民族的命運日益關注，萌發了反清革命思想。1900年義和團運動時

---

[38]湯志鈞編：《陶成章集》第388～389頁。

[39]鄭鶴聲：《中華民國建國史》，第一編第三章第261頁，正中書局，1943年。

[40]陶冶公：《陶煥卿先生小傳》，載文史資料研究委員會編《回憶浙江辛亥革命》第19頁，浙江人民出版社，1981年；胡國樞《光復會與浙江辛亥革命》第279頁，杭州出版社，2002。

期，曾謀劃刺殺慈禧，惜未得手[41]。1902年夏赴日留學，參加「浙學會」
的革命活動，積極參與在留學生和華僑中的反清宣傳。當時國內會黨起義
的消息不斷傳至日本，引起陶成章的極大關注，決心回國聯絡會黨，發動
武裝起義。1903年秋，他獲悉廣西會黨起義的消息，準備前往參加，旋因
起義已失敗，未能成行。不久，浙江寧海王錫桐領導伏虎會起義的消息傳
到日本，寧海籍留學生祁文豹建議他前往聯絡，並爲之介紹。他立即回國
趕往寧海，但到達時起義業已失敗，他雖然未能參加起義活動，但由於身
臨其境，耳聞目染，得到很多感性知識，更加堅定了聯絡會黨的決心。同
年11月，浙學會召集在日會員商討革命大計，陶成章、魏蘭等與會，會後
被派往浙江、安徽活動。陶、魏遂擬訂了聯絡和引導會黨的計劃。1903年
8月，陶成章聯絡會黨的工作已經取得相當成果，遂到上海與黃興、蔡元
培商定於10月14日慈禧生日那天，由黃興領導的華興會在兩湖舉兵，佔領
長沙等地；陶成章、敖嘉熊領導浙、皖會黨在浙江、安徽同時起義。長沙
起義失敗後，又於同年10月在上海成立「光復會」，推蔡元培爲會長。光
復會成立後的首要任務是擴大組織，大家便把注意力集中到聯絡江蘇、浙
江、安徽、福建、江西五省的會黨方面。鑒於會長蔡元培「資望有餘而魄
力不夠」，於是陶成章便把聯絡五省會黨的重任承擔起來。[42]

　　陶成章和魏蘭首先從聯絡浙江的會黨入手。魏蘭字石生，浙江雲和
人，1886年4月生，1903年赴日本留學，在日本結識了不少具有革命思想
的中國同學，與陶成章一見如故，結爲生死之交。1904年初返國，與陶成
章從事聯絡會黨的工作。年末，陶成章和魏蘭首到達杭州後，寓居在《白
話報》館，經該報主筆孫翼仲介紹，會見了因於仁和縣監獄的白布會首領
濮振聲。濮振聲爲他們出具介紹函數通，名片數十紙。對他們說：「凡持
余名片，若往新城、臨安、富陽、於潛、昌化、分水、桐廬等處，沿途均

---

[41] 樊光：〈辛亥革命光復會領袖陶成章傳〉，載湯志鈞編：《陶成章集》第439頁。

[42] 沈瓞民：〈記光復會二三事〉，載《辛亥革命回憶錄》（四）133～134頁。

可有照料，不至有日暮途窮之感矣。」[43]當時已經臨近農曆新年，二人於次年正月初四日（1904年2月18日）便動身由富陽前往桐廬，然後分頭前往各地「歷探各種秘密會之內狀」。魏蘭由桐廬經水道自蘭溪、龍遊回到家鄉雲和；陶成章則由陸路從富陽出發，經桐廬、分水各村落，「遍謁白布會諸黨員」。之後，又前往建德、壽昌、湯溪、龍遊、遂昌、松陽，最後到雲和與魏蘭會合。陶成章在雲和居住兩月，復與魏蘭的堂侄魏毓祥等由麗水、青田至溫州府城。魏蘭則赴處州府活動，又至麗水北鄉，訪雙龍會的王金寶，並在府城遇見縉雲縣的丁某，得知龍華會沈榮卿、周昌華之義俠，遂與丁某至縉雲縣，聯絡會黨首領呂熊祥等。呂熊祥熟識會黨情形，其侄呂嘉益「最喜抑強扶弱，結黨數千，雄踞一隅，與永康沈榮卿、武義周華昌為莫逆交。」因得到呂嘉益的介紹，魏蘭便與丁某赴永康，與沈榮卿結交後返回。沈榮卿名樂年，會黨內皆稱他為「榮哥」，原籍山陰，寄居永康，初結百子會，後入終南會，在會內任「心腹」。魏蘭結識沈榮卿後，經沈介紹又結識了張恭。張恭又名張臨，字伯謙，金華人，初結千人會，後入終南山。魏蘭與張恭同至杭州，再由杭州赴嘉興以訪龔味蓀。魏蘭的堂侄魏毓祥與其友闕石原又赴松陽尋訪王金寶。1904年10月，陶成章、魏蘭等擬在金、衢、嚴三府一同起義，王金寶令所屬會眾如約起義。旋因起義中止，王金寶解散其屬，並親赴永康與沈榮卿計議，不幸遭叛徒出賣，旋被處死。[44]

　　革命黨人敖嘉熊在聯絡會黨方面也做出了重要貢獻。敖嘉熊字夢姜，1874年生於浙江平湖，寄居嘉興。戊戌變法失敗後與蔣百里等人倡立「浙學會」，後在上海加入愛國學社。愛國學社被迫解散後，他回到浙江嘉興，然後赴溫州、台州、寧波等地，欲「謀握地方上財、兵二權，以次組成獨立之軍，且以交通浙東西之秘密會黨」。他於1904年6月建立了溫台

---

[43]陶成章：〈浙案紀略〉，載《陶成章集》第339頁。

[44]陶成章：〈浙案紀略〉，載《陶成章集》第370頁。

處會館，作爲革命及會黨交通之中樞，聯絡江、浙、皖三省交界處十餘府的會黨。並設立三處分館，一個建立於松江，專門聯絡蘇州、松江、常州、太倉等地的秘密會黨；一處建於湖州，以聯絡寧國、廣德、嚴州的會黨；一處建於杭州，以聯絡於潛、昌化、新城、臨安之會黨。並計劃聯絡鎭江的「梟黨」即青幫，以及廣德、寧國的「洪軍」。同年10月，嘉興的溫台處會館正式成立，陶成章推薦魏蘭任會館的總理，又由魏蘭及其堂侄魏毓祥介紹龍華會骨幹呂熊祥、趙卓等任執事員，分赴各地聯絡會黨。敖嘉熊爲了「團結人心」，又創立「祖宗教」，制定「福書禱詞及各種秘密暗號」。1905年以後，因敖嘉熊「迭遭家難，財政困乏」，溫台處會館難以爲繼，加之敖嘉熊又遭人殺害，會館隨之瓦解。[45]

繼敖嘉熊之後有計劃聯絡會黨的是革命黨人徐錫麟。徐錫麟字伯蘇，浙江山陰人，1903年在日本參加「拒俄義勇隊」，後來改名「軍國民教育會」。1904年多回國在上海與蔡元培、陶成章等組織「光復會」。次年2月，徐錫麟與弟子數人前往諸暨、嵊縣、義烏、東陽四縣，然後由東陽到縉雲，與當地會黨人士結交。他親至嵊縣平陽黨首領竺紹康家，令其邀兄弟中之強有力者二十人來紹興，成立「大通學校」，作爲聯絡會黨的重要據點。後來，陶成章改大通學校爲大通師範學校，設立體育專修科，6個月畢業，並親往金華、處州和紹興三府所屬各縣，「遍招會黨頭目，入紹興大通學校練習兵操」，使「金處紹三府會黨，既相偕共集於大通」，於是使大通學校「遂爲草澤英雄聚會之淵藪矣」。[46]

著名女革命黨人秋瑾，也在聯絡會黨方面做了大量工作。秋瑾（1875—1907）字璿，別號竟雄，又號鑒湖女俠，浙江會稽人（祖籍山陰，今紹興）。[47]1904年5月，她不顧家庭和丈夫的反

[45] 湯志鈞編：《陶成章集》第386頁。

[46] 湯志鈞編：《陶成章集》第343～345頁。

[47] 胡國樞：《光復會與浙江辛亥革命》第267頁，杭州出版社，2002年。

對，自籌旅費隻身赴日本留學，在日本東京加入中國留學生會館所設日語講習所補習日語，同年10月在橫濱參加革命黨人馮自由等組織的「洪門天地會」，受封爲「紙扇」（軍師），並結識了陶成章等浙籍革命黨人。同年年底（一說1905年3月）回國，由陶成章具函到上海會見了光復會會長蔡元培，回到紹興後又會見了徐錫麟，並由徐介紹加入光復會。1905年7月再次赴日，加入同盟會，1906年初，因反對日本文部省頒布的《取締清、韓留學生規則》而率領同學回國。3月到湖州南潯鎮潯溪女校任教，旋辭職轉赴上海，與陳伯平、張劍崖等在虹口祥慶里以「銳進學社」名義，聯繫會黨首領敖嘉熊、呂熊祥等，運動長江下游一帶會黨。又與蔣樂山、沈鹿珊、張恭、周華昌等組織浙江會黨舉行武裝起義。同年冬，萍瀏醴起義爆發，秋瑾聯絡浙江龍華會首領呂熊祥、平陽黨首領竺紹康及浙東會黨首領蔣樂山、張恭等準備響應起義。萍瀏醴起義失敗後，秋瑾不願失信於會黨，準備在浙江獨立起義。[48]1906年12月，她回到浙江繼續聯絡會黨。1907年2月，大通學堂校長徐錫麟前往安徽，學校無人主持，秋瑾被推爲學堂督辦。大通學校爲金華、紹興和處州三府會黨分子薈萃之所，秋瑾利用這個有利條件，加緊聯絡會黨和軍、學兩界。同年3月，秋瑾親歷金華、處州兩次聯絡會黨，並函召各處的會黨分子來紹興大通學校，加入體育會，學習兵操，前後有百餘人參加訓練。她又暗中依靠會黨首領吳琳謙（義烏）、徐買兒（金華）、周華昌（武義）等人的幫助，進行聯絡會黨的工作。同年4月，秋瑾又將光復會與平陽黨、龍華會的原有組織略加變動，將其成員組織到光復會中來，由徐錫麟爲首領，秋瑾爲協領，分統以下幹部皆由洪門各級首領擔任。爲了適應起義的需要，秋瑾又制定了《光復軍軍制》，把洪門成員編爲八軍，用「光復漢族，大振國權」八字爲記號。各軍分設統帶、大將、副將、行軍副參謀等職務，各軍的大將、

---

48 《秋瑾史料》第30頁，湖南人民出版社，1981年。

副將皆由洪門首領擔任。[49]使光復會在浙江的基本成員，絕大多數爲洪門會黨分子。徐錫麟與秋瑾約定，在安徽和浙江兩省同時舉義。秋瑾又邀請王金發、竺紹康、張恭、呂熊祥等會黨首領來到大通學堂，討論起義的具體步驟，議定由金華會黨首先起義，處州會黨回應，將清軍誘至杭州，再由紹興會黨直攻杭州，與徐錫麟會合。起義日期最初定爲農曆五月初，旋改爲五月二十六日，不久又改爲六月初十日。因起義日期多次變更，造成各地之事故不斷發生，形勢非常不利，迫使徐錫麟不得不在安慶提前舉行起義，而徐錫麟的失敗，反過來又導致浙江起義完全被破壞。

三、浙江會黨參與的反清起義

1. 金華起義

秋瑾將金華的起義任務交給龍華會的「紅旗」徐順達。徐順達字猛伍，浙江金華人，乃張恭的親信，素受會黨弟兄的信賴，專門負責金華、蘭溪、浦江、湯溪四縣的軍事，因此，任命他爲「參謀」，由其密友倪金爲「交通部長」。五月二十六日，秋瑾下令出師，倪金攜帶銀數百兩前往布店購買黑布，店主詢問買黑布之用途，倪金答以做起義軍號衣，起義之事遂爲官府得知，倪金等會黨首領20餘人被捕殺，起義未發而失敗。其後，原來負責浙東一帶秘密活動的浙江青田人蔣葖飛與鄭某於同年七月起義於東陽的南馬，並「通約各地克期回應，四處聯合者四千餘人，於是永康、武義、仙居、縉雲及東陽五縣一體戒嚴」。清軍屢次爲起義軍所敗，但起義軍「以器械不利之故，死亡之數倍於清軍」，鄭某認爲死戰無益，乃退入仙居而散。蔣葖飛不以爲然，前往馬陵山聯絡綠林高達兄弟，高氏兄弟與終南會等會黨向有聯繫，故對蔣葖飛甚爲歡迎，並推他爲寨主。蔣葖飛既督率其部下，教以新式兵操，旗幟上書寫「光復軍」，擬由浦江沿蘭溪江以襲擊杭州。並派人聯絡嚴、衢二府之白布會、終南會，約期共

---

49 《秋瑾集》第23～26頁，中華書局，1960年。

舉。杭州清吏大驚，急調清軍由東陽往攻，被起義軍擊敗，遂再度增兵，但不敢進攻，僅扼馬陵山隘口，對起義軍加以圍困。起義軍在山內乏糧難以持久，蔣莱飛便派人求救於白布會。白布會援軍未至而糧餉絕，蔣莱飛突圍時中槍犧牲，其眾潰散。白布會千夫長王某來援，與清軍戰於山口，互有傷亡。[50]

2. 嵊縣起義

　　平陽黨首領竺紹康、王金發等以辦團練爲名，積蓄力量，並與烏帶黨首領裘文高聯合，「共誓爲漢族復仇，起義兵以逐滿人」。1907年5月初，裘文高不聽約束，擅自召集台州義勇由東陽至嵊縣，紮營於西鄉二十八都，樹立革命軍旗幟起義。龍華會東陽分部首領僧大開率眾相助，與清軍大戰於白竺村，殺死清軍哨官數名。浙江巡撫馮汝騤從杭州調集清軍派數百人前來救援，將起義軍擊敗，裘文高被迫退回東陽，竺紹康等逃回台州。[51]

3. 武義起義

　　龍華會副首領周華昌任光復會的「中軍官」，在武義縣署前開設一個酒店，以接納會黨與草澤豪傑，被目爲「梁山酒館」。有劉耀勳者，入光復會後被授職參謀，爲起義軍的督辦員，常在酒館「痛罵滿人勿止」。五月二十六日（7月6日），秋瑾出師令下，劉耀勳即令周華昌往紹興見秋瑾，共議軍事，自己則赴宣平見龍華會副會主張恭，「約以共起」。時有江西人聶李唐，僑寓武義，爲箍桶工，入龍華會後歷任「巡風」。他在得到出師令後，將起義的消息不愼告訴鄉人，結果「不數日傳遍武義全境」。當時，該縣又盛傳將有快槍2,000支自紹興運來，藏於聶李唐家

---

[50] 湯志鈞編：《陶成章集》，383─384頁。

[51] 湯志鈞編：《陶成章集》，351及391頁。

中。清吏聞訊即親往其家搜查，雖未查到槍支，卻搜獲革命黨人名冊，經嚴刑逼供，得知劉耀勳、周華昌皆爲革命黨人，遂對二人通緝，二人聞訊藏匿山中，旋爲清軍捕殺，武義起義失敗。[52]

4. 蘭溪起義

蘭溪方面起義之事被委託給蔣紀負責。蔣紀號繼雲，自幼不容於鄉里，爲家庭所逐，浪蕩江湖，善爲欺詐之言。因獲得呂熊祥之信任，而被推薦給秋瑾，協理大同學校之事。因奉秋瑾之命分駐蘭溪，寓於某學校。1907年7月，蔣紀用信符召集龍華會諸管事，聲稱奉秋瑾之令，從紹興運到新式快槍200杆，速集兄弟前往領取，就便破蘭溪城，以接應金華。諸管事見有信符，信之不疑。遂召集百數十人，因聞知前往取槍而皆徒手前往。眾到學校，蔣紀突然不見，眾人以爲他已進入學校，遂排戶而進。學校師生大驚，以爲強盜來劫財物，遂往告縣令。時因安慶業已舉事，金華各處均宣布戒嚴，蘭溪亦有清兵駐紮，守城官兵分門鎖守。諸管事進入學校尋蔣紀不見，知爲所欺騙，欲襲擊縣署，又皆赤手空拳，只好散走。[53]

浙江起義失敗後，許多會黨首領繼續開展反清革命活動。裘文高召集會黨分子號稱千餘人，突襲嵊縣西鄉，殲斃清軍哨弁勇丁20餘人，浙江巡撫急忙派兵往剿，裘文高退至仙居而散。[54]金華有蔣箓飛等聚集於馬陵山，聯結嚴、衢二府之白布會、終南會共同起義。浙江巡撫派兵往攻，起義軍因餉、械俱窮而失敗。[55]

四、福建會黨參與的反清起義

福建本來是天地會的發祥地，可是，晚清時期，由於天地會多次發

---

[52] 湯志鈞編：《陶成章集》，380～381頁。

[53] 中國近代史資料叢刊《辛亥革命》（三）第36頁。

[54] 《光緒朝硃批奏摺》第119輯第517頁。

[55] 馮自由：《中華民國開國前革命史》，第273頁。

動武裝反抗活動遭到清朝當局的殘酷鎮壓，尤其是廈門小刀會起義和閩中紅錢會起義失敗後，首領和骨幹或者戰死沙場，或者被俘、被捕而遭到殺害，或者逃亡他鄉以至海外，所以，天地會在福建的活動幾乎銷聲匿跡。而哥老會卻伴隨著湘軍進入福建，其勢力逐漸發展起來。最早提到福建哥老會者是左宗棠，他在福建進行大規模「剿匪」時，曾於同治五年捕獲哥老會首領陳老五和王世榮等。[56]同治九年，被裁汰的湘軍兵弁張大源，在廈門糾約現任哨官曾廣幅及營兵多人結拜哥老會。[57]福建較為正規的哥老會山堂主要有：福州的「復明山堂」、「威義山堂」；興化（今莆田）的「輔漢山堂」、「興隆山忠義堂」；南平的「復漢山堂」；汀州的榮、華、富、貴四個山堂。[58]辛亥革命時期，福建的哥老會也參加了革命黨人領導的武裝起義。

1. 福州起義

　　興中會成立後，革命小團體紛紛在全國各地建立，福建青年也開始行動起來，建立了「勵志社」等革命組織。革命黨人著手聯絡各界進步人士，林斯琛和劉元棟在福州倉山設立藤山文明社，「實為革命同志與哥老會、三合會交通總匯之區。」[59]「專以聯絡各山堂黨魁圖舉事」。[60]革命黨人劉元棟「嘗單身入荒僻地運動會黨，不避艱險，來依者皆推誠待之」[61]「又以哥老會有反清復明宗旨，且在軍隊中具有勢力，謀與結合。

[56]《左文襄公全集》《奏稿》卷十八，〈捕治興泉汀漳各處土匪摺〉。

[57]《清穆宗實錄》卷300，同治九年十二月中。

[58]連立昌：《福建秘密社會》第261頁，福建人民出版社，1989年。

[59]《福建辛亥光復史料》，1940年福州建國出版社印行，轉引自范啟龍：〈福建辛亥風雲〉，載《辛亥革命在各地》第207頁，中國文史出版社，1991年。

[60]天嘯生：《黃花崗福建十傑紀實》第6頁，轉引自陳孔立等：〈辛亥革命在福建〉，載辛亥革命研究會編《辛亥革命史論文選》（下）第763頁，三聯書店，1981年。

[61]天嘯生：《黃花崗福建十傑紀實》第49頁，轉引自陳孔立等：〈辛亥革命在福建〉。

先由鄒燕庭設法加入福州「復明山堂」。復明山堂是福建哥老會最大的山堂組織，鄒燕庭加入後，又吸收了林斯琛、劉元棟、黃光弼、嚴漢民等相繼加入其中。[62]1903年鄒燕庭還創立「共和山堂」，由鄒燕庭、林斯琛分別擔任正副龍頭，積極與各山堂聯絡，如長門威義山堂、延平復漢山堂。[63]他們用「共和」取代「復明」，用革命思想改造舊式會黨。[64]

　　辛亥革命在福建的勝利，乃是革命黨人依靠新軍中哥老會的支持而取得。清朝當局在福建的駐軍，除八旗軍外，就是同光年間由左宗棠帶入福建的湘軍。因綠營軍已失去作戰能力，故湘軍也就成了八旗軍外福建唯一的駐軍。清廷軍制改革後，福建新軍編爲陸軍第十鎮，由原來湘軍將領孫開華之子孫道仁擔任統制，由日本士官學校畢業的同盟會員許崇智擔任協統，士兵多湘籍，而且大多加入了哥老會。1911年春，彭壽松加入福建同盟會，開始聯絡會黨和軍警。彭壽松是湖南長沙人，父曾爲湘軍將領，他認爲「革命須靠武力，爭取武力必須從軍警下手，而同盟會難於吸收會員，乃設立軍警特別同盟會，運動湘軍」。「壽松既湘人，又湘軍將門後人，有更深淵源，且係哥老會中人」，遂由松壽擔任會長。到九月初，軍警近萬人，已全部加入。[65]新軍統制孫道仁起初對革命尚存猶豫，經革命黨人林斯琛勸說，而且當時福建新軍中「各部高級軍官及未加入之下級軍官，一體加入同盟會」，[66]孫道仁鑒於大勢所趨，在革命黨人的勸說下，不得不加入同盟會。

　　1911年10月10日武昌起義的爆發，大大鼓舞了全國人民的革命熱情，各省紛紛起義。上海、浙江起義成功，更加促進了福建革命形勢的發展，

---

[62]劉通：〈辛亥福建光復回憶〉，載《辛亥革命回憶錄》（四）454頁。

[63]《中華民國開國五十年文獻》第二編第三冊《各省光復》，第304頁，臺灣正中書局，1966年。

[64]范啓龍：〈福建辛亥風雲〉，載《辛亥革命在各地》第207頁。

[65]劉通：〈辛亥福建光復回憶〉，載《文史資料選輯》第2輯第155～159頁；《福建文史資料》，第6輯及《辛亥革命回憶錄》（四）第453～468頁。

[66]鄒魯：《中國國民黨史稿》，載中國近代史資料叢刊《辛亥革命》（七）第278頁。

清朝統治已經面臨土崩瓦解的局面。閩浙總督松壽在拒絕了立憲派提出的投降條件後，下令加緊準備鎮壓革命。為防范新均參加起義，松壽下令將彈藥、子彈全部搬入旗兵駐地界。凡旗人子弟，男子在十三歲以上者，均發給洋槍一支，子彈三百發，婦女每人發給小刀一柄，以便與漢人決戰。又在旗兵駐地大量埋放地雷，安設大炮，聲言要與漢民同歸於盡。旋又派遣旗兵進入漢界，於水龍頭內注入煤油，噴射漢民屋頂，然後舉火焚燒。[67]在此情況下，革命黨人意識到必須以武裝奪取政權。經林斯琛、彭壽松等與孫道仁商議，決定於九月十九日（11月9日）舉行起義。九月十八日晚，革命黨人、新軍二十協協統許崇智率部進入旗下街，佔領制高點於山上，彭壽松率哥老會組成的先鋒隊、差遣隊等也集結於山上高地。次日清晨開始進攻，城內革命軍也和旗兵展開巷戰，一直進行到黃昏，次日清晨才把清軍打跨。當日下午，閩浙總督松壽吞金自殺；傍晚，起義軍又活捉福州將軍樸壽。次日，樸壽死於觀音閣丹井旁，餘眾投降，福州起義成功。二十一日成立福建軍政府，孫道仁為都督，彭壽松任參事會會長，許崇智任閩軍北伐軍總司令。十月十八日，參事會改為政務院，彭壽松任政務院院長。[68]

2. 漳州起義

　　福州起義成功後，漳州已經處於「萬木無聲待雨來」的形勢之下，同盟會員陳兆龍、朱潤卿等已經在密謀起義。當時綠營兵和新軍士兵已經大多加入哥老會，因此營兵中的哥老會首領張儀便擁有相當的勢力，陳兆龍等便聯合張儀，並邀請龍溪縣商會副會長陳智君等於1911年11月9日商議起義之事。當晚朱潤卿等攜帶鐵煙罐偽稱炸藥，威脅獄吏開監釋放囚犯。

---

[67] 沈雲龍編：《近代中國史料叢編》，第42輯《實行立憲彙編》，「各省」第108頁，臺灣文海出版社，1969年；鄒魯：〈福建光復〉，載中國近代史資料叢刊《辛亥革命》（七）第277頁。

[68] 劉通：〈辛亥福建光復回憶〉，載《文史資料選輯》第2輯第155～159頁；《福建文史資料》，第6輯及《辛亥革命回憶錄》（四）第453～468頁。

11月11日，哥老會首領張儀偕其左右曹萬益、李青山等一馬當先，趕到汀漳龍道衙署門前，聲稱要繳械，隨即趁勢宣告漳州「光復」，在府學宮裡升起同盟會的會旗。次日，電告福州、廈門等地軍政府，宣告漳州獨立，以「中華民國漳州府」名義，布告安民。[69]

_____

[69]鄭之翰：〈漳州光復前後〉，載《辛亥革命回憶錄》（八）第138～140頁。

第二十七章

辛亥革命時期的江蘇會黨

　　辛亥革命時期在江蘇，革命黨人主要是聯絡青幫和哥老會。一是因為蘇北一帶，晚清以來一直屬於青幫的勢力範圍，二是因為咸豐年間上海小刀會起義失敗後，天地會成員被清朝當局絞殺殆盡。自那時以後，天地會的勢力便在上海及其周圍地區消失了，青幫和哥老會遂成為江蘇的主要會黨。

一、上海青幫參與攻打江南製造局

　　辛亥革命時期在上海主持聯絡會黨工作的革命黨人是陳其美。他擁有革命黨人和青幫的雙重身份，他聯絡的主要是青幫。1908年陳其美從日本回國後，在馬霍路（今黃陂北路）德福里設立秘密機關，接待來往上海的革命黨人。1910年他又在四馬路創辦《中國公報》，作為聯絡秘密會黨的機關。當時他結交的會黨中人物，有青幫的大佬應桂慶、李徵五和劉福彪等人。應桂慶、李徵五均為青幫大字輩，劉福彪既是青幫的通字輩，又是哥老會天目山聚義堂的當家三爺。1911年秋，光復會上海總幹事李燮和與中部同盟會主持人陳其美協商，定於九月初二日，分路進攻江南製造局。鑒於駐上海的新軍基本上都是湖南人，李燮和本人又是湖南人，為便於策反新軍，遂推舉李燮和主持起義，並約定起義成功後，由李出任滬軍都督。1911年11月下旬，劉福彪等青紅幫代表，在法租界萬安茶樓與同盟會員張承櫆會面。經協商，劉福彪決定由他手下的三百名青幫弟兄組成敢死隊，在上海發難。張承櫆又同紅幫弟兄歃血結盟，組成敢死隊。11月3日下午，張承櫆、劉福彪率領敢死隊從南市出發，進攻上海製造局，死傷多人，結果失敗，陳其美被該局衛隊拿獲，捆綁於局內。李燮和聞訊，一面督率革命軍攻佔上海縣署，建立上海都督府，一面率革命軍進攻江南製造局。雖未能將製造局攻下，但卻將陳其美救出。11月6日，在推舉上海地方都督的會議上，劉福彪的會黨勢力控制了會場。劉福彪本人還拔出手槍，重重地拍在桌上，粗暴地否決了由李燮和出任滬軍都督的提議，由陳

其美出任上海都督。[1]

二、徐寶山和辛亥揚州起義

辛亥革命在江蘇揚州的經過，頗爲曲折，這同揚州青幫的徐寶山有一定關係。

徐寶山（1866—1913），字懷禮，丹徒南門人，其父以販竹爲業，本人也做過篾匠。十五歲時，父病逝，因家貧，游食四方，廣交朋友他它性格伉爽豪俠，好打抱不平。凡知交有急難之事，必全力營護支持，「雖抵觸法網弗顧也」。他身材魁偉，臂力過人，長於槍法，雙手均能發槍，百發百中，能在黑暗中擊中香頭，故有「神槍手」之譽。在江湖闖蕩中，人畏之如虎，人稱「徐老虎」。

清光緒十九年，他參與江都仙女廟搶劫案。案發後他潛回鎮江，躲在寶蓋山下，被丹徒縣官府拿獲。後經江都縣移提歸案審辦，發譴甘肅。途經山東時，他盜驛站駿騎逃走。爲躲避追捕而亡命江湖，參加武裝販賣私鹽，並加入了青幫。他依附於梟魁孫七，獲重用。時有一夥以柏氏爲首之鹽梟，與孫氏有宿仇。孫七以力量不敵，每每退讓。一日，徐寶山遇柏氏兩子共掠一女子於途，他忿不可遏，與之爭鬥於道。柏氏黨徒聞聲趕來，集三百餘人，將徐寶山包圍。徐寡不敵眾，恰好孫七也率眾趕來，徐寶山將柏氏之二子劈於刀下。此事使徐寶山名聲大震，前來投靠和依附者絡繹不絕。徐寶山遂移聚於十二墟和七濠口一帶。當地原有以朱福勝爲首的鹽梟盤踞，朱聞徐寶山來此，遂率眾攻擊，結果被徐寶山擊敗，狼狽逃走。徐寶山不僅有了自己的地盤，而且手下的青幫分子，個個兇悍善鬥，官兵畏其驍勇，遇其大幫販私鹽隊伍，不敢阻攔捕捉，往往聽任其黑夜通過。實際上，販私和緝私雙方也往往互相勾結，共同漁利。一般預先由青

---

[1] 余煥東：〈李燮和滬寧革命之經過〉，載《辛亥革命回憶錄》（四）第35頁；邵雍：《近代江南秘密社會》第78頁，上海人民出版社，2013年。

幫中人和港口緝私官兵頭目接洽好，等大批青幫鹽船將抵港口時，緝私隊伍便出去巡邏，讓鹽船浩浩蕩蕩開走。等到鹽船過去，巡邏的官兵才趕上來開槍，鹽船上也假意抵抗，同時丟下一些鹽包，讓緝私頭目去報功領獎。徐寶山因人多勢大、再加上這種互相勾搭的關係，往來於三江口、兩馬、大橋、七濠、十二墟等處，上自大通、蕪湖、漢口、江西，下抵江陰等處，長江千餘里，販運私鹽活動暢通無阻。徐寶山由於出身貧寒，「久經患難，深知閭閻疾苦」，而倡議所販私鹽，每船抽兩包或四包，作爲周濟貧窮者之資。每年冬天，他給窮苦的百姓施捨一些衣粥，遇到水、旱災荒則散給米糧餅麵。所以，徐寶山在里下河一帶頗有影響，投靠他的人也很多，黨徒多達數萬，從淮河兩岸到沿江一線均成爲其勢力範圍。但是，這些私鹽販大多來自農村，往往農忙時要回家種田，農閒時才結夥販賣私鹽。平時官兵人少，則與之相拒，若見到官兵勢大，則四散而逃，這樣一支聚散不定的隊伍，顯然難以持久。徐寶山覺得僅僅依靠私鹽販尚不足以成事，他聽說泰州城內有個洪門（哥老會）首領任春山，於是帶上心腹隨從，來到泰州與任春山結交。任春山是湖北黃陂人，在當地靠算命測字爲生。徐寶山遂與之結爲異姓弟兄，任春山介紹徐寶山加入洪門（洪幫），而徐寶山則介紹任春山加入青幫。兩人決定合開洪門山堂，於1899年在七墟口開山立堂，從二人名字中各取一字，名曰「春寶山」。參加結拜者還有黃文祥、王海豐、李祥、周義楚、趙春霆、申彪、李沛、張老八等，由徐寶山和任春山共爲山主。這樣，徐寶山既是青幫的興武泗幫的大字輩（一說禮字輩）首領，又成了哥老會的山堂堂主，從而達到了青洪兩幫聯合的目的。新成立的山堂又稱「紅幫」，後來，由青紅兩幫融合而成的會黨，又被稱爲「青紅幫」。

徐寶山一夥以以武裝爲後盾販運私鹽，獲得高額利潤，勢力發展迅速，在千里長江之上，擁有走私鹽船多至七百餘號。東南地區的當權者，對徐寶山的活動頗爲忌憚，兩江總督劉坤一便以功名富貴爲誘餌，使徐寶山就範。徐寶山被招撫後，竭力幫助清朝當局維持地方治安，成了清政府

鎮壓會黨的工具。徐寶山雖然是青幫大字輩，在接受了清廷招安後，卻回過頭來消滅本門弟兄。為此，青幫特地定下嚴厲的幫規律法，「提春字挖眼睛，提寶字割舌，」將徐寶山這一派人，全部驅逐出青幫。

　　在辛亥革命前夜，徐寶山因在維持地方治安中有功，深得地方當局的信任。兩江總督張人駿為了防止革命，命令他招兵買馬以編練成軍。不久，徐寶山升為巡防營統領，負責江北的防務，從而成為一支實力相當大的地方武裝，稱霸一方。辛亥革命時期，徐寶山見革命形勢急轉直下，在革命黨人的影響下，開始傾向革命黨人一邊。鎮江光復後，一江之隔的揚州也立即沸騰起來。當晚，孫天生發動定字營一部分士兵舉行起義，宣布光復。徐寶山隨即組織敢死隊連夜過江，血洗了孫天生起義，登上了揚州軍政分府都督的寶座。袁世凱竊取政權後，徐寶山又投靠袁世凱，接受了袁世凱二十五萬元的贈款。他為了表示對袁效忠，而「以其子進往北京為質」，他一直到死始終追隨著袁世凱。國民黨為了進行「二次革命」，必須除掉徐寶山。1913年5月，陳其美派王伯齡到上海會見黃金榮，向他提出刺殺徐寶山的要求。黃金榮考慮到陳其美、王柏齡都是青幫弟兄，當即答應。他與妻子林桂生和杜月笙商量後，先派人瞭解到徐寶山有喜愛古董的癖好，經常有人專門送貨到其府上供他選擇，因此決定借此炸死徐寶山。5月24日下午，一位中年男子，手提一隻小鐵箱，來到徐寶山的公館。他向門衛遞上一張署名「上海顧松記文玩店」艾某的名片和一封艾某寫給徐寶山的親筆信，說明箱內裝有艾某帶給徐寶山的一件元代花瓶，請徐寶山看貨驗收。門衛遂將貨物送進房內，並報知此事。徐寶山一聽有人送寶物前來，即取來觀看。他看過名片和書信後，隨即從信封中拿出開箱的鑰匙。當他把鑰匙插進鎖孔後左右轉動時，突然聽見箱內刺刺的響聲，立即意識到鐵箱乃是炸彈，急忙將鐵箱拋出，但是，箱子已經爆炸，當即將徐寶山炸斃。國民黨給黃金榮以重謝，黃從此也同國民黨建立了聯繫。

第二十八章

辛亥革命時期的陝
西哥老會

　　陝西的哥老會在辛亥革命時期做出了重要貢獻，無論是在省城西安還是外縣的武裝起義，都離不開哥老會的參與。早在辛亥革命前，陝西哥老會已經在全省廣泛流傳，不僅在民間秘密傳播，而且在新軍裡建立了組織，發展成員。在辛亥革命期間，哥老會更與同盟會合作，推翻了清朝當局在陝西的統治。當然，哥老會作爲一個民間秘密結社，自身帶有濃厚的封建意識和落後性，其首領和大多數成員皆把參加推翻清朝統治的革命鬥爭，看作是在爲哥老會打天下，然後由哥老會坐天下。所以在清政權被推翻後，哥老會便與同盟會爭奪革命的勝利果實，從而發生激烈衝突，結果哥老會只是曇花一現，便成了歷史的陳跡。

一、辛亥革命前哥老會在陝西的流傳與發展

陝西哥老會的主要山堂

　　陝西哥老會是從四川傳入的，因此，最初是在靠近四川的陝南一帶流傳，後來發展到關中，最後才流入陝北。辛亥革命前夕，哥老會在陝西舉行了多次反對「洋教」和清朝當局的鬥爭。1903年陝南平利縣江湖會（哥老會分支）首領何彩鳳領導會眾聚集在洛河的太白廟，豎起「興漢滅洋」的旗幟，聲稱要「攻教堂，殺盡教民」。後遭當局鎮壓，江湖會首領30多人被捕殺，會眾死傷數百人。[1]1905年哥老會首領梁和尙聯合會黨民眾數千人策動清軍巡防隊在安康起義。[2]

　　辛亥革命時期，哥老會在陝西已經成爲一股重要的社會力量，建立了許多山堂，比較著名的大約有十來個，它們是：

1. 太白山

　　由陝南石泉人李漢章任「坐堂大爺」（也稱「龍頭大爺」），他與陝

---

[1] 《陝西文史資料選輯》第16輯第215頁，陝西人民出版社，1984年。

[2] 《陝西文史資料選輯》第1輯第167頁。

西新軍中哥老會首領萬炳南（四川人）、張雲山及同盟會員兼哥老會首領錢定三互相交好，並參加過辛亥革命前夕著名的「大雁塔結盟」。他在哥老會內原是「背榜童子」，也就是在會內從事傳達決議、布置任務及同各方面聯絡者，也稱「老么」。該山堂主要活動在陝南石泉一帶。

2. 提籠山

該山堂創立在陝西關中華陰縣華村大廟，具有鮮明的反清色彩，坐堂大爺不詳，僅知會內公推梁東升為「總兵」，縫有黃旗兩杆，備有告示，並刻有「扶漢軍大總兵梁」的印信，會眾達五六百之多。內口號是「興漢滅黨」（疑是滅滿之誤），外口號是「功德勝天，天地黑暗」。

3. 秦鳳山

辛亥年間起義時所創立，主要在關中鳳翔一帶活動，坐堂大爺是回族人馬秉乾。

4. 定軍山

主要在陝南勉縣、略陽一帶活動，坐堂大爺是勉縣人馬文伯（炳郁），四柱即「山堂香水」是：定軍山、漢江水、孝義堂、日月明（疑為水——引者）。

5. 瑚珀山

坐堂大爺不詳，四柱是：瑚珀山、忠義堂、松柏香、長清水。主要在陝南安康一帶活動。

6. 賀蘭山

坐堂大爺是高志清，主要活動在陝北三邊和內蒙古邊境及寧夏東部地區，成員當中有許多蒙族哥弟。

7.通統山

在陝西哥老會的眾多山堂當中，以張雲山創立的通統山最為突出。通統山的「大爺」是張雲山，四柱是：通統山、同盟堂、桃園香、梁山水，創立於辛亥前一年（1910年）。創始人張雲山（鳳崗）（1877－1915）是陝西長安縣人，出身於貧苦農民家庭。早年失學，從十五、六歲起便離家獨自謀生。最初在西安城內一家麵粉廠當傭工，後來入伍當兵，轉戰於甘肅、新疆等地，曾升任清軍的四品都司。他平日為人仗義，廣交朋友，加入了哥老會後，更是「與人交，推心置腹，解衣食無所吝」。由於微薄的軍餉不夠開支，便離開軍營，在蘭州建立戲班子，藉演戲為掩護，從事反清活動。後因受到官府的追捕，逃往新疆伊犁等地，以後回到陝西。新軍組創時他入伍當了號兵，隨著新軍的擴充，升任協（相當於旅）的司號官。他在哥老會中為人和藹，善於交遊，兼有處理事務的才能，為哥弟們所愛戴，在新軍士兵中有較高的威望。1910年，他開創了哥老會的山堂「通統山」，以新軍士兵作為主要發展對象。由於他的積極活動，特別是該山堂與同盟會有密切關係，在山堂開設之初，就吸引了一千多名哥弟，其中絕大部分是新軍士兵。[3]他還在新軍中建立了一套與軍營建制相應的會黨組織，分別在協、標、營、隊中設立哥老會的「舵把子」，他本人擔任「協舵」，從而控制了新軍的主要力量。他為通統山擬訂了嚴格的會規，傳達命令必須在深夜十二點以後，外縣則由當地的碼頭負責，不許延誤，令出必行，違者處死。[4]正是因為該山堂在陝西新軍中擁有強大的勢力，而且是陝西哥老會中實力最大的一個，張雲山本人還自稱「兄弟是洪字號多年，又入了革命黨的。」[5]所以在陝西辛亥革命中發揮了不少作

---

[3] 政協陝西省文史資料研究委員會：〈陝西辛亥革命中的哥老會〉，載《陝西辛亥革命回憶錄》第260頁。中華書局，1963年。

[4] 張應超：〈張雲山與通統山〉，載中國會黨史研究會編：《會黨史研究》，第275～285頁，學林出版社，1987年。

[5] 〈張雲山檄文〉，載《近代史資料》，總第45期，第86頁。

用，貢獻也最爲突出。

除了上述著名的山堂外，還有西華山、蓬萊山、少華山等。在新軍中重要的哥老會首領除張雲山外還有：朱福勝、吳世昌、萬炳南、馬玉貴、劉世傑等。不過，他們屬於哪個山堂已經不可考。由於哥老會並非統一的組織，所以在新軍中哥老會的山堂雖多，首領也不少，卻並沒有統一的領導。各個山堂雖然在反對清朝統治這一點上是一致的，但在組織上卻各自爲政，互不統屬。儘管如此，陝西仍然是武昌起義後，在全國各省中最早起而回應的兩個省份之一，這同陝西的同盟會對哥老會的聯絡與合作是密切相關的。[6]

二、陝西哥老會與同盟會的關係

陝西籍的同盟會員與哥老會的聯絡與合作，經歷過一個逐漸演變的過程，對於是否聯絡哥老會等秘密會黨的問題，最初在陝西籍的同盟會員當中尚存在分歧。後來由於井勿幕等人的努力，才開始了對會黨的聯絡工作。

井勿幕（1888－1918）名井泉，字文淵，陝西蒲城縣人，富商家庭出身。父親去世後，家道中落，在兄弟分家後，他分得蒲城縣城裡的雜貨鋪「義源永」。他作爲一個十五歲的少年，不諳經營之道而負債累累，於是前往四川投靠親戚、重慶知府張振之。他在重慶與一些上層社會的知識青年相往來，思想上逐漸嚮往革命。他聽到孫中山在日本組織同盟會的消息，於1903年多同四川的友人一道東渡日本，謁見了孫中山、黃興等人，並加入了同盟會。1905年（光緒三十一年）秋，他在接受孫中山的命令回到陝西，先後發展了三十餘位同盟會員。1906年春，井勿幕在陝西三原召開同盟會陝西支部會議，提出聯絡會黨、刀客和發展同盟會的建議，但受

---

[6] 政協陝西省委員會文史資料研究委員會：《陝西辛亥革命回憶錄》第258～260頁，陝西人民出版社，1982年；張應超：〈張雲山與通統山〉，載《會黨史研究》第275～285頁。

到一些人的反對。同年夏，他再次前往日本，決心把陝西的留日學生引導到革命道路上來。[7]1908年（光緒三十四年）井勿幕再次回到陝西後，不僅在新軍中建立了革命據點，而且成立了同盟會陝西分會。

井勿幕這次回國前，因為在日本時受到孫中山、黃興等人聯絡會黨工作的影響，主張在陝西聯絡哥老會和刀客等會黨組織。但是，當時陝西的同盟會員中，卻對此有不同看法。有人認為哥老會等會黨分子知識淺陋，成員複雜，力量分散，而且容易洩露事機而敗壞革命事業。因此，使井勿幕等人主張聯絡哥老會和刀客的意圖未能實現。後來，革命黨人看到「軍民怨憤已久，投身會黨者日眾，哥老會之勢力及於全陝，其首領有救民伐暴之宣言，其黨員挾乘機劫掠之希望。民黨見其時機已熟，即民軍不舉，彼等亦必揭竿而起。不如聯絡利用，輸以常識，免致地方糜爛，故亟與會黨合謀，早日舉義。」[8]同盟會陝西分會成立後便決定聯合新軍和哥老會、慕親會、刀客等秘密會黨的力量，藉以推動革命。為此，同盟會還擬定了一個類似會黨的名稱「同盟堂」，並且模仿哥老會的做法，也編了一個「山堂香水」即：通統山、同盟堂、梁山水、桃園香，成為一個同盟會與哥老會合流的秘密革命團體。[9]

在革命黨人聯合哥老會的工作中，同盟會員錢定三也起了重要作用。

錢定三（1884－1911）又名錢鼎，陝西白河縣人。他看到清廷喪權辱國的行徑，下決心投身革命事業。早在保定陸軍學校上學時就加入了同盟會，回到陝西後便積極進行革命活動，曾擔任陸軍學會的會長，負責軍界和會黨聯絡之責。為此，他親自加入哥老會並成為首領。他交遊頗廣，與

---

[7] 政協陝西省文史資料編委會整理：〈陝西辛亥前革命思想傳播和同盟會的初期活動〉，載《陝西辛亥革命回憶錄》第284頁，陝西人民出版社，1982年。

[8] 郭孝成：〈陝西光復記〉，載中國近代史資料叢刊《辛亥革命》，（六）第41頁。

[9] 政協陝西省文史資料編委會整理：〈陝西辛亥前革命思想傳播和同盟會的初期活動〉，載《陝西辛亥革命回憶錄》第297頁。原注認為「桃源香的『源』字，疑是『園』字之誤，因為『同盟堂』所提倡的是『桃園』之義，而非憧憬著『桃源仙境』」。

同盟會的井勿幕等人過從甚密，與新軍中的哥老會首領張雲山、吳世昌、劉世傑等也有密切關係。他通過一系列工作，使哥老會首領們接受了同盟會「驅除韃虜，恢復中華，建立民國，平均地權」的綱領。

　　爲了推動同盟會和哥老會的進一步合作，雙方商定於清宣統二年（1910）農曆六月初三日在西安南郊大雁塔舉行了一次「結盟儀式」，使雙方的聯合進入了實質性階段。參加結盟的約有三十多人，號稱三十六人。同盟會方面有井勿幕、錢定三、朱彝銘、黨仲昭、張鈁（伯英）等；哥老會方面有：張雲山、劉世傑、萬炳南、陳殿卿等。當時按照哥老會的結盟儀式，由哥老會內資格較老的朱福勝帶領參加結盟者行叩拜禮，把一隻大公雞當場宰殺，用雞血滴在酒裡融合起來，每人都喝一點，並在神前宣誓，彼此同心同德，[10]大雁塔結盟進一步鞏固了同盟會與哥老會之間的團結，爲日後的武裝起義打下了良好的基礎。

三、辛亥西安起義中的哥老會

　　辛亥革命前，陝西哥老會在新軍中已經擁有相當大的勢力。當時清朝在陝西的新軍有一個混成協，新軍士兵當中，老行伍出身者大多參加了哥老會，如工兵頭目劉世傑、二營頭目馬玉貴（回族）、司號長張雲山，以及吳世昌、郭錦鏞、馬瑞堂、魏禮亭、呂金堂等，都是新軍中哥老會的大小頭目。張雲山在新軍中的突出表現，引起了同盟會的注意。同盟會陝西分會成立後，負責人錢鼎與張寶麟便同張雲山取得聯繫。由於二人具有同盟會和哥老會雙重身份，便介紹張雲山也加入了同盟會。

　　辛亥革命前夕，陝西哥老會不僅滲透到新軍當中，而且在新軍中還建立了與軍隊編制相當的組織系統。哥老會的「大哥」萬炳南在新軍中地位最高，號召力也最大，同盟會員兼哥老會首領錢定三（錢鼎）在新軍中也

---

[10] 政協陝西省文史資料編委會辛亥革命史料調查組整理：〈陝西辛亥革命中的哥老會〉，載《陝西辛亥革命回憶錄》，第261頁。

有很大影響。在新軍的標、營、隊裡都設有「舵把子」，標有「標舵」，營有「營舵」，隊有「隊舵」。這些舵把子可以把屬於自己本單位的哥弟掌握起來，並且聯繫著其他山堂的哥弟。不過，在新軍中的舵把子，除了張雲山是協司令部的司號官外，其他都是護兵、正副目、士兵、伙夫等。他們雖然可以控制新軍中的哥弟，卻沒有軍隊的指揮權。這一點與同盟會的情況恰好相反，同盟會員大多是知識份子出身，有的還是留學生，大多在新軍中擔任中下級軍官。由於清朝當局對於新軍中革命黨人的活動嚴加防範，加上新軍中的士兵知識水準不高，不容易接受革命思想，所以，新軍中的同盟會員很難在新軍中開展革命活動和發展組織。這樣，同盟會員在新軍中雖然有一定的指揮權，卻同士兵之間沒有組織上的聯繫。如果舉行起義，同盟會很難對新軍中的士兵加以指揮和控制，這種情況使得哥老會在新軍中比同盟會具有更大的優勢，但這也恰好可以使兩者互相取長補短。[11]

　　宣統三年（1911）農曆七月，四川人民的保路運動愈演愈烈，使鄰省陝西正在醞釀中的革命活動受到很大的推動。當時西安城內盛傳西關外新軍中的革命黨人將於八月十五日中秋節時舉行起義。在西安之四門，粘有匿名揭帖，略謂：陝西的革命黨人甚夥，多係陸軍軍官及各學堂學生，不日將接連起事云云。到八月十五日，殺韃子之說更充盈街頭。[12]八旗兵的西安將軍、滿人文瑞為了防止發生意外，要求陝西巡撫錢能訓發給八旗兵以新式步槍一千枝，並配備必要數量的子彈；撥發經費，在滿城要衝地方修築防禦工事；從外縣調回一部分巡防隊回西安以加強防守；迅派密探偵察並逮捕新軍中的革命黨人。[13]革命黨人通過內線瞭解到陝西巡撫錢能訓

[11]政協陝西省文史資料研究委員會：〈陝西辛亥革命中的哥老會〉，載《陝西辛亥革命回憶錄》第262頁。

[12]郭孝全：〈陝西光復記〉，載中國近代史資料叢刊《辛亥革命》（六）第38頁。

[13]朱敘五、党自新：〈陝西辛亥革命回憶〉，載《陝西辛亥革命回憶錄》第31頁。

與文瑞兩次面議的內容：「主張革命多係軍官，若以躁切從事，必致釀成大禍，不若陸續將陸軍調出分防，另招巡防，保衛省城，再爲捕擒。」並召集各司道及軍事參議官會議，研究加強防範及查辦新軍中革命黨人活動的情況。這些情報使革命黨人受到很大震動。農曆八月十九日（10月10日）武昌起義成功的消息傳來後，給了陝西革命黨人以極大的鼓舞，加緊了起義的準備工作。這時，清朝當局也派人四處偵察革命黨人的行動，伺機抓捕。西安將軍文瑞把一份有一百名革命黨人的黑名單交給陝西巡撫錢能訓，「凡軍學兩界稍有聲望者，幾盡與其列」，[14]準備按照名單抓人。同時又調集八旗兵在西安城的四門和滿城[15]嚴加防守，形勢對於革命黨人來說，非常危機，舉行武裝起義已經是箭在弦上，不得不發了。但是，同盟會負責人考慮到與駐紮在西安城內南校場巡防隊裡的哥老會首領尚未聯絡好，特別是同負責守衛軍裝局的哥弟們取得聯繫還需要一段時間進行工作。所以，初步擬定在農曆九月初八日（10月29日）舉行起義。

　　不久革命黨人從清方內部得到情報，駐防西安的新軍將全部調往外縣，以防範新軍參加革命。八月二十五日新軍第一標一營首先接到調往陝南漢中的命令，而且限令即日啓程。八月三十日新軍的第二標也奉命立即開拔，分別調往寶雞、鳳翔和岐山。如此，便無法按照原定計劃起義了。錢定三決定立即召開緊急會議，以便決定起義日期與領導者的人選。爲了防止意外，會議採取分散的方式進行，即由哥老會中的陳得貴、王榮鎮二人往來傳遞意見。在起義日期問題上很快取得一直意見，決定於九月初一日（10月22日日）舉義。但是在起義領導者人選問題即上卻較費周折。當時在新軍中最活躍、積極的是錢定三，他既有革命熱情，又不辭勞苦，不怕危險，而且有哥老會首領與同盟會員雙重身份，是比較合適的領導者人選。但是他自己感到責任重大，又考慮自己年紀太輕，才能與聲望難勝此

---

[14]郭孝全：〈陝西光復記〉，載中國近代史資料叢刊《辛亥革命》（六）第40頁。
[15]由滿人居住的區域。

任。因而建議推舉新軍混成協的司令部參議官（參謀長）兼第二標一營管帶張鳳翽為起義領導人。理由是張鳳翽更具備擔任起義領導者的條件：第一，張是協（相當於旅）司令部的參議官（參謀長），在新軍中的地位較高，任職年餘，在操場上、講堂上與全協官兵都有接觸；第二，張兼任二標一營管帶，哥老會的頭目較多在一營，容易取得他們的贊同；第三，張為人氣度恢廓，有膽識和應變能力；第四，張是留日士官出身，學歷高。可是，張鳳翽平時並未參加過革命活動，大家懷疑他並非革命黨人，若倉促讓他擔任起義首領，未知他是否肯幹。於是推錢定三、張寶麟和張鈁去同他洽談。其實張鳳翽早在孫中山於日本東京創立同盟會時便已經加入，只是未暴露自己的革命黨人身份。張鳳翽字翔初，原籍河南沁陽縣木樓鄉張莊，光緒七年（1881）出生在陝西咸寧縣（今西安市灞橋區）。1902年考入陝西陸軍武備學校，1904年由陝西武備學堂經陸軍部派往日本留學，進入日本振武學校，其間加入了同盟會。據同盟會員馬淩甫回憶張鳳翽時說：「當孫中山先生在東京組織同盟會時，他參加最早，但是沒有對人談過。當我加入同盟會以後，因為彼此相知最深，我就動員他入會。他才說：『我加入同盟會比你還早，但是我不願使人知道。因為我們軍人必須掌握到兵權才能有所作為。我們同學加入同盟會的很多，黃克強特別告誡我們，不要隨便露出革命真面目，因此我就沒有到同盟會總部去過，也沒有對人說過我是革命黨』。」[16]所以，當錢定三等人向他提出大家欲推舉他為起義首領時，他當即表示同意，說：「好吧，既承你們大家錯愛，我也不便推辭，明晨發餉後，我們都到林家墳開會，作最後決定。」並且表示他將「義無反顧，如果失敗，禍我承擔，生死與二君共之。」[17]這時已經是九月初一日凌晨一時了。當天上午7時許，協部及督辦公所和藩台衙門的官兵，分別到新軍各營領餉，因為當天是星期天，領完餉即放假。旗

---

[16]馬淩甫：〈回憶辛亥革命〉，載《陝西辛亥革命回憶錄》第91頁。
[17]張鈁：〈憶陝西辛亥革命〉，載《辛亥革命回憶錄》（八）第169頁。

籍及與革命無關的官兵便回家或他出，而參加革命的官兵則接到通知，全數留營，派代表到林家墳開會。

林家墳地處西安西關外，離新軍的操場約有二里，園內多松柏樹，塚高草密，平日是士兵們聚賭之處。各營新軍代表及哥老會頭目、同盟會在新軍中的軍官約75人相繼到來之後，開始商討起義時間與領導人。在錢定三、張鳳翽講明回應武昌起義的意義後，張鈁便站在一坐墳頭上大聲喊道：「我們今天要起義了，公舉張鳳翽作我們的首領，錢鼎是副的，大家意見怎樣？」到會的人一致舉手表示同意。張鳳翽隨即向大家宣布說：「現在不是說客氣話的時候了，大家叫我幹，我就擔當起來幹罷。我對大家只有一個要求，就是必須聽我們的話，無論同志、哥弟都是一家人，幹的是一件事，要同心協力，不分彼此。」並約定中午12時聽到午炮嚮後，首先佔據軍裝局。會議只用了半個小時就結束了，然後大家分頭準備行動。上午張鳳翽先令張聚庭等數十人改換便裝，暗藏武器，散布城內要地。令黨自新、張鈁、朱敍五等各帶馬步兵十餘人，由南門入城，分兩路直趨軍裝局。10時，張鈁傳達命令：炮營全營出動，官長騎馬，徒手兵跟在後面。揚言：「今天星期天，我們到到灞橋洗馬去！」。於是，三三兩兩，以閒逛的方式，由西門進城，循著僻靜街巷向軍裝局進發。張鳳翽與劉伯明整隊入城，由西大街穿過，作爲奪取軍裝局之應援。[18]清方爲防範新軍起義，不給新軍配備子彈，所以，必須首先佔領軍裝局，得到子彈才能有所作爲。當時軍裝局裡雖然駐有一個哨（相當於一個連）的兵力，但是，這天是星期天，士兵大多外出遊逛，防守懈怠。起義軍約有一個營的兵力，來到軍裝局後，便一擁而入。少數守軍見起義軍人多勢眾，未加抵抗便從後門溜走。衝進局裡的士兵用石塊砸開鐵鎖，將成箱的子彈從樓上往下扔。拿到彈藥的士兵立即到附近去把守，其他各營的起義士兵也紛紛來到軍裝局來領取槍彈，然後分別進佔城內各衙署與軍事要地。新軍排長

---

[18]鄭鶴聲：《中華民國建國史》第一編第七章〈各省光復〉第725頁，正中書局，1943年。

張寶麟率領隊伍進入護理陝西巡撫錢能訓的衙門，在衙署院門前把牌樓縱火點燃，一時火焰沖天，成為起義的信號。哥老會首領萬炳南率領眾「哥弟」也佔據了軍事參議官的衙署，督隊官錢定三率領新軍中的起義者迅速佔據了全城的制高點──鼓樓，並派人佔領了藩台衙門，繳獲了存放在那裡的70多萬兩白銀，作為起義軍的軍費，城內其他個衙門也幾乎都被哥老會的大小首領所佔據。這時，張鳳翽率領哥老會首領陳殿卿來到軍裝局，建立了起義軍的總司令部。當時，城內各衙門的官員們尚在諮議局開會，聽到城內槍聲四起，知情況有變，遂紛紛棄去官服，藏於民家或者逃跑。起義軍幾乎沒有遇到抵抗，便順利佔據了除「滿城」之外的西安城區。[19]西安將軍、旗人文瑞從諮議局逃回滿城，命令旗兵把滿城的六個城門緊緊關閉，沿城牆部署了守兵，準備同起義軍對抗。唯獨前陝甘總督升允，當時正在距離西安城北三十里的草灘別墅，聞知西安新軍起義的消息，連夜渡過渭河，逃往甘肅。

　　九月初二日張鳳翽以「秦隴復漢軍大統領」的名義下令攻打滿城。滿城位於西安城內東北角，由駐防八旗兵防守。它的東面和北面，是借西安的大城牆作為自己的城牆，西面自鐘樓東北角沿北大街，經西華門、後宰門到北門的東側，與西安的北城牆銜接。另築一道牆，在北大街東邊（不包括北門），在後宰門、西華門各開一個城門；南面自鐘樓的東南角起，經端履門、大差市到東門南側，和西安的東大城牆銜接，又築一道城牆在東大街南邊，在大差市、端履門各開一個城門。西安的東門，也就是滿城的東門。鐘樓的東穿洞安裝有門扇，是滿城的西門。滿城裡駐有旗兵大約有5千人，連同家屬約有萬餘口人，佔據著西安市區面積的四分之一。起義的決定過於倉促，沒有制定詳細的軍事部署和進攻計劃。起義軍進城後，各營隊基本上是單獨行動，這些營隊不全是原來的建制，沒有參加起

<hr />

[19] 朱敘五、党自新：〈陝西辛亥革命回憶〉，載《辛亥革命回憶錄》（五）第6～7頁；張鈁：《辛亥西安舉義東征日記》，載《中華民國開國五十年文獻》，第二編第三冊第147～148頁。

義的中下級軍官又隱藏起來，軍事指揮權於是就落在哥老會的各級「舵把子」手中。所以，新建立的總司令部並不清楚各營的位置和那個地區有多少部隊。面對如此混亂的情況，起義軍中的革命黨人便通過同哥老會方面負責人的協商，制定攻打滿城的計劃。雙方決定分段指揮：以市中心的鐘樓爲分界線，從鐘樓以北，沿北大街至北門爲一個地段，由錢鼎、萬炳南、張雲山指揮，攻擊滿城的西面。從鐘樓東南角起，經端履門、大差市至東城牆根，爲一個地段，由張鳳翽親自指揮。九月初二日黎明，起義軍開始對滿城發起進攻，守城的旗兵進行殊死的抵抗，並且組織騎兵連續三次向起義軍陣地進行衝擊。直到下午三時，起義軍尚未攻下滿城的一個城門。在雙方相持的時候，起義軍偵察到有一小段滿城城牆已經崩塌，哥老會頭目劉世傑（俊生）、馬玉貴（青山）等率部跟隨起義總指揮張鳳翽首先帶領兵士衝了進去。與此同時，張雲山率領西路的起義軍也將滿城西門即後宰門攻破，並向旗兵的火藥庫猛烈射擊，造成火藥庫起火爆炸，滿城旗兵見大勢已去，便不再進行有組織的抵抗。初三日，起義軍開始在滿城內逐街、逐巷地進行搜索，滿城至此已經完全落入起義軍手中了。西安將軍文瑞見大勢已去，只好投井自殺。[20]當起義軍全力攻打滿城時，因無法顧及全城的社會治安。駐紮在城內西南的巡防隊看到新軍攻打滿城，便乘機到處搶掠，城內的遊民，也趁火打劫，鹽店街一帶的銀號，受害尤甚。僅天成亨一家，就失去現銀十萬餘兩。

　　巡防隊的官兵大多是哥老會成員，他們看到起義軍中的哥老會眾哥弟紛紛掌權，一部分人便投入到哥老會頭目所帶領的軍隊中去，另一部分則投入到新成立的第四標中。該標係由原巡防隊軍官邱彥彪任統帶，從而使在軍隊中本來已經佔優勢的哥老會，得到了更大的發展。各縣的哥老會一經號召，紛紛起而回應。如黃青雲在長安，余成龍、王悅欣在藍田，劉松

---

[20] 朱敘五、党自新：〈陝西辛亥革命回憶〉，載《辛亥革命回憶錄》（五）第1～10頁；張應超：〈張雲山與通統山〉，載《會黨史研究》第280頁。

山、牛春山在商州，黃金山在臨潼，陳坤山在三原，王悅德在涇陽，向紫山在富平，王金山在興平，崔丁海在同州，「關中四十餘縣，數日之間莫不義旗高竭矣！」[21]當然，在恢復社會秩序方面，哥老會首領也起到一定作用。西安起義剛勝利，哥老會首領就開始帶隊出巡，維護治安，如張雲山在鹽店街、粉巷口當場殺死了一些壞人，並親自下令處死了罪大惡極的哥老會敗類陳坤山、喬世榮等人。榆林會黨首領在起義後發布安民告示，明確表示將嚴懲乘機作亂的不法之徒。萬炳南進駐鳳翔後立即把擾亂治安的哥老會張三保等人斬首示眾。藍田會黨首領余成龍主持縣政後，立即派人在街道維持治安，禁止部下亂拿民眾的財物。陝西治安經過哥老會的一番整治，況逐漸好轉，商店也陸續開門了。

　　起義軍在完全控制了西安全城後，便著手建立軍政府。這時便遇到了新的問題。由於哥老會在起義的過程中起了重要作用，而同盟會員的作用卻遠不如哥老會，因此起義成功後，哥老會的各級「舵把子」和資深頭目，便把手下的哥弟控制起來，掌握了大小不同的武裝力量，使自己成為實權人物。而同盟會員主要是在社會上層，特別是在知識份子和新軍中進行活動，一直沒有建立自己獨立的武裝力量，直到起義成功後，才開始招兵買馬，建立自己的軍隊，所以實力上處於劣勢。特別是起義時形勢的突變，新軍中革命黨人原來擬訂的起義計劃被完全打亂了，當九月初一日起義開始時，除了同盟會員較多的炮營是全營一同進城外，其餘皆是三三兩兩地分散進城，在外縣的同盟會員在西安起義發生時尚未得到消息，無法前來援助。在佔據軍裝局和以後的行動中，由於新軍原來的軍隊建制已經被打亂，有組織的行動，如攻打滿城和東西路抗擊清軍的主力，以及外縣的起義，幾乎都是以哥老會為主進行的。[22]這樣，在起義過程中，哥老會的首領們自然成了實權人物。當革命黨人著手恢復社會秩序，建立軍政府

---

[21] 〈陝西辛亥革命紀事〉，載《中華民國開國五十年文獻》第二編第三冊，第47頁。

[22] 〈陝西辛亥革命中的哥老會〉，載《辛亥革命回憶錄》（五）第108頁。

時，哥老會的舵把子便在軍政府便佔據了重要的職位。

西安起義是倉促發難，起義成功後，需要布告安民，新建立的政權需要有個正式名義。大家聽說武昌起義時湖北有個「浙鄂豫復漢軍」的名稱，於是模仿其意稱爲「秦隴復漢軍」。次日，張鳳翽便以「秦隴復漢軍大統領」的名義，發布告示安民。[23]軍政府設立軍務、民政、司法、財政、交通、外交六部，每部設正副部長各一人，並招集舊日議員仍在諮議局議事，作爲立法機關。[24]

辛亥西安起義實際上是靠革命黨人與哥老會聯合的力量取得的。[25]「但會黨中人恃功驕恣，氣焰日張，即以爲純係會黨之功，且不知民主共和爲何事，誤以爲會黨出頭之日也。」[26]在建立軍政府的過程中，哥老會憑藉在軍隊中的優勢，其首領皆爭著要做大官。其中最積極的是萬炳南和張雲山。萬炳南是原來清軍陸軍一標三營的正目，在哥老會中資格老，號召力大。他看到旗兵已經被消滅，陸軍也已瓦解，整個西安已經成爲哥老會的天下，認爲軍政府的最高權利理應屬於自己。他手下的人也說：「我們只知道有萬大統領，不知有什麼張大統領。」[27]他派心腹陳同到軍裝局，要脅大統領張鳳翽，張無奈，乃宣布願即刻讓位。錢定三等人極力反對，聚於大廳後院，對眾人宣稱：「若如此，余等先焚軍裝局，大家皆散。」[28]幾經周折，最後還是讓萬炳南當上副大統領。而這時資格和聲望都在萬炳南之上的張雲山的地位仍未解決，他便召集心腹在高等審判廳（張的住所）揭起「洪漢旗幟」，命令各碼頭大肆招兵買馬。「於是一城

---

[23]郭希仁：〈從戎紀略〉，載中國近代史資料叢刊《辛亥革命》（六）第65頁。

[24]雷冬文：〈論民初會黨與革命黨的衝突〉，載：《史學月刊》2002年第8期。

[25]郭希仁：〈從戎紀略〉，載中國近代史資料叢刊《辛亥革命》（六）第77頁。

[26]朱新宇：〈陝軍辛亥起義記事〉，載《近代史資料》1983年1期第72頁。

[27]中國近代史資料叢刊《辛亥革命》（六）第68頁。

[28]朱新宇：〈陝軍辛亥起義記事〉，載《近代史資料》1983年1期第59頁。也有記載說，這句話是陳殿卿所說，陳原先是張鳳翽的衛兵，所以，他說這句話的可能性比錢鼎要大，見，《辛亥革命回憶錄》（五）第13～14頁及《辛亥革命》（六）第67頁。

之內，復漢、洪漢之旗對豎焉。」[29]結果，張雲山和萬炳南儼然與張鳳翽領導的「秦隴復漢軍總司令部」形成對峙局面。經過一再磋商研討，最後決定仍由張鳳翽擔任大統領，但在軍政府內再增設一個副大統領和六都督，以平衡各方面的利益。

在軍政府裡，除了「大統領」張鳳翽是同盟會員，副大統領錢定三是同盟會員兼哥老會首領外，其餘高層軍事方面領導人皆為哥老會成員。軍政府中重要人物之職位如下：

大統領張鳳翽	同盟會	原新軍二標一營管帶
副大統領錢鼎	同盟會兼哥老會	原新軍督隊官
副大統領萬炳南	哥老會	原新軍一標三營某隊正目
調遣兵馬都督張雲山	哥老會	原新軍協司令部司號官
副都督吳世昌	哥老會	原新軍二標一營左隊正目
糧餉都督馬玉貴	哥老會	原新軍二標一營左隊正目
副都督馬福祥	哥老會	原新軍二標二營左隊隊官
軍令都督劉世傑	哥老會	原工程隊正目
副都督郭正清	哥老會	原新軍二標一營前隊正目
第一標標統劉剛才	哥老會	原新軍二標一營前隊正目
第二標標統朱漢廷	哥老會	原新軍二標三營某對正目
第三標標統郭錦鏞	哥老會	新軍炮營中隊正目
第四標標統邱彥標	哥老會	原巡防隊哨官
第五標標統鄧占雲	哥老會	原巡防隊
第六標標統余晉海	哥老會	（該標成立稍晚）
四路總稽查朱福勝	哥老會	原新軍一標二營某對伙夫
大統領衛隊統帶陳殿卿	哥老會	原新軍二標一營左隊護兵

---

[29]郭希仁：〈從戎紀略〉，載中國近代史資料叢刊《辛亥革命》第68頁；朱新宇：〈陝軍辛亥起義記事〉，《近代史資料》1983年1期第60頁。

從上述情況可知，軍政府初期的軍事實力基本上掌握在哥老會人手中，如副大統領萬炳南、調遣兵馬都督張雲山、副都督吳世昌、糧餉都督馬玉貴、副都督馬福祥、軍令都督劉世傑、副都督郭勝清、第一標標統劉剛才、第二標標統朱漢廷、第三標標統郭錦鏞、第四標標統丘彥標、第五標標統鄧占雲、第六標標統余晉海、四路總稽查朱福勝、大統領衛隊統帶陳殿卿均是哥老會中人。這些人文化素質較低，思想覺悟不高，有的頭腦中還充滿封建帝王思想，以為革命就是為了做大官。其中陳殿卿的表現尤為突出，在六都督的安排宣布後，他站起來對張鳳翽說：「今天大統領都給他們加官，我陳殿卿也向你討個封，封我個欽差大臣，見官大一級。」[30]據張奚若回憶說：「到了西安之後，最感意外的是除了張鳳翽之外，所有要位都在不識字的哥老會手中。四個都督好像全是哥老會的人——至少有三個是；張鳳翽沒有實權，財政和兵權都在哥老會手中。」所以，同盟會中人「都認為革命失敗了。」陝西同盟會的領導人井勿幕寫了兩封信分別給黃興（當時是革命軍的大元帥）黎元洪（湖北軍政府都督），請他們派一支革命軍來陝西驅除哥老會的勢力。張鳳翽也以陝西都督的名義備了一封正式公文給黎元洪，由張奚若帶往。張鳳翽給張奚若簽發了一張離開西安的護照，以便憑此出城。不料到城門口時，大統領的護照和參議的身份都沒有用，兵士不許出城，說一定要有「大哥」的護照。張奚若只好又去找張鳳翽，他叫秘書去請張雲山另發了一張護照，才得以離開西安。[31]

張雲山在擔任兵馬大都督後，仍然熱衷於發展個人勢力。他「廣印飄布，命會中哥弟分赴各州縣散布各屬，會黨中人又絡繹來省，投雲山，聽號令。」[32]各縣的哥老會份子，在得知他們的首領在省城當上了「大

---

[30]朱叙五、党自新：〈陝西辛亥革命回憶〉，載《辛亥革命回憶錄》（五）第47頁。

[31]張溪若：〈辛亥革命回憶錄〉，載《陝西辛亥革命回憶錄》第13～14頁。

[32]朱新宇：〈陝軍辛亥起義記事〉，載《近代史資料》1983年1期第72頁。

官」，也更加有恃無恐，他們遍地設碼頭，派款勒捐，甚至招兵買馬，另組軍隊。[33]當時，關中、陝南各地哥老會的碼頭林立，「辦支應，理詞訟，直代縣官行政。甚至公然以地方主人自居，魚肉良懦，苛派錢款，鄉人恐慌畏懼，直似滿人入關。」革命黨人見此情景，莫不歎息曰：「不意兩月之久，竟變成會黨世界矣。」[34]這時，哥老會首領張雲山也覺得哥老會的活動已經影響到大局，於是發出一件白話檄文，以告戒哥老會分子：「兄弟是洪字號多年，又加入了革命黨。」「這三合會，是三家合在一起，同辦一件事，滅了仇敵，奪回漢家江山，與先人爭一口氣。」「我們這個會，本爲救漢人的」，「你若是好兄弟，應該替大哥幫忙安民，教生意人、莊稼人都照常好好兒做，安安然然，大家同享太平，也顯得我們仁義。人常說魚安水安，一個不安，大家都不得安。」「你們做好人，便是我的兄弟；你們做歹人，便是賊。王法天理，都不得過去。你休怪我無情，定把你們和旗人是一樣處法。」[35]並且制定了一個《碼頭章程》，對哥老會分子進行約束。主要內容有：大縣碼頭以一百五十名爲額，小縣以一百人爲額；日食暫由巡警經費撥支，不得妄動地丁、錢糧及一切公款；駐紮地方，即借城內廟宇公地；不准吸食洋煙；不准抗官擾民；有調遣即速派，不得違抗遲延；不得勒捐民間財物；不得預詞訟公事；須防禦地方，驅逐土匪，保衛商民治安；學堂、教堂、電杆、電局，須一律保護；回漢一體，不得歧視；並宣稱：「以上各條，有不尊者，軍法從事。」[36]哥老會新成立的軍隊多不服從調遣，更不願接受同盟會員的指揮。他們「但聞有洪會命令，幾至不知其他」，「對於軍府移文，視若無睹。」[37]

---

[33] 〈陝西辛亥革命中的哥老會〉，載《辛亥革命回憶錄》（五）第15～17頁。

[34] 朱新宇：〈陝軍辛亥起義記事〉，載《近代史資料》1983年1期第73頁。

[35] 《近代史資料》總45號，1981年2期。

[36] 朱敘五、党自新：〈陝西辛亥革命回憶〉，載《陝西辛亥革命回憶錄》第52～53頁，陝西人民出版社，1982年。

[37] 《西北革命史徵稿》（中卷）第20頁，轉引自張應超：〈張雲山與通統山〉。

軍政府爲了安撫各地的哥老會，便遴選大員作爲「安撫招討使」，分頭去進行「安撫」。

總之，在軍政府成立初期，軍事實權基本上掌握在哥老會手中。而且哥老會新成立的軍隊不僅兵員眾多，武器彈藥也比較充足，加上又有原來哥老會的組織關係，在思想上比較一致，所以，哥老會在軍事方面必然佔有極大的優勢。同盟會雖然也開始建立自己的軍隊，但是，由於武器彈藥缺乏，與哥老會相比，在軍事上則處於劣勢。同盟會員井勿幕只好把從前在北山所聯繫的遊俠刀客聚集起來，組成6個營，編成一個標，三個獨立營。

四、西安東西兩路戰役

西安起義獲得成功，清朝在陝西省城的統治被摧毀了，但是，清統治者並未就此甘休，而是從河南、甘肅兩面調集兵力，向軍政府進行反撲，使新政權面臨來自東西兩個方面的威脅。爲此，起義軍又進行了東西兩路的戰役。

東路戰役

辛亥年（1911）九月初一日西安起義成功的消息傳到潼關後，清潼關道道臺瑞清便聯合駐防滿軍副將桂和電告清廷，請求派兵來潼關增援。清廷接到電報立即命令山西巡撫陸鐘琦、河南巡撫寶棻派遣援軍前來陝西，以便對陝西的軍政府構成重大的威脅。但山西的援軍尚未出發，太原就已經「反正」，無法來陝，只有河南的清軍開赴陝西，並於九月三十日佔領潼關。

河南清軍進入陝西潼關之前，同盟會員、西安巡警學堂的學生徐國楨在家鄉潼關已經聯絡當地哥老會中同情革命的望吉祥等人組織起革命隊伍。徐國楨自稱「潼關復漢軍司令」，由王吉祥等四人分任隊長，召集民眾，準備起義。他們又聯合了華陰縣的遊俠馬耀群、退伍軍官、哥老會的胡名貴等人，分頭準備。九月十一日夜晚，馬耀群把起義隊伍集結在潼關

的南門外，次日黎明一齊衝進潼關城，徐國楨指揮王吉祥等幾個隊長率眾在城內回應，順利地佔領了潼關，清軍駐防軍副將桂和被俘。但是，潼關道道臺、滿人瑞清卻藏匿在一個紳士家中，祕密派人前往巡防營求救。不久，河南的清軍援軍到達後，將潼關奪回，將桂和釋放。瑞清認為此次事件乃是當地人民對清朝當局的「叛亂」，主張屠城。桂和等力持異議，最後商議決定讓來到潼關的河南軍隊任意搶掠一天。河南陸軍於是在城內挨門挨戶盡情搶劫，不僅金銀財物決不放過，青年婦女也成為虜獲的對象，他們把虜到的大批財物和婦女用船裝載，順黃河運回河南。[38]

　　在此之前，陝西軍政府早已經意識到潼關在軍事上的重要性，因為潼關落入清方手中，來自山西、河南的清軍便可以長驅直入，威脅到省城西安的安全。所以，副大統領錢定三向張鳳翽建議，由他親自率領一支隊伍前往潼關。可是，錢定三在起義時統領的一標二營官兵，已經逐漸被哥老會的實力派吸引過去，錢定三身邊只剩下隨身的幾個勤務兵。後來，軍政府雖然把復漢軍第一標撥歸他指揮，但一、二兩營遲遲未出發，錢定三只帶了學生隊的二三十人出發，於九月十一日到達渭南後，即被當地惡紳韓映坤唆使的刀客嚴紀鵬殺害，[39]軍政府只好又增派同盟會員張鈁為東路征討大都督，定於九月十三日開赴潼關。當時新編成的各標營都掌握在哥老會的「哥弟」手中，這些哥老會的軍官，雖然大多是過去新軍中的班長或士兵，但都不是自己原來所在部隊所屬的人。而且軍隊剛剛組建不久，尚未經過嚴格的訓練，也未建立起應有的隸屬關係。這時，潼關又被清軍奪回，張鈁帶領的這支隊伍處境非常困難。在到達渭南後，只好寬免了嚴紀鵬殺害錢定三的罪，一同前往潼關迎敵。大統領張鳳翽在得知潼關失守，

---

[38]朱敘五、党自新：〈陝西辛亥革命回憶〉，載《辛亥革命回憶錄》（五）第25頁。

[39]朱新宇：〈陝軍辛亥起義記事〉，載《近代史資料》1983年1期第64頁。一說陸軍中學學生張世瑗籌得七千餘兩軍餉，由渭南解往臨潼，途中被土匪所劫，張世瑗遇害。當錢鼎來到渭南後，駐節縣署，土匪以為係為張世瑗而來，乃乘夜來攻縣城。錢鼎見形勢緊迫，遂由縣署後縋城而下，結果被土匪殺害。見郭孝城：〈陝西光復記〉，載《辛亥革命》（六）第39～40頁。

也親自率領衛隊一營趕往督戰。革命軍與清軍在潼關展開激烈爭奪戰，最後，在緊要關頭，渭南縣的民團團長嚴紀鵬所率一千人及第一標的兩個營及時趕到，立即分兩路救援。清軍漸漸不支，革命軍乘勢進至城下，嚴紀鵬帶領敢死隊的一百多人登上城牆，清軍被迫撤退，潼關被革命軍收復。鑒於潼關位於陝、山西、河南三省交界之處，為兵家必爭之地，所以，被革命軍佔領後，又兩次被清軍奪去，直到1912年民國成立後，革命軍才以和平的方式進入潼關，軍政府的東征戰役始告結束。[40]

西路戰役

　　辛亥西安起義成功後，卸任的陝甘總督升允從草灘別墅逃往甘肅平涼。陝甘總督長庚又保薦他為陝西巡撫，督辦陝西軍務。令陝甘提督張行志率領他的「壯凱軍」坐鎮甘肅天水，並調陸洪濤的振武軍，起用停職在籍的總兵馬安良召募回族兵14營，組建「甘軍」，準備分兵兩路，進犯陝西。這些清軍均係西北邊防多年訓練的精兵，槍炮齊全，有作戰經驗。由升允擔任北路統帥，由涇州（涇川）東進，攻打長武；由張行志擔任南路統帥，由隴南進攻隴州。革命軍雖然號稱萬人，但士兵皆係臨時招募，僅有刀矛、梭鏢、鍘刀及少數快槍。十月初一日（11月21日），升允派駐在涇川的遊擊馬國仁率領所部三營偷襲長武，革命軍猝不及防，全營覆沒。長武被清軍攻佔，致使陝西西路的形勢陡然緊張起來。這時，軍政府的兵馬大都督張雲山便自請率軍西征。十月初五日，張雲山帶領衛隊二百餘人及四標一營的隊伍，從西安出發，去抵禦甘軍。行前，有哥老會大頭目向紫山率領千餘人來投，張雲山從中挑選了800名精壯，編為「向字營」。又有前巡防營管帶張南輝由耀州帶來的300餘人，並將高陵王占雲的遊擊隊500人編入，一同出發。十月十六日，革命軍進攻甘軍駐守的長武縣，

[40] 張鈁：〈辛亥革命中潼關的三次攻守戰〉，載《陝西辛亥革命回憶錄》第106～110頁；《辛亥西安舉義東征日記》，載《中華民國開國五十年文獻》第二編第三冊第147～175頁。朱敘五、党自新：〈陝西辛亥革命回憶〉，載《辛亥革命回憶錄》（五）第24～34頁。

結果被甘軍四面包圍。張雲山命令向紫山率領向字營前去解圍，甘軍大舉出擊，向字營作戰勇敢，擋住了甘軍的進攻。張雲山進駐邠州後，聞知潼關失守的消息，大統領又親往督戰，擔心省城空虛，即星夜趕回西安，將兵馬都督行營的關防交給參謀鄒子良護理，並囑咐他與幫辦何春霖、周朝武（二人皆為哥老會中人）商同辦理。張雲山走後，鄒即與何、周二人因為許可權問題發生爭執，致使軍隊號令不一，各營隊多不服從調遣，結果甘軍乘機反攻，向字營全軍覆沒，鄒子良被迫放棄邠州，退守乾州。[41]軍政府聞訊立即命令張雲山返回前線禦敵，張抵達乾州後，力守危城，轉敗為勝，牽制了大量甘軍。十二月二十五日（1912年2月4日），清帝宣布退位，升允仍企圖負隅頑抗，並且向部下封鎖清帝退位的消息，令馬良繼續進攻乾州，令陸洪濤進攻醴泉。民國元年初，張雲山設法與馬良取得聯繫，並送去有關清帝退位的布告。馬良見大勢已去，便與軍政府簽定了停戰協定，甘軍被迫退回甘肅，陝西西路戰役始告結束。[42]

五、辛亥革命在陝西其他各縣

鳳翔

　　辛亥（1911）年九月一日西安起義成功後，西安高等學堂的鳳翔籍學生、同盟會員兼洪門會員楊會楨、劉鉦一同回到鳳翔，聯合當地哥老會的楊鳳德、黃發、陳德勝、趙大貴、岳松柏等，號召四鄉民眾起義，聚集了一千餘人，於九月六日（10月27日）夜晚將鳳翔府城[43]包圍，縣衙差役張三保等在城內接應，內應外合，於次日黎明將縣城佔據。清軍西鳳營參將自殺，知縣彭毓松被殺，張三保將被拘押的府知事德祜及其兩個幼子殺死，並霸佔了德祜的小妾。起義成功後，民眾不理解革命的意旨，紛紛尋

---

[41] 朱新宇：〈陝軍辛亥起義記事〉，載《近代史資料》1983年1期第77頁。

[42] 朱敘五、党自新：〈陝西辛亥革命回憶〉，載《辛亥革命回憶錄》（五）第38～40頁；劉昌卿：〈秦隴復漢軍戰守甘州始末〉，載《辛亥革命回憶錄》（五）第88～94頁。

[43] 鳳翔府管轄八個縣，府城在鳳翔縣。

仇報復，因為憤恨官吏和洋人，殺死知縣彭毓嵩，焚毀府、縣公署，並且殺教民，焚教堂，甚至焚毀公立的中小學，聲言要殺學堂的教師，造成時局混亂，一時無法收拾。楊會楨無法領導，只好請當地哥老會大首領、秦鳳山山主馬秉乾出來維持局面。馬秉乾是甘肅河州（今臨夏）回族，在縣署當差多年，因為是哥老會秦鳳山的山主，在哥老會內擁有相當的力量。他以哥老會的戒律懲辦了數人，社會秩序才稍微穩定下來。西安起義後奉秦隴復漢軍都督府之命回到鳳翔辦民團的陝西優級師範畢業生王肇基和劉定五等，見到鳳翔起義後的混亂局面，便與老師李逢春（振初）商議，以奉都督張鳳翽之命的名義，進見馬秉乾，向他說明西安起義的詳細情況和「興漢滅旗」的重要意義。馬秉乾此時正對地方社會秩序束手無策之際，認為王肇基等是省上派來的「欽差」，便誠心接待，並接受革命軍的領導。[44]這時，縣裡盛傳從北京調來的「毅軍」和甘軍將夾擊陝西，而鳳翔乃關西重鎮，是西安的屏障。王肇基的老師李振初見到情勢危急，便密令劉定五星夜趕赴西安，向軍政府求援。劉定五到達西安後，便向張鳳翽密陳大計，張便派副統領萬炳南率領新編的民軍二千五百人前往鳳翔駐守。萬炳南到達鳳翔後，設立了副統領司令部，與李振初、劉定五、王肇基等與副統領司令部的參謀長陳同共同籌畫建立民團，編成五個民團大營，每營200餘人。以馬秉乾為中營管帶，黃發為東營管帶，楊開甲為西營管帶，龔發榮為南營管帶，楊鳳德北營管帶，均受副統領萬炳南節制，並將擾害地方的張三保等斬首示眾。[45]這支隊伍在後來抵禦甘軍對鳳翔的進攻戰役中，起了重要的作用。而鳳翔的鞏固，則解除了清朝殘餘勢力對西安的威脅，對於辛亥革命在陝西的最後勝利，具有重要的意義。十一月初，

---

[44]王丕卿：〈辛亥鳳翔起義簡況〉，載《陝西辛亥革命回憶錄》第142頁；竇應昌：〈辛亥革命鳳翔一隅之紀略〉，載《中華民國開國五十年文獻》第二編第三冊第177～179頁。

[45]朱叙五、党自新：〈陝西辛亥革命回憶〉，載《陝西辛亥革命回憶錄》第79頁；《辛亥革命回憶錄》（五）第47頁；王丕卿：〈辛亥鳳翔起義簡況〉，載《陝西辛亥革命回憶錄》第144頁。

清陝甘總督長庚和前陝甘總督升允，組成甘軍，分兵兩路，大舉進攻陝西
的革命軍。北路由升允親自率領，越過長武、邠州而進攻乾州；革命軍由
兵馬大元帥張雲山抵禦；南路由固原提督張行志和回軍統領崔正午率領，
分兩路進攻鳳翔。萬炳南以鳳翔兵力單弱，電請西安軍政府派新編之敢死
隊1,200人來援。敢死隊均以鍘刀加長柄爲武器，向敵人奮勇砍殺，人稱
「鍘刀隊」，和敵軍在鳳翔相持三月之久。最後，甘軍被迫退回。而甘肅
的蘭州布政使趙維熙卻仍在進攻秦州的革命軍黃鉞部，萬炳南爲了支援支
援秦州的革命軍，派參謀長陳同率領五營隊伍進兵隴南。因槍械、子彈不
夠使用，萬炳南與陳同親自到西安，請求軍政府撥給槍彈，但在西安的槍
械局被軍政府所槍殺。（一說被張鳳翽親自以暗槍打死）[46]

寶雞

辛亥西安起義後，寶雞的哥老會立即響應，擬攻打鳳翔府城與寶雞縣
城，驅逐清朝官員。九月初九日（10月30日）農民出身的哥老會大爺王清
明和商人出身的哥老會大爺周瑞林，帶領民眾300餘人，焚毀渭河南石嘴
河的天主教堂，然後向寶雞進軍。知縣雷天勇發現縣勇腰間多攜白布，又
偵察到縣勇當中有哥老會弟兄，十分膽怯，於是令縣勇隊長弓明海率領縣
勇去防守東門，自己帶領數人由北門逃走。弓明海隨即開城迎接王清明等
進城，打開監獄，釋放囚犯。大家公推農民出身的哥老會大爺馬雲山爲首
領。九月下旬，趙皖江以宣撫招討使的名義由西安來到寶雞，安撫地方，
張貼陝西軍政府大統領張鳳翽的布告和宣傳品。不久，趙皖江改任秦隴復
漢軍第三十五標標統，他任命馬雲山爲第二營管帶，藝人出身的哥老會大
爺白福順爲第三營管帶。這時，甘肅的清朝殘餘勢力仍不時對陝西軍政府
進行騷擾，直到民國成立才完全退回甘肅。[47]

---

[46] 《陝西辛亥革命回憶錄》第146頁。

[47] 賈福蔭：〈寶雞辛亥革命述略〉，載《陝西辛亥革命回憶錄》第147～149頁。

同官（今銅川市）

辛亥革命時期的同官起義也與當地哥老會和刀客有密切關係。該縣起義組織者白喜參加過哥老會和刀客，曾以刀客的身份往來於富平、蒲城和白水之間，與富平刀客考娃、潤娃（均失其姓）、陳老九等，從事打富濟貧的活動。在聽說省城西安起義成功的消息後，他即與考娃等聯繫，集合刀客數十人，於九月初六日（10月27日）黃昏潛伏在縣城北關，與城內哥老會首領常生啓、喬喜、楊世雲等商妥，以「洪漢軍」的名義響應西安的起義。當晚攻佔縣城北門，清駐軍中綠營的鄭吉安、胡正虎等，以哥老會哥弟的名義歸順白喜，清軍綠營營長聞訊逃走，起義成功。不久，陝西革命軍北路安撫使井勿幕委任白喜爲北路第一營管帶，白喜又攻克了附近的耀縣等地。[48]

西鄉

陝南各縣首先起來響應西安起義的是西鄉縣。該縣高等小學教師王舉之是西安高等學堂預科畢業生，在西安就學時就已經加入了同盟會。當九月初八西安起義的消息傳到西鄉後，王舉之正在家鄉下高川鄉的小漁溝。西鄉地處巴山、秦嶺之間的山區，消息閉塞。一時謠言四起，王舉之由於在民眾中素有聲望，遂倡議舉辦民團，得到大家的贊成。九月下旬，下西高川鄉五裡壩農民聚眾起義，以響應西安起義，邀請王舉之參與其事，王乃與眾人歃血訂盟，組成起義隊伍，進兵西鄉縣城。知縣聞風逃走，起義軍順利進入縣城。[49]

南鄭（今漢中）

辛亥西安起義成功的消息傳到陝南漢中，清軍漢中鎮總兵江朝宗等害怕教師、學生起事響應，下令將學校解散。當地高等小學國文教員吳作

---

[48] 李楊山：〈辛亥九月同官光復紀要〉，載《陝西辛亥革命回憶錄》第150～151頁。

[49]《陝西辛亥革命回憶錄》第153～154頁。

霖（曾加入過興中會）便與學校中有革命思想的教師何金波、王鬱林等商
討如何響應西安起義。他們同清軍巡防營標統李光輝部下鄭寶堂（隊長）
和王連三、李保障等（三人均係哥老會成員）取得聯繫，希望他們促使李
光輝反正，轉向革命方面。他們經過一段時間的秘密聯絡工作，結識了當
地哥老會的「大爺」即王鬱林的二哥王子鑒。王子鑒在漢中有眾多「哥
弟」，在社會上也頗有威望。吳作霖就同他聯合起來，希望在南鄭舉行起
義，響應西安的起義。王子鑒又利用自己在當地的影響和哥老會大爺的身
份，同當地哥老會的各個公口首領和民團團總暗地商量起義的事，也都得
到贊同和支持。於是決定由王子鑒出面，以大宴賓客爲名，把所聯絡到的
人請到家中。軍隊裡除了隊長鄭寶堂和王連三、李保障等外，標統李光輝
因爲口頭上也表示過贊成起義，也被邀請參加。但李光輝於事後立即向江
朝宗告密，江朝宗便把王子鑒的大哥找去訊問，並開始注意王子鑒的行
動。吳作霖在覺察到李光輝不可靠後，便由王子鑒秘密同城內北街的民團
團總、哥老會大爺苟炳南取得聯繫，苟炳南慷慨答應。鑒於苟炳南家裡比
較僻靜，王鬱林、王子鑒、吳作霖等遂於農曆十月底的一個晚上，來到他
家秘密商議起義大計。大家認爲李光輝雖然不可依靠，但是巡防隊裡的下
級軍官和士兵當中仍不乏有革命思想者，而且還有許多哥老會成員，如果
從哥老會內部加強工作，起義時他們起來響應也是可能的。另外，十三坊
公口都是哥老會自家人，新軍裡也有具有革命思想的人，所以，一旦舉行
起義，完全有可能取得勝利。會後便分頭活動，兩天後大家再次在苟炳南
家裡開會，與會者除了十三坊公口的各頭領外，還有李光輝衛隊營的士兵
參加。會議商定了起義的具體方案，約定十一月初三日（12月22日）午夜
舉事。可是，由於事機不密，起義計劃被江朝宗、李光輝偵悉，事先作了
周密安排，並有意設計了一個空城計，當起義士兵來到李光輝的辦公地點
時，發現裡面空無一人，結果大多被事先埋伏在那裡的李光輝和手下人擒

獲，事後慘遭殺害，起義失敗。[50]

安康

　　辛亥革命時期陝南安康的起義，是由當地哥老會策劃和組織的。安康的哥老會是由湖北鄖陽人梁悅興所傳入。梁悅興自幼跟隨父親由湖北鄖陽遷居陝西安康，靠撐船爲生，經常往來於湖北漢口和陝西安康之間，並加入了哥老會。光緒二十七年，梁悅興已經成爲江湖會（哥老會別名）的首領之一，曾在湖北漢口組織哥會成員秘密反清。未及起事，即被當局覺察，他被迫帶領三個兒子秘密逃到河南，旋因形勢緊迫，又逃到西安，住在城隍廟的李老道處。李老道原名李明山，是梁悅興的徒弟，且是西安哥老會的首領之一。梁悅興在廟內住了三四個月，其間他一面與李老道鼓動清軍中的哥老會官兵策劃起義，一面派哥弟羅武揚前往安康，約集哥老會的眾哥弟前來西安，以共圖大舉。梁悅興在西安日久，與他往來的人漸多，爲了安全起見，於是落髮爲僧，藉以避人耳目，從此，梁悅興便被稱爲「梁和尙」了。

　　光緒三十年五六月間，羅武揚從安康邀集了一大批哥弟來到西安，準備起義，旋因時機不成熟而返回原地，梁悅興也帶著一幫安康和外地的哥老會哥弟回到安康，繼續從事革命活動。他與當地的哥弟高慶雲、胡雲山等及哥老會組織建立起廣泛的聯繫，並且暗中策動當地巡防隊中的哥老會共同舉事，甚至還與安康縣知事王世瑛（可能也是哥老會中人──原編者注）暗通聲氣。爲了準備起義，他們儲備了大量武器和各種物資。光緒三十一年二月初二日，安康鎮台（總兵）傅殿魁決定到城外校場壩的文昌宮降香。梁悅興得知此事，認爲是刺殺傅殿魁和舉事的絕好機會，於是秘密通知聯繫好的哥弟和一批志願者，於初一日晚間集合在文昌宮附近地方，計劃在傅殿魁前來降香時乘機縱火。屆時每人發給白布條一個，掛在胸前，銅制錢一枚，帶在身上，作爲暗號，並以白旗爲標誌，相約看見文

昌宮起火，大家就從幾個方面一齊向文昌宮衝殺，然後佔領安康縣城，實行起義。大家爭先恐後地進行準備，有的把儲藏的武器、物資搬運出來，有的抬煤油，分發武器，有的領發草鞋、食物。同時派人運煤油到文昌宮，把廟裡的門窗都澆上煤油。以便傅殿魁到達時由閔春來和李元謀乘機縱火。可是，初二日早晨當傅殿魁到達時，卻無法把事先澆在門窗上的煤油點燃，（可能是煤油裡被商人摻了水——原編者）傅殿魁覺察後，立即調來隊伍，將閔春來和李元謀逮捕，並將梁悅興等捕獲殺害。[51]起義雖然失敗了，但是梁悅興在安康布下的革命火種，卻在西安起義後重新在安康點燃起來。參加過這次密謀的哥老會成員高慶雲、胡雲山后來成了安康起義的領導者。[52]

安康是陝西省興安府的府城，有新舊兩城，總兵傅殿魁駐在新城，知府丁麟年和知縣林揚光駐守舊城，如此，文武分駐，以便互相照應。西安起義勝利的消息傳來，哥老會便開始活動起來。當地哥老會的大頭目高慶雲是興安鎮總兵傅殿魁手下的千總，早在光緒三十一年二月就曾參加過梁悅興策劃的起義。起義失敗後未曾暴露，便繼續暗中聯絡清軍中部分官兵，並分派哥弟們鼓動各哨（巡防大隊共設有四個哨）士兵和附近民眾密謀起義。對於哥老會在軍營中的活動，傅殿魁已經有所覺察，他擔心發生兵變，所以只給士兵們發給槍支而不配備彈藥，有的甚至連空槍也不發給。

光緒三十一年九月十四日，高慶雲向哥老會弟兄和巡防隊部分官兵發出號令，向安康的新城發起進攻。參加起義的人皆以白布為號，或者頭纏白布，或胸前以白布條相交叉，行動口號是「天保得勝」。起義者首先

[51]政協陝西省文史資料委員會辛亥革命史料調查組：〈梁和尚安康起義〉，載《陝西辛亥革命回憶錄》第210～213頁。

[52]政協陝西省文史資料委員會辛亥革命史料調查組：〈梁和尚安康起義〉，載《陝西辛亥革命回憶錄》第210～213頁。

衝進總兵衙門，佔據軍裝庫，奪得大量槍械彈藥來武裝自己。總兵傅殿魁被活捉後處死，總兵衙門的官員或降或逃，未經戰鬥便順利佔據了安康新城。次日，起義者轉攻舊城，住在舊城的哥老會頭目胡雲山乃縣署快班差役，聽說新城已得，便在舊城行動起來。當起義軍來攻舊城時，他便率眾內應外合，舊城也順利落入起義者手中。

起義成功後，高慶雲與胡雲山商量，把起義士兵和民眾當中擁有槍支者編成三個營，人數多達2,000，以「復漢軍」爲旗幟，派駐在興安府所管轄的九個縣，維持社會秩序。不久，陝西軍政府派南路安撫使張寶麟到達安康，對高、胡組建的這支隊伍進行整編，並報請軍政府分別委任二人爲興安的正副防禦使。張寶麟深知興安地區哥老會人數眾多，良莠不齊，遂召集安康及各縣哥老會重要頭目開會，向他們申明大義，告誡他們從嚴約束哥弟，不得胡作妄爲。哥老會「碼頭」用款，只准由縣裡挪用員警經費，不得私行攤派，此後各縣情況逐漸好轉。[53]

榆林

辛亥革命時期陝北榆林地區的起義也與哥老會密切相關。榆林地區的哥老會是從寧夏傳入的。1911年2月間，寧夏哥老會派羅瞱（綽號羅大辮子）、夏威二人到榆林建立哥老會組織。他們在這裡結識了三教九流的人物，如丘敬業（和尚）、高儀臣（商人）、崔益田（銀匠）等，會見了當地的哥老會的哥弟王忠、楊厚德等人；還發展了縣衙裡的謝發、張承五等，及當地人李天順、李順娃等加入哥老會，這就使得哥老會在當地擁有了一定的勢力。

1911年10月10日武昌起義和10月22日西安起義成功的消息傳到榆林，當地的文武官員十分驚恐。加之士兵大批向總兵衙門索餉，總兵賈鴻增便要求道台署設法墊支，以防兵變。道台楊卓林召集府、縣官員商議，命知府張啓藩先墊白銀五千兩以解燃眉之急。而張啓藩卻堅決不肯，兵士們更

---

53 馬修文等：〈興安地區（安康）反正前後〉，載《陝西辛亥革命回憶錄》第160～163頁。

加痛恨知府，便散布流言，有的說先殺知府，有的說先搶糧食和富戶。張啓藩見形勢不妙，即行逃走。不久，又傳來餉銀在三原被劫的消息，更是給索餉的士兵們火上澆油。這時，新軍十五營管帶、滿人瑞庭禎見形勢日益嚴重，便想把貪汙到的銀兩送往北京。這件事被哥老會的王忠、楊厚德等獲悉，遂召集哥老會的緊急會議，商討對策。會上決定於農曆十月初二日（11月22日）晚間舉行起義，但是，事機不密，以致城皆已知道十月初二日舉行起義的事。而且王忠等四十人的黑名單已經送到道台衙署。道台楊卓林立即召集文武官員，說明哥老會與軍隊準備聯合起義的情況，並提出了哥老會開會地點和會內首領的名單。要求先斬王忠、楊厚德，藉以殺一儆百。而新軍兩個大隊的管帶都以證據不足為由，拒絕捕人，並稱暫時不會有事，會議遂無結果而散。

當月初二日晚十一時許，一聲槍響，十五隊官兵立即集合，分為兩隊，皆以左臂纏紅色號帶為記，口號是「一戰成功」。管帶瑞庭禎聞訊趕來營房，企圖鎮壓，結果被王忠捆縛。高漢臣則率領眾人直撲總兵衙署，將總兵賈鴻增擒獲，榆林很快落入起義者手中。眾人公推王忠為首，王忠堅辭不就。後來由楊厚德（改名楊昆山）就任「秦隴復漢軍洪漢榆林分統」，出榜安民。榜文中提出起義軍的宗旨，在於「恢復中華民族獨立自主，建立革命民主之國家。」十一月初，張鳳翽以「秦隴復漢軍大都督」的名義，正式委任楊昆山為復漢軍榆林一帶地方的步兵統領，楊奉令改銜。然後傳檄各縣，懷遠（後改為橫山）、葭州、神木、府谷、米脂等縣，均表示擁護楊昆山之反正義舉。[54]

至此，辛亥革命時期陝西省城西安和主要地區都已經推翻了清朝的統治，建立了革命的軍政府。

在陝西辛亥革命中，哥老會確實起了重要作用。在九月初一日年西安起義成功後，諸事尚未就緒，九月十三日河南的清軍就已經向陝西進攻，

---

[54] 李文正：〈榆林辛亥革命紀略〉，載《陝西辛亥革命回憶錄》第125～139頁。

並且很快佔據了潼關。這對剛剛在西安起義成功的革命黨人來說，無疑是個巨大的威脅。張鈁在前往救援時，雖然於沿途收集到各縣的團隊及第一標的兩個營，但與清軍激戰兩日，未能取勝。最後，在哥老會首領王榮鎮指揮、嚴紀鵬部的配合下，才把潼關收復。這時逃往甘肅的前陝甘總督升允率領馬國仁部千餘人又攻至長武，革命軍派往抵抗的第二標第二營，戰敗全軍覆沒。東西兩路清軍挾其優勢兵力，長驅直入，對省城西安造成嚴重威脅。這時，張雲山慨然承擔抗擊長武、醴泉等縣的清軍，萬炳南則自請承擔防截鳳翔方面的清軍。他們兩人，一個是調遣兵馬大都督，一個是副大統領，又都是哥老會的首領，指揮那些以哥老會為主體的隊伍，得心應手，把原來隊伍中的紊亂局面扭轉過來，迫使清軍未敢深入。十月初十日，在嵩店、監軍鎮戰役，革命軍八千餘眾全部潰敗，幸好張雲山扼守乾州，力疾堵截散隊，封閉四城門，晚上多設燈火於城上，並親自持號周巡，時作各種號音以迷惑敵人，使之不敢進攻，乾州始得以轉危為安。在後來的兩個多月中，張雲山據守孤城，把清軍主力牽制在乾州、醴泉、彬州、永壽一帶，大大遲滯了戲路清軍的前進速度，減少了對西安的軍事壓力。萬炳南在鳳翔、岐山一帶與清軍對峙，也有力地鞏固了革命軍在西線作戰的左翼陣地。

　　但是，哥老會也起了不少消極作用。辛亥陝西革命得以成功，實靠革命黨與哥老會聯合之力。但哥老會中大多卻認為革命純係哥老會之功，且不知民主共和為何事！誤以為革命成功乃是哥老會出頭之日，「氣焰甚張，一日千丈」。哥老會的碼頭，本來是秘密機關，革命成功後，不僅沒有取消，反而擴充。飄布本來是哥老會入會之憑據，革命成功後亦當收毀，但卻廣為散發。張雲山擴印飄布，並且命令哥弟分赴各州縣散布。各地的哥老會分子，則紛紛來到省城投奔張雲山，聽其號令。張雲山所發告示，均有「公議洪令」小戳記，與兵馬都督關防並用。當軍政府建立後，提出取消哥老會碼頭時，張雲山堅決不肯。各帶兵的長官也在外州縣紛紛開設碼頭，省城碼頭有黃青雲，藍田有余成龍、王悅銳、聶青山等；商州

有劉松山、牛春山等；臨潼有黃金山，三原有陳坤山，涇陽有王悅德，興平有王金山，同州有崔丁海等。其他各縣十之七八皆有碼頭。這些哥老會的碼頭，「辦支應，理詞訟，代縣官行政，甚至公然以地方主人自居，魚肉良懦，苛派錢款，鄉民畏懼。」[55]鑒於哥老會成員多係破產勞動者或無業遊民，哥老會也並非自覺的革命組織，既沒有明確的革命目標和行動綱領，也缺乏嚴格的革命紀律，許多人在舊軍隊裡，還沾染了舊軍人的壞習慣。在事變過程中，出現過不少危害民眾的越軌行為。在軍政府成立初期，萬炳南公開爭做大統領，張雲山和張鳳翽唱對臺戲。各大小首領，爭著要當大官。到處增設「碼頭」，擴張勢力，甚至擅用公款，處理詞訟，干涉地方行政事宜。有的甚至勒索搶劫，鬧得民怨沸騰。以哥老會為主體的軍隊，紀律敗壞不堪，不僅不服從指揮，不接受調遣，而且所到之處，濫索供應，甚至搶劫姦淫。[56]這些事實均表現出哥老會作為舊式會黨的消極方面！

---

[55] 中國近代史資料叢刊《辛亥革命》（六）第77～78頁。

[56] 政協陝西省文史資料委員會辛亥革命史料調查組：〈陝西辛亥革命中的哥老會〉，載《陝西辛亥革命回憶錄》，第258—266頁。郭希仁：〈從戎紀略〉，載《辛亥革命》（六）第77～68頁。

第二十九章

辛亥革命時期的兩
湖和江西會黨

　　湖南和湖北兩省不僅在地理位置上相毗鄰，而且在明清時期一直歸湖廣總督管轄，因而使得兩省在政治、經濟和文化方面產生了密切關係。辛亥革命時期，兩省的革命黨人又「始終懷有唇齒相依、休戚與共的信念，」[1]兩省的哥老會也有著密不可分的關係。湖南又同江西交界，三省的會黨也往來甚密，而著名的萍瀏醴起義，就是發生在湘贛就邊境地區，也是由哥老會（洪江會）發動的。

　　辛亥革命時期湖南的會黨主要是哥老會及其分支江湖會，後來在革命黨人的「運動」和「聯絡」下，逐步在組織上聯合為「岳麓山」和共進會。湖北的會黨主要是哥老會及其分支孝義會以及天地會系統的三合會、三點會等，經過革命黨人的引導而聯合為共進會。由於湖北革命黨人在聯合會黨方面經歷過一段曲折道路，許多革命黨人把精力放在聯絡新軍方面，所以，在武昌起義中新軍的作用更為突出。當然，新軍中也有很多是會黨中人。

　　湖南是湘軍的發祥地，湘軍中有大量哥老會分子，湖南的十六個營水師中，也多數與哥老會有聯繫。湘軍解散後，有「數且十萬」之人回到湖南。[2]這些人回到家鄉後，無以為生，乃被迫「散走各方」。其中有投往西北左宗棠部繼續「吃糧」的；有依附兵營、炮臺、官衙、稅局以及各水陸碼頭的；有依靠湖南會館食力餬口的；有從事肩挑負販、小本生意的；有開設客棧、飯店及鴉片煙館的；有包庇賭博和走私的；有集體從事墾殖和畜牧生產的；也有受雇於人為傭工以自給的。這些流入社會下層的原湘軍官兵，更是會黨發展的對象，從而使湖南的哥老會聲勢更加浩大。辛亥革命以前，湖南哥老會主要進行所謂「仇教」活動，即反對外國教會的侵略和傳教士的不法活動。由於「洪門習性尊敬大哥，惟命是從，故聯絡會

---

[1]　湖南歷史學會編：《辛亥革命在湖南》，〈前言〉，湖南人民出版社，1984年。

[2]　《東方雜誌》1906年第1期。

黨，只要把會首的關係拉好，問題就迎刃而解」。[3]辛亥革命時期革命黨人通過對其首領的引導，使哥老會的宗旨逐漸由「仇洋排外」，轉變爲「革命排滿」。而且在組織上實現了聯合。「湖南哥老會人數眾多，分布極廣，山堂林立，派系複雜，主要有金龍山、騰龍山、泰華山、錦華山、楚金山、金鳳山、天臺山，而每一個府、州、縣又另設有不少的山堂。在國內第一個革命團體華興會成立之前，這些分散的哥老會組織處於一種「各地自爲統屬，絕少聯絡運動」狀態。因此，如何把這些分散的會黨組織起來，就是擺在革命黨人面前一項十分緊迫的任務。值得注意的是，湖南革命黨人大都是一批「會黨通」，不少革命黨人包括黃興、劉揆一、劉道一、宋教仁、譚人鳳等人都參加過會黨。因而自革命團體華興會成立之日起，就一直把主要精力用於聯絡會黨，一般採取建立周邊組織的方式進行。華興會剛成立，便在會外另設「同仇會」，「專爲聯絡會黨機關」。所謂「同仇會」實指共同仇恨清廷之意，基本上把湖南20多萬哥老會會眾聯合起來了。

一、維新派對哥老會的聯絡與自立軍起義

1.維新派激進分子對哥老會的聯絡

戊戌變法失敗後，維新派中一部分激進分子如唐才常、林圭、沈藎等人，認識到「變之自上」改變中國社會的道路已經走不通，必須走「變之自下」的道路。唐才常，字伯平，號佛塵，湖南瀏陽人，因爲受到好友譚嗣同[4]被殺之刺激，「對於滿清已有十分之絕望，恨不即時擾亂滿清之全域，組織新政府以代之」。[5]他在與沈藎、林圭等商訂的《正氣會章程》序言中，一方面因受革命黨人「革命排滿」的思想影響，強調統治中

---

[3] 陳浴新：〈湖南會黨與辛亥革命〉，載《文史資料選輯》第三十四輯，中華書局，1963年。

[4] 譚嗣同嘗曰：「二十年刎頸交，惟佛塵一人而已。」足見二人之關係非尋常可比。見蕭汝霖：〈唐才常傳〉，載《自立會史料集》第200頁，嶽麓書社，1983年。

[5] 黃中黃（章士釗）：〈沈藎〉，載中國近代史資料叢刊《辛亥革命》（一）289頁。

國的滿族人「非我族類，其心必異」，「上切不共戴天之仇，下存何以為家之思」；另方面又受康有為要求保光緒皇帝的影響，提出「君臣之義，如何能廢」，[6]在思想上充滿了矛盾。林圭字述唐，別號悟庵，湖南湘陰人。譚嗣同殉難後，他對清廷「不勝痛恨，因而九世之仇益橫亙於胸中。」[7]於是主張起來造反，他說：「今日救國，非要進行大改革不可，什麼排滿，什麼勤王，我都不管，我們大家一齊起來造反！」[8]「持破壞主義」的沈藎更提出「新吾湖南，非有一番之破壞不為功也」，並「決意與才常呼起風雲于漢水。」[9]沈藎字愚溪，先世為江蘇洞庭山人，後以經商入湖南，著籍善化，1872年生。及長，「慨然有澄清天下之志」，故不屑於科舉，無意於功名。在當時堅決策動革命者當中，沈藎「尤為策動之急先鋒」。[10]所以，章士釗（黃中黃）認為「藎者，非憲政黨，乃革命黨也。」[11]

在維新派激進分子當中，儘管都認識到「和平變法」的夢想已經破滅，而要求走武裝造反的道路。但是，他們在思想上既難以擺脫康有為要求保光緒皇帝的影響，又與主張推翻清王朝的興中會有所接觸，因此「思想矛盾，主張模糊」。[12]唐才常雖然對清廷已經絕望，而且希望「擾亂滿清之全域，組織新政府以代之」，但其宗旨卻是為了「勤王」，也就是為了「保皇上復權」。秦力山於1901年參加創辦《國民報》，主張「宗旨在宣揚革命、仇滿兩大主義」，而他在安徽大通起義時發布的告示中卻提出

6　張篁溪：〈記自力會〉，《自力會史料集》第3頁，嶽麓書社，1983年。

7　張篁溪：〈林圭先生別傳〉，載《自立會史料集》第236頁。

8　吳良愧：〈自立會追憶記〉，載杜邁之等輯：《自立會史料集》第101頁，長沙，嶽麓書社，1983。

9　黃中黃（張士釗）：〈沈藎〉，載中國近代史資料叢刊《辛亥革命》（一）287～289頁。

10　趙必振：〈自立會紀實史料〉，載《自立會史料集》第260頁。

11　杜邁之等編：《自立會史料集》第254頁。

12　湯志鈞：〈戊戌政變後的唐才常和自立軍〉，載湖南歷史學會編《辛亥革命在湖南》第90頁。

「請光緒皇帝復辟」的要求。[13]

　　當然，維新派的激進分子之所以如此，也自有其苦衷。唐才常爲了「周旋於革命與保皇兩派之間，不得不兼籌並顧，爲敷衍之計。」[14]他們爲了達到「託名勤王，志在革命」的目的，卻又感到自身力量的不足，於是開始聯絡哥老會。

　　爲了利用和聯絡長江流域的會黨，革命派和維新派中的激進分子聯合對長江流域的哥老會進行調查。光緒二十五年（1899）春，日本人平山周和宮崎寅藏受日本國外務省的派遣，到中國調查哥老會的情況，孫中山遂派興中會會員兼會黨首領（哥老會龍頭）畢永年與平山周一同赴兩湖一帶調查和聯絡會黨。興中會與兩湖地區哥老會的聯絡，以畢永年的成就最大。畢永年身爲哥老會龍頭，於1898年在日本參加興中會，次年承孫中山之命，攜日人平山周等往華中聯絡哥老會。[15]畢永年是湖南長沙人，拔貢出身，他和譚嗣同、唐才常均在康有爲、梁啓超的號召下，從事維新變法工作。後來加入興中會，成爲革命黨人。他在赴日本前，曾在漢口之《漢報》擔任主筆，對兩湖的哥老會有所接觸，故孫中山派他負責聯絡兩湖地區之江湖會黨。畢永年先到漢口邀請到湖南友人林圭，三人一同入湘，遍游長沙、瀏陽、衡州各地，對哥老會進行調查。之後，平山周回到日本寫成〈湖南現狀〉一文，在《知新報》上發表，敘述了哥老會的狀況，其要點主要有三：第一，「湖南夙爲哥老會之巢窟，其會員約十二萬，會員中多有士兵，又間有高等武員，以陰成其大勢力。據聞支那十八省中，殆無地不有其會員，合之約有二百萬云。彼等一意以撲朝廷爲宗旨，惟彼中人，其通達世界之大勢者極少，然亦非無備高等知識者。其動爲毀教堂殺

---

[13]馮自由：〈自立會起事始末〉，載杜邁之等編：《自立會史料集》第19、14頁，嶽麓書社，1983年。

[14]張篁溪：〈自立會始末記〉，載杜邁之等編：《自立會史料集》第7～8頁。

[15]張玉法：《清季革命團體》第203頁，北京大學出版社，2011。

洋人等暴舉，畢竟以苦其地方官，因以苦其朝廷耳，決非可與一派之頑固守舊黨同視。其組織之整然，實有可驚者。」第二，「各地蜂起之暴徒，大抵不堪窮苦，思至大亂。然以予所觀，暴徒無人才無兵器，官兵雖弱，猶足敗其無紀律無兵器烏合之眾，故彼等不久必歸鎮靜。然一時鎮靜而已，決非全可平定者，蓋其秘密會黨，星羅棋布」，「目下才保平和之體面者，尚無大變可乘，故會黨不奮起耳。然湖南之哥老會，必可為他日革命軍之一勢力也」。第三，「湖南為革命派有哥老會，為革新派有南學會，比諸各省，其足以自力，不至受歐人之踐踏而有餘」。[16]

　　平山周的報告實際上也代表了畢永年和林圭對哥老會的看法，二人回到日本後，分別向孫中山和唐才常做了彙報。認為「所見哥老會各龍頭多沉毅可用」，孫中山根據畢永年等的彙報，遂做出「在湘、鄂、粵同時大舉」以聯絡會黨的決策，並令畢永年「二次內渡，偕各龍頭赴香港謁陳少白、楊衢雲等商量合作方法」。[17]唐才常也根據林圭的報告，於光緒二十五年（1899年）夏秋之間與林圭、秦力山、吳祿貞等商量「擬于長江沿岸利用會黨舉義，藉以奪取武漢以為基礎」，進行推翻清朝的革命。恰好當時有新加坡的閩籍人士邱菽園受到康梁保皇會的宣傳，以30萬元鉅款幫助保皇會，康、梁則以其中的2萬元付給唐才常，令他回國運動長江流域的哥老會，唐才常獲此款項隨即秘密回國。因林圭與哥老會中人「多所素習，易於結納」，故與之一同回國同哥老會聯絡，同行者還有秦力山、蔡松坡、傅慈祥等人。臨行時梁啟超在紅葉館設宴為之餞行，在座者有孫中山、陳少白等。孫中山指示機宜，並為之介紹在漢口某俄國商行任買辦的興中會會員容星橋。[18]說明維新派激進分子回國聯絡會黨的行動，是得到革命派支持的。

---

[16]載《知新報》光緒二十五年三月二十一日。

[17]馮自由：〈畢永年削髮記〉，載《革命逸史》（初集）到74～75頁。

[18]張篁溪：〈自立會始末記〉，載杜邁之等編：《自立會史料集》，第8頁；馮自由：〈自立會起事始末〉，載《自立會史料集》第12頁。

2. 從正氣會到自立會

唐才常爲了利用保皇會之匯款，作爲起義之需，因此不便與興中會積極合作，經畢永年、平山周多方斡旋，始訂「殊途同歸」之約。故此，唐才常不得不周旋於革命與保皇之間，兼籌並顧，以爲敷衍之計。光緒二十五年，唐才常與梁啓超、林圭、秦力山、吳祿貞等在日本東京開會，商議於長江沿岸利用哥老會舉義，藉以奪取武漢以爲基地，乃推林圭爲首，回國與各會黨聯繫。「因林圭與哥老會中人多所素習，易於接納故也。」[19]光緒二十五年冬，唐才常、林圭回國後，原擬在長沙「設哥老會中央本部」，旋因計劃洩露，只好改在漢口設立聯絡機關，並在上海設立「正氣會」於英租界。「唐君等皆因滿清政府之注目，不能公開揭示該會之宗旨，故僞之名曰『東文譯社』，以予（按：日人田野橘次——引者）之名爲社主」。[20]唐才常等旋「以正氣二字，含義狹隘」，而將正氣會改名爲「自立會」。[21]爲了推翻清朝統治，又聯合哥老會，開富有堂，舉康有爲爲正龍頭，梁啓超副之。又派林圭在漢口設立軍事機關，並模仿哥老會發布票的辦法，散發「富有票」。借哥老會之力，散放於湘、鄂、皖、贛各省，實力逐漸壯大。

自立會在組織形式上則完全仿照哥老會，立有「四柱」即山堂香水，稱作：富有山、樹義堂、萬國香、天下水。內口號爲「日新其德」，外口號爲「業精於勤」，並有一首詩：「萬象陰霾打不開，紅陽劫運日相催，頂天立地奇男子，要把乾坤扭轉來」。[22]也仿照哥老會設有內、外八堂，其名單現存兩件，一件是哥老會首領所擬，另一份大約是經過康、梁等認可者。兩份名單的區別主要在於康有爲、梁啓超地位之不同。

[19]張篁溪：〈自立會始末記〉，載《自立會史料集》第7～8頁。

[20]（日）田野橘次：〈哥老會巨魁唐才常〉，載《自立會史料集》第209頁。

[21]唐才質：〈自立會庚子革命記〉，載《自立會史料集》第70頁。

[22]《俞廉三遺集》卷101，〈嶽州鎮詔呈匪情一案〉；葉德輝：《覺迷要錄》卷四，〈鄂中誅亂記〉。

哥老會首領擬定的名單：

正龍頭：楊子嚴、張耀廷、陳紫瀛、李金彪、瞿河清、唐玉山、周連生、劉傳福、朱香楚。

副龍頭：宋春台、楊漢章、宋煥南、康有爲、王殿臣、丘菽園、徐勳、王質甫、唐才常。

總堂：郭堯臣、萬楚雲、畢永年、梁啓超、周鳴、譚樹、秦郵、楊潤生、林圭、王心田、彭佑臣、狄平、辜人傑、秦俊傑、楊和清、賀桂林、陳坰。

座堂：陳保南、江貞元、王秀芳、周義盛、易國寶、楊積仁。

陪堂：黃海樓、羅儀雲、胡金門、李友雲、廖松。

盟堂：萬盛祥、蕭子雲、譚耆、柳啓賓。

禮堂：黎桂銓、彭升安、曾東山、王振元。

管堂：龍昌志、帥中吉、袁口、黃甲雲。

值堂：李鴻賓、郭祥林、鄭鹿鳴、李廣順。

刑堂：譚子雲、張洪山、鐘興發、董耀棠。

盟證：譚興發、江松甫、龔炳幹、張堯卿。

香長：鄧福田、姜首旦。

外八堂老大爺

心腹、聖賢、當家、紅旗、光口、巡風、大滿、么滿等。（名單從略）[23]

在經康、梁認同的名單中，康有爲已經成爲「正龍頭」，梁啓超成爲副龍頭。

正龍頭：除原名單中的楊子嚴、張耀廷、陳紫瀛、李金彪、瞿河清、唐玉山、周連生、劉傳福、朱香楚外，又增加了宋春台、丘菽園、康有爲。

---

[23] 1956年四川大學歷史系發現，原載《歷史研究》1956年8期。

　　副龍頭：除楊漢章、王殿英（臣）、徐勳、王質甫、韓金彪外，又增加了：朱煥南、

　　總堂：萬楚雲、張海堂、王心田、彭佑臣、周鴻、譚樹、狄平、辜人傑、秦俊傑、易和清、賀桂齡、徐得、陳尙、秦郵。

　　座堂：陳保南、江貞元、周義盛、易國賓、王秀芳、楊積仁。

　　倚堂：莫海樓、羅儀雲、李友雲、廖松、胡金門。

　　盟堂：方成祥、柳啓斌、譚耆、蕭子雲。

　　禮堂：彭桂銓、曾東山、黎升安、王振元。

　　管堂：龍昌志、黃恩立、師中吉、袁焱。

　　值堂：李鴻賓、郭祥林、鄭鹿鳴、李廣順。

　　刑堂：譚子雲、張洪山、鐘興發、董耀棠。

　　盟證：譚興發、龔炳幹

　　香長：鄧福田、江（姜）守旦

　　副印：馬春林。

　　心腹：孫蘭亭、任曉亭、李萬鵬、陳雲谷、易瑞林、陳飛虎、劉文斌、楊海帆、王春林、舒文安、何才學、蔡齊藤

　　聖賢：范廉、王娥、李少堂、陳沅、李虎士。

　　當家：楊洪桂、遊貴生、龍得齊、王勳臣、譚萬順。

　　管事：黃松林、朱三貴、許先勝。

　　巡風：徐友德、陳地勝。

　　順八：李渭賢。

　　江口：胡之茂。

　　十牌：易起兵。

　　大備：劉林。

　　小么：郭菊生。[24]

---

[24]俞廉三：〈嶽州鎭諮呈匪情一案〉，載《自立會史料集》第128～129頁。另外，光緒二十六年張之

　　自立會本來就是以哥老會為基礎，其成員中除了少數骨幹未參加哥老會外，大多是各省哥老會的首領。其中，正龍頭大爺必為哥老會分子，康有為、唐才常等人因其在社會上的地位，經哥老會首領同意，始列為副龍頭大爺之位。

　　光緒二十六年六月，八國聯軍大舉入侵後，唐才常以挽救時局為名，在上海召開「國會」，並發放「富有票」，發展組織，同時建立自立軍，準備在長江流域發動起義。清史奏稱：「沿江沿海一帶，現有自立會匪在上海設立國會總會，在漢口設立中國國會分會，其會名曰自立會，其軍名曰自立軍，仿照哥老會飄布辦法，在上海石印紙票，名曰富有票，到處散放，勾煽三江、兩湖哥老會匪，糾眾謀逆，定期在武昌、漢口、漢陽同日起事」。[25]自立會所發「富有飄」多達30多萬張。「查富有飄係用千字文編號，就查獲親見者，最前有地字型大小，最後者有職字型大小，職字已有七百九十四號之票。查職字係第三百一十字，是每字一千張，已有三十一萬張。近期據湖南拿獲唐才常之弟唐才中供稱：『上海刊印富有票三十萬張，分散夥黨，招匪起事』，等語，正與湖北查獲逆票號數符合。」[26]「富有票」採用哥老會的飄布形式，「不過掩飾耳目，其實執持此票，即為此會會員，在聯絡感情、遵守信約方面，皆有便利。」[27]

　　唐才常建立富有山堂，是為了把長江流域現有的會黨聯合起來。在富有山堂的13個正龍頭中，有11人是長江會黨的大頭目，如楊鴻鈞是金龍山的龍頭，李金彪（李雲彪）是騰龍山的龍頭，盟堂蕭子雲是安徽大通鎮山的正龍頭。其他如香長鄧福田、姜首旦也是湖南瀏陽、醴陵一帶江湖會的

　　洞所進唐才常等組織的哥老會名單，與此稍有不同。見中國近代史資料叢刊《辛亥革命》（一）第276頁。

[25]張之洞：〈查拿自立會匪示〉，載《張文襄公全集》卷121，《公牘》36。

[26]張之洞：〈宣布康黨逆跡並查拿自立會匪首片〉，載《張文襄公全集》卷51。

[27]唐才質：〈自立會庚子革命記〉，載《自立會史料集》第75頁。

首領。自立會中的吳良槐也認爲「富有山實即哥老會洪門組織」。[28]日人田野橘次甚至稱唐才常爲「哥老會巨魁」，而自立會之設，「其目的以聯絡長江一帶遊勇及哥老會而利用之。[29]

自立會在聯絡會黨方面，有許多獨到之處，因而取得不少成果。

首先，在各個重要地方設立「旅館」和秘密機關，作爲聯絡、招待會黨及各地革命者的據點。如在上海開設了大同旅館與集賢賓客棧，在漢口開設賓賢公，在襄陽開設慶賢公，沙市曰制賢公、嶽州曰益賢公，在長沙稱招賢公。[30]「其餘各地機關，都次第組織成立」。[31]林圭在漢口英租界寶順里設立秘密機關，據吳良槐回憶說：「寶順里樓上那間小房，就是自立會的軍事機關」，房屋甚小，夏天漢口天氣炎熱，「坐在裡面好象在蒸籠裡一樣」。[32]在樓上一間屋子裡設有香堂，「每次開香堂，室內燈燭輝煌，會黨分子來往極多，在行禮時，頭上插著野雉毛，足登著一隻靴子，手舞足蹈，作著種種手勢，口中並念念有詞，將一隻雄雞一刀砍去腦殼，瀝血砍香。」當時由於「差不多天天開堂，而每次開堂必砍雞腦殼，所以我們在那裡天天有雞肉吃」。[33]

除寶順里外，自立會在漢口江漢關附近的一條街上還有一處秘密機關，門上書寫「李愼德堂」字樣。李愼德堂本來是個照相館，爲了掩人耳目，便沿用了舊名，而在樓下廚房裡辦公。[34]這些「旅館」和秘密機關在自立會聯絡會黨分子方面起了很大作用，先後「聚會黨十餘萬人」。[35]

---

[28] 吳良槐：〈自立會追憶記〉，載《自立會史料集》第104～105頁。

[29] 杜邁之等編：《自立會史料集》第205頁、第215頁。

[30] 馮自由：《中華民國開國前革命史》第46頁。

[31] 趙必振：〈自立會紀實史料〉；唐才常：〈自立會庚子革命記〉等，載《自立會史料集》第13、34、60等頁。

[32] 吳良槐：〈自立會追憶記〉，載《自立會史料集》第100頁。

[33] 吳良槐〈自立會追憶記〉，載《自立會史料集》第105頁。

[34] 吳良槐：〈自立會追憶記〉，載《自立會史料集》第102頁。

[35] 張難先：〈庚子漢口之役〉，載《自立會史料集》第29頁。

其次，爲了使會黨分子易與接受，自立會按照哥老會結盟拜會的方式「開堂放飄」，開設「富有山堂」，印刻「富有飄」。湖廣總督張之洞稱：「此飄乃仿照哥老會散放票布之辦法，其票係上海洋紙石印，寫刻篆印皆極精工，上橫書寫『富有』二字，直書憑飄發足典錢一串文，前有編號，後有年月，背有暗口號，圖章二顆」。[36] 凡領有富有飄者，即自動成爲自立會成員，稱謂「會友」。據唐才常說：「該票雖爲飄幣形式，不過掩飾耳目，其實執此票者，即爲此會會員，在聯絡感情、遵守信約方面，皆有便利」。[37]

然而，自立會的宗旨依然模糊，既認爲清統治者「非我族類，其心必異」，反對「低首腥羶，自甘奴隸」；卻又囿於「君臣之義，如何能廢」[38] 的窠臼。這個矛盾現象，以往曾引起學術界有關自立會性質的爭論。其實，只要結合當時中國的國情、自立軍所面臨的困境，就不難理解了。首先，共和思想在當時尙未深入人心，而忠君思想卻在人們頭腦裡根深蒂固。唐才常當時就考慮到：「中國有數千年之習慣，即滿淸亦有三百年之馴伏，非藉忠君愛國之名詞，不足以鼓動天下。」[39] 自立會在宣示其宗旨時明確提到：「自立會本由保國會所改，保國會本有『保中國不保大淸』之語，當時屢爲淸吏所參劾。但當時風氣未開，囿於數千年君主之習，故表面仍不能〔不〕借尊君之論，避免一般奴隸之糾彈。及改自立會之時，仍不能不爲遮語，以便吸收多數之民眾。」[40] 這就淸楚地說明唐才常和自立會之所以要「勤王」、強調「君臣之義如何能廢」，實由當時的國情所致，出於策略的考慮。同時，唐才常也是爲了得到康有爲在經濟上

---

36 《軍機處摺包檔》湖廣總督張之洞等摺，光緒二十六年八月二十日，載中國近代史資料叢刊《辛亥革命》（一）第264頁。

37 唐才常：〈自立會庚子革命記〉，文中「票幣」應爲「票布」，載《自立會史料集》第75頁。

38 馮自由：《革命逸史》（六集）第19頁。

39 黃中黃：〈章士釗〉〈沈藎〉，載中國近代史資料叢刊《辛亥革命》（一）第289頁。

40 趙必振：〈自立會紀實史料〉，載《自立會史料集》第35頁。

的支援，「欲利用保皇會款爲起事之需」。[41]自立會一直準備通過武裝起義的方式推翻清政權，僅僅要求保留光緒皇帝的君主地位。所以在改正氣會爲自立會後，便著手籌畫武裝起義，組織自立軍，負責聯絡長江流域的會黨和防軍發難，康、梁則負責在海外籌集資金，希望借助於哥老會的勢力，推翻清朝統治。但是，鑒於哥老會與康有爲的保皇會在宗旨上有著巨大的分歧。哥老會主張「反清復明」，而康有爲的保皇會則要「保大清皇帝」，兩者在宗旨上格格不入。而且，長江流域的會黨雖多屬哥老會系統，但其內部分爲若干個山堂，彼此互不統屬，很難把這些山堂統一起來。而且當時哥老會的主要活動是反對「洋教」，受到義和團運動的影響，「以排外爲宗旨」。唐才常和梁啓超等商量，爲了爭取外國人的支持，必須改變哥老會的「排外」宗旨和統一哥老會的山堂組織，決定成立一個富有山堂，來統一長江流域的會黨。並且把哥老會原來飄布上的「掃清滅洋」，改爲「救國保民」。[42]

3. 自立軍起義

唐才常爲了實現「以推翻清室爲職志」的目標，與在上海成立「國會」的同時，又以長江流域的哥老會爲基礎組成「自立軍」。他認爲「粵東僻處嶺嶠，得之不足以動全域，宜首事湖北。」「武昌扼大江之喉吭，控南北之樞紐，用武之地也。而商務日盛，當道者狃於形勝，防禦不密，可襲而取也，舉此則中原不足定矣。」[43]因此決定在武漢舉行起義。自立軍在由容閎起草的英文對外宣言中宣稱，「不承認滿洲政府有統治清國之權，將欲更始，以謀人民之樂利。」但又說「端在復起光緒皇帝，立二十

---

[41] 馮自由：〈自立會起事始末〉，載《自立會史料集》第12。

[42] 狄葆賢：《平等閣筆記》卷四，19頁。轉引自金冲及、胡繩武：《辛亥革命史稿》第一卷第121頁，上海人民出版社，1980年。

[43] 蕭汝霖：〈唐才常傳〉載杜邁之等編：《自立會史料集》第200～201頁。

世紀最文明之政治模範。」[44]自立軍計劃分爲七軍四十營：「大通爲前軍，秦鼎彝、吳祿貞統之；安慶爲後軍，田邦璿統之；常德爲左軍，陳猶龍統之；新堤爲右軍，沈藎統之；漢口爲中軍，傅慈祥、林圭統之。才常自爲各軍總司令，定於七月十五日在漢口、武昌、漢陽及皖、贛、湘同時起事」。[45]這支擁有十萬人的自立軍，其勢力頗大，「上游則界四川之宜昌，下游則界江西之武穴，南則界湘之荊洲，北則界漢之襄陽、隨州、當陽、應山、麻城，中路則沔陽、新堤、沙洋、嘉魚、蒲圻、崇陽、監利，皆其勢力範圍所及。」[46]但是，由於各路起義軍等待康、梁從國外的匯款遲遲未到，起義行動被迫一再延期，加之各路未能互通資訊，難以統一行動。光緒二十六年七月十三日，自立軍準備起義之事被大通保甲局委員許鼎霖偵知，自立軍七人被捕，安徽巡撫王之春派兵前往鎮壓，並下令在沿江各地戒嚴。秦力山見事泄，遂決定於光緒二十六年七月十五日，在安徽大通宣布起義。秦力山（1877－1906），原名鼎彝，亦名鄅，號力山，又號俊傑，光緒三年生於湖南善化縣（今長沙縣）。他「賦性豪俠，好與會黨中人游」，爲這次起義做了充分準備。首先，他利用與安徽撫屬衛隊管帶孫道毅的友善關係，使孫道毅對他「密助軍械」，而且在起義「籌備漸熟」時促使清軍水師營「多受約束」，使起義的準備工作，得以順利進行。[47]其次，他爭取到安徽哥老會龍頭楊雲龍、符煥章的幫助，在大通、蕪湖、太平、裕溪和悅州等處散放富有票，招人入會。使「大通居民附和者充塞於途」。[48]起義軍佔據大通，張貼安民告示，提出起義宗旨是：「保全中國主權，請光緒皇帝復辟，無論任何人，凡係有心保全中國者，

---

[44]載《自立會史料集》第17～18頁。

[45]張難先：〈庚子漢口之役〉，載杜邁之等編：《自立會史料集》第30頁。

[46]馮自由：〈自立會起事始末〉，載《自立會史料集》第16頁。

[47]馮自由：〈秦力山事略〉，載《革命逸史》（初集）第128頁。

[48]馮自由：〈自立會起事始末〉，載《自立會史料集》第14～15頁。

准其入會，會中人必當禍福相依，且當一律以待會外良民」。[49]

　　起義軍最初曾對清軍發起猛烈進攻，清水師參將張某聞訊立即派炮划四隻，渡江防禦。但其部下多與起義軍相通，抵岸後即與起義軍「聯合一氣」，張某無奈，只得投江而死，「水師盡入秦掌握」。自立軍佔據大通後，又向青陽、蕪湖、南陵一帶進攻，[50]各地會黨也躍躍欲試。兩江總督劉坤一與安徽巡撫王之春、長江水師提督黃少春聞訊急調水陸清軍進行反攻。秦力山此時孤軍無援，加之大通「孤懸江心，非鏖戰之地，」難以據守，只好移師江東，後退至九龍山，最後全軍覆沒，秦力山僅以身免，逃至洞庭湖，藏於蘆葦中三十三天，夜行晝伏，後來輾轉逃亡日本。

　　大通起義失敗後，在武漢的自立軍總部處境非常危急。唐才常與林圭決定於七月二十七日舉行起義。計劃先佔領漢口，奪取漢陽兵工廠的槍炮，然後渡江攻打武昌。七月二十七日，漢口泉隆巷某剃髮匠見同街之唐姓行跡可疑，遂向都司陳士垣告密，陳即派人前往緝拿，捕獲起義者4名。[51]唐才常「恃張之洞與彼有師生之誼，欲以勤王大義說之」，但張之洞卻在得到英國駐漢口總領事簽發的逮捕證後，於二十三日凌晨，將英租界內自立軍總部包圍，唐才常、林圭等20餘人被捕，先後遇害，「會黨及於難者總在百人以上」。[52]

　　漢口起義失敗後，自立軍右軍統領沈藎於湖北新堤起義，接著，湖北之崇陽、監利，湖南之臨湘、沅州、湘潭等縣，皆「紛起響應」。但是，因為自立軍總部已經遭到破獲，首領唐才常、林圭等已經遇難，起義軍失去領導，人心渙散，全部起義就此失敗。[53]

二、革命黨人對湖南會黨的聯絡與引導

1.革命黨人對哥老會、三合會的聯絡與興漢會始末

　　革命黨人畢永年在與日人平山周考察兩湖哥老會返回日本後，向孫中山提出「所見哥老會各龍頭多沈毅可用」。孫中山遂決定兩湖與粵省同時大舉，並令畢永年二次內渡，偕各龍頭赴香港找陳少白、楊衢雲等商量合作方法。光緒二十五年九月，哥老會首領數人攜帶畢永年的書信來到香港，見到興中會的陳少白，對他表示：「世運大開，國情異昔，豈吾黨獨守故態耶？吾徒之來，正所以乞諸君之教也。」並說：「當今之世，不通外情，而漫欲揭竿者，恐貽不測之禍於百年之後。而吾徒之中，能通外情，仍深屬望於孫君，願待畢君之來共議之。」[54]十月初，畢永年從上海趕到香港，召開興中會、三合會與哥老會三方會議，參加者共有12人，其中哥老會方面七人，他們是金龍山堂龍頭楊鴻鈞、騰龍山堂龍頭李雲彪和骨幹辜人傑（辜鴻恩）、李坤山、張堯卿、柳秉彝、譚祖培；三合會方面二人，即曾捷夫和鄭士良；興中會方面三人，即陳少白、畢永年和王質甫。[55]畢永年又提出興中會與三合會、哥老會三大團體公推孫中山為三會的總會長，大家均無異議。又提議改會名為「興漢會忠和堂」，並「定綱三則」，以興中會的綱領「驅除韃虜，恢復中華，創立合眾政府」作為總會的綱領。又「啜鳩血誓之，作印章奉孫君」。[56]這樣，便促成了興中會

---

[54] 宮崎寅藏原著，黃中黃譯錄：〈孫逸仙〉，載中國近代史資料叢刊《辛亥革命》（一）第110頁。

[55] 據日本學者上村希美雄考證，參加興漢會創立的三方代表得到證實的只有10人而非宮崎寅藏所說的12人，這10人是：哥老會的柳秉彝、辜人傑、譚祖培、李權傑、張燦、安永生；三合會是鄭士良、陳少白；興中會是王質甫和畢永年。但此說也有問題，因為安永生就是畢永年，王質甫曾任富有山副龍頭，不可能是興中會的代表。據學者考證興中會的代表應該是楊衢雲和曾捷夫。故真正的名單應該是：哥老會：柳秉彝、辜人傑（即辜鴻恩）、譚祖培、李漢傑、張燦、王質甫、楊鴻鈞、李雲彪；三合會：鄭士良、曾捷夫；興中會：陳白（陳少白）、楊衢雲、安永生（畢永年）。見胡珠生《清代洪門史》第404頁，遼寧人民出版社，1996年。

[56] 宮崎寅藏原著，黃中黃譯錄：〈孫逸仙〉，載中國近代史資料叢刊《辛亥革命》（一）112頁。

與粵港三合會、兩湖哥老會的合作。[57]但是，後來哥老會首領楊鴻鈞、李雲彪、辜鴻恩、張堯卿等「聞才常方面富而多資，遂紛紛向才常報名領款，願爲勤王軍效力。」而畢永年因勸說唐才常斷絕與康有爲的關係，唐卻「堅不肯從」，畢永年見「會黨諸友見利忘義，不足共事，遂憤然削髮，自投普陀山爲僧」，[58]興漢會也隨之瓦解。

2. 華興會與革命黨人對哥老會的聯絡

　　1903年5月31日，革命黨人黃興由日本東京啓程回國。臨行前他對劉揆一說：「言種族革命，固非運動學界不爲功，而欲收發難速效，則宜採用哥老會黨，以彼輩本爲反對滿清，而且早有團結，且執法好義，多可讚歎」。[59]1904年2月15日黃興在長沙正式成立「華興會」，以便聯絡會黨，策劃起義。當時進行革命活動的辦法，「只是利用會黨，因爲當時湖南的新軍剛才開辦，所有武備、兵目、將弁各學堂又未畢業，舊巡防軍又無從下手運動，聽說這裡頭哥老會分子很多，惟有通過會黨，才好向他們取得聯絡」。[60]黃興認爲中國革命「只宜採取雄據一省與各省紛起之法。」就湖南而言，「軍界、學界革命思想日漸發達，市民亦潛移默化，且同一排滿宗旨之洪會黨人，久已蔓延固結」，因此，只要在湖南取得勝利，作爲根據地，就不難取得全國革命的成功。當時革命黨人知道湖南哥老會的總頭目馬福益「手下黨徒很多，各兵營都有他的分子」。恰好劉揆一父子曾經解救過馬福益的姓命，馬福益一向尊劉揆一爲「恩哥」，[61]於是黃興便派劉揆一之弟劉道一和萬武前往「運動」馬福益。原來劉道一曾救過馬福益的性命。事緣馬福益在擔任哥老會首領時，時常騎馬巡視各窯

---

[57] 馮自由：《革命逸史》（初集）第73～75頁。

[58] 馮自由：《革命逸史》（初集）第75頁。

[59] 劉揆一：〈黃興傳記〉，載中國近代史資料叢刊《辛亥革命》（四）第276頁。

[60] 鄒永成：〈鄒永成回憶錄〉，載《近代史資料》1956年3期第79～80頁。

[61] 劉安臯：〈回憶我的父親劉揆一〉，載《湖南文史資料》第10期。

場，並且選擇哥老會中身體強壯和有才幹者，命其統率會眾，半夜於山林中演習，並手持手槍或長槍教會眾使用。此事被人告密，湖南巡撫即密令湘潭知縣密拿馬福益嚴辦。劉道一之父劉鵬時任湘潭衙門之捕快，奉命前往緝拿馬福益。劉道一窺見其父袋中之拘票，得知一切，遂連夜將此事告知馬福益，使馬福益得以逃脫。馬福益（1865－1905）原名福一，又名馬乾，祖籍湖南省湘潭縣，1865年生於湖南省醴陵縣西鄉瓦子坪（今醴陵市均楚鄉潭興坳村，一說湖南醴陵縣省元鄉興城裡下沖保)。馬家世代為佃農，幼年曾讀書數年，能書寫普通書信及作簡短文稿。「及長，形甚魁梧，且有膽略，擅口辯，性明快，遇鄉裡有爭端及不平事，輒出而干預，處斷公平，眾畏而敬之」。[62]後遷居醴陵縣的淥口鎮，在淥口對河湘潭縣屬的雷打石灰窯做工。[63]他早在家鄉瓦子坪時就已加入哥老會，並成為小頭目。他看到淥口流氓、地痞群集作案，遂邀集各路會黨頭目共同制定了五條秘密規約，使得當地治安大為好轉，威望日高，於是在此開堂放票，哥老會的勢力迅速擴大，成員多達一萬人。[64]所開山堂的「四柱」為「昆侖山」、「忠義堂」、「如來香」「去如水」。[65]光緒二十六年自立軍起義失敗，哥老會大龍頭王秀方犧牲。王秀方，又名王四爵主，綽號「王四腳豬」，湖南株州縣馬家河鑿石曹家灣人，1866年出生於一個貧苦的船工家庭，自幼隨父兄往來長江上下游。嗣加入哥老會，自開山堂，被推舉湖南哥老會首領。因參與自立軍起事，事泄被清吏逮捕，於1903年英勇就義。[66]馬福益繼任為大龍頭，[67]後被「閩、贛、湘、鄂四省洪江會共推

[62]張平子：〈我所知道的馬福益〉，載《辛亥革命回憶錄》（二）第239頁。

[63]劉泱泱：〈馬福益事略〉，載《萍瀏醴起義資料彙編》第218頁。

[64]劉泱泱：〈馬福益事略〉，載《萍瀏醴起義資料彙編》第218頁。

[65]張平子：〈我所知道的馬福益〉，載《辛亥革命回憶錄》（二）第240～241頁。

[66]饒懷民：〈論辛亥革命時期湖南會黨的特徵〉，載《湖南師大社會科學學報》1993年4期。

[67]張玉法：《清季革命團體》第283頁。

為首領」。[68]1904年黃興等在長沙建立華興會，以聯絡會黨，策劃起義，因聞馬福益之名，意欲與之聯合。即派遣劉道一與萬武（哥老會中人，當時在長沙南門古道巷開設客棧，為哥老會之站碼頭者），前往與馬福益聯絡。萬武在回憶他與劉道一策動馬福益起義的經過時敘述說：「我同劉道一由長沙小西門外搭了夜船到湘潭，找了一個姓蘇的『聖賢』，（哥老會裡負責辦文件的稱聖賢二爺——原注）引路，步行四十餘里，才會見了大名鼎鼎的馬福益」。「我們見了馬福益之後，將黃克強的信交他看了。他當時頗輕視我們，也難怪他，他根本不知道什麼叫革命，更不知道黃軫為何許人（克強原名軫，後改名興——原注）。那時，劉道一有點沉不住氣了，便打起行話的調子，開言道：「馬大哥！我今天是奉黃先生之命而來，除了信上的話以外，我尚有幾句言語，要在大哥台前領教，請你容許說完，如果不以為然，我們馬上就走。我今天要請教的是：馬大哥究竟是尊洪門遺訓，擔起滅清復明的責任呢？還是開開山，拜拜台，收點黨徒，弄點金錢，頭上插個草標，出賣人頭呢？還是收集力量，使官兵疲於奔命，莫奈我何，然後再受官廳招撫，別開生面去做滿清的奴才呢？我們聞大哥之名久矣，知道大哥是個漢子，又是替老百姓打抱不平的英雄，所以，我們黃先生才特地派兄弟們來，同馬大哥談談。信上所不能說的，由兄弟口述。」說到此處，馬福益就肅然起敬地道：「兩位先生，恕兄弟是個村野之夫，一切不懂，請多多原諒。因為先父在會中頗有地位，兄弟在童年時常常聽先父說：清朝入關的時候，所殺死的漢人已不下好幾百萬，光說揚州一處，關起城來殺了十天才封刀。我當時一想，既是要死，何不團結起來反抗呢？所以我今天才幹這營生，也是為了要團結一致，來做滅清復明的事。現在只能說有了一點點小基礎，只是我常常感到我的部下讀書人太少了，雖然有幾個辦筆墨的，無非是似通非通的落魄江湖子弟。所以，我每每有才難之歎。現今聽了先生一番言語，令我茅塞頓開，古人有

---

[68]民國《湖南省志稿》，「人物志原始材料」，見《萍瀏醴起義資料彙編》第217頁。

云：『與君一席話，勝讀十年書』。我今天可以說是讀了十年書了，望繼續不客氣地談下去。先生來意我大概曉得了一些，最好告訴我將來要我如何進行的辦法，如果有用得著我的時候，無不唯命是聽。』說罷抱拳一拱」。[69]萬武、劉道一見馬福益如此誠懇，便急忙向他表示歉意說：「先前冒昧得很，大哥不降罪已屬萬幸，更蒙推誠相待，足見名不虛傳」。並對他講述了一些有關「揚州十日」、「嘉定三屠」一類歷史故事，藉以說明「非我族類，其心必異」和「非實行種族革命不可」等道理。於是「主客之間遂成一家人了」。[70]

鑒於華興會「多屬學界分子，因聯絡秘密會黨頗不便利，黃、劉乃於華興會外，另設同仇會，專爲聯絡會黨機關。仿日本將佐尉軍制，編列各項組織。黃自任大將，兼會長職權；劉揆一任中將，掌理陸軍事務；馬福益任少將，掌理會黨事務。」[71]不久，黃興、劉揆一在湘潭親自會見了馬福益，「爲避清吏耳目，各自短衣釘鞋，頭頂斗笠，乘雪夜行三十里，與相見於茶園鋪礦山上一岩洞中。柴火熊熊，三人席地促坐，各傾肝膽，共謀光復。」預計於當年十月十日（1904年11月16日）慈禧太后七十壽辰時，趁官員們舉行典禮時發難。「省城以武備各校學生聯絡新舊各軍爲主，洪會健兒副之，外分五路回應，洪會健兒充隊伍，軍學界人爲指揮」。由黃興爲主帥，劉揆一與馬福益爲正副總指揮。[72]爲了實現黃興提出的「雄據一省與各省紛起」的戰略，落實長沙起義的計劃，黃興等人積極開展對各地革命勢力的聯絡。令宋教仁等在湖北武昌設立華興會支部，聯絡武漢三鎮的新軍；陳天華等遊說江西清軍防營統領廖名縉、周維楨等，赴川聯絡會黨，以便與兩湖會黨合作。並推薦熟悉軍務的會黨首領劉

---

[69]萬五：〈策動馬福益起義經過〉，載《辛亥革命回憶錄》（二）第245～246頁。

[70]萬五：〈策動馬福益起義經過〉，載《辛亥革命回憶錄》（二）第247頁。

[71]馮自由：〈長沙華興會〉，載中國近代史資料叢刊《辛亥革命》（一）第503頁；劉揆一：〈黃興傳記〉，載中國近代史資料叢刊《辛亥革命》（四）第277頁。

[72]劉揆一：〈黃興傳記〉，載中國近代史資料叢刊《辛亥革命》（四）第276頁。

月升、韓飛等數百人，陸續加入湘、鄂、贛軍隊。劉揆一則應醴陵中學之聘，「藉可調度會黨與湘贛軍隊聯合。」[73]為了籌劃起義經費，黃興、劉揆一等變賣家產，購置武器。同年八月中秋，哥老會趁在瀏陽普集（跡）市召開牛馬大會的機會，舉行拜盟宣誓的節日，參加的哥老會分子多達數萬。馬福益介紹屬下的哥老會頭目姜首旦（歐陽篤初的化名）、龔春台（謝再興的化名）、馮乃古等與黃興、陳天華等人見面。同仇會遂於是日舉行馬福益的少將授予儀式，由劉揆一代表黃興親自給馬福益長槍20挺，手槍40支，馬40匹。「自是哥老會員相繼入會者，不下十萬人」。[74]其「聲勢在庚子唐才常一役之上」。[75]由於華興會的活動，如授馬福益少將的儀式是公開進行的，遂引起了當局的注意。加之武備學校的學生朱某，將起義準備情況誤泄給當地豪紳王先謙的爪牙劉佐楫，王先謙立即向署理湖南巡撫陸元鼎告密，陸即下令搜捕華興會成員。不久，會黨的頭目何少卿、郭鶴卿在湘潭被捕，後在嚴刑逼供下供出了華興會內部的情況，黃興、宋教仁、劉揆一、馬福益等均被列入黑名單。幸好會黨中人飛報馬福益，馬又轉告黃興，黃興得信立即勸告同志迅速走避，自己也躲進朋友家。[76]長沙起義遂告流產，黃興、劉揆一脫走上海，然後東渡日本。馬福益前往廣西，次春返回湖南，準備再舉，不幸於1905年4月12日在萍鄉車站被捕，旋遇害。[77]馬福益慘遭殺害，激起各地會黨的極大憤怒。留日學生在東京舉行追悼大會，刊佈其生前手訂之《革命軍紀十條》，一時流傳

---

[73]劉揆一：〈黃興傳記〉，載載中國近代史資料叢刊《辛亥革命》（四）278頁。.

[74]馮自由：〈長沙華興會〉，載中國近代史資料叢刊《辛亥革命》（一）第503頁。

[75]馮自由：《中華民國開國前革命史》第118頁。

[76]鄒永成：〈鄒永成回憶錄〉。

[77]馮自由：〈長沙華興會〉，載中國近代史資料叢刊《辛亥革命》（一）第503頁。另據廖惠風稱，馬福益於光緒三十一年正月返回家鄉，二月赴湘潭，為了籌畫新的起義，在折回醴陵時，在一個修築鐵路的工棚裡被捕。見〈首身異兮心不懲〉，載《萍瀏醴起義資料彙編》第338頁。

多達十萬冊，湘、鄂人士愈爲感動。[78]

　　1899年（光緒二十五年）興漢會成立後，曾把長江流域的哥老會與兩廣三合會初步聯合起來。但是，湖南本省的哥老會卻仍然山堂林立，互不統屬，湖南的革命黨人譚人鳳便積極從事聯合各地哥老會的工作。

　　譚人鳳（1860－1920）字石屏，名有時，號符善，晚年自號雪髯，人稱譚鬍子。清咸豐年農曆八月初六日生於新化縣福田村（今隆回縣鴨田鄉南塘村）。家中以務農爲業，有少許土地，「力耕自食，勉可餬口」。在兄長的幫助下得以讀書，十三歲時就中了秀才。十六歲參加哥老會，在會黨內部有「托塔天王」之稱。三十歲時，在村內義學任塾師。在地方頗有威信，鄉里中每有爭議，務請他排難解紛。他認爲「革命就是造反，要把現在坐在皇帝寶座上的滿清韃子翻下臺去，只有洪門兄弟有這個力量」。[79]爲此，他聯絡一些江湖上的朋友開立山堂，取名「臥龍山」，自任堂主。[80]利用運煤船往返於武漢、長沙、寶慶一帶，以採煤、運煤工人爲發展物件。[81]爲了聯絡會黨，他經常奔走於湖南辰州、沅州等地和黔、桂等省，還派人到湘南的衡陽、永興、郴州、桂陽等縣聯絡，使這些地方的會黨「皆樂聽命」。[82]譚人鳳原來準備回應黃興的長沙起義，但尚未準備就緒，長沙起義已經流產，遂被迫流亡日本。

三、1906年湘贛邊境的萍瀏醴起義

　　清光緒三十二年（1906）十月十九日在湘贛邊境的萍鄉、瀏陽、醴陵地區，爆發了一場以洪江會爲主的武裝起義，這次起義是革命黨人在湖南

---

[78]蔣緯國主編：《國民革命戰史》第一卷〈民國建立〉第127頁，臺北黎明文化事業公司印行，1978年。

[79]陳浴新：〈湖南會黨與辛亥革命〉，載《文史資料選輯》第三十四輯。

[80]鄒協勳：〈我所知道的譚人鳳〉，載《辛亥革命回憶錄》（七）110～111頁。

[81]陳浴新：〈湖南會黨與辛亥革命〉，載《文史資料選輯》第三十四輯，中華書局，1963年。

[82]石芳勤：《譚人鳳集》「前言」，載《譚人鳳集》第3～4頁，湖南人民出版社，1985年。

聯絡和引導會黨走上革命道路的一次嘗試。

湖南的醴陵、瀏陽和江西的萍鄉、萬載等縣，向爲湘贛兩省哥老會聚集之處。光緒二十七年（1901）三月，湖南湘鄉人傅美球在萍鄉縣聽從陽面和糾邀加入哥老會，得知會內山名、堂名、口號、暗號，得受禮堂總理營務處職位，有紅綾令旗爲憑。並刊刷飄布，至萍鄉、安源一帶地方邀約路礦工人分領飄布，準備約期起事。[83]光緒三十一年，哥老會首領楊青山在江西萬載縣被捕。楊青山係湖南瀏陽縣人，曾在各省充當營勇，先入哥老會，繼入洪江會，先充刑堂，續充山主，刊版刷印飄布，製備旗印，到處放飄邀人入會。[84]1904年9月，革命黨人黃興、劉揆一與哥老會大龍頭馬福益等謀於長沙起義，即以哥老會爲基本群眾。長沙起義失敗，馬福益犧牲後，哥老會首領李金其、蕭克昌、姜首旦、龔春台等人，向受馬福益之影響，皆欲爲馬福益報仇。1906年恰逢萍瀏醴地區遇到災荒，米價上漲，引起工人對地方官員之不滿，革命黨人乘機發動起義。[85]萍瀏醴起義是由同盟會員劉道一、蔡紹南參與組織和發動，以哥老會爲基本群眾。起義是同盟會奪取長沙，繼占兩湖，以實現「雄據一省，與各省紛起」總方針的組成部分。

劉道一（1884～1906）字炳生，祖籍湖南衡山，1884年7月22日出生於湘潭縣白石鋪八斗沖，1893年隨父母遷居湘潭城內柳絲巷。少時讀私塾，後就讀於湘潭益智學堂和長沙修業學堂。他在思想上頗受其兄、革命黨人劉揆一的影響。他投身革命之初便「純以秘密結社爲著手之方法」，[86]並且熟悉會黨內部的秘密語，容易與會黨群眾打成一片。所以在後來的革命生涯中，也一直擔任聯絡會黨的使命，曾與萬武出色地完成了

---

[83]《軍機處錄副奏摺》護理江西巡撫柯逢時摺，光緒二十九年六月初七日。

[84]《軍機處錄副奏摺》江西巡撫胡廷幹摺，光緒三十一年十一月初二日。

[85]蔣君章編著：《中華民國建國史》第一編第五章第497頁，臺北正中書局，1982。

[86]揆鄭：〈劉道一傳〉，載《萍瀏醴起義資料彙編》第224頁，長沙，湖南人民出版社，1986。

聯絡哥老會著名首領馬福益的任務。在長沙起義失敗後，他赴日本留學，其間積極投身革命事業。當時革命黨人馮自由等利用洪門的組織形式在橫濱建立革命團體「三合會」又稱「三點會」，劉道一與秋瑾等加盟其中，並受封爲「草鞋」，成爲「洪門三及第」之一。[87]蔡紹南是萍北揚岐人，與上栗市的魏宗銓相友善。1906年夏，劉道一受黃興派遣，與蔡紹南等回國「運動湘軍，重整會黨」。臨行前黃興向他指示聯絡會黨的方略：「今日提倡爲國民革命，而非古代之英雄革命。洪會中人，猶以推翻滿清爲襲取漢高祖、明太祖、洪天王之故智，而有帝制自爲之心，未悉共和眞理。將來群雄爭長，互相殘殺，貽害匪淺，望時以民族主義、國民主義多方指導爲宜。」[88]這就爲革命黨人聯絡與引導會黨確定了基本方針。劉道一與蔡紹南等在回長沙的途中，前往萍鄉的上栗市與哥老會首領龔春台聯絡，並約請萍、瀏、醴各地哥老會首領會晤，向他們反覆宣傳：「這次的革命是國民革命，而非古代的英雄革命，所以革命的目的在求全民族之自由解放，而非爲個人爭王爭帝」。他的宣傳收到很好的效果，「會黨受其感化，益奮發鼓舞」。[89]他回到長沙後便著手籌劃萍瀏醴起義，邀集同志數十人，密議於水麓洲的舟中，向大家說：「奉黃公克強面囑，革命軍發難，以軍隊與會黨同時並舉爲上策，否則亦必會黨發難，軍隊急爲響應之，以會黨缺乏餉械，且少軍隊訓練，難於持久故也。」他對當時的革命形勢作出分析，並提出起義的策略：「今欲規取省城，宜集合會黨於省城附近之萍瀏醴各縣，與運動成熟之軍隊聯合，方可舉事。」並具體指出：「現時會黨多潛伏於萍鄉、安源諸礦山上，正可利用礦場等處爲組合機關。而軍隊方面，新軍多駐省會，巡防營分駐各府縣，水師分駐湖河上

[87] 王時則：〈回憶秋瑾〉，載《辛亥革命回憶錄》（四）第224～225頁。

[88] 劉揆一：〈黃興傳記〉，載中國近代史資料叢刊《辛亥革命》（四）第284頁。

[89] 《革命先烈傳記・劉道一》，轉引自饒懷民：〈劉道一事略〉，載《萍瀏醴起義資料彙編》第231頁。

下游。惟新軍兵精械良，官佐皆學生出身，多有與吾輩通聲氣者，運動較爲易。巡防營雖難比肩新軍，然官與兵多洪會中人，以洪會同志遊說之，不難歸順。水師則船械均甚窳敗，只可臨時收作運輸之用。姑就此策言之，使以會黨萬人組成整齊軍隊，發難於瀏醴，而直撲長沙，各軍隊能反戈相應，佔據省垣重地，軍裝局既爲我有，黨軍得補充而訓練之。並擇精明強幹之會黨爲便衣敢死隊，以手槍炸彈擾害外來敵軍後方。」[90]劉道一、蔡紹南爲了貫徹黃興的指示，著手聯絡會黨，準備萍瀏醴起義。當時，萍瀏醴地區的秘密會黨主要是哥老會支派洪江會。而洪江會本身也是由各地的不同山堂所組成。萍鄉和安源煤礦一帶有哥老會的昆侖山、臥龍山和岳麓山等山堂。1901年馬福益在這裡開「臥龍山」，馬死後由蕭克昌接手，並且「另開岳麓、臥龍兩山」。[91]1902年，李金奇也開臥龍山，以蕭克昌爲副山主。瀏陽縣的一部分會黨屬於姜首旦的勢力範圍。姜首旦（1863－？）一說本名歐陽篤初，又名萬鵬飛，湖南瀏陽縣官渡鄉雲山村人。幼年曾就讀於本村私塾，因家貧而輟學，稍長即在石灰窯當工人。三十歲以後外出闖蕩，到過江西、四川、湖北等地，加入哥老會並成爲「香長」。他手下有數千人，稱「洪福會」。1904年投靠哥老會龍頭馬福益，成爲洪江會的一名頭目。同年九月經馬福益介紹結識了龔春台、馮乃古等會黨頭目，並與革命黨人劉揆一、陳天華相識。1905年回到故鄉，往來於湘贛交界的銅鼓、萬載、修水一帶，開堂放飄，發展會眾。此時他改名爲「萬鵬飛」，會內人稱他爲「萬大哥」。邀人結會時，萬鵬飛自稱係洪江會頭目，飄布上寫有「富有山，樹義堂，天下水，萬國香」，及「憑票發足典錢一千文」字樣，並傳授內口號：「日新其德」，外口號：「盡訪英雄」。相約將來走至他處，只需將胸前衣襟揭開折入內裡，發打圓

---

[90] 劉揆一：〈黃興傳記〉，載中國近代史資料叢刊《辛亥革命》（四）第285頁。

[91] 《硃批奏摺》護理江西巡撫沈瑜慶摺，光緒三十四年七月二十九日。

結，自有會內之人接待招呼。[92]瀏陽縣的另外一部分會黨屬於龔春台的勢力範圍。龔春台（？－1911）原名謝再興，（一說龔春台原姓章名年，有時自稱為章年。[93]）湖南瀏陽人，爆竹工人出身。早年加入哥老會，1900年參加自立軍起義，1905年馬福益逝後成為洪江會首領。1906年參加由同盟會員劉道一在長沙水麓洲召集的秘密會議，會後，大家分頭積極從事籌劃武裝起義的活動。

當時哥老會的各個山頭各自為政，互不統屬。為了把各派聯合起來，在萍鄉從事聯絡會黨工作的魏宗銓同蔡紹南、龔春台商量，約集萍瀏醴一帶的哥老會與武教師會首領百餘人，舉行開山堂大會。以湘、鄂、贛、閩等省的洪江會為基礎，開設「六龍山」山堂，統稱「六龍山洪江會」。該會雖然仍然採用舊式會黨的組織形式，但基本上接受了同盟會的綱領。其誓詞曰：「誓遵中華民國宗旨，服從大哥命令，同心同德，滅滿興漢，如渝此盟，人神共殛。」[94]

1906年春夏之際長江中游各省發生嚴重水災，造成大批流離失所的饑民，萍瀏醴地區的災情更為嚴重，整個瀏陽縣城被洪水淹沒，災狀慘不忍睹。一本流傳民間的唱本真實地描述了當時的情況：「大水淹得齊屋簷，縣城百姓真可憐，托男帶女走不動，踏腳落入在水中。等到救生划子到，河中撈起兩腳翹。淹死百姓真無數，夜晚遭水無人救。一漲一消四五天，家家戶戶絕火煙。」饑民無處逃荒，地方官紳又囤積居奇，哄抬糧價。1906年5月中旬，米價較上年漲了一倍。[95]饑民無奈，便紛紛加入哥老會（洪江會）。當時，江西萍鄉、安源地區聚集了不少煤礦工人和陶瓷工人，他們幾乎全部加入了哥老會。湖南瀏陽乃是哥老會頭目龔春台、姜

---

[92]《軍機處錄副奏摺》護理江西巡撫沈瑜慶摺，光緒三十四年三月十七日。

[93] 黎東方：《細說民國創立》第三十三，〈萍瀏醴之役〉。

[94] 萍鄉市政協等合編：《萍瀏醴起義資料彙編》第11頁，湖南人民出版社，1986年。

[95] 饒懷民：〈狂飆突起，震驚中外——丙午萍瀏醴大起義始末記〉，載《萍瀏醴起義資料彙編》第4頁，湖南人民出版社，1986年。

首旦的家鄉，當地人差不多百分之八十加入了哥老會。湖廣總督張之洞
稱：「此次會匪總名洪江會，偽稱革命、平心兩軍。匪首姜首旦、龔春台
均係瀏陽縣人，與同夥之李金其〔奇〕各立山堂，鄉間市鎮，潛布碼頭偽
官，散放飄布，隨處勾結，計甚秘密。年來醴陵、平江、萍鄉、萬載、義
寧等州縣，愚民誘入會者不下數萬人。」[96]革命黨人黃興、劉揆一和哥老
會首領馬福益對起義做了全面準備。[97]決定在萍、瀏、醴三縣交界地方同
時起義，「意在佔據萍瀏醴路礦之勢，攻取瀏陽，為進規長沙之謀。」[98]
是年六月，蔡紹南「假冒學生開通風氣，前往桐木市、上栗市一帶登臺演
說，民心被惑，蟻附甚眾。該匪先在湖南遊歷多處，其以革命黨人投入洪
江會內，到處演說，意在煽動會匪，收作羽翼。」[99]七月，蔡紹南、魏宗
銓與龔春台等在萍鄉縣所屬大嶺下彈子坑的慧曆寺開會，商討武裝起義的
事。該寺住持德模和尚是洪門成員，手下有武門弟子百餘人，故會議在此
召開。會議決定派余為瑣、鄧坤負責密造火藥、軍械；派魏宗銘籌款購買
軍械火藥；由胡友堂、鄧廷報聯絡哥老會大頭目馮乃古、洪福會首領姜首
旦全部加入洪江會；派蔡紹南、魏宗銓前往滬、港、粵各地革命機關進行
聯絡，並前往日本向孫中山、黃興報告組織經過，要求接濟新式武器，請
示舉義日期。[100]魏宗銓是江西萍鄉上栗市人，在長沙明德學堂讀書時，認
識了黃興、禹之謨、寧調元，醉心革命。[101]他見時機成熟，便與蕭克昌商
量於當年年底舉事。但蕭的屬下認為礦局年底要放假，工人們需要回家過
年，因此「堅請速發」。蕭克昌向工人們解釋說「早動則難獲外援，諸多

---

96 《硃批奏摺》湖廣總督張之洞摺，光緒三十三年四月十三日。

97 杜邁之等編：《萍瀏醴起義資料彙編》第6頁。

98 《硃批奏摺》湖廣總督張之洞摺，光緒三十三年四月十三日。

99 〈萍鄉知縣張之銳、駐萍巡防軍管帶胡應龍稟贛撫文〉，載《近代史資料》1956年4期；《硃批奏
　摺》湖南巡撫岑春煊摺，光緒三十三年九月十一日。

100 鄒永成：〈萍瀏醴起義的真相〉，載《近代史資料》1956年3期。

101 黎東方：《細說民國創立》第三十三〈萍瀏醴之役〉。

窒礙」，只能緩行。事情決定後，魏宗銓、蔡紹南便將會內事務交給龔春台等主持，親自前往上海，然後轉往日本，蕭克昌則前往醴陵聯絡會黨。

　　醴陵地處湘贛孔道，與江西的萍鄉相鄰，該縣普跡市、白鷺塘的哥老會與瀏陽的哥老會「聯成一氣」，蕭克昌來到醴陵後，在縣城邀請各處哥老會頭目聚商決策。蕭克昌的活動，很快引起該縣新任知縣汪文溥和巡防營的注意，捕獲了當地哥老會頭目張折卿，然後又用「清查戶口，按戶派丁，分段聯甲，實行保甲之舊法」[102]來對付會黨。蕭克昌難以在該縣活動，被迫返回安源。

　　慧曆寺會議後，入會者日以百計，人員叢雜，紛紛傳言「殺韃子」和「鏟富濟貧」，使士紳們人人自危，請求官府剿辦。慧曆寺的僧眾又假託神言，向香客們宣稱：「天下即將大亂，將有英雄鏟富濟貧」。[103]八月中秋，麻石開台唱戲，每日聚集數千人，盛傳洪江會即日起事，三縣的官紳更加恐慌。八月二十日，三縣防勇大舉搜捕麻石的會黨，洪江會三路碼頭官李金奇被捕遇害，龔春台急電在上海的魏宗銓、蔡紹南返湘料理善後。重陽節洪江會為李金奇開追悼會，又導致會黨頭目許學生被捕殺，起義計劃也被官府探知，設在慧曆寺的總部也遭查抄，形勢非常緊急。蔡紹南、魏宗銓、龔春台等人遂在萍鄉上栗市召集各路碼頭官開緊急會議，討論舉行起義的具體時間。蔡紹南等以軍械不足，主張稍緩以待後援，而各路碼頭官則主張「乘清軍尚未準備之時，急速發動」，雙方相持不下。洪江會的激進派廖叔寶遂擅自率領二三千人到麻石鎮（地處萍、瀏、醴三縣交接處，今屬富里鎮）高舉「漢」字大旗，宣布起義。

　　廖叔寶（1853－1908）江西萍鄉上栗市人，出身於鄉紳家庭，少年時代不喜讀書而愛習武。1906年他結識了同盟會的蔡紹南、魏宗銓等人，

---

[102] 汪文溥：〈醴陵平匪日記〉載《近代史資料》1956年4期。

[103] 《湖南省志》第一卷〈湖南近百年大事記述〉第250頁，湖南人民出版社，1979年。

投身革命。[104]起義時他在麻石鎮頭紮白包頭，腳穿草鞋，背插雙刀，帶頭衝殺。事已至此，蔡紹南、魏宗銓、龔春台等爲了顧全大局，只好在尙未準備充分的情況下決定投入起義。[105]龔春台以同盟會的名義通知姜首旦和普跡市哥老會首領馮乃古立即起義，於是在混亂中拉開了萍瀏醴起義的序幕。

　　光緒三十二年十月十九日（12月4日），萍瀏醴起義正式爆發，當天便佔據了瀏陽的高家頭。龔春台稱「洪命督辦民立自志社會總統全軍謝」（因爲龔春台原名謝再興），以「漢德元年」作爲年號。[106]12月5日各路會黨約2萬人齊集麻石鎮，大家頭縛白巾，手持土槍、土炮、長矛、大刀、鳥槍或木竿、竹尖、菜刀或赤手空拳，佔領了金剛頭及萍鄉的高家台，然後向上栗市進發。起義軍的旗幟上書寫「官逼民反」和「滅滿興漢」。在起義軍勝利的鼓舞下，瀏陽南城對河的會黨數千人響應龔春台的號召，舉起漢字白旗起義。12月6日，龔春台以萍鄉高家台的會黨爲主力，並調集廖叔寶部和醴陵東路統領，分三路攻入上栗市。推龔春台爲中華民國革命軍南軍先鋒隊都督，以蔡紹南爲左衛都統領，魏宗銓爲右衛都統領，廖叔寶爲前營統帶。數日後，醴陵附近的哥老會起而響應。在萍鄉者多爲煤礦工人，在醴陵者，多爲防營士兵，在瀏陽者，多爲洪江會成員，每處約有萬人，以瀏陽一處爲主力，由龔春台督師。[107]同日，醴陵西路軍總統李香閣以自己經營的瓷場工人爲骨幹，聯合附近農民千餘人與左軍統領段子奇，右軍廖玉山各帶會眾三千，另有水軍統領劉澤春，以及前軍總統官瞿文光帶領三四千人，在易家洲集結後，開向醴陵北面的石子嶺，準備當晚攻打醴陵。[108]12月7日，姜首旦帶領會眾數千人在瀏陽的永

104　張漢柏：〈廖叔寶傳略〉，載《萍瀏醴起義資料彙編》第277頁。

105　張漢柏：〈廖叔寶傳略〉，載《萍瀏醴起義資料彙編》第276～278頁。

106　汪文溥：〈醴陵平匪日記〉，載《近代史資料》1956年4期。

107　蔣緯國主編：《國民革命戰史》第一卷〈建立民國〉第128頁。

108　汪文溥：〈醴陵平匪日記〉，載《近代史資料》1956年4期。

和市宣告舉兵起義。鑒於起義軍聲勢浩大，清方江蘇、江西、湖南、湖北各省督撫為之震動，立即出兵迎戰。包括：袁州（宜春）調來的袁坦所部一萬五千人、兩江總督端方所派江南新軍步兵之一部、湖南總督張之洞派遣湖南新軍步兵八個營、炮兵兩中隊，由第八鎮第十五協協統王得勝統帥。這些清軍均為清軍中最精銳的新制陸軍，再加上湖南、江西兩省的防軍，總數不下五萬之眾。分路向萍、瀏、醴各縣進攻。

十月二十三日，龔春台攻佔了瀏陽的文家市，然後兵分兩路進攻瀏陽縣城，以便與那裡的洪江會起義軍會合。按照原定計劃，安源礦工在洪江會起義後，便立即響應，以配合起義軍佔據萍鄉縣城，然後利用那裡鐵路交通方便的條件，進攻醴陵、株洲，再直逼長沙。[109]但安源路礦洪江會首領蕭克昌於23日被清方逮捕殺害，安源礦工便未能直接參加起義。[110]

姜首旦在聞知龔春台攻打瀏陽的消息後，便聚集了大旗山等地會眾萬餘人起義，宣布成立「新中華大帝國南部起義恢復軍」，12月8日率部抵達瀏陽城郊水佳瑕。他到當地的三元宮去求神問卜，以決定何時攻城吉利，結果貽誤了戰機。[111]清軍趕到後姜部倉促應戰，受到重大損失。12月21日在平沙鋪再次遭到襲擊，姜本人受傷，率殘部進入江西寧州（今修水）。又遭到當地清軍的圍殲，潰散殆盡，姜首旦隻身逃走。[112]

12月10日，清軍管帶胡應龍等探知龔春台帶領主力攻打瀏陽，便乘機把上栗市奪回。次日，又乘夜突襲駐紮在南市街的龔春台、蔡紹南率領的洪江會起義軍。起義軍火藥堆放地被清軍擊中，死傷慘重，敵軍趁勢殺來，起義軍被打散，龔春台、蔡紹南化名逃亡，魏宗銓逃亡後被捕殺，起義失敗。這次起義不僅有大量會黨首領被殺，而且有同盟會員有劉道一、

109 周鏡城等：〈萍鄉實戰紀事〉，載《萍瀏醴起義資料彙編》第81頁。

110 周鏡城等：〈萍鄉實戰紀事〉，載《萍瀏醴起義資料彙編》第80～817頁。

111 譚耀龍口述：〈洪江會起義目睹記〉，載《萍瀏醴起義資料彙編》第357頁。

112 潘信之：〈起義大軍在瀏陽〉，載《萍瀏醴起義資料彙編》第83～87頁。

禹之謨、魏宗銓等數十人犧牲，被殺、被害民眾多達萬人。

　　這次起義並未接受同盟會的直接命令，帶有一定的自發性。[113]同盟會總部對這次起義「於事前一無所知」，[114]在起義爆發後八天，即12月12日，同盟會東京總部才從日本報紙上得知起義爆發的消息。由於起義倉促發難，缺乏周密準備，這就給起義造成許多困難，一是餉源匱乏，二是武器短缺。參加起義者，「僅由各地方團防局奪獲二、三千槍，餘眾多用木竿及舊式刀槍為武器。」還有許多「赤手空拳」者。起義軍的指揮者皆為哥老會首領，缺乏必要的軍事知識，初期雖然屢敗清軍，但未能乘勝擴大戰果，而且隊伍凌亂，各自為戰，難以抵拒訓練有素之清廷新軍。戰鬥中人員、槍彈缺乏補充，當隊伍首領戰死或受傷，戰鬥力便逐漸削弱。[115]三是起義軍宗旨複雜，有的號稱「中華國民軍南軍革命先鋒隊」，有的稱「新中華大帝國南部起義恢復軍」，連名稱均不統一，行動上更難取得一致。特別是以姜首旦名義發布的《新中華大帝國南部起義恢復軍布告天下檄文》，保留了舊式會黨的落後色彩，提出：「有能起兵恢復一邑者，來日即推為縣公；恢復一府者，來日即推為郡主；至外而督撫，內而公卿，有能首倡大義，志切同胞者，則我四萬萬同胞歡迎愛戴，如手足之衛心腹，來日不惜萬世一系，神聖不侵，子子孫孫，世襲中華大皇帝之權力以為報酬。勿狃於立憲、專制、共和之成說。但得我漢族為天子，即稍形專制，一如我家中祖父，雖略示尊嚴，其榮幸猶為我所得與，或時以鞭撲相加，叱責相遇，亦不過望我輩之肯構肯堂，而非有奴隸犬馬之心。我同胞即納血稅，充苦役，猶當仰天三呼萬歲，以表悃忱愛戴之念。」仍未擺脫舊式會黨之窠臼。[116]但是，孫中山仍對這次起義予以很高評價，在〈有志

113　鄒魯：〈丙午萍鄉瀏陽醴陵之役〉，載《萍瀏醴起義資料彙編》第66頁。

114　孫中山：〈革命原起〉，載《辛亥革命》（一）第12頁。

115　蔣緯國主編：《國民革命軍戰史》第一卷〈建立民國〉。

116　萍鄉市政協等合編：《萍瀏醴起義資料彙編》第59頁。

竟成〉一文中說：「當萍醴革命軍與清兵苦戰之時，東京之會員莫不激昂慷慨，怒髮衝冠，亟思飛渡內地，身臨前敵，與虜拼命。每日到機關部請命投軍者甚眾，稍有緩卻，則多痛哭流淚，以爲求死所而不可得，苦莫甚焉。其雄心義憤，良足嘉尚……由此而後，則革命風潮之鼓蕩全國者，更爲從前所未有。」

四、革命黨人對湖北會黨的聯絡和引導

　　辛亥革命前夕，湖北洪門會黨已經具有相當大的勢力，哥老會「上起荊樂，下至武漢以下，皆已聯爲一氣」，[117]並不斷舉行自發的武裝起義。1904年，襄陽府宜城縣有「遊勇肇亂」，並有當地「刀客」附和。[118]1906年羅田縣張正金聯絡麻城縣會黨首領李仕英、鄭大鵬等起義。[119]同年光化縣老河口柯了凡、孫老么起事，[120]隨州大碑店紅燈會起義，[121]1907年及1908年，羅田、麻城、應山等縣均先後發生會黨起義。

　　辛亥革命時期，湖北革命黨人在聯絡、引導會黨的工作中，經歷了一條曲折的道路。他們在是否需要聯絡、依靠會黨的問題上，曾長期存在分歧，因而在初期對會黨採取了關門主義的態度。湖北最早的興中會會員吳祿貞和他領導的武昌「花園山」，就認爲依靠和利用會黨舉行武裝起義，「發動易，成功難，即成亦囂悍難制，不成則徒滋騷擾」，[122]因而只去運動新軍。結果在成立後一年之內，僅僅做了一些宣傳工作，不久便因爲吳祿貞赴京而解散。

　　繼花園山之後成立的科學補習所採取了同時聯絡新軍與會黨的做法，

117　張之洞：《張文襄公全集》三十一，奏議三一。

118　《時報》1904年12月6日。

119　《時報》1906年6月20日。

120　《東方雜誌》第3卷9期（1906）。

121　《東方雜誌》第3卷10期（1906）。

122　李廉方：《武昌辛亥首義記》第3頁，湖北通志館鄂故叢書本，1947年。

獲得較大的成功。科學補習所成立於1904年3月，它以文化補習學校的名義，從事反清活動。他們提倡知識份子投軍，同時又「招會黨來入伍」，使得張之洞招募的新軍，大半都是由科學補習所介紹去的青年知識份子和會黨分子。[123]1904年科學補習所為了配合湖南華興會策劃趁長沙慶祝慈禧六十壽辰之機發動起義，派呂大森、高建唐、何季達等前往荊宜一帶聯絡會黨，宋教仁前往長沙接洽，從而把會黨置於科學補習所的領導之下。

　　科學補習所解散後，其成員劉靜庵又於1906年春建立「日知會」，會員熊十力曾建議「陰結荊襄巴蜀及河南秘密會黨，如洪門哥老會，使之發難於各地」，以便「乘機以舉義旗」。[124]不過，這一建議未被該會領導採納，日知會的活動主要限於聯絡學界和新軍下層軍官，未對新軍中的一般士兵進行發動。

　　1908年12月成立的「群治學社」，包括了學界、新軍中的革命志士和會黨民眾。學社的實際領導人黃申薌具有革命知識份子、新軍士兵和會黨首領的三重身份，故較為重視對會黨的聯絡工作。在他的努力下，該社在聯絡會黨工作方面取得很大進展，使得全省各地會黨的反清運動得到蓬勃發展，並且被納入革命的軌道。[125]

　　湖北革命黨人對於會黨的組織不是簡單地加以聯合，而是由革命黨人和會黨民眾共同建立具有革命性質的團體，並且置於革命黨人的領導之下。日知會解散後，由彭養先、趙鵬飛在安陸設立公益社；戈承先、秦玉山在新軍中組織益智社；向海潛在武昌創立群英會；黃侃在蘄春等八縣發起組織孝義會；黃申薌在新軍中組織群治學社等。使大多數會黨不再固守山堂舊有的組織形式，而是以個人身份參加革命團體。在改造舊式會黨的

---

123 曹亞伯：《武昌革命真史》（前編）第3～4頁，中華書局，1930年；上海書店，1982年影印版。

124 曹亞伯：《武昌革命真史》（前編）第136頁。

125 陳輝：〈辛亥革命時期的湖北資產階級民主革命派領導下的會黨運動〉，載《會黨史研究》第214頁。學林出版社，1987年。

過程中，共進會的成就最大。該會的領導人是清一色是留學生和同盟會員，他們採用「換帖拜把」的形式，與會黨首領接近，向他們逐漸灌輸革命思想，直到他們「填志願入會」，從而把舊式會黨改造成革命團體。這種革命團體，不少是建立在新軍中的，不僅使新軍士兵充當了武昌起義的先鋒，而且使起義擁有了強大的後盾，從而在湖北辛亥革命中起到了重要作用。[126]

五、共進會與兩湖會黨起義

1. 共進會的建立

　　共進會是由同盟會中的激進分子於1907年8月在日本東京建立的秘密革命團體，其骨幹多為參加同盟會的原哥老會、孝義會、三合會、三點會等會黨的首領。鑒於當時以孫中山為首的同盟會總部所開展的革命活動主要偏重於華南，尤其是兩廣和海外，對於長江流域則開展不夠。而共進會所進行的主要工作乃是聯絡長江流域的會黨，因此，共進會的工作彌補了同盟會在聯絡長江流域會黨工作方面的不足。

　　1906～1907年在日本東京的中國留學生多達2萬，加入同盟會者約有二三千人。當時留學生當中有一種風氣，就是「人人談革命，人人不革命，空談無補者到處皆是，實際去幹者百無一二。」加之同盟會所發動的惠州起義、防城起義和鎮南關起義相繼失敗，在同盟會總部的個別領導人和一些會員中出現了悲觀失望的情緒，於是一些激進分子便提出各種解決辦法。焦達峰、張百祥等十餘人提出「結一有勢力的團體，照綠林開山堂辦法」，在長江流域開展革命活動。焦達峰（1887～1911）號大鵬，字掬森，筆名達峰樵子，1887年生於湖南瀏陽縣焦家橋的一個士紳家庭。及長，在長沙「漸與各秘密會黨頭目及留日歸湘之革命黨人遊」。[127]1902

---

126 陳輝：〈辛亥革命時期的湖北資產階級民主革命派領導下的會黨運動〉。

127 馮自由：〈湖南都督焦達峰〉，載《革命逸史》（二集）第257頁。

年，焦達峰經姜首旦介紹加入洪江會，後來與會內頭目設立經館，以講學為名，秘密聯絡會黨分子。1906年參加萍瀏醴起義，事敗後亡命日本，在日本加入同盟會，出任專門聯絡會黨的調查部長。[128]

焦達峰等人關於仿照綠林開山堂的意見受到黃興和譚人鳳的反對，譚人鳳認為此舉乃「反文明而復野蠻」。[129]焦達峰因其建議未被採納，便和四川的張百祥、江西的鄧文翬（輝）、湖北的劉公等為共同發起另組共進會。經過兩個多月的奔走，於1907年8月在日本東京清風亭建立了共進會，參加者多達百餘人，該會主要是為了聯絡長江流域各省的會黨，以便發動「中部革命」。該會以會黨的首領為骨幹，會內多「山澤豪帥與手臂技擊之士，期就腹地以勇氣振之」。[130]

共進會的宗旨一如同盟會，唯將「平均地權」改為「平均人權」，從聯絡會黨入手，再聯合軍界。[131]大家因為張百祥是四川孝義會的首領，而且「在下川東一帶擁有相當多的會黨民眾，而且在會黨中的資格最高，對各地碼頭最熟，所以被推為共進會的共同領袖」。[132]旋因張百祥決定先行回國，遂改推鄧文輝為會長。共進會成立時發表了《共進會宣言書》，勸告會黨分子應該以「驅逐滿人」為宗旨，而不要去從事賭博、搶劫等事，還要求各個會黨聯合起來。[133]為了便於聯絡哥老會，共進會「仿照其儀式，如開堂、燒香、結盟、入夥」等，還採取了哥老會的辦法，也設立了

---

128 仇鰲：〈一九一二年回湘籌組國民黨支部和辦理選舉的經過〉，載《辛亥革命回憶錄》（二）第178頁。

129 譚人鳳：〈石叟牌詞敘錄〉，載《近代史資料》1956年3期。

130 章太炎：〈焦達峰傳〉，載中國近代史資料叢刊《辛亥革命》（六）第164頁。

131 李白貞：〈共進會從成立到武昌起義前夕的活動〉，載《辛亥革命回憶錄》（一）第498～499頁。

132 吳玉章：〈甲午戰爭前後到辛亥革命前後的回憶〉（四），載《吳玉章文集》（下卷）重慶出版社，1987年版。

133 〈共進會宣言書〉，載《近代史資料》1957年2期。

四柱即山堂香水：中華山，光復堂，報國香，興漢水。[134]共進會要求會員在內地拜碼頭，必須熟記本會的山堂香水及所繫的詩，以便得到各地碼頭的幫助和照顧。鑒於當時各地常備軍和巡防營中會黨分子甚多，共進會有了上述儀禮，則便於派人到各處運動軍隊，伺機發難。[135]共進會成立後，便著手分別派人赴各省運動軍隊，聯絡會黨，由孫武、焦達峰擔任兩湖軍事兼會黨事，張百祥擔任四川會黨兼軍事，夏之時擔任重慶軍事，楊錫庶擔任湘西軍事，聶荊擔任廣東軍事，張丙擔任廣東會黨事。[136]

2. 共進會對兩湖會黨的聯絡和武昌起義

共進會利用該會主要骨幹均具有同盟會和會黨雙重身份的有利條件進行聯絡會黨的工作，在短短的幾個月就取得了明顯的成績。鑒於會黨分子大多屬於家無恒業，特別是沒有土地的遊民和其他下層民眾，他們渴望得到平等的社會地位，因此共進會把同盟會「平均地權」的口號，改為「平均人權」。[137]張百祥回國後化名楊鵬舉，「奔走大江南北，湘鄂川贛，聯絡各會黨密謀革命」。[138]鄧文輝、焦達峰、孫武等也先後回國，各歸本省參加革命活動。1909年春，焦達峰、孫武先在湖北漢口法租界設立共進會湖北分會，會員們分頭聯絡長江南北的會黨，以增強革命力量。1910年春，新軍中的鄧玉麟、黃申薌加入共進會，介紹了許多新軍士兵加入該會。不久，素以接納會黨聞名的劉英、劉鐵弟兄回國，共進會聯絡會黨的工作又有了進一步發展。當時派黃申薌和劉玉堂等吸收會黨，秘密編成五

134　賀覺非：〈辛亥武昌起義前的革命團體〉載《湖北文史資料》第4輯（1981年9月）。

135　鄧文翬（輝）：〈共進會的原起及其若干制度〉，載《近代史資料》1956年3期。

136　鄧文翬：〈共進會的原起及其若干制度〉。

137　在共進會的十條法規裡，提到：「平均人權，男女平等，取消娼妓奴役等階級，嚴禁販賣豬仔等種種腐敗惡習」。《近代史資料》1956年3期。馮自由也說：「共進會誓詞與同盟會相異者，只平均地權一項改為平均人權，以便於聯絡會黨而已。」見《革命逸史》（五）第181頁。

138　馮自由：〈共進會會長張百祥〉，載《革命逸史》（五集）第183頁。

鎮軍隊，每鎮以一副都督統率。五鎮軍隊的內部編制由副都督各自處理，正都督由孫武擔任。不久，焦達峰以湖北方面已經有了頭緒，便回到湖南組織湖南分會，以便與共進會湖北分會「互相策應，攜手並進」。[139]

焦達峰回到湖南後，一面聯絡洪江會的餘部，一面與長沙的同盟會員楊任、曾傑、鄒永成等，在天心閣下晏家塘租了一間房子，作爲同盟會的秘密聯絡機關。同年8月，他改名左耀國，赴瀏陽、醴陵、萍鄉一帶聯絡洪江會、洪福會等會黨頭目，並以洪江會的名義，「相約合作」，[140]統一了湖南各地的會黨。是年秋天，焦達峰利用自己在萍瀏醴起義中認識的洪江會龍頭大哥，在湖南瀏陽縣普集市召開了一次「山堂」，參加開山堂的有湘陰、平江、萍鄉、萬載、長沙、醴陵、瀏陽等地的龍頭大哥30餘人。經過這次開山堂，焦達峰被眾「龍頭」抬舉成「穿靴子上山」，一步登天的「龍頭大哥」，[141]成爲會黨公認的首領。[142]

共進會在聯絡會黨方面雖然取得很大成績，但是由於會黨自身的散漫性等痼疾，不服從命令進行盲目暴動，給共進會的革命工作造成很大損失。共進會領導人孫武便「毅然下令五鎮軍隊立即停止活動」，告誡各地的同志：「本著過去經驗，對於各會黨只可採取聯合，不可依爲心腹，必須運用現代新軍堅訂盟約，加緊秘密編制，推舉代表，互通聲息，以形成牽一髮而動全身的形勢，一氣串連，互起作用。結果，各處都贊同這樣辦」。湖北的革命黨人也鑒於會黨「思想不純，桀驁不馴，不能用命，」因而從聯絡會黨轉爲「運動新軍」。[143]儘管如此，共進會在聯絡會黨方面的歷史作用仍然是巨大的。「自有共進會以後，中國南方各省的絕大部分

139　李白貞：〈共進會從成立到武昌起義前夕的活動〉，載《辛亥革命回憶錄》（一）第504頁。

140　馮自由：〈湖南都督焦達峰〉，載《革命逸史》（二）第259頁。

141　闓幼甫：〈關於焦達峰二三事〉，載《辛亥革命回憶錄》（二）第212頁。

142　湖南史學會編：〈辛亥革命在湖南〉，第210～211頁，湖南人民出版社，1984年。

143　李白貞：〈共進會從成立到武昌起義前夕的活動〉，載《辛亥革命回憶錄》（一）第506～508頁。

會黨都在反滿的旗幟下聯合起來，從而有利於促進革命運動的高漲」。[144]

　　1911年4月黃花岡起義失敗後，同盟會上層大多灰心失望，經焦達峰等人的多方工作，譚人鳳等又振作起來，並於同年7月在上海成立「同盟會中部總會」，總結了以往「惟挾金錢主義，臨時招募烏合之眾，摻雜黨中，以冀僥倖成事」的錯誤做法，確定「對於各團體相繫相維，一秉信義」的方針，並決定在各省設立分部，以便「收攬人才，分擔責任」。[145]當時湖北革黨人原有共進會與文學社兩個組織，共進會以孫武、鄧鬱林為首，成員以會黨占多數；文學社以蔣翊武、劉復、蔡大輔等為首，成員以軍界和學界占多數。雖然兩者的成員大多是同盟會員，但卻彼此意見分歧，難以合作。為了和衷共濟，經焦達峰、譚人鳳等人從中調處，使得兩者按照同盟會的章程合併，於1911年7月組成「中部同盟會分會」，把兩湖地區的革命組織聯合起來，分會設總務、黨務、財務、文務和評議五部。[146]為了加緊進行兩湖的組織工作，決定「那一方組織的好，另一方便去參觀學習，等雙方都組織好了，便好起事。如果湖南起事，湖北就要響應，湖北先起事，湖南也要立即響應。」並商定湖南的組織分三路進行：西路由楊任、王炎主持，南路由焦達峰、黎先誠主持，中路由鄒永成和謝介僧主持。[147]經過一系列努力，同盟會聯絡了會黨和新軍，終於為武昌起義做好了組織上的準備。

　　武昌起義雖然是由新軍所發動，但以哥老會為主體的共進會則是起義的兩大主力之一。[148]1911年10月9日，孫武在漢口寶善里共進會總部製造炸彈時不慎失手，引起爆炸，同盟會中部機關總部遭破獲，炸藥、文件、

144　吳玉章：〈甲午戰爭前後到辛亥革命前後的回憶〉（四）。

145　〈同盟會中部總會宣言〉，轉引自楊世驥：《辛亥革命前後湖南史》194頁，湖南人民出版社，1958年。

146　譚人鳳：〈石叟牌詞敘錄〈，載《近代史資料》1956年3期。

147　〈鄒永成回憶錄〉，載《近代史資料》1956年3期。

148　邵雍：〈哥老會與辛亥革命〉，載《上海師範大學學報》1991年3期。

旗幟等均被抄走，當局立即大肆搜捕。劉復基等三位革命黨人被捕殺，其他革命黨人也面臨清吏按照名冊逮捕的危險。在此萬分緊急的情況下，駐紮在城內楚望台的新軍工程第八營打響了第一槍，熊秉坤以總代表的身份發布命令，宣布起義軍爲「湖北革命軍」。經過一夜的浴血奮戰，於十月十日先後攻佔了武昌全城和漢陽、漢口，各地革命黨人和會黨民眾紛紛回應。被關押在東湖縣監獄的會黨首領趙玉龍、向竹安「得武昌倡義之信，亦即暗派心腹，運動地方死士及往來川楚黨人」，準備秘密策動會眾於10月19日夜間發難，旋因革命黨人已經先期策動宜昌新軍反正，他們便全部加入革命軍。在宜昌到歸州鐵路工段的五六萬工人當中，「會黨巨魁充塞其間」，宜昌革命成功後，其中不少人參加了攻打荊州的決死隊。[149]11月27日，新軍第八鎮騎兵八標三營駐紮在襄陽老河口的士兵舉行起義，江湖會首領李秀昂、許洪鈞、周鳳聲等在寶陵寺開會，布置起義。次日，親自查封了電報局、官錢局，迫令光化知縣畫押反正。同時，江湖會首領何永茂則趕到襄陽，布置接應。李秀昂率會黨民眾300多人分水陸兩路開往襄陽。城內的江湖會發動全城懸掛白旗，襄陽清吏與駐軍官員見狀逃遁，起義軍宣布成立軍政分府，江湖會首領李秀昂等均居重要職位。不久，襄陽府所屬穀城縣會黨首領海鳳山亦率領會眾200多人佔據該縣火藥庫，知縣聞訊逃走。接著，在江湖會會眾配合下，襄陽總司令部派陳希賢、任洪鈞等攻打棗陽縣城，俘獲縣令。[150]這些活動皆有力地支持了武漢的軍政府。

　　焦達峰曾和湖北的孫武、蔣翊武約好，兩省不管誰先發難，發難的省得到成功，則未及發難的省必須於十天之內發難，作爲支援。[151]武昌起義後的第三天，湖北便派藍綜等人攜帶蔣翊武的介紹信來到長沙，次日由

---

[149] 佚名：〈恢復荊宜施鶴始末〉，載《武昌起義檔案資料選編》（中卷）第56～59頁。湖北人民出版社，1981～1983年出版。

[150] 胡珠生：《清代洪門史》第483～484頁，遼寧人民出版社，1996年；華中師院歷史系中國近代史教研組：〈辛亥革命時期鄂北江湖會〉，載《江漢學報》1961年4期。

[151] 閻幼甫：〈辛亥湖南光復的回憶〉，載《辛亥革命回憶錄》（二）第119頁。

湖南新軍中的安定超等介紹他們與軍隊中的革命分子見面，聽取湖北同志的報告，與會者聽了極為感動，個個摩拳擦掌，躍躍欲試。新軍中的革命分子更是人人振奮，個個激昂。有的說「湖北反正了，湖南應該趕快響應」。當時群情激奮，有一觸即發之勢。焦達峰、陳作新準備等待瀏陽一帶洪江會會眾趕到後，便於26日在長沙發動起義。但10月21日起義的消息被洩露，湖南巡撫余誠格下令在長沙全城進行搜捕，並與司道及中路巡防隊統領黃忠浩密謀，將新軍分調各府州縣駐紮，以散其勢，並將原來駐紮在各府州縣之巡防隊兵勇撥回省城，聽候調遣。又派員稽查新軍兵士的往來函電，凡新軍函電，概由稽查員拆閱，登簿記載，不准逕交兵士，亦不准擅發函電，防範極為嚴密。辛亥（1911年）八月二十九日（10月20日），余誠格迭催新軍開赴各屬，而新軍乃藉口子彈不充，請加發三倍方能應調，余誠格不允，雙方相持不下。焦達峰當機立斷，決定立即起義。次晨，新軍第二十五協五十一標一營右隊隊官易棠齡首先帶領步兵全隊由長沙北門入城，各隊士兵圍攻軍械局，局長嚴家煒被迫將鑰匙交出，起義軍佔據軍械局獲得軍械。焦達峰親率敢死隊攻打小吳門，陳作新與彭友勝率領四十九標、五十標的新軍攻打北門，軍界的安定超等「各以所部反正」，迅速佔據諮議局各機關，聯合攻佔巡撫衙署，長沙起義成功。起義者乃公推諮議局議員數人前往巡撫衙門，令余誠格懸掛白旗投降，余誠格遂呼他的武巡捕，拿出早已準備好的白布，親筆書寫一「漢」字，命令手下人懸掛在巡撫衙門前的桅杆上。然後退入內室，攜帶家眷由瀏陽門乘火車逃跑。起義軍將巡防隊統領黃忠浩殺斃，焦達峰、陳作新派兵保護藩庫及官錢局等處，並出示安民。兵士欲擁諮議局的譚延闓為都督，譚再三推辭，焦達峰、陳作新遂自認正副都督。[152]「商民人等，歡迎義師，異常鼓舞，致送豬馬牛羊者，不下數十起。」紳學各界前往投效者，絡繹不絕。[153]軍政府於城中廟宇、公所、客棧高懸招兵旗幟，三教九流之輩，相

---

152 閻幼甫：〈辛亥湖南光復的回憶〉，載《辛亥革命回憶錄》（二）第124頁。

153 郭孝全：〈湖南光復紀事〉，載《辛亥革命》（六）第135～138頁。

率投營當兵。這些人「無器械，無戎裝，則皆高髻絨球，胸前拖長帶，以爲是漢官威儀，若戲劇中之武伶裝然。」「瀏陽、醴陵人聞風來省投效者，絡繹於途」。[154]焦達峰在起義之前，曾組織過一個「四正社」，成員皆是哥老會分子。當時的都督印上鐫刻「四正合之」四字，「四正合之即罡字，其洪江會暗號也，起義口號亦即用此。」[155]湖南軍政府爲了鞏固自己的實力，決定把陸軍擴爲四個鎮，四正社的成員紛紛來投軍，「不到一星期，附近各縣開到馬刀隊、梭鏢隊、來福槍隊一萬八千多人編入陸軍各鎮之中。[156]「各屬哥弟會黨，風起雲湧，招搖鄉市，僉曰：焦大哥作都督，今日吾洪家天下矣」。[157]哥老會的活動，自然引起上層社會紳士們的不滿，他們散布流言，把都督府說成是「梁山泊」和「瓦崗寨」，把焦達峰和陳作新說成是陳涉、吳廣，煽惑人心，策劃政變。當時由於清軍南下，湖北軍政府告急，請求湖南派兵援助，湖南原有新軍一個協（旅），下轄兩個標（團）。當其中的第四十九標開往湖北後，留住長沙的只有第五十標。該標標統梅馨在起義期間並未參加，起義成功後，雖然作升標統，仍對焦達峰、陳作新擔任湖南正副都督心懷不滿。於是暗令所部人員糾合一些地痞流氓，至長沙北門外和豐火柴公司滋事，縱火打劫，揚言非都督出馬解決不可。陳作新立即馳往彈壓，行至和豐公司門口即被冷槍打死。爲首暴徒又挾持民眾前往都督府，焦達峰不知陳作新也已遇害，便從容出來向亂兵講話，結果也被冷槍打死。紳士們遂趁機同軍界、學界擁戴譚延闓出來收拾殘局。焦達峰和陳作新僅僅當了十天的湖南正副都督就被刺遇害了。[158]

---

154 馮自由：〈湖南都督焦達峰〉，載《革命逸史》（二）第260頁。

155 子虛子〈湘事記〉載《辛亥革命》（六）第151頁。

156 閻幼甫：〈關於焦達峰二三事〉，載《辛亥革命回憶錄》（二）第213頁。

157 子虛字：〈湘事記〉，載中國近代史資料叢刊《辛亥革命》（八）第155頁。

158 鄧介松：〈辛亥革命在湖南所見〉，載《辛亥革命回憶錄》（二）第204～208頁。

第三十章

辛亥革命時期的四
川哥老會

　　四川是哥老會的發祥地，哥老會在四川被稱爲「袍哥」，據袍哥中人稱：「袍哥是四川土話，俗名『嗨皮』，一般都稱爲哥老會，名稱雖有不同，實質就是一個東西。」[1]在晚清時期，哥老會又稱江湖會、孝義會、洪江會、紅幫等，在四川的江湖會又稱「漢留袍哥」，孝義會又稱「西流袍哥」，社會上人們多稱哥老會爲「袍兒哥」、「光棍」、「袍皮鬧」、「漢留」等。[2]哥老會在四川各地普遍存在，擁有深厚的群眾基礎。辛亥革命時期，四川的哥老會十分活躍，既對革命做出了貢獻，也給革命造成了損失。

一、四川哥老會與同盟會

　　辛亥革命前，四川的哥老會已經擁有龐大的組織系統和眾多的成員，其組織稱爲「公口」或「堂口」。這些公口或堂口均起有名稱，「袍哥的組織分爲十牌即十杆旗，有人說是『仁、義、禮、智、信、威、德、福、至、宣』；有人說是『仁、義、禮、智、信、松、柏、一、枝、梅』。還有人說只有五個字號，即『仁、義、禮、智、信』。至於『威、德、福、至、宣』與『松、柏、一、枝、梅』均爲代號。」[3]哥老會在各地方的活動據點，稱爲「碼頭」，在清末光緒年間，四川的重慶、成都等大城市中，已經是公口、碼頭林立，勢力相當強大。在成都，「比較著名的有東門范文卿的文武公，南門盧華廷的崇漢公，西門周寶光的親和公，北門盧懷三的慶福公，大城稽祖佑的二同公，少城旗人劉松如的三合公，白仲池的文武社，費春山的西和公」等。[4]在重慶，仁義禮智信五個堂口都已配齊，其中以仁字、義字人數最多，勢力也最強。加入入仁字堂口者，多爲

---

[1] 范紹增：〈回憶我在四川袍哥中的組織活動〉，載《會黨奇觀》第194頁，中國文史出版社，1989年。

[2] 劉師亮：《漢留史》第59頁，成都球新印刷廠印，1938年。

[3] 范紹增：〈回憶我在四川袍哥中的組織活動〉第194頁。

[4] 趙清：《袍哥與土匪》第7頁，天津人民出版社，1990年。

地主豪紳和富商大賈，以及一些有功名的知識份子。義字袍哥勢力不及仁字袍哥大，但是成員中也有很多殷實大戶和文武衙門的班頭、書吏、弁目等。義字開始只有一個永和公，各地區的公口則稱某地的「永和分公」。禮字袍哥在人數和實力方面均較前兩者爲小，成員多爲一般市民、商販、船夫、搬運工等。至於智、信兩個字型大小在人數和實力方面就更小了。這些公口皆各霸一方，互不統屬，遇到相當的事情，才在一起商量。辛亥革命時期，重慶五堂的袍哥組織，連同江、巴兩縣，總共有三到四萬人。[5]

　　從四川全省的情況來看，清末哥老會的勢力已經滲透到各個府、州、縣甚至城鎭和鄉村。所以有人說：「各省漢留之盛，莫過於四川。」[6]據哥老會內部人估計，辛亥革命前「四川省會一區，仁字旗公口至三百七十四道之多，禮、義兩堂不與焉。至鄉、區各保，與夫臨路之腰站，靡不保有公口，招待往來者，日不暇給。」[7]甚至僅有五七十戶的村莊，也設有哥老會的堂口。[8]

　　四川哥老會主要有以下幾個部分：首先是佘英所控制的重慶、瀘州、敘府一帶。佘英在加入同盟會以後，把他所控制的哥老會轉化成同盟會可以直接指揮的力量；其次是劉天成控制的雲、貴、川三省邊界地區，他手下的會眾甚多，而且擁有武裝，是當時四川會黨中勢力最大的一支；第三是以王松廷、毛長興爲首的一幫，控制著府河、銅河及雅河一帶。第四，以王大鼻子爲首的一幫，控制著川東一帶；此外，在清廷的防軍和員警裡，也存在著哥老會組織，由佘英負責聯絡。[9]

---

[5] 范紹增：〈回憶我在四川袍哥中的組織活動〉第258～259頁。

[6] 《四川辛亥革命史料》（上冊）第134頁，四川人民出版社，1981年。

[7] 劉師亮：《漢留全史》第25頁。

[8] 〈哥老會組織一瞥〉，載《四川月報》第7卷第6期，轉引自隗瀛濤：〈同盟會與四川會黨〉，見《重慶文史資料》第十三期第174頁。

[9] 熊克武：〈辛亥前我參加的四川幾次武裝起義〉，載《辛亥革命回憶錄》（三）第6頁，文史資料

鑒於哥老會在四川擁有強大的社會力量，所以受到革命黨人的重視，革命黨人把哥老會看作是一股「必須爭取的社會力量。」[10]光緒三十一年（1905）同盟會在日本成立後，標誌著中國革命進入了民主革命的階段。同盟會在孫中山先生的領導下，制定了以武力推翻清王朝的「革命方略」，把開展武裝奪取政權作爲基本任務。孫中山等同盟會領導人雖然把武裝起義的重點放在兩廣和雲南，但是，對於四川也很重視。他指示革命黨人：「揚子江流域將爲中國革命必爭之地，而四川位居長江上游，更應及早圖之。」[11]同盟會的重要負責人黃興於是命令「李肇甫、謝持、張知竟、熊成章、尹騫、李爲綸等，招邀熊克武、但懋辛、佘藎臣、張百祥等在哥老會中有聲勢者，」「先後東渡，深相結合，授以機宜。」[12]四川籍的革命黨人熊克武等根據同盟會總會的指示精神，提出：「先把散處各地的同志聯絡好，並設立機關，吸收黨員，擴充力量，作爲起義的領導和骨幹。然後組織學生，聯合會黨，運動新軍，發動起義。」又根據四川會黨勢力強大的特點，提出：「四川會黨的力量很大，散布的地區也廣，這是我們必須爭取的社會力量。」於是，推舉佘英等負責與哥老會進行聯絡。[13]由於四川會黨的許多著名首領都先後加入了同盟會，因而使革命黨人在聯絡會黨方面具有十分有利的條件。其中著名人物如佘英、張樹三、李紹伊、張百祥等，後來都成了辛亥革命時期四川革命的領導或骨幹。

四川哥老會勢力頗大，清朝官方稱「四川會黨之風甲於天下」。而且會黨分子「一朝犯案，懸賞通緝，又恃有當公之會黨包庇調停，羽翼遍川，實難懲治。擒其渠者，而小者又大，犁木未壞，彎樹重生，誅不勝

出版社，1981年。

[10] 熊克武：〈辛亥前我參加的四川幾次武裝起義〉。

[11] 熊克武：〈辛亥前我參加的四川幾次武裝起義〉。

[12] 劉揆一：〈黃興傳記〉，載中國近代史資料叢刊《辛亥革命》（四）第284頁，上海人民出版社，1957年。

[13] 熊克武：〈辛亥前我參加的四川幾次武裝起義〉。

誅，良可浩歎。查川省會黨以西南爲最，東北次之。各屬鄉場市鎮，均有西會、成會、四義會、大義會、少英會等名目，各有碼頭。各有公口名片、大小圖章。其掌管者爲坐堂大爺，每一碼頭有五牌管事三四名、七八名不等，專司公項錢財、迎送客賓各事。凡遠來會黨及犯案棒匪，身邊必攜有該匪本處公口名片，每至一處，即出片拜問各碼頭管事，該管事既代爲招呼棧房，每日繳用取公項之錢爲應酬，妥爲保護。如案情重大者，臨別時恐被盤結，更須選派拜弟多人護送潛行，所以犯匪逃逸無處不可棲身者，只此故耳。」[14]正是因爲哥老會在四川各地普遍存在，而且擁有強大的實力，又有一套隱秘的聯絡方式，易於爲革命黨人所利用。所以四川的革命黨人紛紛對哥老會加以聯絡。其突出者有一下諸人：

佘英，字竟成，原名俊英，四川省瀘州小市人。他家境貧寒，初學習銅匠，後來以撐渡船爲生，曾入武舉李孝恩辦的武棚習武，年二十歲時中武秀才。他素喜結交江湖中人，早年便加入哥老會，並任「舵把子」，掌握了家鄉小市的義字堂口，後來接受革命宣傳的影響而立志革命。他在〈自述〉中寫道：「因見巴縣鄒容作的《革命軍》，湖南陳天華作的《警世鐘》，才知道我們漢人被滿清壓迫二百多年。」並且認識到：「滿清政府是一個腐敗無能的政府，……我們漢人如不起來革命，推倒滿清無能爲的政府，除去一般貪官汙吏，恐不能救四百兆同胞出於水火。」爲了宣傳革命思想，他常把《革命軍》、《警世鐘》兩本書拿到茶館、酒店演講，以期「喚起漢人起來革命。」[15]1906年7月，佘英東渡日本，參加同盟會。孫中山「見其魁梧奇偉，言論風生，大爲器重，付以打通川、滇、黔會黨之責，狀委爲西南大都督。」[16]光緒三十年（1907）初，佘英與熊克武、謝奉琦等回國，在四川瀘州小市設立活動據點，聯絡袍哥。可是，

---

[14]《趙爾巽檔》職員王朝鈖稟，宣統元年十二月十九日。

[15]〈佘竟成自述〉，載《近代史資料》1958年第2期第47～48頁。

[16]楊兆蓉：〈辛亥革命四川回憶錄〉，載《近代史資料》1958年第二期。

當地袍哥組織中的仁、義兩個堂口互相對立，行同水火。佘竟成便利用自己「舵把子」的身份，進行調解，並把川東南一帶袍哥組織統一起來，使之成爲同盟會可靠的依靠力量。

張樹三，重慶仁字袍哥大爺，也是著名的拳棒教師。相傳他能一掌擊碎20塊磚，跟隨他習武的弟子很多。他爲人任俠好義，喜歡抑富濟貧，在重慶城內開設旅館，廣交朋友，其中有不少人如朱之洪、吳俊英、董鴻詞等都是革命黨人。1905年他在閱讀中國同盟會的誓詞後，便決心參加革命，前往日本謁見孫中山先生，並加入同盟會。[17]

李紹伊，字一齋，四川大竹縣大寨坪人，「性情豪邁，膽力過人，」並且熟諳武功，故大竹縣孝義會成立時，大家便推舉他爲首領。[18]1906年因受大竹縣留日學生、同盟會員蕭德明等人影響加入同盟會。[19]從此，改變了以往孝義會「興漢滅滿」的宗旨，宣布該會的宗旨是「推翻滿清王朝，打倒專制餘毒，恢復漢族自由，解放人民痛苦，並不是爭城奪地想當帝王。」[20]

張百祥，又名啓善，四川廣安縣石筍河場人。「爲文有奇氣，」但「不屑舉子業」而「嗜拳棒」。他「好結客，壯年嘗遊歷川陝，因得加入陝川流行之孝義會爲渠魁。」1905年前往日本留學，同盟會成立後，他毅然入會並任事於聯合部。共進會成立後，他被推舉爲第一任會長。[21]他十分重視會黨的作用，嘗言「蜀中有哥老會可以利用，苟受約束，天下事不難爲。」[22]回國後他便把四川的哥老會、孝義會等會黨團結起來，並吸收了許多會黨首領加入同盟會，重要的有：秦載賡、張捷先、劉天成、張

---

[17] 楊兆蓉：〈辛亥革命四川回憶錄〉，載《近代史資料》1958年第二期。

[18] 民國《大竹縣志》，卷九，忠義〈李紹伊傳〉。

[19] 《四川保路風雲錄》第197頁，四川人民出版社出版社，1981年。

[20] 四川大學歷史系辛亥革命調查小組1977年調查記錄，轉引自趙清：《袍哥與土匪》，第45頁。

[21] 杜鋼百：〈張百祥革命事略〉，載《辛亥革命回憶錄》（三）第329～330頁。

[22] 民國《巴縣志》卷20，〈張烈士啓善墓誌銘〉。

達三、周鴻勳等。這些人利用自己「袍界鉅子」的身份，在數月之內就吸收有知識、有豪俠氣概的人700餘人加入同盟會。據同盟會員王蘊滋回憶說：「張達三、張捷先在袍哥界的聲譽深入西陲，並達滇黔秦隴和長江上游。」許多哥老會中人「莫不以能當張捷先、姚寶珊的拜弟為榮耀。」[23]

四川的同盟會除了吸收會黨首領加入同盟會外，也派同盟會員加入到會黨中去，以便從組織上、思想上加強對會黨的引導與影響。熊克武回憶：「為了與會黨接洽方便，取得他們的信任，我在赴瀘途中的白沙，由佘英介紹加入了哥老會。」[24]當時，同盟會員加入哥老會的還有石青陽、陳新孜、吳紹周、夏之時、盧師諦、余際唐、黃復生、顏德基等。石青陽後來當上了仁字旗體安社的執事大爺」，[25]以袍哥公口的名義進行革命活動。同盟會員陳新孜、吳紹周也當上了仁字旗維新園的執事大爺。同盟會員楊靖中為了聯絡川西袍哥，先後介紹那裡的袍哥首領張捷三、張達三加入同盟會，然後，再由他們介紹自己加入袍哥。同盟會員侯橘園「為了運用哥老會，本人特加入廣漢向陽鄉的哥老會組織，當上了碼頭上『一步登天的大爺』，和向陽鄉龍頭大爺張命三密切聯繫，並聯絡了三水關龍頭大爺向裕如等，對外地他又與孫澤沛等聯繫。」[26]

經過同盟會的引導，使哥老會原有的某些弱點得到一定程度是克服。哥老會不僅山頭林立，互不統屬，而且內部等級森嚴，仁義禮智信五個堂口分成五個輩分，仁字輩最高，義字低一輩，依次類推。義字輩比仁字輩低一輩，所以，義字輩袍哥見到仁字輩袍哥要稱「伯叔」，禮字低兩輩，見到仁字輩袍哥要稱「公公」。[27]佘英、熊克武等人覺得這種情況極不利於革命隊伍的團結和統一，更難以進行武裝起義。於是決定由佘英帶頭改

---

[23] 王蘊滋：〈同盟會與四川哥老會〉，載《近代中國會黨內幕》（下卷）第219頁。

[24] 熊克武：〈辛亥前我參加的四川幾次武裝起義〉。

[25] 唐紹武等：〈解放前重慶的袍哥〉，載《重慶文史資料》第31輯第136頁。

[26] 廣漢政協：〈廣漢同志軍的活動〉，稿本，轉引自趙清：《袍哥與土匪》第46頁。

[27] 唐紹武等：《重慶袍哥史話》。

變這個陋習，提倡在堂口之間不分上下高低，「宣導仁義不分上下」，又利用萬國青年會的名義，將仁、義二旗合而爲一，[28]力求把袍哥民眾引導到民主革命的道路。

二、四川哥老會參加同盟會領導的武裝起義

辛亥革命前夕同盟會在四川多次發動武裝起義，這些起義都是由同盟會所策劃、領導，以袍哥民眾爲基本力量，由於大多採取突襲的軍事冒險行動，因此往往旋起旋敗。不過，這些起義表現了革命黨人和袍哥民眾的英勇鬥爭精神，擴大了革命的影響，爲辛亥革命在四川的成功創造了必要的條件。

1. 瀘州起義

革命黨人選擇瀘州作爲首先發難的地點，主要考慮瀘州乃是川南重鎮，得手以後，上可以進攻嘉定、敘府，下可以虎視重慶，起義成功後更可以在全省造成巨大的影響。加之這裡交通便利，接近雲南，進可攻，退可守。而且當地和附近各縣革命黨人的力量雄厚，容易集中和領導。特別是這裡乃是佘英的家鄉，會黨勢力強大，駐紮在該處的鹽務巡防營和川南道巡防營皆與會黨相通氣，可以作爲起義的內應。[29]

當時對於革命黨人來說，進行武裝起義最困難的問題是沒有自己的武裝，巡防營裡雖然有哥老會的勢力，但是，同盟會還沒有打進去。所以，聯絡和發動會黨就成爲革命黨人的首要的任務。這項工作由佘英負責，他首先聯絡了江安巡防營的哨官楊安幫和川滇黔邊區的會黨首領劉天成及所部的劉子成、劉希成等，預定在光緒三十三年（1907）十月先期在江安起事，襲擊縣城，然後順流而下，直取瀘州。瀘州城內則由佘英召集

---

[28]鄒魯：《中國國民黨史稿》第三編第二十五章〈四川諸役〉。

[29]熊克武：〈辛亥前我參加的四川幾次武裝起義〉。

的3,000名袍哥弟兄作爲內應，再由同盟會員謝奉琦、席成之、楊兆蓉率領革命黨人與之策應。但是，在起義的準備過程中遇到了麻煩。一是製造炸藥時發生爆炸，引起官府的注意；二是會黨民眾喬裝成小商販進入城內後，使城內突然增加了幾千人，加之他們說話隨便，民間又盛傳革命黨人即將舉事，使當局更加強了防範。知州楊兆龍欲設計擒拿佘英，將他邀入衙內，雖然因爲得到衙門裡會黨分子的通報，佘英得以成功逃出。但是，事情已經迫在眉睫，同盟會遂決定提早於十月一日舉事。九月三十日晚間，會黨成員紛紛住在江安縣衙門附近的小店裡，準備屆時舉火爲號，內應外合，一舉奪城。可是縣令已得到密報而預先做好了準備。等到是夜起火後，縣令一面令人滅火，一面帶領衙役搜索客店並立即稟報瀘州。楊兆龍聞訊立即下令緊閉城門，禁止外出。而劉天成等又未能及時趕到，在城外待命的起義軍無法與城內取得聯絡，瀘州起義遂告失敗。[30]

2. 成都起義

　　瀘州起義夭折後，革命黨人紛紛潛至成都，計劃趁光緒三十年（1907）農曆十月初九日慈禧皇太后誕辰，全省高級官員聚集舉行慶祝之機，舉行武裝起義，將清廷高級官員一舉殲滅。當時，在成都聚集了眾多的同盟會員，袍哥等會黨也有五六千人。革命黨人事先準備了周密的起義計劃，其中新軍由龍光等指揮，屆時由守衛成都軍械庫的新軍開庫奪取武器；巡防營和會黨武裝由余切、張達三等指揮，學界與學生由張培爵等指揮。約定起義時派人在四門放火爲號，各路的進攻目標集中在主要是高級官員聚集的「會府」，以便將全城主要官員一網打盡，再通知敘府、瀘州及其他各地起而響應。可是，由於清方臨時改變了慶祝活動的地點，並且於附近臨時戒嚴，斷絕交通，而起義者所縱的火也被撲滅，各路等待消息

---

[30] 熊克武：〈辛亥前我參加的四川幾次武裝起義〉；楊兆蓉：〈辛亥革命四川回憶錄〉，載《近代史資料》，1958年第二期。

的起義者因得不到行動的信號，知道發生變故，只好各自散去。[31]

3.敍府起義

　　在接連兩次起義失敗後，革命黨人又在策劃敍府起義。本來敍府的革命黨人為了響應瀘州、成都的起義，在謝奉琦、劉永年等人的主持下已經有所準備。在前兩次起義失敗後，立即決定於1904年10月23日在敍府再次發難。由熊克武、佘英到附近的井鹽、榮縣、富順等地號召革命黨人踴躍參加，各縣革命黨負責人吳愼五等先後到達敍府，分別住在城外的小客棧和一個碗鋪裡。熊克武住在金河（當地人稱爲金沙江）對岸一位袍哥首領家中，由敍府的袍哥劉姓「老么」負責聯絡工作。大家以給敍府府城的袍哥首領劉某做生日爲掩護，熊克武每天晚上過河來碗鋪與大家互通消息，商議辦法。但在預定起義的前一天傍晚，屛山等地的會黨因爲形勢惡化已經無法前來，只好等待明春。經商議，大家決定儘快離開，因有叛徒出賣，導致詹樹堂等六人被捕，事遂敗。[32]

4.廣安、嘉定（樂山）之役

　　這次起義也是由當地同盟會領導，而以哥老會、孝義會爲基本民眾舉行的。同盟會的主要參加者有張觀風、秦柄、蕭賢俊、熊克武、佘英等人。佘英初到廣安，就竭力主張立即發動起義，「以爲人事成熟，情勢許可，殆不能緩。」[33]在熊克武、曾省齋等來到廣安後，很快便決定在此發難。佘英是哥老會的「舵把子」，所以來到廣安後，便跑各地的「碼頭」，拜會各地公口的「掌旗大爺」。他在各地哥老會舉行的例行招待宴會上談笑風生，像講故事一樣把清廷的腐敗、哥老會反清的偉大氣魄，以

---

[31]熊克武：〈辛亥前我參加的四川幾次武裝起義〉。

[32]陳紹伯：〈同盟會在四川的幾次武裝起義〉，載《辛亥革命回憶錄》（三）第120～121頁。

[33]白在中：〈辛亥革命廣安見聞錄〉，載《辛亥革命回憶錄》（七）第301～302頁。

及革命乃是救國救民的道理，生動活潑地指點出來，使得許多袍哥都「鑽頭豎耳地去聽革命新聞」。[34]經過革命黨人的工作，很快就有四五百人接近革命，其中有200餘人直接加入了同盟會，從而在當地形成了一股革命力量，同盟會於是決定在宣統元年（1909）二月初十日天黑時，趁保安營和州署官員都回家，士兵也多半利用上茶館之機舉行起義。

起義領導者把起義隊伍分為兩支：一支由佘英召集渠河運鐵船幫400名哥老會分子，先期在縣城東門外河街集合，並由廖雲從、劉慎終等數十人潛入城內，以便內應外合攻打保安營，奪取槍彈；另一支由熊克武指揮，率秦柄等人在東門外河壩，偽裝解送「匪犯」的隊伍，攻打知州衙門。但是，在出發之前，突然發生船幫中人因為未拿到銀兩而把佘英包圍在茶館的事件。雖然熊克武及時趕到，平息了事態，但是，此事已經引起員警所的注意，使佘英一路被員警堵住，無法進城，而在城裡的廖雲從也無法行動。熊克武一支起義隊伍在州署衙門前遇到了保安營的抵抗，加上人少力薄，大部分起義者只得趁夜逃出城外，起義失敗。[35]

廣安起義失敗，佘英來到井鹽，與該縣革命黨人商議再在嘉定（樂山）舉事。當時，嘉定縣所屬的童家場團隊有60枝槍，革命黨人事先已經密約該隊隊長加入同盟會，可以利用該團隊的槍支作為起義的武器。宣統元年十二月十三日，起義者首先分頭奪取到童家場等處團練局的快槍一百多枝和大量彈藥，然後到新場關帝廟集合，宣布正式起義。新場離嘉定僅15里，順流而下，將其佔據。但因為在新場耽誤太久，加上佘英瘧疾復發，而且嘉定當局已經得到新場起義的消息，加強了戒備。當起義隊伍來到位於新場到嘉定之間的宋家村時，清軍已經追上，雙方展開一場激戰。起義軍於天明趕到縣城時已經十分疲憊，城內守軍出城迎戰，起義軍腹背受敵，而且缺乏訓練和實戰經驗，最後因傷亡過重而潰散，革命黨和會黨

---

[34] 白在中：〈辛亥革命廣安見聞錄〉，載《辛亥革命回憶錄》（七）第301頁。

[35] 熊克武：〈辛亥前我參加的四川幾次武裝起義〉。

中人犧牲達200餘人。[36]佘英在起義失敗後，在屏山斷蛇坡被俘遇害。[37]

　　辛亥革命前四川的幾次武裝起義，均係由同盟會所策動和領導，以哥老會等會黨群眾為基本隊伍。由於革命黨人未能深入發動民眾，也沒有建立自己的武裝力量，而是僅僅依靠哥老會的力量，採取突襲的辦法，奪取某個城市。其戰略與同盟會在兩廣舉行的武裝起義十分相似，帶有很大的軍事冒險色彩，因而往往以失敗告終，或尚未舉事即告夭折。儘管如此，這些武裝起義仍然具有很大的積極意義。主要是擴大了同盟會的影響，經過這些起義後，民間傳說：「革命黨都是有家有室的讀書人，冒身家性命名的危險，不為官，不求財，幹的一定是好事情。」[38]這就抵消了當時清朝當局污蔑革命黨人是「叛逆」的宣傳。

三、哥老會與四川保路運動

　　辛亥（1911）年五月至九月，在四川爆發了震驚全國的「保路運動」。這是一場由立憲派紳士所領導、利用袍哥力量進行的群眾性反帝愛國運動。基本群眾是下層人民，特別是袍哥的成員，但在性質上已經具有民主革命的特點。在這場運動中，革命派 —— 同盟會促成了保路運動從「文明爭路」向革命運動的飛躍。同盟會所組織的同志軍起義，最終推翻了清王朝在四川的統治，所以說四川保路運動乃是四川辛亥革命的前奏。

　　保路運動實際上是由三股力量所構成：第一是同盟會，它指引了運動的正確方向，使運動從立憲派的「文明爭路」逐漸轉變為武裝鬥爭；第二是由立憲派領導的同志會，代表了四川全省人民保衛路權的奮鬥目標；第三是哥老會，它不僅滲透到各個階層，而且以它為基礎建立了一支強大的武裝——同志軍，使保路運動有了與清軍戰鬥的武裝力量。當然，這三股力量也是互相滲透的，難以截然分開。

---

[36] 陳紹伯：〈同盟會在四川的幾次武裝起義〉。

[37] 楊楚湘等：〈瀘州袍哥〉，載《近代中國會黨內幕》（下）第354頁。

[38] 熊克武：〈辛亥前我參加的四川幾次武裝起義〉。

　　哥老會之所以能夠在保路運動中大顯身手，主要原因在於運動的初期得到了革命黨人的領導，使運動從舊式造反匯入到民主革命的洪流之中。

1. 四川保路運動的緣起

　　十九世紀末到二十世紀初，帝國主義國家一直把掠奪中國鐵路的修建和所有權，作爲瓜分中國的重要手段。爲了應對帝國主義瓜分中國的陰謀，中國人要自己修建鐵路，四川各階層人民紛紛慷慨解囊。四川籍的留日學生300餘人，幾乎是傾囊相助，認購股本六萬餘兩，並且承擔了代籌股本三十萬兩的重任。但是，川漢鐵路原擬從成都到漢口，全長1,980公里，而且地勢險峻，修建費用至少需要白銀5千萬兩。欲籌得如此巨大的款項，僅靠留學生和少數知識份子的愛國熱忱實在難以濟事。1904年10月，留日學生又上書錫良，提出川漢鐵路由官商合辦的建議，也就是由官款、地方公款與民款三條途徑集資的辦法。錫良雖然並未接受改官辦爲官商合辦的建議，但吸收了建議中的一些具體意見，並於1905年初又提出四項具體辦法，即分爲官紳商民認購之股、抽租之股、官本之股和公利之股。每股爲庫平銀50兩，按4厘行年息。其中以抽租之股爲資金的主要來源，具體辦法是：「凡業田之家，無論祖遺、自買、當受、大寫、自耕、招租，收租在十石以上者，均按該年實收之數，百分抽三。」[39]章程公布後，各地立即選派紳士成立「租股局」，從當年開始，租股隨糧附加，值百抽三，折價上繳。租股的徵收是強制性的，所有農戶皆按照應納之糧攤派，因而當時人稱之爲「鐵路捐」。

　　後來，四川留學生又針對公司由官府把持的弊端，提出改爲商辦的要求。錫良迫於輿論壓力，於1907年3月4日奏請將公司改爲商辦的「川漢鐵路有限公司」。以後，四川紳商和政界人士又爲爭取公司的完全商辦不斷鬥爭，1909年11月，四川省諮議局又提出《整理川漢鐵路公司案》，使公

---

[39]戴執禮編：《四川保路運動史料》第35頁，科學出版社，1959年。

司完全擺脫了官府的控制，成為眞正的股份公司。

　　正當川漢鐵路修建工程開始進行之際，清朝的皇族內閣卻於1911年5月9日頒了鐵路「國有」的命令，宣布把包括川漢鐵路在內的幾條正在修建的鐵路收歸國有。目的是以鐵路作為擔保，以換取四國銀行貸款。這一舉措，立即引發了震撼全國的川、鄂、粵、湘各省的保路運動，而四川的保路運動尤其令人矚目。

　　四川的川漢鐵路主要是通過對全省人民的攤派、收取租股的辦法籌集資金而籌辦的，同全省人民的切身利益密切相關，因而四川的保路運動具有深厚的群眾基礎。哥老會作為四川一股強大的社會勢力，自然首當其衝地捲入到鬥爭中來，出現了「眾哥弟振臂一呼，四方響應」的局面。

　　1911年6月17日，川漢鐵路公司在成都召開股東大會，會上由四川省諮議局副議長羅綸致開會詞。羅綸不僅本人是袍哥中人，而且其父羅紹周乃是川北一帶資深的老舵把子，因而在「哥老會舵把子中頗有號召力。」[40]羅綸向大家介紹了各法團、股東懇請清廷收回鐵路國有成命和遭到拒絕的情況。與會者紛紛表示「收路國有，川人認可；收路為他國所有，川人死不能從。」並指出：清廷與外國所簽的鐵路借款合同，「名非抵押，實則供奉。」[41]大家鑒於清廷的蠻橫無理態度，認為保路一事，「決非從前和平態度的文字爭辯所能生效，一致決定另采擴大急進的手段，作破格革命的鬥爭，」並「馬上組織保路同志會」，決心「拼一死以破約保路。」[42]會後立即由蒲殿俊、羅綸等20餘人進行籌備工作，並於當天在成都岳府街鐵路公司大廳宣布成立「保路同志會」。大家公推立憲派的蒲殿俊、羅綸分別擔任正副會長，會上發表了〈保路同志會宣言〉。聲稱：「吾人所爭者死生也，非鐵路也。今揭本會決心之主旨：借用外債，

---

[40]吳晉航：〈四川辛亥革命見聞錄〉，載《辛亥革命回憶錄》（三）第109頁。

[41]三余書社主人編：《四川血》，轉引自隗瀛濤：《四川保路運動史》第215。

[42]三余書社主人編：《四川血》，轉引自隗瀛濤：《四川保路運動史》第215。

吾人不爭,借債而不交資政院決議,則吾人誓死必爭。收路國有,吾人不爭,收路而動此送路合同之借債款,不待諮議局、股東會決議,則吾人誓死必爭。」[43]立憲派鑒於四川袍哥的勢力很大,在各地建立保路同志會分會時,便利用當地袍哥的碼頭,把袍哥民眾吸引到同志會中來,使袍哥在各地同志會分會的建立和鬥爭中,發揮了重要的作用。

由於保路同志會是由立憲派縉紳所宣導的,又是經過護理四川總督王人文批准而建立的,屬於公開合法的組織。這樣,以前被當局視為「會匪」的哥老會,現在便可以在同志會這個合法外衣掩護下進行各種活動了。當時,因為哥老會在同志會中起著重要作用,以致有人把保路同志會誤認作哥老會,說「同志會,哥老也。」[44]

2.保路同志軍的建立

保路同志會成立後,以各種方式向廣大民眾進行宣傳,使得「破約保路」的行動綱領在四川全省已經盡人皆知。但是,由於保路運動的領導權控制在立憲派手中,使整個運動都處於「文明爭路」的水準,主要活動就是派代表進京「叩闔請願」。結果,當被派進京的代表劉聲元等三人來到北京向攝政王載灃呈遞「叩闔書」時,載灃根本不予理睬。事實說明立憲派「文明爭路」的做法是不可能取得成功的。針對這種情況,革命黨人採取了在保路運動中「外以保路為名,內行革命之實」的方針,不另立旗幟,而把保路同志會作為鬥爭的工具。對於立憲派則採取「明同暗鬥」的策略,每當立憲派提出軟弱無力的主張時,革命黨人即鼓動民眾,大肆反駁,「極言『國有』弊害,政府惡劣,使人人皆知清廷之不可恃,非革命不可。」[45]

---

[43]隗瀛濤等主編:《四川辛亥革命史料》第194頁,四川人民出版社,1981年。

[44]民國《重修名山縣志》卷二,附記。

[45]唐宗堯等:〈資川羅泉井會議與組織同志軍〉,載《辛亥革命回憶錄》(三)第143頁。

　　當時，同盟會鑒於自己手裡沒有武裝可恃，難以獨立發動武裝起義，便提出「激揚民氣，導以革命」的方針，以便把保路運動從「文明爭路」引導到武裝反抗方面來。爲此，同盟會聯絡各地的袍哥，在立憲派控制的「保路同志會」之外，另行建立以袍哥爲主的「保路同志軍」，以便在各地進行武裝鬥爭。1911年7月，在同盟會員、華陽袍哥首領秦載賡等人的支持下，川西南著名袍哥首領侯寶齋等，以辦六十壽辰宴請賓客爲名，在新津召開會議，決定立即開展武裝鬥爭，決定會後「各回本屬預備，相機應召，一致進行。如兵力不足，不能一鼓下成都，則先據川東南，扼富庶之區，再規進取。」[46]這次會議進一步加強了同盟會與哥老會之間的聯繫，確立了開展武裝鬥爭的戰略方針。

　　其後，同盟會員龍鳴劍又與秦載賡商定，由秦載賡出面召集各地袍哥首領於同年8月4日（農曆閏六月初十日），在資川的羅泉井開「攢堂大會」。參加大會的袍哥首領除秦載賡外，還有羅子舟、胡重義、胡朗和、孫澤沛、張達三、侯治國等人，同盟會員龍鳴劍、王天傑、陳孔伯也親自赴會。會議按照哥老會開「攢堂大會」的辦法，在深夜舉行，放出「看哨」到一二十里以外，以防清方巡查。會上最重要的決定是把各地同志會一律改稱「同志軍」，並確定秦載賡、侯寶齋負責川東、川南的起義工作，川西北的起義工作則由張達三、侯治國等號召進行。[47]通過這次會議，同盟會進一步把袍哥團結到了自己的周圍。

　　同志軍由同盟會領導，而基本民眾卻是哥老會成員。如川西同志軍共分五路，第一路大統領張達三，第二路大統領張捷先，第三路大統領姚寶珊，第四路大統領劉麗材、第五路大統領張國藩。其中張達三是郫縣新場的「總舵把子」，其餘四人也是「上五縣」即溫、郫、榮、新、灌等縣的

[46]隗瀛濤等編：《四川辛亥革命史料》（下）第365頁。

[47]唐宗堯等：〈資川羅泉井會議與組織同志軍〉。

「舵把子」。[48]而張達三與張捷先又是同盟會員。

3.成都血案

保路同志軍成立後不久，便發生了震驚全川的「成都血案」。

1911年9月5日，在川漢鐵路公司特別股東大會門口，有人把〈川人自保商榷書〉散發給正在進入會場的股東們。當時四川全省的保路運動已經突破「文明爭路」的框框，發展爲席捲全省的怒潮，廣大民眾開展罷市、罷課、抗捐、抗糧的鬥爭，把矛頭直指清朝當局。〈川人自保商榷書〉雖然出於策略考慮，使用立憲派的語言來包裝其革命的內容。它明確指出清廷的賣國行徑：「凡扼要之軍港、商埠、礦產、關稅、邊地、輪船、鐵道、郵便與製造軍械、用人行政，一切國本民命所關之大本，早爲政府立約擅給外人，並將各行省暗認割分，已定界劃。」「朝廷不僅不亟圖挽救」，而且「日以賣國爲事，」「今因政府奪路劫款轉送外人，激動我七千萬同胞幡然悔悟」，故如今之計，必須「急就天然之利，輔以人事，一心一力，共同自保。」核心問題是「國民軍成立及製造軍械，聽其自保」。號召人民以「義俠」的手段懲治賣國的官紳。[49]〈川人自保商榷書〉無異於一篇號召人民起來推翻清朝統治的宣言書。

當時署理四川總督趙爾豐接任以來，因爲擔心「激成事變」對於四川人民的保路運動未敢貿然以武力鎮壓。他在致內閣協理大臣那桐的電文中稱：「川因交路查款之電，罷市、罷課，聲稱實是不得已之呼懇，非敢圖逞。似此本應懲治，然人民皆未滋擾暴動，礙難拿究，恐更因之激成事變。」「尤有困難之處，地方所恃保衛治安，端在兵警，而爭路狂熱深入人心，從前警兵時有哭泣者。軍隊中則是良莠混雜，且皆係本省之人，默察情形，殊不可測。現在外州縣，伏莽遍地，皆假路事爲名，蠢然思動。

---

[48]陳書農：〈四川袍哥與辛亥革命〉，載《辛亥革命四川回憶錄》（三）第174頁。

[49]隗瀛濤等編：《四川辛亥革命史料》（上）第352～364頁。

即此區區不足恃之兵，顧此失彼，不敷分布，審慮至再，實未敢孟浪從事也。」[50]趙爾豐的做法，被認爲是軟弱，因而受到朝廷的指斥和端方、盛宣懷、瑞澂等人彈劾。他爲了保住自己的官位，便決心對民眾使用暴力。他藉口〈川人自保商權書〉「其中條件隱含獨立」而向民眾伸出了屠刀。他詐稱路事有轉圜之訊，而將保路同志會和股東的頭面人物蒲殿俊、羅綸、鄧孝可、張瀾等誘騙到總督衙門，以「煽惑滋事」首犯的罪名，將其逮捕，[51]然後發布告示：「朝廷旨意，只拿數人，均係首要，不問平民。」並且警告商民說：「即速開市，守分營生，聚眾入署，格殺勿論。」[52]接著，又下令搜查川漢鐵路公司，封閉鐵路學堂和股東招待所，查封了與保路運動有關的報刊。

　　蒲殿俊等人被捕的消息傳出後，成都全城爲之譁然。是日中午過後，全市數萬市民自發地來到總督衙門外請願，要求釋放被捕者。趙爾豐竟下令向赤手空拳的請願民眾開槍，當時有32名工匠、小商販和未成年的學徒倒在血泊之中。[53]成都血案既暴露了趙爾豐的「屠戶」眞面目，也結束了立憲派領導的「文明爭路」運動，開始了同盟會所領導的保路同志軍起義。

4. 保路同志軍在各地的武裝起義

成都各縣起義

　　成都血案發生後，趙爾豐立即下令在全城戒嚴，城牆上均設重兵把守，雖在白天也不許登城。爲了封鎖消息，又切斷了郵電和交通。

---

50 《軍機處電報檔》趙爾豐致內閣協理大臣電，宣統三年七月初三日。

51 《軍機處電報檔》趙爾豐電，宣統三年七月十五日。

52 《李劼人選集》第2卷中冊第635頁，轉引自隗瀛濤：《四川保路運動史》第291頁。

53 李祖桓：〈由暴風雨前夕到革命大波〉，載政協四川文史資料研究委員會編：《四川保路風雲錄》，第29～37頁。四川人民出版社，1981年。

　　為了揭露趙爾豐屠殺人民的暴行，號召全省各地革命黨人起來推翻清朝的統治，同盟會員龍鳴劍設法從城牆上縋城而出，來到城南的農事試驗所，與同盟會員朱國深等將木版裁成數百張小木條，上書：「趙爾豐先捕蒲、羅，後剿四川，各地同志，速起自保自救。」上面塗以桐油，於當晚投入到錦江，時值秋泛，木片很快傳遍川西南個各州縣，當時人稱「水電報」。[54]龍鳴劍在發出「水電報」後，便與袍哥首領王天傑趕回榮縣，準備帶領當地同志軍參加圍攻成都的戰鬥。由於水電報的「傳警」，成都附近各縣的同志軍首先起義。

　　宣統三年七月十五日，同盟會員兼華陽縣哥老會首領秦載賡在該縣的中興場率眾舉事。起義軍1,000餘人在秦載賡帶領下，冒著滂沱大雨連夜趕到成都東門外的牛市口。十六日清晨大舉進攻，因守軍關閉憑堞未能入城，乃集結在東山廟、琉璃場一帶。十八日，各地同志軍回應者萬餘人，參加後勤支援。清軍以大隊人馬來攻，起義軍經過激烈抵抗，終因裝備懸殊難以抵拒，退往仁壽縣。[55]

　　在華陽縣（今成都市雙流區），同盟會員向迪璋在得到成都血案的消息後，立即「聯合哥老會首領，徵公口，出槍械，募捐以營救蒲、羅諸人。團結同志會，先集紅牌樓。不一二日，同志軍達雙流者逾6千人，環鄰八縣皆景從。」向迪璋又「潛赴川西南各縣，促哥老會回應，以樹聲勢。」然後便「奔赴成都。」[56]

　　新津的袍哥首領侯寶齋得到成都血案的消息，也立即帶領數百人抵達成都南郊，革命黨人向迪璋亦率領雙流同志軍與曾學傳等率領的溫江同志軍會合，向紅牌樓的清軍發起進攻。起義軍冒雨同清軍大戰，侯寶齋一

[54]張汶傑等：〈記辛亥四川起義〉，載《辛亥革命回憶錄》（三）第125頁。

[55]張汶傑等：〈記辛亥四川起義〉，載《辛亥革命回憶錄》（三）第125頁；隗瀛濤等辯：《四川辛亥革命史料》（下）第465頁。

[56]隗瀛濤等編：《四川辛亥革命史料》（上）第450頁。

路一度將新津攻佔，並與反正的清巡防軍會合，一時軍勢大震。新津是成都的西南大門，同志軍佔據該處可以上逼成都，下控川南，乃雙方必爭之地。趙爾豐派新軍第十七鎮統制朱慶瀾來攻。雙方經過十數晝夜的激戰，同志軍不支，只得將該處放棄。侯寶齋於轉移時被趙爾豐收買的楊虎臣暗殺，周鴻勳只好率部前往自流井與秦載賡會合。[57]

邛州起義

　　成都附近各地同志軍起義後，清巡防營第八營士兵在書記官周鴻勳的帶領下，舉行兵變，響應起義。周鴻勳本人是袍哥，他「以哥老結納同營，同營士兵亦惟鴻勳馬首是瞻」，[58]後來加入了同盟會。他率眾起義後，邛州境內各個哥老會堂口「爭相組織同志軍，均聽周鴻勳節制指揮。」這些隊伍約計二三千人，雖然武器簡陋，但是「士氣昂揚，毫無畏死之心，一般人民向同志軍送糧送款者絡繹在途。」[59]周鴻勳又與侯寶齋率領的一支同志軍在新津會合，由侯寶齋任川南同志軍統領，周鴻勳任副統領，使新津成了全省同志軍起義的中心。不久，周鴻勳又帶領參加起義的武字營士兵和同志軍由新津返回邛州，知州文德龍下令鎖閉城門，不許周鴻勳的隊伍進城。同志軍遂將城門鐵鎖砸破，長驅直入，將文德龍擊斃。周鴻勳即令哥老會各公口建立一個總局，由哥老會中資格最老的何岐山主持其事，管理全州政務。周鴻勳又帶領隊伍前往新津以對付趙爾豐所派成都清軍的進攻。[60]

　　在成都西南方面的郫縣、灌縣一帶，由同盟會員兼哥老會首領張捷先、張達三組建了聲勢浩大的西路同志軍。這一支同志軍分為五路，其大統領均為哥老會舵把子或同盟會員兼哥老會首領。最初，同志軍僅由有武

57張汶傑等：〈記辛亥四川起義〉，載《辛亥革命回憶錄》（三）第127～128頁。

58隗瀛濤等編：《四川辛亥革命史料》（下）第433頁。

59方瀛西：〈邛州保路同志會和周鴻勳武裝起義〉，載《四川保路風雲錄》，第96頁。

60方瀛西：〈邛州保路同志會和周鴻勳武裝起義〉，載《四川保路風雲錄》，第96頁。

器的「哥老」組成，後來，民眾自帶武器和自備伙食主動要求加入，同志軍遂敞開大門，只要有「引進」[61]保舉者，均可加入。所以，川西一帶的同志軍，「驟然形成數十萬眾，遇大部清軍則持鋤荷犁，遇小部清軍則群起而攻，邊耕邊戰。」[62]

　　川西同志軍在張達三等的指揮下，集結於郫縣，使趙爾豐受到嚴重威脅，於是調集了大批巡防軍前往進攻。同志軍學生軍大隊長蔣淳風率領500餘人爭作先鋒，與清軍發生激戰。蔣淳風見來的是巡防軍，便高呼：「漢人不打漢人」，結果中彈身亡。學生軍武器較差，但是十分勇敢，紛紛與清軍展開白刃戰，最後犧牲了80餘人。川西同志軍在總結失敗教訓後，推舉張達三為川西同志軍的總指揮，在崇寧大敗巡防軍，傷斃敵軍200餘人。[63]

　　距離成都僅90華里的廣漢，在保路運動開始後，由同盟會員侯橘園聯絡當地的袍哥，組成同志軍向成都進軍。在成都血案發生後，當地的哥老會首領已經在躍躍欲試，準備起義。侯橘園為了便於聯絡袍哥組織，特意加入了本地向陽場的哥老會，當上一名「一步登天的大爺」，這樣便聯絡了本縣各鄉鎮和外縣袍哥的龍頭大爺，並組織進步青年在教育界宣傳革命。他又同廣漢全縣的哥老會總舵把子、當地團練局長廖廷英商量，利用一個趕場的日子，在縣城武廟召開民眾大會，進行革命宣傳。他們在會上慷慨陳詞，說明必須保護路權和成立保路同志會和同志軍的必要性。民眾情緒激昂，當場決定成立廣漢的保路同志會和同志軍，推舉哥老會總舵把子廖廷英為會長，侯橘園為名譽會長。哥老會首領鄧禹文、鄧儒軒、張天保、曾列玉、劉松如等均參加其中。不久，一支清軍奉趙爾豐之命，從德陽開赴成都，以增援省城的防禦力量，在途徑向陽場時，被侯橘園設計全

---

[61]「引進」是哥老會內的職名，專司向會內介紹新成員。

[62] 王蘊滋：〈同盟會與川西哥老會〉，載《辛亥革命回憶錄》（三）第220頁。

[63] 王蘊滋：〈同盟會與川西哥老會〉，載《辛亥革命回憶錄》（三）第220～222頁。

殲。[64]

雅州同志軍的活動

在保路運動蓬勃發展下，成都及其附近地區已經被同志軍所控制，他們切斷交通線，砍倒電線杆，使清朝當局文報不通，總督趙爾豐被圍困在成都，感到「省外（指成都以外）大勢已成燎原。」於是急忙調川滇邊務大臣傅華封率領邊軍前來救援。而雅州乃進入成都必經之地，爲了阻止邊軍通過，同盟會員、袍哥首領羅子丹便在當地建立同志軍。羅子丹又名羅日增，精於少林拳法，早年投身於袍哥組織，曾與漢溪（今漢源）縣的羊錫智同拜瀘定縣龍八步義字袍哥首領譚必成爲大哥，結納江湖，從事袍哥的活動。他武功過人，好打抱不平，在鄉裡頗有人望，逐漸成爲雅安義字旗袍哥首領。後來接受佘英的聯絡，加入同盟會。1911年6月曾參加著名的資川羅泉井袍哥首領會議，會後返回雅安，積極從事組織同志軍的活動，被推爲川南同志軍「水陸全軍統領」。

爲了阻擊清軍前往省城成都，必須首先控制距離雅安90里的榮經，同志軍爲了避免攻城會殃及平民，遂派人前往駐軍處勸降。當時，榮經的守軍兵力尚不及同志軍的六分之一，但是，駐軍首領自恃武器比同志軍精良，拒不接受勸降，同志軍遂開始圍城。在當地同志軍的配合下，順利攻入城內。榮經既定，羅子丹等急回雅安籌畫攻城之事。[65]

雅州縣城背山面水，易守難攻，同志軍多次攻堅，均未成功。[66]此次圍攻雅安月餘，傷亡2千餘人，最後被迫於10月撤離對縣城的包圍。不過，同志軍在此成功地阻止了清軍對成都的救援，並使圍攻成都的同志軍得以集中力量攻打省城的清軍。

64侯少煊等：〈川西同志軍首舉反清義旗〉，載《四川保路風雲錄》第78～80頁。

65政協雅安縣委員會：〈戰鬥激烈的雅安光復〉，載《四川保路風雲錄》第98～99頁。

66吳光駿等：〈大渡河、大相嶺阻擊清邊軍〉，載《辛亥革命回憶錄》（三）第230～232頁。

大竹同志軍起義

川西同志軍起義後，由李紹伊領導的孝義會也在大竹率領會眾起義。

李紹伊字一齋，大竹縣觀音鄉傅家溝人，「性情豪邁，膽力過人」。他看到清朝當局腐敗無能，感到非推翻清朝統治不能救中國，嘗說：「天下將大亂，英雄多崛起草澤，吾輩宜有以自處。」[67]他生活儉樸，布衣粗食，卻泰然處之。大竹當時雖然有哥老會組織，但是成員複雜，主要由地主、商人、手工工匠、城市貧民以及少數流氓地痞組成，而且被地主豪紳所把持，往往對農民進行敲詐勒索。為了把當地貧苦農民組織起來，李紹伊以該縣大寨坪為中心，建立了「孝義會」，主要吸收貧苦農民參加。其組織以孝、悌、忠、信、周、禮、義、恥為番號，入會者一律平等，無論貧富貴賤，彼此皆以兄弟相稱。宣布其宗旨為：「興漢排滿，反對貪官汙吏、土豪劣紳、苛捐雜稅、互相救難扶危。」[68]該會雖然也沿用「江湖」的形式，但與一般江湖有別。[69]1906年，大竹縣留日學生、同盟會員蕭德明、陳鳳石等回到大竹縣宣傳革命，發展同盟會員，籌劃武裝起義。李紹伊便加入了同盟會，走上了民主革命的道路。1911年四川保路運動興起後，李紹伊回到大竹縣的大寨坪，積極籌劃武裝起義，派人暗中準備糧食，製造武器、旗幟，密約孝義會成員到大寨坪集中。同年九月，孝義會正式舉行起義，參加者達數千之眾，李紹伊自任同志軍川東北都督，並發布檄文，聲討清朝當局的罪惡，聲明起義的宗旨是：「驅除韃虜，救人民於水火之中。」[70]

李紹伊所領導的孝義會起義，不同於當地哥老會的隊伍，對民眾秋毫

---

[67] 民國《大竹縣志》，卷九，忠義。

[68] 政協大竹縣委員會：〈李紹伊領導的大竹農民起義的經過〉載《辛亥革命回憶錄》（三）第294～297頁。

[69] 政協大竹縣委員會：〈辛亥革命前『大竹書報社』的革命活動〉，載《辛亥革命回憶錄》（三）第301頁。

[70] 政協大竹縣委員會：〈李紹伊領導大竹農民起義經過〉。

無犯，嚴禁姦淫、搶劫。所到之處，僅懲處清朝官吏，釋放囚犯，開倉濟貧，向民眾宣傳革命思想，說明革命的目的是打倒專制腐敗的清王朝，恢復漢族自由，解除人民的痛苦，而並非為了爭城奪地，爭帝當王。[71]因此受到民眾的歡迎，數月之間，就控制了川東北的十餘個縣城。

在川東的東鄉（今宣漢），王維周、龔權山等人聯絡當地的哥老會，組織起數萬民眾舉行起義。1911年7月，起義軍分為四路圍攻東鄉縣城。王維周事先潛入縣城，於攻城當晚收繳了守城清軍的武器，與攻城隊伍內應外合，奪取了縣城，活捉了知縣吳巽等人，宣告東鄉「獨立」，成立軍政府。然後又派人去大竹與孝義會聯合，攻打綏定（今達縣）。在將縣城包圍十餘日後，守成官員投降，成立達縣軍政府。[72]

大足

在大足，曾經參加過余棟臣起義的張桂山也帶領余棟臣起義時的舊部舉行起義。張桂山是大足寶興鄉人，曾參加過余棟臣的兩次起義。在第二次起義失敗後，他仍然潛伏在大足城內。當時，哥老會的舵把子曾告誡他說：「地方鄉紳和衙門差役，都是同袍的弟兄夥，要顧全他們的面子，不和他們覿面，他們自會照顧你。如果一覿面，他們有公事在身，不拿你不好，拿你必然打起來，不是你傷，就是他亡，也帶累了我們公口，不便要求他們再替你打掩護。」如此，他便在縣城裡秘密活動，很少公開露面。保路同志軍興起後他便擔任了龍水鎮同志軍的首領，不久，便與哥老會另外幾個公口的舵把子，佔據了大足縣城。[73]

犍為

在岷江上游的犍為，有袍哥首領胡潭領導的同志軍起義。

---

[71]政協大竹縣委員會：〈李紹伊領導大竹農民起義經過〉。

[72]王維周：〈回憶辛亥革命川東綏定、東鄉地區光復前後〉，載《辛亥革命回憶錄》（三）第185～189頁。

[73]陳日剛：〈大足同志軍〉，載《辛亥革命回憶錄》（三）第259～271頁。

　　當時，川南一帶的袍哥組織十分普遍，各地保路同志會基本上都是以袍哥爲基礎而建立的。在此之前，袍哥因爲不被官府認可，不能公開活動，所以士紳之流參加者不多。這時，由於保路同志會的興起，很多士紳也爲參加同志會而紛紛加入哥老會，甚至出面領導哥老會進行同志會的活動。在犍爲上下兩河最著名的袍哥首領是胡潭（後來改名爲胡種義），農民出身，爲人誠實，慷慨好義，其父因欠高利貸受到凌辱而死。他爲了替父報仇而將債主殺死，因而流落江湖，加入袍哥，後來成爲當地的袍哥大爺。他在接到成都革命黨人龍劍鳴發來的「水電報」後，便在當地以袍哥爲基礎，成立了一支同志軍，並擔任首領。他帶領2000餘人，將犍爲縣城包圍，經過十幾天的激戰，同志軍犧牲了300多人，才把守城官兵趕走，進入縣城。入城後由胡潭兼管縣政，維持地方治安。爲了約束袍哥，他把官法與袍哥的禮法兼施並用，使一般袍哥不敢胡作非爲。[74]

宜賓

　　宜賓縣太平場一帶的袍哥在得到「水電報」後，也組織起同志軍，推舉當地袍哥大爺李敬廷爲首領。李敬廷又來到大關河對岸的雲南鹽津縣灘頭場山內，聯絡當地以彭九皋爲首的綠林隊伍200多人。這兩支隊伍都是由袍哥所組成的，因而凡屬節制指揮和行軍紀律，皆以袍哥的號令爲號令。而且行軍無須攜帶錢糧，沿途皆有袍哥的碼頭爲之接待供應。同志軍沿途可以「望屋而食」，每日三餐「皆係九大碗，美酒膾肉」，而且有茶湯、葉煙「堆積路邊，如牆如堵」。因爲是袍哥「自家人從自家人的地方通過，當然秋毫未犯，」既然是自家人的供應，所以，雖然「任我們取攜，但都堅持紀律，莫肯妄取。」[75]宜賓同志軍在與彭九皋的隊伍會師後，在川滇邊境的橫江鎮組成大關河同志軍，然後直奔岷江，準備與該地以胡潭爲首的同志軍會合，直搗成都。這兩支同志軍會合後共推胡潭爲

[74]寧芷邨：〈犍爲同志軍見聞錄〉，載《辛亥革命回憶錄》（三）第254～257頁。

[75]李樂倫：〈大關河保路同志會的武裝鬥爭〉，載《辛亥革命回憶錄》（七）第316頁。

首，集結於么姑沱，以便進攻清方的巡防營。未料到該處巡防營卻採取先發制人的策略，而且以九響快槍對付同志軍的土槍土炮。胡潭親自督戰，與巡防營相持到晚上，終於全線潰敗，同志軍幾乎全軍覆沒。在這場戰鬥中，哥老會分子表現得十分勇敢，首領胡潭指著別在胸前的匕首對人說：「這塊子，龜兒子的，失敗了，抹了就是！」表現出視死如歸的氣概。在么姑沱戰鬥開始前，一位哥老會分子說：「今天把這腔熱血在這裡灑了，這塊紅肉在這裡送了！」說完後就笑嘻嘻地扛著矛子上陣，結果犧牲了。[76]

威遠

威遠的同盟會員胡馭垓聯合同志軍與當地袍哥首領攻佔威遠縣城，宣布「獨立」。成都的保路運動興起後，威遠的同志會公推胡馭垓為嘉定（今樂山）所屬七縣的「評議長」。1911年9月11日，胡馭垓帶領同志軍2千餘人，與威遠「義字旗」袍哥大爺兼威遠新場地區保路同志軍首領楊紹南、威遠「仁字旗」袍哥大爺兼城區同志軍首領倪福興以及威遠山王地區「義字旗」袍哥大爺甘東山等，合兵一處，共計一萬多人，一舉攻佔了威遠縣城，建立軍政府，宣布「獨立」。[77]

涪陵

涪陵在清末稱為涪州，地處重慶、萬縣之中點，扼烏江與長江江口，地勢非常險要，乃奪取川東必由之地，故早在1907年同盟會便派高亞衡回到涪淩開展革命工作。高亞衡早在赴日本留學前，就在四川加入了袍哥組織，後來在日本留學期間，接受了革命思想。他與許多四川籍留學生中的袍哥一樣，認為「專靠袍哥不能成大事」，於是轉而加入同盟會。[78]四

---

[76] 李樂倫：〈大關河保路同志會的武裝鬥爭〉，載《辛亥革命回憶錄》（七）第317～318頁。

[77] 政協威遠縣委員會：〈辛亥威遠保路同志會的武裝鬥爭〉，載《四川保路風雲錄》，第147～156頁。

[78] 陳攸序：〈袍哥唐廉江與辛亥重慶「反正」〉；寧芷邨：〈犍為同志軍見聞錄〉，載《辛亥革命回

川保路運動興起後，同盟會對涪陵非常重視，同盟會員吳玉章、熊克武、佘英等人都先後來到該處，與高亞衡共同策劃起義。大家鑒於涪陵不僅有清軍重兵把守，而且有立憲派和保皇派中人對革命黨人進行中傷，給革命工作帶來很大阻力。因此，同盟會便決定通過籌組共進社的形式，聯絡袍哥。高亞衡以袍哥公口的形式聯絡涪陵原有的最大公口——漢平公和其他袍哥組織，並借此打入當地駐軍之中。爲了避免引起清方官吏的注意，高亞衡還故意對州官說，駐軍中有許多袍哥，關係複雜，公口不一，常互相敵視，擾亂治安。爲了彌補員警的不足，可以利用袍哥關係來促進和解，防止衝突於未然。州官遂允許在員警監督下，成立一個類似袍哥的組織——共進社來承擔這項工作，於是，共進社也就成了一個半合法的袍哥組織。

1911秋，重慶的同盟會遭到破壞，被迫停止了一切活動，很難舉行武裝起義，故急望臨近的州縣先行起義，以牽制各地巡防軍向重慶調集。因爲川東涪州革命力量較強，遂商定首先在這裡起義。涪州的兩營駐軍內部，經過共進社和漢平公等袍哥組織的聯絡，已經建立了同盟會的週邊組織。起義於同年農曆九月二十六日舉行，首先奪取了涪州北岸的長壽，然後回師涪州，清軍兩營管帶見大勢已去，放棄抵抗，同盟會便將兩營兵士改編爲革命隊伍，並且成立軍政府，把涪州改稱涪陵縣。[79]

古藺

四川保路運動爆發後，成都的省同盟會派張仲華等人來到古藺，在這裡以保路爲名公開聯絡保路同志會，以壯大革命力量，相機舉行起義。他們不僅在城裡建立同志會，而且分頭下鄉到附近各地去活動。古藺的實權人物是巡防營的管帶李曉清，此人爲人陰險狡詐，善於玩弄手腕，古藺

憶錄》（三）第351～359頁。李樂倫：〈大關河保路同志會的武裝鬥爭〉，載《辛亥革命回憶錄》（七）第316頁。

[79] 高興亞：〈高亞衡、李鴻鈞與涪陵光復〉，載《四川保路風雲錄》第165～171頁。

年輕的革命黨人被他蒙蔽，認為他是個不可多得到的「青天」。加上他的部屬全部是袍哥，以為只要參加袍哥就可以取信於他，以便借助於他的兵力進行革命活動，於是紛紛加入袍哥，結果反而被他利用。1911年10月7日，革命黨人在古藺舉行起義，同盟會員羅銳白宣布古藺「獨立」，推舉李曉清為軍政府都督。李曉清在獨攬全縣軍政大權後，其兇惡面目便逐漸曝露。他先後殺害了蜀軍政府派來視察的革命黨人馬吉成和古藺革命黨的負責人周南。後來，蜀軍政府應古藺革命黨人的請求，派兵進剿，李曉清無奈，才被迫交出兵權。[80]

綦江縣

　　綦江縣的革命活動是由留學日本的同盟會員和同志軍共同發起的。留日學生中參加同盟會的有楊晴霄、楊錦雲等，他們主要在知識界和工商界發展組織；原立憲派的留日學生池幼騫回到綦江縣後，便同永新哥老會首領、共進會員池列五利用袍哥組織進行革命活動。哥老會中許多人打入了縣城裡的清軍武裝鹽防軍（原叫安定營）和保綦營（地方武裝），由於保綦營的一名統帶是哥老會首領，因而又爭取到管城門的一名下級軍官參加革命，並且聯絡到縣官的親兵。1911年，池幼騫、池列五等看到起義的時機已經成熟，遂會同江津哥老會首領召開秘密會議，籌劃了起義的具體步驟和方案。起義開始後，同志軍在城外，哥老會在城內，內應外合，順利奪得縣城。縣官被迫交出官印，同盟會員危撫辰提出由池幼騫去接印，然後由危撫辰、池幼騫召集哥老會首領開會，決定城內秩序由各個公口負責，通知各家鋪戶照常營業。大家認為建立新政府應該由革命黨的首領主持，當即派代表歡迎同盟會的楊錦雲來到縣城。楊錦雲帶領同盟會員和同志軍來到縣城後，池幼騫把縣印交給他，便在縣中學堂成立了軍政府。哥老會因為對革命有功，也從秘密轉為公開，一些富紳巨賈為了保存身家性命，也自願出錢加入袍哥，捐上個「大爺」。許多人見袍哥吃香，也分別

---

[80] 蕭若愚等：〈古藺縣獨立經過〉，載《辛亥革命回憶錄》（三）第272～278頁。

在各公口拜大爺當兄弟。[81]

四、重慶起義和蜀軍政府

　　重慶是四川東部的重鎮，也是四川同盟會的活動中心。在重慶上下各
州縣起義相繼成功後，革命在重慶的成功已指日可待了。

1.起義的前哨戰──佔領老關口

　　早在「成都血案」發生後，同盟會的朱之洪、朱必謙等便利用袍哥
的身份，聯絡仁字旗堂口的「大爺」冉炳之，以策動巴縣的起義。1911年
11月19日，重慶福壽場的哥老會冉大爺派人送給圓明廠袍哥組織一封十萬
火急的命令，令圓明場的仁字旗李心田立即成立一支武裝，佔領成渝道上
的老關口，以掩護重慶的起義。李心田接到命令後，便將袍哥編成一隊，
自任隊長，到老關口集中，次日便順利地佔領了老關口。由於這支隊伍並
未受過軍事訓練，武器也很落後，為了使清軍感到疑惑，他們故意大張旗
鼓。[82]老關口的佔領，對重慶的起義起到了掩護作用。

2.同盟會對重慶袍哥的聯絡

　　同盟會為了爭取重慶起義的順利進行，在起義前對重慶的袍哥做了大
量工作，以爭取袍哥的合作，為此，同盟會員石青陽、陳新孜、吳紹周、
夏之時等還親自參加了袍哥組織。

　　陳新孜、吳紹周首先動員袍哥首領況春發參加起義。況春發是重慶仁
字旗大爺唐廉江手下的大管事，他「自幼習武，輕財仗義，犯險救人」，
受到江湖人士的敬重。他從同盟會員陳新孜那裡瞭解到孫中山的革命主張
後，常與革命黨人接近。重慶起義前，他四處奔走，曾勸說清軍炮營教練
長鄧昆山響應革命，並且多次勸說袍哥大爺唐廉江與同盟會合作。

---

[81]政協綦江縣委員會：〈綦江縣辛亥起義〉，載《辛亥革命回憶錄》（三）第279～281頁。
[82]傅淵希：〈漫談哥老會與重慶老關口之佔領〉，載《四川保路風雲錄》第172～180頁。

　　經過革命黨人的工作，重慶袍哥中參加革命者已經爲數不少。除了爲聯絡袍哥而加入哥老會的同盟會員石青陽、陳新孜、吳紹周、夏之時等人外，著名的袍哥首領還有：田得勝、盧漢臣、藍秉正、邱紹芝、趙國清、林振國等。

　　辛亥革命在重慶起義的第一槍是由夏之時領導的新軍打響的。夏之時是日本東斌學校步兵科畢業、同盟會員，辛亥革命前任清新軍的陸軍十七鎮排長，駐守成都。1911年農曆九月初九（10月30日），夏之時奉調率步兵一隊到簡陽龍泉驛駐防。是月十五日他策動駐紮在龍泉驛的新軍步兵一隊及騎兵、工兵、輜重兵各一排約230餘人，在駐地宣布「誓師起義」，任「革命軍總指揮」。[83]他率領起義軍到簡陽時，又有新軍歸附，使起義軍隊伍增加到600餘人。他又率眾經安岳、潼南由水路抵達江北縣，再兼程趕到重慶附近的浮圖關。

　　夏之時所率領起義軍的到來，極大地鼓舞了重慶的革命黨人。十月初二日同盟會員張培爵等人在朝天觀召集全城官紳商學各界代表二三百人開會。由同盟會所控制的川東巡防營、水道巡警及炮隊等隊伍開赴會場，把排炮炮口對準重慶知府衙門。革命黨人石青陽、哥老會首領盧漢臣等組織敢死隊，嚴陣以待。同盟會員倉白、列五等手持炸彈、手槍，帶領民眾迫令知府鈕傳善和巴縣知縣段榮嘉交出印信，剪去髮辮，宣布重慶「光復」。[84]革命黨人隨即押著二人遊街示眾，市民遍掛白旗，以歡慶勝利。在遊行隊伍中，哥老會中人手執春秋刀、羊角叉，爲首的是袍哥首領田得勝，接著是用白手巾包著、抱在手上走的炸彈隊和敢死隊，還有肩上扛著毛瑟槍的學生軍，最後面督隊的是手執丈八長矛的袍哥大爺況春發。[85]起

---

[83] 〈辛亥四川革命記事〉，載《四川辛亥革命史料》（上）第457頁。

[84] 溫少鶴：〈辛亥重慶光復點滴回憶〉，載《四川保路風雲錄》第184頁；向楚：〈重慶蜀軍政府成立親歷記〉，載《辛亥革命回憶錄》（三）第82～83頁。

[85] 陳攸序：〈袍哥唐廉江與辛亥重慶『反正』〉，載《辛亥革命回憶錄》（七）第356頁。

義成功當天成立了「中華民國蜀軍政府」，大家公推張培爵為都督，夏之時為副都督，通電全國，宣布起義成功。

在重慶起義的過程中，袍哥確實起了重要作用，不過，其首領的表現也各不相同。其中況春發、田得勝與唐廉江三人就分別代表了三種不同的類型。

況春發因為較早就受到同盟會的影響並參加了同盟會，在重慶起義前，他積極奔走籌劃，動員袍哥分子參加革命，在起義進行中也表現得十分勇敢。蜀軍政府成立後，他不僅不以功臣自居，而且婉謝了軍政府授予他的官職，仍舊去重操鞋匠舊業。他說：「我本來是個鞋匠，又是個袍哥，革命只有拼命，我做不了旁的大事。現在革命成功了，我還是理我的舊業，嗨我的袍哥。」所以被哥老會中人譽為「我們重慶袍哥的中的一個好榜樣。」[86]

田得勝則是袍哥中另外一種類型，在他身上充分體現了袍哥的消極方面。他自私自利，唯利是圖，把參加起義當作是發財的手段。他在起義成功後向別人吹噓說：「這次重慶反正，革命隊伍裡頭有一大半都是袍哥兄弟夥」。「我帶起隊伍打開道台衙門道庫和大清銀行的金庫，一共抄出四五十萬兩銀子，通通繳給軍政府了。我這次準備革命，養了好幾百人，都是吃我用我，一分一厘都沒要軍政府還，我真是為革命傾家蕩產了。」但事實卻恰好相反。況春發聽說這些話後氣憤地說：「田得勝真是一個無恥之徒，袍哥的敗類。今晨我親眼看見他在軍政府向朱叔癡、陳新孜他們要討還他為革命花銷的墊款兩萬元。朱三爺起先不肯付這樣一大筆錢，田得勝又哭又賭咒發誓，說硬是墊了那樣多錢，都是當賣借來的。如果不還，他只有上吊自殺，並且跪在地上不起來。朱三爺把他沒奈何了，才如數給了兩萬元。真是丟盡了重慶袍哥的臉。」[87]

---

[86] 陳攸序：〈袍哥唐廉江與辛亥重慶『反正』〉，載《辛亥革命回憶錄》（七）第358頁。

[87] 陳攸序：〈袍哥唐廉江與辛亥重慶『反正』〉，載《辛亥革命回憶錄》（七）第358頁。

　　唐廉江則是袍哥中「反清復漢」思想的典型代表。他是重慶袍哥仁字旗的「大爺」，知識份子出身，二十六歲就當上了重慶袍哥的首領。他曾去日本留學，但是他的思想十分頑固守舊，滿腦子封建意識，不肯接受孫中山的民主革命思想，而是在日本搞袍哥活動，開了個「神州山海國堂」的袍哥公口。四川籍的同盟會員陳新孜、吳紹周又多次動員唐廉江參加同盟會，均未成功。回國後，因他長於宣傳，頗受袍哥的擁戴。但他思想頑固，只願意與同盟會個別人來往，而不肯與同盟會發生組織上的聯繫。當他的心腹兄弟況春發動員他與同盟會合作舉行起義時，他竟要求同盟會先發給他一萬元的安家費，然後才談合作的事。當同盟會答應他革命成功後一定如數照付時，他又提出「一定要先付現金」。始終拒絕參加革命，在重慶起義成功後，他又後悔當初沒有參加而放聲大哭。[88]

　　袍哥在四川革命中，雖然功不可沒，但是作爲秘密會黨，其局限性也表現得十分突出。正如一位當年經歷過重慶起義的袍哥人士後來總結說：「袍哥組織的確是一盤散沙，既無緊密組織，又無嚴格紀律，首領人物是近視眼，專圖私利，用袍哥搞革命，成事不足，敗事有餘，哪裡會成功？即使僥倖推翻了清王朝的封建統治，而袍哥要『門檻漢』（袍哥用語，即一般所謂『一個老鴉守一個灘』之意）各霸一方，必然換來另一種封建統治，以暴易暴，人民遭殃更甚。」[89]充分說明瞭哥老會的局限性。

五、成都兵變與四川軍政府

　　辛亥重慶起義成功後，四川全省的革命活動已成燎原之勢，清王朝在四川的統治業已岌岌可危，各種政治勢力都在積極活動，以奪取四川的統治權。

---

[88] 陳攸序：〈袍哥唐廉江與辛亥重慶『反正』〉，載《辛亥革命回憶錄》（七）第352～359頁。

[89] 陳攸序：〈袍哥唐廉江與辛亥重慶『反正』〉，載《辛亥革命回憶錄》（七）第354頁。

1.立憲派與「大漢四川軍政府」

清廷爲了挽救其在四川的統治，便企圖拉攏立憲派，以利用他們的影響，達到瓦解各地起義的目的。爲此，清廷命令川督趙爾豐將蒲殿俊、羅綸等釋放。[90]蒲、羅獲釋後便發表了〈哀告全川叔伯弟兄書〉，勸告全省人民「息事歸農」，停止鬥爭。甚至污蔑同志軍爲「禍毒」，說什麼「禍毒不可再延，大局不可再壞，當初之宗旨不可以不回頭」。甚至宣稱「保路同志會之目的實已貫徹無阻，現在惟力應返和平，以謀將來之幸福。」要求四川人民停止鬥爭「力挽和平」，[91]立憲派這時已經成了革命的絆腳石。

趙爾豐這時企圖把四川的統治權暫時交給立憲派。立憲派也正希望控制四川的政權，雙方一拍即合，經過一番緊鑼密鼓的策劃與勾結，終於達成協議，由趙爾豐把民政交給諮議局議長蒲殿俊，軍權交給新軍統制朱慶瀾，宣告成都「獨立」，成立「大漢四川軍政府」，由蒲殿俊任都督，朱慶瀾任副都督。[92]

新成立的「大漢四川軍政府」乃是一個由立憲派與封建官僚妥協的產物，是立憲派與舊軍人的聯合政權。趙爾豐仍然住在總督署，而且對軍政府有「援助指導」之權。封建統治集團看到這時清廷尚未徹底垮臺，便伺機陰謀復辟，奪回政權；以尹昌衡、周駿爲首的川籍軍官，因爲不滿以朱慶瀾爲首的外省籍軍官控制軍權，也在密謀奪取都督府的大權；同盟會當然更不滿立憲派的所作所爲，特別是認爲趙爾豐「仍居督府擁兵，一朝變亂生反側，係蜀安危」[93]。哥老會更是以「功臣」自居，軍政府成立後，他們也從原來秘密活動，轉爲完全公開，在成都各個街道，到處有哥老會

90《軍機處現月檔》明發諭旨，宣統三年九月初五日。

91陳瀛濤等：《四川近代史》第563頁，四川社會科學出版社，1985年。

92吳晉航：〈四川辛亥革命見聞錄〉，載《辛亥革命回憶錄》（三）第107～108頁。

93《巴縣志》卷22，〈蜀軍革命始末〉。

的「公口」。袍哥們「刀槍往來如織，每街公口設公座，每戶貼公口紅片，如大漢公、多福公、共和公之類。」[94]其中一些不良分子更是「得意瘋狂，爲所欲爲。市民爭取參加袍哥，希圖自保，人心浮動；袍哥們日益跋扈飛揚，尋仇報復，日有所聞。沿街所見，打英雄結、插花蝴蝶者，比比皆是。尤其公開賭博，旁若無人，軍政府門前，便有賭攤一百餘處。」袍哥首領羅綸自認爲保路運動以來勞苦功高，他既是袍哥領袖，又是同志軍的領導者，對於軍政府成立後未能得到都督的職位非常不滿，更想利用袍哥的力量，推倒蒲殿俊取而代之。[95]所以，「大漢四川軍政府」成立後，便一直處於岌岌可危的境地，僅僅十天便發生了成都兵變。

2. 成都兵變與四川軍政府的成立

　　大漢四川軍政府成立後，大批原清廷的陸軍、巡防軍集中在成都，各地的同志軍也開進成都向軍政府表示祝賀，聚集在成都的新舊軍隊多達20萬，他們之間「怨仇未泯，互相水火，哄鬥時聞。」[96]

　　1911年12月8日，軍政府正副都督蒲殿俊、朱慶瀾在成都東校場閱兵訓話。訓話剛剛開始，排在後列的巡防軍便借名索餉，舉槍射擊，發生嘩變。「一時槍聲四起，火光燭天」，蒲、朱二人一聞槍聲即倉惶出逃。叛軍從校場出來，在市內縱火搶劫，整整鬧了一天一夜，直到次日四鄉的保路同志軍進城後始得平息。兵變發生後，尹昌衡先是命令陸軍小學的學生佔領北門，又赴鳳山軍營召集新軍入城平定叛亂。次日新軍將領周駿與同盟會員董修武等召開會議，推舉尹昌衡爲都督，羅綸爲副都督，建立了四川軍政府。

　　軍政府建立後，哥老會的勢力更加膨脹，這同尹昌衡本人的行動不

---

94 《蜀辛》（卷下）第11頁，轉引自隗瀛濤：《四川保路運動史》第347頁。

95 黃逐生：〈同盟會在四川的活動〉，載《辛亥革命回憶錄》（三）第137頁。

96 周開發：《民國川事記要》第16頁，轉引自隗瀛濤等：《四川近代史》第137頁。

無關係。他在就任軍政府都督後，便在軍政府門口掛出一個「大漢公」的招牌，而且自任大漢公的「舵把子」。他在上臺的最初幾天，每天都要到成都各個袍哥的公口、碼頭去拜客，各個公口、碼頭也都爲他掛紅進酒。「他每出去一次，必披一身的紅綢或紅布回來，堆在床上之後便又去拜。如是往返拜客披紅，以致都督府急待處理的公事，也找不到人劃行。」周駿在就任軍政部長後，也在軍政部掛出一個「大陸公」的招牌，參謀部也有人要求組織「大參公」，因爲部長不同意才作罷。這樣，哥老會也更加不可一世。

當然，尹昌衡、羅綸這樣做也是出於政治上的需要。因爲當時剛剛成立的軍政府，正面臨著安定民心和整頓社會秩序的艱巨任務。在處決趙爾豐後，四川的封建勢力雖然受到沉重打擊，但是，集中在成都的數萬同志軍則需要加以約束，散走四方的巡防軍、新軍人員也需要加以懾服，使之歸伍或收繳其武器。而軍政府這時尙未建立起政治權威，也沒有軍事實力。於是，「只有賴各地哥老會聽命軍政府，發揮其潛力，利用其幫規。」有人認爲他們當時這樣，也實在出於「不得已的苦心」，[97]倒也不無道理。

由於得到四川軍政府首腦的宣導和支援，成都及川西一帶的哥老會組織迅猛發展，僅成都及其附近幾個縣的袍哥公口便增加了三百多個。[98]在廣漢一帶的袍哥也是「紅極一時」，「只要你有點點（即加入袍哥）就算走運。」當時人稱之爲「袍哥翻身」，以致「人人都想當袍哥，廣漢袍哥的人數，比過去增加了幾十倍。」[99]

綜觀四川的辛亥革命，哥老會確實做出了重要貢獻。同盟會雖然有明確的革命宗旨和正確的政治綱領。但是，其成員大多是青年知識份子，許

---

[97]孫震：〈參加辛亥革命見聞錄〉，載《四川辛亥革命史料》（上）第508頁。

[98]趙清：《袍哥與土匪》第62頁，天津人民出版社，1990年。

[99]侯少煊：〈廣漢『匪世界』時期的軍軍匪匪〉，載《四川文史資料選輯》第16輯，第79頁。

多人剛剛從國外留學回來，儘管有堅定的信念和革命的熱情，但是缺乏政治鬥爭的經驗，更缺少同廣大下層民眾之間的密切聯繫。哥老會不僅有著雄厚的民眾基礎，而且同各階層人士均有著廣泛的聯繫，各行各業裡都有哥老會的成員，因而是當時一股強大的社會勢力，這些恰好彌補了同盟會的不足。因此，四川各地的起義大多以同盟會為領導，以哥老會為骨幹和基本民眾。不少哥老會首領經過同盟會的聯絡和引導，最終走上了民主革命的道路。他們在革命鬥爭中衝鋒陷陣，不少人英勇犧牲。當然，哥老會畢竟是個原始形式的結社組織，在革命進行的過程當中，其落後性和弱點也充分暴露出來。

在哥老會成員的頭腦中大多充滿著封建意識，不少袍哥分子僅僅把革命看作是「要門檻」即各霸一方做土皇帝。他們以為只要袍哥首領坐上皇帝寶座，他們也就可以隨著雞犬升天了。所以，當革命黨人佘英領導哥老會民眾起來鬥爭時，有人便稱他為「大王」，甚至從敘府到宜昌的槳夫說：「佘大哥的星宿現了，不久做了皇帝，我們就好了！」[100]有些袍哥參加保路運動，僅僅為了反對趙爾豐和營救蒲殿俊和羅綸等人，因而反對革命黨人關於「革命排滿」和逐殺清朝官吏的主張，以致彼此間發生齟齬。從哥老會首領來看，固然有不少傑出的人物在革命黨人的影響下走上了革命道路，加入了同盟會。可是也有不少袍哥「大爺」、「舵把子」始終頑固不化，拒絕與革命黨人合作，如重慶袍哥首領唐廉江就很典型；有的袍哥首領甚至與清朝當局相勾結，殺害革命黨人，著名的革命黨人兼袍哥「大爺」秦載賡，就是被袍哥首領鄧大興所殺害。[101]同盟會員侯橘園本人雖然也是「袍哥大爺」，但是，在他組織同志軍進軍成都時，有的袍哥首領認為他是留學生和同盟會員，「不是真正的袍哥」。當他在講述革命道

100　楊兆蓉：〈辛亥革命四川回憶錄〉，載《近代史資料》1985年2期。
101　闕名：〈秦烈士載賡事略〉，載《四川辛亥革命史料》（下）第466頁。

理時，便被連山的袍哥大爺秦老皮當場槍殺。[102]新津同盟會員兼見袍哥大爺侯寶齋，也是被趙爾豐所收買的袍哥分子楊虎臣所殺害。[103]袍哥首領的所作所爲，給四川辛亥革命造成了巨大的損失。

---

102 侯少煊：〈廣漢『匪世界』時期的軍軍匪匪〉。

103 〈侯寶齋事略〉，載《四川辛亥革命史料》（下）第366頁。

第三十一章

辛亥革命時期貴州
哥老會

哥老會很早就從四川傳入貴州，太平天國起義失敗後，大批被裁清軍和湘軍兵勇加入哥老會，使貴州的哥老會有更大的發展。「光宣之際，蔓延及於窮鄉，幾於無村無寨無之」。[1]在貴州辛亥革命時期，哥老會也起過重要作用，但也有諸多消極影響。

一、貴州哥老會的概況

辛亥革命前夕，貴州安順七屬和盤江五屬的哥老會都十分活躍。光緒二十七年臘月十五日，安順哥老會「文德山」的龍頭盧筱端決定在安順的金鐘山開「黃漢公」成立大會。文德山的勢力很大，與四川、湖南、湖北等地的哥老會公口皆有聯繫，故這次開山堂大會有各地（包括外省）的哥老會成員數千人參加，歷時三天，聲勢浩大。黃漢公的「山堂香水」是：「文德山，福祿堂，千秋水，萬代香」。龍頭大爺盧筱端（陸小端）、當家三爺丁榮先和紅旗管事趙子忠，都已經是名聲遠揚的哥老會首領。因此，清朝當局便派兵前往搜捕，將丁榮先捕殺，盧筱端和趙子忠被逼自盡，哥老會組織被迫轉入入地下。

光緒二十八年，貞豐的哥老會首領鄧金昶、胡剛等又秘密組織「同濟公」，以吸收盤江各地的哥老會分子。次年，興中會會員黃士城（四川人）以哥老會的名義到貴州貞豐考察情況，推進會務。黃士城向會友宣傳反清思想，並介紹胡剛與住在貴陽的興中會會員劉翼卿認識，劉贈給胡剛許多革命書籍。光緒三十年（1904），胡剛在貞豐建立「同濟公」，邀請全省各地的哥老會山堂派人前來參加開山堂大會。光緒三十一年二月中旬，又邀請數百人到距離貞豐州城45里的納孔地方召開山堂成立大會，確定的「四柱」是：「孫中山、洪武堂、成功水、肅清香」。另有詩二首：其一：「昆侖一覽小群山，黃海特權天地寬，敘說古今沿革史，漢家種族滿江干。」其二是：「丈（大爺填丈字）夫獨佔中心點，江（三爺填

---

1 周春元：〈辛亥革命時期的貴州哥老會〉，載《貴州文史資料選輯》，第10輯增刊第100頁。

江字）湖（五爺塡湖字）上且好盤旋。交頭（六爺）只足（八爺）叩重天
（九爺），博（么）得個專制改變。」會上推選鄧金昶爲龍頭大爺，劉希
文爲當家老三，胡剛爲紅旗管事。會後把山堂香水和兩首詩印成10萬份，
並以少數送給各鄰縣、鄰省的碼頭，以便互相聯絡。光緒三十四年，貴州
革命黨人又模仿哥老會成立了「皇漢公」。革命黨人利用「皇漢公」接近
陸軍第一標層官兵中思想比較進步的人，每個星期日都有二三個人來請求
「歸標」（加入公口）。爲了加強對軍官和士兵的聯絡，學社的骨幹常常
在周日同各軍營有勢力的目兵聯絡，向他們宣傳要「報仇雪恥和光復漢族
爲軍人天職」等思想，並共同宣誓「以弟兄的義氣爲重，大家必須終身信
守」，使聯絡新軍工作的進展非常迅速。[2]

二、哥老會與貴州自治學社

1905年同盟會在日本東京成立後，號召會員在各省成立分會。貴州
籍留學生平剛（即平紹璜，貴陽人）、漆鑄成（貴築人）、張繹琴（盤州
人）等，先後致書貴州，商榷成立同盟會分會之事。光緒三十三年農曆
十一月，寓居貴陽的張百麟召集「黔中名士」30餘人，成立自治學社。張
百麟（1879—1919）字石麒，原籍湖南長沙，隨父寓居貴陽，「爲童子時
即出入秘密會社」，[3]「幼即倜儻，抱大志，善交遊，所至爲眾推服，尤
善結綠林，而伏其雄」。[4]

自治學社的宗旨是政治上要求建立一個像歐美那樣的國家，實行責任
內閣，民選議院；經濟上抑制外商、官商，發展民間的資本主義工商業。
成立大會在貴陽田家巷的鏡秋軒照相館舉行，由張游藻任社長，張百麟爲
實際負責人。其成員一部分是當時上層社會的進步分子，另一部分是社會

---

2 劉莘園：〈辛亥革命時期貴州陸軍小學的一些活動〉，載《辛亥革命回憶錄》（三）483—484頁。

3 周素園：〈貴州民黨痛史〉，載中國近代史資料叢刊《辛亥革命》（六）419頁。

4 平剛：〈貴州革命先烈傳〉，載中國科學院歷史研究所第三所編：《雲南貴州辛亥革命資料》，76
頁，北京，科學出版社1958版。

下層人士，有哥老會的大爺、一般哥弟，也有軍人、學生、手藝人、農民、小商人及失業遊民。張百麟「假名自治，組織學社」申請於政府，得到官方批准，成爲一個合法的團體。[5]

　　貴州自治學社的實際領導人張百麟本人具有自治學社與哥老會成員的雙重身份，與各地哥老會有著廣泛聯繫，所以，自治學社的發展與哥老會有密切關係。第一批會員約60人中不少就是哥老會成員，後來自治學社又在全省各地建立了47個分社，社員總數達到一萬四千餘人，各地分社者成員也大部分具有哥老會身份。如安順分社的負責人方策、陳燮春，早在張百麟初到該地時就是哥老會成員，鄧金昶則是哥老會的「大爺」；普定分社的胡錫侯，安平（今平壩）分社的王度都是哥老會內負責地方上聯絡任務者。永寧分社楊蕭安的兒子是哥老會的大爺，興義分社的許可權等5人都是哥老會成員，鎮寧分社的陶淑，普安分社的龍爲霖等，新城（今興仁）分社的楊嗣綰等四人皆是哥老會成員。貞豐分社的17人中，有12人是哥老會成員。大定分社的譚冠英等5人，威寧分社的管漢夫，貴陽分社的羅祝之等人，也是哥老會成員。貴陽分社的黃澤霖不僅加入哥老會，而且組織了「光漢公」堂口，被推爲龍頭大爺。開州分社的李立鑒，貴定分社的凌霄，龍泉（湄潭）分社的任濟雲，鎮遠分社的穆幫榮，天柱分社的龍昭靈，獨山分社的黃祺元，黎平分社的張靜波也都是哥老會成員。[6]自治學社所進行的革命活動，大多依靠他們來進行。

　　光緒三十四年（1908）自治學社負責人張百麟寫信給在日本的同盟會員平剛，要求自治學社「加入東京同盟會，作爲貴州分會」。經在日本的同盟會貴州支部決定，「共認自治社爲同盟會同志，而與之通消息」。不過，很長一個時期，自治學社並未接受同盟會的綱領，仍然存在追求和平

5　蕭子有〈貴州自治學社和憲政會的鬥爭〉，載《辛亥革命回憶錄》（三），第453～454頁。

6　胡壽山〈自治學社與哥老會〉載《辛亥革命回憶錄》（三），第472—473頁。

改良和預備立憲的幻想。[7]

　　辛亥革命前，新軍受到革命黨人的重視，而新軍中的軍官與士兵，多與哥老會往還，張百麟讓胡剛（壽山）利用哥老會的關係和新軍的士兵定期聚飲，宣傳革命，鼓吹起義。張百麟還通過哥老會首領何賓侯與新軍發生聯繫，結交和動員了不少新軍中的人參加革命。安龍哥老會的郭潤生，專門做新軍中上層人物的工作。貞豐同濟公的龍頭大爺鄧金昶在參加自治學社後，通過關係進入清軍胡錦棠的巡防營，充任營部的文案，得以隨時偵察到清軍的動向，向自治學社透露。

　　1911年初，自治學社的張百麟、黃澤霖爲了團結各地的哥老會分子，一方面讓他們在自治學社的領導下有組織地從事革命活動，在黔南貞豐同濟公經營的書店召開哥老會重要人物開會，商討把哥老會弟兄組織成自治學社的革命武裝力量，並利用自治學社成員在諮議局占多數席位的有利條件，在諮議局裡提出訓練鄉兵的方案，使各地哥老會首領訓練各地「鄉兵」。「無論土匪、秘密會、團丁，能致三十人者即授排官，致百人者授隊官，致五百人者授管帶」，[8]使鄉兵成爲哥老會實際掌握的革命武裝；另一方面，組織自治學社自己領導的武裝，作爲革命的基本力量，其骨幹則是哥老會成員，「應募者大率秘密會黨徒，或百餘，或二三百人，或五六百人，名曰革命預備隊」。[9]當時，推定李立鑒聯繫黔北，孔鵬聯繫黔西北，陳難生聯繫南路，胡剛聯繫盤江五屬，方策、陳燮春聯繫安順七屬。這個布置成爲貴州起義前後新五路巡防營建制的開端，而新五路巡防營乃是自治學社領導的革命武裝，也是由哥老會的哥弟們武裝起來的。

---

[7] 陳隆德〈貴州辛亥革命述略〉，載政協文史資料委員會編《辛亥革命在各地》，第128頁，中國文史出版社，1991年。

[8] 周素園：〈貴州民黨痛史〉，載中國近代史資料叢刊《辛亥革命》（六）第442～443頁。

[9] 周素園：〈貴州民黨痛史〉，載中國近代史資料叢刊《辛亥革命》（六）第452頁。

三、辛亥貴州起義中的哥老會

1911年10月武昌起義成功，胡剛根據孫中山關於「各省同志各回本省運動革命，以壯聲勢」的指示，回到貴州與張百麟商量準備起義，使貴州自治學社的革命活動，成為全國辛亥革命的一部分。在貴州辛亥革命的過程中，許多具有自治學社和哥老會雙重身份的革命者都起了重要作用。陸軍小學中「歷史研究會」和「皇漢公」負責人席正銘早在家鄉就加入了哥老會，後來又加入自治學社。他在進入陸軍小學後便聯絡陸軍小學、公立中學和優級師範選科等學校的學生，秘密組織「歷史研究會」，藉以宣傳革命思想。該研究會被校方取締後，他又發起組織哥老會的「皇漢公」，自任龍頭大爺，發展組織，宣傳「光復漢族」等反清思想，為革命做了組織和思想準備。

1911年10月30日，雲南新軍發動起義的消息傳來，貴州革命黨人受到很大的鼓舞，自治學社領導人張百麟決定於11月4日諮議局開會時，將巡撫沈瑜慶劫持，將政權轉移到革命黨人手裡。11月3日晚，張百麟召集緊急會議，決定於4日凌晨發動起義。在自治學社下達起義命令後，陸軍小學首先發難。由胡剛向駐紮在南廠的新軍革命者傳達起義的命令，楊樹青立即令新軍整隊集合，打響了起義的第一槍。擔任司號長的哥老會成員董某立即吹響緊急集合令，艾樹池、馬繁素也鼓動大家支援陸軍小學的起義，進而完成了貴陽起義的大舉。貴陽起義成功後，建立了「大漢貴州軍政府」，由楊藎臣任軍政府都督，趙德全任副都督，張百麟任樞密院院長，周培藝（素園）任行政總理，各地政權均由軍政府派人接管，各地的哥老會趁機大批進入貴陽。

早在貴陽起義之前，張百麟、黃澤霖、陳藍生等已經「分函各縣調集哥老會分子來省，反正之日，有七八百人抵達省垣」，[10] 故起義時各地

---

[10] 平剛講、白楊記：〈在貴州光復紀念大會上講詞〉，載貴州省社會科學院歷史所編《貴州辛亥革命資料選編》，342頁。

組織的哥老會隊伍便陸續集中到貴陽。這些人到省城後既不能納入新軍，又不能遣散，遂收編為新巡防軍，派黃澤霖為巡防軍總統，下轄東、南、西、北、中五路統領，又將舊巡防營五路也統轄於黃澤霖。「各路所聯繫的哥老會分頭率領弟兄到省，已成軍的撥入新軍，擴充為三個標。起義之夕首先發難有功的幾位新軍中的哥老會同志或與此有關的同志楊樹青、艾樹池、馬繁素、胡剛皆被任命為新標的營長，蕭規、曾廣義、郭潤升也被任命為營長。未成軍的編成了五路巡防營，即按六月間的決定，由軍政府任命黃澤霖為五路巡防營總統，李立鑒等分別擔任北、西、南、東、中各路的分統。」[11]當時，除了在省城的哥老會首領李立鑒等得到安排外，未到省城貴陽的哥老會首領仍留在各地等待安排，他們在各地公開活動，各行各業，都自行大開公口。「溫瑞庭開黔漢公，劉顯世開大漢公，陳鐘岳、陳廷棻開斌漢公。未及期月，全省風靡，合計貴州公口至九十餘」。[12]「大漢公的龍頭胡錦棠等，開山立堂，踞家奪廟。哥老會徒頭打英雄結，鬢插楊梅花，腳穿線耳草鞋，背槍弄刀，招搖過市。這些公口都大肆拉人入會，大收會費、樂捐，視家的貧富，收費自銀數兩至數十兩、數百兩不等。認為『身家不清，己事不明』的人，還不准入會。對於不准入會的人，可隨意欺凌打罵，並可抄家、搶劫、殺戮。於是人人自危，爭取入會以圖自保。官府不敢干涉，軍警不敢過問，社會秩序日趨混亂。」[13]新成立的哥老會「月必數起，開山堂時必迎一次帥印，敲鑼打鼓。成員多穿戲裝，頭紮包頭，兩縷頭髮分掛兩耳，身披鶴衫，腰佩刀劍，招搖過市，弄得人心惶惶。居民不敢出街買物，夜裡不敢脫衣而睡，不知大禍幾時臨頭」。在省城裡，「頭打包巾，身穿短打，背插雙刀，

[11]胡壽山：〈自治學社與哥老會〉，載《辛亥革命回憶錄》（三）第476頁。

[12]周素園：〈貴州民黨痛史〉，載中國近代史資料叢刊《辛亥革命》（六）第466頁。

[13]吳雪儔：〈貴州辛亥革命始末〉，載《辛亥革命回憶錄》（七）第442頁。

額豎英雄結子的人，隨處可見。」[14]哥老會成員「頭戴英雄結，鬢插楊梅花，腰圍戰裙，足穿麻兒草鞋之輩，招搖過市，有如戲場」。[15]

由於哥老會中人大肆活動，地方秩序逐漸呈現混亂狀態，「商不得市，農將失時，學堂盡變山堂，軍府都成盜藪」，[16]巡防總統黃澤霖這時也束手無策，只好用哥老會來制約哥老會。「巡防總統黃澤霖迭接各地請求維持秩序文電，已無法應付，乃納北路分統李立鑒等建議，亦開光漢公公口，圖以哥老會駕馭哥老會」。[17]為了團結和安撫各地哥老會成員的情緒，解決他們生活上的問題，李立鑒、孔鵬等建議軍政府及時派出得力人員前往各地宣慰，使哥老會成員安居家鄉，愛惜自己的家鄉，保持地方的秩序，如果省裡需要，有電信來即可到省城集中。為了得到哥老會弟兄們的擁護，大家建議建立一個哥老會的總公口，選派會內弟兄前往各路安撫，會比軍政府派人前往更有效。張百麟、黃澤霖同意了這個建議，決定由黃澤霖首先參加哥老會組織，取得一字（起碼大爺）的資格，在11月5日在皇殿召開「光漢公」的成立大會。黃澤霖被推為龍頭大爺，參加過兩個哥老會山堂的四川人曹仲五擔任紅旗管事，負責公口的所有內部事務。

光漢公的執事名單，在平山周的《中國秘密社會史》中尚有記載（平山周寫作「光復公」）：

正龍頭（或稱總正龍頭大爺）：黃苐清（即黃澤霖）
副龍頭（或稱副龍頭大爺）：李清池
香長：孫汝為、蔣錫林、黎緒元、饒義清、孔九成
盟證（或稱盟證中堂大爺）：藍少亭、黃金耀、鄔玉山、陳欽臣
總鎮：譚泉清、金天成、陳蘭生、張主星

[14]胡剛、吳雪儔：〈貴州辛亥革命史略〉，載《近代史資料》，1956年4輯，第112頁。
[15]《雲南貴州辛亥革命資料》第165頁，社會科學出版社，1959年。
[16]《貴州辛亥革命資料選編》第57頁，貴州人民出版社，1981年。
[17]胡剛、吳雪儔：〈貴州辛亥革命史略〉，載《近代史資料》，1956年4期，第112頁。

正印：陳松山、蔡森芝、楊育堂、葉逢春

坐堂：（或稱坐堂左相大爺）：成耀堂、顧雲臣、李嘉興、劉桂初

承堂：趙純臣（即都督趙德全）、陳松甫、蕭瑞堂、鄔松山

元堂：唐燦章、李先春、聶熙和、龍利賓

陪堂（或稱陪堂右相大爺）：江務滋、孫雲波、吳香艙、楊春山

理堂：蔣春廷、祝春廷、閔兆祥、王煥章

副印：吳吉軒、戴吉之、蕭道生、陳文彬

刑堂（或稱刑堂西閣大爺）：宋榮珊、郎玉山、李樹清、黃劍青

新附：金渭濱、金錫瑞、鄭和清、陳丹山

聖賢：何陪五

當家：謝鶴清、莊鵬程

采堂管事：牟子清、戴澤周

執法管事：王槐芝、李文斌

紅旗管事：曹仲武、李德斌

黑旗管事：戴文光、卞煥章

迎賓管事：劉紹奎、胡芸軒

內外巡風：荊仲魁、曹濱五

八排：陳運堂、陳明光

九排：李金榮、劉漢平

執法么大：倪海清、沈榮清

轅門么大：羅炳臣、顧和亭

大老么：鄧吉芝、江春廷

小老么：向松雲、修勝五

大老滿：莊春甫、王炳臣

小老滿：姜紹池、張占清。[18]

---

[18] 平山周：《中國秘密社會史》（修訂本）第198～200頁，商務印書館，2019年。

在貴州辛亥革命的過程中，一直存在著自治學社與憲政黨的鬥爭。[19]
軍政府成立後，兩者的鬥爭更爲激烈。憲政黨爲了與自治學社爭奪政權，
組織一個「耆老會」，由舊官僚郭子華任會長。憲政黨看到哥老會的力量
強大，認爲哥老會既可以爲善，也可以爲惡，於是利用哥老會來擾亂社
會治安，增加新政府的麻煩。耆老會還趁機保舉黔漢公的龍頭溫瑞廷招
兵500人以駐南路，保舉懋華公龍頭李某招兵數百人駐鹽路，以便與新巡
防軍對峙。同時又挑動省城的巡防營（基本上由哥老會分子組成）鬧軍
餉，拜碼頭。憲政黨自己也開了一個「斌漢公」，以陳鐘岳、陳廷棻爲龍
頭，與自治學社相對抗。於是貴州全省「上至都督，下至微職，以及軍
隊大小職官，無一非公會中人」，[20]「貴州哥老會遂成爲全省秩序的大威
脅。」[21]

---

[19] 見周春元：〈辛亥革命時期貴州兩黨之爭〉，載《辛亥革命五十週年紀念論文集》（下冊），第
545～563頁。

[20] 黃濟舟：〈辛亥貴州革命紀略〉，載《辛亥革命回憶錄》（七），第477頁「公口之林立」；丁尚
固、劉友陶：〈貴州。自治、憲政兩派鬥爭簡述〉，載《辛亥革命回憶錄》（七），第492～493
頁。

[21] 胡剛、吳雪儔：〈貴州辛亥革命史略〉，載《近代史資料》，1956年4期，112頁。

第三十二章

辛亥革命時期雲南
的會黨

辛亥革命時期，雲南的哥老會、天地會分別參加了由革命黨人發動的旨在推翻清朝統治的武裝起義。

一、革命黨人對雲南新軍中哥老會的聯絡

清末，清廷認爲雲南乃邊防重鎮，需要加強防務力量，於是派八旗高官、蒙古族的錫良接替漢人丁振鐸爲雲貴總督。丁振鐸卸任時，留下了數百萬兩白銀的積蓄，爲錫良加強雲南邊防建設打下了經濟基礎。錫良認爲雲南地處邊陲，面臨英、法兩個帝國主義國家的侵略威脅，因此對國防建設十分重視。他接任時，雲南的邊防局設置，雖然數量上有五六十個營，但使用的武器卻十分落後，僅有九響的毛瑟槍，並無機槍、大炮等新式武器。於是決計另行編組新式陸軍，準備組建新式陸軍一個鎮（相當於一個師）。所需資金，除雲南藩庫的積存外，又上奏朝廷撥給經費。獲准後，開始編練新軍，在原來一個新軍混成協的基礎上，招募新兵，依照新軍的番號，新組建的軍隊，暫編爲陸軍新軍第十九鎮，錫良向德國購買了一個鎮所需的步槍、機關槍、管退炮、手槍等新式武器，新軍十九鎮於1909年正式成軍。不久，錫良調任東三省總督，由李經羲接任總督。[1]

1907年到1908年，雲南的革命形勢已經有了很大發展。同盟會從日本派遣了大批留日學生回國參加革命，雲南方面有黃子和、杜寒甫、鄧泰中、馬幼伯和胡源等人，他們的中心任務就是推翻清政府。辛亥革命時期，各省的革命黨人，大多採取聯絡和引導會黨，尤其是從聯絡新軍裡的會黨入手。可是，雲南的革命黨人卻面臨著新的問題，就是雲南的新軍十九鎮的軍官，大多是錫良從四川帶來的，使得革命黨人在聯絡新軍方面，無從下手。幸好當時雲南的哥老會盛行，「在城市與鄉村裡，都公開組織活動。凡是旅社、茶室和酒館等處，都是他們的市場，風行一時，參

---

[1] 祿國藩：〈辛亥革命前後有關雲南史實三則〉，載《辛亥革命回憶錄》（七）第396～397頁，文史資料出版社，1981年。

加的人很多，尤其是當兵吃糧的人，沒有不參加哥老會的。」因此，革命黨人便商定從聯繫哥老會的首領做朋友入手。他們首先設法同東南六城哥老會的負責頭目戴光儀、戴光廷、馬海堂、王海廷等人認識。當時雲南全省哥老會的總首領名叫何升高，更是革命黨人聯絡的對象。革命黨人同這些哥老會首領分別接觸後，取得良好的效果。因爲哥老會內部的組織紀律嚴格，對首領的命令絕對服從。而且，哥老會講義氣，相處熟了，有什麼事情都可以請他們以幫助去辦。革命黨人通過哥老會這些首領的介紹，又認識了新軍營隊裡中上級軍官約五六十人，時常在距離城市十里、八里的寺廟等處聚會。不久，一批從日本陸軍士官學校畢業的留學生回到雲南，如李根源、唐繼堯、謝汝翼、李鴻翔等，均在新軍裡擔任了軍職。這樣，同盟會在雲南的革命活動便有了較大的進展。黃子和、梅子玉等更深入到新軍營隊裡進行宣傳活動。1910年，唐繼堯擔任了新軍十九鎮七十三標三營的管帶，他委派黃子和爲該營的見習排長，鄧泰中爲司務長，深入到各營隊裡做宣傳革命的工作。因爲各營隊的士兵、軍士，多是哥老會中人，平日間已經有所聯繫，所以容易深入進去。不久，雲南講武堂丙班學生被分配到營隊裡入伍見習，更有機會深入其間，所以，辛亥革命在雲南重九之夜發動時，沒有受到很大的抵抗。槍聲一響，平日裡所聯繫的營隊便大起作用。有的軍官企圖集合隊伍出來對抗，軍士和士兵便拒絕服從命令，而且把軍官驅逐了。[2]

二、革命黨人發動的雲南河口起義

　　革命黨人在1908年發動的雲南河口起義，乃是辛亥革命前夕革命黨人發動的十次武裝起義之一。這次起義，是由革命黨人領導兩廣天地會所發動的。

　　河口屬雲南省開化府，爲中越交通之門戶，中越兩國以紅河爲界，

2　詹秉忠：〈辛亥革命前後的回憶〉，載《辛亥革命回憶錄》（七）第409～413頁。

而河口則係紅河最為扼要之處。河口與越南的老街隔河相望，因為地勢險要，且為滇越交通的樞紐，清朝當局在此設有重兵，並派邊防督辦王玉藩在此鎮守。革命黨人欲奪取雲南，必須從這裡入手。

河口一帶的遊勇和天地會十分活躍。署理雲貴總督丁振鐸稱：「開化府屬河口地方，近毗越南，煙瘴極重，居民無多。自中法和議定後，裁撤營練，散勇之耐瘴者，僦居其間，久之遂成村聚，五方雜處，良莠不齊，奸民最易混跡。雖有防營分紮，只能力顧對汛，而沿河數百里，山箐叢雜，防布難周」。從越南歸國之遊勇，「近更借三點會名目勾引愚眾。所謂三點會者，會總姓洪名明，三點即隱寓其姓也。洪匪倡會廣西，到處皆有黨羽。」「由河口至蠻耗沿河兩岸，以及猛喇、王布田等寨漢、夷〔彝〕紳庶率為誘脅，拜台結盟，紛紛入會。」這些三點會組織，「聲息靈通，蹤跡飄忽，官兵逼近，輒已遠颺。」而且「行蹤詭秘，倏去倏來，其黨或數百一股，或數十一股，聚散靡常，日形猖獗」。[3]胡漢民在致孫中山信中，對在雲南河口起義中會黨的優勢作了充分估計。他說：「以弟觀察，雲南大局確有把握。哥老會之糾合，息息相通，如黃元貞之營降，而降者相繼，此其驗也。周文祥曾破臨安，雲南最有聲名者，今亦為我國民軍而起，轉會黨而革命黨。凡滇省之兵，前者俱會黨，今後不難立變為革命黨，立心服從國民軍矣」。[4]

孫中山鑒於雲南河口一帶天地會的勢力強大，便將策劃河口起義的任務交給黃明堂主持，由王和順、關仁甫輔佐，因為他們均係原來廣西天地會武裝的首領，對雲南開化一帶會黨的情況比較熟悉。黃明堂接到策動雲南河口起義的命令後，便將鎮南關起義失敗後撤退到越南的隊伍100餘人組織起來，潛伏於中越邊境地區。又於滇越鐵路沿線布置了200餘人，偽裝成苦力，伺機行動。

3　《硃批奏摺》署雲貴總督丁振鐸摺，光緒二十九年六月十六日。

4　鄒魯：〈戊申雲南河口之役〉，載中國近代史資料叢刊《辛亥革命》（三）第264頁。

當時清方河口督辦王玉藩手下有巡防隊四營，其中兩營由他自己直接帶領，其餘二營由分別由管帶黃元貞與岑德桂帶領。黃元貞與守備熊通早已與革命黨人取得聯繫，願意充當內應。但黃元貞等人的活動不久被王玉藩偵悉，情況十分緊急。駐在越南的胡漢民得知後立即催促黃明堂、王和順等火速舉事。光緒三十四年三月二十九日（1908年4月29日）夜間，黃明堂派關仁甫等率領革命軍從越南老街渡過紅河向河口左側的萬侯進發，清軍防營的一部響應起義，與革命軍聯絡後合併爲一，共500多人向河口城進軍，城內員警聞訊即殺死管帶蔡某迎接革命軍。當革命軍繼續進攻清軍營汛時，黃元貞帶領部下兩哨宣布起義，另外兩哨假意與革命軍交戰，王玉藩親自督戰。後見清軍紛紛倒向革命軍，他也假意約降。待革命軍派人前來接洽時，卻被他殺害。守備熊通見狀，當即用槍將王玉藩擊斃，其部下也隨之投降，雲南河口順利落入革命軍手中。革命軍以「南軍都督黃明堂」的名義發布告示安民，遠近來歸者，數日之內增至千餘人。[5]據清方奏報稱：「四月初二日八鐘（時），匪首王和順騎馬捧僞都督印，率黨七十餘名，荷槍排隊，由勝保（即老街——引者）過橋，送交關匪接受。」[6]黃元貞又寫信勸告駐守鐵路的李蘭亭、黃茂蘭起義來歸，李、黃二人見信即率部起義。「明堂所部由三百人擴展到三千人，整編隊伍，以關仁甫、張德卿（即王和順——引者）等分途北上，連克新街、南溪、壩灑等地，直抵蠻耗、蒙自，聲勢浩大。」[7]

雲貴總督錫良得知河口被革命軍攻佔，急派糧道方宏綸、開化鎮總兵白金柱帶領十餘營五千名清兵，向革命軍大舉包圍，並向臨近三省求援。[8]四月下旬，清軍各省援軍雲集，向王和順軍營進攻。王和順與清軍

5 鄒魯：〈戊申雲南河口之役〉，載中國近代史資料叢刊《辛亥革命》（三）第259～260頁；馮自由：〈戊申雲南河口革命軍實錄〉，載馮自由：《革命逸史》（五）140－142頁。

6 《軍機處電報檔》雲貴總督錫良致外務部電，光緒三十四年五月初八日。

7 江舉整理：〈黃明堂傳略〉，載廣東文史資料《孫中山與辛亥革命專輯》第216頁。

8 《軍機處電報檔》雲貴總督錫良致軍機處電，光緒三十四年四月初七日。

相持20餘日，彈藥告盡，乃親至河口與黃明堂商議，兩軍全部開赴普洱，奪取思茅，然後進軍昆明，約定兩軍齊至巴沙匯合，然後進兵。但黃明堂未等王和順兵到即先自出發，結果被清軍擊敗，仍退回河口。王和順見黃明堂敗退，前往思茅不成，也向河口退卻。這時，王和順主張在河口與清軍背城一戰，敗則退入越南。而黃明堂則主張保全隊伍，移師廣西邊境，再作後圖。鑒於當時「軍中士氣不揚，故黃說卒佔優勝，於是，黃、王諸首領均離河口赴越境。」[9]

三、辛亥雲南起義的經過

　　1911年辛亥革命的風暴，也席捲了雲南。在雲南新軍裡，大部分軍官乃是從日本留學回國的軍事人才，或國內軍事學校的畢業生。他們在新軍裡暗中進行革命活動。當時在雲南新軍裡從事革命活動的著名人物有蔡鍔、李根源、羅佩金、李鴻祥、謝汝翼、唐繼堯等。1911年武昌起義爆發後，雲南首先響應。

　　辛亥雲南起義的槍聲，首先在滇西打響。1911年10月27日晚，同盟會員張文光率領革命黨人和部分農民、會黨和駐騰越的新軍士兵，成功地突襲了騰越的衙署，清軍騰越總兵張嘉玉自殺，騰越關道宋聯奎投降，騰越廳同知溫良彝逃走，起義宣告成功。次日，宣布滇西軍都督府成立，由張文光出任都督。

　　在省會昆明，革命黨人也在加緊進行起義的準備工作。同盟會員唐繼堯、劉存厚、殷承球、沈汪度、張子貞、黃毓成等人，接連召開會議，籌劃武裝起義的有關事宜。當時擔任雲南新軍第19鎮37協協統、與革命黨人有較深關係的蔡鍔也應邀參加了會議。在會上決定於10月30日即農曆九月初九深夜在昆明舉行起義，並推舉蔡鍔為起義軍臨時總司令，計劃由蔡鍔率駐巫家壩、李根源率駐北較場的新軍同時向城內發起進攻，城內由陸

9　馮自由：〈戊申雲南河口革命軍實錄〉，載馮自由：《革命逸史》（五）第146頁。

軍講武堂師生開城內應。但是，臨時情況發生了意外，駐在北校場的部分新軍士兵，因領槍彈被發覺，被迫開槍擊斃了幾個清軍軍官，起義只好比預定時間提前時發動。李根源、李鴻祥等人率領73標二、三兩營，由北門攻入城內，先後佔領了圓通山、造幣廠和兵工廠，又進攻軍械局和清軍守備要地五華山。駐在巫家壩的74標和炮兵標一營在蔡鍔、唐繼堯等人的率領下，從城東、南、西三個方向向總督署及軍械局發起攻擊，陸軍講武堂師生則在城內回應，內外夾攻。至次日中午將各個目標先後攻克，雲貴總督李經羲被俘，清軍第19鎮統制鐘麟同自殺，總參議靳雲鵬化裝逃走，整個省城遂為革命軍所控制，昆明重九起義獲得成功。蔡鍔隨即通電全省各州縣，宣布昆明光復，要求「全省各文武官銜照常供職，維持社會治安，勿妄自騷擾。」電文發出後，各地傳檄而定，不數日，全省光復。11月2日，雲南軍都督府在昆明五華山宣告成立，由蔡鍔任都督，都督府下分設參議院和參謀部、軍政部等機構，李根源任參議院院長兼軍政部部長，唐繼堯、謝汝翼分掌兵權。軍政府派出李根源與張文光協商，滇西軍都督府撤銷，全省統一。至此，辛亥雲南起義取得了重大勝利。[10]

---

[10]河玉菲：〈辛亥革命中的雲南〉，載《檔案工作》，1991年10期。

第三十三章

辛亥革命時期山西
和綏遠的哥老會

　　辛亥革命時期，山西哥老會的實力，遠不如鄰省陝西強大。辛亥革命時期，革命黨人在省城太原發動的起義，依靠的主要是同盟會在新軍中發展的革命分子。省城以外的起義，主要以運城、汾城的哥老會和浮山的洪漢軍爲主。綏遠的起義，主要就是革命黨人領導哥老會發動的。

一、山西的哥老會起義

　　在辛亥西安起義成功後不久，1911年10月29日，山西省城太原起義成功，宣布脫離清廷而獨立，其他各地哥老會紛紛舉行起義。首先是霍州哥老會首領張福凹趁機帶領所部2,000多人起義。[1]接著晉南浮山縣也發生洪漢（哥老會）首領、當地練勇什長陳釆彰率眾驅逐清知縣的鬥爭。陳釆彰是浮山縣北王村人，當地哥老會首領，1910年曾支持農民反抗煤厘的鬥爭，在民眾中有一定影響。武昌起義後，他將知縣王錦昌驅逐，當地鄉紳張繼樞等勾結平陽府總兵謝有功前來進攻，陳釆彰被迫退出縣城，參加了晉南同盟會員李岐山部的民軍。1912年，陳釆彰又回到浮山，利用洪漢軍組織民眾，於8月22日攻入浮山縣城。[2]

　　曲沃哥老會首靳殿華（靳老五）和侯馬哥老會首領鐘仁義等組織晉南民軍起義。靳殿華原籍湖北，遷居曲沃北塢村，加入哥老會後成爲首領。他體格高大，能力敵十數人，平日不滿清朝統治，邀約了1,000多人成立「晉南民軍」，在太山溝訓練，以響應太原起義。隊伍剛剛集合，尚未嚴格訓練即被平陽官方偵知，便派清軍和汾城、新絳的員警隊伍將太山溝包圍。起義軍驟然受到襲擊，驚慌失措，混戰一二日即被打散，犧牲不少，靳殿華率領一隊人馬衝出重圍。仍集合1,000多人，由侯馬「先後攻打汾城、新絳、稷山、河津等縣」，屢次獲勝，得到不少槍械彈藥，隊伍也擴充到2,000多人，並向北攻打臨汾。適值太原起義軍派楊長清等率領學生

---

[1] 胡珠生：《清代洪門史》，492頁。

[2] 喬志強：〈辛亥革命前後山西民眾的革命鬥爭〉，載《辛亥革命五十週年紀念論文集》，下，588～589頁。

軍南下攻打平陽，靳殿華即率部夾攻助戰。[3]

　　1912年4、5月間，芮城、虞鄉、臨晉等縣的哥老會舉行起義。在太原響應武昌起義後，芮城知縣便與士紳設保甲局，當地士紳也設「自治局」，共同鎮壓民眾的革命活動。1912年4月底，哥老會率領民眾起義，佔據縣城，又攻入虞鄉縣城。5月6日復佔領臨晉縣，殺死警務，知事逃走。但不久清河東道派兵前來鎮壓，哥老會起義軍被迫放棄已經佔據的縣城，在各處分散活動。7月，哥老會首領崔新科率眾由芮城縣城入白茅嶺，梁老五入雪花山，不久皆被清軍消滅。雖然哥老會起義軍還曾在1913年進攻虞鄉縣城，但最後仍歸失敗。[4]

二、綏遠的哥老會起義

　　綏遠的哥老會，活躍在今內蒙古自治區西部呼和浩特（原歸綏）和包頭、薩拉齊一帶，[5]主要是左宗棠的楚軍與李鴻章的淮軍於同治年間平定馬化龍以後在包頭、薩拉齊一帶的黃河兩岸留下來的。當時，「許多湖南、四川和安徽籍的中下級軍官都發了財，他們看見包、薩一帶土地肥沃，便向墾務局以低價掛領了大面積土地，在口外安家落戶，由他們給遺留下哥老會的組織。」辛亥革命前夕，包頭幾乎處於無政府狀態，當時，紅幫（哥老會）的勢力很大，組織相當周密，就連外來的土匪、馬賊也都受到紅幫和丐幫「梁山」的約束。哥老會的龍頭和梁山的花子頭都過著財主一般的生活。辛亥革命時期，「哥老會在包（頭）薩（拉齊）就已根深蒂固，所有漢族的三教九流都入了紅幫，軍隊上的官兵參加的更多，衙門

3　仇小同：〈汾城哥老會起義記〉，載《辛亥革命回憶錄》（五），第185-186頁。

4　喬志強：〈辛亥革命前後山西民眾的革命鬥爭〉，載《辛亥革命五十週年紀念論文集》（下）第589頁。

5　歸綏（呼和浩特）在明代稱為「歸化城」，清代設「歸化廳」，後設「歸綏道」，隸山西省。辛亥革命時期，歸綏管轄「口外十二廳」，東起興和、寧遠、豐鎮，西至薩拉齊，五原、東勝、北自陶林、武川，南至清水河、托克托、和林格爾。包頭當時屬薩拉齊廳。

裡邊也有他們的黨羽」。[6]武昌起義後，在歸綏的清廷將軍、都統和道台等封疆大吏已經處在惶惶不可終日之中。宣統三年九月二十六日（1911年11月16日）在歸綏東北的陶林廳爲回應武昌起義爆發了革命。

首先起來響應的是歸綏的一部分清軍巡防隊，接著陶林廳也爆發響應「民軍反正」的起義。和同盟會聯繫密切的哥老會首領趙喜素所部農民軍和陶林廳巡警部隊聯合起來，殺死該廳通判齊世名和巡檢王化源，佔領陶林廳城。100多名巡警和警務長李昭明都參加了起義，加上哥老會的力量，造成「革命的聲勢驚動遐邇」的局面。清綏遠城將軍堃岫聞訊急忙調遣大批軍隊前往鎮壓。起義軍在陶林堅持了兩天後撤離，向南進攻寧遠廳，當地官員聞風逃跑，「未放一槍，未傷一人」而佔領該城。但最後終於因寡不敵眾而失敗，趙喜泰隻身逃往豐鎮張占魁領導的農民軍中去。[7]

在包頭、歸綏地區的西部，以楊建寅、馬景濤、藍玉堂等爲首的哥老會，「趁革命紛起」，「由阿拉善王旗借革命名義，揭竿聚眾」，進至臨河一帶地方。到12月下旬（農曆十一月），攻佔了該處的強家油房和墾務分局等處，提出推翻「紮薩克」制度和建立民國新制度。綏遠城將軍堃岫奏稱：「奸匪四竄，僅恃此有數之旗兵捍外防內，實屬應接不暇。現又據署五原廳同知樊恩慶、東勝廳通判謝錫慶稟報，寧夏等處哥老會匪占奪府縣各城，勢甚猖獗」，[8]而且發展到包頭西部一帶，「聚集大中灘等處，約有數百人」。[9]

6 巴靖遠等：〈包薩革命經過〉，載《辛亥革命回憶錄》（五）第252～253頁。

7 戴學稷：〈辛亥革命時期包頭地區的起義鬥爭〉，載《辛亥革命史論文選》（下）第854～856頁，三聯書店，1991年。

8 辛亥革命資料叢刊《辛亥革命》（六）第191頁。

9 民國《臨河縣志》，卷下，雜記，第5～6頁。

第三十四章

辛亥革命時期的河
南會黨

辛亥革命前，河南會黨主要是哥老會及其分支江湖會、在園會、龍華
會等。這些會黨的活動，在一定程度上配合了革命黨人的工作，為辛亥革
命時期革命黨人的革命活動，奠定了基礎。

一、江湖會

河南與湖北連界，湖北哥老會及其分支江湖會勢力頗大，影響到河
南。「豫省迤南各屬界連鄂疆」，河南的南陽、汝寧一帶，受其影響而有
人在此「放飄聚眾」。光緒二十六年八月十二日（9月5日），信陽州內
奎樓地方有羅占沅等人「結盟放飄」。當局在羅家中搜獲黃色飄布多張，
印有「九龍山，仁義堂，漢唐香，長江水，寶主正南王羅仁山」字樣，蓋
用朱墨圖記戳，並木刻印版圖記。該會內之人以盤髮辮為號，僧人則捏手
為號。[1]光緒三十四年（1908）河南鄧州鄭自謙在當地發展江湖會即英雄
會。鄭自謙是鄧州本地人，行醫為業，入江湖會後升為統領，後被推為
「營定王」。遭破獲後當局在他家中搜獲王帽、王衣、黃旗等物，以及王
詔六紙、木質雙龍印一顆，安民檢示稿三紙，小飄800餘張。[2]

二、仁義會

河南汝寧府淮寧縣周口地方吳太山創立仁義會，因官府查拿嚴禁，逃
往平西縣境內，與苗金聲等於光緒三十二年三月初五日在平西縣金剛寺地
方豎旗起事，約有百餘人。參加者頭裏黃巾，腰束黃帶，分別執持刀矛、
土槍等。不久發展到千餘人，馬七八十匹。以張延得為「開國大元帥」，
苗金聲為「開國副元帥」，把隊伍分為三股，使當局感到「風聲鶴唳，到
處惶惑」。[3]

---

[1]　《硃批奏摺》河南巡撫松壽摺，光緒二十七年六月十二日。

[2]　《硃批奏摺》護理河南巡撫朱壽鏞摺，光緒三十四年九月十一日。

[3]　《硃批奏摺》護理河南巡撫瑞良摺，光緒三十二年三月二十四日。

三、龍華會

光緒三十三年（1907）夏秋之際，河南新野一帶有龍華會活動，首領朱鴻鈞在新野、襄陽邊境的玉皇廟一帶開堂放飄，夜聚明散，並約期起事。[4]

四、在園會

辛亥革命時期在園會的活動十分活躍，河南全省各地的「在園」又各有別名，情況也不盡相同。

洛陽一帶的在園會又稱「小刀會」或「大刀會」，基本民眾是農民，也有知識份子和商人參加。最初由洛陽東關下園地方的榮農南大定發起組織的，該處農民參加者占全體農民的70%以上。當時農民中間流行諺語：「要想吃飽飯，趕快去在園」。凡參加「在園」者均要買刀，以致當時洛陽市上的製刀行業所生產的刀一時供不應求。[5]「在園」最初僅在下園一帶活動，以後逐漸發展到洛陽的四關四隅，幾乎無處無之，各行各業均有參加者。在洛陽城外北部以莊王山爲集合地點，每次集會時，參加者多達八九千人。洛陽「在園」的組織形式與哥老會稍有差異，入會須舉行「擺堂」儀式，飲酒宣誓，首領稱「大哥」，其餘之人依次排行而至「老十」。入會後定期舉行集會，（每月逢三、六、九或二、八、五）練習武功，以備大舉。初期入會的條件極寬，後因組織規模日大，逐漸嚴密。入會的第一步只准入「火神社」，第二步入「關公社」，第三步才准入「在園會」，彼此談話也多用江湖隱語，甚至一舉一動都有暗號，以資彼此識別。辛亥革命時期同盟會的勢力逐漸滲入該會，爲之籌策擘劃，確定以「推翻滿清」爲奮鬥目標。該會對外稱「在園」，對內則稱「復漢

---

[4] 《軍機處錄副奏摺》河南巡撫林紹年摺，光緒三十三年十二月十八日。

[5] 楊依平：〈略談『在園』活動〉，載《辛亥革命回憶錄》（五），第376頁。

軍」。[6]

　　彰德府（今安陽市）的「在園」乃哥老會的分支。直隸總督袁世凱稱：「查彰德之在園會匪者，即哥老會匪餘黨別名，其始由於軍營散勇來往河北一帶，煽誘愚民，其中有甘心從匪者，亦有無知誤犯者。本年七月二十九日，由彰德府督同安陽縣拿獲該會匪首、道人徐添茫、僧人隆瑞、民人張亦鳴等三名。徐添茫係縣屬泰山廟道人，二十六年間，有銳字營什長、山東人張大坤，於柳堂勸伊與師弟徐添義入在園會，每人出錢二百四十八文，開堂燒香，焚紙聚拜，不分尊卑年齒，皆以兄弟稱呼。封徐添義為心腹大哥，伊為聖賢二哥，各有位次，傳授口號。正山主劉鵬飛在南邊九華山開堂，誘人入會不計其數。」[7]

　　懷慶府的在園會又名「江湖會」和「天地會」。河南巡撫林紹年稱：「河北鎮臣張相泰諮，尊會府縣勸諭民間繳瓢，數月以來，計收匪瓢一千餘張，具結出會者萬餘人。並督率員弁擒獲江湖會即在園會最著名大頭目張增盛、趙字功兩名，起獲五色旗、司令旗、偽告示、偽分營軍冊，偽軍章程、軍衣、洋槍等件。」「據供先後入江湖會即在園會，又名天地會。張增盛先充紅旗老五，後被推為浮龍山老大。趙字功先充巡山老六，後亦為太行山掌印老大，立堂號曰公議堂，散放布瓢，斂錢糾人，不計其數。」[8]說明在園會的勢力已經相當可觀。上述奏摺稱該處的在園會，雖然又名天地會，但從其活動來看，並非南方的天地會，實為哥老會。

　　武昌起義成功後，同盟會員楊源懋、劉粹軒等準備在開封響應，謀取河南獨立未成，於是來到洛陽，策動駐在洛陽的新軍反正，並招致嵩縣、洛陽的綠林弟兄王天縱、柴雲升及「在園」的民眾定期舉義。約定王天縱等部連夜由嵩縣、陸渾趕至洛陽南鄉關林與「在園」民眾會師，進攻洛

6　楊依平：〈略談『在園』活動〉，載《辛亥革命回憶錄》（五）第377頁

7　《軍機處錄副奏摺》直隸總督袁世凱摺，光緒三十年十一月初二日。

8　《軍機處錄副奏摺》河南巡撫林紹年摺，光緒三十四年四月十四日。

陽，和駐洛新軍裡應外合。不料被當地豪紳告密，當局已經事先防備，起義未敢動手。[9]

　　1911年10月13日，同盟會員劉純仁在開封召集秘密會議，準備在開封第二次起義。會上決定兵分三路，最後奪取開封：東路聯絡商州、睢州一帶仁義會，南路聯絡寶豐、魯山、郟縣一帶綠林，西路聯絡嵩縣一帶綠林王天縱部和洛陽的在園會。在三路當中以仁義會和在園會的人數最多，但實力以王天縱部為最強。王天縱在嵩縣挑選了千餘名精壯，和劉純仁共同進軍洛陽。洛陽四郊的在園會眾們伺機響應，寶豐、魯山、郟縣的綠林出兵圍攻魯山城，商邱、睢州的仁義會聚眾萬餘襲擊開封。袁世凱派北洋軍第六鎮第十二協協統周符麟部防守洛陽，劉純仁試圖策反被殺，赤手空拳的仁義會、在園會會眾在清軍開槍迎擊下聞聲潰散。王天縱部被迫南下攻佔南召、鎮平。原南陽仁義會首領、同盟會員馬雲卿率部連克棗陽、新野、唐縣，並和王天縱所部會師光復南陽，推王為河南臨時都督兼北伐左路總司令。王部進佔宛西各縣，駐兵老河口，馬雲卿則駐紮南陽。劉體仁犧牲後，河南同盟會支部負責人張鐘端又在開封聯絡軍警學生並約會豫東仁義會眾，準備於十一月初三日（1912年1月22日）發動第二次起義。可是由於叛徒告密，張鐘端、三天傑等11人慘遭殺害，第二次開封起義終於夭折。[10]起義雖然失敗了，但極大的震撼了清廷在北方的統治基礎，有力地配合了全國各地的革命運動。

9　楊依平：〈略談『在園』活動〉，載《辛亥革命回憶錄》（五）第376～377頁。

10　胡珠生：《清代洪門史》第494頁。遼寧人民出版社，1996年。

第三十五章

辛亥革命時期甘肅
（含今甘、寧、
青）的會黨

　　清代甘肅省的轄境，包括今天的甘肅、寧夏和青海三個省區。1928年，寧夏和青海才從甘肅省劃分出來成爲單獨帶行政區。而這些地區的哥老會，則是同左宗棠所率的湘軍[1]密切相關的。

一、甘肅各地的起義

　　甘肅的哥老會相傳源自左宗棠在鎮壓回民起義後留在甘肅的湘軍，因爲湘軍中頗多哥老會分子，湘軍被遣散後，這些哥老會分子就留在了甘肅各地。

1. 甘肅西部的起義。

　　宣統元年（1909），甘肅籍的興中會會員知壽山回到家鄉後宣傳革命，並聯絡哥老會準備起義，許多哥老會分子便加入了同盟會，其中包括哥老會洪鈞山山主王沐震。他曾在甘州、酒泉、武威一帶組織哥老會並舉行起義，但均未成功。[2]宣統年間一名姓胡的外鄉人從陝西來到該縣，他爲了掩飾本來面部而留起鬍鬚，故被人稱爲「老胡爺」。他借行醫看病結交鄉友，宣傳革命。後因陝西長武地方遭災，當地一位身強力壯的中年漢子李忠浩，爲了幫助解救民眾疾苦而與同鄉老胡爺秘密結合起來。辛亥革命前夕，甘肅的河西、酒泉、張掖、武威等地的民眾，爲了反對契據稅，揭竿而起。消息傳到鎮番（今民勤縣），李、胡二人認爲時機已到，在二郎廟秘密地組織起哥老會。會眾燒香供祭，八拜結交，誓詞是「有福同享，有難同當」。時經數月發展，會眾以縣城爲主，由城到鄉，四方串連，由十多人發展到逾百人。參加者多是無正當職業的遊民，無家眷的單身漢，生活貧困的手藝人以及官府衙門中「三班」、「六房」等下層差役、士卒。1912年2月，以胡、李二人爲首的鎮番哥老會，在二郎廟正式

1　左宗棠的楚軍，習慣上亦稱爲湘軍。

2　閔鑄九：〈洪幫在甘肅的活動〉，載《近代中國會黨內幕》第108頁，民眾出版社，1992年。

聚眾起義，薦舉李忠誥為統領，「老胡爺」為謀士，李大漢（集科）為碼頭大哥。主要會眾有張班頭（緒義），亢刑房（亢眯），吳長毛，李仲玉，李卷先，羅鐵等。他們為了抗禦強暴，免於饑寒，擺脫社會低下地位，不齒於編氓的卑賤處境，提出：「搶武器，劫富商。奪當鋪，救貧民」的口號。哥老會由於組織不嚴，走漏了風聲，正當主要頭目在二郎廟開會決定起事時間時，會場突然被縣衙兵丁包圍，李忠誥、「老胡爺」束手就擒，押入獄中，李大漢逃脫。次日全城戒嚴，三個城門站上崗哨，李大漢在親友的幫助下，裝入奩桌箱內，扮作出嫁姑娘的陪房，混過崗卡，車拉出城，倖免於難。其他會眾聞風而散，起義遂即失敗。[3]

2. 隴東起義

　　辛亥革命時期隴東哥老會在全國革命形勢的鼓舞下，紛紛舉行起義。1911年11月，隴東靈台縣農民蔡普明趁辛亥西安起義成功的機會，發動會黨60多人，會合五渠溝農民20多人，在胡家店起義，進攻陝西麟游縣天堂鎮北寺，搗毀鹽局倉庫，擊敗緝私隊員。同年11月初，寧州會黨首領彭四海（四川人）、汪兆藜（湖北人）趁陝西革命軍石得勝部佔領長武之機，帶領400餘人在早勝鎮起義，攻破合水，進圍慶陽。同月，靈州知州聽到陝西起義，急忙招兵以護衛城池。會黨首領高登雲等20人趁機前往應募，得到槍支，奉命守城。紳士孫某對高登雲感到懷疑，向知州獻計擬於夜間將高等殺害，高登雲聞訊於夜間攻入州署，知州棄城逃跑，高登雲等佔據州城。[4]

3. 張掖起義

　　清同治三年（1864）六月，福建水師提督楊岳斌調任陝甘總督，楊

3　《民勤文史資料選輯》1988年1期。

4　韓定山：〈辛亥革命在甘肅〉，載《辛亥革命回憶錄》（五）487頁。

曾爲湘軍舊部，到任後即推薦湘軍舊部楊占鼇爲甘肅提督，著名的湘軍仁字營、義字營便駐紮在甘州，湘軍中的哥老會組織便隨之傳入張掖。光緒年間，張掖的哥老會已經得到很大發展，首領王良慶聞名西北，他同西安、寧夏、涼州、河州等地的哥老會首領互通聲氣。宣統三年（1911）武威哥老會起義，遭到陝甘總督長庚的鎮壓，哥老會首領齊振鷺被捕下獄。陝西軍政府成立後，甘肅各地哥老會積極響應。陝甘總督長庚爲了保住在甘肅的地盤，急調寧夏總兵馬安良率領「精銳營」（俗稱「西軍」）進攻陝西的革命軍。陝西軍政府都督張鳳翽急派副都督張雲山開赴乾州（今乾縣），馬安良乘張雲山不備，進攻乾州北門，張雲山一面嚴加防守，一面派人星夜趕往甘州，請當地哥老會首領王良慶襲取河州（今臨夏市），以亂其後方。王良慶接到張雲山來信，立即召集哥老會會眾，擇期起義。惟因缺乏彈藥，遂托人向甘肅提督直屬提標營以高價購買子彈，事爲甘肅提督馬進祥所聞，遂派人將王良慶殺害。張掖起義雖然夭折，但王良慶的犧牲，卻震動了各地的哥老會，寧夏府的哥老會響應起義，佔領府城，建立軍政府。[5]

二、寧夏各地的起義

寧夏地區的哥老會組織開始於清代光緒年間，左宗棠率湘軍來到寧夏鎮壓馬化龍起義，後來有許多南方籍下級軍官和士兵便在西北安家落戶，他們之中有許多是哥老會中人。辛亥革命前夕，寧夏的哥老會組織有六七個之多。比較著名的有：寧夏府的賀蘭山堂和西全山堂。賀蘭山堂的活動地區主要在寧夏府和陝北、綏遠一帶。龍頭大爺是高士秀，該山堂同陝西哥老會的通統山屬於一個系統。西全山堂的龍頭大爺是劉照藜，他是四川人，時任寧夏府巡警局的警官。[6]

---

[5] 張友賢等：〈張掖會黨素描〉，載《近代中國會黨史內幕》（上冊）第187～188頁。

[6] 孫昉：〈西北哥老會與辛亥革命〉第59～60頁。

　　早在光緒年間，寧夏哥老會就曾多次舉行反清起義。光緒初年，寧夏同心縣哥老會首領趙良才曾領導寧靈廳哥老會會眾和附近農民進行反清鬥爭。光緒十二年九月，他再次領導哥老會舉行起義，以「西烈王開國大將軍」的名義號召民眾參加，定於十月二十九日攻打甯安堡（今寧夏中寧縣城）。可惜因事先洩密而遭到清朝當局的絞殺。辛亥革命時期革命黨人領導的寧夏起義有：

1. 府城起義

　　1911年6月，孫中山領導的同盟會在蘭州設立了「西北革命同盟會支部」。革命黨人認為寧夏具有軍事上的優點，決定把寧夏作為革命工作的重點地區，派出十數人來寧夏開展工作。革命黨人到寧夏後，利用各種關係發展了50多名成員，形成了革命的核心力量。同時又加強了與哥老會等會黨的聯繫工作，雙方實行合作。經雙方協商，成立了「寧夏革命同盟會支部」。支部成立後，一面籌款，一面繼續擴大革命隊伍，並與山西、陝西的革命黨人取得聯繫，加緊進行起義的準備工作。1911年10月10日武昌起義的消息傳到寧夏，革命同盟會支部立即秘密召開會議，決定響應武昌革命，儘快起義。哥老會首領劉華堂、劉照藜（警官）等派人到西安聯繫，同時發動寧夏哥老會中人密謀響應。劉華堂是陝西人，平日以賭錢為掩護，秘密進行會黨活動，並經常與陝西的革命黨人張鳳翽取得聯繫。西安起義成功後，便以雞毛傳帖的方式，促使寧夏哥老會起來響應。劉華堂便與哥老會各會黨的山主高士秀、馬躍川、普子久（滿族）等人商議響應革命。他們聯絡了寧夏駐軍中的哥老會分子，內外結合，與加入哥老會的清軍鎮標教練官劉復泰、千總袁宗綱等人約期起義。11月14日晚，革命同盟會支部再次開會，決定15日晚9時舉行起義，以哥老會和駐軍巡防續補五營為主力，兵分兩路，西路負責攻佔寧夏府城（銀川）等地，由劉華堂、劉復泰負責；東路負責攻取靈州和橫城等地，由高士秀、高登雲負責，以同盟會員劉先質為總指揮。11月15日，革命黨人召集會眾，組織寧

夏起義軍，進攻寧夏府城。因會黨分子行動不慎，被寧夏縣（今銀川市）知縣陳元驤發覺，會黨中人李麻花、吳說書、羅大辮子等10餘人被捕。

九月二十七日（11月17日），靈武哥老會首領高士秀、高登雲起義，兵分三路，攻佔了靈武州守備衙門，繼而圍攻州衙，知州、守備棄城出逃。19日，起義軍宣布成立了靈武州革命軍政府，下設政務、軍務、參贊、軍需四部。所有起義軍統一領導，編爲五個營。高士秀按軍政府命令，於20日晚北上攻取了橫城，控制了黃河渡口。消息傳來，劉華堂等於九月二十九日晚，率領會黨分子30餘人，衝入鎮署。警官劉照藜、鎮台衙門教練官劉復泰（均係哥老會成員），分別帶領警兵和標兵100多人持槍加入起義，清軍左旗隊官黃連升也率領本部士兵鳴槍響應。城內貧民四五百人自動聚合，焚毀當鋪，打開縣監獄，佔據府城，捕殺代理總兵賀明堂和知縣陳元驤。寧夏新城駐防滿營內也有170多名旗兵（哥老會分子）同已攻佔府城的民軍裡應外合。次晚，攻佔新城。

2. 平羅起義

1911年11月20日（十月初一日），平羅會黨首領馬躍川、吳大炳、王之濱、蒲大爺等，響應府城的起義。清軍守將譚華亭等和知縣李九波棄城逃走，起義軍順利佔領平羅縣城，成立寧夏軍政府，劉華堂任總指揮，掌握軍政事務，劉復泰爲寧夏鎮總兵，劉照藜爲總參謀，出示安民，宣布起義是響應孫中山的革命。

軍政府成立後，立即著手組建革命新軍，下設五標（相當於團）和四路防軍。此時盤踞滿城的八旗軍仍堅守城池，不向起義軍投降，起義軍決定進攻滿城。由於起義軍缺乏訓練，武器低劣，戰鬥力不強，很快敗下陣來，傷亡數十人。後來起義軍又從各地抽調人馬，圍攻滿城10餘天，傷亡200餘人，滿營城始終未能攻克。此時革命黨人先後在平羅、中衛等地起義，佔領了這些地區。

寧夏起義震動了甘肅全省，陝甘總督長庚與辛亥西安起義後逃來甘

肅的陝西巡撫升允，深懼陝、甘革命聯成一氣，急從攻陝前線抽調回族將
領、西軍馬安良部的馬麒率馬步六營，星夜趕赴寧夏，剿辦寧夏起義軍。
長庚利用回漢矛盾，允許馬麒所部「敞刀三日」，進行仇殺。12月中旬，
馬麒率領西軍抵寧夏廣武，與寧夏的豪紳民團會合後，兵分兩路，一路進
攻靈州、橫城，一路由馬麒親率，進攻寧夏府城。馬麒很快攻到府城，向
圍攻滿城的起義軍進攻，起義軍腹背受敵。12月19日，軍政府決定將駐守
城郊和圍攻滿城的起義軍全部撤回城內，集中力量保衛府城，同時派人向
陝西起義軍求援。12月20日，馬麒與滿城清軍匯合，包圍了府城，發動
強大攻勢，並派奸細混入城中策動起義軍中的原清軍叛變，殺害起義軍首
領，開啟城門放西軍入城，府城陷落。起義軍民軍首領多人、千餘名官兵
戰死，餘部退往平羅。11月21日，馬麒又率部北上進攻平羅，追擊北撤的
起義軍。12月27日，馬麒血洗平羅後，繼續向石嘴山追擊。這時的起義軍
因去向分歧發生內訌，力量削弱，不得不撤往內蒙古鄂爾多斯一帶。在馬
麒進攻府城之時，東路西軍和民團也展開了對靈州和橫城的進攻，很快攻
佔了兩地。高士秀率民軍退往陝北三邊，後又奉軍政府命令，北上鄂爾多
斯與由府城撤出的民軍匯合。此時，先期到達的府城起義軍已被當地蒙古
王公貴族所擊潰，高士秀得信後，被迫返回陝北。寧夏的辛亥革命終於失
敗，清朝重新恢復了在這裡的統治，直到清帝宣布退位。袁世凱就任民國
臨時大總統，方宣布承認共和。[7]

　　中衛縣的哥老會大約始於1894年（光緒二十年）以前，最初由山東人
段全忠傳入。他在中衛縣「開山設堂」，發放「飄布」。飄布印有「西泉
山」及哥老會的「山、堂、香、水」：「西泉山前萬里長（山），大佛堂
中放毫光（堂），萬壽香景萬古傳（香），昆侖水流到東洋（水）」。中
部印有：「血心共立，定國安邦・異姓同胞，共立朝綱。」堂對是：「聚
西北豪傑為華族請命；合世界大同與平民出頭。」入會者有李武全、吳

---

[7] 本段內容參考了寧夏銀川西夏旅行社編輯的〈辛亥革命時期的寧夏〉一文，特此感謝！

桂、王懷玉、殷全忠（陝西人）、荊興泰、王道（均係四川人）、田發
（安徽人）、何占彪（本縣人）、徐懷庭等。後因會員不斷發展，遂遍
布全縣。靈武州、寧夏府城（銀川）起義告成後，中衛縣的哥老會的吳
桂、殷全忠、田發、何占彪等也聞風而動。他們把守城用的舊式大炮「將
軍」、「抬槍」、「長龍」等武器，架設在縣衙門口，準備起義。中衛縣
知縣趙先絮和綠營副將賈鴻增，既不敢逃跑，又不敢抵抗，只好央請縣城
士紳與哥老會進行談判。據當時起義參加者何占彪（1888～1960）憶述：
「我們堵住了縣衙門後，縣知事趙先絮跑不了啦，協台賈某是個大煙鬼，
所帶的那些綠營兵，都是些『聽著關銀子，拿的大戥子；聽著打民軍，跑
的沒影子』的老弱殘兵，而這些人中又有哥老會的人。我們通過『跑報
的』（即聯絡通訊的），已和他們通了氣，和靈州、寧夏城的起事人一起
占寧夏。」「我們自稱是『漢留』（意即漢族）。縣城及附近紳士念書人
圍住我們說：靈州城、寧夏府城雖然起事了，但能不能成事，還說不定。
就是成了事，我們跟上走，也不遲。希望你們不要鬧得全縣不安，地方遭
受塗炭。你們總該聽到過同治年間回回造反（指回民起義）的事情。那時
候，從同治四年（1865年）勝金關失守，中衛縣城被圍有三年之久，戰事
和瘟疫、饑餓死了多少人，還是以安地方為重，不要輕舉妄動。他們在勸
阻的同時，卻又暗中和縣衙裡的趙知縣勾結，組織地方民團，準備消滅我
們。」「我們看到這種情況，又聽到西軍（指清軍分統馬麒的隊伍）已自
蘭州開拔來寧，也就只好作罷」。1911年12月，清軍西軍分統馬麒部來寧
夏後，滿城解圍，劉華堂等敗走後套，靈州高士秀、高登雲等也因勢孤力
單，由花馬池退入陝北。一場為時不到兩個月的辛亥寧夏會黨起義，遂被
清軍及地方團練鎮壓下去。[8]

8　寧夏中衛政協何其正：〈中衛縣會黨起義述略〉。見寧夏政協網nxzx.nxnews.net

三、青海各地的起義

1.李旺和黃龍會在丹噶爾起義

李旺是青海省丹噶爾（今湟源）北城人，當過掛麵匠和腳夫。在前往四川、涼州、西安等地運貨載客時，與會黨中人來往甚密。辛亥革命前夕，他又與西安著名哥老會首領張益謙、張雲山、郭堅等結識往來，從他們那裡探悉南方革命黨活動的情況，並接受他們的建議，計劃在西寧聚眾起義。他回到西寧後，先後與董蠟匠和在欽差衙門當差的李通雲等結識，並勸他們加入哥老會。宣統二年（1910年）秋，李旺與哥老會中的王鐵棍、張曼巴（四川人，藏族，哥老會大爺）、郎老爺（礦工）、黨秋蟬兒、尕馬子、李尕皂等，發動搶鹽局的風潮，欲殺死廳官進據丹噶爾。[9]事敗，李旺往來於甘州（今甘肅張掖）、涼州和大通一帶從事運輸活動，在馱腳到陝西潼關時，遇到裴道人，從他那裡瞭解到義和團的情況，遂拜裴道人為師傅，並把他接到丹噶爾，商討起義計劃。不久，他又介紹西寧的董蠟匠與裴道人認識。董蠟匠是秘密教門的信奉者，宣統初年，董蠟匠夫婦變賣家產前往山東會見了裴道人的三弟裴老三，又到北京加入神團組織，回到家鄉後便與李旺組織起「黃表會」（又稱「黃標會」、「黃龍會」），共同從事反清活動。

加入黃龍會要履行如下手續：神前吃血酒、對天發誓和掛黃號。並用自己的錢縫製自己穿的號衣，樣式是紅邊黃堂，中間紮上「虎吃羊」三個黑回絨大字，虎指漢人，羊指清朝和洋人。該會還寫了不少傳單，上書「掃清滅洋」。凡入會者都要捐獻糧食和衣物，許多人甚至把所有的家產都捐獻入會，公吃公用。該會嚴禁向任何民眾攤派，而且把所聚集的財物、糧食、衣物隨時分散給貧苦農民，因而貧苦農民紛紛入會。[10]

李旺也聯絡了不少哥老會分子，除了上面提到的王鐵棍、張曼巴等

9　丹噶爾，今湟源縣，距西寧以西九十里，當時屬於西寧府管轄。

10　石殿峰：〈甘寧青的人民武裝鬥爭〉，載《辛亥革命回憶錄》（五）第464頁。

人外，還有本地人詹洪發、王呼郎、唐古爾殿等，經常在丹噶爾城鄉做聯絡工作。宣統三年（1911）初，李旺等人得到了一份同盟會的〈討滿檄文〉，受到鼓舞，準備起義。起義前，李旺等向民眾說：「凡有黃號者，都是黃標會的一家人，吃喝住宿不分你我，等時機一到，先取下丹噶爾，城內有大倉和義倉，作爲糧台，再東進攻破西寧府，拿得三縣四廳的糧草，軍需就有辦法了。」又說「我們這些窮人造反，盡是被他們有錢有勢之人逼起來的，雖然沒有得濟的武器，大家應該學李闖王攻打北京的方法，農人有鋤頭，工人有斧頭，凡是刀矛棍棒，流星穗子，都是好兵器，只要萬眾一心，立定百折不回的志氣，沒有不成功不勝利的」。[11]李旺等約定於七月十五日起義，在西寧、丹噶爾、樂都、大通聯合了四五萬民眾，不僅有漢民，也有其他各族人民。因爲等不到約定時間提前起義，直接參加起義的約有二三千人。他們「曾與官軍鏖戰一夜，擊斃官軍百餘人，後因民眾的棍棒木石抵不過官軍的洋槍大炮，才紛紛四面而逃」。當場殉難的有數十人，李旺和一些黃會首領最後力竭被擒，起義失敗。當時民間流傳了一首歌謠反映了這次起義的情況：「哥老大會和黃會，不分你我不分誰，東路同胞革命黨，悄悄上來占地方。心急了，太早了，時候沒到就跑了。殺的殺，砍的砍，入入了黃會的抽地板，（意言背叛）。不要喊來不要贊（誇口之意），拋掉黃號再莫管」。[12]

2.喬壽山、任得惠等在西寧的起義

喬壽山是黃龍會西寧魯沙爾一帶聯絡工作的負責人，繼承了李旺「兵馬大元帥」的名義，領導西寧西南一帶一些村莊的農民；任得惠是當地哥老會的大爺，與西寧鎮標中及散居在各地的會黨分子有密切聯繫。武昌起義後，二人提出「響應民軍起義，推翻滿清，殺盡洋人」的口號，在西寧

---

[11]石殿峰：〈甘寧青的人民武裝鬥爭〉，載《辛亥革命回憶錄》（五）第465頁。
[12]石殿峰：〈甘寧青的人民武裝鬥爭〉，載《辛亥革命回憶錄》（五）第468頁。

以西的川山元爾起義。當時駐紮在西寧西關大營盤的新軍營盤有四五百人，其中大部分是會黨中人，與喬壽山、任得惠有秘密聯繫。他們計劃把當地的農民和遊勇、流民3,000餘人編成左右前後中五個營，曾在深夜秘密訓練和部署，擬於十月十九日（12月9日）大舉東進，聯合新軍攻佔西寧城。可惜起義計劃被一個青年所洩露，西寧總兵得信後於十五日黎明向起義民眾開槍射擊，起義民眾終因刀矛等難以抵擋清軍的槍炮而失敗。[13]

---

[13] 石殿峰：〈甘寧青的人民武裝鬥爭〉，載《辛亥革命回憶錄》（五）第477～479頁。

第三十六章
辛亥革命時期新疆
和西藏的哥老會

　　哥老會在新疆辛亥革命中曾起過重要作用。哥老會在新疆又稱「哥弟會」，一部分相傳是沿襲當年左宗棠進軍新疆、平定阿古柏叛亂時，所率湘軍中舊有的哥老會組織。辛亥革命時期新疆的漢族當中，有些人乃是當年湘軍的後裔，其中不少人與哥老會有著千絲萬縷的聯繫。當時新疆北部的哥老會有：哈密的通統山，古城的太極山，迪化（烏魯木齊）的長壽山（一說稱「迪龍山堂」），綏來的迪龍山宣化堂，塔城的福壽山，伊犁的新民山。辛亥革命時期在伊犁、塔城、喀什一帶均有哥老會的活動，伊犁起義中的領袖人物徐三泰曾經擔任哥老會的正山主，楊贊緒爲副山主。[1]除滿、蒙、錫伯族外，其他民族不論成分，一律吸收。天山南北之哥老會發展較爲普遍，常以七、八人自相結合，以講故事、讀小說或歌唱爲名，探尋情況，由一專人向上彙報。所讀小說，多以梁山泊、瓦崗寨、小五義等爲主，宣揚應有桃園之義氣，梁山之組織，瓦崗之威風等。[2]辛亥革命在西藏的起義，也是哥老會在革命黨的主導下進行的。

一、烏魯木齊（迪化）哥老會響應武昌起義

　　武昌起義後，烏魯木齊的革命黨人、湖南寧鄉人劉先俊、田昔年及萬象春等聯合當地哥老會首領黃大發、馬萬榮準備響應。因「撫標小衛隊及協營多湘人而隸哥老會」，劉即利用同鄉關係，很快地聯絡了社會上和軍營內的哥老會組織，並鼓動新疆巡撫袁大化之衛隊長王家用爲內應，策劃起義。萬象春運動馬隊第三營隊官蘇國梁，黃大發鼓動炮隊，哥老會兄弟已約定臨時用命，定於辛亥十月初九日（1911年11月29日）晚九時在迪化起義。由於叛徒告密，哥老會首領、「總統」唐小雲、「幫統」陳光模被巡撫袁大化派兵捕殺，劉先俊被迫於當日傍晚率同100多人倉促起事。他們左臂繞白布，各持槍械，「闖入城守協營，奪取槍械，裹脅營兵」，然

---

[1] 楊柳風：〈伊犁辛亥革命起義始末〉，載《辛亥革命在各地——紀念辛亥革命八十週年》，第262頁，中國文史出版社，1991年。

[2] 楊逢春：〈伊犁辛亥革命概述〉，載《辛亥革命回憶錄》（五）第510～512頁。

後攻打撫署東營。[3]營兵中一小部欲為內應，被某幫帶手刃數人，而未敢動，衛隊隊官王學斌督兵拒戰被擊傷。[4]起義軍接著猛撲陸軍炮營，「志在奪炮登城，轟擊各署」，復攻擊員警第一區。但王家用不僅未作內應，反而下令衛隊開槍射擊，炮隊、馬隊因而亦持觀望態度，[5]故未能得手。只好退據協營行署後，又遭陸軍馬步隊圍攻，起義隊伍潰散，劉先俊等等143人遇難，其中有哥老會成員數十人，烏魯木齊起義遂告失敗。[6]萬象春、鄧祥麟等潛行出城，南下伊犁以圖再舉。

二、伊犁響應烏魯木齊（迪化）起義

伊犁雖然遠在邊陲，但同盟會也已經在那裡開展了革命活動，主要人物有馮特民、馮大樹、李輔黃、李夢彪等人，他們都深入到新軍和哥老會中進行革命活動。馮特民曾在湖北從事革命活動，因將湖廣總督張之洞與英人簽訂之粵漢鐵路借款合同公之報端，張之洞大怒，下令追查。適因湖北陸軍第四十二標統楊纘緒調任新疆伊犁陸軍協統，馮特民相隨前往。楊纘緒係日本陸軍學校畢業，在日本時就已加入同盟會，回國後明為清廷官員，暗為革命效力，在武漢時同日知會過從甚密。日知會遭破獲後，革命黨人馮特民、馮大樹因清廷索之甚急，難以在武漢藏匿。恰好楊纘緒奉調赴新疆，遂將馮特民等十餘人，秘密雜於軍中，隨同來到新疆。[7]1911年十月，八旗兵的伊犁將軍志銳擔心楊纘緒響應革命，下令將新軍解散，將楊纘緒免職。並令新軍遣返內地，卻又遲遲不發遣散費，弄得新軍官兵坐困伊犁，凍餒交加，怨聲載道，協統楊纘緒所率新軍，大部分加入了同

3　《宮中電報檔》，新疆巡撫袁大化致內閣電，宣統三年十一月十三日。

4　鐘廣生：〈辛亥新疆定變紀略〉，載中國近代史資料叢刊《辛亥革命》（七）第441～442頁。

5　《中華民國建國史》第一編第七章第792頁。

6　楊柳風：〈伊犁辛亥革命起義始末概述〉，載《辛亥革命在各地──紀念辛亥革命八十週年》，第264頁。

7　楊逢春：〈伊犁辛亥革命概述〉，載《辛亥革命回憶錄》（五）第511頁。

盟會。[8]楊纘緒感到伊犁各地哥老會之潛在力量頗大，凡軍營、機關及各族民眾中均有其組織，於是派馮特民負責聯絡哥老會。哥老會之首領徐三泰係四川人，乃伊犁哥老會「新民山堂」的山主，又稱「伊江龍頭大爺」。伊犁各地軍標、鎮標、綠營官兵，大半為哥老會中人。因此，楊纘緒即以協統名義暗委徐三泰為義勇軍團長。[9]烏魯木齊的起義雖然失敗了，但消息傳到伊犁，仍然使人心為之振奮。加入同盟會的新軍官兵一致認為時機已到，決定公推馮特民、李輜黃等為起義的指揮幹事，由李輔黃聯絡軍界，李夢彪聯絡商界，馬淩宵聯絡回族群眾，譚玉書聯絡哥老會，定於1912年元月12日舉行起義。旋因武備學校的滿族教師崇行銘向志銳告密，風聲緊急，被迫提前於元月7日晚9時在南門外炮營開會，到會者69人，定名為「鐵血團」，決定當晚12時發動起義。不意會場中有兩名士兵逃走，恐怕事機洩露而提前於9時舉事。大家公推統領楊纘緒為總司令，教練提調馮超為參謀長，李輔黃為總指揮，分五路發起進攻：一路由馮特民統率，迅速攻佔北庫，取得大量武器彈藥；一路由李輔黃統率，攻佔東門，迎接城外馬淩霄等率領的馬標、協標士兵和徐三泰率領的哥老會眾，以及由漢族、維吾爾族民眾所組義軍進城；一路由馮大樹統舉攻佔都統衙門；一路由郝可權率領攻佔將軍衙門。當晚9時許，時任伊犁陸軍步一標一營督隊官的周獻臣利用當日擔任值日官的有利條件，命令號兵吹號集合，並與馮特民率領所屬官兵攻入南門，佔領南軍械庫，李輔黃也佔據了東門，迎接馬淩霄之協標及徐三泰率領之義勇軍入城。郝可權率眾攻入了將軍署，伊犁將軍志銳從後花園越牆逃走。軍標及各防營知大勢已去，乃相約保護街市，各不侵犯。惟有由李夢彪率領進攻北庫的一路，卻因遭到滿蒙旗營的頑強抵抗，未能得手。當時北庫掌握在新滿營正藍旗協領蒙庫泰手中，重要軍械、彈藥均在北庫，城外各滿蒙練軍及綏定縣的鎮標、

8　鄧寶珊：〈伊犁革命回憶〉，載《辛亥革命回憶錄》（五）第505頁。

9　楊逢春：〈伊犁辛亥革命概述〉載《辛亥革命回憶錄》（五）第510～512頁。

防營尙多，伊犁城內多屬旗人，倘若內外夾攻，革命軍必然失敗。後經混成協統標楊纘緒請卸任的伊犁將軍廣福（蒙古族）出面勸說稱：「此次革命係政治革命，並非種族革命，滿漢不要誤會，不許互相殘殺。並宣布時局至此，天順人歸，無可挽回曉以大義，化除意見。命滿營繳械投誠，退出北庫，北庫蒙旗官兵始停止抵抗。廣福在通電中稱：「伊犁陸軍因志銳到任後，久未發餉，又多裁撤。〔宣統三年〕十一月十九日夜二更，全協官兵群起反對，先攻軍器庫，奪取彈藥，分撲將軍都督署，均被焚。黎明尙與新滿營相持。福雖交卸，因時機緊迫，難以坐視，出爲排解，幸即停戰。查兩回共傷斃三十餘人，志銳已被戕。中外商民均未擾。此次並無種族意見，旗人僅抵禦時傷亡數人。嗣後，各界公議要求福爲主持，並與贊成共和。各旗官長，自都統、領隊以下，東三省及蒙盟均獨立，伊犁亦可仿辦。」[10]於是得到和平解決，起義軍組織漢、滿、蒙、回、藏五族共進會，推舉楊纘緒爲會長。1912年1月8日，革命黨人商討組織臨時都督府，公推廣福爲新民軍臨時政府都督，[11]楊纘緒任總司令部軍務部長，馮特民爲外交部長。1月20日，將捕獲的志銳槍決，至此伊犁大局已定。臨時都督府電告新疆巡撫袁大化，勸他投降，袁不僅不接受，反而派陸軍協統王佩蘭率兵向伊犁進攻。臨時都督府派東進支隊司令徐國楨前往迎敵，不料所率兩營旗兵叛變投敵，致使伊犁陷於危機。後來雖然轉危爲安，但雙方仍相持不下。革命軍遂派人聯絡哥老會，使之在天山南北到處發動起義。1912年1月12日，清廷宣布退位，袁大化不得不派人同革命軍議和，但談判中袁大化尙企圖拖延時日，以觀大局變化。同年3月，喀什噶爾哥老會首領邊永福、魏得喜等舉行起義，南疆各地會眾紛紛回應，使袁大化窮於

---

10 《宮中電報檔》新疆巡撫袁大化致內閣請代奏電，宣統三年十一月二十三日；張開枚：〈辛亥新疆伊犁亂事本末〉，載中國近代史資料叢刊《辛亥革命》（七）第432頁。

11 鄒魯：〈新疆伊犁舉義〉，載《辛亥革命》（七）第428～430頁；《中華民國開國五十年文獻》第二編第三冊，第424頁；鄭鶴聲：《中華民國建國史》第一編第七章第792頁。

應付。四月，喀什噶爾宣布獨立，推舉前任道台袁鴻佑爲新疆都督，袁大化無奈之下，便順水推舟，電請袁世凱，推薦袁鴻佑爲新疆都督。後袁鴻佑被喀什噶爾哥老會首領邊永福與魏得喜殺死，袁世凱遂改命鎮迪道尹兼提法使楊增新爲新疆都督。[12]

　　這時伊犁革命黨人與天山南北各地的哥老會積極聯絡，各地哥老會也紛起而響應，配合伊犁起義。從1912年4月起，南疆焉耆知府張銑、庫車知州毛英畏、輪台知事李華嵩、阿克蘇道尹陳正源與知府王乃發等人，相繼被當地哥老會處死。邊永福與魏得喜二人起義後，迅速將哥老會眾編練成三營兵力，二人自任統領，各帶一營，分一共和營交哥老會會員陳得功率領。起義軍在喀什噶爾維護社會治安，保護人民生命財產，有力地配合了伊犁革命的發展。[13]但在楊增新就任新疆都督後，接受袁世凱密令，大肆屠殺革命黨人，導致伊犁革命之失敗。

三、辛亥革命時期的西藏哥老會

　　西藏的哥老會主要來自駐藏的川軍。1909年，清廷爲了粉碎英國侵略者操縱、煽惑西藏上層分子叛亂藉以控制西藏的陰謀，派鐘穎統率四川陸軍2,000人，由步騎輕炮兵混合編制，服裝、武器皆爲新式，於6月抵達西藏邊境，並於宣統二年正月初三日以後陸續進入西藏，分別駐紮在拉薩、江孜、日喀則、定日、於請、靖西和江達、工布等處。進入西藏的川軍，大多爲哥老會成員。據當時左參贊羅長裿在波密嚴核隊伍時發現，「所部官兵入哥老會者已占全軍百分之九十五，慮其爲患，於事變未發前，盡捕殺其重要首領劉輝武等十三人，可概見其勢力」。[14]駐藏川軍哥老會總首領郭元珍（號聘侯），原先是駐藏大臣衙門的戈什哈（侍衛），因爲當時的士兵幾乎全部是哥老會成員，所以「一切事權皆歸郭掌握」。哥老會另

---

[12]鄧寶珊：〈伊犁革命回憶〉，載《辛亥革命回憶錄》（五）第508頁。

[13]〈辛亥革命時期的喀什哥老會〉，見互聯網：http://www.xici.net

[14]孔慶宗：〈辛亥革命中駐藏川軍起義始末〉，載《文史資料選輯》第75輯37頁。

一首領爲四川大邑人葉綸三，他因與藍翎侍衛楊有奎有同鄉關係，來藏投效水師。旋因水師議罷而困居藏中，「遂誘軍人入會，開山堂，設局賭博，由是哥老會更衍於陸軍中」。武昌起義成功的消息傳到拉薩後，在哥老會首領葉綸三的策動下，駐劄在喀什的炮營排長雷坦亭「以要求發餉爲詞，鼓動哥老會首先起義，響應革命。至是推郭元珍以大同保障總管名義，掌握發動指揮之權」。[15]辛亥年（1911）九月二十三日，在哥老會發動下，拉薩駐軍闖入駐藏大臣衙門，搶劫兵備處所存軍火和糧餉。次日，攻佔了駐藏大臣的衙署、庫房、各局，推舉兵備處書記官李治平、標部書記官范金爲總參謀。李治平等宣布「禁剽掠、禁戕害滿漢官，優待番民」。[16]二十五日夜晚，李治平命田得勝等率兵入署，劫持了駐藏副大臣聯豫，置於喀什城的兵營中。新軍協統鐘穎自從進攻波密失敗後，被撤職拘禁，此時右參贊錢錫寶見起義軍均是鐘穎的舊部，乃將他釋回，維持局面。鐘穎既得哥老會的擁護，又有了維持治安的名義，便攔截了聯豫從四川請領來藏的軍餉，並縱兵圍攻駐藏大臣衙門，搶劫庫房，然後以此鉅資號召哥老會，擴充實力。鐘穎是清仁宗的外甥，作爲皇親貴族，並無革命的意識，不久便倡言「勤王」，請聯豫爲元帥。聯豫此時尚未獲得自由，故以病辭，不肯就任。他在致內閣的電文中寫道：「豫體素多病，在藏數年，日益增劇。」「此次藏兵變亂，劫豫到營，數日之間，求死不得，憤懣焦急，日日嘔血。雖經統領鐘穎百計營救，設法救出，而心神俱瘁，已成怔忡，腦筋作痛，終日偃臥。似此情形，萬難辦事。」[17]鐘穎命隊官丁克敵率兵10餘人刺殺了葉綸三，於是營中大亂，自相殘殺。十月初一日，聯豫乘亂潛逃回署，於初八日逃居別蚌寺中。鐘穎又囚禁和秘密殺害了李

---

[15] 孔慶宗：〈辛亥革命中駐藏川軍起義始末〉，載《文史資料選輯》第75輯37頁。

[16] 尚秉和：《辛壬春秋》，西康第二十二（西藏附）轉引自胡珠生：《清代洪門史》第503頁，遼寧人民出版社，1996年。

[17] 《軍機處電報檔》駐藏辦事大臣聯豫致內閣清代奏電，宣統三年十一月二十五日。

治平和范金。十二月中旬，駐在波密的川軍舉行兵變，駐藏左參贊羅長裿、三營管帶陳渠珍、標統陳慶分路出逃：羅長裿由德摩小道走拉裡出川邊，被哥老會「義字型」的張本立、陳英等發現，勒死於山下喇嘛寺；陳慶出碩般多，走昌都，陳渠珍率兵回德摩到江達，出青海荒原，取道甘陝東歸，均得生還。這時，靖西、江孜等地也發生兵變，回應革命，數日之間，各處駐軍紛紛退回江孜，標部書記官周某和二營督對官胡某，皆主張驅逐聯豫和鐘穎，建立軍政府。[18]1912年2月1日，起義軍建立革命政權，推何稚逸為副都督，改清駐藏大臣衙門為四川軍政分府。

---

[18]桑頗·才旺仁增等：〈回顧辛亥革命前後的西藏情況〉，載《辛亥革命回憶錄》（三）第512頁；孔慶宗：〈辛亥革命中駐藏川軍起義始末〉，載《文史資料選輯》第75輯第39頁。

第三十七章

晚清其他會黨

　　晚清時期也同清代前期一樣，在天地會、哥老會之外，還有大量不同名目的異姓結拜組織。這些會黨組織，一般規模比較小，大多旋起旋滅。本書記載的，僅僅是被清朝當局發現和破獲的，實際上還有大量未曾被當局發現和破獲的秘密會黨，因未見於檔案和文獻史料記載，所以就被淹沒了！

一、江湖會

　　道光二十一年，福建汀州府武平縣有人結夥設立江湖會，勾通衙蠹肆劫。連城、上杭、長汀等州縣，以廖岸如、衙蠹周勇即周恭為首，設立江湖會，煽惑鄉民，出錢入會。道光二十一年、二十九年均在連城縣曲溪地方做會，誘脅至三四千人。又分遣頭目潛赴各處，擾害行旅，設局抽稅，私給印票。該會稱廖岸如為「大霸」，周勇為「二霸」。初入會時，每人出錢伍佰文，若富戶入會，為保身家，每人需出洋錢十圓，或八、九圓不等。每年春夏之交，做會一次。聚集千人，張掛神像。道光二十九，該縣金雞嶺地方發生盜劫廣客一案，該會串誣平民，夥同差役進行索詐，百姓畏懼差役甚於畏盜。延平府沙縣、永安、尤溪沿河地方均為盜藪。福建汀州、邵武至江西白水鎮黃竹嶺地方，亦有該會會眾私抽客稅。連城縣解省錢糧，被歸化縣該會搶銀三千餘兩，官員消弭不報。[1]同年，該會於曲溪同觀寺做會，周勇聲言：「爾等有身家者，不來入會，大禍立至。」以至被脅迫入會者，達三四千人。之後，又分遣頭目在汀州、漳州、龍岩、及上杭、長汀、連城交界處，攔路設局，私抽貨稅。每逢客商過往，視貨物貴賤抽取稅款。私給印票。可保無事。若不交稅領票，則將貨物搶劫一空。[2]

---

[1] 《軍機處錄副奏摺》閩浙總督季芝昌、福建巡撫王懿德咸豐二年三月初十日。

[2] 《軍機處錄副奏摺》資政大夫雷維翰摺，咸豐元年十二月初六日。

二、南北會

道光二十三年，廣東新安縣屬沙井之孔進鄉陳姓，濱海聚族而居，習成兇悍，聚眾拜盟，稱為「南北兩會」。南會為首者有陳翹萃、陳亞妙、潘仰垣、潘岳秋、曾疊富等；北會為首者為陳顯猷、陳常德、陳炳之、曾蘊輝、陳大實、陳齊福等。並招集外來之人共千餘。製造長龍、瀨跳等船，裝載炮械，在該縣沿海村莊，勒詐財物，名曰「打單」。稍不遂其所欲，即統眾圍殺，受其害者，指不勝屈。同年，該會陳大實、曾蘊輝、潘仰垣、潘岳秋等因勒索不遂，將辛養鄉陳姓祖墳鋤挖，骸骨斬碎拋棄，並時時圍殺不休，炮斃多命。道光三十年十月，該會逼勒鐘姓入夥不依，遂駕駛長龍等船，在蛇口地方將鐘姓族人無故連殺十二命，擄去十七人，或肢解、斬首、砍腹、挖眼、釘腦，或釘割手足。經督撫臬司各衙門嚴拿查辦，該縣將該族生監詳革，又編懸賞格，每獲一犯，賞洋銀或二百圓，或一百圓，或數十圓不等。該縣親帶兵役往捕，該會等於村外遍築炮臺，竟聚眾千餘，執持炮械，與官抗拒，並無一犯交出。[3]該會是當地的一種惡勢力。

三、捆柴會（股子會）

湖南湘鄉人熊聰一、熊幅二、王課二等，均靠挖煤度日。咸豐元年七月不記日期，熊聰一、王詳二、王菖梓等人在一起閑坐。熊聰一起意糾人結拜弟兄，希圖搶劫。王詳二等允從，商定取名「綑柴會」又名「股子會」。熊聰一、王詳二、王菖梓各邀熊幅二、毛良玉、王拔七、胡玉青、謝典、胡海鬼精、王受和、王小二、王萬保、劉有品、劉有三、熊常五、熊七馬皮、熊申七、王六二、王小十等人入會，約定是月二十三日在王菖梓屋後結拜。屆期各出錢二、三百文不等，交與熊聰一買得香燭雞酒，一共五十五人，齊至該處，同寫名單，設立神位。因係熊聰一起意，不序年

---

3 《軍機處錄副奏摺》閩浙總督季芝昌、福建巡撫王懿德摺，咸豐二年三月初十日。

齒，共推爲大哥，餘俱挨次序列一同結拜，宰雞取血，滴入酒內分飮，並將名單焚毀各散。同年九月，被該縣破獲，熊聰一等人被拿獲懲處。[4]

四、斗台會

咸豐元年八月，湖南東安縣僧景灼糾約僧葆沅等42人在僧庵會齊，拈香結拜弟兄，宰雞飲酒，不序年齒，共推僧景灼爲大哥。因見經卷中畫有斗台佛像，遂取名「斗台會」。[5]

五、孝義會

咸豐年間廣西全州、興安交界的五排地方，有湖南、廣西各州縣的楊三通等人結拜「孝義會」。楊三通等人平日「遊蕩度日」，先後在五排地方居住。咸豐二年八月間，楊三通等人聞知太平軍攻打長沙，料想官兵不能兼顧他地，欲趁機起事造反，於是一同商議創立「孝義會」。楊三通先後邀得36人，在該地雞籠山偏僻地方歃血盟誓，楊三通自任總頭目，會眾分爲前後中左右五營，派會內的李白毛等五人分別擔任五營的大頭目，吳三才等30人爲散頭目。楊三通還令人鑴刻「玉寶明鏡」篆文木印一方。另外，還模仿天地會製造「彪虤虦虤虤」作爲五營暗號。[6]並刻虎和字小木印一方，交給散會頭，作爲邀人入會之用。[7]咸豐十年貴州人胡幅瀧等在四川永寧與貴州連界的古藺岩寨地方結拜孝義會。咸豐九年某日，胡幅瀧自稱夢一神人，傳授刀槍陣法。遂藉此與古藺的卯沅談及，如今刀兵四起，可趁機「謀反」。咸豐十年正月，胡幅瀧糾約眾人結拜孝義會，雕刻「漢」字印紙，打造刀矛，製造旗幟器械。眾人公推胡幅瀧爲「總統主

---

[4] 《軍機處錄副奏摺》湖廣總督喬松朵摺，咸豐元年十二月初八日。

[5] 《宮中檔》湖廣總督程喬朵摺，咸豐二年正月二十六日，轉引自莊吉發：《清代秘密會黨史研究》第211頁。

[6] 此系模仿天地會，但並無其他證據表明該會屬於天地會。

[7] 《軍機處月折包》廣西巡撫勞崇光摺，咸豐二年十二月二十四日，轉引自莊吉發《清代秘密會黨史研究》，第213頁。

帥」，胡幅瀧封蘭卯沅爲「元帥將軍」。[8]

六、老洪會

咸豐元年，廣東省瓊山、文昌等縣遊民糾集數千人結會，名爲「老洪會」。每於各市鎮當鋪及偏僻鄉村藉端訛索，肆行搶掠。咸豐元年七月，該縣嘉積市老洪會被練勇格斃一百餘名。自九月十月至咸豐二年十月，又被瓊山、文昌二縣練勇格斃數百名，仍紛擾澄邁、定安各縣，亦均有搶斃，黨羽尚多。[9]

七、定子會

咸豐三年十月，四川南江縣有人聚眾結拜弟兄，稱爲定子會。經官府查辦，拿獲爲首之鄭懷江及楊發祥、劉日政、樊朋舉、汪明、胡文祥、陳得金、孫紹富、李桃林、許學斌等人。鄭懷江於道光十五年捐納監生，領有執照。陳得金與王瘋子均受雇在鄭懷江家幫工。鄭懷江與楊發祥等彼此認識，楊發祥因夥同丁芒行竊，拒傷事主身死，被發遣安徽桐城縣安置，乘間逃回，至鄭懷江家借錢。並以南方天地會重義氣，如果鄭懷江能聚眾謀反，搶得三五州縣去投，必得富貴之詞，向鄭懷江慫恿。鄭懷江聽信，因向與桂和場客長解邦榮有打鬥之事，挾有夙怨，起意借齊團打場爲名，趁機起事。遂與楊發祥密商，楊發祥亦願出力扶助。鄭懷江當即製作白旗三桿，上寫「平川王懷天機」六字。又邀允文懷信入夥，令其雕得木印一顆，上刻「欽命四川提督都督大元帥」字樣，收藏家內。因時值農忙，約俟秋後糾人舉事。九月二十三日，鄭懷江令陳得金、王瘋子、邀得楊發祥、汪明、樊明）、胡汶祥、劉日政、楊復芸、李桃林、孫紹富、吳三沅與楊東三、樊希仲、文懷信、文懷禮、齊太中、齊文中、劉日耀、劉成

---

[8] 《硃批奏摺》署理四川總督曾望顏摺，咸豐十年三月三十日。

[9] 《軍機處錄副奏摺》浙江道監察御史韓錦雲摺，咸豐四年六月廿四日；《清文宗實錄》卷一三四，咸豐四年六月辛卯。

本、魏添佑並石匠劉日均，先後至家，一共二十一人。鄭懷江告知前情，
與汪明等一同商謀，汪明等均允許幫助。而李桃林、孫紹富、劉日耀、劉
成本、魏添佑等先不允入夥。鄭懷江聲言，如不依從，定欲殺害。李桃林
等被逼無奈，亦即應允。鄭懷江稱伊可約二三百人，楊發祥與汪明、楊復
芸、樊朋舉各允幫約一二百人或數十人，遂同飲雞血酒，誓以彼此生死相
顧，不准漏泄一切。恐人知覺，未敢先行製造軍器，議明武器臨時各人自
備，並稔知南江縣兵少，只須數十人即可以破城，俟定期打場殺人後，懸
旗造反。派汪明爲元帥，樊朋舉爲大都督，楊發祥爲先鋒。欲先破南江，
再破通江、巴州，搶奪火藥，槍炮，俟粵省天地會來川，即可投降立功。
旋因入夥中有人畏懼不敢謀叛，加之鄭懷江胞兄鄭映芳將其謀稟報官府，
官府將鄭懷江拿獲。審訊結果，將鄭懷江革去監生，與慫恿之楊發祥、同
謀之汪明、劉日政、胡汶祥、吳三沅六人，均依謀反大逆但共謀者不分首
從皆凌遲處死律，凌遲處死。並將鄭懷江等綁赴市曹，先行正法，懸竿示
眾。李桃林等訊係逼脅入夥，非出情願。樊朋舉、楊復芸經子、妻規勸，
即各悔悟，不肯入夥。樊朋舉又經伊子樊希奎向鄭映芳等通信出首，均與
始終聽從者不同。若僅科以知情不首之罪，又覺與始終並未聽從無所區
別，均應酌量加重問擬。樊朋舉、楊復芸、李桃林、孫紹富均應於知而不
首者杖一百流三千里，罪上從重，發往新疆給披甲人爲奴，仍遵照新疆奉
通行改發黑龍江給披甲人爲奴，仍照例刺字。陳得金明知鄭懷江謀反情由
並不據實首告，亦應按律問擬，將陳得金依知而不首者杖一百流三千里，
律擬杖一百流三千里。失察各犯爲匪之牌保飭縣查傳責懲。鄭懷江、樊明
舉家屬業據自首，楊復芸亦經其妻力勸，悔悟不復入夥，應免緣坐。其楊
發祥等各犯家屬並有無財產，飭縣分別查拿，照例辦理。逸犯楊東之等飭
縣嚴緝。[10]

---

10 《軍機處錄副奏摺》四川總督裕瑞摺，咸豐四年四月二十四日。

八、金鼓蓮會

咸豐三年，湖北黃陂縣屬之大城潭地方，聚有一千餘人結拜弟兄，製備槍炮多件。因聚集在該地之金鼓蓮山，取名金鼓蓮會。[11]

九、邊錢會

咸豐二年江西崇仁縣李運紅趁太平軍攻打湖南，撫州營兵調離江西之機，發動邊錢會百餘人起事，製造旗幟，手執鳥槍等器械，先向居民訛索，並向巡檢衙署勒派銀米。後經官府剿殺，李運紅率二百餘人往大羅村逃走。[12]

十、得勝會

咸豐五年正月，廣東人陳溁在浙江結拜得勝會。陳溁、葉道生、盧定安三人為首，起意糾眾，欲先搶無錫、蘇州，後搶杭州。經蘇、浙兩省嚴密查拿，並密派管帶廣勇之都司李鴻勳改裝易服，帶同眼線，踩緝查得陳溁等潛往蘇州閶門外船上。該都司即令地方官於正月二十二日將陳溁、葉道生設法擒獲，恐黨羽較眾，將其就地正法。惟盧定安在逃未獲，嗣於二月十四日復經守備馮子材帶勇在大營附近緝獲案內梁正勇一名，供認拜會不諱，並供陳溁即陳有青及葉道生均係廣東人，身邊帶有多人，外間俱呼大哥。咸豐四年十二月內，囑王有才到金陵各處糾邀閒雜遊民二千四百人去蘇州一帶滋事。王有才即糾約賴升、戴二、陳得貴、馮日升一共六人，議充頭目，會飲血酒，取名得勝會。正欲同往蘇州，即聞陳溁等被拿正法，餘人均已逃散。[13]

---

11 《軍機處錄副奏摺》勝保摺，咸豐三年二月初六日。

12 《硃批奏摺》江西巡撫陳啟邁摺，咸豐四年九月初六日。

13 《軍機處錄副奏摺》向榮片，咸豐五年三月初二日。

十一、天善堂太平會

同治元年八月中旬，廣東省城廣州有黃金籠、黎梅石等與黃玉屏、吳通賢等糾眾結拜弟兄，設立天善堂太平會名目。黃金籠、黎梅石先在羅浮山充當道士。咸豐八年六月間，黃金籠與來自省城的黃玉屏、吳通賢等，因洋人佔據省城，附近一帶居民紛紛匿徙，大小官員散居各處。黃金籠、黎梅石等遂無所忌憚，以守望相助為辭，惑眾斂錢，輾轉勾結各處無業遊民與不逞之徒聽糾入會，其眾不下萬人。後因地方撫綏完集，其黨亦各分散。同治元年七、八月間，黃金籠欲圖糾集會眾，乘間滋事。隨與黎梅石、黃玉屏等密商，藉口七月初一日廣東省城風災，布散謠言，謂日後水大刀兵之劫尚多，惟有持齋放生，可以消災免禍。黃金籠素習符咒，設壇扶乩，妄談休咎，煽惑人心。隨於八月十五日夜與黃玉屏、黎梅石、吳通賢、徐潰彪、黃幹、郭幅詳、阮昌華、秦文、楊淩、鄭嶺柏、姚之山、陳亞旋等人，在南炘（窖）口荒園內焚表祭旗，用黃紙書寫，懸掛將台四字當中張貼，並作檄文一道，「語極狂悖」。黃金籠號稱「大繼聖人」，黃玉屏號稱「天泰大真人」，黎梅石號稱軍師。遣人分往各處通知會內夥黨，並糾邀各路土匪入夥，令各攜帶軍械，約定閏八月初三日傍晚，城門將閉之時，擁入省城，並令徐潰彪先行入城臨時放火，以為內應，一面寄信高州陳金缸，青州李植槐，潯州梁大口扒、羅華觀，平樂張高友互通消息，並寄信往金陵與太平天國情通消息，尚允已定，尚未起事。後經官兵於八月廿四日分三路掩拿，將黃金籠、黃玉屏、吳通賢、徐潰彪、黃乾等拿獲，黎梅石、鄭嶺柏等未獲。審明後，即飭將現獲者綁赴市曹，盡法處死。」[14]

十二、二字會

同治三年，山西平定州所屬之樂平鄉出現二字會。據御史郭叢矩奏，

14 《軍機處錄副奏摺》兩廣總督勞崇光摺，同治元年九月初九日。

山西平定州之樂平鄉有外來人假充乞丐，姓張者謂之張二，姓李謂爲之李二，故俗名二字會。每於秋收後，挨村借糧並肆行搶劫。或於每年秋冬之間，三五成群，皆負荊條扁簍，登門行乞，手打竹板，歌唱蓮花，遇民戶則借糧，遇鋪戶則借錢。往往領一夥老幼殘疾之人沿門喧鬧，聚散無定。山西樂平謂之「二子」，直隸謂之「杆上」。該會聚有二、三百人，疊次搶劫東賽村等處當鋪，本地之人亦有入其會者。至同治四、五年，該會因拒殺捕役，遭到搜捕，始遁入直隸贊皇縣界，在黃沙嶺一帶，出沒無常，被劫者不一而足。後愈聚愈多，居然持有鳥槍、刀矛，焚殺擄掠，無所不至。並以所劫之財，煽誘貧民，以爲耳目。如贊皇之黃沙嶺、樂平之王得寨等處，竟無人敢往來。贊皇、井陘、平定州縣丁役踩緝至彼，立將爲首之劉三趕年並窩主呂保子、郝明城及工人李城群一併拿獲，起獲器械、贓物。據劉三趕年供認，與在逃之袁二等聚集在西山一帶，迭赴山西之樂平鄉並贊皇等縣所屬搶竊。伊與袁二等各有窩藏處所，同夥均以二字相稱。[15]

十三、天順會

同治十三年江西鄱陽縣屬之板步橋地方，發現有外來之李天奇等人，結拜天順會，約期起事。李天奇、馮相賓、段清有、陳世忠等，籍隸鄱陽、都昌等縣，種田爲生。周玉獻籍隸湖北廣濟縣，在外教讀兼行醫，彼此熟識。先有湖北林姓不知名字者同王勝揚路遇，談及召集弟兄結會，可以患難相顧，不受人欺。王勝揚應允，林姓隨即動身前往湖北麻城。同治十二年十二月，王勝揚先後邀允李天奇、周玉獻，並轉邀馮相賓、段清有、陳世忠等，一同結拜。同治十三年四月，周玉獻等來到王勝揚家借住，商議結會之事，取名「太平天順」，並約期起事。共推王勝揚爲首，

---

15 《軍機處錄副奏摺》江南道監察御史賈瑚摺，同治八年三月十四日；《清穆宗實錄》卷二百四十七，同治七年十一月下及同治八年五月上。

周玉獻幫助調度，李天奇爲頭目。李天奇、馮相賓承諾轉邀一千人，定於七月二十二日俱到童子度及百羅山會齊起事，口傳「天順」二字，各帶短刀，放火爲號。議定糾集人多，再封官職。旋因人少，搶掠後各散。[16]

十四、天罡會

　　同治六年，直隸灤州開平鎮王廟村武生李有蓮，與素識之張國亮等倡謀起事。同治六年正月，張國亮與李有蓮邀人入夥，設立天罡會，令眾人各備器械，約定於八月正式起事。[17]

十五、忠義會

　　光緒十五年，浙江杭州北鄉水淋坑地方，程榮登結拜忠義會，置備軍械，約期起事。程榮係安徽歙縣人，時年三十二歲，父母俱故，來浙販賣藥材，在淳安縣地方與素識之郎芒倡、詹泳笙、費淋、吳信城、鄒似阮、范城加、汪阿佺，潘明發即潘老二、方黃笤、洪三阮，及一不知姓名之洪姓，先後會遇閑談。程榮起意結盟拜會，郎芒倡等允從，當至詹泳笙家，一共十三人結拜弟兄，取名忠義會。以程榮爲首，言明日後各自邀人入會，須令出洋一圓作爲用度，務要協力同心，劫富濟貧，學做英雄好漢，旋各走散。光緒十四年四月間，程榮恐官訪拿，至倡化縣千畝山黃雀寺落髮爲僧。光緒十五年二月，被當地官府訪聞查拿。以程榮起意糾夥結盟拜會，購置軍械，造播謠言，欲圖起事。經官兵捕拿，猶糾黨持仗拒敵。經審訊，判定詹泳笙等聽從結拜，並隨同抗拒官兵。浙江臬司遵照奏定《嚴辦土匪章程》，將程榮並詹泳笙即詹江水、黃淋即黃佬三、吳信城、鄒似阮、範城加、汪阿佺等七名即在省垣正法，傳首犯事地方懸竿示眾，並飭將格斃之郎芒倡一犯戮屍梟示，以彰法紀。[18]

---

[16]《硃批奏摺》江西巡撫劉坤一摺，同治十三年（具體日期缺）

[17]《軍機處錄副奏摺》官文摺，同治六年十二月二十五日。

[18]《軍機處錄副奏摺》浙江巡撫崧駿摺，光緒十五年四月初四日。

十六、紅蓮會

光緒三十二年，江西鄱陽縣黃淑性，在該縣時山地方糾人結拜紅蓮會並「豎旗起事」，「擾及（安徽）建德縣」。在建德縣入會的汪榮周等五人，「或領受颭（piao）布，隨同燒毀教堂，或夥劫得贓。」[19]

十七、同心會

光緒二十四年五月，江西玉山縣馮彪與素識的吳亨幅相會遇，談及貧苦難度，馮彪倡議「邀人訂盟結會」，以便「遇便夥搶，得贓分用」，遂分頭邀得賴狗秋等十四人，於同年六月十四日一同結拜弟兄，取名「同心會」。立有《會簿》一本，寫明姓名，注明結會後「彼此相助，如敢背盟退縮，准會內人自行殺辦」，然後飲酒走散。[20]

十八、天元會

光緒二十四年十月，在浙江金華、嚴州、紹興等府，有號稱「金華大將軍」的杜亦勇，與已革武生黃存周糾約到一千多人，創立「天元會」，分為仁、義、禮、智四股，製備抬槍、洋槍、鐵炮、刀械、藤牌、號衣等物。凡入會者，各給予天元會錫腰牌為記號，並以金華、嚴州、紹興各府屬之浦江、桐盧、諸暨三縣交界之岑岩為據點。[21]

十九、竹仔會

光緒年間，廣東潮州外來難民為了藉人多勢眾，進行強乞而結成，如遇鄉間有迎神賽會及慶節等事，即聚集多人沿門強行乞討。畏事者多數被迫隱忍，使該會聲勢日強，黨羽日眾。入會者先繳納會費二圓，夜間搶劫，白晝分贓，明目張膽，搭蓋寮所，高豎旗幟，一書「明太祖事業」，

---

19 《軍機處錄副奏摺》安徽巡撫恩銘摺，光緒三十二年九月十一日。

20 《硃批奏摺》江西巡撫松壽摺，光緒二十五年十二月二十六日。

21 《硃批奏摺》浙江巡撫劉樹堂摺，光緒二十五年十二月十五日。

一書「建高懷德功勳」，恣意橫行。會內若有人被呵責，則首領公然乘輿，隨帶黨羽至數百人，登門恐嚇，必予以多金，家室始得安寧。[22]

二十、金錢會

咸豐八年由由浙江金華人周榮與平陽人趙啓倡立，最初流傳於浙南平陽、里安一帶。周榮原名周兆榮，以賣筆為業，流寓青田，粗識字，能卜卦，曾以「妖術」教人吃素，聚眾於青田山中。官府捕之急，易名周榮，匿於平陽之錢倉鎮。[23]趙啓於錢倉鎮以開飯鋪為生，善技擊，多結交拳勇，遇貧者贈以資財。咸豐八年，周榮與趙啓「謀聚眾斂錢」，與朱秀三等結拜弟兄，會內無分少長老幼，皆呼為弟兄。入會者納錢五百文為一會首，立誓無負約。入會者給大銅錢一枚，上書「金錢義記」，其金字頭不用人而用入，作為記號，稱金錢會。[24]

二十一、千刀會

咸豐八年，福建汀州府屬寧化縣地方之張之從，糾人結拜千刀會。張之從即張明從，籍隸寧化縣。咸豐七年三月間，張之從在外結拜千刀會，配合太平軍，攻陷寧化縣城。被捕後，依「謀反大逆，但共謀者不分首從，皆凌遲處死」律擬罪。因張之從已死，其親屬遭株連，被依「反逆案內律應問擬凌遲之犯，其子孫訊明實係不知謀逆情事者，無論已未成丁，均解交內務府閹割，往新疆給官兵為奴，緣坐婦女發各省給官員兵丁為奴各」例，其三子張潮禧雖不知謀逆情事，仍交內務府閹割，發往新疆給官兵為奴。[25]

---

[22] 《軍機處錄副奏摺》工部候補主事鄭瀚光摺，光緒二十四年八月初二日。

[23] 《硃批奏摺》浙江巡撫左宗棠摺，同治三年六月二十七日；孫依言：〈會匪紀略〉，載聶崇岐編《金錢會資料》，第46頁，上海人民出版社，1958年版。

[24] 《平陽縣志》，卷八十，「武衛志」二；劉祝封〈金錢會紀略〉，載《近代史資料》955年3期。

[25] 《軍機處錄副奏摺》閩浙總督王懿德摺，咸豐九年二月初四日。

二十二、白布會

　　咸豐八年創立於浙江溫州，初係當地豪紳孫鏗鳴為了對抗金錢會與太平軍而建立之團練組織，因每人發給白布一塊，被金錢會呼為白布會。後來發展到嚴州、衢州、處州等地。濮振聲加入該會後，為之修改章程，「欲借是以組織獨立軍」。「以五人為伍，有伍長，無伍為偏，有偏師。二偏為隊二，有隊正。二隊為哨，有哨官，是日百夫長。五哨為營，有營官，號日千夫長。」[26]濮振聲雖然把白布會轉化為反對外國教會之會黨，但在名義織上仍保留團練形式。[27]1903年，濮振聲帶領白布會會眾，在建德、桐廬、新城三縣交界處，舉行反對外國教會的起義，擊敗前來鎮壓的清軍，乘勝佔領桐廬、分水二縣城，然後向嚴州府城進發。後遭到大批清軍圍捕，起義失敗，濮振聲被迫出降。後被監禁於仁和監獄。

二十三、徵義堂

　　徵義堂最早大約出現於道光初年，為湖南瀏陽縣周國虞首創，最初名為忠義堂，後因湖南方言忠義與徵義讀音相近，遂稱徵義堂。其成員多有一技之長，有的還通曉巫術、醫卜、星相、天文、地理。周國虞在瀏陽縣鄉股港地方居住。「該處山勢險峻，人情強悍」。他本人係監生，素有膂力，曾學習拳棒，號稱「徒手能敵百人，且能騰身空中，會飛簷走壁」。並有「封刀」、「封銃」等「邪術」，綽號「虞王」。他以東鄉離城四十里的煤田即梅田、三坪洞、大西洞等處為據點。他將該村社廟改為「忠義堂」（後稱「徵義堂」），招引村民入會。凡入其會者，須先出制錢1,000文，報名登簿，邀入暗室，飲符水一碗，再將頭伸入瓦甕之內鳴誓，表示永不反悔。會內之暗號隨時改變，初以紅繩作汗衫紐辮，其後又

---

[26] 徐禾雍：《浙江近代史》，第224頁，浙江人民出版社，1982。

[27] 孫依言：〈會匪紀略〉，載聶崇岐編《金錢會資料》；黃體芳：〈錢虜爰書〉，載聶崇岐編《金錢會資料》，第9頁；陶成章：〈浙案紀略〉，載《陶成章集》，第368頁，中華書局，1996年。

改用他物。起初每年唱戲飲酒，聚會十餘日，每日數十席不等，後因地方官員查辦，行動更加詭秘。入會者日眾，遂分設老堂一十八處。[28]另據張亮基稱：「瀏陽縣東鄉會匪周國虞等設立徵義堂名目。」「查瀏陽徵義堂之起，其始學習拳棒，製造器械，亦為保家，尚無異志。嗣因附和日廣，奸良不一，良民以團結為自強之計，奸民即倚眾為欺壓之謀，漸至械鬥逞兇，睚眥必報鄉鄰受其凌虐，官吏為所把持。」[29]王闓運在《湘軍志》裡也說：「周虞國者，忠義堂盜魁也。忠義堂自承平時有之，劫掠私鬥，陰署徒黨，歷年不能治。」[30]

在徵義堂附近有一山頭，四面峭壁，僅有一小徑盤曲而上，山巔上面平坦，可容數千人。每年按登記之會簿點名，各繳穀食、硝石，然後分藏於各頭目之家中。又修建房屋一所，用鹽做磚，以備急時食用。並備有鳥槍、大炮、刀矛、器械等。徵義堂還派心腹之人，打入縣署及省城督撫衙門，以充當書差、兵役作為掩護，暗通消息。道光二十六年，徵義堂被地方官府查禁解散，徵義堂會所改為啟蒙義學。咸豐二年（1852），太平軍進入湖南，瀏陽縣令創辦團練，周國虞遂與曾世珍等商議，假借辦團練為名恢復徵義堂的組織與名稱，設立新、老堂18處，派朱聯石等分頭帶領。同年七月間，太平軍攻打長沙，洪秀全手下之李八與徵義堂內之馬二相熟識，前往聯絡。周國虞見太平軍聲勢浩大，即與曾世珍等一起加入了太平軍。[31]

湖南除徵義堂外，還有許多秘密會黨，如瀏陽縣的「雙慶會」，武岡縣的「阻米會」，此外還有白晝持械搶劫的「紅會」即「紅簿教」和黑夜偷竊的「黑會」即「黑簿教」。以及「結草會」、「斬草會」、「茶

---

28 《軍機處錄副奏摺》署理湖南巡撫駱秉章摺，咸豐三年八月十四日。

29 《張亮基奏稿》，卷一，第14981頁。

30 王闓運：《湘軍志》第5頁，〈湖南防守篇第一〉，長沙，樂麓社，1983。

31 《軍機處月折包‧鄒暖傑折附片》轉自莊吉發：《清代天地會源流考》，第122頁，臺北故宮博物院出版，1981年。

會」、「鐵板會」、「十行」、「草鞋」、「亞乂會」。這些會黨「半係遊民痞匪，藉思惑眾斂錢，所立會教之名，不過隨意編造，即如草鞋一教，查係乞丐所為。」[32]

二十四、紅黃白三會

同治五年，湖南嘉禾縣拿獲李春籠等結拜紅黃白會三會，總頭目張添一即張左瀧在廣東連州星子街開店，邀眾結會起事。李春籠係寧遠縣人，與張添一、盧明生等結拜紅白黃會三會，伊係黃會頭目，平日扮作乞丐，到處邀人入會，已邀五百餘人。與盧明生等約會調齊碼子，擬先破嘉禾，後至桂陽州各處攻城，由廣東星子街會合，見嘉禾縣城兵勇不多，是以前來攻城，不料城中有備。據右元帥黃金元供認拜會謀逆不諱，復經紳弁兵拿到張左瀧、易大順、劉明儀等七名，起獲小旗、刀矛數十件。經審訊，將張左瀧即張添一等六名，就地正法，並將已死之李芎苟等四名，戮屍梟示。[33]

二十五、勝人會

福建之延平、建甯、邵武等府，每逢有茶市，即有本省汀州及廣東、江西之客民數萬人前來此傭趁。等到市罷，即匿居山廠，伺機搶劫，甚至豎旗糾眾焚掠。有江西客民張宗保、張秀青、曾地保等，糾眾拜盟，取名勝人會，定於五月二十五日，攻打崇安縣城。[34]

二十六、砍刀會

同治七年，直隸武強一帶，有人趁捻軍起義之機，「私立砍刀會，聚

---

[32] 《宮中檔》湖廣總督程矞采摺，咸豐元年八月十五日。轉引自莊吉發《清代秘密會黨史研究》，第213頁。

[33] 《軍機處錄副奏摺》湖南巡撫李瀚章摺，同治五年十二月初四日；兩廣總督瑞麟片，同治六年正月十七日；《清穆宗實錄》卷一般五十一，同治五年十二月丁亥。

[34] 《軍機處錄副奏摺》閩浙總督英桂摺，同治八年七月二十七日。

黨滋事」，旋被官兵擊散。嗣後，該會以或五六人為伍，或一二人為伍，時有搶劫之案。連年捕獲正法多名，所餘已屬無幾。光緒三年夏天，有著名首領白洛玉即芒傻，又名田起，乘機搶劫。白洛玉素習拳棒，「狡詭多端」，屢易姓名住址，搶案累累。六月間，他潛約該會數十人，執持洋槍、刀械，間有馬匹，在於景州、故城、棗強等處行劫商民，殺斃捕役。附近遊民、乞丐漸亦蟻附，均奪糧食，約共百餘人之多。經各縣文武及正定鎮練軍直字營防勇，合力兜拿，旋據各州營迭獲頭目及會夥十餘名、附從者十餘名。河間府官弁於八月初六追至肅甯縣達子坊村，將白洛玉擒獲。立即批飭正法梟示，附從未行劫者酌令解散。光緒三年九月，在京城的工部主事潘國祥寓所，發生被明火搶劫之事，作案者係直隸南宮縣之砍刀會，潛赴京城所為。[35]

二十七、青苗會

光緒年間，京畿宛平良鄉地面劫案層出，嗣後京城各門皆然，而尤以左安門外之青苗會及迤東一帶門外之「倉匪」為最。青苗會以械鬥爭雄者即在南苑大紅門附近按畝科斂，把持一方，窩盜拒捕，無所不至。倉匪在廣渠、東便、朝陽門、東直各門之大路左右招聚遊匪，分布各處。而其頭目則皆蠹倉之回民，手持洋槍，蹲伏路側，凡單車匹馬或三五步行之人，無有能幸脫者，甚或搶掠婦女輪奸斃命，種種兇殘，不可枚舉。聞曾經通州知州將其為首之人拿獲治罪。其次頭目名康八者，蓄意報仇，必欲致有司膽寒，莫敢誰何而後已。[36]

二十八、烏龍會

光緒十三年三月，湖南破獲以龍老九為首之烏龍會。該會行蹤詭秘，

---

[35]《軍機處錄副奏摺》浙江道監察御史劉恩溥摺，光緒三年七月十六日；直隸總督李鴻章摺，緒三年八月三十日；榮祿摺，光緒三年九月二十六。

[36]《軍機處錄副奏摺》山東道監察御史宋伯魯摺，光緒二十二年七月二十九日。

黨羽眾多，成員多爲湖南回籍之軍營勇丁，爲了危難相扶而結成。湖南當時有回籍勇丁不下十萬之眾，因此，烏龍會的發現，使時任湖廣總督的奎斌頗感憂慮。[37]

二十九、雷公會

光緒十八年八月，福建省興化府莆田縣後角鄉陳硯十八，原係烏白旗頭目，黨羽甚多，官兵不敢往捕。光緒十八年八月，陳硯十八創立雷公會。[38]

三十、同勝會

光緒十九年正月浙江定海大展莊地方，有張汶哼等結拜同勝會祭旗，潛謀起事。兵役往拿，張汶哼率令張尙華等拒捕放火，均被格斃。訊據被捕的翁柏意、張文利、張明桂供稱：張汶哼糾邀伊等入會，先各害怕未允，後被拷打逼脅勉從，並無隨同搶劫情事。翁二娘子等供亦相同。經審訊，雖張汶哼、翁二娘子等人已死，仍照《會匪土匪章程》，將其戮屍梟首示眾，以照炯戒。翁柏意、張文利、張明桂訊係被逼勉從，並非甘心入會，亦未隨同搶劫拒捕，情有可原，各酌予監禁五年，俟限滿察看情形辦理。此外有被脅被誘入會者，一律予以自新，免其治罪，並飭屬認眞查辦保甲，以清奸宄。[39]

現將晚清時期諸小會黨的主要內容列表如下：

---

[37] 《軍機處錄副奏摺》湖廣總督奎斌摺，光緒十三年十月十七日。

[38] 《硃批奏摺》閩浙總督卞寶第摺，光緒十八年（月日原缺）。

[39] 《軍機處錄副奏摺》浙江巡撫崧俊摺，光緒十九年七月二十六日。

會名	創立時間	首倡者	創立或活動地點	史料出處[40]
紅黑會	道光十一年	黃向、文二胖子	湖南省善化縣湯家坡	《軍機處錄副奏摺》，2852-166-8882，道光十一年三月一日，長齡等摺。
紅會	道光二十一年	江綠華	福建汀州府屬上杭、永定、及龍岩州屬漳平等縣	《清宣宗實錄》，卷三百四十，道光二十年十月；《清宣宗實錄》，卷三百四十六，道光二十一年二月上。
青龍會	道光廿一年至道光廿三年	江見	臺灣嘉義、鳳山、彰化	《軍機處錄副奏摺》補一，590卷，道光廿一年十二月廿九日及道光廿三年十月十四日。
老洪會	咸豐二年	不詳	廣東瓊州府瓊山、文昌	《軍機處錄副奏摺》2957-166-889，咸豐四年六月廿四日韓錦雲摺；《清文宗實錄》，卷一三四，咸豐四年六月辛卯。
得勝會	咸豐四年十二月	陳溁、葉道生、盧定安	江蘇蘇州	《軍機處錄副奏摺》2958-166-8890，咸豐五年三月初二日、二月廿四日向榮奏片。
千刀會	咸豐七年三月間	張雲從	福建汀州府屬寧化縣	《軍機處錄副奏摺》281-166－8879，咸豐九年二月初四王懿德摺；《清文宗實錄》卷二百二十六，咸豐七年五月下。

[40] 本章引用史料均藏中國第一歷史檔案館。

會名	創立時間	首倡者	創立或活動地點	史料出處
烏龍會	咸豐八年	朱四	福建沙縣	《軍機處錄副奏摺》，咸豐八年八月二十九日慶瑞摺。
天善堂太平會	咸豐八年六月	黃金籠、黎梅石	廣州	《軍機處錄副奏摺》2960，166-8890，同治元年九月九日、閏八月初七日勞崇光摺。
長槍會	咸豐十一年四五月	郭秉鈞、劉占考	山東曹州府	《軍機處錄副奏摺》2837166-8881，咸豐十一年六月四日及五月二十九日勝保摺。
天善堂太平會	同治元年八月	黃金籠、黎梅石等	廣東省城	《軍機處錄副奏摺》兩廣總督勞崇光摺，同治元年九月初九日。
洪家會	同治元年九月九日至同治五年八月十七日	陳日升	廣西岑溪	《軍機處錄副奏摺》，補一，511卷；同治四年二月二十三日毛鴻賓片；《清穆宗實錄》卷一二七，同治四年正月甲寅。
串子會（又名南北會、青龍會）	同治元年七月廿二日	劉太益、劉太善	湖南湘鄉	《軍機處錄副奏摺》2818-166－8880；盛康：《皇朝經世文續編》，卷九十七，兵政，二十三，剿匪五，曾國藩：《嚴辦土匪以靖地方疏》。
英雄會	同治元年九月	王老帽	湖南沅州、靖州、永順	《軍機處錄副奏摺》，反清門爭類補遺，補一，600卷，同治元年九月廿二日毛鴻賓摺。

會名	創立時間	首倡者	創立或活動地點	史料出處
南北會（又名串子會、青龍會、紅黑會）	同治二年四月	夏高輝	湖南益陽縣界交河	《軍機處錄副奏摺》2841-166—8882。奏者不詳。
龍華會（又名兩杯茶）	同治二年四月	蔡之梁	直隸通州	《軍機處錄副奏摺》，2820卷166-8880，同治二年五月二十七日都興阿摺。
二字會	同治三年至八年	劉三趕年	山西平定州之樂平鄉	《軍機處錄副奏摺》，293卷，166—8888，同治八年四月十七日，四月十四日曾國藩摺；同治八年三月十四日賈瑚摺；《清穆宗實錄》，卷二百四十七，同治七年十一月；卷二百五十八，同治八年五月上。
紅黃白會三會	同治五年十二月	李春籠、張添一	廣東連州星子街	《軍機處錄副奏摺》2936-166—8888，同治五年十二月初四日、十一月二十二日李瀚章摺。
天罡會[41]	同治六年正月	李連奎	直隸豐潤縣開平鎮	《軍機處錄副奏摺》2934-166—8888，同治六年十二日二十五日、十二月二十二日官文摺。

---

[41] 此天罡會係直隸豐潤縣李連奎所結，非江西宜黃縣鄧氏兄弟所結天罡會。

會名	創立時間	首倡者	創立或活動地點	史料出處
太子會	同治六年二月	何萬機	臺灣彰化	《軍機處錄副奏摺》，2842卷，166－8882，同治六年六月十二日劉明燈、吳大廷摺。
勝人會	同治八年五月	張宗保	福建建陽縣五虎洋	《軍機處錄副奏摺》，274卷，166-8874，同治八年七月廿七日英桂等摺；《清文宗實錄》，卷一三四，咸豐四年六月下辛卯。
江湖會	同治十一年	蕭斗三	江蘇蘇州木瀆	《軍機處錄副奏摺》反清鬥爭補遺，補一，592卷，同治十一年正月初五日張之萬片。
砍刀會	光緒三年至六年	白洛玉	直隸武強縣	《軍機處錄副奏摺》，2812，166－8879，光緒三年八月三十日李鴻章摺；光緒三年七月十六日，劉恩溥摺；《清德宗實錄》卷五十四，光緒三年七月下；《清德宗實錄》，卷一一八，光緒六年八月下辛酉。
鐵戒指會	光緒三年	不詳	廣東番禺縣屬羅邊村	《軍機處錄副奏摺》2962-166-8890，光緒三年八月廿二日曹秉哲片；《清德宗實錄》卷五十六，光緒三年八月下。
烏龍會	光緒十二年六月	龍老九	湖北荊州	《軍機處錄副奏摺》，284-166-8882。奏者不詳

會名	創立時間	首倡者	創立或活動地點	史料出處
紅黑簽會	光緒十三年	不詳	陝南	《軍機處錄副奏摺》，2961-166-8890，道光廿一年十二月廿九日、道光廿三年十月十四日伯英摺；《宮中檔光緒朝奏摺》一一八輯第244頁。
忠義會	光緒十四年四月間	僧人程（榮）、郎茬倡	臨安縣北鄉水淋坑	《軍機處錄副奏摺》2843-166一8882，光緒十五年四月四日崧駿摺。
仁義會	光緒十四年春	宋金隴	直隸開州	《光緒朝東華錄》，光緒二十年三月第3378頁。
桃園會忠義堂	光緒十七年正月	蔡步瀛一名蔡洸洲	福建長汀縣濯田鄉	《軍機處錄副奏摺》284-166一8882，光緒十七年十月十八日李瀚章摺；《宮中檔光緒朝奏摺》，第118輯，光緒十七年九月十一日李瀚章片。
同勝會	光緒十九年正月	張文亨	浙江定海	《軍機處錄副奏摺》2847-166一8882。
洋槍會	光緒十九年九月	毛炳一	浙江溫州、台州	《軍機處錄副奏摺》2964-166-8889，光緒十九年九月十九日及九月初五日崧駿摺。
青苗會	光緒二十二年	康八	京城	《軍機處錄副奏摺》，2848-166一8882，光緒二十二年七月二十九日宋伯魯摺。

會名	創立時間	首倡者	創立或活動地點	史料出處
大刀會	光緒二十五年	陳寶善、孟傳禮	江蘇徐州	《軍機處錄副奏摺》，2811-166-8879，光緒廿八年三月二十六日劉坤一摺；《清德宗實錄》，卷四百五十三，光緒二十五年十月下。
同心會	光緒廿六年一月十八日／十二月二十六日	馮彪	江西玉山縣	《軍機處錄副奏摺》，2849-166-8882，《清文宗實錄》卷四十二，咸豐元年閏八月下
洪蓮會	光緒三十二年四月	黃淑性	安徽建德	《軍機處錄副奏摺》，補二，69卷，光緒三十二年九月十一日恩銘摺；《辛亥革命前十年間民變檔案史料》，第255頁
萬人會	光緒三十三年	劉恩裕	廣西欽州	《軍機處錄副奏摺》，反清鬥爭補遺，二。
仁義會[42]	光緒三十四年	苗金聲、吳汰山	河南汝甯府屬西平、遂平	《軍機處錄副奏摺》，反清鬥爭補遺二，光緒三十二年三月廿九日、三月二十四日，瑞良摺；《辛亥革命前十年間民變檔案史料》上冊，第211—214頁。
夾把刀會	不詳	李發	直隸遷安縣頗承鎮	《軍機處錄副奏摺》，94-166－8888，五月初一日書文摺。

---

[42] 非光緒十四年直隸開州宋金隴所結。

第三十八章

晚清朝廷對會黨的
治理

　　晚清時期，除天地會和一般異姓結拜組織外，又出現了哥老會等異姓結拜組織，並且不斷舉行武裝反抗鬥爭，導致清廷對會黨治理的強化。對會黨的懲處條款，除清代前期《大清律》中原有者外，又根據晚清的實際情況，增加了更多的內容。

一、《大清律》中有增加懲處嘓嚕、刀客等武裝集團的條款

　　道光年間，嘓嚕在向哥老會轉化的過程中，組織逐漸完備與強化，並出現「帽頂」、「大五」、「小五」等名號，清廷遂制定專門條款對之加以懲處。道光五年經貴州巡撫松溥把懲處嘓嚕奏為定例，咸豐元年在《大清律》中增加了有關條款：「黔省匪徒如有帽頂、大五、小五等名號，除犯該死罪者仍各照本律本例問擬外，其犯該軍流徒罪者，無論為首為從，各於所犯本罪上加一等治罪。止枷責者，於枷責後鎖繫鐵杆一年；如聞拿投首及事未發而自首，照例分別減免。倘減免後復犯，不准再首，各於所犯本罪上加一等治罪。軍流徒罪分別發配安插，罪止杖責者，仍繫帶鐵杆。若平日並無犯法實跡而係橫行鄉曲，有帽頂、大五、小五名目者，亦鎖繫鐵杆，俱限定一年釋放。」[1]

　　道光年間，陝西關中一帶出現所謂「刀客」，他們身帶一把「關山刀子」作為防身和攻擊他人之武器，成群結夥，進行搶劫或與官府相抗。道光十七年，陝西巡撫富呢揚阿將懲處刀客的辦法奏為定例：「陝西省所屬匪徒如結夥三人以上，挾詐逞兇，但有一人執持器械傷人，除實犯死罪外，其餘不分首從俱發極邊足四千里充軍；如聚眾至十人以上，執持器械，無論曾否傷人，不分首從，俱發極邊煙瘴充軍。其有因挾詐不遂，或被人控告，糾眾報復，競行毆斃，均擬斬立決。」[2]

---

[1] 薛允升：《讀例存疑》，卷三十，刑律盜賊下。

[2] 薛允升：《讀例存疑》，卷三十，刑律盜賊下。

　　咸豐元年，雲貴總督張亮基針對雲南結會活動日增的情況，奏請增設一例，獲准後成為定例，置入《大清律》：「滇省匪徒結拜弟兄，除罪應徒流以上各犯仍照例辦理外，其但係依齒序列，不及二十人，罪止枷杖者，於本地方鎮繫鐵杆一年，限滿開釋，照例枷責，交保管束；如不悛改，再繫一年。倘始終怙惡不悛，即照棍徒擾害例嚴行辦理。地方官每辦一案，報明督撫臬司，各按季匯冊諮部，開釋時亦報部查覆，俟數年後此風稍息，仍循舊例辦理。」[3]

　　此外清廷對於「紅鬍子」、「拽刀手」，及「結捻」、「結幅」等會黨，也均制定有專門條款，加以懲處。其中對「紅鬍子」、「拽刀手」等的懲治規定：「川省匪徒並河南、安徽、湖北等三省交界地方及山東兗州、曹州三府，江蘇之淮安、徐州、海州三府州，如有『紅鬍子』、『白撞手』、『拽刀手』等名目，在於市場人煙湊集之所，橫行搶劫，糾夥不及五人者，不分首從，俱改發伊犁，分給該處察哈爾及駐防滿洲官兵為奴。」[4]對結「捻」和結「幅」的懲治規定：「山東、安徽兩省如有結捻、結幅，聚眾至四十人以上，帶有軍器，在市場、集場人煙稠密處所窺視殷實人家、鋪戶，強當訛索得財，不論贓數多寡，首犯擬絞立決。四十人以下十人以上，首犯擬絞監候，為從均發新疆酌撥種地當差。如數在五人以上，首犯發極邊足四千里充軍。若聚眾四十人以下及十人以上，訛索強當，未經得財者，首犯擬發極邊足四千里充軍，從犯杖一百徒三年；五人以上，首犯杖一百徒三年，從犯杖九十，徒二年半。其造反之捻首、幅首，身雖不行，但經夥犯訛索強當，即按不論人數多寡，照為首例問擬。其未經結捻、結幅並聚眾未及五人，尚未滋事者，仍照各本律問擬遣軍。如脫逃回籍復行結捻、結幅，訛索強當，或原拿兵役尋釁報復，除實犯死

3　薛允升：《讀例存疑》，卷二十五，刑律盜賊上。

4　薛允升：《讀例存疑》，卷二十八，刑律盜賊中。

刑外，餘俱擬絞監候。」[5]

　　為了對付結盟拜會的蔓延，湖廣總督程矞采在湖南特別強調實行「保甲連坐」的辦法，即「十家聯為一牌，一家有犯，九家連坐。一人為匪，九家首官，逐戶挨查，填給門牌懸掛。」同時宣布「自首免罪」的政策：「其人誤入歧途，今經改悔，亦准其自首免罪，予以自新之路。」[6]

二、有關懲處哥老會政策的出抬

　　哥老會在咸同年間形成後，在各省到處「開堂放飄」，發展會眾，對清統治構成巨大威脅。光緒年間，哥老會更進一步在各省蔓延，引起當局的警覺。光緒十八年十一月，刑部議復前湖廣總督張之洞嚴拿湖北「會匪」一折，將其內容稍加修改，載入《大清現行律》：「各省拿獲會匪，如訊係為首開堂放飄者，及領受飄布輾轉糾夥，散放多人，或在會中充當元帥、軍師、坐堂、刑堂、禮堂名目，與入會之後雖未放飄，輾轉糾人而有夥同搶劫情事，及溝通教匪煽惑坑害者，一經審實，即開錄詳細供招，稟請復訊，就地正法，仍隨案具奏。此外，如有雖經入會，並非頭目，情罪稍輕之犯，酌定年限監禁，俟限滿後，察看是否安靜守法，能否改過自新，分別辦理。其無知鄉民被誘被脅，誤受匪徒飄布，希冀保全身家，並非甘心從逆之人，如能悔罪自首，呈繳飄布者，一概從寬免於究治。其有向充會匪自行投首、密告匪首姓名因而拿獲，一律免罪。若投首後又能作線拿首要各犯到案究辦，除免罪之外，仍由該地方官酌量給賞。地方文武員弁能拿獲著名首要，審實懲辦，隨案奏請優獎；若妄拿無辜，擾累閭閭，以及縱匪貽害，亦即嚴行參處。」[7]

---

[5] 薛允升：《讀例存疑》，卷三十，刑律·盜賊下。

[6] 《軍機處錄副奏摺》湖廣總督程矞采摺，咸豐元年七月二十四日。

[7] 光緒《大清現行刑律》卷二十，刑律·謀叛。

三、清末推行「新政」後對會黨的治理

　　光緒三十年，清廷爲了表示推行「新政」，對《大清律》進行修訂，去掉一些酷刑。光緒三十一年三月二十日內閣奉上諭：

　　吳庭芳，沈家本等奏，考訂法律請先將律例內重刑變通酌改一摺。我朝入關之初，立刑以斬罪爲極重。順治年間，修訂律例，沿用前明舊制，始有凌遲等極刑。雖以懲儆凶頑，究非國家法外施仁之本意。現在改定法律，嗣後凡死罪至斬決而止，凌遲及梟首，戮屍三項，著既永遠刪除。所有現行律例內，凌遲斬梟各條，俱改爲斬決。其斬決各條，俱改爲絞決。其絞決各條，俱改爲絞監候，入於秋審情實。斬監候各條，俱改爲絞監候，於絞候人犯仍入于秋審，分別實辦辦理。至緣坐各條，除知情者仍治罪外，餘者悉於寬免。其刺字等項，亦著概行革除。此外當因當革，應行變通之處。均著該侍郎等悉心甄采，從速纂訂，請旨頒行，務期酌法准情，折衷至當，用符朝廷明刑弼教之至意。將此通諭知之。梟首著永遠刪除，現行律內斬梟各條，俱改爲斬決。」[8]

　　光緒三十二年，江蘇巡撫陳夔龍奏報朱長菁一案，因朱長菁加入哥老會之泰龍山聚賢堂等，充任「心腹」，並散飄誘收數十人，依據《大

---

8 光緒三十一年內閣奉上諭：吳庭芳，沈家本等奏，考訂法律請先將律例內重刑變通酌改一摺。我朝入關之初，立刑以斬罪為極重。順治年間，修訂律例，沿用前明舊制，始有凌遲等極刑。雖以懲儆凶頑，究非國家法外施仁之本意。現在改定法律，嗣後凡死罪至斬決而止。凌遲及梟首，戮屍三項，著既永遠刪除。所有現行律例內，凌遲斬梟各條，俱改為斬決。其斬決各條，俱改為絞決。其絞決各條，俱改為絞監候，入於秋審情實。斬監候各條，俱改為絞監候。與絞候人犯仍入于秋審，分別實辦辦理。至緣坐各條，除知情者仍治罪外，餘者悉於寬免。其刺字等項，亦著概行革除。此外當因當革，應行變通之處，均著該侍郎等悉心甄采，從速纂訂，請旨頒行。務期酌法准情，折衷至當，用符朝廷明刑弼教之至意，將此通諭知。

清現行刑律》將其就地正法。[9]光緒三十二年，江西巡撫吳重憙奏，江西都昌縣羅來委開堂放飄，糾約90餘人，並約期進城搶劫一案，將羅來委「照章執行，就地正法」。[10]光緒三十二年以後，對於結拜三點會者，亦援引《大清現行刑律》中有關條款加以處理。[11]光緒三十四年頒布《大清新法令》中之《結社集會律》第二十一條，明確規定「凡秘密結社一律禁止」。[12]宣統二年清廷正式頒布《大清現行刑律》，宣統二年四月初七日內閣奉上諭：上年據修律大臣奏進，編定現行律，當經諭令憲政編查館覆核奏准。茲據該館及該大臣等將現行刑律黃冊並按照新章修改各案，繕具進程。朕詳加披閱，尚屬妥協。著即刊刻成書，頒行京外，一體遵行。但不久清朝覆亡，《大清律》中有關治理會黨的律例隨之成為歷史陳跡。

　　清朝當局在辦理會黨案件中，除依照上述有關條款外，也往往依照其他律例加以懲處。如當事人涉及武力造反且情節較重這者，便援引「謀反大逆」罪凌遲處死；[13]情節一般者，則依據「謀叛已行」罪，不分首從皆

9　《軍機處錄副奏摺》江蘇巡撫陳夔龍摺，光緒三十二年六月初四日。.

10　《軍機處錄副奏摺》江西巡撫吳重憙摺，光緒三十二年九月十六日。

11　《硃批奏摺》護理江西巡撫沈瑜慶摺，光緒三十四年七月二十五日。

12　商務印書館刊印，第5版第九冊。

13　「謀反大逆」的律例：「凡謀反〔（原注，下同）：不利於國，謂謀危社稷〕及大逆〔不利於君，謂謀毀宗廟、山陵及宮闕〕但共謀者，不分首從〔已未行〕皆凌遲處死。〔正犯之〕祖父、父、子孫、兄弟及同居之人，〔如本族無服親屬及外祖父、妻父、女婿之類〕不分異姓及〔正犯之期親〕伯叔父、兄弟之子，不限〔已未析居〕籍之同異，〔男〕年十六以上，不論篤疾、廢疾，皆斬；其〔男〕十五以下，及〔正犯之〕母女、妻妾、姊妹，若子之妻妾，給付功臣之家為奴；〔正犯〕財產入官。若女〔兼姊妹〕許嫁已定，歸其夫；〔正犯〕子、孫過房與人，及〔正犯之〕聘妻未成者，具不追坐。〔上止坐正犯兄弟之子，不及其孫，余律文不載，並不得株連。〕知情故縱隱藏者，斬。有能捕獲〔正犯〕者，民授以民官，軍授以軍職〔量功授職〕，仍將犯人財產全給充賞。知而首告，官為捕獲者，止給財產。〔雖無故縱，但〕不首者，杖一百流三千里。」〔未行而親屬告捕到官，正犯與緣坐人俱同自首免。已行，惟正犯不免餘免，非親屬首捕，雖未行，仍依律坐。18〕即使僅僅「同演槍棒」，只要屬於結拜弟兄案件，即照謀反大逆律予以懲處。如嘉慶十年直隸槁城縣周廷敬等結拜弟兄，並向魏還學習槍棒，並於禁門外持械逞兇，即將周廷敬照，謀反大逆律懲處，並將有關官員交部議處。

斬。[14]如涉及天地會口號、會簿時，則援引有關「妄布邪言，書寫張貼，煽惑人心」之條例，爲首者斬立決。[15]如利用結會傳徒騙錢，則援引有關「左道異端煽惑人民」罪。鑒於清朝當局往往把異姓結拜弟兄活動視爲傳習「邪教」，而依據有關懲治「邪教」之律例，將爲首者絞監候，爲從發遣之犯，改發黑龍江給索倫、達呼爾爲奴。[16]

　　清代有關禁止會黨的律例，是十分嚴酷的，可是清代卻是中國歷史上會黨最爲發展的時期，其中原因何在呢？筆者認爲主要在於清代已經處於我國從傳統農業社會向近代工業化社會轉變的時期，農村小商品生產，得到較大發展。加上人口的急劇增加，農村中出現了大量流動人口，他們便成了會黨產生和發展的社會基礎。因此，會黨的活動，有愈演愈烈的趨勢。再從清政府的各級官員來看，他們爲了保住官位或擔心影響升遷，往往對本地會黨的活動，隱匿不報。當事態擴大後，又擔心上級或朝廷追究「失察」之罪過，也儘量掩蓋事實真相，不願按照有關禁止會黨的律例辦理。嘉道年間，「地方紳士保甲，明知伊等蹤跡不軌，無如地方官專事諱飾，十案不辦一案。即欲指名拿究，徒結仇怨，奸鋒未挫，反噬隨之，因而公私容縱，日益蔓延。」[17]道光末年，在廣東順德縣容其鄉發生一起大規模的會黨械鬥事件，卻被官府隱匿不報。在福建，小刀會的結會活動十分活躍，其首領有王小、李景、黃允、王靖等人，「皆奉陳罄、王泉爲大頭目」。他們雖然主要進行劫富濟貧，但也殃及平民百姓。「千百爲群，強派各處殷戶，截搶各處販夫，或入會或助糧，從者平安無事，不從者災禍立至。其有大姓強宗殷戶未易嚇索者，該匪聲言起事時即先問罪，故始而桀黠者爲之，今而謹願者亦從之。始而無賴者爲之，今而殷富者亦從

[14]秦寶琦編：《清代前期天地會史料集成》（六）第327—330頁，白啓攻打鹽水港案。

[15]秦寶琦編：《清代前期天地會史料集成》（六）第158—161頁，李乞、黃松江案。

[16]《硃批奏摺》閩浙總督玉德、福建巡撫李殿圖摺，嘉慶八年閏二月十六日。載《天地會》（六）第158—159頁；《天地會》（六），第160頁。）

[17]民國《清遠縣志》，卷三，縣紀年。

之。蔓延數百鄉，橫行郡縣。」由於官府對於他們的活動，或不敢過問，或「有意隱容」，以至王靖、李景等人敢於「白日樹旗，聯絡聲勢，張貼狂悖字樣，遠近駭聞，廈門爲之震動。」所以，儘管清政府制定了對付會黨的嚴酷律令，後者卻仍然不斷蔓延、發展。到清中葉以後，清政府鑒於會黨的造反活動不斷增加，規模也愈來愈大，只好將一般結會活動，同他們的造反活動加以區別，制定了「不問會不會，但問匪不匪」的政策。也就是說不再追究一般的結會活動，只追查參加造反者。這一政策對於分化會黨的造反活動，起了不少作用，但是卻使一般性結會事件大量增加。到太平天國和辛亥革命時期，會黨已經成爲一股強大的政治勢力，以致清王朝的覆亡，也與會黨的發展密切相關。

在傳統的君主專制社會，統治階級與民眾的利益是根本對立的，只要剝削和壓迫存在，人民民眾的反抗鬥爭也就不會停止，會黨作爲下層民眾的結社組織，也就會「野火燒不盡，春風吹又生」。因爲，會黨之所以存在，是有其深刻的政治、經濟與社會原因的。在君主專制社會，下層民眾處於無權地位。他們在政治上受到當局的壓迫，經濟上受到官府、地主和富商、高利貸者的壓榨與剝削，儘管大多數人抱著逆來順受的消極態度，默默地忍受著。但也有一些人並不甘心處於這種屈辱的地位。他們把改善自己地位與處境的希望，寄託於彼此間的互濟互助和自衛抗暴上，從而爲會黨的發展，創造了民眾基礎。所以，只要廣大下層民眾的地位和處境得不到改善，會黨就無法根除。因此，儘管清王朝制定了相當完備的禁止會黨的律例，而且採取嚴刑峻法或寬嚴相濟等各種策略，仍然難以奏效。不僅未能使會黨「淨盡根株」，反而成爲當局無法解決的難題。

晚清時期國內會黨的廣發發展，大大削弱了清朝的國力和統治基礎，尤其是會黨組織大量向新軍滲透，客觀上爲辛亥革命做了人力方面的準備，而海外洪門則爲革命提供了物質方面的準備。革命黨人正是利用了國內外會黨的支持，最終結束了清王朝的統治。

下篇　會黨的流行與蛻變

第三十九章

二十世紀前半期的會黨

　　辛亥革命時期，會黨在革命黨人的領導下，在推翻清朝統治的鬥爭中，起到一定的積極作用。於是，有些會黨首領自以為是革命的「功臣」，同革命黨人爭奪領導權，有些會黨分子則在社會上橫行霸道，胡作非為，從而受到人們的詬病，甚至因為同新政權對抗而遭到打擊。

一、民初會黨的橫行

　　辛亥革命推翻了中國最後一個君主專制王朝，建立了共和制的中華民國政權。清朝被推翻後，會黨「反清」的目的已經達到，失去了鬥爭的目標，許多人便走上了歪路。正如曾經擔任過會黨首領的陳裕新所說：「由於缺乏正確的思想指導，所以到了辛亥革命勝利以後，他們中就有很多人走上了歪路，逐漸蛻化變質。在長沙起義後的一個短時期內，進出都督府（焦達峰任內）的人，車水馬龍，熙熙攘攘，吃大鍋飯，要求安置。都督忙於接應，幾至無暇治事。他們以為起義成功，就百事大吉了，根本沒想到如何鞏固革命成果和建設問題。衡陽以南各屬會黨更是風起雲湧，得意洋洋，認為『焦大哥做了都督，今天是我們洪家天下了。』他們就是這樣庸俗地看待革命的。因此，各地流氓、痞棍就乘機假冒會黨之名，破壞社會秩序，為人所詬病。」[1]一些會黨甚至企圖打著復辟帝制的旗號，圖謀不軌。安徽有個「大把子會」，「實係洪幫改組」，其宗旨乃是反對共和，其頭目所刻偽印上鑴有「黑龍山大皇帝」字樣。[2]安徽蕪湖的「海龍會」，刻有「中華帝國海龍會」之關防，提出「現在民國是我們建造成功的，到如今我們都無事可做，非推翻民國不可。」[3]在蘇、浙、皖地區的「九龍山會」，其眾「上聯衙廳差警，下至一般無賴匪徒，」「聲勢浩大，黨羽千人，白日結隊橫行。」總之，會黨本身的落後性和傳統的封建思想，乃是民初會黨蛻變的內在根源。會黨認為打天下就是為了坐天下的

---

[1] 陳浴新：〈湖南會黨與辛亥革命〉，載《文史資料選輯》，第三十四輯，第134頁。

[2] 《神州日報》1913年3月15日。

[3] 《神州日報》1913年3月15日。

封建傳統觀念，最終導致了它們的蛻變。

　　部分會黨，如天地會和哥老會，因為在辛亥革命中起過一定的積極作用，他們認為既然自己在推翻舊政權、建立新政權方面有過功勞，那就應當在新政權裡分享一杯羹。所以在一些省份，新政權建立之初，會黨首領便以革命的「功臣」自居，要求分享革命成功的果實。他們對於革命黨人提出的「民主」、「共和」缺乏瞭解。認為推翻清朝，建立民國，無非是傳統的改朝換代。在他們看來，民國的總統與清朝的皇帝，只不過是名稱上的差別，或者乾脆認為總統就是皇帝，只不過不再是滿人當權，改成了漢人當權而已。一些地方的會黨首領便利用手中掌握的武裝，在新政權中爭奪權利和地位，不少會黨首領在新政權裡佔據了重要地位，使得會黨的勢力一度大為膨脹，其弱點和劣根性也得到充分的暴露。湖南省在宣布獨立後，由於同哥老會有密切關係的焦達峰出任軍政府都督。湖南各地的哥老會分子便聞風來到長沙，認為「焦大哥作都督，今日我洪家天下矣！」[4]會黨分子可以自由出入都督府，直呼都督焦達峰為「焦大哥」。他們「無器械，無戎裝，則高髻絨球，胸前拖長帶，以為漢官威儀，若戲之武伶裝然。自都督府以至市廛街巷無處無之。」[5]以至有人稱湖南都督府是「梁山泊和瓦崗寨」[6]。

　　在辛亥陝西起義過程中，哥老會確實起了較大作用。當時，革命黨人起義的決定過於倉促，沒有來得及制定完整的部署與起義計劃，因此，新軍中的起義者進城後，各營都單獨行動，而且又不是原來陸軍的建制，難以指揮，於是，軍事指揮權就落到哥老會各級舵把子手裡。革命黨領導人對於起義軍各營的位置和哪個地區有多少隊伍，皆不清楚。[7]所以，使

[4] 近代史資料叢刊《辛亥革命》第6冊，155頁。

[5] 子虛子：〈湘事記〉，《湖南反正追記》第67頁，轉引自譚松林主編《中國秘密社會》（民國卷）第50頁。

[6] 《辛亥革命回憶錄》，（二）第207頁，文史資料出版社，1981。

[7] 《陝西辛亥革命回憶錄》，第38頁，陝西人民出版社，1982年。

哥老會份子在軍政府中佔據了很大優勢，軍政府的副統領萬柄南、兵馬都督張雲山等皆是哥老會首領，財政和軍權都掌握在哥老會手中。[8]兵馬都督張雲山發布的告示，不僅要蓋兵馬大都督的關防，而且要加蓋「洪會公議」的哥老會印記才能生效。[9]在商州、臨潼、三原等許多地方，哥老會遍設碼頭，而且「廣收弟兄，擅用公款，處理詞訟，干涉地方行政事宜，儼然把『碼頭』置於地方行政之上。有的甚至於勒索搶劫財物，鬧得民怨沸騰，激起地方民眾義憤。」[10]這些地區甚至「但聞洪會命令，幾至不知其它。」[11]哥老會首領們「恃功驕恣，氣焰日張，既以爲純係會黨之功，且不知民主共和爲何事，誤以爲會黨出頭之日也。」[12]

四川辛亥起義成功後，在省城成都內外駐有哥老會的同志軍10餘萬人，他們自恃對革命有功，把哥老會公口牌子公開掛出來。「會眾刀槍往來如織，每街公口設公座，每戶貼公口紅片如大漢公、多福公、共和公、熙慶公之類。」[13]四川軍政府的正副都督尹昌衡、羅綸認爲哥老會的武裝同志軍難以控制，特別設立了「大漢公」，作爲哥老會的總公口。尹昌衡爲了使哥老會會眾聽命於軍政府，穩定政局，只好親自參加哥老會，並自任大漢公的「舵把子」[14]。軍政部長周駿甚至在軍政部門口，掛出了「大陸公」的牌子[15]。城內各街道、各警署也掛出公口的牌子。[16]同長沙一樣，成都的哥老會也提倡恢復漢族衣冠，「於是頭紮英雄髻，身穿戲裝，

[8] 《辛亥革命回憶錄》，第6冊，第154頁。

[9] 《陝西辛亥革命回憶錄》，第52頁。

[10] 《陝西辛亥革命回憶錄》，第266頁。

[11] 《西北革命史》（徵求意見稿）中卷，第20頁。

[12] 《近代史資料》第51期，第72頁。

[13] 《四川辛亥革命史料》上冊，第551頁，四川人民出版社，1982年。

[14] 《四川辛亥革命史料》上冊，第508頁。

[15] 衛聚賢：《中國會黨》第118頁，上海文藝出版社影印本，1991年。

[16] 《辛亥革命回憶錄》（三）第109頁。

腰佩寶劍，腳登花靴，招搖過市者隨處可見。」[17]這樣，在許多地區形成了兩個政治中心，使新政權的權威受到損害。

在貴州，由於哥老會在翻清朝統治的鬥爭中出了不少力，辛亥革命成功後，各地哥老會大肆活動，鼓吹「非公口不足以立國，貴州之政府及社會非公口不足以輔助而保全。」軍政府首領黃澤霖無法維持社會秩序，只好利用哥老會來駕馭哥老會，宣導支持公口。軍政府首腦也大開公口，設立斌漢公、黔漢公、大漢公等公口，招兵買馬，甚至「設大堂，提公案，儼與政府對埒。」[18]「自光復以後，省內外公口開設，凡數百處。漢劉（留）權力，倏然伸張，一瀉千里，有不可復遏之勢矣。」「上至都督，下至微職以及軍隊大小職官，無一非公會中人。擴礧邪淫，肆行無忌。」[19]在貴陽，哥老會「明目張膽佔領民房衙署以立公口。在城外各地，各公口之間，爲爭奪地盤，械鬥時有發生。」[20]

會黨作爲一種封建色彩十分濃厚的落後組織，其政治理想只是希望對清政權取而代之。在推倒清王朝以後，他們要求建立「洪家天下」，即建立以會黨首領爲首的新王朝，這與革命黨人建立民主共和國的政治主張是格格不入的。他們的要求得不到滿足，便反對共和政體。四川大足哥老會首領余棟臣甚至提出「掃除新政，滅洋復清」[21]的口號。羅江哥老會首領謝厚鑒也「假立前清旗號，聚眾數千人於羅江、綿竹、德陽等處，謀爲不軌。」[22]1913年6月，洪江會成立「振興哥老會」，宣言說：「民國定難長久，必須仍歸清廷」。並鼓動會眾們說：「近日滿洲某某數人已統兵南來，沒有戰爭，我等即行率眾佔據城池，將來清朝還舊，我等受其招安，

---

[17]《辛亥革命回憶錄》（三）第110頁。

[18]《雲南貴州辛亥革命資料》第214—215頁，科學出版社，1959年。

[19] 平山周：《中國秘密社會史》第197頁，商務印書館，2017。

[20] 馮祖貽、顧大全：《貴州辛亥革命》第134—135頁，貴州人民出版社，1981你。

[21]《申報》1912年7月31日。

[22]《神州日報》1912年5月10日。

亦不失爲功臣元勳。」[23]他們的政治理想與時代潮流完全背道而馳。另外，民國初年，那些未曾參加革命的會黨分子，則仍然以打家劫舍，搶劫奪財爲宗旨，成爲擾亂社會治安的土匪。如廣東三合會在增城大肆搶劫，附近居民被慘殺者甚多，商民只好逃避他處。[24]陝西哥老會在各地抄家破寨，強奸勒派。貴州哥老會進省後，「估買估賣，搶劫居民。」而且大開山堂，「敲羅打鼓，成員多穿戲裝，頭紮包巾，兩縷頭髮分掛兩耳，身披鶴衫，腰佩刀劍，招搖過市，弄得人心惶惶，居民不敢出街買物，夜裡不敢脫衣而睡，不知幾時大禍來臨。」[25]哥老會的公口還大肆搶劫，甚至連北伐軍的10萬軍餉也被他們搶劫一空。[26]陝南安康一帶哥老會，在民國初年「以號召洪漢爲名，由是哥弟雲布，碼頭星羅，抄家破寨，強姦勒派之事，層見迭出，不可言狀。」[27]在貴州遵義，哥老會會眾「佩刀披紅，招搖過市，殺人越貨，視若當然。」[28]

二、會黨遭到打擊與鎮壓

　　會黨這些破壞社會治安的活動，遭到社會各界的反對，紛紛要求軍政府予以鎮壓。當時有人指出了革命黨人利用會黨的消極後果：「黔、蜀則公口山堂，兩粵則洪門、三點，百貨滯運，民不聊生，軍隊比之前日而行色，兵械較之昔時而更備，盜賊則比之從前而更多者，何也？無他，成功之速故也。當未成功之始，凡所謂運動、造謠、暗殺、其種種破壞進行之方針，不論智愚賢不肖，倘有一稍知流血主義者，皆收羅之，一以排斥滿虜爲目的。孰知漢陽一役，不數月而共和局成，是前日所收之破壞者，今

23　《民立報》1913年6月12日。

24　《神州日報》1912年4月6日。

25　《辛亥革命回憶錄》（三），第447頁。

26　《雲南辛亥革資料》第295頁，雲南人民出版社，1981年。

27　朱敘五、党自新：〈陝西辛亥革命回憶〉，載《陝西辛亥革命回憶錄》，第54頁。

28　《近代史資料》1956年4期第119頁。

日反以爲建設焉。此流血所爲見於共和之後也。」[29]有的革命黨人也對會黨在革命前後的作用作了較爲客觀的評價，並對之加以改造。如貴州的革命黨人胡剛認爲：「運用哥老會力量，雖也是革命過程中的一種策略，但是，在運用之先，就要熟計利害，於革命成功後，如何安頓這種力量，改造這種力量，使不致動搖革命的基礎，影響社會的秩序。」[30]

鑒於會黨的種種不法行爲，民國政府於1912年11月9日法布命令，宣布解散秘密結社：「近聞各省秘密結會之風仍未稍戢。名目繁多，宗旨毫無，並有騙取重資，設會結黨，以圖暗殺破壞大局者。現在局勢甫定，人心未安，凡我國民，均應聯合一致，謀新制之進行，期國基之鞏固，方爲正辦。且查秘密各會，結集之初，多出明代遺老，憤痛神州陸沉，迫而爲此。今民國告成，五族聯合，皆如一家一人。若再圖同室操戈，豈非自相圖害，以速滅亡，禍及全國，甘爲罪魁，此而不懲，何以立國？」[31]

會黨的存在及其活動，不僅挑戰了中央政府的統治權威，而且爲各省欲穩定地方秩序的新統治者所無法容忍。各地軍政府爲了鞏固新生政權，恢復社會秩序，只好採取了對會黨進行打擊的政策。

在廣東。廣東會黨在辛亥革命中的表現十分突出，是辛亥革命在廣東取得勝利的重要因素。在廣東獨立後，由於部分會黨分子遊民習氣未改，甚至胡作非爲，嚴重危害社會秩序，因此，引發了軍政府同會黨的矛盾與衝突。

首先表現爲會黨被排斥新政權外，引起會黨首領的強烈不滿。

辛亥廣東起義成功後，革命黨人迅速建立了以自己爲主導的廣東軍政府，其主要職務和各部門均被革命黨人所掌控，而作爲革命黨同盟者的廣東會黨，卻無一人獲得重要委任。就連爲革命做出較大貢獻的會黨首領，

---

[29]《孫中山藏檔案選編》第530頁。〈陳警天呈孫中山論廣東弭盜之法摺〉。

[30]胡剛、胡雪儔：〈貴州辛亥革命史略〉，載《近代史資料》1956年4期。

[31]章伯鋒、李宗一主編：《北洋軍閥1912—1928》第二卷第1363頁。

如王和順、許雪秋、黃明堂等也未獲得較高職位，使會黨首領們大失所望，而這對會黨來說，則是很難接受的。因為，會黨首領們都有濃厚的打江山坐江山的傳統思想，認為會黨在辛亥廣東起義的勝利，主要歸功於自己，所以，他們理應在新政權裡佔據主導地位。如今卻被排斥在軍政府和省議會等權力機關之外，對革命黨人感到強烈不滿。

其次，新政權對待會黨的武裝力量——民軍採取裁撤的做法，也引起會黨首領的不滿，甚至導致衝突。在陳炯明督粵期間，以所部循軍為基礎，建立正規軍，並在未同民軍領袖商議的情況下，制定了裁撤民軍的計劃。黃明堂、王和順等會黨首領明確表示反對，要求裁弱留強，合理編遣，不得裁撤他人部隊，擴充自己實力。但陳炯明對會黨首領的要求不僅加以拒絕，而且還捕殺了會黨武裝石錦泉，將石所部分別編遣，又指以王和順「包藏禍心，煽兵肇亂，希圖推翻政府」為由，以武力消滅了王所部惠軍。對廣州以外地方的民軍，陳炯明則以綏靖地方為名，派兵進行剿辦，如派吳祥達出任潮梅綏靖督辦，捕殺了民軍首領許雪秋、陳芸生等，以及大埔縣三合會首領溫阿拱。又派兵前往連陽，圍剿光復連陽的「復漢義軍」。[32]1912年3月，軍政府還對王和順的惠軍發動大規模鎮壓，以會黨分子為骨幹的仁字、協字兩軍，也遭到打擊。

在雲南，1912年都督蔡鍔發布了〈嚴禁開公口山堂告示〉：「照得開山設堂，結盟拜會，在當初時候，都是為宗國淪亡，異族專制，不敢顯然反抗，故苦心志士組織一種秘密的社會，抵抗惡政府，其用意很好的。但是，日子久了，越聚越眾，夥黨太多，流品太雜。有一種狡黠的，借了此種謬名目，哄騙良家子弟，磕詐錢財；有一種兇悍的，結黨成群，姦淫搶掠，毫無一點人理。這兩種人，便失了原來的宗旨，你們是不甘心的。於今清朝也亡了，共和政府也成了，無論貴賤賢愚，只要守得正當的法律，造得相當的學識，各個都是自由的。你們豈不是同胞麼？大家趁此時代，

---

[32]賴廣昌：〈辛亥後廣東革命黨與會黨的衝突〉，載《團結報》2014年2月13日，《文史週刊》。

要努力爲一個良民，不要蹈以前的覆轍。」[33]要求所有的公口、山堂一律解散，颺布自行交出，並且規定：「凡民眾聚合立公口、開山堂，歃血訂盟，結拜弟兄，圖謀不軌者，從左之區別處斷：一、首魁處死刑；二、參與謀議，居該黨重要之職務者，永遠監禁；三、其它從事於諸種職務者，處十年以上十五年以下之監禁；四、附和隨行其它干預公口、山堂事務者，處五年以上十年以下之監禁。」[34]要求百姓：「從今以後，父戒其子，兄戒其弟，未入會的，勿再失足（入會）。已入會者，早早回頭，只要改得前非，就是一個好人。從前的公口、山堂等名目，都要一律解散。那些颺布標志，都要自行交出」。「你們若不曉得利害，執迷不悟，隱瞞颺布，不肯交出。或已經交了，還不肯解散會黨的名目。一經別人告發，或被地方官察覺，本都督府只有按律懲治一法，你們也改悔不及了」[35]。

貴州軍政府也宣布：「公口之設，究其最初之用意，殆爲推倒滿清而起，就始有利無害；滿清已踣，即爲目的已達，亦應立時解散。何況末流之弊，罄竹難書，燒殺淫掠，時有所聞，共和國家豈容有此？」[36]貴州都督唐繼堯接連發布取消公口的告示，宣布：「公口一項，無論其危害地方已否，均著即日取消，曾經入公口之人，迅將所得證據燒毀，倘能從此力務正業，苟非積惡匪徒，本都督亦不深究。」實際上僅僅對參加憲政黨的哥老會未加追究，有的還委以重任，[37]對於參加自治學社的哥老會者則「一概不與赦免」。於是派出各路清鄉司令巡行各縣，「命各縣地方官吏和憲政分會，開出當地公口人員名單，按名捉拿，不加審訊，一概槍

---

[33] 曹業英編：《蔡松坡集》第306頁，上海人民出版社，1984年。

[34] 曹業英編：《蔡松坡集》第306頁。

[35] 《蔡松坡集》，第306—307頁。

[36] 《貴州辛亥革命資料選編》，第122頁，貴州人民出版社，1981年。

[37] 中國科學院歷史研究所第三所編輯：《雲南、貴州辛亥革命資料》，第215頁，科學出版社，1959年。

決。」[38]

在湖南，新任都督譚延闓為了維護新政權，也於1912年發布文告，禁止會黨活動。文告稱：「所有洪江會、哥弟會以及三把香所發生之富有會、大擺隊、鐵擺隊、十字會兼未及指明之各種名目馬元帥、大元帥、坐堂、陪堂等項名稱。無論發源於何時，布散於何地，均應自行取消，」不然「唯有立即嚴拿，盡法懲處。」[39]而洪江會卻仍繼續活動，同年八月，在長沙散售廳據2,000餘張，並揚言「不日有第三次革命之舉」。[40]為此，湖南軍政府先後逮捕了洪江會成員三四十人，並處決了其中的28人。8月下旬，都督譚延闓有又發布命令說：「近日忽有愚頑匪徒，假冒軍官名姓，散放廳據，偽造軍旗，暗發口號，造謠惑眾，謀為不軌。似此目無法紀，有意擾害安寧，倘非嚴誅首要，曷足以維持風化而儆凶頑。」[41]表示了對會黨的強硬態度。

在湖北，武昌起義爆發後，各地的會黨也紛紛起而響應，他們在安陸、襄陽等地還建立了政權，這使新建立的湖北軍政府非常不安。1912年1月，軍政府招討使季雨霖殺死安陸的會黨首領全明漢。2月，又派人刺殺了江湖會首領李秀昂，迫使總司令官張國荃接受改編，奪回了由會黨首領控制的安陸、襄陽兩地的地方政權。但是，湖北的會黨勢力很大，而且在軍隊裡有很大勢力，所以不肯甘休。1912年2月，會黨首領向海潛（松坡）帶領群英會會眾，在武漢發動部分官兵包圍了都督府，趕走了軍務部長。此後，會黨頭子應桂慶、何海鳴等又在武昌「蠱惑軍隊，聯絡會匪，約期舉事」。計劃「先據武昌，此圖江寧，進攻北京」[42]，企圖奪取湖北軍政府的政權。軍政府對此已經有所覺察，遂下令禁止軍人秘密開會

---

38 《近代史資料》1956年4期，第119頁。

39 《申報》1912年1月13日。

40 《申報》1912年8月30日。

41 《申報》1912年8月30日。

42 中華民國史料叢編：《民初政爭與二次革命》，上，第164－165頁，上海人民出版社，1983。

結社，規定「各處不得設同胞社之分會，違者定即重究」。[43]9月24日，黎元洪派人將會黨的據點摧毀，將拿獲散放飄布的顧斌等多人「訊明正法」[44]。同時通緝應桂慶等人，並令同胞社社長「公請解散，並呈明此後如有假該社名義在外招搖滋事者，請以軍法治罪」[45]。

　　在江西，省會南昌接連發生會黨分子聚眾搶劫案件，各界人士紛紛派代表赴南京臨時政府請願，孫中山遂任命李烈鈞為新任督軍。李烈鈞上任後，指出：「各府縣之劫搶掠奪，時有所聞，究其禍根，皆洪江會、三點會、自強會、連合會、哥老會諸匪之私集黨徒，擾害治安所致。」[46]認為「欲治贛必先清匪」，首先把前任都督派往辦案的彭志仁以「勾結匪類」、「售賣飄布、包斂錢文、擾害人民」之罪予以槍斃。並將潛逃在湖北的會黨首領龍正文等拿獲歸案，解省處決[47]。並發布命令，禁止會黨活動。禁令稱「近者孫大總統命令，除有政黨性質者可自由集會外，其餘各會黨一律解散。」「凡有擾害人民生命財產者，即予緝拿稟辦，並隨時出示開導。以前被逼入會斬香者，或經送贄拜門者，准其改過自新，自具結詞，並將布飄呈送本都督府，或就近地方官處毀銷，前罪概予豁除，決不再加研詰。如有甘心為匪，不思悔過者，一經察覺或被人告發，定即從嚴究辦，不稍寬容。」

　　在陝西，軍政府成立後，大統領張鳳翽手下的四個都督「好像全是哥老會的人，至少有三個是；張鳳翽沒有實權，財政和兵權都在哥老會手中。」[48]哥老會在各地的滋擾，使地方治安和財政都受到嚴重影響，對當

---

[43]武漢大學中國近代史教研室主編：《辛亥革命在湖北史料選集》第665頁，武漢，湖北人民出版社，1981。

[44]中華民國史料叢編：《民初政爭與二次革命》（上）第164—165頁

[45]武漢大學中國近代史教研室主編：《辛亥革命在湖北史料選集》第668—669頁。

[46]《江西民報》1912年5月25日。

[47]《李烈鈞文集》第130頁。

[48]張奚若：〈辛亥革命回憶錄〉，載《陝西辛亥革命回憶錄》第13頁。

時的軍事、政治都很不利。哥老會各碼頭的的非法行為，引起了各方面的極大不滿。在此情況下，同盟會陝西負責人井勿幕只好致函黃興，軍政府都督張鳳翽也發了一封正式公文給湖北都督黎元洪，請他們派一支革命軍到陝西「驅除哥老會勢力。」[49]後來，張鳳翽密令各部隊秘密逮捕受哥老會首領萬炳南煽動、企圖暴動的會黨分子，每日殺十餘人，先後殺了數百人。萬炳南手下駐紮岐山、鳳翔各縣的部屬，也大部分被改編或被消滅。

　　在四川，1912年2月，成、渝兩個軍政府合併，重慶的軍政府都督、革命黨人張培爵自願擔任合併後軍政府的副都督，由成都方面的都督尹昌衡任都督。他看到都督尹昌衡提倡袍哥，以至成都「全城大街小巷，公口林立，姦淫霸佔，時有所聞。」認為「若不迅速制止，恢復秩序，使人民安居樂業，那麼我們革命不知為了何事。」於是與尹昌衡商量，令巡警總監楊雄出示，限日撤銷公口，如有不尊者，即嚴拿辦。[50]結果，很快取消了成都的200多個公口的牌子，並且掃蕩了附近各縣的哥老會勢力。

三、民初改造會黨嘗試的失敗

　　由於會黨人數眾多，又在辛亥革命中起過一定的積極作用，是一不容忽的社會力量。對於會黨問題，必須給予足夠的重視，一些革命黨人，在民國初年曾試圖採取積極的辦法，對會黨的組織加以改造。如陳其美、于右任、李燮和、譚仁鳳、宋教仁等36人，在上海發起組織「中華和平會」，附設崇正團，試圖把會黨改造成新式社團，把會黨成員破壞社會秩序的不法活動，引導到正常的生業方面，以減少對社會秩序的破壞。規定：「一律取消舊會名，改為本會崇正團團員，由崇正團代謀生計，設法安置。」該會章程的第四條明確規定：「凡以前三點會、三合會、哥老會、天地會、八卦會、大刀會、小刀會、安清道友幫、紅幫、在理教，凡

---

[49]張奚若：〈辛亥革命回憶錄〉，載《陝西辛亥革命回憶錄》第14頁。

[50]但懋辛：〈四川辛亥革命親歷記〉，載《辛亥革命回憶錄》（三）第37頁。

未光復以前種種會黨，無非同抱復仇主義。今目的已達，俱須一律取消舊會名目，改爲本會崇正團員，以合成一大團體。由本會發給徽章，會齊冊結，呈請政府承認，一體優待。凡入本團後，即由本會會員考核，果係知識超遠者，即可分任本團職務。如無職業者，即由本會代謀生計，設法安置。或編爲民團，以仿市町員警之制；或貸其資本，以歸農、工、商販之途。必使其各暢生機，無虞失業。倘仍各分黨派，擾害公安，或並秘密結盟，行爲不軌，即係甘墮下流，爲民國公敵，本會既負維持和平之責，即有保衛治安之權，得以公共法律制裁之，迫令改〔解〕散。」[51]

譚人鳳也曾致力於會黨的改造工作。

譚人鳳在辛亥革命前就從事聯絡和引導會黨的工作，加上他本人也是會黨首領，所以，當他看到會黨的種種不法行爲時，客觀地指出：「吾國社會夙稱複雜，而糾結蟠踞足以爲國家和平障礙者莫如會黨」，[52]但認爲不應把會黨一腳踢開，而應當進行改造。他於1912年9月發起建立「社團改進會」，並且向內務部警政司進呈《社團改進會發起意見書暨章程》二十冊，以期達到通過對會黨成員的教育和改造，使之適應民國的社會。他既肯定了洪門會黨在辛亥革命中的功績，指出：在辛亥革命之初，「惟洪門兄弟能守秘密，發動之後，亦惟洪門兄弟能聽指揮。」而且「人無論遠近，事不計險夷，人人奮勇，各個當先。」所以，武昌起義後，各省響應，不數月而共和告成。軍隊之功，實亦洪門兄弟之力也。」同時也指出洪門會黨的弱點：「黨徒既眾，良莠不齊，目的一差，禍機將烈。禁之則法律難於遍及，聽之則不戢必致自焚，載舟覆舟，可不深懼？」因此，他在《社團改進會章程》中提出，要以「改良舊有會黨，維持地方永久治安爲宗旨」。章程共分九章四十二條，並制定了《社團改進會會員守則》，包括：孝敬父母、忠愛祖國、勤儉治生、和平接物、公私分明、言

---

[51]《中華和平會章程》，載《孫中山藏檔案選編》第390頁。江蘇古籍出版社，1991年。

[52]〈譚人鳳等致內務部警政司呈〉，載《歷史檔案》1982年1期。

行一致、力求進步及革除舊習。[53]譚人鳳籌劃「社團改進會」的原因，在於他認爲會黨既可載舟，亦可覆舟，因此其宗旨就是要通過對會黨的「改進」，以達到「聯絡爲同化之具，寓解散於歸併之中」的目的。也就是把舊式會黨變成新式社團。所以，「章程」要求廢除會黨的一切舊式組織形式，採用當時流行的政黨形式。由於會黨組織龐雜，譚人鳳在全國範圍內改造會黨的目的難以達到。1912年11月9日，譚人鳳又備文呈報湖南總督譚延闓，請批准《社團改進會湘支部章程》共十一章三十三條，並請譚延闓飭財政司撥款白銀兩萬兩，作爲經費。譚延闓於1913年3月16日發出〈准予社團改進會湘支部立案布告〉，要求洪門改進後：「抱定宗旨，恪守法律，保全治安，各地方官一體保護。至凡在該會人員，尤宜洗心向善，認定改組宗旨，毋得再蹈前愆，方不負本都督提倡之至意。倘有陽奉陰違，罔知自愛，或不法之徒假借名義，違反法律，擾害治安，一經查實，國法具在，決不姑寬。」[54]所謂「各地方官一體保護」云云，不過是一句空話，實質上是要對會黨的活動加以限制，對於危害社會治安者予以嚴懲。加上湖南立憲派和士紳們的反對，譚人鳳只好停止社團改進會湘支部的活動。會黨首領出於自身利益的考慮，也希望把舊式會黨改變爲新式社團。1912年7月，青幫首領應桂慶擬把哥老會、青幫和洪幫等組織聯合起來，組成「中華國民共進會」，以期「組織純粹民黨，實行取締會員，各處支部成立後，不准在外私開香堂，另立碼頭，剪除其舊染之習慣，免致與民國法律相抵觸。」[55]旋因應桂慶涉嫌刺殺宋教仁一案而被捕，共進會隨即停止活動。

　　由於「中華國民共進會」僅僅是想把原來的三大會黨簡單地融爲一體，並未對其成員進行教育和約束，所以共進會成立後，江浙一帶的會

---

[53]蘇繪如：〈譚人鳳與洪門會黨〉，載《近代中國會黨內幕》下卷第186頁，民眾出版社，1992年。

[54]蘇繪如：〈譚人鳳與洪門會黨〉，載《近代中國會黨內幕》，下卷，第187頁。

[55]《申報》1913年2月17日。

黨，紛紛打起該會的旗號進行活動，其中不乏破壞社會治安的違法活動，導致該會不斷受到外界的質疑和抨擊。而共進會總部又沒有能力制止各地會黨的不法行為，從而受到地方當權者的打擊。不過，江蘇都督程德全和浙江都督朱瑞，最初僅僅對肇事地區共進會的組織勒令解散。後來，各地會黨繼續用該會的名義進行擾亂社會治安的活動，如浙江海寧的共進會，在解散後「仍襲該會名目，在外賣飄開堂，斂錢惑眾」。[56]浙江都督朱瑞於是下令在全省禁止共進會的活動：「查該會發起宗旨，原欲改革舊習，勉為良善，用意無可厚非。無如入會者，莠多良少，恃眾橫行，如已經獲辦鐫造偽印、聚眾謀逆之俞昆、管偉；私藏炸彈、招徒放飄之包田芳；偽造旗令之黃雲，及通令緝拿之劉金蘭等，均或搜有共進會證書，或係共進會會員。」「乃官廳之文告頻頒，而匪徒只猖獗更甚」，因此決定：「為本省秩序計，所有浙江各屬之共進會，決計概令解散，以弭巨患而保治安。」[57]

總之，民初改造會黨的努力均以失敗告終。

---

56 《神州日報》，1913年1月27日。

57 朱瑞：〈解散共進會示〉，載《辛亥革命浙江史料選輯》，第567—568頁。浙江人民出版社，1981年。

第四十章

四川軍閥混戰與袍
哥之蛻變

一、四川軍閥的形成

民初軍閥混戰及其造成的社會危機，乃是會黨蛻變的根源。「護國戰爭」打破了袁世凱的皇帝夢，也使由袁世凱所維繫的統一局面破碎了。而試圖用武力推翻袁世凱的人們，還沒有力量建立起新的統一局面，於是，在中華大地上開始了軍閥割據的時期。軍閥割據意味著以武力分割地方，他們把以武力佔據的地盤，看作是私有之物，成為一個個獨立王國。為了爭奪更多的地盤，便要互相征戰，以便掠奪到更多的財富，擁有更大的勢力範圍，享有更大的權力。因此，在袁世凱死後，便開始了軍閥混戰，給中國造成了嚴重的社會危機。

在民初軍閥混戰中，最有實力的是北洋軍閥和西南軍閥。北洋軍閥主要來自袁世凱的小站練兵時期的舊人。袁世凱在清末以新陸軍為基礎擴編成的北洋六鎮，所有的高級軍官都來自小站。據統計，在民國初年從小站練兵的軍人當中，先後出過總統2人，總理3人，陸軍總長、次長10人，巡閱使2人，護軍使、鎮守使23人，還有大量的師長、旅長和團長。所以，有人說：「民國所謂北洋軍閥者，若大總統、副總統、執政、國務總理、各部總長、巡閱使、各省督軍、省長以及軍長、師長、旅長都出自小站。」[1]後來，隨著北洋軍事力量的擴展，小站出身的軍人就布滿了全國，形成了以袁世凱為首的北洋軍閥。在袁世凱被推翻後，北洋軍閥中的段祺瑞、馮國璋、曹錕、吳佩孚、孫傳芳等，繼續把持中央政權，並在地方上形成割據勢力，使中國從表面上的統一，轉為公開的分裂。軍閥混戰，造成「政爭兵亂，無年無之」的混亂局面。

西南軍閥（主要指四川、雲南和廣西的軍閥）則多由辛亥革命後各地的都督演變而來。從武昌起義到南京政府成立，各地稱都督者，先後多達100多人，他們中間許多人參加過辛亥革命、二次革命或護國戰爭，甚至

---

[1] 張國淦：〈北洋軍閥的起源〉，載《北洋軍閥史料選輯》，上冊，第16頁，中國社會科學院出版社，1981年。

參加過同盟會的人，許多也轉化爲軍閥，其中以西南各省爲最多。[2]這些新軍閥與北洋軍閥的閱歷，有所不同，其中大多數和革命有過或深或淺的關係。如滇系軍閥唐繼堯、川系軍閥熊克武，都參加過同盟會、辛亥革命和護國戰爭。當他們蛻變爲軍閥後，表現出強烈的地方性和封建性，爲了鞏固已經擁有的地盤和權力，或者擁兵自固，或者弱肉強食，互相征戰。章太炎曾說西南軍閥不過是「自成部落作方鎮割據之勢。」[3]

　　北洋軍閥和西南軍閥儘管各有特點，但是他們對於中國社會的破壞，所造成的社會危機，卻是完全相同的。大大小小的軍閥，爲了爭奪地盤和財富，當彼此間的利害關係一致時，就互相勾結，互相利用；當這種關係消失時，則彼此間以兵戎相見，互相征戰。有人把當時四川軍閥之間的關係，概括爲「時離而時合，亦友亦仇，隨合隨戰。要之，萬變不離其宗者，爲擴張私利，保存實力，誅求無厭，剝削地方。」[4]於是造成「一年三小仗，三年一大仗」的混亂局面。據統計，民國初年到1932年，僅四川各派軍閥的混戰，即達470餘次。[5]其中的二劉（劉湘、劉文輝）之戰，雙方動員的兵力多達數十萬，作戰地區遍及數十個州縣。在戰區內，造成許多人家破人亡，妻離子散。「僅榮縣境內，直接作戰的兩方軍隊在十萬以上，死傷三萬左右。」[6]連年軍閥混戰，田賦預徵達幾十年到百年。其中安次縣地方稅共徵收88年半，綿陽縣預徵了15年，更有預徵到「民國一百多年的」。大批農民由於不堪重負，只好逃亡或流入城市謀生。而未流亡者則要替流亡者均攤糧稅，以致「轉徙流離者日見其多。」[7]而城市裡的

2　陳旭麓：《近代中國社會的新陳代謝》，第359頁。

3　《章太炎年譜長編》，上冊，第584頁。

4　《文史資料選輯》，第十輯第34頁。

5　黃淑君：〈軍閥割據混戰與四川農民〉，載《西南軍閥史研究叢刊》，第一輯，第413頁，四川人民出版社，1982年。

6　《四川文史資料選輯》，第十四輯，第119頁。

7　同上，第414—416頁。

工商業者，日子也不好過。因爲受到苛捐雜說和兵匪的掠奪而凋敝的工商業，也難以爲進入城市的破產農民提供就業機會。大量無業遊民的出現，造成了嚴重的社會危機。會黨的首領，就是利用這種危機，爲自己謀取利益，把會黨組織演化爲軍閥官僚的工具。而軍閥、官僚、豪紳的頭面人物，也正好需要利用會黨首領的這種投機願望，使之成爲實現自己某種政治或經濟目的的工具，加速了會黨的蛻變歷程。

二、二十世紀上半期四川袍哥（哥老會）概況

1.袍哥的組織

民國年間四川的袍哥，是在清代哥老會組織基礎上發展、演化而來。其內部組織在西南各省大體一致。

開山立堂

袍哥創建一個新的組織，稱爲「開山立堂」。「開山立堂」最初是仿效梁山泊忠義堂聚義的故事，發起人必須是有智有能之輩，平時所收兄弟甚多，聲名遠播，且可以得到本山山主之許可和其它山主之贊成，才有資格「開山堂」，建立新組織。開山堂的地點一般選在僻靜的山區古廟，時間多在夜間舉行，以示秘密。事前要秘發通知，送達素有聯繫的碼頭、公口，後者有的送禮，有的派人前來祝賀。主辦方要負責交通接送、住宿飲食。屆期先行巡風查山，派人秘設卡哨，安置放風瞭望，戒備意外，以防「侁子」闖入窺視。

開山立堂的儀式頗爲隆重，會場布置的嚴肅壯觀，張燈結綵。門衛爲轅門，堂爲「忠義堂」，正中安置龍頭寶座，兩旁設虎皮交椅、大哥、客座交椅，各級兄弟在兩旁設立座位。時辰一到，由紅旗管事任司儀，龍頭大爺座主盟，音樂齊鳴，迎聖接駕：行拐子禮，說許多贊詞，由兩位二哥捧關羽牌位安放上面。接著是安位、焚香、上祭、開光、點像等一套繁文縟節。安聖完畢，主盟發開山結拜令，宣布山名、堂名，接著宣讀善堂正副龍頭、盟證、座堂、陪堂、正印、副印、禮堂、香長、監堂、遠堂、

心腹各位大哥名單；宣讀聖賢、桓侯、管事、六、八、九、么牌名單，依次入座。接著盟誓，講十條、三把半香、傳三刀六眼。最後歃血、贊酒、宰牲、開寶用印。龍頭按名單點名蓋章，大家道賀，龍頭受賀、傳賞、謝賞、送聖、送客，至此禮成。

開香堂

　　開香堂是為了接受新兄弟，是僅次於開山堂的一種隆重儀式。開香堂有大小兩種。開大香堂比較隆重，必須全部兄弟到齊，開小香堂比較簡便，只須承兄（保舉）與二、三大爺到場即可。會堂屋中懸掛關公聖像，像前點大紅燭一對，巨香三支，神燈一盞，敬茶三杯，供品四色，由紅旗管事主持，例規性的請示掌旗大爺有無指示。如果沒有，宣布大會開始，全體起立，整齊衣冠，面對聖像，鳴放鞭炮。紅旗管事恭讀迎聖令：「眼看天空彩雲飄，聖人夫子下天朝，弟子今日來迎聖，恭請聖人坐中堂。」接著紅旗管事宣布參聖：請龍頭大爺來參聖、請錢糧三爺來參聖」。大哥、三哥參聖時，身穿中式任長袍、馬褂，免冠。「請執事五哥參聖」、「請執事么大參聖」。五哥穿長袍或短裝，么大一般均短裝，兔冠。一定要將扣子扣好，否則失禮。參聖的人各行三跪九叩禮，一般也請外碼頭公口的代表參聖，他們多敬而謝之。參聖完畢，鳴放鞭炮，紅旗管事朗誦安位詞（參聖時所有與會人員均係站立，故要安位）：「大哥請登龍虎座，二哥宿請登上將台。虎皮交椅三哥座，五哥紅凳往上抬。六八九江金階上，么滿十排兩邊排。三十六把金交椅，七十二座軟八抬。金交椅，軟八抬，愚弟早安排。龍歸龍位，虎歸將台，列位哥弟請得位。」安位完半，紅旗管事即行「拐子」禮。行禮畢，紅旗管事宣布人事戒律令：「洪旗大令執在手，在緣哥弟聽從頭。奸盜邪淫不能有，一切壞人不能留。要想入流不能夠，除非認母把胎投。非是小弟言語陡，前傳後教一脈流」。大令傳畢，紅旗管事則向掌旗大爺請大哥賞示（指示工作）。大爺一般不講話，將手裡的新學、順社、提升、調步的紅紙名單交由紅旗管事宣布。宣

布時，被宣布的人面向聖像，宣布後，先參聖，後向恩、承、保、引四大拜兄謝恩，均行四禮八拜禮。拜兄站在聖像右側面舉手答禮，連呼「高攀」、「請起」、「諸事順遂，步步升高」。人事宣布完畢，紅旗管事迎賓。迎賓詞是：「今天是敝公口舉行盛會之期，承蒙城鄉內外鄰坊各場左中各社，老拜兄、老恩兄賜步光臨，敝公口未能五里鋪氈，十里結彩，迎風接駕，謹備菲酌，以表謝忱。少時席罷之後，不能臨桌一一致謝，只得席前一禮（丟個拐子）敬請原諒。（此時來賓起立，鼓掌致謝）。如有招待不周，禮儀不到，請各位老拜兄、老恩兄，一齊龍哥虎弟，回龍轉駕之時，花花旗，龍鳳旗，日月旗與兄弟敝公口打個好字旗（丟拐子）。」來賓齊聲說：「謝了！謝了！」

　　致詞完畢，介紹本公口執事人員和本公口與會人員同來賓相識。[8]

公口與堂口

　　哥老會按照其城鎮所在地建立「碼頭」，以字號區分公口，下設堂口。其字號有十字，即仁、義、禮、智、信、威、德、福、智、宣；又有仁、義、禮、智、信、松、柏、一、枝、梅之說。實際上這些僅僅是代號，並未正式成立過組織，一般只設立仁、義、禮、智、信五個公口，亦稱五個字號，又稱五杆旗。其組織分為八個排行，排位稱內八字，即孝、悌、忠、信、禮、義、廉、恥。按此設立大、二、三、五、六、八、九、么八個小排位。只分公口不分家，其內部組織都以碼頭為據點，以茶館為活動中心，對外聯繫。

　　哥老會雖然口頭上標榜「四海之內皆兄弟」，在會內人與人之間不分高低貴賤，一律平等。實際上各地公口的界限和字號的輩分特別嚴格，以仁字旗力最高，以下依次低一輩。義字對仁字稱大爺、三爺、五爺…么爺等。禮字對義字亦復如此，稱伯、稱叔，以信字為最低。直至民國十二、三年，方改為平等稱呼，不分公口、輩分。仁字旗號講「頂子」，其成員

是以士為主要成份，包括士紳、財主、機關首腦等有權有勢和有學問的。加入義字的講銀子，以富商大賈、工廠主、教職員、醫生等中產之家為主，人數較多，最為活躍。參加禮字的講刀子，是提刀槍，使棍棒的人多，形容其好勇鬥狠，大部分為軍人、員警、特務、跟差、衙役、船工、手工業者，小商小販、煙賭、扒竊、詐騙等，成員比較複雜。參加智字的一般為貧苦勞動者、失業工人、破產農民等。參加信字的則為「下九流」人物。因智、信出現得較晚，很多地方不設智、信公口，即使有，參加者也是寥寥無幾。

在哥老會內擁有百數十人，即可開設一個公口，推兄弟中威望較高的糧戶、士紳、秀才等為掌旗大爺。哥老會大爺的「龍位」多半是由么大逐步提升的，也有初次加入即取得這種地位的，叫做「一步登天」。但必須是在社會上有地位的人，否則不可能得到。所以，要「嗨大爺」就得有一定的條件，人脈方面需要有上層人物的支援，在年齡上要比較大的，在碼頭上要有號召力，說活有人相信，或者有一定的學識、官階，在經濟上要有雄厚的基礎，對過往客人或兄弟，要灑脫大方不吝嗇，捨得花錢應酬。

哥老會要成立新的公口，必須取得附近公口的認可，並將這種意見，用書面轉達到能夠傳達到的地方。沒有反對意見，才能開成立大會，接收新兄弟，走言語（對外交往）。初期的成立大會多在山野秘密舉行，公開以後，始在城鎮舉行，氣氛仍十分肅穆莊嚴，由掌旗大爺主持大會，紅旗管事司儀行令，多用切口語言，行跪拜禮。

哥老會最初設有十個排位，後因其中四排企圖姦汙兄弟眷屬而被處刑。七排因在同清軍作戰中出賣火線，使兄弟蒙受重大損失，故後來便不設四、七排，只設大、二、三、五、六、八、九等八排。後世人據此把排位冠以孝、悌、忠、信、禮、義、廉、恥八字。哥老會所有成員均按排次定位，除二排以外都有幾人至幾十人。公口推選德高望重的賢達名流一人擔任舵把子，掌管公口內外的一切工作，負公口的全部責任。其組織體系和職責區分如下：

行一：稱龍頭大爺、掌旗大爺、舵把子、座堂大爺、正印大爺等。還有副印（副龍頭）、盟證、禮堂、陪堂、執堂、總印、坐堂等大爺，亦推選有名的鄉賢擔任，協助正龍頭工作。其次還有不執事的閑大爺（新一和退休的人），會客時自稱閑一。開了印的可以提拔兄弟任「恩」拜兄。

行二：稱聖賢二爺，推選品端學粹，謹言慎行的人擔任，否則寧缺勿濫。二爺是個受尊敬的閒散位置，惟一職務是開會時敬神，隨時隨地都要穿長袍加馬褂，顯得文質彬彬。

行三。稱桓侯，又稱糧台三爺，亦稱當家，設二人，推選恩威並具，品學兼優者擔任。主管全公口的錢糧、法紀、規約、調查等事務。不執事的對外仍稱三爺，會客時自稱閑三。開了印的可以提拔兄弟，叫「承行」拜兄。

行五：稱五爺、管事，有紅旗、黑旗之分。名額不限，一般設執事的紅旗管事一人，黑旗管事一人，碼頭大的設幫辦管事二人。紅旗管事是公口的關鍵性人物，他上輔拜兄，為拜兄分憂解愁；下管拜弟，與兄弟鑊高削平；內管開山設堂、人事調升，功過獎懲；對外管迎賓赴會、訪友，解決糾紛、協調地方關係等。所以紅旗管事很難挑選，既要看資歷深淺，是否按步遞升。又要看對本公口有無功苦勤勞的貢獻，以及工作作風是否正派，辦事有無威信，能否鐵面無私，秉公執法。黑旗管事則分管紀律檢查，公開場合無人直呼。有很多公口是一人而二任。不執事的仍稱五哥，會客時自稱閑五，開了印的可以提拔兄弟，尊稱「保舉」拜兄。

行六：稱「護律」、「巡風」，又稱藍旗管事、幫辦管事、金闕、副六等，掌握書冊，香規、儀注，說明管事辦理會內事務，並司采詢團體內外消息等。

行八：稱「紀綱」，受大哥、管事之命，執行紀律事宜。會內有觸犯紀律的，經公眾及拜兄認為應受刑罰者，由其執行。

行九：「掛牌」，又稱「監哨」，負責栽培、引導新進及公布提升調撥升級等事。

行十：稱「營門」，傳達報告一切事宜。初加入或未提升的稱么滿十排，又稱轅門，鳳尾么大，率領大小老么充當護衛執事，聽候指派差遣。

五排以上稱上五排拜兄，六排以下稱下五排哥弟。關於這些品級，不論仁、義、禮、智、信各公口，都可同樣配備，視其成員多少而有所增減。[9]

要取得哥老會「大爺」的地位，必須在當地擁有相當多的權勢，這些人為了維護自家的財富或特殊權益而參加哥老會，平日對兄弟們施以小恩小惠，在兄弟中能主持「公道」，因此，能得到兄弟的信任和擁戴。在取得哥老會大爺的地位後，在地方上也就更具權威了。會內或社會上各種人事糾紛，常常在哥老會茶館中求得解決。大爺的威信有時比法官還高，有的人在法院打了幾年官司得不到解決，只要哥老會大爺出面，就可以「擺平」。哥老會的兄弟中如違犯了幫規，則由大爺在茶館召集兄弟來討論，先由舉發人陳述違犯者的犯罪事實，然後由大爺交付兄弟共同議論。如果情節較輕，即由犯事者賠禮並交付茶錢即可了事。情節重大的要按規矩制裁，這時，大爺擁有懲處和決定生死之權。哥老會兄弟中妻子被外人姦淫，則由哥老會大爺指派會中兄弟將姦夫淫婦殺掉。

在同一地區內，往往有幾個堂口，這就有幾個大爺同時存在，其中威望最高的為大爺之首，名為「總舵把子」。所以有當事的大爺和不當事的大爺。由當事大爺管全面，排解兄弟中的一切糾紛，處理大爺們解決不了的問題。各大爺都開有各自的茶館，作為各自的碼頭，並利用它作為哥老會兄弟的活劫中心和送往迎來交際之所。各大爺之同亦互相拜訪，互相標榜，但如有嫌隙，亦相互排斥互相攻訐。各公口之間為了各自的利益，往往大動干戈。

民國年間四川的哥老會也同清代一樣，領導機構分為內、外八堂。

---

[9] 蔡墩：〈話說哥老會〉，載《近代中國會黨內幕》下冊第240－242頁；第中國第二歷史檔案館：《民國會黨要錄》第186－190頁，檔案出版社，1992年。

內八堂：內八堂是哥老會的領導階層，可以決定本山堂的宗旨和方向，行使主持開堂放飄、發展會員等職能。對外以「孝、悌、忠、信、禮、儀、廉、恥」代稱，具體職位分為：

總堂	堂口的最高負責人，即山主，或稱總龍頭大爺或舵把子，統轄全部。
座堂	即副龍頭或副舵把子。
陪堂	掌管公口經濟。
盟堂	掌管公口盟誓。
管堂	掌管人事升遷調補及調節內部糾紛
執堂	掌管執行任務。
禮堂	管理禮節、司儀。
刑堂	專管執法。

外八堂

心腹大爺	負責管理社內外事物，招待好同黨。
聖賢二爺	相當於「軍師」角色，要求有文化，具謀略。
當家三爺	管理公口的帳目，負責經濟收支。
紅旗五爺	是公口的執事，轄有藍旗、黑旗、協助捉人、執法。
巡風六爺	負責巡邏。
先鋒八爺	負責探聽消息，通報傳達
江口九爺	負責公口日常事物
么滿十爺	負責接待和通風報信。[10]

---

10 劉師亮：《漢留全史》第十一章〈漢留之職名〉，成都球新印刷廠，1938年；蔡少卿：《中國秘密社會》第53—54頁，浙江人民出版社，1989年；王純武：《袍哥探秘》第36—38頁，巴蜀出版社，1993年。

入會

加入哥老會者必須「身家清白，己事明瞭」，即三代人沒有紅疤黑跡。從清代到民國初年，有下列情形之一者，不准加入哥老會，即使蒙混過關，一經查出，也要被清洗出去，並要追究責任，即「身家不清問引進，己事不明問承行」。具體規定為：家庭道德敗壞，門風不正。本人品質惡劣，作風不好。哥老會宣揚「忠孝節義」，反對「奸盜邪淫」。因此，凡偷盜扒竊、衙役、娼妓、鴇母、吹鼓手、跟班、看門、燒水煙、修腳、擦背、男旦、男妓、演官娥、彩女，么姑、妻子偷人、母親再嫁等，都認為是下九流的下賤人，不准參加。其中許多是勞動人民，遭到鄙視，而搶人劫貨的土匪、流氓之類反而歡迎入夥，並允許搶皇餉、劫貪官與為富不仁者。

理髮工人曾替清王朝強迫漢人剃髮，裁縫曾為清政府強制漢人縫製馬蹄袖衣服，故不能參加。民國年間尺度逐漸放寬，理髮及縫紉、小偷、扒手、詐騙、理髮業、娼家、唱戲、巫人等可以參加「禮」字以下公口或自己組織分社，由原有禮字以下公口，遴派品級在排行第一的大爺主持「開香堂」。

參加哥老會時要當眾發誓：「兄弟如有三心二意，違規亂紀，白刀子進，紅刀子出」。參加者必須有四大拜兄的栽培，即介紹入會的引進拜兄（執事么大），負擔責任的保舉拜兄（紅旗管事）、復查、瞭解身家、己事的成人拜兄（當家錢糧），批准入會的恩准拜兄（掌旗大爺），然後才能開香堂的拈香拜把儀式，正式加入哥老會。恩、承、保、引四位拜兄是新入會者的負責人，拜弟必須崇拜和接受拜兄的教育、指導。拜弟有事情，拜兄也要幫助。

印信證件

參加哥老會要領取公口發出的公片、寶劄、拜兄的紅片，才能取信於人。一般新加入者，要取得這些證件，通常要經過三個階段，長者三年，

短者一年，有特殊情況的人，也可立即發給。領取這些證件，要根據本人的財力大小，舉行一次集體或單獨的酒宴，招待公口裡面的拜兄和執事人員。

公片：代表哥老會的堂名，用優質的紅色道林紙做成。正面用黑色正楷印上公口名稱，背面蓋上兩句有關公口名稱相切的祝福語（八字木印章）是哥老會對外的代表。

寶劄：代表本公口的山名、堂名，和公片同等重要，是哥老會對內的憑據。用紅綾子裱糊而成，並根據當地的山名、堂名，印成彩色圖案和讚譽公口的詩句。

紅片：是哥老會新學或提排人的恩、承、保、引四大拜兄所發的片子。表示這些人都是參加哥老會的人或提排人的證人。其片小於公片，也是紅色道林紙做成，正面印黑字姓名，背面印本人堂號的紅色小章，一般五哥背面是方印，有功苦勤勞的五哥背面是一條龍（長方形）的印章。大哥、三哥、五哥的紅片，叫么、二、三片子，俗稱三大憲片子。有了公片、寶劄加三大憲片子，才能正式拜碼頭、求張羅、請保護。

開印：加入袍哥久了，對本公口有一定貢獻，經紅旗管事商請，舵把子同意，可以開印，開印後才可以收納兄弟。[11]

2.袍哥的活動

內部活動

民國哥老會對內打著維護「忠孝節義」的招牌，以排難解紛、教育化賢、扶危濟困等口號來攏絡人心。其基本作法同清代大體相同，此不贅述。凡會內兄弟不和、兒子不孝父母等事情，由紅旗管事先行勸說調解。如一再不聽開導，則由舵把子出面，召集當事雙方，先把兒子「矮起」即跪下講話，講明不孝父母是大逆不道，責令兒子向老人磕頭請罪。較重

---

[11]蔡墩：〈話說哥老會〉。

者，要向眾人磕「轉轉頭」，再不改悔者，把袍哥「擱了」，改正了再行恢復。

哥老會也做了一些對兄弟有益的事情，如邀會集資，協助兄弟度過經濟難關，給沒有取職業的兄弟介紹工作，以解決生活出路。會內兄弟辦理紅白喜事，是哥老會的一項基本活動，也很能收買人心。富有的兄弟要辦喪事，首先請「幫忙酒」，把要辦喪事場面的大小告訴管事五哥，五哥便每天派兄弟輪流值班，接待客人，不論煙、茶、酒、飯及送葬等，都安排周密細緻。貧困的兄弟辦喪事，首先向本堂口的執事大、三、五爺磕頭拜孝，說明無錢辦理喪事，請求幫助解決。公口的舵把子便通知管事五哥，找兄弟湊人情，並招呼兄弟送情、幫忙，不吃酒飯。有的公口還製備若干套孝衣，由會內兄弟穿起來送葬，顯得風光氣派。本「堂口」的大爺或有聲望的會眾，遇有婚喪喜壽諸事，本堂口的兄弟，必須送禮。

哥老會組織在本地區一般不幹壞事。爲了能得到本地人們的稱讚，往往還要倡辦一些慈善事業。遇到天災人禍，還要救濟貧病老弱孤寡。

對外交往

哥老會如遇「外堂口」某大爺祝壽，或鄰近州縣場鎮的哥老會開山設堂，只要得到相邀請帖，必須派出以大爺、當家、三爺、紅旗五爺、么大等爲代表的隊伍，打起寫著「公口」名稱的大紅燈籠，攜帶匾對等禮物前往祝賀，參加「開山堂」的儀式。主辦者除私自宴清特邀客人外，還要舉行數天的「迎賓會」，歡迎各地前來祝賀的兄弟。

按照哥老會的規矩，凡兄弟流落在外，一時生活無著或缺乏路費，可由本人出示名片，拿言悟（自己申明）向當地碼頭找自己公口的本字號（仁字找仁字，義字找義字）的紅旗管事，請求周濟，當地公口不能拒絕。如招待不周，接濟不當或遭到輕視，這個當事哥弟回去擬了盤（反映情況），以後這個碼頭的兄弟便會受到同樣待遇。

越邊過道，走州闖縣的哥弟持有本公口的「穿眼公片」（用香火燒了

孔，在孔中插一雞毛），見此者，明知是逃亡罪犯，但礙於江湖規則，不但不能向當地政府報案，反而要資助其旅費，派人護送出境。

會期

袍哥每年都有三次盛大的例會：一次是單刀會，每年農曆五月十三日，紀念關羽單刀赴東吳的事蹟，各公口多在此日舉行大會，以示敬仰和追念。一次是中元會，又稱盂蘭會，每年農曆七月十五日或中旬舉行，以悼念死亡的哥弟，儀式頗為隆重。還有一次是團年會，每年農曆臘月初一至二十日之同，任選一日舉行。又稱吃團年飯，由當家錢糧報告收支情況，並列單逐筆公布。紅旗管事報告新進人數、順社人數、死亡人數以及提升調出、功過獎賞、明年執事人員等名單，張貼紅榜，並請舵把子總結全年興革事宜。

另外還有小會，一是新年團拜會，只有部分人參加，多為哥老會兄弟請公片，請寶劄、請拜兄紅片、開印、送印、送片等。二是茶會，哥老會公口多設於茶館內，由執事人輪流值班，早晚碰頭聯繫，解決日常事務。[12]

民國年間四川的哥老會，也同清朝時期一樣，按其性質和行為分為清水袍哥與渾水袍哥。

清水袍哥多屬仁字公口，大多由學界、退職政界或社會賢達掌握。其成員多數是居住在城鎮、農村從事正當職業，或暫時沒有職業但也不惹事生非的本地人，經人引進，公口承認即可參加。成員中沒有明顯的搶劫行兇、殺人越貨行為。凡遇「越邊過道」，「慕名拜訪」或專程前來投奔某公口某大爺的，都要用袍哥的禮節招待，絕無違禮行為。

渾水袍哥大多屬於義字公口，由武人居多的團派、團閥掌握。但也有清水袍哥中混有渾水的。至於純粹的渾水袍哥，則是土匪袍哥的專門組織，其組織形式，人員配各，交際往來都與普通哥老會有明顯的區別。

---

12 蔡墩：〈話說哥老會〉。

禮節和闖碼頭

　　哥老會成員之間除參加組織及提升的成員採用作揖磕頭外，彼此間會晤、開大會等，均採用丟「拐子」的形式。如「開山」、「設堂」、「開戳」、「迎聖」、「安位」、「開光」、「點像」之類的隆重儀式，均要行「三個拐子兩個揖」的禮。「丟拐子」的方法是：左腳斜伸，右腿微屈以支撐上身的重量。右手拐必肩微低，右手握拳，左手握拳放於右手頭上，這是行一的「歪子」；左手放置於右手臂中部，這是行三的「歪子」；左手握拳放於右手臂彎上，那是行五的「歪子」；舵把子丟拐子，是腳左伸右屈左手握拳，大指上伸置於胸前，右手拐直、握拳，大拇指向上伸，表示龍頭大爺。動作要乾淨俐落，衣服要甩的虎虎作響有生氣，不能萎靡不振。[13]

　　哥老會成員外出闖碼頭時，一般要在茶館酒肆「掛牌」，亮出身份，以便同當地的哥老會組織取得聯繫。掛牌的方法是：在當地的茶樓、酒肆找一個位子坐下，兩腿平放。當茶房端上茶壺、茶碗後，要把茶壺放在桌角上，壺嘴對角，或朝向自己。左手要將手指彎二伸三，食指與拇指呈開口橢圓形。遞煙時，右手食拇二指掏在煙杆或煙捲的中間，豎著遞過去。同時左手點在右手盤當的位置，以表示自己的在會內的身份和地位。地位低接煙的下頭，地位高者接上頭，地位平的亦接下頭以表示自謙。手拿茶杯時，不可把手掌覆蓋在茶杯口上，也不能捧茶杯的底端。[14]負責接待的人員看到上述動作後，就會前來探詢，說一套哥老會的「禮語」，表示歡迎：「怪道昨夜汀花爆，卻係來了大英豪。小弟迎駕來遲了，還望仁兄要諒高。」端茶送水時說：「清水一林杯浪悠悠，光天之下接拜兄。接兄不為別一件，同心同德解煩憂。」如果會內哥弟因發生重要案件，處於困難危急中，需要贈送盤費時要說：「手執金多條喜非常，新福大哥擇鳳

---

[13]楊楚湘等：〈瀘州袍哥〉，載《近代中國會黨內幕》，下冊，348頁；蔡墩：〈話說哥老會〉。

[14]蔡少卿：《中國秘密社會》第67頁，浙江人民出版社，1989年。

凰。擇鳳凰來送鳳凰，去效挑園劉關張。咱兄兄弟來接待，擇鳳擺凰看吉祥。」

3. 幫規、誓約及賞罰

哥老會爲了保證自己的生存，有嚴格的戒律以約束其成員。袍哥有十大幫規、四條誓約及十六賞罰。

十大幫規是：不准洩漏幫務、不准同幫相殘、不准私自開差（搶劫）、不准違反幫規、不准戲嫂欺妹、不准引見匪人、不准扒灰倒灶、不准吞沒水頭（贓物）、不准違抗調遣、進幫不准出幫。

四條誓約：驗收秘密、謹守幫規、患難相共、與幫同修。

十六條賞罰：洩露機密者斬，抗令不遵者斬，臨陣脫逃者斬，私通安清者斬，引水帶線者斬，吞沒水頭者斬，欺侮同幫者斬，調戲婦女者斬。忠心幫務者賞，拒敵官兵者賞，出馬最多者賞，擴張幫勢者賞，刺探敵情者賞，領人入夥者賞，施仁義者賞，同心協力者賞。[15]

哥老會中人如果立了功，或替拜兄個人做了使他稱心快意的事，都同樣叫功苦勤勞，給予提拔升級或現金等不同程度的獎勵。其中如果功勞突出，本人又有才幹，還可以越級升爲紅旗管事。

哥老會對於違反幫歸、誓約者，根據其情節予以懲處，具體辦法有以下一些：

掛黑牌。即將觸犯了幫規者的名字用白紙寫黑字站貼於牆上，並停止其開會等各種活劾，交會中監督反省。經考查一段時間，看其改悔程度，再行拆除黑牌，准其恢復活功。

賠情道歉及經濟懲罰。這是對犯小過錯的最輕處分。如酒後罵人，無意間冒犯婦女等，只要知過改錯，賠情道歉或開茶錢即可。若情節重的就要設酒宴道歉、掛紅、放火炮才能了事。

---

[15] 吳有梧：〈袍哥幫規、令詞及茶碗陣〉，載《近代中國會黨內幕》下冊510頁。

矮起。哥老會成員中有不孝父母、打單罵兄長等，經查屬實，首先叫犯錯誤的人「矮起」（跪下）來說明道理，辨別是非，到認錯改過為止。

傳堂訓戒。即召集全公口哥弟當眾教育，實行打手心、打屁股等體罰。

磕轉轉頭。會中人犯的錯誤影響面寬，經教育自願改者，龍頭大爺命令其向周圍在場的不分男女老幼都要一一磕頭。

走知會。犯錯誤而逃跑外地的哥弟，由公口通知當地哥老會組織，協助勸其返回原地，將錯誤說清楚、講明白，請求原涼者，可從寬解決。如逾期拒不返回，懸牌宣布開除，並通知所逃奔地方的哥老會，必要時當眾宣布其所犯錯誤事實。

擱抱哥。凡是做了對不起公口和哥老會兄弟的事，經查證屬實，把袍哥擱了。本人承認錯誤悔改後，可予以恢復，叫暫時擱袍哥，永不恢復的叫連根拔擱抱哥。

放河燈。對於謀殺哥老會中人親夫的姦夫淫婦，用門板將姦夫淫婦合釘其四肢。或將其姦夫殺後割下的頭放於淫婦釘後的下身處，再寫明罪行及不准哥老會人施救，放置河中，順水飄流。

草墛場。兄弟犯了不可饒恕的嚴重罪行，由本公口龍頭大爺傳堂，在深夜荒涼而又陰暗的地方送行。四周安置警戒，龍頭大爺抹紅臉，當家三爺及管事五爺抹花臉。宣布罪行後，被處死者提出照顧家小等要求後，龍頭大爺交匕首一把，逼其自殺，三刀六個眼，胸、心、腹對穿，或自己挖坑自己跳下進行活埋。[16]

三、四川袍哥蛻變為軍閥混戰的工具或土匪

四川袍哥的蛻變，主要原因是四川的軍閥本身大多都參加了袍哥組織，而且幾乎都是袍哥的「舵把子」。鄧錫侯是四川最大的袍哥，其次

---

[16]蔡墩：〈話說哥老會〉、楊楚湘等：《瀘州袍哥》。

是王陵基、王纘緒、楊森、唐式遵等大軍閥。[17]大軍閥劉文輝也是袍哥頭子。[18]劉文輝手下的高級軍官也多是袍哥的頭子或骨幹，如他的師長鄧和、李宗煌等都是袍哥的舵把子。四川大軍閥劉湘手下的旅長、曾任雷馬屏司令的穆瀛洲，是袍哥義字旗的舵把子，擁有三四萬人的武裝。大軍閥劉存厚和田頌堯也是袍哥大頭子，並充當袍哥組織的後臺。駐紮在川東和重慶一帶的川軍第五師，師長熊克武當初爲了革命而參加袍哥，所部官兵大多是由參加過起義的袍哥組成。川軍第二軍、第三軍及其它川軍部隊，也有很多師、旅是袍哥隊伍。[19]有的大軍閥雖然本人不是袍哥，但是也與袍哥有密切關係。如劉湘屬下的高級軍官，與重慶著名的袍哥大爺馮什竹、唐紹武、李祝三等，不僅與該部袍哥出身的師、旅長范紹增、陳竹蘭、鄧國璋等稱兄道弟，而且與其它軍官也有來往。[20]

　　四川的大軍閥爲了鞏固自己的地位並擴展地盤，也需要袍哥的支援與效力。劉文輝在擔任四川幫辦時，爲了鞏固自己在川西的統治地位，千方百計籠絡各地有勢力的袍哥頭子，作爲他的社會基礎。爲此，他趁辦花會的機會大肆宴請各縣的袍哥首領，出席者多達63桌。出席宴會的袍哥代表致辭稱：「當今劉幫辦扶持袍哥不遺餘力，吾人感謝主人的厚意，殷切招待。今後能爲四川建設出力之處，應當盡力爲之。」[21]可見袍哥與當地軍閥官僚關係之密切。

1.袍哥與地方軍閥的結合

　　辛亥革命推翻了清王朝在四川的統治，四川袍哥也以功臣自居，認

[17]〈四川會黨調查〉，1949年印，轉引自趙清：《袍哥與土匪》，第117頁，天津人民出版社，1990年。

[18]《川康地方派系概況》，社會問題研究所印，1949年出版，轉引自趙清：《袍哥與土匪》，第118頁。

[19]唐紹武等：〈重慶袍哥史話〉，載《近代中國會黨內幕》，第272頁。

[20]唐紹武：〈解放前重慶的袍哥〉，載《重慶文史資料》，第31輯。

[21]侯少炫、鄒善成：〈袍界『三開』人物李安幫〉，轉引自趙清：《袍哥與土匪》，第121頁。

爲如今應該是會黨的天下。「多數（袍哥）大爺成爲包庇作惡，坐地分贓的贓主。」一些袍哥大爺還嫌坐地分贓難以滿足自己的欲望，更採用做生日的辦法，每年要做生日三到四次（包括爲父母和妻子的生日），借此大肆斂錢。那些無錢送禮的窮袍哥，便去攔路搶劫。那些有政治野心的袍哥大爺，則利用袍哥勢力，暗中購買槍彈，建立武裝，在偏遠地區，霸佔要口，徵收貨稅，或者販運食鹽和煙土，有的甚至稱霸一方。[22]1915年袁世凱稱帝以後，四川袍哥積極參加了反袁護國運動，其勢力也趁機再次興起。當時，袍哥首領張達三高舉護國大旗，自任川西護國軍司令，發動討袁戰爭。在參加反對袁世凱稱帝的「護國戰爭」中，四川的將領劉存厚、熊克武等曾起過巨大的作用，同時也在鬥爭中增強了政治和軍事實力，滋長了政治野心，企圖利用在護國戰爭中得到的聲威，在四川建立新的獨裁統治，從而變成了四川的軍閥。其中著名人物還有鄧錫侯、賴心輝、田頌堯、陳過棟、劉成勳、但懋辛、向傳義等。軍閥們爲了鞏固自己的勢力，則需要得到袍哥的效力和支持。而軍閥的混戰，更進一步促成了袍哥蛻變爲軍閥的工具和土匪化。

護國戰爭後，四川形成了軍閥割據的「防區制」。軍閥們在「防區」內建立起自己的政府，可以擅自任命官吏，發布政令，設立獨立的員警和司法機構，任意關押民眾，甚至發行貨幣，開設銀行，加捐加稅，成爲一個獨立王國。各地軍閥爲了在防區內擴充隊伍，便借助於袍哥的關係，招募遊民或招安土匪。據統計，三〇年代四川的軍隊最多時曾經達到三、四十萬，其中袍哥就約占五分之一。[23]袍哥中那些掌握兵權的「龍頭大爺」，則變成了新軍閥。[24]不僅大軍閥如鄧錫侯、王纘緒、王陵基、楊

---

[22]范紹增：〈回憶我在四川袍哥中的組織活動〉，《文史資料選輯》第84輯，文史資料出版社，1982。

[23]唐紹武等：〈重慶袍哥史話〉，載《近代中國會黨內幕》，下卷，第272—273頁。

[24]王純五：《袍哥探秘》，第148頁，巴蜀書社，1993年。

森、唐式遵、劉文輝等都是袍哥首領，而且連軍隊裡的軍長、師長、團長，也多是各地袍哥裡的大龍頭。熊克武在護國戰爭中，曾在川南、川東收編袍哥隊伍，組成川軍第五師，其中很多中下級軍官都是袍哥，士兵中袍哥更多。熊克武做了四川督軍後，第五師系統擴編爲川軍第一軍，其中的第六師全部是由原江防軍改編而成，而江防軍四個區的司令楊春芳、陳蘭亭、范吉祥和劉鵬程，全部是袍哥首領。該軍的一個混成旅擴展成的獨立師也都是袍哥隊伍。川軍劉湘、楊森的第二軍、劉成勳的第三軍系統，也有很多師、旅是原來的袍哥隊伍。[25]劉文輝不僅本人是袍哥頭子，而且他的五哥劉文彩、侄子劉樹成也是袍哥首領。袍哥隊伍與軍閥相結合，使袍哥勢力又有了新的發展，袍哥首領范紹增成了新成立的第九混成旅旅長。1925年四川軍閥劉文輝、鄧錫侯等擊敗楊森後，所轄三個軍中負責市區治安的，也大半是袍哥分子。

　　軍閥利用袍哥作爲互相爭奪勢力範圍的工具，袍哥則趁機發展組織。重慶的袍哥碼頭，對於前後駐防的軍閥隊伍，無論是川軍、黔軍、北洋軍，均採取逢迎的態度，爲其銷售煙土，販賣槍支彈藥，甚至代辦招安，代拉隊伍。袍哥大爺唐紹武利用同軍閥勾結的機會，經營槍支彈藥生意。1920年秋，唐紹武結識了大土匪頭子、招安軍的司令鄧國璋，再通過鄧國璋結識了鄧錫侯的部下黃逸民等許多袍哥分子，軍火生意銷路更廣。鄧一次就付給唐紹武4萬圓大洋，由唐紹武到上海打開直接從外國洋行進貨的管道，大發其財。在川軍中，除劉湘外，其它各軍購買槍支彈藥，也大多是由唐紹武經手，因而獲利甚多。劉湘部隊駐防重慶最久，重慶袍哥與其部下的關係尤爲密切。著名的袍哥大爺如馮什竹、唐紹武、李祝三等，不僅同該部袍哥出身的師、旅長稱兄道弟，而且同其它軍官也有來往。1934年，劉文輝帶領24軍撤退到西康，讓他的五哥劉文彩到西康建立袍哥組織，並指派軍部副官長陳耀倫和旅長袁國瑞、省財政廳長文和笙等人

25趙清：《袍哥與土匪》，第101頁，天津人民出版社，1990年。

協助籌備。又派人專門到宜賓邀請袍哥的仁字旗敍榮樂大舵把子宛玉庭、義字旗大爺李紹修來到西康的雅安，主持成立雅安袍哥總社，由劉文彩等5人擔任「總舵把子」。由於當時雅安所屬各縣普遍栽種鴉片，運輸和銷售皆需要武力保護，於是，紛紛建立武裝，而這些武裝皆控制在袍哥手中。二十四軍爲了掌握這些袍哥武裝，師旅長也都紛紛加入袍哥，從1941年起，在雅安先後建立了9個袍哥的公口，社長皆由現任或退役的軍官擔任。[26]此外，還有許多國民黨的軍政人員，同時也是當地的袍哥大爺。

2. 四川袍哥的土匪化

四川袍哥在與軍閥結合的同時，也在走向「土匪化」。

四川的袍哥中的「渾水袍哥」，多由沒有正當職業的下層民眾組成，主要從事打家劫舍等活動。民國年間四川由於軍閥割據，連年混戰，民不聊生，造成土匪肆虐，哥老會中的渾水袍哥乘機大肆活動。他們不僅打家劫舍，綁架勒索，甚至截擊軍隊，佔據縣城。各地軍閥爲了擴張勢力，不惜把他們招安成軍。許多土匪頭子在被軍閥招安後，便成爲某某軍的師長、旅長、團長。如當過師長的范紹增、陳蘭亭、楊春芳、魏甫臣、喻海清等；當過旅長的鄧國璋、龔緯清、羊仁安、鄒善成、石肇武、陳鳳藻等，都是以袍哥頭子、土匪身份一躍而當上軍閥、走上顯宦達官寶座的。另一方面，哥老會、土匪亦是依賴軍閥、官僚作爲靠山、護符，互相利用。到了二十世紀三、四〇年代，大多數的哥老會組織與軍閥、官僚和本地的封建勢力串通一氣，有些頭頭本身就是統治階層的地痞惡霸。如金堂縣的巨匪賴金廷就是川西的渾水袍哥頭子，他的叔父和三哥、姐夫都是渾水袍哥的頭目「老么」。賴金廷最初給他們充當管事，後來跟隨姐夫彭執其接受川軍師長劉斌的招安，當上營長。但是，他匪性不改，繼續爲匪。他一方面偷走大批槍支，另一方面又通過吃掉潰軍來擴大勢力，在金堂、

[26]楊國治：〈西康雅屬的袍哥〉，載《近代中國會黨內幕》，下卷，336—338頁。

中江、簡陽、新都、廣漢、德陽等地進行搶劫活動，並與川北、川西、川南各地30餘縣的匪首結拜弟兄。[27]再如川西的吳之鎬也是著名的渾水袍哥，他幼時家境貧寒，加入袍哥後，於1916年當四川護國軍發動討袁之役時，他與二哥前往投軍。在當兵期間，經常仍與一些土匪出身的官兵到鄉下搶劫。後來所部被收編，他便脫離軍隊，糾集一批人回到家鄉為匪，最多時曾擁有2,000多人。1922年被川北清鄉軍招安，初任營長，後來升任縣城防司令，以後又被川軍十四師師長委任為旅長。再如陳蘭亭，少年時加入袍哥，曾在雲陽一帶遊蕩，廣交朋友。後來回到家鄉，以三支步槍起家，打家劫舍。護國之役，陳蘭亭投入江防軍擔任連長。1920年，川軍與滇軍、黔軍作戰失敗，江防軍向合川撤退，陳蘭亭不願離開川東，遂命令心腹率一排人返回石柱，並將一批槍械彈藥存放在重慶義字袍哥李祝三家中。在江防軍退走途中，陳蘭亭又分散所部，攜帶武器返回石柱。之後，又吸收幾股隊伍，發展到千餘人。最後因江防軍回到重慶，改編為第一軍第六師，陳蘭亭先擔任團長，後升任旅長，以後又投奔楊森，仍任旅長。1931年投向劉湘，並在范紹增的幫助下，通過袍哥的關係受到潘文華接納，出任潘部師長。

　　四川的袍哥從清末下層民眾的結社組織，在二十世紀蛻變為軍閥或土匪的情況，在吳福輝所著的《沙汀傳》中有十分形象的描述：「辛亥前，安縣袍哥的主要成員是城鎮無業遊民、攤販、手工業工人。」「百姓參加袍哥，是為了保護自己，也偶有破落子弟，或急公好義的小糧戶側身其間。」他們雖然偶而也從事販煙、路劫，但都認為是面對為富不仁者，其主要活動還是「重仁取義，濟困扶危」。他們所處的被壓迫地位，使他們在辛亥革命時期，能夠在保路運動中與同志會共同舉義。當時「無路可走的農民大量湧入，社會上有一定地位的、過去瞧不起袍哥的鄉紳，也紛紛加入。」鄉紳加入，不必從老么十排做起，「他們只需捐了錢，便成為

---

[27] 金堂縣文史資料組：〈金堂巨匪賴金廷〉，載《成都市文史資料選輯》，第5輯。

輩分最高的『一步登天的大爺』」。這樣，袍哥的實權就落在了鄉紳的手裡。而且這些人很快又當上團總、鄉長之類的角色。許多擁有武裝的袍哥頭面人物，往往被招安，「這就使得四川形成了官府、鄉紳、軍閥、袍哥四位一體，互相聯結又互相爭奪的局面。哥老會可以是執政的勢力，也可以是在野的勢力，無論那一種，它都變了質。」[28]

3. 四川「袍哥大爺」的代表人物

「袍哥大爺」兼軍閥范紹增

四川袍哥最著名的「袍哥大爺」范紹增（1894—1978），原名舜典，號海廷，四川大竹縣清和場人。他曾擔任過川軍軍長，在袍哥組織中混跡了三、四十年。他自幼不愛讀書，時常跟隨祖父打鳥捕魚，到茶館裡聽評書，所以，對於江湖豪俠、打富濟貧之事，很感興趣。[29]他又喜歡賭博，家裡人送他到私塾讀書，他卻把三分之二的時間待在賭場裡鬼混。其祖父當時在青和場當鎮長，覺得孫子整天在賭場裡鬼混，敗壞了家風，在氣憤中讓范的伯父把他拉到山裡活埋。還是母親把他偷偷地送到舅父家，才免於一死。他在賭場曾聽說達縣有個擺賭場的「張大爺」，就前往投奔，從此便在張大爺那裡幫忙。由於他對賭場裡的事情樣樣在行，因此深得「張大爺」的喜歡，並讓他加入了袍哥組織，更成為張的得力助手。[30]

那位賭場的「張大爺」名叫張作林，是個清朝的秀才，是渠河袍哥的禮字號「舵把子」。他表面上「嗨袍哥」，開賭場，暗地裡卻在招兵買馬，利用賭場賺的錢，買了幾支手槍，並且讓手下的弟兄們出去搶劫。又把搶來的錢，一部分作為買槍的資金，兩三年內，竟發展成一支一千來人

---

[28] 吳福輝：《沙汀傳》，27、28頁，北京十月文藝出版社，1990年。

[29] 陳章文：〈范紹增〉，載《西南軍閥史研究叢刊》第1輯。

[30] 范紹增：〈回憶我在四川袍哥中的組織活動〉，載《會黨奇觀》，199—200頁，中國文史出版社，1989年。

的隊伍，還打出了「革命」的旗號。1916年，這支隊伍被編入四川討袁的護國軍，張作林擔任連長，范紹增當了排長。討袁戰爭結束後，四川的護國軍歸屬熊克武，在整編時，張作林的隊伍大多被遣散，張隱藏了100多支槍，並暗中進行反對熊克武的活動，被熊的部下偵知後，將張殺害。張死後，范紹增被公推爲禮字號袍哥首領，他糾集了200多人，取出隱藏的槍支，佔據達縣、渠縣、大竹交界地帶，「就地籌款，擴充勢力」，實際上是在當地充當土匪。據范紹增回憶說，他們當時「籌款」的辦法有三種：一是收貨物稅，對過往船隻按照所載貨物多少、貴賤不同收稅，保障船貨的安全，實際上就是收取保護費；二是「擺賭場」；三是「包紳糧收租子」。當時地主、鄉紳爲了躲避軍閥混戰，都躲到城裡，不敢回家收取地租。范紹增就派部下承包他們的地租，抽去五分之一的「包收費」；四是公開搶劫。[31]

范紹增利用上述辦法，籌集到很多錢，並拿這些錢到當地駐軍中與當兵的相勾結。「凡拖來一支槍，即獎洋一百元」。在兩三年之內，這支土匪隊伍竟擴大到七八百人，擁有四五百支槍。不久，隊伍又被「靖國軍」收編，范紹增當上了營長，以後又升任團長。後來，范紹增所屬的隊伍被打垮改編，他又到熊克武手下當團長。1917年，范紹增在綏定（今達縣）與羅君彤結識，此後二人互相依靠達數十年之久。1920年，熊克武任四川督軍，范紹增改任川軍第六師的團長，旋因與旅長不合而辭職。1923年川軍內訌，楊森敗逃湖北，不久又返回四川，委任范紹增爲旅長，范紹增遂成爲楊的得力幹將。1926年楊森參加統一之戰失利，由湖北返回四川，成立討賊聯軍，范紹增任第七師師長。1927年春，楊森奉蔣介石之命，率領范紹增等，前往湖北馳援，受到武漢革命政府的反擊，范紹增受傷。但他在這次援鄂中，收編了三個混成旅的隊伍，實力大增，受到楊森的猜忌，並欲借抓賭將他槍殺。范紹增綽號「范哈兒」，意指其外表憨態可掬，傻

31范紹增：〈我與四川袍哥及川軍混戰〉，載《近代中國會黨內幕》，下卷，第399頁。

裡傻氣，但卻頗有心計。相傳他在楊森部當師長時，楊森因他出身袍哥、綠林，又風聞他有背叛之心，因此設下鴻門宴欲尋機解決這個外表憨厚的師長。范紹增在客廳裡等了兩小時，不見楊森出來，心知有異，便大聲說：「人家說我反對軍長，實在是豈有此理！部隊好比家庭，軍長好比父親，師長如同兒子，哪有兒子公然反對老子的道理？」楊森在內室聽見范紹增在那兒自言自語，一腔猜疑都化為烏有，不由喜上眉梢，跑出來接見。但他仍然對楊森存有戒心，遂與劉湘手下的潘文華等結盟討楊，並被蔣介石委任為「川鄂邊防軍總司令」，從此便投靠劉湘。抗戰開始後，因為向蔣介石告密劉湘、韓復榘勾結一事有功，又因為得到孔祥熙、顧祝同的支持，被任命為第八十八軍軍長。

　　范紹增早在楊森手下時就同上海青幫頭子杜月笙掛上關係。據范紹增本人稱：「當時我是在四川軍閥楊森部下當第七師師長，駐防萬縣。杜是上海青幫頭子，我早已聽人說過。我是四川的袍哥大爺，他也知道。由於這一關係，他便經常介紹他的徒弟們來找我，要我幫助他們在我的防區內收購鴉片。我每次接到他的介紹信，總是盡力幫忙。1928年前後，我在劉湘部下當第四師師長時，他還介紹他的同門弟兄、嗎啡大王陳坤元到我的防區鄰水縣來開設了一座嗎啡工廠，由我給以保護。當時在鴉片出產地設廠製造嗎啡，所獲的暴利比從四川運鴉片到上海要大十幾倍。1929年我第一次去上海和他見面，他除了對我盛情歡迎外，還和我換了庚貼，結為異姓弟兄。」[32]

「五毒俱全」的袍哥大爺冷開泰

　　四川的袍哥頭子冷開泰，是一個集袍哥、土匪、毒販、特務和鉅賈大賈於一身的袍哥頭子，可謂「五毒俱全」，成都袍哥稱他為「冷大王」。冷開泰是四川省仁壽縣觀音寺木泥寺村人，生於清光緒十五年（1889）。少年時代曾在絲行裡當學徒，因為嗜賭不務正業，且偷竊絲行裡的生絲，

被發覺後逃往合川，依靠舅父王某在「卡子」（基層收稅機關）當「卡員」（收稅員），其間學會了勒索貪汙的手段。後來回到成都，投入清巡防軍當兵。他因受恩拜兒、成都新巷子的羅大爺的栽培，在加入袍哥後成為一名「小老幺」，學會了一套仗勢欺人的本領。他常對人說：「我是赤身露體而生，死時能有槁簾子裹身，已有賺了！」[33]辛亥革命時期，他趁巡防營嘩變的機會，積極參加搶劫藩庫銀的活動，他帶頭開倉，將庫銀700萬兩（一說300萬兩）搶劫一空。事後因怕追究，遠走甘肅碧口，開始了販運鴉片和土匪生涯。當時做鴉片生意，必須依靠袍哥，冷開泰經過多方鑽營，投靠了袍哥的「川西三傑」，即灌縣袍哥首領刁青雲、申介屏和宋輔卿。他憑藉這層關係，除了自己販運鴉片外，還允許別的煙販搭幫，搞起「保商」勾當，獲得大量不義之財。在發財之後，他便大肆揮霍，狂嫖濫賭，很快把錢花光，而且得罪了刁青雲等三位舵把子，在當地無法立足，只得跑到重慶。1916年，他在重慶結識了著名匪首彭氏三兄弟，又開始了搶劫和販運煙土的土匪生涯。不久，彭氏三兄弟或死或被槍斃，冷開泰又利用袍哥的關係，與一些土匪換帖拜把，在成都、華陽、簡陽、仁壽一帶形成一股惡勢力。不久，他接受賴心輝的招安，駐防龍泉驛、茶店子、山泉鋪等地，繼續幹著搶劫行旅和住戶的勾當。某次，他探得遂寧商幫將護送一二十挑銀錠進城，於是帶領隊伍，在山泉鋪搶劫了這批銀錠。他們既搶劫，又販煙。販運雲貴煙土，每次達幾十挑，用洋油桶偽裝，外用草捆上，以「靛腳子」（染料）偽裝，沿途有袍哥掩護，又與土匪通聲氣，所以可以順利運到成都。

　　1921年，冷開泰在重慶幫助彭氏三兄弟手下的「楊破老殼」購買手槍時，結識了來自上海的南洋兄弟煙草公司的邱伯垣。邱是青幫頭頭，當時恰好有三支新式手槍，冷開泰以高價購得再轉賣給楊。後來楊被人告發並槍斃，官府下令追查賣槍之人，冷開泰被捕後未將邱伯垣供出，出獄後

<hr />

[33]熊倬雲：〈五毒俱全的袍哥冷開泰〉，載《近代中國會黨內幕》，下卷第448頁。

受到邱伯垣的邀請前往上海，受到上海青幫頭子杜月笙、黃金榮等的熱情
宴請。冷開泰則乘機吹噓四川袍哥的力量及與軍閥之間的關係，得到上海
青幫頭子們的青睞。當時漢口的洪幫幫主楊慶山也在上海，通過邱伯坦的
介紹，冷開泰結識了這個把持漢口的洪幫人物，兩人相見甚歡，邀請他加
入洪門。從此，冷開泰便成為了長江沿岸赫赫有名的地頭蛇。其後，冷開
泰又利用青幫的關係，幫助川軍第三混成旅的「遊擊司令」易吉三（原是
土匪）購買到一批槍支，並由洪門（實為沿江一帶的哥老會）平安護送到
四川。從此，冷開泰就有了青幫和袍哥兩種護符，更是如魚得水。有一
次，四川軍閥劉湘從上海購運大批槍支彈藥入川，在途經萬縣時，竟被楊
森指使范增令部下冒充土匪將槍支劫走，使劉湘大為惱火。恰好劉湘的謀
士劉從雲知道冷開泰有通天的本領，便向劉湘推薦冷開泰。冷開泰聽說是
從上海購買武器入川，便親赴上海托青幫購入大批槍彈，沿途用法國兵艦
護衛，大批槍彈平安運抵重慶。劉湘想不到一個袍哥頭目居然如此手段，
便把冷留在身邊，先讓冷當了宜昌辦事處副處長，後來又升為四川航檢處
長、四川善後督辦公署情報處長。四川善後督辦公署撤銷後，冷開泰又投
靠了國民黨的軍統特務組織，此事被劉湘覺察，將他一腳踢開。

　　冷開泰下臺後，便利用自己與軍閥和袍哥的關係，籌組公司，從事經
濟投機和詐騙活動。

　　他首先開辦了「恒泰字號」，他自任總經理，並邀請一些川軍高級軍
官來公司任職。特別邀請曾擔任范紹增經理處處長的李汝恒任協理兼會計
主任，並把川軍二十八軍的財務處長張明岩、旅長龔渭青、經理處長謝秉
鈞等人拉來擔任監察。該公司經營的業務，除放款和投機外，就是公開販
賣鴉片。他們派人到雲南、西昌等地採購鴉片。後來由於經營不善，公司
只講鋪張，不務實際，對外交涉應酬，不惜花費，對內注重排場，煙塌賭
具，一應俱全，供股東和來往賓客盡興玩樂。雖然經營中獲利不少，但開
支數額同樣龐大，加上冷開泰把公司的鴉片幾十挑用來償還私人所欠的3
萬銀元債務，又在崇寧縣私置田產200畝，以致入不敷出，前後僅存在了

一年時間就告結束了。

其次是組建「西寧公司」。

　　該公司的全名是「西寧企業股份有限公司」，是劉湘主政時期，由四川省財政廳長劉航琛向劉文輝建議下籌劃的，而二劉又是在冷開泰的撮合下合作的，所以，劉航琛就推薦冷開泰負責西寧公司的籌備工作。公司正式成立後，總部設在雅安，並在成都、富林、西昌、昆明等地設立辦事處。公司由劉航琛任董事長，傅真吾任總經理，劉航琛因爲深知冷開泰用錢揮霍，又不善於經營，所以，只讓他負責運輸。公司成立不久，便因爲派系紛爭而陷入困境。冷開泰在公司內部的主要助手是熊雨時等人，運輸方面所依靠的社會力量則是袍哥、土匪，在成都、雅安道上依靠巨匪張明清，他擁有二百多人，擔任運輸大隊長。後來運輸折本，貿易也不興旺。1941年撤銷運輸部，總公司也由雅安遷到成都。因爲業務不好，便以開發冕寧、越西大紅山森林爲詞，由羊仁安出賣林木，騙潘昌猷承買。名義上說冷開泰是買主，潘昌猷付款幾十萬元，結果未得到一根木料，實際上是個大騙局，所以也僅存在一年多即行解體。

第三是組建「蜀和公司」。

　　「西寧公司」垮臺後，冷開泰利用袍哥的關係又組建了「蜀和公司」。他邀請成都附近各地袍哥碼頭入股，每個碼頭20萬元，一共40個碼頭共湊成800萬元。公司的主要業務是存放款、代糧食部運輸糧食和購買四川的紅白糖、煙葉，運銷陝西。當時四川不僅徵購糧食的數額巨大，而且政府專賣的煙、酒、糖等，也需要有人承運銷售。而當時四川境內遍地土匪，運輸很不安全。冷開泰自恃有袍哥與土匪的關係，認爲蜀和公司完全可以承擔運輸任務，於是攜帶鉅款到重慶，向有關部門進行活動。可是，他在一夜之內竟把「蜀和公司」的股本幾乎全部輸光，只好通過關係，得到戴笠和孔祥熙的關照，終於獲得承運糧食的業務，並以製造板車和預撥經費的名義，獲得2,000萬的鉅款。由於他慣於揮霍，且大權獨

攬，不善經營，公司很快就出現了虧空。最後導致公司信譽掃地，被迫關門。

第四是組建漢華公司。

「蜀和公司」結束後，冷開泰於1946年春在成都御西街鄒善成宅內成立「漢華公司」，想借此耍袍哥，成立袍哥山堂漢華社。公司成立後，冷開泰自任理事長，鄒善成任監事長。籌股的辦法是，每股股金一萬元，給與優厚利息，並以複利計算。15年後每股即可取得15萬元。他利用人情關係，儘量拉攏袍哥兄弟入夥當股東。但是收效甚微，加之法幣急劇貶值，公司的股金、存款，即使用複利計算，十五年後每股也僅只購買包香煙，公司隨即垮臺。

第五，開山堂建立「漢華社」。

他當了多年的袍哥卻從未開過山堂，也未成立過自己的碼頭。1946年春，他邀請著名的老袍哥王蘊滋、彭光烈、吳毅侯等作為主要發起人，他本人則擔任舵把子。王蘊滋對袍哥源流及內幕瞭解頗多，遂為「漢華社」撰寫了一本《海底銓真》，彭光烈則動員民眾參加袍哥，冷開泰本人則到康定警備司令鄒善成將《海底銓真》在天全、蘆山、寶興一帶推銷，使自己大發其財。[34]

儘管冷開泰在「事業」上多次失敗，但是，他利用袍哥和土匪的活動卻並未停止。他庇匪拉肥，坐地分贓，入股詐騙，強行勒索，最後，他又投靠國民黨，參加「遊擊幹部訓練班」，把一些袍哥、土匪、惡霸拉入訓練班受訓。

范紹增和冷開泰兩人的經歷，非常典型地說明袍哥在二十世紀如何蛻變為軍閥官僚的工具或黑社會組織的。

---

[34] 熊倬雲：〈袍哥舵把子「發跡」之謎〉，載《民國會黨：秘聞與紀實》，第229-244頁，團結出版社，1994年；熊倬雲：〈集軍匪特為一身的冷開泰〉，載《中華文史資料文庫》，第20卷，第424—434頁。

第四十一章

二十世紀前半期（1912—1949）洪門的演化

　　早在清末，天地會與哥老會就開始融合。經過辛亥革命，二者又進一步融合，在結盟儀式和組織設置等方面，互相借鑒，而且均稱為洪門。所以，二十世紀前半期，洪門實際上包括兩大支派：一是天地會系統的組織，二是哥老會（在四川稱袍哥，在長江下游各地稱紅幫或洪幫）系統的組織。這兩大系統本來有著不同的源流和組織，天地會是乾隆年間福建漳浦高溪（今屬雲霄）僧人提喜即洪二和尚鄭開所創立。最初主要流傳在福建（尤其是臺灣府）、兩廣、江西、浙江、雲南、貴州、湖南等省，後來又蔓延到海外，形成海外洪門；哥老會的淵源可以追溯到雍正、乾隆年間川江中上游木帆船水手中的嘓嚕。嘓嚕因遭到當局的打擊，便沿江順流而下，在經過兩湖、安徽、江西、江蘇等省時，汲取了天地會等秘密會黨和教門的內容後，於咸豐、同治年間才逐漸形成的。最初主要在沿江各省流傳，後來一部分從四川傳入雲南、貴州，另一部分從安徽、江西、江蘇傳入浙江、福建等省。晚清時期，天地會與哥老會（紅幫）發生衍化與蛻變。天地會系統的洪門，主要在兩廣和海外華僑、華人中活動。而哥老會系統的洪門則除東北三省和直隸、山東外，幾乎遍於全國各地。所以，二十世紀前半期的洪門，實際上以哥老會系統為主，天地會系統的洪門主要在海外流傳，後來建立的中國致公黨，便是由海外洪門的部分成員所組成。

一、天地會系統的洪門

1.民初海外洪門致公堂的回國立案參政問題

　　在辛亥革命時期，海外「洪門致公堂」曾動員洪門成員和海外華僑、華人，積極為國內的革命黨人提供經濟上的幫助，為推翻腐朽的清王朝統治，做出了重要貢獻。1912年元旦，中華民國臨時政府宣告成立，從此，中國歷史開始了新的一頁。這時，海外洪門致公堂自恃在辛亥革命中有過功勞，要求回國立案參政。1912年1月9日，加拿大維多利亞致公堂在祝賀孫中山就任臨時大總統的賀電中，提出了在國內組織華僑政黨的要求。

電文提到：「前本總堂所委謝秋君偕公同至各埠籌餉事已經完成，是以今日本堂謝秋君回國辦理，偕翼漢君共爲本堂代表，組織一完全政黨。故望大總統回念當日花亭之事，需要扶持完全政黨之事。」[1]不久，維多利亞致公堂再次致函孫中山，提出：「同仁等願犧牲公產爲民軍國用，求大總統早日北伐，直搗幽燕」，「故特命謝君秋、梁翼漢君回國見大總統，辦理政黨事宜。望大哥念花亭之秘密，高溪歃血之盟。況且大總統是洪門總領，正宜成政黨以慰陳近南、鄭成功之靈，慰同仁仰望之心。」[2]是年三月，美洲致公堂首領黃三德還親自回到國內，向孫中山當面提出海外洪門在國內立案活動的請求。孫中山認爲海外洪門雖然在推翻清王朝的鬥爭中作出過貢獻，但是，畢竟僅僅是個舊式會黨，難以適應民主革命的要求。特別是清統治被推翻後各省會黨的胡作非爲，更加深了孫中山對海外洪門回國參政的疑慮。而且認爲洪門向來以恢復漢族統治爲宗旨，如今目的已達，歷史使命已經完成，也就沒有在國內立案活動的必要。因此，對於加拿大維多利亞致公堂的信件未加答覆，對於黃三德的當面請求，也虛與委蛇，這樣便引起了海外洪門的不滿和日後致公堂首領黃三德與孫中山之間的矛盾。

2.中國致公黨的成立

　　1920年陳炯明炮擊總統府，佔據廣州，旋於1923年初又被滇桂聯軍逐出廣州。爲了維持軍隊的經費，陳炯明便試圖利用海外洪門致公堂與孫中山之間的矛盾，同香港的致公堂取得聯繫，希望得到他們的幫助。香港致公堂便派人到澳大利亞和新西蘭，向當地洪門人士進行遊說，以幫助陳炯明。但遭到當地國民黨勢力的強烈反對，收效甚微。1924年，陳炯明又親自致函美洲致公堂首領黃三德，希望幫助籌措軍餉。黃三德因爲民國初年

1　《孫中山藏檔選編》第431頁，中華書局，1986年。

2　《孫中山藏檔選編》第437頁，中華書局，1986年。

在回國立案問題上與孫中山結怨，也樂於同陳炯明合作，這樣陳炯明便同海外洪門致公堂建立了聯繫，並促成了中國致公黨的建立。

　　早在1923年10月，海外不少洪門團體就派出代表，在美國三藩市（舊金山市）舉行「五洲洪門第三次懇親大會」，洪門大佬黃三德、司徒美堂等親自參加。大會討論把堂改為黨，成立「中國致公黨」的問題，並決議成立一個籌委會，負責有關建黨的準備工作。會上還討論了黨綱草案的基本精神和主要內容，為後來正式建黨作了準備。1925年10月10日，美洲致公堂部分人士和在香港、澳門的洪門代表，又在美國三藩市舉行「五洲洪門第四次懇親大會」，會上根據三藩市致公堂總堂的建議，決定以洪門致公堂為基礎，正式成立「中國致公黨」，宣布1925年10月10日為駐美三藩市致公黨總部成立的日子。由籌備中國致公黨委員總會發布了〈通告洪門全體書〉，內容如下：

一、設立籌辦中國致公黨委員總會于金門（即三藩市）為海外洪門總機關，以資提挈。所有各洲中國委員會，由總委員會當地昆仲籌辦，而收統一之效。

二、中國致公黨黨綱，悉依第三次懇親大會代表議決通過之黨綱草案公布，以尊重各國致公黨代表之公意，而符合洪門本身自組政黨案。

三、中國致公黨委員總分會成立之後，即為籌捐救國費機關，捐款由駐在各國致公黨匯收，直接匯回內地致公黨總機關，以進行救國工作。

四、本年十月十日為駐美金門致公黨總部成立開幕之期，各地如不能及期派出代表，亦須來電致賀，以表同慶。是日起，各洪門團體致公堂均懸黨旗三日，以昭大典。

五、本總委員會決議，舉陳公競存（即陳炯明——引者）為致公黨領袖，唐繼堯副之，……。

六、各地致公黨總分部（如前日致公堂所定之七大區域及南洋、歐洲、非洲），應每部派代表一二人回國協助，參與救國大計。

七、凡我黨黨員應領到本黨領袖發之證書爲據，方爲純粹眞正黨員。……

八、本年十月十日以後，各地致公堂一律改稱致公黨。[3]

　　這次洪門懇親大會，實際上就成了中國致公黨第一次代表大會。大會通過了黨綱，選舉陳炯明與唐繼堯爲正副總理，並由朱逸庭等代表洪門致公堂總會，向陳、唐二人發出正式推選證書。當時海外致公黨的組織，由堂改黨組成的黨部有300餘個，分布在5個洲，僅香港總支部即達10萬人左右。不過當時致公黨在組織上和成員的思想上並沒有拋棄會黨的組織形式及傳統。致公黨成立後，關於改堂爲黨的決議未能在海外各地洪門團體普遍地執行，一些地方存在黨堂並存、黨堂不分的狀況。1931年10月，陳炯明在香港設立致公黨中央黨部，同年又在香港召開致公黨第二次代表大會，有來自美洲等海外各地的代表數十人參加，美洲洪門致公堂負責人司徒美堂也專程前來參加會議。大會通過了以反對國民黨獨裁、實行地方自治爲主要內容的政綱。大會接受了陳炯明提出的「三大特質社會主義理論」，即以中國爲本位，以倫理爲中心，以共同消費爲特徵的「社會主義」，並繼續推舉陳炯明、唐繼堯爲黨的正副總理。會上本來打算解決黨、堂不分的問題。考慮到歷史及現實的各種因素，只好仍然保持黨、堂並存的現狀。但是，將黨、堂分開，以黨領導堂。從致公黨第二次代表大會到1933年，除了在美洲的原有組織外，又在澳洲、南洋群島及香港等地建立了地方組織，擁有黨員約40萬人。1933年陳炯明故後，致公黨中央決定暫時設立中央幹事會，維持現狀。[4]抗日戰爭開始後，致公黨號召黨員

3　《公論》創刊號第5頁，1947年12月。

4　于剛主編：《中國各民主黨派》，第337—338頁，文史出版社，1987年。

抗日，並通過致公黨等洪門團體發動華僑積極支持祖國抗戰。1937年「盧溝橋事變」爆發後，中國致公黨中央幹事會進一步動員並號召「海內外各處黨員，一致參加抗戰工作，出錢出力，以盡職責」。太平洋戰爭爆發後，致公黨總部的活動陷於停頓。

二、哥老會系統的洪門—洪幫（紅幫）

　　早在晚清時期，天地會與哥老會就在一些地方融合，二者皆稱爲「洪門」。儘管如此，二者仍然有各自獨立的活動，其結盟儀式與組織結構也有所差異。後來天地會系統的洪門，主要在兩廣和海外活動；而哥老會系統的洪門，除了東北三省和山東之外，幾乎全國到處都可以看到他們對蹤影。哥老會在沿長江順流而下，來到安徽、江西、江蘇等省後，也主要從事販運私鹽的走私活動，成爲鹽梟的一部分，稱爲「圍幫」，俗稱「紅幫」。據光緒二十六年（1900）一件佚名奏片稱：「向來梟販有清幫、圍幫兩種：清即安清道友，半東皖、徐海一帶青皮光棍；圍幫俗號紅幫，即哥老會匪。」[5]正如蔡少卿先生指出：「紅幫一詞在十九世紀末二十世紀初才出現，到民國以後才流行。」[6]

　　二十世紀前半期的哥老會，在組織形式方面，基本上同於清代，如均設有「四柱」即山、堂、香、水及有內、外口號，組織形式上也採一排到十排的等級和內外八堂。但在香堂設置和開香堂儀式方面有了的變化。

香堂設置

　　二十世紀前半期哥老會在開香堂方面，有了較大變化，主要表現爲汲取了大量天地會的內容。如開香堂的大廳稱爲「紅花亭」，正中設關帝牌位，上懸「忠義堂」牌匾，中間設置供桌三層，上層設羊角哀、左伯桃二人牌位，中層設梁山宋江的牌位。下層設始祖（洪英、傅青主、顧炎武、

---

[5] 中國史學會編：《辛亥革命》（三）第404頁。上海人民出版社，1957年。

[6] 蔡少卿：《中國秘密社會》，第72頁。浙江人民出版社，1989年。

黃梨洲、王夫之），五宗（文宗史可法、武宗鄭成功、宣宗陳近南、達宗萬雲龍、威宗蘇洪光）；前五祖（蔡德忠、方大洪、馬超興、胡德帝、李式開）；中五祖（楊杖佑、方惠成、吳天成、林大江、張敬之）；後五祖（李式地、洪太歲、吳天佑、林永超、姚必達）；五義（鄭君達、謝邦恒、黃昌成、吳廷貴、周洪英）；五傑（鄭道德、鄭道芳、韓龍、韓虎、李昌國）；三英（郭秀英、鄭玉蘭、鐘文君）；男軍師（史鑒明）；女軍師（關玉英）和先聖哲等之位，牌位各用紅紙或黃紙書寫。香堂設置有香爐，上寫「反汨復汩」（反清復明），另有燭臺、七星劍、算盤、尺、斛與秤、鏡、剪刀、桃枝等。又掛紅燈，外層三盞，中層八盞，內層二十一盞，意為「三八二十一」。[7]上述內容大多采自天地會的《會簿》，說明二十世紀前半期的哥老會，其開香堂的設置，已經汲取了大量天地會的內容，同清代哥老會開香堂已經很不相同。

開香堂儀式

開香堂儀式一般有以下步驟：接五祖、開堂令、安慰令、斬鳳凰、宣誓、斬香令、喝血酒、掃堂令、送五祖。

儀式舉行時，執事、行令者要分別扯文、武拐子，一舉一動，皆要念誦規定的詩句，如開堂就念誦「天開黃道日，金蘭義氣香，英雄同聚會，奉命開山堂。」接著按照儀式依次念誦安位令、斬雞令、斬香令等。新入會者稱為「新丁貴人」，入會要舉行問答、對神盟誓和飲血酒。入會後由山主發給腰憑、飄布，作為入會憑據。儀式舉行完畢，由新貴人主辦筵席，招待與會的弟兄。

開山堂後，要取一個堂名和「四柱」即「山、堂、香、水」和詩句。如周寒僧參加的江西洪江會的四柱是：中華山、志士堂、五嶽山、四海水。並且要把山堂香水寫在紅紙上，作為加入哥老會的憑據。這方面同清代大體相同。

---

7 姜豪：《洪門歷史初探》，載《近代中國會黨內幕》下冊，第7—8頁。

　　這時的哥老會在誓言、幫規和家法，也汲取了天地會系統的三十六誓、二十一則、十禁、十刑、十條、十款等內容，但保留了哥老會懲處違反幫規的「三刀六眼」等酷刑。

拜碼頭

　　哥老會成員闖蕩江湖，大體上也同清代相同或相似。哥老會成員來到異地他鄉，人生地不熟，要同當地碼頭取得聯繫，就需要先「掛牌」。一般在茶館酒肆進行。會內成員看到有人掛牌，就前來探詢、盤問，彼此用手勢表明身分，亮出山頭。然後進行問答。如來訪者說：「小的初到貴碼頭，長腿不長，短腿不短，未帶草字草片，向各位老哥請安問候，一切不周，恕過，海涵！」本碼頭接待者回答：「不知你老哥駕到，未曾遠迎，理當三十里路鋪氈，二十里路掛彩，十里路擺茶擔，五里路擺香案，迎接老哥，才是我兄弟的道理。招待不恭，還望海涵！」經過進一步考察後，確認是會內弟兄後，來訪者提出要求解決的問題，最後道別時說：「山兒不轉路兒轉，案兒不轉船兒轉，關公千里走單騎，兄弟古城有會期。再會！」

　　二十世紀前半期，哥老會即紅幫（洪幫）在國內各地得到迅猛發展，而天地會則僅僅在海外（包括香港、澳門）活動，其聲勢在國內幾乎被哥老會所淹沒。二十世紀二、三〇年代哥老會（洪幫），最著名的組織是「洪門五聖山」。1922年前後，哥老會中幾個上層人物想以上海為基地，為哥老會打開一個局面，於1923年4月於上海成立。之所以取名「五聖」，乃是為了紀年洪門的前後五祖。最初參加者有五人，他們是：朱卓文、梅光培、明德（字潤身）、向海潛（字松坡）、張子廉。

　　五聖山分為五堂，分別是：仁文堂、義衡堂、禮德堂、智松堂和信廉堂。後來發展，又設有內八堂的大爺，及心腹下山自行設社開分堂者甚多。山主為雙龍頭，背榜下山的為單龍頭。

　　各堂的發展情況如下：

仁文堂

堂主朱卓文是廣東人，在香港及廣東發展組織，朱卓文死後，後繼無人，便自行消失了。

義衡堂

堂主梅光培，廣東人，也在香港和廣東發展，有眾數千人。日本軍隊進攻香港時，曾組織義勇軍抗日。

智松堂

堂主向海潛，湖北大冶人，最初是在徐朗西標下，後來脫離徐而獨立活動。在長江流域，上溯四川，下至江浙，均有發展。吸收人物以軍政界為多，上海各大寺廟的住持或當家多屬於該山頭。他反對蔣介石，蔣就令戴笠派特務徐亮進入他的山堂，對他進行控制。他雖然反對杜月笙，但生活上靠杜給他生活費，因此也不敢公開得罪杜。抗戰時期他被蔣介石羈縻在重慶，給他一個「人民行動委員會常務委員」的名義，每月給他三百元車馬費，勉強度日。1946年他回到上海，辦理洪門復原事項，改組洪興協會，他自任理事長，九個常務理事五聖山占了四個。但實權控制在上海市社會局派來的王知本手中，所以也無所作為。

禮德堂

堂主明德，湖北人，在鄭州隴海鐵路局所辦學校任教，故發展組織，以鐵路員工為主，旁及工商、文教各界。隴海鐵路局的副局長、工程師、段長、副段長、站長、副站長等，大多是他的結拜弟兄，不論哪方面派來的局長，遇事都要同他商量，他可以使全路罷工，不通過他，辦事就不順手，1944年被戴笠派人秘密將他活埋。

信廉堂

堂主張子廉，浙江杭州人，曾當過機械工人，後自營及其修理店，辛亥革命時期參加光復會。他文化水準低，卻領袖欲高，遂結合一些民眾，

卻漫無組織。他加入恒社，受到杜月笙的挾制。[8]

三、抗日戰爭時期的洪門

1933年「九一八」事變後，日本軍國主義加緊了對中國全面侵略，這也激起了中國民眾的的抗戰意識，國內外洪門組織紛紛要求把各地洪門弟兄組織起來，反對日本帝國主義的侵略。上海洪門天華山主龍襄三在會黨手冊《海底》的序言中提到：「九一八後，洪門前輩志士，以國土喪失，民族意識消失殆盡，洪門團體仍有再行組織的必要。長江各埠紛紛倡議，尤以海外各埠及南洋群島諸志士，咸主張嚴密組織，加緊團員訓練，以為政府後援。」這一說法，基本屬實。

1. 內地洪門的抗日活動

「九一八」事變後，各地新的洪門團體紛紛成立，這些洪門山堂雖然力量有限，但是，在動員洪門弟兄在組織抗日救亡活動方面，仍起了一定的積極作用。1934年多，上海的洪門「五聖山」成員徐逸民等人，提出應當發揚洪門先輩「反清復明」的精神，創立一個新的洪門山堂，以便團結洪門弟兄抗擊日本侵略，收復東北失地。在幾位發起人中，大多是留美學生，在上海有一定的社會地位和政治影響。如韋敬周是財政部造幣廠廠長、楊寶璜是英國怡和公司上海洋輪船部經理、徐逸民是著名外科專家、范文藻是著名建築師、邱漢評是有名的大律師。他們認為自己雖然不能拿槍桿子打日本鬼子，收復東北三省，但也不能甘心做亡國奴。作為會黨的上層人物，應該發揚洪門老祖宗「反清復明」的精神，創立一個新的洪門山堂。徐逸民提議擁戴年高德劭的洪門老前輩汪禹丞擔任山主，崔錫麟等擔任副山主兼內外八堂職位。為了表示抗日的決心，他們按照哥老會的傳統，確立了「山堂香水」的名稱，取名為「五行山」，於1935年春

---

8 樊松甫：〈我所知到的洪門史實〉，載《會黨奇觀》，第1—21頁。

節後在一個寺廟裡舉行開堂大會。大家擬定了四柱：五行山，衛國堂，團結香，保家水。而「五行山」這一名稱也含有以金木水火土五行來消滅日本侵略者的意義。而且在〈出山束〉中更明確提出：「九一八、一二八，我大好河山，竟被日寇侵略，東北淪陷，滬江喋血。倭奴小鬼，儼同野獸。鯨吞我土地，掠奪我財富，殺害我同胞，姦淫我婦女。我無辜人民，白骨如山，血流成河。」「是可忍孰不可忍！」「我洪門哥弟皆炎黃之子孫，不能坐以待斃，爰創立五行山，高舉義旗，聯合中華之豪傑，聚合天下之英雄，誓掃東夷，還我河山。爲此呼籲三山五嶽之袍哥，協力同心，浴血奮戰，滅此朝食，痛飲黃龍。」還制定了十條紀律：「一、打倒日本小鬼；二、繼續反清復漢；三、收復東三省；四、消滅滿洲國；五、反對投降賣國；六、鏟除一切漢奸；七、反對外國侵略；八、不做外國奴隸；九、義氣團結，互相幫助；十、有福同享，有禍同當。」[9]爲了團結洪門的力量共同抗日，五行山又提議籌建一個洪門的聯合團體，經過努力，終於成立了由30幾個洪門組織構成的「洪興協會」，由汪禹丞、向海潛二人爲理事長。協會成立後，曾在工人中間進行團結抗日的宣傳。1937年上海「八一三」戰事爆發後，日軍佔領了上海，洪興協會被迫停止活動。

　　1939年在四川重慶成立了洪門「葩華山」，其宗旨是「反對日本異族，還我河山。」其「四柱」是：葩花山，抗日堂，四海水，義氣香。其《出山束》是：「東夷日寇逞倡狂，犯我河山奪我疆；關外淪爲新傀儡，南京屠殺血汪洋；強搶財物傷人命，姦淫婦女剖胸膛；黃帝子孫齊努力，誓把倭年奴一掃光。」葩華山由韋作民爲山主，蔣鋤歐、崔錫麟爲副山主兼陪堂大爺，由韋作民指定蔣鋤歐、崔錫麟、李范奭、莊仲文等爲四大盟兄，封蔣鋤歐等八人爲內八堂大哥。會後，又商量聯絡其它山堂山主及四川各堂口的舵把子。如長白山山主張樹生、五聖山山主向海潛、太華山山主楊慶山等。[10]

9　崔錫麟：〈我所知道的青紅幫〉，載《會黨奇觀》第23頁，中國文史出版社，1989年。

10　崔錫麟：〈我所知道的清洪幫〉，載《會黨奇觀》第31—33頁，中國文史出版社，1989年。

2.中國致公黨和海外洪門致公堂的抗日活動

抗日戰爭爆發後，致公黨中央幹事會號召各地黨員以實際行動擁護抗日戰爭，各地的致公黨組織，也紛紛同全國人民一道承擔抗日救亡的任務。美洲各地致公堂重建「洪門籌餉局」，改名為「華僑籌餉總會」，募集捐款伍千四百多萬美元，並和當地華僑一起認購數以億計的愛國抗日公債，捐贈許多飛機、坦克、救護車和大批衣物。[11]洪門首領司徒美堂先生在美國辭去了其它工作，專門做紐約華僑籌餉總會的工作，他每天從早晨十點工作到到深夜十二點。當時募捐的名目有：額捐即每人每月捐15美元、飛機捐、散捐、餐館的自由捐和公債票等。八年抗戰期間，僅額捐一項就達1400萬美元。從1936到1946年，美洲20多萬華僑，捐款、購買公債等，共計4億8千萬美元。[12]

1932年「一・二八」事件中，十九路軍在上海奮起抵抗日寇的侵略，中國致公黨曾對上海抗日軍民給予聲援，在「中國致公黨第三次全國代表大會宣言」中，提出：「盡力勉勵僑胞，捐款輸將，並鼓勵滬上黨員投身行伍，所謂貫徹捍衛國土保護主權之本質。」在海外的美洲致公堂在獲悉上海淞滬抗戰的消息後，洪門元老們立即於2月初在美國紐約洪門堂口「安良堂」召集會議，決定慰勞和聲援上海的中國守軍。會議作出三項決議：一、以致公堂名義發出支持上海的中國軍隊的電報；二、迅速成立洪門籌餉機構，發動募捐；三、組織青年航空救國。3月6日，美洲致公堂首領司徒美堂代表紐約致公黨參加「美東華僑航空救國大會」，並在會上通報了致公堂的三項決議：一、立即組織華僑救國義勇團，回國參戰；二、致公堂洪門人士捐機兩架；三、繼續捐款，籌辦航空學校。會後，司徒美堂還特意從美國趕到上海，把華僑捐贈的款項和財物帶到上海，慰勞在上

[11]俞雲波：〈海外天地會淺談〉，載《中國會黨史研究》，第123頁，學林出版社，上海，1987年。

[12]中國致公黨中央研究室編：《司徒美堂》，第189頁，致公出版社，2001年。

海抗日的十九路軍。[13]香港被日軍佔領後，致公黨中央幹事會無法開展正
式工作，遂宣告停止活動。

3.與日本侵略者勾結的漢奸組織「中華洪門聯合會」

在抗日戰爭時期，隨著日本侵略的日益加深，洪門組織本身也發生
了分化。除了上述反對日本侵略者的洪門團體之外，在洪門內部也出現了
為虎作倀的漢奸組織，「中華洪門聯合會」就是其中之一。該組織是由大
華山山主陳亞夫勾結日本興亞書院特務阪田發起的，從1942年11月開始籌
備，1943年1月4日在上海國際飯店成立籌委會，同年冬正式粉墨登場。籌
委會的主要人物，都是洪門各山頭的龍頭大哥，如李炳青是「終南山」的
大龍頭，許鳳翔是「五龍山」的龍頭。有的還擔任偽職，如昆侖山山主李
凱臣擔任汪偽交通航運局長，岳麓山山主周拂塵是汪偽財政部偵緝隊長，
大羅山山主項佛時任汪偽監察委員。所以，這一領導機構的組成，本身就
具有漢奸性質。該組織成立後便以日寇和汪偽作為靠山，企圖憑藉日寇與
汪偽的勢力，統一全國的洪門組織，以便為日本帝國主義侵略效勞。在其
成立大會宣言中，大肆鼓吹日本軍國主義的「大東亞戰爭順利進展」，無
恥地宣稱「動員我們洪門所有的雄厚潛在實力，在汪主席領導之下，內而
對於國家民族期有偉大的貢獻，外而協助友邦盟國，本同甘共苦，互相提
攜的精神意志，努力本位工作，俾有裨與東亞新秩序的樹立與共榮圈的的
結成。」宣言中所說「本位工作」，就是「協助（汪偽）政府完成全面和
平運動」，「努力遵行及實踐新國民運動」，「以整個力量完遂大東亞聖
戰」。[14]其漢奸嘴臉，躍然紙上。1943年4月，該會在第二次籌委會上，
決定聘請朱琳、陳國屏等15個國民黨籍的會黨分子為「設計委員」。朱琳
曾著有《洪門志》一書，書中把1940年他為「天龍山」所寫的〈開山檄

13周育民、邵雍：《中國會黨史》，第601頁，上海人民出版社，1993年。

14《中華洪門聯合會成立紀念特刊》，1934年12月出版，轉引自郭緒印：《洪幫秘史》，第284頁。

文〉編入。而〈開山檄文〉中有不少反對日本侵略的文字，如：「外侮侵凌，人民慘遭浩劫，匹夫有責」，要求洪門弟兄「互信互助，精誠團結，保存炎黃之土地，恢復漢室之河山」，及「復興民族，振興中華」等。因而在排印時，作者在上海法租界遭日本憲兵隊逮捕，不久，朱琳便變節投敵，成為漢奸。該組織完全被陳亞夫所把持，聽命於日本特務阪田。這個漢奸組織在洪門內部也十分孤立，有人質問其頭子說：「洪門的唯一目標既以民族獨立生存為前提，為什麼不到後方去抗戰呢？反而與日本攜手合作呢？」1945年隨著日本投降，「中華洪門聯合會」也被扔進了歷史的垃圾堆。

四、二十世紀三、四〇年代國民政府對待會黨的政策

二十世紀三、四〇年代，四川袍哥的勢力在不斷發展。四川袍哥一方面與軍閥相勾結，在軍閥混戰中充當炮灰。另一方面則為害地方，進行各種非法活動。有的公開搶劫，袍哥中的「渾水袍哥」便是職業土匪，專門靠打家劫舍和綁票勒贖為生。有的則利用權勢囤積居奇，經營油米等人們日常生活必需品，低價買，高價賣，牟取暴利。有的還進行毒品走私，霸佔土地或投資企業。總之，袍哥已成為四川的一大禍害。

對於袍哥為害地方的行徑，如不加控制，將會威脅到國民政府的統治，因此，在二十世紀三、四〇年代，國民政府的各級政府，發布了許多命令，禁止袍哥的活動。

1936年8月6日，四川省政府根據國民黨中央的有關精神，制定了《四川省懲治哥老會締盟結社暫行條例》，向國民黨中央軍事委員會委員長行營呈請核准。該條例共計七條：

第一條，四川省政府為禁止哥老會締盟結社，維持社會治安起見，特制定本條例；

第二條，自本條例公佈之日起，各縣政府應將各該地哥老會一律解散，由會中首領出具切結，並銷繳戳記名冊。有底金者，應提作該縣救濟事業基金；

第三條，哥老會不遵命令解散，或再有締盟結社者，得拘捕其首要，一年以下有期徒刑，或三百元以下罰款；

第四條，哥老會於命令解散時，以暴力抗拒者，得按照刑法條例治罪；

第五條，各縣政府應密派探警報告，並設密告櫃，准由當地人舉發。但不得挾嫌誣陷，如經查明不實，應以誣告治罪；

第六條，本條例自呈奉委員長行營核准之日公布施行。

第七條，本條例如未盡事宜，得呈准委員長行營修正之。

1938年國民黨中統局向國民政府提出書面報告，建議黨政軍公職人員不宜參加會黨，已參加者，限期退出；但政府只採取隔離政策，不宜硬性取締，以免「反滋亂萌」。1940年國民黨中常委又發出《會黨問題應付原則三點》，主要精神是：國民黨不與會黨發生直接關係，而推選少數熟諳其中情形之黨員，以個人資格與之周旋，各地會黨呈請備案者暫時不予置理，並設法使之不公開活動，由社會部嚴加督導。後來又頒布了《嚴禁黨員、團員及公職人員參加會黨辦法》，各省有關部門紛紛落實。1942年11月20日，四川省第九行政區督察專員兼保安司令向四川省主席呈報落實各級公務員具結退出哥老會情況的報告。報告稱：「竊查哥老會品類複雜，流毒社會，為害最烈。舉凡包庇煙賭，妨礙役政，招搖撞騙，以及搶家劫舍，嘯聚山林。種種不法行為，無一非哥老會為之。」雖經嚴厲禁止，但「日久玩生，積重難返，時至今日，尚未徹底根絕。」全區各縣，「此種非法組織，仍屬繁多。甚至有身為公務人員，亦側身其中，夥同扶隱，相緣為惡，一切政令之不能推行盡利，哥老會實為其重大阻礙之一因。若不及早鏟除，其滋蔓則危害社會，影響抗建。俱非淺顯。故特重申禁令，通

飭區屬各縣，凡屬各級公務員，如有早經加入者，一律飭令具結退出，否則立予撤職。其未加入者，亦應出具永不加入切結，並分別覓人保證，統限於本年12月底以前，辦理完竣。限滿准由人民指名檢舉，經查屬實，立予嚴懲。其保證人及直屬長官，俱應受連帶處分。」

1943年，四川各地政府紛紛制定查禁哥老會，及黨政人員退出哥老會的具體辦法。如四川省營山縣縣政府與縣黨部經過秘密協商，決定了六項實施辦法：「一、凡本縣各種集會結社，均須遵照總動員法，呈由當地主管機關許可後為之。如未經許可而擅自舉行者，得實行查禁或制止之；二、凡縣屬以下之公教人員及黨工人員，均須由黨部、縣府分別集中，公開舉行「不參加或退出哥老會之宣誓」，其宣誓人姓名並於縣政旬刊公布之；三、恢復郵電檢查，以防亂萌，…；四、由黨分令各區分部各黨工同志，隨時刺探各地哥老會及奸偽之活動，並須於每週呈報情報一次；五、分令各治安機關負責人隨時注意查禁，以制止哥老之蔓延；六、加強黨之組織，並大量吸收優秀青年為本黨黨員，以免其加入哥老會組織。」同年4月，國民政府行政院向各省發出《嚴禁黨員團員及公職人員參加會黨辦法》的通知，國民黨陝西省執行委員會與陝西省政府，又制定了本省的實施辦法，要求各縣貫徹執行。涉及國民黨「黨工人員」及三青團團員的具體辦法，包括：凡省執行委員會之黨工人員及各縣書記長，皆由人事科以個別談話的方式，詢問有無參加會黨者。「如發現有參加會黨者，飭即停止活動。如不經本會呈報許可暫緩退出者，應一律自動宣布脫離，並具切結以保證之。」各縣市黨部各基層黨務工作者中有參加會黨者，也限一個月辦理脫離會黨手續，宣布脫離，並具切結以保證之。凡在省政府直屬機關、縣政府各機關服務之國民黨黨員中有參加會黨者，亦按照上述精神，停止活動並宣布退出。另外，還規定：「凡不遵守中央法令，陽奉陰違者，得以黨紀法紀制裁之。」

國民政府的這些政策，實際上僅僅對會黨中的中下層份子起到一定的抑制作用，至於會黨中上層份子，特別是其中的頭面人物，根本不起作

用。

　　抗日戰爭勝利後，又由國民黨中央組織部會同國民政府社會部，制定了對待會黨問題的五項原則：「一、變消極的防範為積極的領導，使（會黨）成本黨外圍組織；二、遴選會黨中有地位及領導能力之本黨同志，組織黨團發揮核心作用，以領導及掌握會黨之活動；三、務須各地會黨不為奸黨及民主同盟所利用；四、防止各地會黨之組黨運動，如萬一不能辦到，則運用黨團組織，從中發生作用；五、防止海外及國內會黨組織合流。」四川省政府社會處根據上述精神，又制定了《四川省處理哥老會及非法組織實施綱要》，其具體辦法分為「積極的措施」與「消極的管制」兩方面。其中「積極措施」計有六項：「一、無論哥老會黨及其它未經依法組織之人民團體，均為非法組織，應予分別糾正或取締；二、各地哥老會黨份子依照現行人民團體法令規定發展組織團體，懇請政府立案時，可依現行人民團體組織法規程式，按其性質，予以許可，並派員指導組織，藉資統制而收逐漸利導改善之效；三、哥老會黨依照前項規定所組織之團體，應注明其中尚未退出之本黨同志，組織黨團，作該團體，以資應用；四、發動輿論及加強民教工作，以潛移一般社會參加哥老會黨之錯誤情緒；五、興辦地方生產事業，以容納遊民，根絕其依靠哥幫老會為生之心理，而減少其份子之來源；六、防止哥老會黨縱的組織，以免勢力集中，滋蔓難圖，而進謀組黨之運動。」其「消極的管制」包括七項內容：「一、哥老會黨份子，均屬中華民國之民，均應受國家法律之制裁，故其團體及個人之行為，觸犯法律者，一律依法嚴予懲處；二、凡黨員、團員、政府官吏及國營事業機關員司、軍警、教職員、學生等，均不得參加哥老會黨組織，其已參加者，限期由主管機關飭令退出；三、嚴禁政府機關利用哥老會黨作施政之協助，以免聲張其勢力；四、嚴禁哥老會黨侵越行政及司法職權，在茶坊酒肆裁判人民糾紛，以減削其權力與信仰。前項人民糾紛，應加強鄉保調解委員會之組織與工作，以資代替；五、土匪集團大半即為哥老會黨集團，今後對於本省各地治安，應積極推進其工作，

以收正本清源之效；六、未經登記攜槍人員，絕對禁止攜槍，並嚴厲執行，以免哥老會黨攜槍擅作威福，侵凌善良同時更為無知民眾所重視而助長其趨附之熱情；七、調查各地哥老會黨之實情，處理之依據。」

　　由於國民黨中許多上層人士皆與會黨有密切聯繫，有些會黨頭子甚至成了當時的「黨國要人」。所以，在國民黨當局有關禁止會黨的政策和措施並未真正執行，會黨問題始終未能真正得到解決。

五、抗戰勝利後洪門的分化

　　1945年抗日戰爭勝利後，隨著國內局勢的巨大變化，洪門組織本身也發生了分化。

1.中國致公黨

　　1945年抗日戰爭取得勝利，中國致公黨逐漸擺脫以往會黨的性質。1946年初，陳其尤、黃鼎臣、伍覺天等，先後由內地前往香港，與當地老致公黨黨員陳演生、嚴錫煊等，醞釀恢復致公黨活動，提出整頓黨務並加入以中國共產黨為領導的統一戰線。陳演生等利用原致公黨黨部的檔案室開展對外聯絡活動，與美洲、南洋等地的洪門組織就恢復致公黨活動交換意見。許多國外的洪門組織紛紛成立「整理委員會」，重新登記黨員和整理黨務。經過一系列的準備工作，中國致公黨第三次代表大會於1947年5月在香港召開，到會的代表有陳其尤、陳演生、黃鼎臣、雷榮珂、鐘沃梅、蕭重光等四十餘人。美國三藩市、馬來亞的代表參加了會議。英國利物浦、美國波士頓以及墨西哥、古巴和大溪地的致公黨組織，則委託在港的成員參加這次會議。大會討論修改了致公黨的《政綱》和《黨章》，發表了〈宣言〉、〈告海外同胞書〉，會議選舉產生了新的中央執行委員會和中央監察委員會。選舉李濟琛為中央主席，因為李當時兼任民革主席，決定暫時不公開宣布。選舉陳其尤為副主席，陳演生為秘書長，李濟琛等九人組成中央常務委員會。

中國致公黨第三次代表大會制定的《政綱》規定：「爲民族解放，國家富強，人民自由而奮鬥」，鮮明地提出了反對帝國主義、封建主義和官僚資本主義的觀點。大會通過的〈宣言〉，提出瞭解決國是問題的具體步驟和主張。大會還通過了對致公黨今後自身建設具有重要意義，並作出許多原則性規定的新《黨章》。指出：黨員必須「積極參加黨內政治生活和國內革命運動」，「對一切損害本黨及國家民族利益者進行鬥爭」。《黨章》規定：致公黨組織原則「採取民主集中制」，「黨內各級機構的負責人概由普選制產生」，「凡黨員必須服從黨，少數必須服從多數，下級必須服從上級」。中國致公黨的「三大」不僅指導思想已由舊民主主義上升到了新民主主義的高度，開創了中國致公黨參加新民主主義革命的歷史新紀元。

2. 中國民生共進黨的組黨及夭折

1945年日本投降後，各地洪門團體中一些首領，幻想在中國實現多黨政治，通過議會選舉而參政，遂紛紛組建政黨。當時，在軍隊擔任中將軍官的洪門首領樊崧甫，也躍躍欲試。1946年秋，他趁述職到重慶之便，與軍界中的洪門人物樊光等，約同政界、學界中人，共同商議組建中國民生共進黨。爲了製造輿論，他還在《中央日報》上著文，敦促國民黨「開放政權」，允許組黨。可是，參加發起者大多畏首畏尾，害怕得罪國民黨，而樊崧甫本人又是現職軍官，也不敢放手去幹，所以在重慶時僅僅是議而未行。但是，樊崧甫並不肯就此甘休，於是就千方百計地慫恿國民黨中央委員方覺慧脫離國民黨，另組由會黨構成的新黨。方覺慧認爲會黨情況複雜，不敢應承。不久，樊崧甫以國民黨「軍風紀視察團主任」的身份，前往西安，受到當地會黨首領的歡迎，表示「擁戴新堂主」。樊崧甫受到鼓舞，便冒險進行組黨活動。他以青紅兩幫爲骨幹，聯合其它會黨，建立「民生共進黨」。1946年3月，在西安成立籌委會，宣稱宗旨爲「團結青紅漢禮白各幫及回教教胞，努力工商業之發展，以實行民生主義之基

礎，打倒國民黨之貪官汙吏，反對共產黨之武力攫取政權。」[15]該黨標榜
走「中間路線」，既反對國民黨，也反對共產黨，在當時具有一定的迷惑
性，因此，在西安發展很快。樊崧甫一面招收洪門弟兄，一面擴張西安的
地方籌備會，並改稱「西北執行部籌委會」。不久，軍風紀巡查團調駐河
南鄭州，樊崧甫又在河南各地發展組織，並利用隴海、京漢鐵路沿線洪門
的關係，在西安成立「同德運輸企業公司」，在鄭州成立「五倫企業運輸
公司」，為民生共進黨建立經濟基礎。正當樊崧甫興高采烈地擴展勢力
時，蔣介石突然通過軍事委員會給劉峙、胡宗南發出密電，讓他們下令將
民生進步黨取締，並逮捕了該黨的秘書長。成立不久的「中國民生進步
黨」就此夭折。

3.中國洪門民治黨

　　1945年初，世界反法西斯戰爭正在節節勝利，中國的抗日戰爭勝利
的局面即將來臨，以司徒美堂為首的美洲致公堂也希望在勝利後回國參加
政治活動。他們感到與其另起爐灶組織華僑政黨，不如將致公堂改為致
公黨更有民眾基礎，可達事半功倍之效。遂於同年3月12日在紐約舉行全
美洲洪門懇親大會，有美國、加拿大、古巴、墨西哥、巴拿馬、巴西、
秘魯、牙買加等9國的洪門致公堂代表參加。會議決定將美洲致公堂改稱
「中國洪門致公黨」。[16]司徒美堂被選為全美總部的主席，黨內設有組
織、宣傳、聯絡、財務各部。大會通過了黨綱和對時局宣言，表示要「以
華僑資本和人力參加復興中國的建設。」由洪門人士主持的報紙《五洲公
報》等，聯合其它華僑報紙，發出〈十報宣言〉，號召「結束國民黨一黨
專政，還政於民，召開國民代表會議，成立民主政府。」旅居各國的洪門

---

[15]轉自郭緒印：《洪門秘史》，第290頁。

[16]這是美洲致公黨，與國內成立的中國致公黨是兩個不同的組織，見司徒丙鶴：〈司徒美堂與洪門美
　　洲〉，載《近代中國會黨內幕》，第162頁，下冊，民眾出版社，1992。

致公堂也隨之改稱「致公黨」。不過，這一改變並沒有實質上的變化，仍然保留著濃厚的會黨氣息。黨內開會時，會場仍然掛著「五祖神位」和洪門旗幟。日本投降後，司徒美堂等領導人仍然熱衷於國內政治，並作出決議，由各地致公黨派出代表，在司徒美堂帶領下回到上海，準備召開「五洲洪門懇親大會」，並且借大會的召開，在國內成立洪門政黨。

　　1946年4月，在司徒美堂回國之前，上海虹口的洪門首領楊文道便與華北地區的會黨首領張書誠、段劍青，上海灘的會黨首領吳紀舜等30餘人，商談過召開「全球洪門懇親大會」，爭取「青洪合流」諸事。電告司徒美堂等人，歡迎他們歸來，企圖借此撈取政治資本，旋因杜月笙的反對而未果。司徒美堂到達上海後，洪門懇親大會成立了籌備會，發函邀請國內洪門人士前來參加，但是回應者並不多，而且有大批中統情報人員進入其中，企圖包圍司徒美堂。

　　1946年7月25日，「中國洪門懇親大會」在上海貴州路湖社禮堂舉行，到會者有300餘人。開會儀式具有濃厚的會黨氣氛，在會場門前貼有對聯：「義氣待兄弟，忠心報國家」。會場內正中高懸綠、白、紫、紅、黑的洪門五色旗幟，象徵仁、義、禮、智、信「五德」。巨幅橫幅額上書寫「洪門是我們的家庭，要情同骨肉，親如兄弟，」「我們要行俠仗義，除暴安良」。杜月笙和司徒美堂皆稱病未參加開幕式，大會由主席團主席程壯致開幕詞，趙昱報告洪門歷史，楊天孚報告了美洲洪門的情況。秘書長姜豪提出以下議案，提請大會追認：建立洪門先烈祠一座；籌辦洪光中學；上海設立洪門通信處二處；海外在華山路476號致公總堂（五祖祠）；國內在威海衛路207號設立洪興協會。臨時動議有二：以大會名義向蔣介石致敬，用娛樂方式籌募洪門福利基金。

　　「中國洪門懇親大會」後來又搬到麗都花園舉行，由於中統事先布置了力量，最後閉幕時用多數表決的辦法，強行決定成立「中國洪門民治黨」。司徒美堂表示堅決反對，認為致公黨的名稱不能改，否則是出賣祖宗。但是，大會還是通過了成立中央執行委員會。這樣，大會便成了「中

國洪門民治黨第一次代表大會」，會上通過了黨章、政綱和宣言。由於洪
門民治黨實際上已經被國民黨情報人員所控制，司徒美堂知道上當，遂於
1946年9月對各報發表談話，聲明「本人主張聯合各黨派和愛好和平的人
民，建立民主統一的政府，然後再以經濟從事建設。我們並不是任何黨派
的尾巴，我們願以人民的意志爲行動。」並令其子司徒健庭起草了一個
「脫離民治黨聲明」，刊登在上海各大報紙。內容是：「本人對民治黨年
來所作所爲，不表贊同，自即日起脫離民治黨的一切職務，轉赴香港，重
返美國，致力於華僑福利工作。」[17]司徒美堂退出後，洪門民治黨由趙昱
繼續領導，經過改組後，把活動中心轉移到華南和海外。

4. 洪門忠義會

　　洪門忠義會是由「五洲華僑洪門西南本部」演化來的。設立在廣州，
最初稱爲「五洲華僑洪門大同盟」，後來改用此名。該會是廣州淪陷時期
由漢奸頭子李蔭南（僞廣東省省長並兼任僞廣東省建設廳廳長）、馮壁峭
（僞廣州市警察局局長）等人，在得到日本特務機關的聯絡部長矢崎勘二
少將的首肯下組織起來的漢奸組織。由李蔭南擔任會長，會長下面設有總
務科、組織科、宣傳科、調查統計科等，是個頗爲龐大的組織。1945年
8月15日，日本宣告無條件投降後，這個漢奸組織也陷於癱瘓。當時，駐
紮在廣東三水縣一帶的葛肇煌（軍統武裝）想闖進廣州發一筆財。葛肇煌
在得知「中美合作所別動隊」進入廣州後，也帶領一部分心腹進入廣州。
但是，主要油水已經被別動隊搶走，於是有人便向他建議說，廣州有個洪
門組織「五洲華僑洪門西南本部」，是日僞建立的漢奸組織，擁有相當大
的勢力，如今已經癱瘓。該組織的本部設在一座三層的大樓內，目前尚沒
有人去接收。如果把它搶到手，不但可以得到一座大樓及大批傢俱，而且
還可以繼承這個洪門組織，作爲將來的一股勢力，爲自己所用。葛肇煌十

---

[17]司徒丙鶴：〈司徒美堂與洪門美洲〉，載《近代中國會黨內幕》，第170頁。

分高興，立刻行動起來。經過一番周折，他終於控制了「五洲華僑洪門西南本部」。鑒於該組織本來是個漢奸組織，名聲太臭，遂改稱「洪門忠義會」，並且把會址遷到廣州寶華正街14號。由於葛肇煌過去並未加入過洪門，爲了充當該會的首領，便於1946年3月間，由一個在「五洲華僑洪門西南本部」充當過「傳斗師」的吳一峰，把他封爲「雙花紅棍」（洪門會內最高職務）。從此，他便成了洪門忠義會的「大哥」。

葛肇煌是廣東省河源縣人，早年參加過軍隊，後來脫離軍隊，加入軍統，在廣東緝私處惠陽查緝所擔任專員。1943年軍統派他到江西擔任「江西獨立行動大隊」的大隊長，任務是到日軍佔領區進行騷擾活動。他把大隊部設在三水縣的一個安全地方，並不去騷擾日軍，反而大搞走私活動。1949年葛肇煌又想進一步擴大自己的勢力與影響。由於農曆六月十七日是傳說中洪門創始人陳近南的誕辰，每年這一天洪門都要舉行慶賀儀式。葛肇煌便利用這一天，爲洪門忠義會舉行半公開的「傳斗儀式」和爲各分會授旗的儀式。事前，他大量發送請柬，邀請其它洪門組織、洪門前輩以及各機關團體的熟人，出席參加，起到爲葛肇煌造聲勢的作用。

會場一端臨時用木板搭了一個兩尺高的台壇，葛肇煌身穿一套新西裝，獨自一人坐在一張交椅上，神氣十足。儀式由寇世銘主持，他也穿一套西裝，手執三角令旗，逐一傳喊分會會長的名字。他們走到台邊，由葛肇煌發給每人一面小旗。當時洪門忠義會有14個分會，分會的名稱，1—13是按數位順序排列，即第一到十三分會，另外一個分會稱長江分會。洪門忠義會屬於三合會（天地會）這一系統，故總會和十三個分會所用的儀式、動作，皆是按照三合會的傳統；唯獨長江分會是按照哥老會的傳統。因爲長江分會的會長李日全原來是哥老會大洪山的人，他雖然兼入忠義會，但仍保留用哥老會的傳統禮儀動作。授旗儀式完畢後，有來賓講話。儀式結束後，舉行宴會。

由於時局的巨變，葛肇煌於1949年10月初先將家眷送往香港，本人與心腹隨從三四人，於10月13日化裝逃往澳門。他在澳門逗留了十天左右即

前往香港，此時已經是走投無路，只好再次投靠軍統。但是，投靠軍統必須有資本，於是又回到香港，招集逃到香港的忠義會骨幹分子作爲籌碼。在一次忠義會骨幹分子舉行的秘密會議上，葛肇煌等被香港警方逮捕，並且被法院以從事非法秘密結社罪，驅逐出境，永不許回香港。葛肇煌這時只好希望前往臺灣投靠軍統。當時臺灣國民黨當局對於進入臺灣地區者控制的非常嚴，非事前批准，不得登岸，他便暫時前往海南島。他在海口找到了原軍統局廣東站站長鄭星槎，向他吹噓自己尙有多少洪門弟兄留在大陸，可以聽從他的指揮。鄭星槎便把此事報告給臺灣的軍統局，軍統局便令鄭將葛肇煌送往臺灣。葛到臺灣後，見到當時臺灣的「大陸作戰處」處長鄭介民和軍統局（保密局）局長毛人鳳，聲稱要聯絡內地隱蔽的洪門忠義會分子，和派人潛入內地，都必須在香港建立據點。而他本人已經被香港當局驅逐，不能回去。鄭、毛二人答應可以想辦法解決。後來，由臺灣駐港人員同港英當局秘密接洽，使葛肇煌再次回到香港。

　　在葛肇煌回到香港後，內地一些忠義會分子也陸續逃亡到香港，葛便把他們重新糾集起來。但是，洪門忠義會屬於三合會系統，而三合會在英國統治下的香港是非法的。爲了不使香港警方尷尬，葛肇煌只好把「洪門忠義會」的名稱暫時收起來。因「洪門忠義會」在廣州時會址設在西關寶華正街14號，成員們到會所去，就說是「到14號去」。後來，在洪門忠義會內部，就把「14號」稱作「14K」，作爲對外的代稱。「洪門忠義會」於是改稱「14K」。「14K」與香港本地的三合會同屬天地會系統，雖然有時也因爲厲害衝突而互相排擠，但是，往往又互相勾結。特別是葛肇煌在廣州時，香港三合會有時到廣州有求於他，他也樂得給予幫助。所以，當葛肇煌和洪門忠義會逃到香港後，當地的三合會對他們也未加排擠。尤其是葛肇煌又得到軍統的暗中支持，因而使「14K」不僅得以在香港生存

下去，而且逐漸發展爲當地最大的黑社會組織。[18]1954年葛肇煌在香港病死，14K爲他舉行了盛大的出殯儀式。參加者除14K全體人員外，還有香港的三合會分子和其它黑社會分子。

[18]何崇校：〈廣東洪門忠義會始末〉，載《中華文史資料文庫》第20卷，第366—383頁。中國文史資料出版社，1996年。

第四十二章

二十世紀後半期臺
灣洪門哥老會和洪
門天地會

一、臺灣洪門哥老會

　　臺灣的哥老會，同國民黨軍政人員關係密切。1949年國民政府敗退臺灣時，許多哥老會成員隨同國民黨的軍政人員來到臺灣。他們在臺灣各地建立山頭，發展組織。據臺灣報刊透露，二十世紀八〇年代，臺灣共有洪門哥老會的山頭50多個，成員約37萬人。這些哥老會的山頭，大約分為四個系統：一是從大陸來到臺灣的原洪門（哥老會）的山堂堂主，在臺灣重新建立的；二是山主未去臺灣，由原洪門（哥老會）骨幹所建立的；三是臺灣土生土長的；四是旁人借洪門之名建立的。所以，臺灣洪門的成員結構也很複雜，士農工商一應俱全，從黨政要員到流氓、賭徒，無所不有。各山堂之間，明爭暗鬥，互不服氣，山堂內部也經常發生內訌。據統計八〇年代臺灣的主要山堂約有16個。這些山堂仍然恪守洪門哥老會的幫規和儀式及隱語、暗號。

　　臺灣洪門哥老會每年要舉行兩次大型聚會，一次是七月二十五日紀念紅花亭起義，另一次是五月十三日紀念關聖的單刀會。1989年6月28日（農曆五月十三日），臺灣洪門哥老會五聖山禮德堂在台中市舉行一次單刀會，為新加入的龍兄虎弟舉行入會儀式；同年8月26日（農曆七月十五日）「臺灣洪門聯合會」舉行紀念紅花亭起義315週年的大會。如今臺灣的洪門已經不再使用傳統的茶碗陣，但是，仍用倒茶、接茶的方式，進行聯絡。倒茶人將茶壺嘴對準自己的胸口放置，接茶人以右手拇指放在茶杯邊沿，食指放在茶杯底部，左手以三把半香手勢，與倒茶人相迎，雙方即可確認為同門弟兄。

　　臺灣洪門哥老會因為充當國民黨的重要票源而得到國民黨當局的支援。臺灣洪門哥老會山堂的堂主，大半是國民黨的退役將領，多數洪門成員也是國民黨黨員，所以，對國民黨十分效忠，成為國民黨的鐵票源之一。1989年底，臺灣舉行縣、市長、省議會議員，及增額立委選舉。洪門哥老會總會號召成員大力支持國民黨籍的候選人。面對洪門組織的浩大聲

勢，候選人紛紛前往洪門山堂去「拜碼頭」，宣稱自己已經得到洪門的支
持。同年8月，洪門舉行紀念紅花亭起義大會，不少候選人前往會場表示
敬意。臺北市的候選人林某還在選舉前，先後拜「中國洪門總會」會長尹
立言爲義父。臺中市的省議員候選人蔣某，還在選舉前，匆忙托人引薦，
舉行儀式，加入洪門哥老會。

　　不過，由於臺灣洪門哥老會的組織神秘，行動詭異，民眾仍將其視
爲黑社會。1987年臺灣解除戒嚴前，當局表面上也明令禁止會黨的活動。
但是，對於洪門的活動則持默許態度。臺灣宣布解嚴後，洪門首領四處
奔波，希望取得公開合法的地位。先後以「護國安台會」、「忠義聯誼
會」、「海內外洪門總會」、「海內外洪門忠義自強聯誼會」等名義，向
臺灣內政部申請成立社團。當局因爲這些組織的江湖氣味太濃，未予批
准。後來在國民黨社工會的撮合下，各山頭通過協商，終於以「中華民國
社會事業建設促進會」的名義，獲得批准。召開成立大會時，國民黨政要
多人親往致辭或贈送花籃，以表示祝賀。

　　二十世紀後半期，臺灣洪門哥老會的山堂，較大的有一下一些：

五聖山

　　由大陸遷移臺灣。1932年成立於上海，由向海潛任總堂主。向海潛到
臺灣後，繼續在臺灣成立山頭，但一直未公開活動。1974年向海潛故後，
由其遺孀李志芬接掌山堂，先後在基隆、桃園設立分堂，並在臺北市士林
區設立「五聖國術館」。二十世紀八〇年代初，該山堂大量接納成員，並
於1983年舉行創立50週年的活動，臺灣各洪門山頭紛紛到會祝賀。1984年
李志芬病逝，張燕林繼任山主。現任山主是劉會進。該山堂的成員大多來
自工商界，包括旅遊公司、電子公司、建築公司及法律、會計事務所的人
士。

大同山

　　開創於1952年，山主尹立言原爲國民黨派駐澳門的要員，由副山主

徐天華實際主持工作，成員大多為知識份子，也有來自情報部門的特工。該山堂致力於聯絡臺灣各洪門山堂，尹立言曾把臺灣各洪門山頭聯合組成「中國洪門總會」，但由於各山頭內鬥不斷，也難以真正實現聯合。

西華山

1933年開創於大陸，山主蔣伏生是軍隊的退役將領，1980年蔣伏生去世後，由黃震繼任山主。黃為了發展組織，廣招人馬，分別在臺東、臺中兩地設立分堂，定期舉行活動。黃認為要辦好山堂，必須有雄厚的經濟基礎，於是創辦了「龍鑄實業公司」，經營藥材、五金和清潔劑等進出口業務。該山的「管堂」陳金森於1958年創辦了「忠義論壇臺北縣讀友娛樂中心」。進行各種有關洪門成員的聯誼活動。

太華山

開創於臺北市，總部設在臺北市的士林區，下設21個分堂。首任堂主劉伯琴，江蘇江都人，曾在軍隊中擔任要職。抗戰時期，在戴笠、杜月笙建立的「中國人民動員委員會」中任指導委員。到臺後，劉伯琴利用與南洋洪門的關係繼續為國民黨當局效勞。1978年劉伯琴故後，由淳于棪繼任山主。淳于棪畢業於中央陸軍學校，曾擔任情報部門的將官，退役後在港、台經商。接手山堂事務後，在國民黨情報部門的支持下，積極向海外發展。到二十世紀八〇年代，該山堂已經擁有近五千人。該山堂成員結構複雜，大多來自社會下層，特別是退伍老兵以及地痞流氓中為了逃避打擊而加入其分堂者。該山堂在劉伯琴死後，不少「內八堂」的大爺「下山」，另開山堂，於是派生出不少新的山堂。如棲霞山山主張大謀、春寶山山主胡少和、一華山山主呂保生、錦寶山山主曹敦發等，都曾經是太華山內八堂的「大爺」。

中華山

是臺灣洪門哥老會山堂中組織上較為健全的，成員多為中上層人士，有工商業者、民意代表等，並且以聯誼會的名義，建立了許多分堂。如基

隆市的「天仁聯誼會」、臺北市的「復興聯誼會」、臺中市的「同心聯誼會」及「天龍聯誼會」，該山堂還創辦有證信公司、法律地政事務所及《忠義論壇》雜誌社。

春寶山

原爲大陸的洪門哥老會山堂，於1985年在臺灣「復山」，山主胡少和原爲太華山內八堂大爺。該山堂同演藝界關係頗深，有多位女影星同該山堂有關係，遇到麻煩就請該山堂洪門成員出面解決。該山堂也同地下舞廳等特殊行業有關係，常充當其保鏢。不過，該山堂在處理娛樂界的事情，並非訴諸武力，而是以「和談」爲主。胡少和很重視洪門哥老會的傳統禮儀，曾請人把開香堂的活動內容錄影保存，作爲資料流程傳後世。

天目山

山主徐松山，有成員600人，堂口設在臺北市，在高雄、澎湖設有分堂，有的分堂又另立山頭。

棲霞山

堂口設在臺北市，主要在臺灣北部活動，山主張太謀熟悉洪門歷史、掌故。

洪發山

原爲葛肇煌在廣州所創立，1949年以後遷到臺灣。堂口設在臺北市，山主爲盤達生，成員多爲酒店、餐館業主及服務員，以廣東籍爲多。

錦寶山

堂口設在臺北市，山主曹敦發。1983年曹敦發曾赴香港與海外洪門聯誼。1984年，該山堂成員曾參加影片《洪門兄弟》的拍攝。

楚荊山

原山主爲劉耀棠，後來由王桂林、朱果山、李國華等先後擔任山主。主要在臺中一帶活動，成員中有的同臺灣的流氓、黑道人物關係密切，有

的成員因屢屢犯案而遭警方逮捕。

九龍山

原山主王春和，1981年王死後由潘貴珍接任，該山堂活動極爲秘密，在各地建有分堂，幫助弟兄解決生活困難。

同德堂

山主楊運濤，是洪門「新生代」的代表之一，曾發起成立臺灣中部地區的洪門聯誼會，主張洪門企業化、組織化。

金臺山

山主張能標也是臺灣洪門新生代的代表之一，也主張通過企業化的經營方式，恢復洪門昔日的風采，辦有瓷土礦公司、文化活動中心、醫院及茶藝館。因採用傳說中鄭成功在臺灣創立的「金臺山」名稱而受到同門的非議。

大陸山

山主柳岳生，其內部情況不詳。

除上述主要山堂外，臺灣還有許多小的洪門山堂，如大洪山、武當山、青龍山、蓋忠山、大亨山、大蜀山、大華山、峨眉山、大漢中華山、大梁山、華山、義華山、龍虎山、精忠山等。[1]

以上是臺灣洪門哥老會多年前的情況，後來臺灣洪門哥老會發生諸多變化，因限於資料，難以盡述。現根據刁平所著《新世紀洪門》中的資料，將臺灣哥老會的山堂名稱、創始人姓名、籍貫、職業、創始時間與活動地點等情況，列表如下：

---

[1] 陳龍城等：《臺灣黑社會內幕》第19-22頁，中國華僑出版公司，1990年。

山堂名稱	創始人	現任山主	山主職業	創始時間	山堂創始或活動地點
一華山	劉海鵬	吳長生	不詳	不詳	臺灣花蓮
人和山	王家富	王家富	原政務官員	不詳	桃園市
八掌山	楊掌朝	楊掌朝	不詳	2005年	高雄
九華山	不詳	不詳	不詳	不詳	不詳
九蓮山	劉強	黃寧尚	曾任戰地政務官	2000年	花蓮市
九龍山	焦大成	潘貴珍	潘貴珍曾任鄉兵役課長，到臺後繼續任軍職	始於清光緒八年，1932年由李鳳山等復辦	四川重慶
大民山	不詳	徐自新	不詳	1992年	臺北市
大立山	不詳	徐清林	早年從軍	1993年	新竹縣
大玉山	不詳	陳正雄	不詳	不詳	花蓮縣
大竹山	曾繁盛	吳光發	不詳	1984年	臺南市
大同山（源自五聖山）	尹立言	丁重	曾任職軍中	1949年	臺北市
大旭山	不詳	蕭金山	不詳	不詳	臺北市
大亨山	丁少君	不詳	不詳	不詳	臺北市
大成山	朱炳海	不詳	不詳	不詳	臺北市
大安山（源自大華山）	安新亭	陳燦堃	安新亭曾任職軍中	1993年	臺北市
大亨山（源自上海大成山）	孫國禎	苑守仁	不詳	1966年	臺北市
大明山（源自太華山）	張之明	不詳	不詳	1994年	台東縣
大忠山（源自五聖山）	張武臣	張武臣	曾任職軍中	1992年	臺北市

山堂名稱	創始人	現任山主	山主職業	創始時間	山堂創始或活動地點
大梁山	任廣臣	任廣臣	不詳	二十世紀五、六○年代	臺北市
大洪山	李紹白	周華養	李紹白曾任職軍中	清光緒二一年	1949年以後活動於緬甸北部，遷台後活動於臺北市
大禹山（源自太華山）	信子安	不詳	信子安曾任職軍中	1992年	臺東市
大陸山	陳楚楠、梅光培等人發起	劉翰德係第五任山主	劉翰德曾任職軍中將領	1905年	臺北市
大唐山（源自太華山）	不詳	崔同君	不詳	不詳	高雄市
大華山（源自太華山）	不詳	范貽皋	不詳	1989年	臺北市
大道山	盧俊卿	第三任山主係李炳勳，現任山主為林國長	曾任國民黨重慶市黨部主委	1986年	臺北市
大智山（源自大同山）	段智騰	段智騰	段智騰曾加入青年軍	1993年	花蓮市
大蜀山	湯致穀	山主高豫章曾任職軍中，高過世後由沈賓嚴接任山主	不詳	1941年創於重慶，1878年復辦於臺北市	臺北市
大漢中華山	翟明江	現任山主為程克勤	曾參加抗戰從事物資運輸工作	1930年創於湖北沙市1982年由庹百忍復辦	臺灣中南部及美國、韓國、新加坡

山堂名稱	創始人	現任山主	山主職業	創始時間	山堂創始或活動地點
天文山（源自天目山）	吳文才	廖平	不詳	1993年	桃源縣
天目山	潘義	先後由許松山、趙正明任山主	不詳	1977年復辦	臺北市
天成山（源自天目山）	劉江成	劉江成	曾任職軍中	1996年	臺中縣
天臺山	林繼文	不詳	不詳	2005年	雲林縣
天威山（源自天目山）	劉福生	劉福生	陸軍專修班肄業	1999年	高雄市
天強山（源自天目山）	徐水強	徐水強	曾在海軍陸戰隊服役	1993年	桃源縣
天嵩山（源自天目山）	林志嵩	林志嵩	不詳	2005年	臺北市
天魁山	洪建功	洪建功	不詳	1993年	嘉義縣
天龍山	彭子壽	彭子壽	經營中西藥業	1940年開山，1989年復山	上海市，1989年於花蓮市複山
太元山（源自太華太行山）	孫大保	孫大保	不詳	不詳	不詳
太平山	洪安志	許福	不詳	1823年創始，1989年復山	臺北縣
太和山	張帆	張帆	不詳	不詳	臺北市
太華山	張三	楊慶山復辦，繼由劉聯珂繼任山主，到臺後，先後由	楊慶山1929年曾任職軍中少將偵緝處長	創始於1912年，1914年復辦於上海，後來臺復山	初設於湖南，復辦於上海。來台後繼由劉聯珂繼掌山堂

山堂名稱	創始人	現任山主	山主職業	創始時間	山堂創始或活動地點
		淳于棪和徐春亭繼任山主			
太華太行山	陳寶元	陳寶元	不詳	不詳	臺北市
太陽山（源自義華山）	楊宏吉	不詳	不詳	2004年	高雄市
太棲山	黃昆標	不詳	不詳	不詳	臺北縣
太極山	莊煇宏	不詳	不詳	不詳	桃源縣
中興山（源自義華山）	徐福明	徐福明	不詳	不詳	臺北市
中華山	秦筱珊	陳獻宗	秦筱珊係富商	1932年，到臺後復辦	武漢市，1981年於臺北市復辦，後總堂設於臺北縣
中華大漢山（源自太華山）	曹海清	不詳	不詳	不詳	臺北縣
五臺山（源自太華山）	吳國樑	吳國樑	不詳	1989年	南投
五華山（源自太華山）	陳華勝	陳華勝	不詳	1974年	桃源縣
五聖山	向松坡（向海潛）	第一任山主向松坡，第二任山主陶迪亞，曾任海軍總部政戰部主任。陶於1999年	同左	1932年3月21日成立	上海市，到台後復辦，設總堂於高雄市

山堂名稱	創始人	現任山主	山主職業	創始時間	山堂創始或活動地點
		過世，陶妻李志芬親自主持堂務。1984年李病逝，由副山主劉會進繼任山主。			
六逸山	秦洪	不詳	不詳	二十世紀七〇年代	臺北市
仁臺山	不詳	不詳	不詳	不詳	不詳
永和山（源自大同山）	林洋江	不詳	不詳	1994年	臺中市
正義山	盧正旗	官啓瑞	不詳	1986年	花蓮市
玄武山	陳新戶	副山主陳忠主持堂務	不詳	不詳	彰化縣
光華山（源自大民山）	陳名光	陳品成為總堂主	陳名光曾任中華洪門雜誌社董事長	2005年	臺北縣
弘化山	方鬱夫	不詳	方鬱夫曾任中華洪門總會秘書長	不詳	臺北市
伏牛山	李根林	不詳	不詳	二十世紀六〇年代	臺北市
成功山（源自天目山）	王順林	不詳	曾任職軍中	1992年	總堂設於高雄市
成龍山	林宗賢	不詳	不詳	不詳	臺中市
吉安山（源自巴掌山）	胡文堂	不詳	不詳	不詳	高雄縣

山堂名稱	創始人	現任山主	山主職業	創始時間	山堂創始或活動地點
西華山	鄭汝平	周輝科	會內骨幹均為軍中高級將領	1937年	河南開封，1982年於臺北市復山
壯華山（源自太華山）	李招池	臺北市	不詳	1995年	花蓮市
同德山	楊運清	羅國棋	羅國棋曾任軍中教官	不詳	桃源縣
同興山（源自錦寶山）	任培厚	曹浩賢逝後由吳開疆繼任山主	不詳	1983年	臺北市
延平山	黃俊博	陳錦煌	不詳	陳錦煌於2012年接任山主	嘉義縣
宏佛山	黃照玉	不詳	不詳	不詳	高雄縣
佛華山	倪友才	劉友才	劉友才曾任職軍中	1989年	桃源縣
虎威山	劉占林	劉振中係陸軍指揮大學畢業，曾任職軍中	第三任山主劉振中曾任西北軍少將參議，1953年歸標五聖山	清同治四年開山，1989年在臺北復辦虎威山。	甘肅隴西，1989年於臺北市復辦虎威山
虎頭山	文明	劉招根	不詳	1955年	新竹縣
武文山	梁永春	不詳	不詳	不詳	臺北縣
武夷山	鄭崙山	第三任山主張明廉	不詳	1998年	臺北市
武當山	劉堯仁	劉水發	劉堯仁任職軍中將領	不詳	桃源縣

山堂名稱	創始人	現任山主	山主職業	創始時間	山堂創始或活動地點
武德山源自天目山	林天送	不詳	不詳	1995年	苗栗市
金宗山（源自金馬山）	胡辰宗	胡辰宗	胡辰宗曾任職菲律賓安全侍衛隊	2004年	臺中市
金臺山	張能標	葉明財	不詳	二十世紀八〇年代	臺北縣
金馬山（源自九龍山）	李太興	李太興	桃源縣曾任職軍中	1990年	桃源縣
金城山	吳魁梧	不詳	不詳	1995年	臺市
金龍山（源自天目山）	應善連	去世後停止活動	曾任職軍中	1989年	臺中縣
青元山	賀光	劉耀基	賀光早年曾任職於憲兵部隊，少校軍銜	1962年	臺北市
青龍山	曾成威	田占魁	不詳	始於清光緒五年，1939年由曾成威接掌山主	不詳
長青山（源自太華山）	曾政雄	不詳	不詳	不詳	臺北市
長忠山	王忠廉	不詳	不詳	不詳	臺北市
長道山（源自南華山）	胡為玉	不詳	不詳	不詳	桃園縣
長倫山	田雲龍	不詳	不詳	不詳	臺北市
長傳山（源自南華山）	黃則文	黃則文	黃則文係祖傳中醫師	1996年	臺北縣

山堂名稱	創始人	現任山主	山主職業	創始時間	山堂創始或活動地點
明華山（源自太華山）	金雲林	金雲林	不詳	1995年	創於臺北市，總堂設於高雄市
東泰山	不詳	第二任山主為王振亞，繼任山主為陳修明，現任山主為劉京生	陳修明系空軍軍官學校及警官學校畢業	1939年創始，1988年複山	始於江蘇，於臺北縣複山
東陽山（源自太華山）	黃武彥	不詳	不詳	1995年	臺北縣
忠原山	黃照勝	高長留	黃照勝曾服務於警界	1933年	彰化
忠成山	廖鎮欽	不詳	不詳	不詳	雲林縣
岱魯山（源自泰魯山）	謝富德	謝富德	不詳	2003年	臺南縣
洪英山	趙國樑	不詳	趙國樑於1942年考入軍校，到臺後，於1979年退休為預備役上校	1988年	臺北市
洪發山	葛肇煌	葛肇煌	葛肇煌曾任陸軍中將	1946年	創始於廣州市，來台後總堂設於臺北縣
南華山	許冀公	第二任山主崔通約	同左	二十世紀三〇年代	上海市，到台後設總堂於臺北市
春明山	不詳	張寶鑫	不詳	不詳	臺北市
春雷山	不詳	涂讓麟	不詳	不詳	臺北市

山堂名稱	創始人	現任山主	山主職業	創始時間	山堂創始或活動地點
春盛山	不詳	廖大清	不詳	不詳	台中市
春陽山	不詳	周聳峰	不詳	不詳	高雄市
春營山	不詳	余鶴營	不詳	不詳	高雄市
春虞山（源自春寶山）	范祖寶	范祖寶隨軍來台	不詳	1996年	臺北市
春寶山	盛春山、徐寶山	第三任山主黃輔臣，第四任山主徐松山，第五任山主胡少和，第六任山主李鳳山	不詳	清光緒十五年，1938年，黃輔臣在武漢復辦該山堂，1980年在台復辦春寶山	臺北市
春龍山	不詳	蔡阿賜	不詳	不詳	台中縣
桃園山	龍克誠	不詳	不詳	不詳	臺北市
峨眉山	顧雲飛	不詳	不詳	清光緒二十四年創始，1976年在臺灣復山	四川峨眉山創始後在臺北復辦仁義堂
陸臺山	魏正國	廖祖訓於1991年接任山主，現任山主是熊金苟	不詳	不詳	桃源縣
華元山（源自青元山）	王正華	王正華	不詳	2004年	臺灣，具體何處不詳
華臺山（源自華龍山）	王瑞華	王瑞華	不詳	1991年	臺

山堂名稱	創始人	現任山主	山主職業	創始時間	山堂創始或活動地點
華泰山（源自中華山）	陳金奇	戴本湘	陳金奇曾參加抗戰，到臺後任職國防部	1990年	臺北市
華統山（源自中華山）	蔡載安	蔡載安	不詳	1991年	總堂設於臺中市
華雲山（源自九龍山）	馮四海	不詳	不詳	1991年	臺南市
華興山（源自中華山）	刁平	刁平	刁平係四川人，漢留世家	1991年	臺北市
華龍山源自中華山）	周勇	詹聰明	不詳	1984年	臺北縣
泰魯山（源自太華山）	龔正	不詳	龔正於1949年隨軍到台	1991年	臺中市
崇威山	王維新	不詳	不詳	不詳	不詳
紫金山	林漢升	不詳	不詳	不詳	臺北市
終南山	何步瀛	不詳	不詳	清光緒二十三年	浙江，復辦後設總堂於臺北市
昆侖山	郭威	不詳	不詳	不詳	臺北市
崑寶山	曾柏崧所開創	不詳	不詳	不詳	總堂設於台中縣
乾坤山	未公開	不詳	不詳	不詳	臺北市
黑龍山	不詳	郁尚誠	不詳	不詳	花蓮縣
雄風山	余東輝	林百瑞	不詳	1990年	花蓮縣
智華山	葉俊斌	不詳	不詳	不詳	臺中市

山堂名稱	創始人	現任山主	山主職業	創始時間	山堂創始或活動地點
皖寧山（源自陸臺山）	顧金龍	許元明	不詳	1993年	桃源縣
統全山（源自華統山）	姚振唐	姚振唐	姚振唐於1949年隨軍到台	2002年	臺中市
統聯山（屬中華山系統）	陳友源	陳友源	不詳	不詳	臺中市
新城山（源自五聖山智松堂）	張智禮	梁東海	不詳	1987年	臺中市
新超山（源自五聖山禮德堂	林幸章	不詳	經商，中藥學會理事長	1997年	高雄市
蓬萊山（源自）	徐世明	徐世明	退役軍人	1984年	花蓮市
萬平山（源自華義山）	王有喜	王有喜	曾任空軍少校軍官	1992年	高雄市
萬雲山	辛亥革命時期王金寶創始	沈萬明	不詳	1992年複山	高雄市
聖臺山（源自五聖山）	周志勇	單憲民	不詳	1991年	臺北市
聖虎山	陳隆成	二任山主郭耿明，三任山主為黃文欽	不詳	1989年	臺北市
聖英山（源自五聖山）	李琛	不詳	不詳	2004年	臺北市，總堂設在臺北縣

山堂名稱	創始人	現任山主	山主職業	創始時間	山堂創始或活動地點
聖明山	不詳	趙華晶	不詳	不詳	臺北縣
聖威山（源自五聖山）	蔡和雄	許朝宗	不詳	1993年	雲林縣
聖武山（源自聖龍山）	賴英聲	賴英聲	不詳	1992年	總堂設於台中市
聖禮山（源自聖龍山）	黃藝雅	不詳	不詳	1992年	嘉義市
聖鴻山	王鴻章	不詳	不詳	不詳	臺北市
聖龍山（源自聖龍山）	張啓煌	張啓煌改名為張晉瑋	不詳	1987年	臺北縣
聖鵬山（源自新城山）	王登貴	王登貴	國民黨黨務工作	1992年	臺中市
登龍山	唐登龍	不詳	不詳	不詳	屏東縣
楚荊山	陳堯先	第二任山主李國華，第三任山主朱啓忠第四任山主李耀漢，曾任職軍中，繼任山主許世遠現任山主吳鈞	不詳	清光緒十四，1979年年由劉蔭棠復山，總堂設於台中縣	湖南省
歌樂山	趙海濱	不詳	從事餐飲業	1992年開創	臺中市
義華山（源自太華山）	唐頗良	唐頗良曾參加抗戰及內戰	曾任職軍中	1984年	臺北市

山堂名稱	創始人	現任山主	山主職業	創始時間	山堂創始或活動地點
鳳嶺山	王澤珍	第二任山主村尊德，第三任山主李澤恩第四任山主蘇青曾任海軍上校第五任山主馬發嶸	1955年由寸尊德繼任山主後，滯留緬甸，1967年來台後加入五聖山	1918年	雲南騰沖縣，復山後總堂設於台中縣
蜀龍山	胡少和	第二任山主蘇子卿	不詳	1988年	臺北縣
銀峰山	韓品山	韓品山	韓品山隨軍到台	1989年	花蓮市
盡忠山	邵信才	1995年由許柱國接任山竹，現任山主系江敦珂	邵信才早年從軍，隨軍到台	1983年	臺北市，總堂設在台中縣
嵩嶽山（源自天目山）	王湘濤	不詳	不詳	1986年	臺北市
嵩威山	王維新	不詳	不詳	不詳	總堂設在高雄市
齊魯山	於德汶	不詳	不詳	不詳	總堂設在高雄市
興元山	張其益	不詳	不詳	不詳	總堂設在南投縣
興華山	劉雲星	1994年由張建斌接任山主，1997年由黃賜福接任第三任山主，1989年由陳泰昌接	不詳	1989年	臺北市

山堂名稱	創始人	現任山主	山主職業	創始時間	山堂創始或活動地點
		任第四任山主			
興龍山	黃義閦	不詳	不詳	不詳	總堂設在雲林縣
錦恒山	余金印	余金印	陸軍軍校畢業	1982年	臺北市
錦屏山	何榮階	不詳	不詳	不詳	總堂設在花蓮縣
擎天山	郝孔熙	郝孔熙	曾參加青年遠征軍赴印度等地，退役後從事新聞傳播工作	1983年	臺北市
龍仁山（源自華龍山））	周華墩	不詳	不詳	不詳	不詳
龍臺山（源自五聖山）	張燕林	日常事務由陳杏洲掌理	中醫師	1987年	臺中縣
龍宇山	黃照玉	不詳	不詳	不詳	高雄縣
龍門山（源自華龍山）	黃金龍	不詳	不詳	不詳	臺北市
龍涯山	黃震	2003年由周輝科接任山主	黃震於1937年曾任軍中上校團長、少將處長，內戰後期曾進入越北，1953年返臺	不詳	不詳

山堂名稱	創始人	現任山主	山主職業	創始時間	山堂創始或活動地點
龍虎山	龍南波	1986年由李元柏接任第三任山主	不詳	洪運庚辰年創始，1982年由朱崇明復辦於臺北市。	江西余江縣
龍華山	杜一飛	不詳	不詳	1995年	高雄市
龍鳳山	陳峰才	陳峰才	不詳	1989年	臺北市
龍鄭山	宋寶山	2002年由賴志滄接任山主	宋寶山隨軍到台	1990年	創始於台南市總堂設於台中市
龍騰山	黃錦	任興華	黃錦曾加入青年軍	1996年	不詳
雙華山	孔長明	葉俊斌接任山主	青年時就讀於陸軍軍官學校，	不詳	臺中縣
鵝湖山	陳公定	1990年陳有笙在臺北市復山，後由柯修廩接任山主，1994年由陸修喜接任山主。現任山主是劉松銓	不詳	清光緒二十三年	江西鉛山
鴻華山（源自大道山）	苑守禮	苑守禮	不詳	1986年	臺中市
巍峰山	劉明聲	1994年由羅廷龍	羅廷龍係軍旅出身	1993年	桃源縣
靈巖山	不詳	不詳	不詳	二十世紀八〇年代	臺北市

二、臺灣洪門天地會

臺灣洪門天地會，其源頭可以追溯到清光緒年間劉永福領導的黑旗軍。洪門天地會在組織上分爲五房，各房均以不同顏色的旗幟爲標記。長房爲黑旗，劉永福在清光緒年間參加廣西天地會武裝，屬於長房，故其統領的隊伍便稱爲「黑旗軍」。中法戰爭期間，劉永福率領黑旗軍到越南參加抗法戰爭。戰後，黑旗軍返回國內，被清政府收編，劉永福成爲清軍將領，曾官至提督。甲午戰爭期間，劉永福奉調駐守臺灣。清廷在甲午戰爭中失敗，被迫把臺灣割讓給日本，劉永福帶領黑旗軍在臺灣奮起抗日。抗日失敗後，劉永福返回內地，在臺灣的黑旗軍遂轉化爲抗日遊擊隊，在許冀公帶領下繼續在臺灣北部抗日。[2]抗日失敗後，許冀公流亡南洋，旋往美國。1932年4月，許冀公由美歸國，在上海定居。1934年3月，許冀公創立「洪門天地會青蓮堂鳳凰郡南華山」。「南華山」乃取南洋華僑之意，故又名「上海南華業餘聯誼社」，許冀公成爲第一代山主。第二代山主爲崔通約，第三代爲石振江。在第四代山主崔震權時期，青蓮堂鳳凰郡南華山同北美洪門五洲致公堂建立了密切關係。1956年，崔震權與葛之覃在臺灣分別擔任「中國洪門海外昆仲懇親大會」正副秘書長。

1980年，崔震權創立「中華民國海外忠義聯誼會」，提出「天下洪門是一家」的口號，走訪世界五大洲十多個國家的洪門組織，並且在美國檀香山創立「國際洪門總會」。1989年，他在美國舉行第3屆「世界洪門懇親大會」，來自美國、加拿大、菲律賓、澳大利亞、巴拿馬、阿根廷、印尼、塔西堤（大溪地）、台灣等國家和地區的100多位代表，經兩天的討論，通過總會章程後宣告成立。宗旨在團結洪門昆仲，發揚洪門忠義精神，振興倫理道德，提倡社會福利，服務人群，造福人類。首屆會長爲李志鵬（美國），各地區副會長有：崔震權（臺灣地區）、李柱桑（美國）、劉和桂（澳大利亞）、李祖蔭（菲律賓）、鄭炯光（加拿大）。總

2　臺灣《蘋果日報》2011年11月6日。

會設於美國檀香山。[3]

　　1995年崔震權去世，其子崔明光發表書面聲明稱：「爲先父於2001年7月16日在美國夏威夷州檀香山申請註冊成立，並由其本人擔任『國際洪門總會』主席至今。現國際洪門總會所有資料正本均在本人家中。爲紀念先父，『國際洪門總會』不再改選運作，由先父永久擔任國際洪門總會主席，以資永世追念。」並遵父親遺志，指定「洪棍」何俊元爲臺灣洪門天地會青蓮堂的繼承人，並把其父保存的天地會《會簿》手抄本及天地會內部流傳的諸多機密，傳給何俊元。並指出：「出身於洪門天地會長房青蓮堂南華山的先父，於1979年擔任『中華民國海外忠義聯誼會』秘書長，以『天下洪門是一家』口號，走訪世界五大洲數十多個國家，致力聯繫海外洪門。於1984年十一月，在檀香山『第一屆世界洪門懇親大會』上提出『發展世界洪門計畫』。因期臺灣長房青蓮堂各山系都能走向國際，並將洪門三百多年傳統儀式完整在臺重現，保留洪門之根。在過世前，念茲洪門發展，令本人（崔明光），將其爲臺灣洪門天地會青蓮堂南華山系各山堂之發展所申請註冊之「國際洪門青蓮堂總會」（Lotus International, ChineseFreemason）向駐洛杉磯臺北經濟文化辦事處申請公證，以便何俊元大哥在臺申請註冊『國際洪門青蓮堂中華總會』或『臺灣洪門青蓮堂總會』。且責令現洪門青蓮堂洪棍——何俊元大哥在臺接掌，發揚光大，以期完成在臺灣長房青蓮堂各山系都能走向國際的心願，並使將來在臺灣洪門各山系都能在五大洲各大城市有發展的空間，並將洪門三百多年傳統儀式完整的在臺重現，保留洪門之根。」

　　之後，何俊元以洪門天地會「洪棍」的身份，把「洪門天地會青蓮堂鳳凰郡南華山」，改名爲「洪門天地會鳳凰郡青蓮堂」。後來，又改堂爲黨，稱爲「中國洪門青蓮黨」。如今，何俊元作爲「中國洪門青蓮黨」主席，正致力於完成崔震權的遺志，爲「中國洪門青蓮黨」的發展而努力。

---

[3] 王起鵾：世界洪門總會成立過程的敘述（原稿寫於2015年8月16日）

　　天地會和哥老會在清代屬於民間秘密結社，受到清朝當局的嚴厲打擊，只能在民間秘密流傳。辛亥革命時期，由於天地會和哥老會等會黨積極參加推翻清王朝的革命活動，受到革命黨的青睞，一度得以公開活動。後來，新當政者依然把會黨視爲異己力量加以禁止，天地會和哥老會只好再度轉入地下，從事秘密活動。二十世紀後半期已後，會黨在大陸已經絕跡。在臺灣最初因受到當局的打壓，也只能進行秘密活動。直到臺灣解除戒嚴後，允許各種政黨與社團活動，天地會與哥老會才有從秘密走向公開，作爲民間社團從事各種公益活動。

國家圖書館出版品預行編目資料

中國會黨史. 第二冊, 天地會、哥老會及其他
會黨／秦寶琦著. －－初版.－－臺北市：
五南圖書出版股份有限公司, 2024.03
面；　公分
ISBN 978-626-366-534-7（平裝）

1.祕密會社　2.歷史

546.9　　　　　　　　　　112014022

4W1B

中國會黨史（第二冊）
天地會、哥老會及其他會黨

作　　　者 — 秦寶琦

發 行 人 — 楊榮川

總 經 理 — 楊士清

總 編 輯 — 楊秀麗

副總編輯 — 黃惠娟

責任編輯 — 魯曉玟

封面設計 — 姚孝慈

出 版 者 — 五南圖書出版股份有限公司

地　　　址：106台北市大安區和平東路二段339號4樓

電　　　話：(02)2705-5066　　傳　　　真：(02)2706-6100

網　　　址：https://www.wunan.com.tw

電子郵件：wunan@wunan.com.tw

劃撥帳號：01068953

戶　　　名：五南圖書出版股份有限公司

法律顧問　林勝安律師

出版日期　2024年 3 月初版一刷

定　　　價　新臺幣700元